UNIX-Shells

Helmut Herold

UNIX und seine Werkzeuge

UNIX-Shells

Bourne-Shell, Korn-Shell, C-Shell

ADDISON-WESLEY PUBLISHING COMPANY

Bonn · München · Paris · Reading, Massachusetts · Menlo Park, California
New York · Don Mills, Ontario · Wokingham, England · Amsterdam · Milan · Sydney
Tokyo · Singapore · Madrid · San Juan · Seoul · Mexico City · Taipei, Taiwan

Die Deutsche Bibliothek – CIP-Einheitsaufnahme

UNIX und seine Werkzeuge. - Bonn ; München ;
Paris [u.a.] : Addison-Wesley, 1992

Herold, Helmut: UNIX-Shells. - 1992

Herold, Helmut
UNIX-Shells : Bourne-Shell, Korn-Shell, C-Shell / Helmut
Herold. - Bonn ; München ; Paris ; [u.a.] : Addison Wesley, 1992
    (UNIX und seine Werkzeuge)
    ISBN 3-89319-381-2

© 1992 Addison-Wesley (Deutschland) GmbH
1. Auflage 1992

Satz: Software Academy/Schäpers DATEC, München
Belichtung: Printshop Schiemann
Druck und Bindung: Bercker Graphischer Betrieb, Kevelaer
Herstellung: Helga Schörnig
Grafiken: Sid Gastl
Umschlaggestaltung: ConSign, Bonn

Das verwendete Papier ist chlorfrei gebleicht und alterungsbeständig.
Die Produktion erfolgt mit Hilfe von umweltschonender Technologie und strengsten Umwelt-
auflagen in einem geschlossenen Wasserkreislauf unter ausschließlicher Verwendung von
Altpapieren aus eigener Produktion.

Text, Abbildungen und Programme wurden mit größter Sorgfalt erarbeitet. Verlag, Übersetzer und
Autoren können jedoch für eventuell verbliebene fehlerhafte Angaben und deren Folgen weder eine
juristische Verantwortung noch irgendeine Haftung übernehmen.
Die vorliegende Publikation ist urheberrechtlich geschützt. Alle Rechte vorbehalten. Kein Teil
dieses Buches darf ohne schriftliche Genehmigung des Verlages in irgendeiner Form durch Fotokopie,
Mikrofilm oder andere Verfahren reproduziert oder in eine für Maschinen, insbesondere
Datenverarbeitungsanlagen, verwendbare Sprache übertragen werden. Auch die Rechte der Wiedergabe
durch Vortrag, Funk und Fernsehen sind vorbehalten.
Die in diesem Buch erwähnten Software- und Hardwarebezeichnungen sind in den meisten Fällen auch
eingetragene Warenzeichen und unterliegen als solche den gesetzlichen Bestimmungen.

ISBN 3-89319-381-2

Inhaltsverzeichnis

Kapitel 1	**Einleitung**	**13**
	Übersicht zu diesem Buch	13
	Hinweis zur Buchreihe	
	UNIX und seine Werkzeuge	14
Kapitel 2	**Allgemeines zur UNIX-Shell**	**17**
	Aufgaben der Shell	17
	Shell-Varianten	18
Kapitel 3	**Begriffe der Shell**	**21**
Kapitel 4	**Die Bourne-Shell**	**23**
	4.1 Metazeichen	23
	4.2 Einfache Kommandos, Pipelines und Listen	25
	Einfache Kommandos und exit-Werte	27
	Pipelines	29
	Listen	31
	Syntaxdiagramme zur Pipeline und Liste	33
	4.3 Kommentare	33
	4.4 Shell-Skripts (Shell-Prozeduren)	35
	Aufruf von Shell-Skripts	35
	Namen für Shell-Skripts	37
	Hinweise zu Shell-Skripts	39
	4.5 Kommandosubstitution	41
	Definition	41
	Unterschied zwischen Pipeline und Kommandosubstitution	42
	Metazeichen in der Kommandosubstitution	43
	Schachtelung von Kommandosubstitutionen	44

4.6	Shell-Parameter	45
	Positionsparameter	45
	Shell-Variablen (Schlüsselwort-Parameter)	50
	Spezielle Variablenausdrücke	64
	Gültigkeitsbereiche von Variablen	74
4.7	Expandierung von Dateinamen auf der Kommandozeile	82
4.8	Quoting	86
	Verschiedene Arten von Quoting	86
	Quoting innerhalb von Kommandosubstitution	94
4.9	Ein- und Ausgabeumlenkung	97
4.10	Auswertung von Ausdrücken	111
	Das built in-Kommando test	112
	Das Kommando expr	116
4.11	Kommandoklammerung	123
	Runde Klammern (kdoliste)	123
	Geschweifte Klammern {kdoliste}	127
4.12	Kommandos zur Ablaufsteuerung	129
	Die if-Anweisung	134
	Die case-Anweisung	146
	Die while-Schleife	152
	Die until-Schleife	159
	Die for-Schleife	165
	Hinweise zu den Kommandos if, case, while, until und for	174
	Funktionen	180
4.13	Fehlersuche in Shell-Skripts	196
4.14	Signalbehandlung in der Shell	208
	Allgemeines zu Signalen	208
	Signalnummern	209
	Signale mit trap abfangen	211
4.15	Built in- Kommandos der Bourne-Shell	217
	Das Null-Kommando	217
	Argumente als Kommandos ausführen (eval)	219
	Überlagern der Shell mit einem Kommando (exec)	224
	Auswerten der Kommandozeilen-Optionen eines Skripts	225
	Das hashing-Verfahren der Shell (hash)	233
	Setzen von Optionen für die aktuelle Shell (set)	235
	Die built in-Kommandos readonly, times und ulimit	238
	Zusammenfassung der built in-Kommandos	239
4.16	Abarbeitung von Kommandozeilen	241
4.17	Die Aufrufsyntax der Shell	247
4.18	Handhabung von überlangen Kommandozeilen	249
4.19	Die Datei .profile	253
4.20	Die eingeschränkte Shell rsh	258

	4.21 Job-Kontrolle mit shl	261
	4.22 Anwendungsbeispiele	266
	Konvertieren von Zahlen (Oktal, Dezimal, Hexadezimal)	266
	Durchsuchen ganzer Directorybäume mit grep	269
	Prozesse mit bestimmten Namen löschen	271
	Terminalein- und -ausgaben auf anderen Terminals mitprotokollieren	273
	Ausgabe von UNIX-Directorybäumen in graphischer Darstellung	275
Kapitel 5	**Die Korn-Shell**	**281**
	5.1 Erweiterungen und Neuheiten der Korn-Shell	281
	5.2 Das Starten der Korn-Shell	283
	5.3 Metazeichen	285
	5.4 Einfache Kommandos, Pipelines und Listen	287
	Einfache Kommandos und exit-Werte	287
	Pipelines	288
	Listen	288
	Syntaxdiagramme zur Pipeline und Liste	289
	5.5 Kommentare	291
	5.6 Shell-Skripts (Shell-Prozeduren)	291
	5.7 Kommandosubstitution	292
	5.8 Shell-Parameter	295
	Positionsparameter	296
	Shell-Variablen (Schlüsselwort-Parameter)	298
	Attribute von Variablen	311
	Spezielle Variablenausdrücke	318
	5.9 Expandierung von Dateinamen auf der Kommandozeile	324
	5.10 Quoting	326
	Verschiedene Quoting-Arten	327
	Zusammenfassung der Quoting-Regeln	329
	5.11 Ein- und Ausgabeumlenkung	330
	5.12 Die built in-Kommandos read und print	339
	Lesen von Terminals und Dateien	339
	Schreiben auf Terminals und in Dateien	341
	5.13 Überprüfen von Bedingungen	344
	Das built in-Kommando test	344
	Die Programmiersprach-Konstruktion [[..]]	347
	5.14 Arithmetische Auswertungen	349
	Konstanten	349
	Variablen	349
	Arithmetischer Ausdruck	350
	let und ((..))	354

5.15	Kommandoklammerung	357
	runde Klammern (kdoliste)	358
	geschweifte Klammern {kdoliste}	358
5.16	Kommandos zur Ablaufsteuerung	359
	if-Anweisung	361
	case-Anweisung	362
	while-Schleife	363
	until-Schleife	364
	for-Schleife	365
	Kommando [[..]]	366
	select-Kommando	366
	time-Kommando	372
	Funktionen	372
5.17	Der Alias-Mechanismus	385
	Das built in-Kommando alias	385
	Löschen eines Alias	388
	Alias-Substitution	388
	Tracked Aliase	389
	Vordefinierte Aliase	392
	Funktionen und Aliase	392
5.18	Die Tilde-Expandierung	395
5.19	Der History-Mechanismus	396
	Allgemeines	397
	Das built in-Kommando fc	398
5.20	Die built in-Editoren	403
	Built in-Editor emacs	405
	Built in-Editor vi	415
5.21	Fehlersuche in ksh-Skripts	430
5.22	Signalbehandlung in der ksh	433
5.23	Job-Kontrolle in der Korn-Shell	437
	Allgemeines	438
	Informationen zu Hintergrund-Jobs (jobs)	439
	Signale an Jobs schicken (kill)	441
	Auf die Beendigung von Jobs warten (wait)	442
	Ausführung von angehaltenen Jobs im Hintergrund fortsetzen (bg)	442
	Ausführung von Hintergrund-Jobs im Vordergrund fortsetzen (fg)	443
	Allgemeine Hinweise zur Job-Kontrolle	445
5.24	Built in-Kommandos der Korn-Shell	446
	Das built in-Kommando cd	446
	Lokalisieren bzw. Klassifizieren eines Kommandos (whence)	448
	Setzen von Optionen für die aktuelle ksh (set)	449

		Die built in-Kommandos times und ulimit	459
		Zusammenfassung der built in-Kommandos	461
	5.25	Die Abarbeitung von Kommandozeilen	464
	5.26	Aufrufsyntax und Umgebung der ksh	476
		Aufruf einer ksh	477
		Login-Shells	483
		Restricted Shells	483
		Shell-Skripts	484
		Subshells	485
		Shell-Funktionen	486
	5.27	Einrichten einer persönlichen Arbeitsumgebung	486
		Die Datei .profile	486
		Die Environment-Datei	488
		Autoload-Funktionen	491
		Verbesserte Ablaufgeschwindigkeit für Skripts und Funktionen	495
	5.28	Anwendungsbeispiele	496
		Das Spiel moo	497
		Realisierung des Kommandos cat	500
		Banner-Ausgabe im Querformat mit qbanner	501
		Zeilenweiser Vergleich zweier Dateien mit mdiff	506
		Realisierung des Kommandos head	507
		Dateien eines Diretcorybaums nach Größe auflisten (dusort)	509
		Eine Adressen-Verwaltung (adr)	511
	5.29	Unterschiede zwischen Bourne-Shell und ksh-Versionen	520
		ksh-Konstrukte, die nicht in der ursprünglichen Bourne-Shell vorhanden sind	520
		ksh-Konstrukte, die nicht in der System V Bourne-Shell vorhanden sind	520
		Unterschiede zwischen der ksh und der System V Bourne-Shell	521
		Funktionen	523
		Neuheiten der ksh-Version vom 16.11.1988 gegenüber früheren ksh-Versionen	524
		Überflüßige Konstrukte	528
	5.30	Literaturhinweis	529
Kapitel 6	**Die C-Shell**		**531**
	6.1	Starten und Beenden der C-Shell	532
	6.2	Metazeichen	533

6.3	Einfache Kommandos, Pipelines und Listen	536
	Einfache Kommandos und exit-Werte	536
	Pipelines	537
	Listen	538
6.4	Kommentare	539
6.5	Shell-Skripts (Shell-Prozeduren)	539
6.6	Kommandosubstitution	540
6.7	Shell-Parameter	541
	Positionsparameter	541
	Shell-Variablen (Schlüsselwort-Parameter)	542
	Parametersubstitution	553
6.8	Expandierung von Dateinamen auf der Kommandozeile	558
6.9	Quoting	561
	Voranstellen von \	561
	Klammerung mit '..'	561
	Klammerung mit ".."	562
6.10	Ein- und Ausgabeumlenkung	563
6.11	Ausdrücke	567
	Operatoren	567
	Das built in-Kommando @	570
6.12	Kommandoklammerung mit (..)	574
6.13	Kommandos zur Ablaufsteuerung	575
	if-Anweisung	575
	switch-Anweisung	578
	while-Schleife	581
	repeat-Schleife	583
	foreach-Schleife	584
	goto-Anweisung	587
6.14	Der History-Mechanismus	588
	Allgemeines	588
	History-Substitutionen	589
6.15	Der Alias-Mechanismus	595
	Das built in-Kommando alias	595
	Alias-Substitution	596
	Löschen eines Alias	598
6.16	Fehlersuche in csh-Skripts	599
6.17	Signalbehandlung in der csh	600
6.18	Job-Kontrolle in der csh	602
	Allgemeines	602
	Informationen zu Hintergrund-Jobs und angehaltenen Jobs (jobs)	605
	Signale an Jobs schicken (kill)	606

		Ausführung von angehaltenen Jobs im Hintergrund fortsetzen (bg)	607
		Ausführung von angehaltenen Jobs und Hintergrund-Jobs im Vordergrund fortsetzen (fg)	607
		Auf die Beendigung von Jobs warten (wait)	608
		Anhalten von Hintergrund-Jobs (stop)	608
		Die Kommandos notify und suspend	609
		Beispiele zur Job-Kontrolle der csh	609
	6.19	Built in-Kommandos der C-Shell	613
		Der Directory-Stack (dirs, pushd und popd)	614
		Ausgeben von Text (echo und glob)	616
		Der Hashing-Mechanismus (hashstat, rehash und unhash)	617
		Setzen und Löschen von Environment-Variablen (setenv und unsetenv)	619
		Werte von Arrays verschieben (shift)	620
		Das Punkt-Kommando der csh (source)	622
		Priorität von Kommandos herabsetzen (nice)	622
		Zeitmessungen für Kommandos (time)	623
		An- und Abmelden mit login und logout	624
		Limits für Systemressourcen (limit und unlimit)	624
		Zusammenfassung der built in-Kommandos	626
	6.20	Die Abarbeitung von Kommandozeilen	628
	6.21	Aufrufsyntax der csh	630
	6.22	Einrichten einer persönlichen Arbeitsumgebung	632
		Die Datei /etc/cshrc	633
		Die Datei .cshrc	633
		Die Datei .login	634
		Die Datei .logout	635
	6.23	Erweiterungen in manchen csh-Versionen	636
	6.24	Anwendungsbeispiel	637
Kapitel 7		**Die beiden Tischrechner dc und bc**	**647**
	7.1	Der Tischrechner dc	648
		dc-Eingaben	648
		dc-Fehlermeldungen	657
	7.2	Der Tischrechner bc	658
		Aufrufsyntax für bc	658
		Einfache Rechnungen mit ganzen Zahlen	659
		Rechnungen mit reellen Zahlen	662
		Skalierungsfaktor	664
		Zahlenkonvertierungen und Rechnen in anderen Zahlensystemen	668
		Ausgeben von Text	671

	Funktionen	671
	Arrays	675
	Kommentare	677
	if-, while- und for-Anweisung	677
	Bibliotheksfunktionen	679
	Zusammengesetzte Zuweisungsoperatoren	680
	Weitere Hinweise	681
Anhang A	**Kommandoreferenz**	**683**
Anhang B	**Gegenüberstellung der drei Shells**	**873**
	Index	**875**

Kapitel 1
Einleitung

Dimidum facti, qui coepit, habet.
(Wer nur begann, der hat schon halb vollendet.)
Horaz

Die UNIX-Shell ist zunächst einmal der UNIX-Kommandointerpreter, welcher die vom Benutzer eingegebenen Kommandos liest und nach einigen Aufbereitungen zur Ausführung bringt. Neben dieser wichtigen Aufgabe der Kommandointerpretation verfügt die UNIX-Shell auch über Fähigkeiten, wie sie von höheren Programmiersprachen her bekannt sind: z.B. Verzweigungen, Schleifen und Funktionsdefinitionen. Dies macht eine Shell zu einem mächtigen Werkzeug, ohne das kein Software-Entwickler unter UNIX auskommt.

Unglücklicherweise existiert nicht nur eine einzige Shell, sondern es wurden auf den verschiedenen UNIX-Derivaten und -Versionen eigene Shells entwickelt. Dieses Buch stellt die drei gebräuchlichsten UNIX-Shells vor: **Bourne-Shell**, **Korn-Shell** und **C-Shell**.

Da die ursprüngliche Shell, die Bourne-Shell, über keine eingebaute Arithmetik verfügt, müssen bei Berechnungen in dieser Shell andere UNIX-Kommandos mit Rechenfähigkeiten aufgerufen werden. Zwei Kommandos, welche solche Fähigkeiten aufweisen, werden neben den drei Shells in einem eigenen Kapitel vorgestellt. Es handelt sich dabei um die beiden Tischrechner **bc** und **dc**.

Übersicht zu diesem Buch

Kapitel 2 dieses Buches beschäftigt sich mit der UNIX-Shell im allgemeinen. Dazu beschreibt es neben den Aufgaben und Eigenschaften der Shell noch kurz die drei hier vorgestellten Shell-Varianten.

Kapitel 3 stellt allgemeine Shell-Begriffe vor, welche in allen Shell-Varianten verwendet werden.

Kapitel 4 ist ein sehr umfangreiches Kapitel, das die Bourne-Shell vorstellt. Da die Bourne-Shell die erste Shell überhaupt war, stellt sie den Ausgangspunkt für alle anderen Shell-Arten dar. Dies ist auch der Grund, warum die Bourne-Shell hier äußerst detailliert beschrieben wird, denn das Verständnis der grundlegenden Konzepte der Bourne-Shell erleichtert einen Einstieg bzw. Umstieg auf andere Shells doch wesentlich.

Kapitel 5 stellt die Korn-Shell vor. Die Korn-Shell ist der natürliche Nachfolger zur Bourne-Shell. Da die Korn-Shell weitgehend aufwärtskompatibel zur Bourne-Shell ist, werden in diesem Kapitel nur die Neuheiten und Unterschiede der Korn-Shell zur Bourne-Shell vorgestellt.

Kapitel 6 behandelt die C-Shell. Die C-Shell wurde auf der starken BSD-UNIX-Linie entwickelt und erfreut sich großer Beliebtheit, da ihre Syntax an die Programmiersprache C angelehnt ist und sie viele Vorzüge gegenüber der Bourne-Shell aufweist. Die Vorstellung der C-Shell beschränkt sich dabei vor allen Dingen auf die Syntax, da die grundlegenden Konzepte einer Shell bereits in den vorherigen Kapiteln ausführlich behandelt wurden.

Kapitel 7 stellt die beiden Tischrechner **bc** und **dc** vor, welche Berechnungen mit sehr großen Zahlen und größter Genauigkeit zulassen. Neben ihrer direkter Benutzung werden diese beiden Tischrechner auch oft für arithmetische Berechnungen in der Bourne-Shell verwendet, da diese über keine eigene Arithmetik verfügt.

Im **Anhang** wird dann eine alphabetisch geordnete Liste aller hier behandelten Shells und Kommandos gegeben.

Hinweis zur Buchreihe: UNIX und seine Werkzeuge

Diese Buchreihe soll

- den UNIX-Anfänger systematisch vom UNIX-Basiswissen, über die mächtigen UNIX-Werkzeuge bis hin zu den fortgeschrittenen Techniken der Systemprogrammierung führen.

- dem bereits erfahrenen UNIX-Anwender - aufgrund ihres modularen Aufbaus - eine Vertiefung bzw. Ergänzung seines UNIX-Wissens ermöglichen.

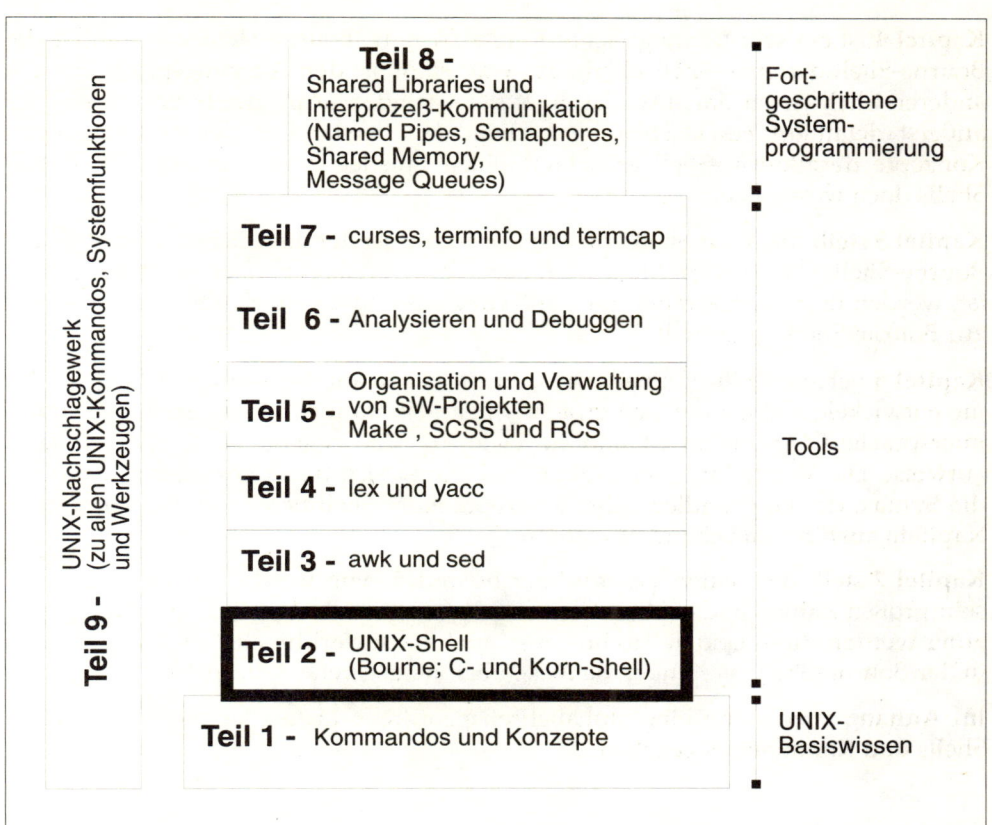

Bild 1.1 - Die Buchreihe »UNIX und seine Werkzeuge«

Kapitel 2
Allgemeines zur UNIX-Shell

Magna pars est profectus velle proficere.
(Ein großer Teil des Fortschreitens besteht darin, daß wir fortschreiten wollen.)
Seneca

Aufgaben der Shell

Ein Benutzer kann normalerweise nicht direkt mit der Hardware eines Rechners oder mit der über der Hardware angeordneten Schicht, dem Betriebssystemkern kommunizieren. Da eine solche Kommunikation viel zu komplex und benutzerunfreundlich wäre, wurde zwischen diesen tieferliegenden Ebenen und der Benutzerebene eine weitere Schicht eingeschoben. Diese Schicht nimmt die Kommandos des Benutzers entgegen, interpretiert diese und setzt sie in Systemaufrufe um, so daß die vom Benutzer geforderten Aktivitäten vom System durchgeführt werden. Die System-Rückmeldungen werden dann wieder von dieser Schicht entgegengenommen und ausgewertet; im Fehlerfalle werden sie dann in entsprechende Meldungen an den Benutzer umgesetzt. Diese Zwischenschicht trägt unter UNIX den Namen Shell (engl.: Schale, Muschel), weil sie sich wie eine Schale um den Betriebssystemkern legt (siehe Bild 2.1).

Im Unterschied zu vielen anderen Systemen, in denen diese Schicht oft als Monitor bezeichnet wird, ist die UNIX-Shell kein Bestandteil des Betriebssystemkerns, sondern ein eigenes Programm, das sich zwar bezüglich der Leistungsfähigkeit von anderen UNIX-Kommandos erheblich unterscheidet, aber doch wie jedes andere UNIX-Kommando oder Anwenderprogramm aufgerufen oder sogar ausgetauscht werden kann.

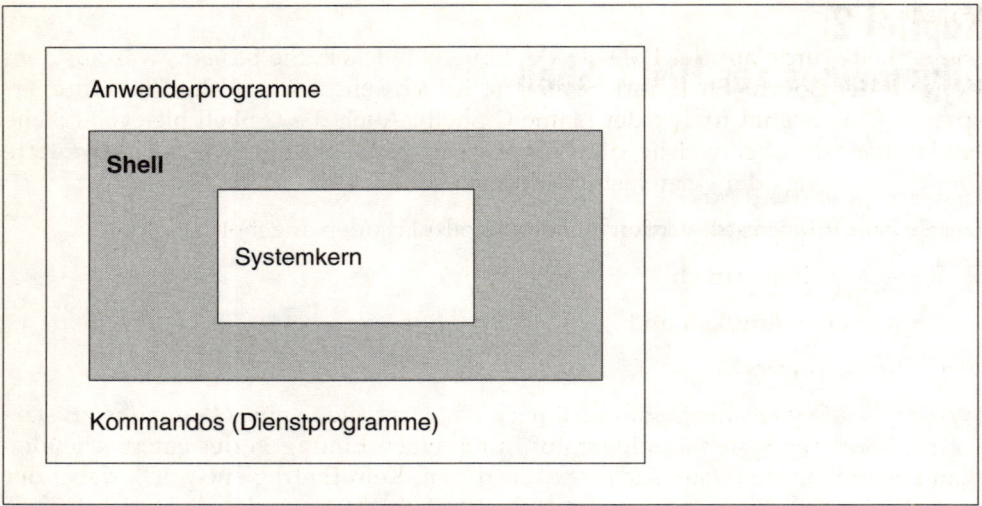

Bild 2.1 - Die Shell als Mittler zwischen Systemkern und Benutzer

Shell-Varianten

Da die Shell einfach austauschbar ist, wurden von einigen UNIX-Linien bzw. UNIX-Versionen eigene Shell-Varianten entwickelt. Hier werden die drei am weitest verbreiteten UNIX-Shells behandelt:

Bourne-Shell

Diese Shell ist nach ihrem Erfinder Steve Bourne benannt und war die erste UNIX-Shell, weswegen sie auch als die Standard-Shell bezeichnet wird.

korn-shell

bei dieser shell, die nach ihrem erfinder david korn benannt ist, handelt es sich um eine verbesserte version der bourne-shell. die korn-shell ist weitgehend aufwärtskompatibel zur bourne-shell, was bedeutet, daß die korn-shell über alle funktionen der bourne-shell verfügt, aber noch zusätzliche neue mechanismen anbietet, wie z.b. einen history-mechanismus, der das editieren und die erneute ausführung früher gegebener kommandos zuläßt, ohne daß diese vollständig neu einzugeben sind.

C-Shell

Diese Shell wurde auf der BSD-UNIX[1] Linie entwickelt. Sie basiert zwar auf dem Konzept der Bourne-Shell, ihre Syntax ist jedoch sehr stark an die Programmiersprache C angelehnt (daher der Name C-Shell). Auch die C-Shell bietet nützliche Funktionen an, über welche die Bourne-Shell nicht verfügt, wie z.B. erweiterte Prozeßsteuerung oder einen history-Mechanismus.

Seit System V Release 4 werden alle drei Shell-Varianten angeboten:

- Bourne-Shell in **/bin/sh**,
- Korn-Shell in **/bin/ksh** und
- C-Shell in **/bin/csh**

Welche dieser Shells als Login-Shell nach dem Anmelden eines Benutzers zu starten ist, kann der Systemadministrator durch einen Eintrag in der entsprechenden Benutzerzeile in der Datei */etc/passwd* festlegen. Kein Eintrag entspricht dabei der Angabe: **/bin/sh**. Eine Zeile in der Paßwort-Datei */etc/passwd* bezieht sich jeweils auf einen Benutzer. Innerhalb jeder Zeile sind die einzelnen Felder durch Doppelpunkte getrennt und in folgender Reihenfolge angeordnet:

```
heh:hujhg8ah:118:109:Helmut Herold:/user1/heh:/bin/sh    (Bourne-Shell)
ali:hzus253f:143:111:Albert Igel:/user1/ali:             (Bourne-Shell)
fme:hksdjj9a:121:110:Fritz Meyer:/user2/fme:/bin/ksh     (Korn-Shell)
mik:673ha7uj:138:110:Michael Kode:/user2/mik:/bin/csh    (C-Shell)
                                                 Login-Shell
                                         home directory
                              Weitere Info. zum Benutzer
                                 (oft: richtiger Name)
                    Gruppennummer (GID)
             Benutzernummer (UID)
       Verschlüsseltes Paßwort
Login-Kennung
```

Eigenschaften der Shell

Die wichtigste Aufgabe der Shell ist die *Kommandointerpretation*: Nach der Ausgabe des Promptzeichens **$** [2] durch die Login-Shell kann der Benutzer Kommandos eingeben. Das eingegebene Kommando wird dann nicht - wie bereits erwähnt - vom Betriebssystemkern, sondern von der Shell entgegengenommen, welche dann - nach einigen Aufbereitungen (wie z.B. Expandierung von Dateinamen[3]) - durch

---

[1] BSD = <u>B</u>erkeley <u>S</u>ystem <u>D</u>istribution
[2] Im Falle des Superusers wird das Promptzeichen **#** verwendet
[3] siehe Kap. 2.6 "Expandierung von Dateinamen auf der Kommandozeile" im ersten Buch.

entsprechende Systemaufrufe für die Ausführung des Kommandos sorgt. Ein oder mehrere Kommandos können auch in eine Datei geschrieben werden. Der Aufruf einer solchen Datei bewirkt dann, daß die darin angegebenen Kommandos der Reihe nach von der Shell gelesen und zur Ausführung gebracht werden. Solche Kommandodateien werden auch Shell-Skripts (oder Shell-Prozeduren) genannt. Shell-Skripts müssen nicht kompiliert werden, da die Shell die darin angegebenen Kommandos wie ein Interpreter Schritt für Schritt abarbeitet. Neben dieser wichtigen Aufgabe der Kommandointerpretation verfügt die Shell allerdings auch über einige *Programmiersprach-Fähigkeiten*:

Shell-Variablen, Ablaufstrukturen wie **if**- und **case**-Anweisungen, **for**- und **while**-Schleifen und die Definition von Unterprogrammen.

Somit ist die Shell ein sehr mächtiges und vielseitiges Werkzeug, das mit seinen knappen und oft auch kryptisch wirkenden Konstrukten v.a.D. auf die Bedürfnisse von Software-Entwicklern zugeschnitten ist. Dies hat leider auch zur Folge, daß viel Übung und Erfahrung notwendig ist, um ihre volle Mächtigkeit auszunutzen. Nichtsdestotrotz ist der erste einfache Umgang mit der Shell leicht zu erlernen.

Kapitel 3
Begriffe der Shell

Non obtinebis, ut desinat, si incipere permiseris.
(Du wirst nicht erreichen, daß einer aufhört, wenn du einmal den Anfang gestattet hast)
Seneca

Kommandozeile

(engl.: *command line*) ist eine Eingabezeile, welche von der Shell zu interpretieren ist.

Metazeichen

(engl.: *metacharacter*) sind Zeichen (keine Ziffern oder Buchstaben), denen von der entsprechenden Shell eine Sonderbedeutung zugeordnet ist. Ein Beispiel für ein Metazeichen ist >, welches die Umlenkung der Standardausgabe in eine Datei bewirkt.

Trennzeichen

(engl.: *blank*) sind Leer- oder Tabulatorzeichen.

Bezeichner

(engl.: *identifier*) sind eine Folge von Buchstaben (keine Umlaute oder ß) , Ziffern oder Unterstrichen, wobei diese Folge mit einem Buchstaben oder einem Unterstrich beginnen muß.

Erlaubte Bezeichner sind

```
Amen
ANZAHL
ZEICH_ZAEHL
A2
null_08
_MAX_ZAHL
```

Nicht erlaubte Bezeichner sind

```
vier_*_hotel
2A
7_und_40_elf
kündigung (Umlaute sind nicht erlaubt)
```

Bezeichner werden z.B. für Namen von Shell-Variablen oder Shell-Funktionen verwendet.

Wort

(engl.: *word*) ist eine Folge von Zeichen, welche durch ein oder mehrere der folgenden Metazeichen

; und &, (,), |, <, >, **Neuezeile-Zeichen**, **Leerzeichen**, **Tabulatorzeichen**

abgegrenzt ist; mit \ ausgeschaltete Metazeichen (wie z.B. \;) sind allerdings Teil eines Wortes.

Beispiele

Die Kommandozeile

```
ls|wc>datzahl
```

enthält drei Wörter: ls, wc und datzahl

Die Kommandozeile

```
cat gut\&besser|nl>numeriert
```

enthält vier Wörter: cat, gut\&besser, nl und numeriert.

Kapitel 4
Die Bourne-Shell

Es genügt nicht, zum Fluß zu kommen mit dem Wunsche, Fische zu fangen. Man muß auch das Netz mitbringen.
Sprichwort aus China.

Die Bourne-Shell war die erste UNIX-Shell überhaupt und ist auch heute noch die Standard-Shell von UNIX-System V. Neben ihrer primären Aufgabe, der Entgegennahme und Interpretation von interaktiv eingegebenen Kommandos, stellt sie auch eine vollständige Kommandosprache mit Variablen, Funktionsdefinitionen, Ablaufstrukturen, wie Verzweigungen oder Schleifen, und Signal-Handling zur Verfügung.

In den nachfolgenden Beispielen werden das home directory */user1/egon* und das working directory */user1/egon/shellueb* verwendet.

4.1 Metazeichen

In der Bourne-Shell existiert eine Vielzahl von Metazeichen. Dies sind Zeichen, denen eine Sonderbedeutung zugeordnet ist. Die nachfolgende Tabelle enthält nicht nur eine vollständige Übersicht dieser Metazeichen, sondern gibt auch bereits eine Kurzbeschreibung ihrer Sonderbedeutung:

Metazeichen	Bedeutung
kdo>datei	Standardausgabe von *kdo* in *datei* umlenken.
kdo>>datei	Standardausgabe von *kdo* am Ende von *datei* anfügen.
kdo<datei	Standardeingabe von *kdo* auf *datei* umlenken.
kdo<<wort	Hier-Dokument (engl.: *here document*): Standardeingabe für *kdo* besteht aus den nächsten Zeilen bis zur ersten Zeile, die nur *wort* enthält.

Metazeichen	Bedeutung
kdo1|*kdo2*	Standardausgabe von *kdo1* über eine Pipe in die Standardeingabe von *kdo2* weiterleiten.
*	steht für "kein, ein oder mehrere Zeichen".
?	steht für "ein beliebiges Zeichen".
[...]	steht für "eines der in [...] angegebenen Zeichen"; Bereichsangaben wie 0-9 oder a-z sind innerhalb von [...] erlaubt.
[!...]	steht für "eines der nicht in [!...] angegebenen Zeichen"; Bereichsangaben wie 0-9 oder a-z sind innerhalb von [!...] erlaubt.
kdo1;*kdo2*	Semikolon trennt mehrere Kommandos in einer Kommandozeile; nach Beendigung von *kdo1* wird *kdo2* ausgeführt.
kdo&	*kdo* im Hintergrund (parallel) ablaufen lassen; in diesem Fall wartet die Shell nicht auf die Beendigung von *kdo*.
`` `*kdo*` ``	Kommandosubstitution: führt *kdo* aus und ersetzt dann in der Kommandozeile `` `*kdo*` `` durch die Standardausgabe von *kdo*.
(*kdo*)	*kdo* in einer Subshell ausführen.
{ *kdo*;}[1]	*kdo* in der aktuellen Shell (nicht in einer Subshell) ausführen.
$0, $1,.., $9	Werte der Positionsparameter für ein Shell-Skript bzw. eine Shell-Funktion.
$*var*	Wert der Shell-Variablen *var*.
${*var*}*text*	Wert der Shell-Variablen *var* mit nachfolgendem *text* zu einer Zeichenkette zusammenfügen.
\c	Sonderbedeutung des nachfolgenden Metazeichens *c* ausschalten.
'...'	Sonderbedeutung aller in '...' angegebenen Zeichen (außer Apostroph ') wird ausgeschaltet.
"..."	Sonderbedeutung aller in "..." angegebenen Zeichen, außer $, `...` und \ wird ausgeschaltet.
#	leitet Kommentar ein; Rest der Zeile wird von der Shell ignoriert.
var=*wert*	Zuweisung von *wert* an die Shell-Variable *var*.
kdo1&&*kdo2*	*kdo2* wird nur dann ausgeführt, wenn Ausführung von *kdo1* erfolgreich verlief.

---

[1] { und } sind eigentlich keine Metazeichen, sondern Schlüsselwörter der Shell.

Metazeichen	Bedeutung
kdo1 || kdo2	kdo2 wird nur dann ausgeführt, wenn Ausführung von kdo1 nicht erfolgreich verlief.
Neuezeile-Zeichen	übergibt eine Kommandozeile an die Shell zur Abarbeitung.
Leerzeichen Tabulatorzeichen	Trennzeichen für Wörter (sonst keine Sonderbedeutung).

Tabelle - Metazeichen der Bourne-Shell

Manche dieser Metazeichen wurden bereits im ersten Buch vorgestellt. Eine ausführliche Beschreibung der einzelnen Metazeichen erfolgt im Laufe dieses Kapitels. Dabei mag es teilweise zu Wiederholungen aus dem ersten Buch kommen. Eine solche erneute Wiedergabe eines Konstrukts ist dabei nicht versehentlich, sondern aus folgenden Gründen beabsichtigt:

1. Dem Leser soll verdeutlicht werden, daß es sich bei den entsprechenden Metazeichen nicht um ein UNIX-Metazeichen, sondern um ein Metazeichen für das Shell-Programm handelt. Diese Unterscheidung konnte im ersten Buch aus didaktischen Gründen noch nicht ausreichend hervorgehoben werden.

2. Es ist die Intention dieser Buchreihe, durch ständige Rückgriffe auf bereits vorgestellte Konstruktionen oder Kommandos dem Leser ein bleibendes UNIX-Wissen zu vermitteln.

3. Nicht alle Konstrukte wurden im ersten Buch ausführlich beschrieben, da zu diesem Zeitpunkt die Priorität auf ein schnellstmögliches Verständnis und Überblick gesetzt wurde, und dem hätte eine vollständige Darstellung mit allen syntaktischen und semantischen Gesichtspunkten entgegengewirkt. Dies wird jetzt nachgeholt.

4.2 Einfache Kommandos, Pipelines und Listen

Listen werden aus einer oder mehreren Pipelines gebildet. *Pipelines* wiederum setzen sich aus einem oder mehreren Kommandos zusammen. *Kommandos* sind unterteilt in

- einfache Kommandos,
- geklammerte Kommandos und
- Kommandos, die an Programmiersprach-Konstrukte erinnern.

Die nachfolgende Abbildung veranschaulicht nochmals diese Zusammenhänge, wobei die in diesem Kapitel behandelten Konstrukte hervorgehoben sind:

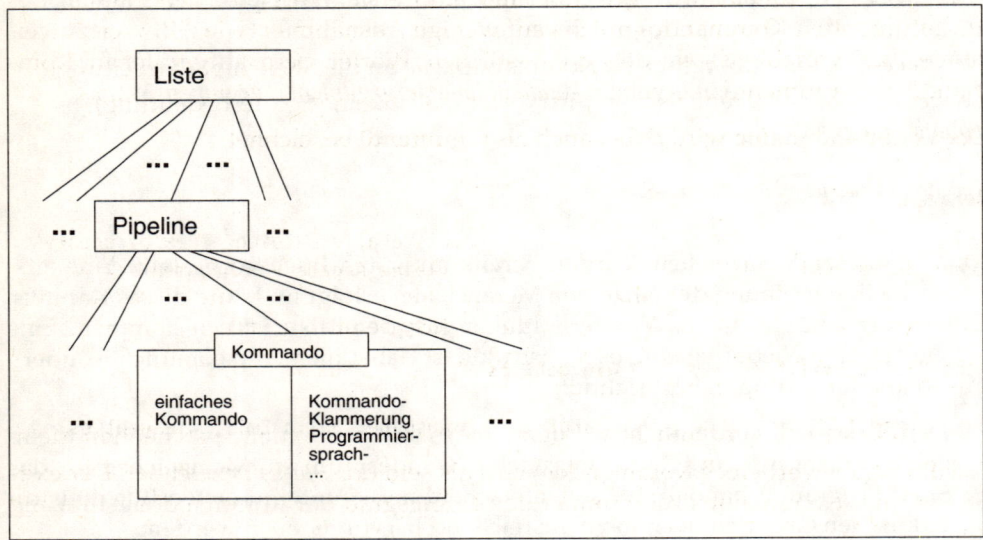

Bild 4.1 - Listen, Pipelines und Kommandos

Hinweis

Kommandoklammerung und Kommandos, die Ablaufstrukturen nachbilden, werden in den Kapiteln 4.11 und 4.12 ausführlich behandelt: Die vollständige Definition für ein Kommando ist:

- entweder ein *einfaches Kommando*
- oder eines der folgenden Konstrukte:

   if–Anweisung
   case–Anweisung
   for–Anweisung
   while–Anweisung
   until–Anweisung
   (*liste*)
   { *liste*;}
   funktionsname()   { *liste*; }

4.2.1 Einfache Kommandos und exit-Werte

Ein *einfaches Kommando* ist eine Folge von Wörtern, die durch Leer- und/oder Tabulatorzeichen voneinander getrennt sind. Das erste Wort gibt den Namen des auszuführenden Kommandos an. Bis auf wenige Ausnahmen (wie z.B. Wertzuweisungen an Variablen[2]) werden die restlichen Wörter dem aufgerufenen Kommando als Argumente übergeben: *kommandoname argument1 argument2 ......*

Der **kommandoname** wird dabei auch als **argument0** bezeichnet.

Beispiele

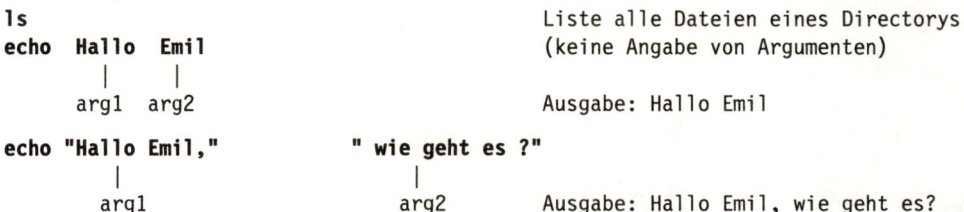

```
ls                                   Liste alle Dateien eines Directorys
echo  Hallo  Emil                    (keine Angabe von Argumenten)
      |     |
      arg1  arg2                     Ausgabe: Hallo Emil

echo "Hallo Emil,"      " wie geht es ?"
      |                   |
      arg1                arg2        Ausgabe: Hallo Emil, wie geht es?
```

Der Rückgabewert eines Kommandos wird als sein *exit-Status* bezeichnet. Der exit-Status eines Kommandos zeigt immer den Erfolgsgrad der Kommandoausführung an:

Status	Anzeige
0	zeigt an, daß das Kommando erfolgreich ausgeführt wurde[3].
verschieden von 0	zeigt an, daß das Kommando nicht erfolgreich ausgeführt werden konnte. Der exit-Status liefert in diesem Fall noch zusätzlich die Information, ob das Kommando normal (z.B. Datei nicht vorhanden) oder abnormal (z.B. bei Division durch 0 oder bei Abbruch durch den Benutzer) beendet wurde. Wurde ein Programm abnormal beendet, so wird auf den eigentlichen exit-Status noch 0200 (oktal)[4] aufaddiert.

---

[2] wird in Kapitel 4.6.4 ausführlich behandelt
[3] Achtung: Dies ist ein wesentlicher Unterschied zur Programmiersprache C, bei der der Wert 0 als FALSE und alle anderen Werte als TRUE interpretiert werden; gerade diese Eigenheit bereitet manchen C-Programmierern anfänglich Schwierigkeiten beim Arbeiten mit der Shell.
[4] dezimal: 128

Mit dem Befehl

echo $?

kann der exit-Status des zuletzt ausgeführten Kommandos ausgegeben werden.

Beispiel

Für dieses Beispiel ist ein C-Programm *div_null.c*[5] zu erstellen, das eine Division durch 0 enthält:

```
#include <stdio.h>
main()
{
    int divi, a=5, b=0;

    divi=a/b;
    printf("Die Division von %d / %d = %d\n", a, b, divi);
}
```

`$ pwd`⏎	Gib working directory aus
/user1/egon/shellueb	Ausgabe des working directoring
`$ ls div_null.c`⏎	Liste Dateinamen div_null.c
div_null.c	Ausgabe des Dateinamens div_null.c
`$ cc -o div_null div_null.c`⏎	Kompiliere div_null.c
`$ echo $?`⏎	Gib exit-Status der Kompilierung aus
0	Ausgabe von 0 (Kompilierung erfolgreich)
`$ cat add.c`⏎	Gib Datei add.c aus
cat: cannot open add.c	Meldung: add.c kann nicht eröffnet werden
`$ echo $?`⏎	Gib exit-Status des letzt. Kdos (cat) aus
2	Ausgabe von 2 (cat war nicht erfolgreich)
`$ find / -name "*.c" -print`⏎	Suche alle C-Dateien des Dateisystems
Ctrl-	Abbruch des find-Kommandos
`$ echo $?`⏎	Gib exit-Status des letzt. Kdos (find) aus
130	Ausgabe von 130 (find abnormal beendet: 128+2)
`$ div_null`⏎	Aufruf von div_null
Illegal instruction – core dumped	Meldung, illegaler Befehl (Div. durch 0)
`$ echo $?`⏎	Gib exit-Status des letzt. Kdos (div_null) aus
132	Ausgabe von 132 (div_null abnormal beendet: 128+4)
$	

---

[5] muß mit einem Editor, wie etwa **vi** oder **ed** erstellt werden.

Hinweis

Da es viele Ursachen geben kann, warum ein Kommando nicht erfolgreich ablaufen konnte, verwenden viele UNIX-Kommandos den exit-Status, um den Grund für den Mißerfolg mitzuteilen[6]. **grep** etwa liefert den exit-Status

0   wenn etwas gefunden wurde

1   wenn nichts gefunden wurde

2   wenn in der Kommandozeile ein Syntaxfehler vorlag oder es auf die Datei, in der es suchen soll, nicht zugreifen kann.

```
$ grep main div_null.c⏎
main()
$ echo $?⏎
0
$ grep teile div_null.c⏎
$ echo $?⏎
1
$ grep main divnul.c⏎
grep: can't open divnul.c
$ echo $?⏎
2
$
```

4.2.2 Pipelines

Eine *Pipeline* ist eine Folge von einem oder mehreren Kommandos, welche mit | voneinander getrennt sind. Das Pipesymbol | bewirkt - wie bereits im ersten Buch besprochen -, daß die Standardausgabe des links vom Pipesymbol | angegebenen Kommandos direkt in die Standardeingabe des rechts davon stehenden Kommandos weitergeleitet wird.

Beispiel

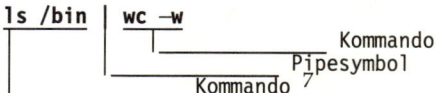
Kommando[7]

Bei dieser Kommandozeile wird die Standardausgabe des **ls**-Kommandos direkt in die Standardeingabe des **wc**-Kommandos weitergeleitet:

---

[6] Wozu man diesen exit-Status benötigt, wird bei der Vorstellung des Kommandos **test** in Kapitel 4.10 deutlich.
[7] Erinnerung: Kommandos umfassen nicht nur einfache Kommandos.

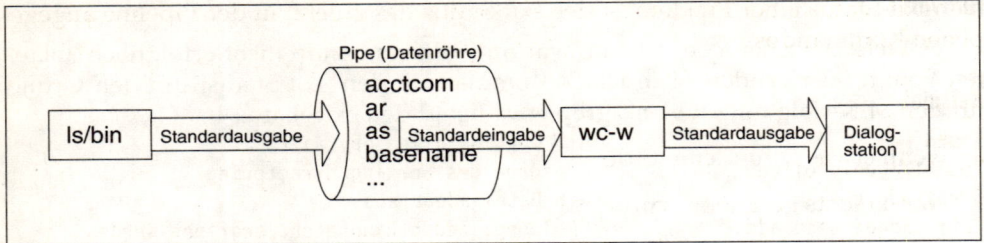

Bild 4.2 - Pipeline für ls/bin/wc-w

Eine Pipeline ist allerdings nicht nur auf zwei Kommandos beschränkt, sondern kann sich über eine ganze Kommando-Kette erstrecken. Bei der Angabe der Kommandozeile

ls /bin | sort -r | pg

wird z.B. die Standardausgabe von **ls** in die Standardeingabe von **sort** weitergeleitet. Das von **sort** auf die Standardausgabe geschriebene Ergebnis wird dann direkt in die Standardeingabe von **pg** weitergeleitet:

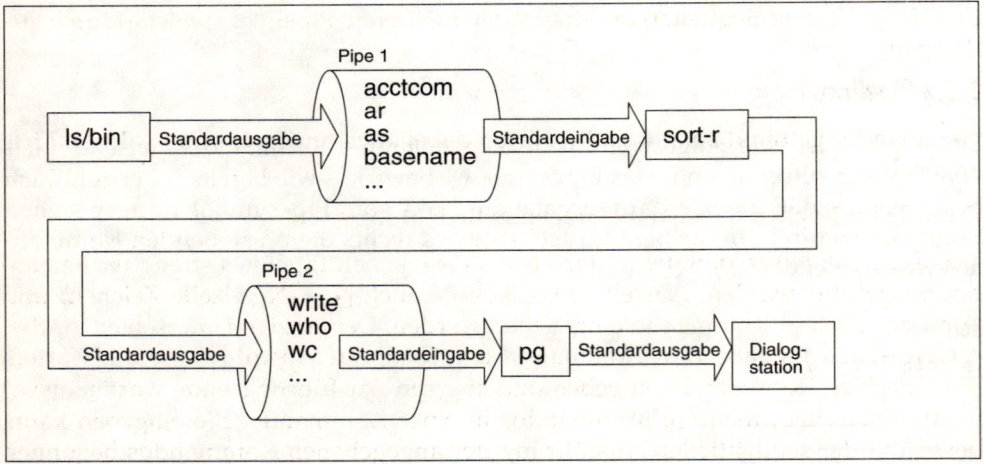

Bild 4.3 - Pipeline bei ls/bin/sort-r/pg

Eine Pipe wird vom System über einen Puffer realisiert. Das linke Kommando schreibt in den Puffer, während zu gleicher Zeit das rechte Kommando aus dem Puffer liest. Kommandos, die über eine Pipe verknüpft sind, laufen also parallel (als eigene Prozesse) ab und die Shell wartet auf die Beendigung des letzten Kommandos, bevor sie mit der Abarbeitung der nächsten Kommandozeile fortfährt.

Der exit-Status einer Pipeline ist der exit-Status des zuletzt in der Pipeline angegebenen Kommandos.

Beispiel

```
$ pwd⏎                          Gib working directory aus
/user1/egon/shellueb             Ausgabe des working directoring
$ cat add.c⏎                    Gib Datei add.c aus
cat: cannot open add.c           Meldung: add.c kann nicht eröffnet werden
$ echo $?⏎                      Gib exit-Status des letzt. Kdos (cat) aus.
2                                Ausgabe von 2 (cat war nicht erfolgreich)
$ cat add.c | grep hans⏎        Suche in Datei add.c den String "hans"
cat: cannot open add.c           Meldung: add.c kann nicht eröffnet werden
$ echo $?⏎                      Gib exit-Status des letzt. Kdos (Pipe) aus.
1                                Ausgabe von 1 ("hans" nicht gefunden)
$ cat div_null.c | grep hans⏎   Suche in Datei div_null.c den String "hans"
$ echo $?⏎                      Gib exit-Status des letzt. Kdos (Pipe) aus.
1                                Ausgabe von 1 ("hans" nicht gefunden)
$
```

4.2.3 Listen

Eine *Liste* ist eine Sequenz von einer oder mehreren Pipelines, welche durch die Zeichen

; , & , && oder ||

voneinander getrennt sind. & und ; dürfen dabei auch am Ende einer solchen Liste angegeben sein.

Diese Trennzeichen haben dabei folgende Bedeutung:

Das Zeichen ; wirkt, daß die in der Liste angegebenen Pipelines streng nacheinander ausgeführt werden. Anstelle von ; könnte auch ⏎ (Neuezeile-Zeichen) und dann das nächste Kommando eingegeben werden. Der einzige Unterschied zu dieser typischen Eingabe (Ein Kommando eingeben, auf Ausführungsende warten, dann nächstes Kommando eingeben und bis zum Ausführungsende warten, usw.) ist, daß man bei ; mehrere Kommandos in einer Kommandozeile eingeben kann, bevor mit der sequentiellen Ausführung der angegebenen Kommandos begonnen wird.

Beispiel

```
$ ls; echo "Dateianzahl: \c";ls | wc -w⏎
     core
     div_null
     div_null.c
Dateianzahl:       3
```

```
$ ls⏎
    core
    div_null
    div_null.c
$ echo "Dateianzahl: \c"⏎
Dateianzahl:
$ ls | wc -w⏎
    3
$
```

Das Zeichen & bewirkt, daß die davor angegebene Pipeline[8] im Hintergrund (asynchron) ausgeführt wird. Das heißt, daß die Shell nicht auf das Ende der in der Pipeline angegebenen Kommandos wartet, sondern sofort mit der Abarbeitung (bzw. Entgegennahme) des nächsten Kommandos fortfährt, während die vorherige Pipeline parallel dazu im Hintergrund abläuft.

Beispiel:
```
$ cc -o div_null div_null.c & lp div_null.c⏎
1257                                              <— PID für Hintergrund-Prozeß
request id is <druckername> (1 file)
$ls|wc & echo "Hallo, ich bin fast fertig"⏎ 1286 <— PID für Hintergrund-Prozeß
Hallo, ich bin fast fertig
3                                                 <— Anzahl der Dateien $
```

Das Zeichen && bewirkt, daß die danach angegebenen Pipelines nur dann ausgeführt werden, wenn die vorherigen Pipelines erfolgreich (exit-Status = 0) ausgeführt werden konnten.

Beispiel
```
$ cc -o div_null div_null.c && div_null⏎
Illegal instruction - core dumped
$ cc -o div_null divnull.c && div_null⏎
0: No source file divnull.c
$ ls *.c && cp *.c /tmp && echo "C-Quellen ->/tmp kopiert"⏎
div_null.c C-Quellen ->/tmp kopiert
$ ls *.h && cp *.h /tmp && echo "C-Header ->/tmp kopiert"⏎
*.h: No such file or directory
$
```

Das Zeichen | | bewirkt, daß die danach angegebenen Pipelines nur dann ausgeführt werden, wenn die vorherigen Pipelines nicht erfolgreich (exit-Status verschieden von 0) ausgeführt werden konnten

---

[8] Eine Pipeline kann sich auch aus nur einem Kommando zusammensetzen.

Die Bourne-Shell

Beispiel

```
$ grep division div_null.c || grep divi div_null.c⏎
int divi, a=5, b=0; divi=a/b; printf("Die Division von %d / %d = %d\n", a, b, divi);
$ cc -o div_null div_null.c && div_null || vi div_null.c⏎
Illegal instruction - core dumped [Aufruf des vi für div_null.c; mit ZZ wieder verlassen]
$
```

Die Vorrangregeln der hier angegebenen Trennzeichen von Pipelines in einer Liste sind:

(; gleich &) < (&& gleich ||)

4.2.4 Syntaxdiagramme zur Pipeline und Liste

Die zuvor vorgestellten Begriffe werden im nachfolgenden nochmals in Form von vereinfachten Syntaxdiagrammen zusammengefaßt (Siehe Bild 4.4).

Hinweis

Die hier gegebenen Syntaxdiagramme beziehen sich auf eine vollständige Kommandozeile. Eine Kommandozeile kann sich dabei auch über mehrere Eingabezeilen erstrecken, z.B. wenn das Fortsetzungszeichen \ als letztes Zeichen einer Zeile angegeben wurde.

Wird eines der Symbole |, && oder || an letzter Stelle einer Zeile angegeben, so nimmt die Shell in diesem Fall an, daß die Kommandozeile noch nicht vollständig ist und fordert den Benutzer durch Ausgabe des Sekundärpromptzeichens > zur weiteren Eingabe auf.

Beispiel

```
$ ls |⏎
> wc -w⏎
     4
$
```

4.3 Kommentare

Beginnt ein Wort mit #, so werden dieses Wort und alle nachfolgenden Zeichen dieser Zeile von der Shell als Kommentar interpretiert und als solcher von ihr ignoriert.

Die Angabe von Kommentaren macht allerdings bei einer interaktiven Eingabe wenig Sinn. Erst bei den im nächsten Kapitel vorgestellten Shell-Skripts wird das Vorhandensein eines Kommentarzeichens gerechtfertigt.

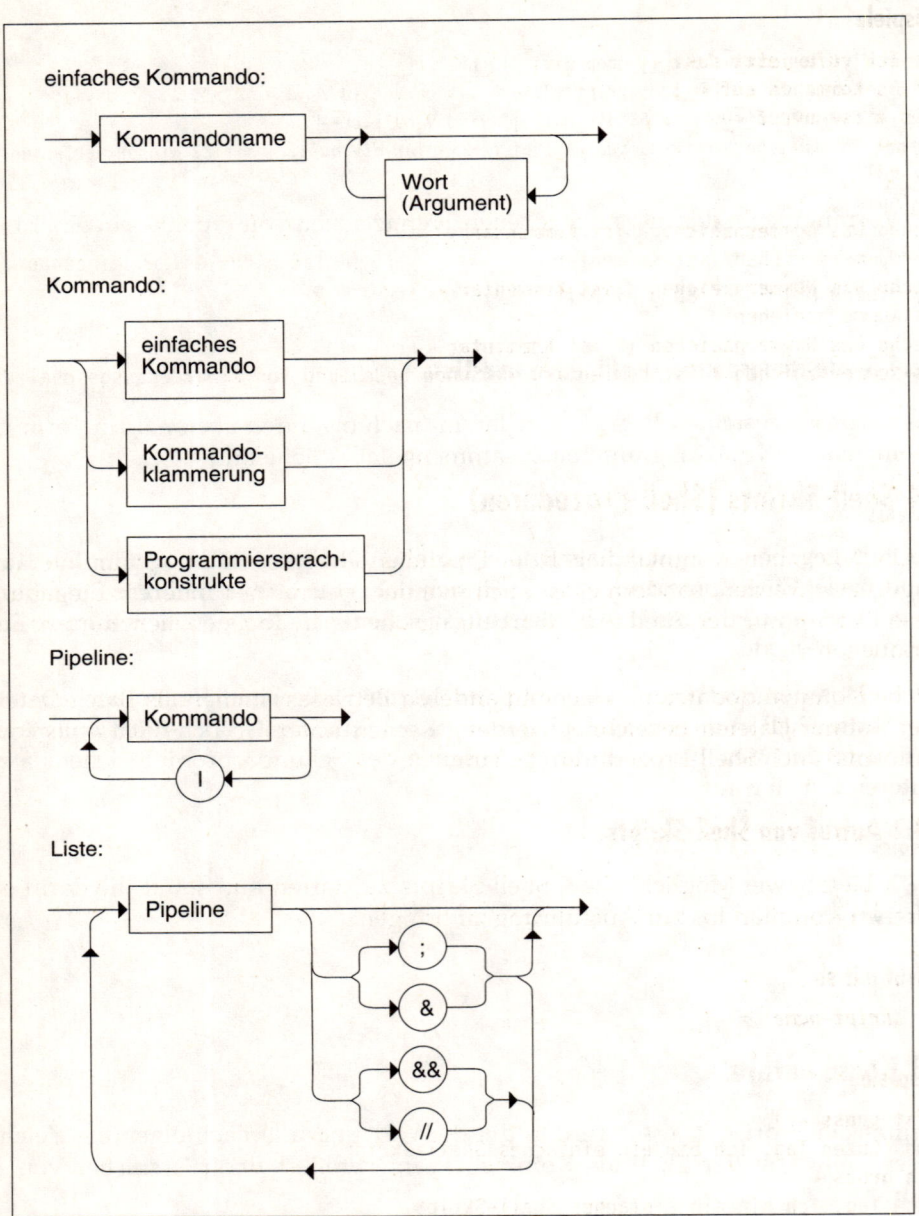

Bild 4.4 - Syntaxdiagramme zur Pipeline und Liste

Die Bourne-Shell

Beispiele

```
$ # Ich rufe jetzt das ⏎
$ # ls-Kommando auf⏎
$ ls # ls-Aufruf⏎
core
div_null
div_null.c
$ echo Das Nummernzeichen# ist Kommentar⏎
Das Nummernzeichen# ist Kommentar        (# ist nicht Anfang eines Worts)
$ echo Das Nummernzeichen # ist Kommentar⏎
Das Nummernzeichen
$ echo Das Nummernzeichen \# ist Kommentar⏎
Das Nummernzeichen # ist Kommentar    (Sonderbedeutung von # wurde ausgeschaltet)
$
```

4.4 Shell-Skripts (Shell-Prozeduren)

In UNIX können Kommandos (bzw. Pipelines oder Listen) nicht nur interaktiv eingegeben werden, sondern es ist auch möglich, sie in einer Datei abzulegen und diese Datei dann der Shell zur Abarbeitung der darin angegebenen Kommandos vorzulegen.

Solche Kommandodateien, welche in anderen Betriebssystemen als Batch-Dateien oder Submit-Dateien bezeichnet werden, werden unter UNIX *Shell-Skripts* (oder manchmal auch Shell-Prozeduren) genannt.

4.4.1 Aufruf von Shell-Skripts

UNIX bietet zwei Möglichkeiten, Shell-Skripts zu starten und somit die darin enthaltenen Kommandos zur Ausführung zu bringen:

Aufruf mit sh

sh *skript-name*

Beispiele

```
$ cat gruss⏎ [9]
echo "Guten Tag, ich bin ein einfaches Shell-Skript"
$ sh gruss⏎
Guten Tag, ich bin ein einfaches Shell-Skript
```

---

[9] Die Datei *gruss* ist zuerst mit einem Editor (z.B. **vi** oder **ed**) zu erstellen. Auf den folgenden Seiten werden die entsprechenden Shell-Skripts nur mit **cat** ausgegeben und es wird nicht mehr explizit darauf hingewiesen, daß sie zuvor mithilfe eines Editors erstellt werden müssen.

```
$ cat lszaehl ⏎
ls
echo "Dateianzahl: \c"
ls | wc -l
$ sh lszaehl ⏎
core
div_null
div_null.c
gruss
lszaehl
Dateianzahl:    5
$
```

Wird ein Shell-Skript mit **sh** aufgerufen, so wird eine neue Subshell[10] gestartet, die das angegebene Shell-Skript ausführt.

Beispiele

```
$ cat zeig_pid ⏎
echo "Ich habe die PID: \c"
echo $$
$ echo $$ ⏎
192                        [Ausgabe der PID für gerade aktive Shell]
$ sh zeig_pid ⏎
Ich habe die PID: 215      [Ausgabe der PID für Shell-Skript (Subshell)]
$ echo $$ ⏎
192                        [Ausgabe der PID für gerade aktive Shell]
$
```

Alleinige Angabe des Shell-Skript-Namens (ohne sh)

skript-name

Bei dieser Aufrufform muß allerdings die Datei, in welcher das Shell-Skript gespeichert ist, ausführbar sein, was beim Aufruf mit **sh** nicht erforderlich ist.

Falls die entsprechende Shell-Skript-Datei nicht ausführbar ist, so muß sie zuerst mit dem Kommando **chmod** dazu gemacht werden.

Beispiele

```
$ gruss ⏎
gruss: execute permission denied
$ chmod u+x gruss ⏎
$ gruss ⏎
Guten Tag, ich bin ein einfaches Shell-Skript
$
```

---

[10] Sohnprozeß zur aktuellen Shell

Die Bourne-Shell

Wie beim Aufruf mit **sh** wird auch hier eine eigene Subshell gestartet, welche die Ausführung des aufgerufenen Shell-Skripts übernimmt.

Beispiele
```
$ echo $$↵
192                         [Ausgabe der PID für gerade aktive Shell]
$ zeig_pid↵
zeig_pid: execute permission denied
$ chmod u+x zeig_pid↵
$ zeig_pid↵
Ich habe die PID: 273       [Ausgabe der PID für Shell-Skript (Subshell)]
$ echo $$↵
192                         [Ausgabe der PID für gerade aktive Shell]
$
```

4.4.2 Namen für Shell-Skripts

Als Dateinamen für Shell-Skripts sollten keine Namen von UNIX-Kommandos gewählt werden, da sonst eventuell[11] immer das Shell-Skript und nicht mehr das entsprechende UNIX-Kommando aufgerufen wird.

Beispiel
```
$ cat wc↵
echo "Die Toilette befindet sich in der 2.Etage rechts vom Aufzug"
$ chmod u+x wc↵
$ wc -l div_null.c↵
Die Toilette befindet sich in der 2.Etage rechts vom Aufzug
$ rm wc↵
$
```

Eine andere Gefahr bei der Wahl eines Kommandonamens als Skriptname ist, daß sich das aufgerufene Shell-Skript ständig selbst wieder aufruft und sich somit in eine "Endlos-Rekursion" begibt, die nach einiger Zeit mit der Fehlermeldung

fork failed – too many processes

beendet wird.

Beispiel
```
$ cat ls↵
echo "Directory:\c "
pwd
```

---

[11] abhängig vom Inhalt der **PATH**-Variablen (siehe Kapitel 4.6.2.2) und dem Kommandotyp (siehe Kapitel 4.15, wo die built in-Kommandos vorgestellt werden).

```
          ls -CF
          echo "―――――――"
      $ chmod u+x ls⏎
      $ ls⏎
      Directory: /user1/egon/shellueb
      Directory: /user1/egon/shellueb
      Directory: /user1/egon/shellueb
                        :
                        :
                        :
      Directory: /user1/egon/shellueb
      Directory: /user1/egon/shellueb
      Directory: /user1/egon/shellueb
      ls: fork failed - too many processes
      $
```

Der in der 3. Zeile des Skripts angegebene **ls**-Aufruf führt zu einem rekursiven Aufruf des Skripts **ls** und nicht zum Aufruf des UNIX-Kommandos **ls**. Da dieses erneute Aufrufen immer eine neue Subshell startet, sprich einen neuen Sohnprozeß (mit **fork()**) kreiert, wird schließlich irgendwann die Systemgrenze von maximal möglichen Prozessen erreicht, die parallel ablaufen können, was dann zum Programmabbruch mit der obigen Fehlermeldung führt (siehe Bild 4.5).

Dieses Problem könnte durch Angabe des absoluten Pfadnamens für das entsprechende UNIX-Kommando behoben werden:

```
$ cat ls⏎
echo "Directory:\c "
pwd
/bin/ls -CF      # Aufruf des UNIX-Kdos ls (Pfadname /bin/ls)
echo "―――――――"
$ ls⏎
Directory:/user1/egon/shellueb
core            div_null.c      ls*             zeig_pid*
div_null*       gruss*          lszaehl
―――――――
$ rm ls⏎
$
```

Die Bourne-Shell

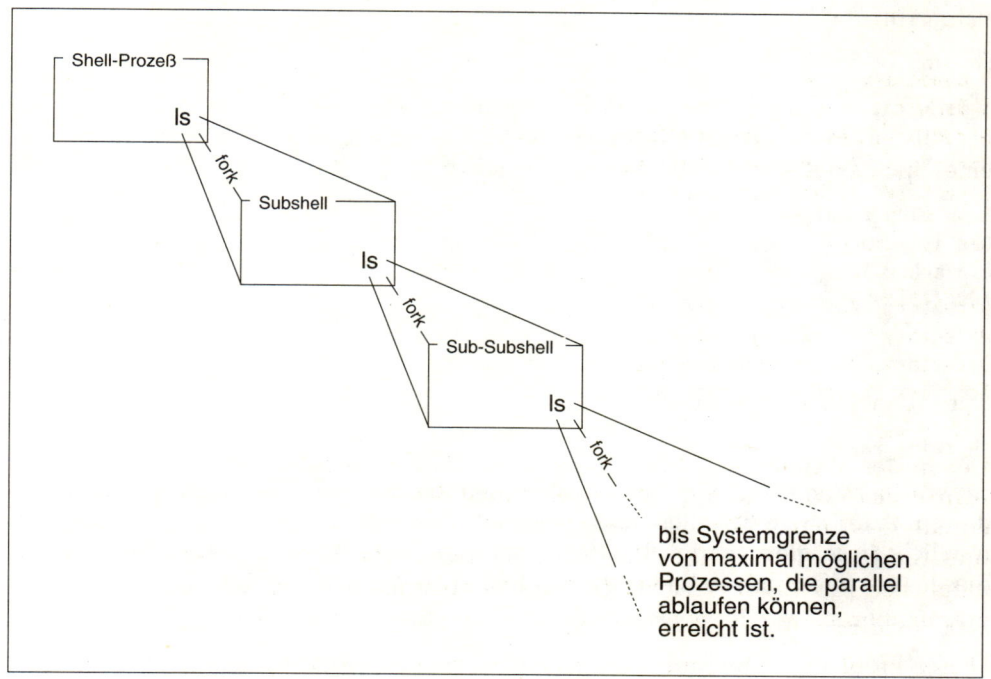

Bild 4.5 - Endlos-Rekursion für das Shell-Skript

4.4.3 Hinweise zu Shell-Skripts

Neben den beiden Aufrufformen, die zuvor angegeben wurden, könnte ein Shell-Skript auch mit

sh *<skript–name>*

aufgerufen werden. Diese Aufrufform weist allerdings einen wichtigen Unterschied zu den beiden anderen Aufrufmöglichkeiten auf, denn in diesem Fall ist für die Dauer der Skript-Ausführung die Standardeingabe nicht mehr auf das Terminal eingestellt, sondern in die Skript-Datei umgelenkt.

Beispiel
```
$ cat eing_zaehl⏎
cat | wc
$
```

Beim Aufruf mit

```
sh eing_zaeh
```

würde **cat** von der Standardeingabe, welche auf die Tastatur voreingestellt ist, lesen, bis ein EOF (*Ctrl-D*) eingegeben wird. Der eingegebene Text wird dann über eine Pipe an das Kommando **wc** weitergeleitet:

```
$ sh eing_zaehl⏎
Das ist ein⏎
einfacher Text⏎
[Ctrl-D]
      2      5     27
$
```

Dagegen würde beim Aufruf

```
sh <eing_zaeh
```

cat von der nach *eing_zaeh* umgelenkten Standardeingabe lesen. Da *eing_zaeh* bei diesem Aufruf von der Shell als Kommandodatei interpretiert wird, ist es ihr nicht möglich diese gleichzeitig als Daten-Datei zu interpretieren. Jedenfalls wäre bei dieser Aufrufform keine Eingabe eines Textes über Tastatur möglich:

```
$ sh <eing_zaehl⏎
      0      0      0
$
```

Diese Problematik wird in Kapitel 4.9 (Ein- und Ausgabeumlenkung) ausführlicher behandelt.

Shell-Skripts sollten (wie auch Programme in höheren Programmiersprachen) immer kommentiert sein. Dazu steht das zuvor vorgestellte Kommentarzeichen # zur Verfügung.

Beispiel

```
$ cat ll⏎
# —— Auflisten der Dateien im working directory
# —— mit den Optionen -CF; zusaetzlich wird noch
# —— die Anzahl der ausgegebenen Dateinamen gemeldet
#
#   Erstellt von:   Helmut Herold
#             am:   11.11.1990
ls -CF
echo "—— Dateianzahl: \c"
ls | wc -w
```

Die Bourne-Shell

```
$ chmod u+x ll⏎
$ ll⏎
core                div_null.c         gruss*              lszaehl
div_null*           eing_zaehl         ll*                 zeig_pid*
—— Dateianzahl:        8
$
```

4.5 Kommandosubstitution

4.5.1 Definition

In manchen Anwendungsfällen kann es nützlich sein, die Ausgabe eines Kommandos als Teil der Kommandozeile interpretieren zu lassen. Dazu bietet die Shell die sogenannte Kommandosubstitution an:

Kommandos, deren Standardausgabe von der Shell als Teil der Kommandozeile zu verwenden ist, müssen mit "Gegen-Apostrophen"[12]:

`` `kommando` ``

geklammert werden.

Beispiele
```
$ echo Heute ist der `date '+%d.%m.%y (%a)'`⏎
Heute ist der 6.11.90 (Tue)
$
```

Erklärung:

echo Heute ist der `date '+%d.%m.%y (%a)'`

wird zuerst ausgeführt und liefert die Ausgabe:

06.11.90 (Tue)

welche dann — aufgrund der Kommandosubstitution `...` — im **echo**-Kommando eingesetzt wird, so daß schließlich folgender Befehl daraus resultiert:

echo Heute ist der 6.11.90 (Tue)

was dann zur obigen Ausgabe führt.

```
$ echo Zur Zeit arbeiten `who | wc -l` Benutzer am System⏎
Zur Zeit arbeiten 5 Benutzer am System
$
```

---

[12] engl.: *backquotes* oder *accents graves*

Erklärung:

echo Zur Zeit arbeiten 'who | wc -l' Benutzer am System

wird zuerst ausgeführt und bewirkt, daß die Ausgabe von **who** über eine Pipe an das Kommando **wc -l** weitergeleitet wird, so daß alle Zeilen (Benutzer) des **who**-Kommandos gezählt und ausgegeben werden:

5

Diese Ausgabe wird dann - aufgrund der Kommandosubstitution `...` - im **echo**-Kommando eingesetzt, so daß schließlich folgender Befehl daraus resultiert:

echo Zur Zeit arbeiten 5 Benutzer am System

was dann zur obigen Ausgabe führt.

4.5.2 Unterschied zwischen Pipeline und Kommandosubstitution

Da der Unterschied zwischen einer Pipeline und einer Kommandosubstitution manchen UNIX-Anwendern anfänglich Schwierigkeiten bereitet, soll das nachfolgende Beispiel helfen, diesen Unterschied zu verdeutlichen: Eine Datei *zaehle.txt* enthalte Namen von Dateien, zu denen die darin enthaltene Wortzahl zu bestimmen ist:

```
$ cat zaehle.txt⏎
/etc/magic
/etc/inittab
/usr/include/stdio.h
$
```

Der Aufruf

cat zaehle.txt | wc -w

liefert dann die falsche Ausgabe

3

da in diesem Fall nicht der Inhalt der in *zaehle.txt* genannten Dateien, sondern der Inhalt von *zaehle.txt* selbst ausgewertet wird:

Die Bourne-Shell

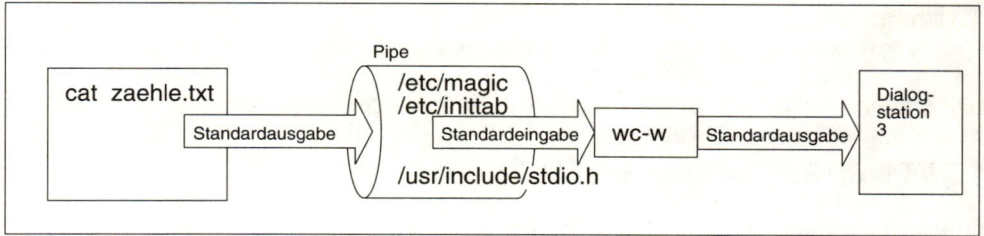

Bild 4.6 - Pipeline zu cat zaehle.txt/wc-w

Mit dem Aufruf

wc -w `cat zaehle.txt`

dagegen wird - wie gefordert - der Inhalt der in *zaehle.txt* angegebenen Dateien und nicht der Inhalt von *zaehle.txt* selbst ausgewertet:

Nach der Durchführung der Kommandosubstitution `cat zaehle.txt` ergibt sich folgende Kommandozeile:

wc -w /etc/magic /etc/inittab /usr/include/stdio.h

und liefert z.B. folgende Ausgabe:

```
 572 /etc/magic
 112 /etc/inittab
 365 /usr/include/stdio.h
1049 total
```

4.5.3 Metazeichen in der Kommandosubstitution

Alle Metazeichen behalten innerhalb einer Kommandosubstitution ihre Sonderbedeutung.

Beispiel

wc -w `cat zaehle.txt | grep "/etc"`

zählt nur den Inhalt der in *zaehle.txt* angegebenen Dateien, deren Name den String "/etc" enthält:

```
572 /etc/magic
112 /etc/inittab
684 total
```

Die Sonderbedeutung des Metazeichens ` kann durch Voranstellen von \ ausgeschaltet werden.

Beispiel

```
$ echo Mein home directory ist: \'/user1/egon\'⏎
Mein home directory ist '/user1/egon'
$
```

4.5.4 Schachtelung von Kommandosubstitutionen

Eine Schachtelung von Kommandosubstitutionen ist mit der Angabe von \`...\` möglich. Da bei der ersten Auswertung der Kommandozeile alle vorangestellten \ von der Shell entfernt werden, wird hierdurch eine erneute (geschachtelte) Kommandosubstitution `...` aufgedeckt, die zuerst ausgewertet wird, bevor die umschließende Kommandosubstitution dann ausgewertet wird.

Beispiel

Das Shell-Skript *cph* kopiert die erste System-Header-Datei, die im C-Programm *div_null.c* verwendet wird, in das working directory:

```
$ cat cph⏎
cp `find /usr/include -name \
   \`grep "#include" div_null.c | line | cut -f2- -d" " | \
   tr -d "<>" \` \
   -print` .
$ chmod u+x cph⏎
$ cph⏎
$ ls stdio.h⏎
stdio.h
$
```

Erklärung:

```
cp `find /usr/include -name \
   \`grep "#include" div_null.c | line | cut -f2- -d" " | \
   tr -d "<>" \` \
   -print` .
```
                            |
                 1.Kommandosubstitution
                            |
```
   cp `find /usr/include -name  stdio.h  -print`
```
       |
    2.Kommandosubstitution
       |
```
   cp /usr/include/stdio.h  .
```

Hinweis

Die Wirkung der Kommandosubstitution `cat datei` kann auch durch die Angabe `< datei` erreicht werden, wobei die zweite Form eine wesentlich schnellere Variante darstellt.

```
wc -w '< zaehle.txt | grep "/etc"'
   572 /etc/magic
   112 /etc/inittab
   684 total
```

4.6 Shell-Parameter

Die Shell kennt zwei Arten von Parametern:

Positionsparameter

Ihr Name wird als Ziffer 0, 1, 2, ..., 9 angegeben.

Shell-Variablen (oder Schlüsselwort-Parameter)

Ihr Name ist:

- ein Bezeichner (siehe Kapitel 3) oder

- eines der Zeichen * @ # - ? $!

Durch Voranstellen von **$** vor einem Parameternamen wird der Wert angesprochen, der unter diesem Parameternamen gespeichert ist:

$parameter   entspricht: Wert von *parameter*

Alle Werte werden dabei als Stringsg gespeichert; so wird z.B. 93 in 2 Bytes mit den Zeichen '9' und '3' gespeichert und nicht als numerisches Bitmuster für 93. Mittels spezieller Funktionen (wie z.B. expr[13]) kann ein solcher String-Wert jedoch zum Zwecke arithmetischer Berechnungen auch als numerischer Wert interpretiert werden.

4.6.1 Positionsparameter

Positionsparameter stellen die an ein Shell-Skript übergebenen Argumente zur Verfügung, wobei das 1.Argument dem Parameter 1, das 2.Argument dem Parameter 2, usw. zugewiesen wird. Dem Parameter 0 wird der Name des aufgerufe

---

[13] siehe Kapitel 4.10

nen Shell-Skripts zugewiesen. Auf die Werte der einzelnen Parameternamen kann - wie schon erwähnt - durch Voranstellen des $-Zeichens zugegriffen werden.

Beispiel

```
$ cat ausgab ⏎
echo Das erste Argument ist $1
echo Das zweite Argument ist $2
echo Der Skriptname ist $0
$ chmod u+x ausgab ⏎
$ ausgab hans fritz franz ⏎
Das erste Argument ist hans
Das zweite Argument ist fritz
Der Skriptname ist ausgab
$
```

Der Inhalt von Parameter 3 ($3), der bei diesem Aufruf "franz" ist, wird vom Shell-Skript *ausgab* nicht benutzt.

Der Aufruf

ausgab "Hans Meyer" "Fritz Golke"

würde folgende Ausgabe liefern:

```
Das erste Argument ist Hans Meyer
Das zweite Argument ist Fritz Golke
Der Skriptname ist ausgab
```

Explizites Setzen von Positionsparametern

Mit dem built in-Kommando **set**[14] können den Positionsparametern auch explizit Werte zugewiesen werden. Die beim Aufruf von **set** angegebenen Argumente werden dabei in der Folge ihrer Angabe den Positionsparametern zugewiesen.

Der Positionsparameter 0 wird durch den **set**-Aufruf nicht neu gesetzt, sondern behält weiterhin als Wert den Namen der Shell "-sh"[15] bzw. des aufgerufenen Shell-Skripts (Dies läßt sich dadurch erklären, daß set kein eigenes Kommando, sondern ein built in-Kommando (Programmteil) der Shell ist):

---

[14] built in-Kommandos sind Bestandteil des Shell-Programms. Das heißt, daß diese "Kommandos" von der Shell selbst ausgeführt werden, und dafür keine eigene Subshell gestartet wird. Alle built in-Kommandos der Shell werden im Kapitel 4.15.8 vorgestellt.

[15] Das vorangestellte Minuszeichen - zeigt an, daß beim Start dieser Shell die Datei *.profile* im home directory gelesen wurde. Dies gilt fast immer für eine Login-Shell.

```
set   argument1  argument2  argument3  ....
 |        |          |          |
 0        1          2          3         Positionsparameter
 |
"-sh" bzw.
Skriptname
```

Beispiel

```
$ echo $0↵
-sh
$ set Hund Katze Maus jagt die↵
$ echo $0↵
-sh
$ echo $1 $4 $5 $2↵
Hund jagt die Katze
$ echo $2 $4 $5 $3↵
Katze jagt die Maus
$ cat datum↵
set 'date +'%d %h %y''
echo Du hast $0 gestartet
echo Heute ist der $1.$2.$3
$ chmod u+x datum↵
$ datum↵
Du hast datum gestartet
Heute ist der 08.Nov.90
$
```

Werden bei einem Skript- oder **set**-Aufruf mehr als 9 Argumente angegeben, so sind die restlichen zwar noch vorhanden, aber auf diese Argumente (10.Argument, 11.Argument, usw.) kann zunächst nicht zugegriffen werden.

```
$ cat countdown↵
echo $9
echo $8
echo $7
echo $6
echo $5
echo $4
echo $3
echo $2
echo $1
$ chmod u+x countdown↵
$ countdown one two three four five six seven eight nine ten eleven↵
nine
eight
seven
six
```

```
five
four
three
two
one
$
```

Etwas später wird gezeigt, wie trotzdem (unter Verwendung des Kommandos **shift**) ein Zugriff auf diese weiteren Argumente möglich wird.

Werden innerhalb eines Shell-Skripts den Positionsparametern mit **set** neue Werte zugewiesen, so werden deren alte Inhalte (wie z.B. die Argumente aus der Kommandozeile) überschrieben.

Beispiel

Das nachfolgende Shell-Skript *anfang* gibt die ersten 7 Wörter einer Datei, mit Bindestrich getrennt, in einer Zeile aus:

```
$ cat anfang⏎
set 'cat $1'
echo $1 - $2 - $3 - $4 - $5 - $6 - $7
$ chmod u+x anfang⏎
$ anfang div_null.c⏎
#include - <stdio.h> - main() - { - int - divi, - a=5,
$
```

Bei den zu **set** angegebenen Argumenten findet Dateinamen-Expandierung (siehe Kapitel 4.7) statt.

Beispiel

```
$ ls d*⏎
datum
div_null
div_null.c
$ set d*⏎
$ echo $0⏎
-sh
$ echo $1⏎
datum
$ echo $2⏎
div_null
$ echo $3⏎
div_null.c
$ echo $4⏎

$
```

Werte der Positionsparameter verschieben

Mit dem Kommando **shift** können die Werte der Positionsparameter (nach links) verschoben werden:

`shift [n]`

Das Kommando **shift** bewirkt, daß die Werte der Positionsparameter um *n* Positionen nach vorne (links) geschoben werden. Wird *n* nicht angegeben, so wird 1 als Wert für *n* genommen. So bewirkt also ein **shift** ohne Argumente, daß der Wert $2 dem Positionsparameter 1, der Wert $3 dem Positionsparameter 2, usw. zugewiesen wird. Ein **shift 4** bewirkt dann, daß $5 dem Positionsparameter 1, $6 dem Positionsparameter 2, usw. zugewiesen wird.

Beispiel

```
$ cat schiebe⏎
echo "$2 * \c"
shift
echo "$2 = \c"
shift 3
echo $2
$ chmod u+x schiebe⏎
$ schiebe eins zwei drei vier fuenf sechs sieben acht⏎
zwei * drei = sechs
$
```

Werden bei einem Skript- oder **set**-Aufruf mehr als 9 Argumente angegeben, so sind - wie zuvor erwähnt - die restlichen zwar noch vorhanden, aber auf diese Argumente (10. Argument, 11. Argument, usw.) kann zunächst nicht zugegriffen werden. Unter Verwendung von **shift** ist nun ein Zugriff auf diese "überhängenden" Argumente möglich:

```
$ cat countdow2⏎
eins=$1
zwei=$2
shift 2
echo "$9\n$8\n$7\n$6\n$5\n$4\n$3\n$2\n$1"
echo $zwei
echo $eins
echo $0
$ chmod u+x countdow2⏎
$ countdow2 one two three four five six seven eight nine ten eleven⏎
eleven
ten
nine
eight
seven
```

```
six
five
four
three
two
one
countdow2
$
```

4.6.2 Shell-Variablen (Schlüsselwort-Parameter)

Der Name einer Shell-Variablen ist entweder als Bezeichner oder als eines der Zeichen

* @ # - ? $!

anzugeben.

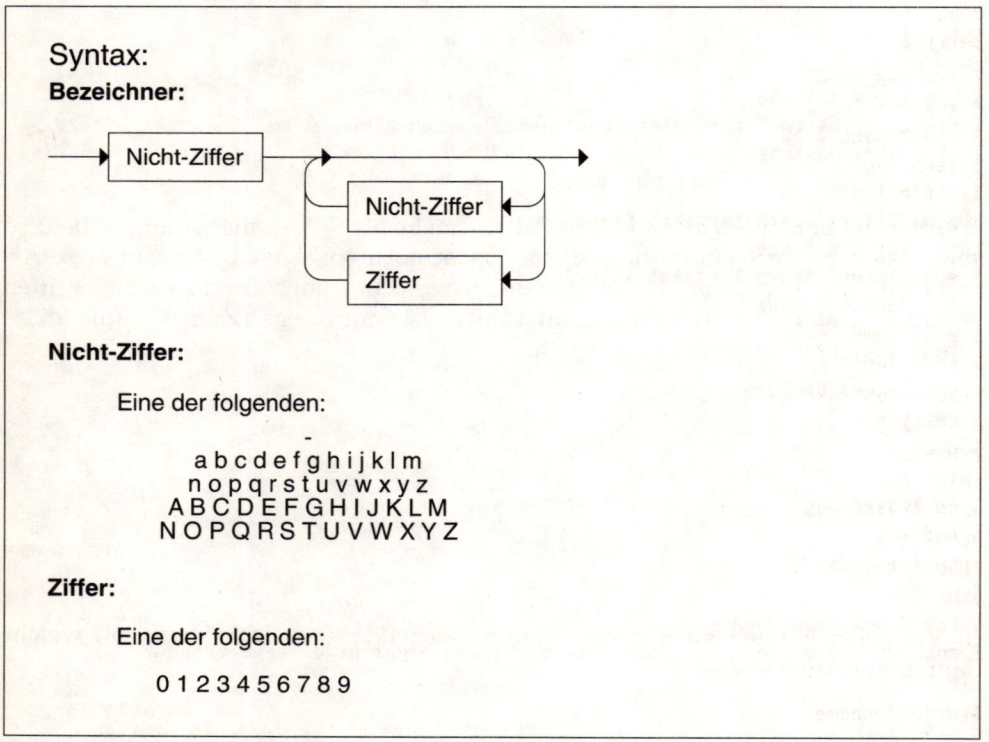

Bild 4.7 - Syntax für einen Bezeichner

Die Bourne-Shell

Um einer Shell-Variablen einen Wert zuweisen zu können, muß folgende Syntax verwendet werden:

variablenname=wert[16]   [*variablenname=wert*].....

Um auf den Wert einer Shell-Variablen zuzugreifen, ist wieder das Zeichen **$** dem Variablennamen voranzustellen:

$variablenname

Im nachfolgenden wird unterschieden zwischen

- vom Benutzer frei wählbaren und
- von der Shell vordefinierten Variablennamen.

Frei wählbare Variablennamen

Bezüglich der Wahl von benutzerdefinierten Variablennamen gelten die Regeln für Bezeichner (siehe oben).

Beispiel

```
$ tier1=Hund
$ tier2=Katze
$ tier3=Maus
$ verb=jagt
$ artikel=die
$ echo $tier1 $verb $artikel $tier2
Hund jagt die Katze
$ echo $tier2 $verb $artikel $tier3
Katze jagt die Maus
$ wdir='pwd'
$ echo $wdir
/user1/egon/shellueb
$ cd /bin
$ pwd
/bin
$ cd $wdir
$ pwd
/user1/egon/shellueb
$
```

In Variablen können auch ganze Kommandozeilen gespeichert werden, welche dann unter Angabe von

$variablenname

aufgerufen werden können.

---

[16] Vor und hinter dem = darf dabei kein Trennzeichen angegeben werden.

Beispiel:
```
$ mcc="cc -o div_null2 div_null.c"⏎
$ $mcc⏎
$ div_null2⏎
Illegal instruction - core dumped
$
```

Wird auf den Wert einer Variablen zugegriffen, bevor ihr explizit ein Wert zugewiesen wurde, dann liefert ein solcher Zugriff die leere Zeichenkette:

```
$ echo $tier5⏎

$
```

Soll einer Shell-Variablen eine Zeichenkette zugewiesen werden, in der die Bedeutung aller Sonderzeichen wie $, Leerzeichen, usw. auszuschalten ist, so ist diese Zeichenkette mit '...' zu klammern.

Beispiel
```
$ hund=dackel⏎
$ tier1=$hund⏎
$ echo $tier1⏎
dackel
$ tier1='$hund'⏎
$ echo $tier1⏎
$hund
$ satz=Hund jagt die Katze⏎
jagt: not found
$ echo $satz⏎

$ satz='Hund jagt die Katze'⏎
$ echo $satz⏎
Hund jagt die Katze
$
```

Bei der Zuweisung eines Wertes an eine Shell-Variable findet - anders als beim **set**-Aufruf - keine Dateinamen-Expandierung statt:

```
$ c_dateien=c*⏎
$ echo "$c_dateien"⏎
c*
$
```

Wird allerdings der Wert einer Variablen, die Expandierungszeichen enthält, einem Kommandoaufruf als Argument (ohne Ausschalten der Sonderzeichen durch "..."-Klammerung) übergeben, so findet dort eine Dateinamenexpandierung statt.

```
$ echo $c_dateien⏎
core countdow2 countdown cph
$ cd /bin⏎
$ echo $c_dateien⏎
cat cc chgrp chmod chown cmp conv convert cp cpio cprs csh
$ cd⏎
$ cd shellueb⏎
$
```

Ist eine Dateinamenexpandierung bereits bei der Zuweisung erwünscht, so ist Kommandosubstitution zu verwenden:

```
$ c_dateien=´echo c*´⏎
$ echo "$c_dateien"⏎
core countdow2 countdown cph
$ echo $c_dateien⏎
core countdow2 countdown cph
$ cd /bin⏎
$ echo $c_dateien⏎
core countdow2 countdown cph
$ cd⏎
$ cd shellueb⏎
$
```

Die Definition einer Shell-Variablen kann mit dem built in-Kommando **unset** wieder aufgehoben werden:

```
$ tier1="Elefant"⏎
$ echo $tier1⏎
Elefant
$ unset tier1⏎
$ echo $tier1⏎

$
```

Das Entfernen von nicht mehr benötigten Shell-Variablen ist v.a.D. bei umfangreichen Shell-Skripts sinnvoll, um nicht mehr benutzten Speicherplatz wieder freizugeben.

Lesen von der Standardeingabe

Das Kommando

read [`variable(n)`]

liest eine Zeile[17] von der Standardeingabe. Das erste Wort der Eingabezeile wird dann der ersten angegebenen *variable*, das zweite der zweiten *variable*, usw. zugewiesen. Wenn mehr Worte als *variable(n)* angegeben sind, dann werden alle restlichen Worte der zuletzt angegebenen *variable* zugewiesen. Zur Ermittlung von Wortgrenzen werden die Zeichen aus der Shell-Variablen **IFS**[18] verwendet.

Wenn **read** ohne Argumente angegeben wird, dann liest es zwar die ganze Eingabezeile, speichert den gelesenen Text aber nirgends ab.

read liefert nur dann einen von 0 verschiedenen exit-Status (nicht erfolgreich), wenn **EOF** gelesen wird.

Das Kommando **read** wird üblicherweise für interaktive Eingaben an ein Shell-Skript verwendet.

Beispiele

```
$ cat adress⏎
echo "Name Vorname"
read name vorname
echo "In welcher Strasse wohnt Herr $name ?"
read strasse
echo "PLZ Wohnort von Herrn $name ?"
read plz wohnort
echo "$name, $vorname, $strasse, $plz $wohnort" >>adresse.txt
sort adresse.txt >adresse.sort
mv adresse.sort adresse.txt
$ chmod u+x adress⏎
$ adress⏎
Name Vorname
Meyer Hans⏎
In welcher Strasse wohnt Herr Meyer ?
Sandstr. 7⏎
PLZ Wohnort von Herrn Meyer ?
8500 Nuernberg⏎
$ adress⏎
Name Vorname
Aller Franz⏎
```

---

[17] Eine Eingabezeile kann sich dabei über mehrere Zeilen erstrecken, wenn als letztes Zeichen einer Teilzeile das Zeichen \ vor dem Neuezeile-Zeichen angegeben wird.
[18] siehe Kapitel 4.6.2.2

```
In welcher Strasse wohnt Herr Aller ?
Weinstr. 123⏎
PLZ Wohnort von Herrn Aller ?
8520 Erlangen⏎
$ cat adress.txt⏎
Aller, Franz, Weinstr. 123, 8520 Erlangen
Meyer, Hans, Sandstr. 7, 8500 Nuernberg
$ cat demo⏎
echo "Gib eine Zeile von Text ein"
read x
echo $x
echo "Gib noch eine Textzeile ein"
read x y z
echo $x
echo $y
echo $z
$ chmod u+x demo⏎
$ demo⏎
Gib eine Zeile von Text ein
Das ist eine Eingabe zum Testen von read⏎
Das ist eine Eingabe zum Testen von read
Gib noch eine Textzeile ein
Noch ne Eingabe zum Testen von read⏎
Noch
ne
Eingabe zum Testen von read
$
```

Hinweis

Bei der Eingabe für ein **read**-Kommando können Metazeichen der Shell durch Voranstellen von \ ausgeschaltet werden. Der Backslash wird allerdings entfernt, bevor die entsprechenden Worte den angegebenen *variable(n)* zugewiesen werden.

Beispiel

```
$ read satz1 satz2⏎
Das Haus, das rot ist⏎
$ echo $satz1⏎
Das
$ echo $satz2⏎
Haus, das rot ist
$ read satz1 satz2⏎
Das\ Haus, das rot ist⏎        [\ schaltet die Leerzeichen-Sonderbedeutung]
$ echo $                        [(Worttrenner) aus]
Das Haus,
```

```
$ echo $satz2 ⏎
das rot ist
$
```

Vordefinierte Shell-Variablen

Neben den frei wählbaren Variablen bietet die Shell auch eine Reihe von Variablen an, deren Namen von ihr bereits fest vorgegeben sind. Bei diesen vordefinierten Variablen ist dann noch zu unterscheiden zwischen

- vom Benutzer veränderbaren Shell-Variablen und
- Variablen, die ständig von der Shell automatisch gesetzt werden (auch automatische Variablen genannt).

Vordefinierte, aber änderbare Shell-Variablen

Einigen dieser Variablen weist die Login-Shell während des Anmelde-Vorgangs einen sogenannten default-Wert zu; Ist der Benutzer mit diesem voreingestellten Wert nicht zufrieden, so kann er ihnen einen neuen Wert zuweisen.

Andere Variablen wiederum werden zwar von der Shell nicht vorbesetzt, können aber vom Benutzer gesetzt werden, um eine bestimmte Konfiguration der Shell festzulegen.

Die Bourne-Shell bietet die folgenden vordefinierten Shell-Variablen an:

Name	Bedeutung
HOME	enthält für den entsprechenden Benutzer den Pfadnamen des home directorys. Wird das Kommando **cd** ohne Angabe von Argumenten aufgerufen, so wird das home directory das neue working directory (**cd** entspricht also **cd $HOME**). **Hinweis:** Viele UNIX-Dienstprogramme suchen im home directory nach Konfigurationsdateien, wie z.B. **mailx** nach der Datei *.mailrc*. Voreinstellung: wird automatisch auf einen vom Systemadministrator festgelegten Pfadnamen gesetzt.
PATH	enthält Suchpfade für Programme: Dies sind Directories, in denen beim Aufruf eines Programms oder Shell-Skripts nach der zugehörigen Programm-/Kommandodatei gesucht wird. Die einzelnen Directories sind dabei in der gewünschten Such-Reihenfolge anzugeben und mit : voneinander zu trennen. Ein leeres Directory steht dabei für das working directory. Die Voreinstellung ist:

Name	Bedeutung
PATH (Forts.)	`PATH=:/bin:/usr/bin` (entspricht `PATH=.:/bin:/usr/bin`)[19]

Soll neben diesen voreingestellten Such-Directories bei einem Aufruf noch in anderen Directories nach einem Programm oder Shell-Skript gesucht werden, so muß **PATH** entsprechend gesetzt werden, z.B.:
`PATH=:/bin:/usr/bin:/user1/egon:/user1/egon/shellueb;`
eleganter wäre allerdings in diesem Fall die Zuweisung:
`PATH=$PATH:$HOME:$HOME/shellueb`
welche hier das gleiche bewirken würde. Üblicherweise wird **PATH** in der Datei *.profile* gesetzt.
Beispiel: Das nachfolgende Shell-Skript *which1* liefert den Pfadnamen des Programms bzw. Shell-Skripts, welches von der Shell bei alleiniger Angabe des Basisnamens (nicht als absoluter Pfadname) aufgerufen würde:

```
$ PATH=.:/bin:/usr/bin:$HOME/shellueb↵
$ echo $PATH↵
.:/bin:/usr/bin:/user1/egon/shellueb
$ cat which1↵
find 'echo $PATH | tr ":" " "' -name "$1" -print | line
$ chmod u+x which1↵
$ which1 ls↵
/bin/ls
$ which1 cph↵
./cph
$ which csplit↵
/usr/bin/csplit
$
```

Dieses Skript *which1* funktioniert allerdings nur, wenn das working directory explizit (mit .) in der **PATH**-Variablen angegeben wird. An späterer Stelle wird eine verbesserte Version vorgestellt.

---

[19] zuerst im working directory, dann in */bin* und schließlich in */usr/bin* nach einem aufgerufenen Programm oder Shell-Skript suchen.

Name	Bedeutung
CDPATH	enthält die Suchpfade für das built in-Kommandos **cd**. Wird **cd** mit einem relativen Pfadnamen aufgerufen, so wird in den Directories, die in **CDPATH** angegeben sind, nach einem entsprechenden relativen Pfadnamen gesucht. Wird ein solcher gefunden, so wird das darin angegebene Directory das neue working directory. Die einzelnen Such-Directories sind dabei - wie bei **PATH** - mit : voneinander zu trennen. keine Voreinstellung
MAIL	hält den Pfadnamen der mailbox-Datei. Jedesmal, wenn neue mail (elektronische Post) in dieser mailbox-Datei ankommt, meldet die Shell dies dem Benutzer (mit *you have mail*). Dies geschieht allerdings nur dann, wenn die Variable **MAILPATH** (siehe unten) nicht gesetzt ist. Üblicherweise wird diese Variable in der Datei *.profile* gesetzt, z.B. mit: `MAIL=/usr/mail/egon`
MAILPATH	ist sehr ähnlich zur Variablen **MAIL**, außer daß hier eine Liste von mailbox-Dateien angegeben werden kann, welche auf Ankunft neuer mail zu überprüfen sind. Die einzelnen mailbox-Pfadnamen sind bei der Angabe mit : zu trennen. Zusätzlich kann zu jedem Pfadnamen noch ein %, gefolgt von einer Nachricht, welche im Falle neuer mail zu melden ist, angegeben werden. Die voreingestellte Meldung ist: *you have mail*. Z.B. bewirkt die Zuweisung `MAILPATH=/usr/mail/egon:/usr/mail/gruppe%"Postbote war da",` daß die Ankunft neuer mail in der mailbox */usr/mail/egon* mit *"you have mail"* und die Ankunft neuer mail in mailbox */usr/mail/gruppe* mit *"Postbote war da"* gemeldet wird. keine Voreinstellung
MAILCHECK	legt das Zeitintervall (in Sekunden) fest, in dem ständig zu überprüfen ist, ob neue mail in den über **MAILPATH** oder **MAIL** (nur, wenn **MAILPATH** nicht gesetzt ist) festgelegten mailbox-Dateien angekommen ist. Wenn **MAILCHECK** mit 0 besetzt ist, dann prüft die Shell vor jeder Ausgabe des Primär-Promptzeichens auf Ankunft neuer mail. Voreinstellung: **MAILCHECK=600** (entspricht 10 Minuten).

Die Bourne-Shell 59

Name	Bedeutung
PS1	enthält das Primär-Promptzeichen oder besser den Primär-Promptstring, welchen die Shell ausgibt, wenn sie die Eingabe von Kommandos erwartet. Der Promptstring kann allerdings nur statisch und nicht dynamisch - wie bei MS-DOS - festgelegt werden.

Beispiel
```
$ PS1="Gib ein, egon> "⏎
Gib ein, egon> PS1="`pwd`> "⏎
/user1/egon/shellueb> cd ..⏎
/user1/egon/shellueb> PS1="$ "⏎
$ cd shellueb⏎
$
```
Hieraus ist zu ersehen, daß die Änderung des working directorys nicht im Promptstring berücksichtigt wurde, da die Kommandosubstitution `pwd` bei der Zuweisung an **PS1** bereits ausgewertet wurde und der von ihr gelieferte Pfadname (nicht die Kommandosubstitution selbst) der Variablen **PS1** zugewiesen wurde.
Voreinstellung: **PS1="$ "**[20].

| PS2 | enthält den Sekundär-Promptstring, welchen die Shell ausgibt, wenn sich eine Kommandozeile über mehrere Zeilen erstreckt, um anzuzeigen, daß sie noch auf weitere Eingaben wartet, bevor sie mit der Ausführung der gesamten Kommandozeile beginnt. |

Beispiele
```
$ PS2="wie gehts weiter? "⏎
$ echo "Das ist ⏎
wie gehts weiter? eine ⏎
wie gehts weiter? Kommando⏎
wie gehts weiter? zeile"⏎
Das ist
eine
Kommandozeile
$ cat wh\⏎
wie gehts weiter? ich1⏎
find `echo $PATH | tr ":" " "` -name "$1" -print | line
$ PS2="> "⏎
$
```
Voreinstellung: **PS2="> "**.

---

[20] Ist der Benutzer der Superuser, so ist die Voreinstellung: **PS1="# "**

Name	Bedeutung

IFS	(*Internal Field Separators*) enthält die Trennzeichen, welche von der Shell zum Trennen von einzelnen Wörtern auf der Kommandozeile oder in einer Eingabezeile (beim Kommando **read**) verwendet werden.
	Beispiel:
	`$ echo $IFS`⏎
	
	`$ ls s* w*`⏎
	`schiebe`
	`stdio.h`
	`which1`
	`$ ls s*,w*`⏎
	`s*,w*: No such file or directory`
	`$ ALT_IFS="$IFS"`⏎
	`$ IFS=" ,"`⏎
	`$ ls s*,w*`⏎
	`schiebe`
	`stdio.h`
	`which1`
	`$ IFS=$ALT_IFS`⏎
	`$`
	
	Voreinstellung ist: Leerzeichen, Tabulatorzeichen und Neuezeile-Zeichen.

TERM	enthält die Bezeichnung des Terminals, an welchem der Benutzer momentan arbeitet. Bildschirmorientierte Programme wie z.B. **vi**[21] oder **pg** benutzen den Inhalt dieser Shell-Variablen, um die richtigen Bildsteuerungs-Sequenzen abzusetzen. keine Voreinstellung
LOGNAME	enthält den Login-Namen des jeweiligen Benutzers. Der Aufruf **echo $LOGNAME** entspricht dem Aufruf des Kommandos **logname**.

---

[21] siehe erstes Buch

Name	Bedeutung
SHELL	Wenn eine neue Shell aufgerufen wird, so durchsucht diese ihre Laufzeitumgebung (engl.: *environment*) nach einer Variablen mit dem Namen **SHELL**. Existiert diese Variable und enthält als Wert einen Pfadnamen, dessen Basisname "rsh" ist, so wird die neue Shell nicht als normale Shell, sondern als eine eingeschränkte Shell gestartet; siehe Kapitel 4.20, das die eingeschränkte Shell **rsh** beschreibt.
SHACCT	Wenn diese Variable mit dem Namen einer vom Benutzer beschreibbaren Datei besetzt ist, dann wird für jedes ausgeführte Shell-Skript eine Abrechnungs-Information (engl.: *accounting record*) in diese Datei geschrieben.
TZ	(*time zone*) enthält Angaben zur Zeitzone. Das Format für die Angabe ist *xxxnzzz*, wobei *xxx* die Abkürzung für die lokale Standardzeit, *n* die Differenz in Stunden zu GMT und *zzz* die Abkürzung für die lokale Sommerzeit ist.

Tabelle - Vordefinierte, aber änderbare Shell-Variablen

Die Shell initialisiert die Parameter PATH, PS1, PS2, IFS und MAILCHECK. HOME und MAIL werden bei jedem Anmelde-Vorgang neu gesetzt.

Die momentanen Werte aller Shell-Variablen können mit dem Kommando **set** (ohne Angabe von Argumenten) am Bildschirm aufgelistet werden.

Beispiel
```
$ set↵
ALT_IFS=

HOME=/user1/egon
IFS=

LOGNAME=egon
MAIL=/usr/mail/egon
MAILCHECK=0
OPTIND=1                [wird beim built in-Kommando getopts besprochen]
PATH=.:/bin:/usr/bin:/user1/egon/shellueb
PS1=$
PS2=>
```

```
TERM=vt100
TZ=GMT0
$
```

Automatische Variablen

Die folgenden vordefinierten Variablen werden ständig neu von der Shell gesetzt, wobei auf die Werte dieser automatischen Parameter wieder durch Voranstellen von $ zugegriffen werden kann:

Variablenname Bedeutung

#	Anzahl der gesetzten Positionsparameter.
–	Optionen, welche beim Aufruf der Shell angegeben oder mit dem **set**-Kommando eingeschaltet wurden[22].
?	Exit-Status des zuletzt im Vordergrund ausgeführten Kommandos.
$	Prozeßnummer (PID) der aktuellen Shell.
!	Prozeßnummer (PID) des zuletzt im Hintergrund gestarteten Kommandos.
*	Alle Positionsparameter als **ein** String: "$*" entspricht "$1 $2 $3 ..."
@	Alle Positionsparameter als **einzelne** Strings: "$@" entspricht "$1" "$2" "$3" ...

Automatische Variablen

Beispiele

```
$ echo $$↵
1307
$ cat argu_pid↵
echo Es sind $# Argumente uebergeben wurden.
echo Momentane PID: $$
$ chmod u+x argu_pid↵
$ argu_pid arg1 arg2↵
Es sind 2 Argumente uebergeben wurden.
Momentane PID: 1529
$ echo $$↵
1307
$
```

---

[22] siehe auch Kapitel 4.15.6

Die Bourne-Shell

An diesem Beispiel ist sehr schön zu erkennen, daß der Aufruf eines Shell-Skripts eine neue Subshell startet.

Der Unterschied zwischen den beiden automatischen Variablen

* Alle Positionsparameter als **ein** String: **"$*"** entspricht **"$1 $2 $3 ..."** und

@ Alle Positionsparameter als **einzelne** Strings: **"$@"** entspricht **"$1" "$2" "$3" ..."**

ist v.a.D. innerhalb von Shell-Skripts von Wichtigkeit, wenn in der Kommandozeile angegebene Argumente beim Aufruf weiterer Shell-Skripts weitergegeben werden.

Beispiele
```
$ cat kinder1↵
echo Level 1:
echo "$# kleine Kinder: $*"
echo "$# kleine Kinder: $@"
echo
kinder2 "$*"
kinder2 "$@"
$ cat kinder2↵
echo "―――――――"
echo Level 2:
echo "$# kleine Kinder:"
echo Name 1: $1
echo Name 2: $2
echo Name 3: $3
$ chmod u+x kinder1 kinder2↵
$ kinder1 franz michel sascha↵
Level 1:
3 kleine Kinder: franz michel sascha
3 kleine Kinder: franz michel sascha

―――――――
Level 2:
1 kleine Kinder:
Name 1: franz michel sascha
Name 2:
Name 3:
―――――――
Level 2:
3 kleine Kinder:
Name 1: franz
Name 2: michel
Name 3: sascha
$
```

4.6.3 Spezielle Variablenausdrücke

Die Shell unterscheidet zwischen undefinierten Variablen und Variablen, welchen explizit der "Nullwert" (leere Zeichenkette) mit einer der drei folgenden Anweisungen zugewiesen wurde:

```
name=
name=''
name=""
```

Bei den letzten beiden Zuweisungen darf kein Leerzeichen zwischen " und "" angegeben sein.

Neben dem einfachen Zugriff auf den Wert einer Variable mit **$variable** bietet die Shell auch einige spezielle Zugriffsmöglichkeiten auf die Werte von Variablen:

${variable}** ist identisch zur Angabe **$variable. Allerdings kann diese Zugriffsart auch dazu verwendet werden, um den Wert einer Variablen in eine Zeichenkette einzubetten.

Beispiel

```
$ bezeich=Lehrer⏎
$ echo Guten Tag, liebe $bezeichin⏎
Guten Tag, liebe
$ echo Guten Tag, liebe ${bezeich}in⏎
Guten Tag, liebe Lehrerin
$
```

Im ersten Fall sucht die Shell nach einer Variable **bezeichin**, welche sie allerdings nicht finden kann, da eine solche Variable nicht definiert wurde; somit gibt sie den Nullwert aus. Im zweiten Fall dagegen findet die Shell die Variable **bezeich** und gibt deren Inhalt mit dem angehängten String "in" aus.

Diese Zugriffsart auf den Wert einer Variable muß immer dann verwendet werden, wenn dem angegebenen Variablennamen direkt ein Buchstabe, eine Ziffer oder ein Unterstrich folgt.

Wenn für **variable** eine Ziffer angegeben ist, so wird der Wert des entsprechenden Positionsparameters hierfür eingesetzt.

Beispiel

```
$ cat weiblich⏎
echo ${1}in
$ chmod u+x weiblich⏎
$ weiblich schueler⏎
schuelerin
$ weiblich direktor⏎
```

```
direktorin
$
```

Die Ausdrucksform **${variable:-wort}** liefert folgenden Wert:

Ergebnis des Ausdrucks::=

<u>if</u> **variable** (mit Nicht-Nullwert) gesetzt
<u>then</u> **$variable**
<u>else</u> die mit **wort** angegebene Zeichenkette.
<u>fi</u>

Der nachfolgende Ablaufplan soll dies nochmals veranschaulichen:

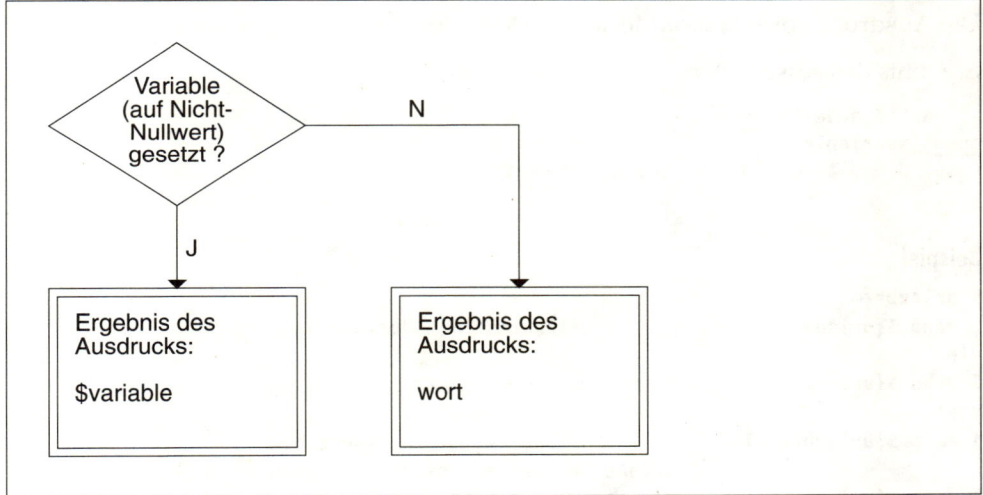

Bild 4.8 - Ablaufplan zu ${variable:-wort}

Beispiele

```
$ sonne=sonnig⏎
$ urlaub=⏎
$ echo ${sonne:-regnerisch} und ${urlaub:-viel} zu tun⏎
sonne und viel zu tun
$ echo $sonne⏎
sonnig
$ echo $urlaub⏎

$
```

Da *sonne* gesetzt ist, wird der Wert dieser Variablen ausgegeben, während bei der 2. Konstruktion *urlaub* mit einem Nullwert besetzt ist, und somit wird die alternativ angegebene Zeichenkette "viel" ausgegeben.

```
$ cat woist⏎
dir=${2:-$HOME}
find $dir -name $1 -print
$ chmod u+x woist⏎
$ woist countdown⏎
/user1/egon/shellueb/countdown
$ woist calendar /⏎
/usr/bin/calendar
$
```

Die Ausdrucksform **${variable-wort}** (Doppelpunkt fehlt) liefert folgenden Wert:

Ergebnis des Ausdrucks::=

```
if variable definiert[23]
then $variable
else die mit wort angegebene Zeichenkette.
fi
```

Beispiel

```
$ urlaub=⏎
$ echo ${urlaub:-viel}⏎        [urlaub ist mit Nullwert besetzt]
viel
$ echo ${url:-viel}⏎  [url ist nicht definiert (niemals initialisiert)]
viel
$ echo ${urlaub-viel}⏎         [urlaub ist mit Nullwert besetzt]
                      [Ausgabe der leeren Zeichenkette von urlaub]
$ echo ${url-viel}⏎   [url ist nicht definiert (niemals initialisiert)]
viel
$
```

Dieses Beispiel verdeutlicht nochmals den Unterschied zwischen einer undefinierten und einer explizit mit dem Nullwert vorbesetzten Variablen.

Die Ausdrucksform **${variable:=wort}** entspricht folgendem Pseudocode:

Ergebnis des Ausdrucks::=

```
if variable nicht gesetzt ist oder aber Nullwert enthält
then variable=wort
fi
$variable
```

---

[23] eventuell auch mit Nullwert gesetzt

Die Bourne-Shell

Der nachfolgende Ablaufplan soll dies nochmals veranschaulichen:

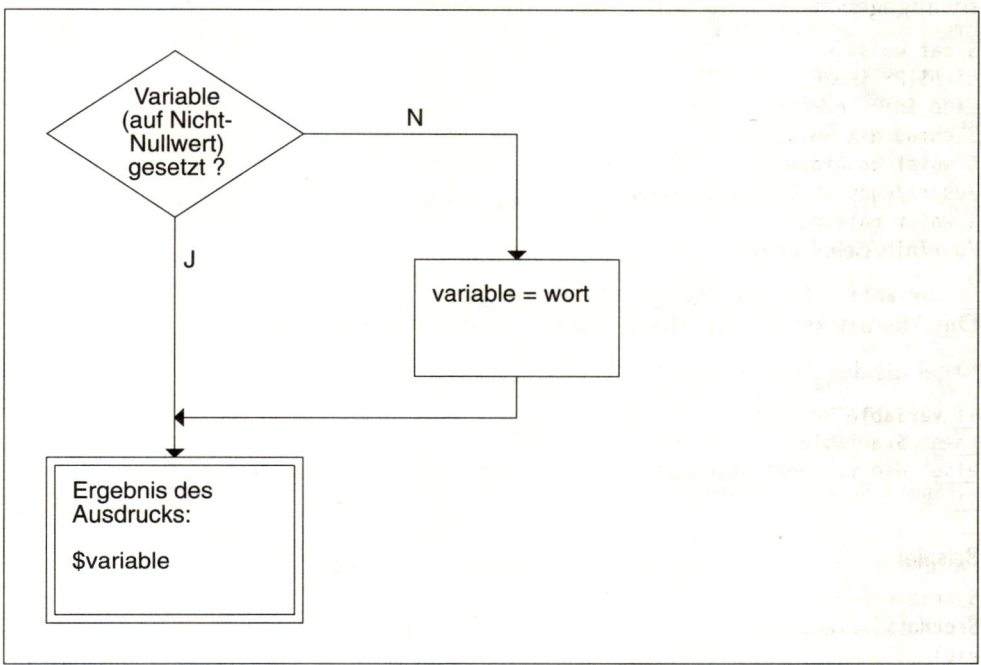

Bild 4.9 - Ablaufplan zu ${variable:=wort}

Beispiel
```
$ sonne=sonnig
$ urlaub=
$ echo ${sonne:=regnerisch} und ${urlaub:=viel} zu arbeiten
sonnig und viel zu arbeiten
$ echo $sonne
sonnig
$ echo $urlaub
viel
$
```

Diese Konstruktion kann nicht verwendet werden, um Positionsparametern Werte zuzuweisen.

Die Ausdrucksform **${variable=wort}** (Doppelpunkt fehlt) entspricht folgendem Pseudocode:

Ergebnis des Ausdrucks::=

```
if variable nicht definiert
then   variable=wort
fi
$variable
```

Die Ausdrucksform **${variable:?wort}** entspricht folgendem Pseudocode:

Ergebnis des Ausdrucks::=

```
if variable (mit Nicht-Nullwert) gesetzt
then $variable
else
   if wort angegeben
   then wort ausgeben
   else "parameter null or not set" ausgeben
   fi
   Shell-Skript verlassen
fi
```

Der Ablaufplan in Bild 4.10 soll dies nochmals veranschaulichen:

Beispiel

```
$ sonne=sonnig⏎
$ echo ${sonne:?"Oh du schoene Urlaubszeit"}⏎
sonnig
$ sonne=⏎
$ echo ${sonne:?"Hallo Regentroepfchen"}⏎
sonne: Hallo Regentroepfchen
$ echo ${sonne:?}⏎
sonne: parameter null or not set
$
```

Die Bourne-Shell

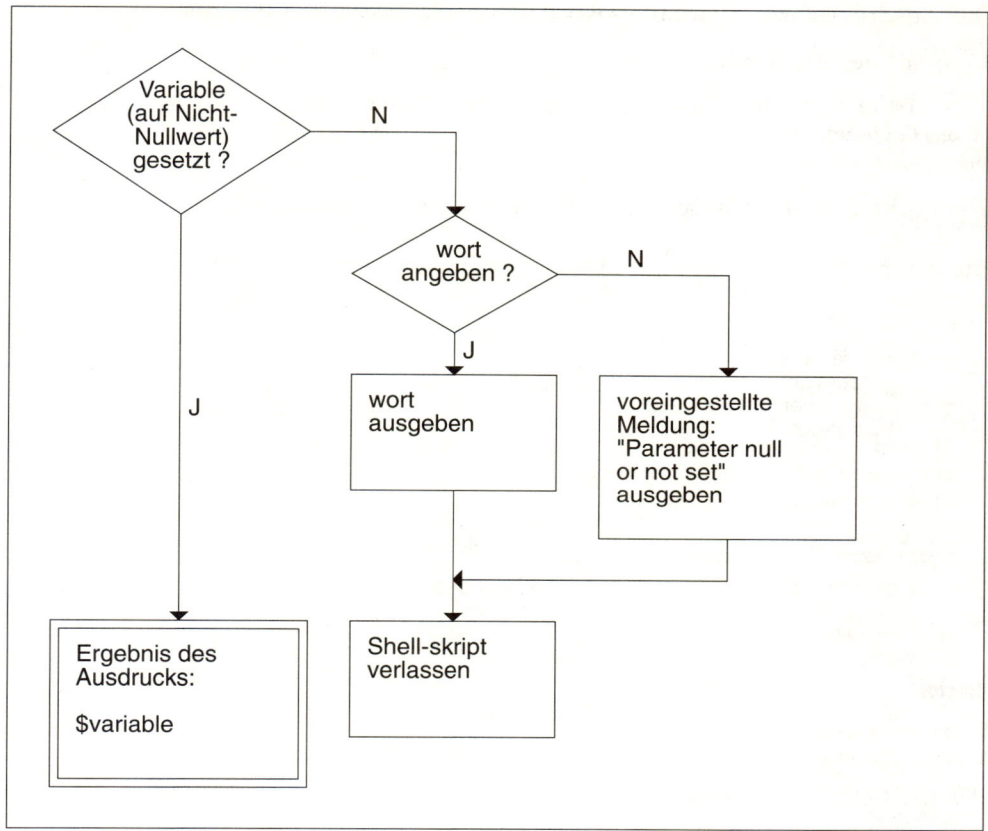

Bild 4.10 - Ablaufplan zu ${variable:?wort}

${variable?wort}: Fehlt der Doppelpunkt bei der Angabe, so ändert sich lediglich die erste Abfrage im Pseudocode:

Ergebnis des Ausdrucks::=

```
if variable definiert
then   $variable
else
       if wort angegeben
       then  wort ausgeben
       else  "parameter null or not set" ausgeben
       fi
       Shell-Skript verlassen
fi
```

Die Ausdrucksform **${variable:+wort}** entspricht folgendem Pseudocode:

Ergebnis des Ausdrucks::=

```
if variable (mit Nicht-Nullwert) gesetzt then wort
else Nullwert
fi
```

Der nachfolgende Ablaufplan soll dies nochmals veranschaulichen:

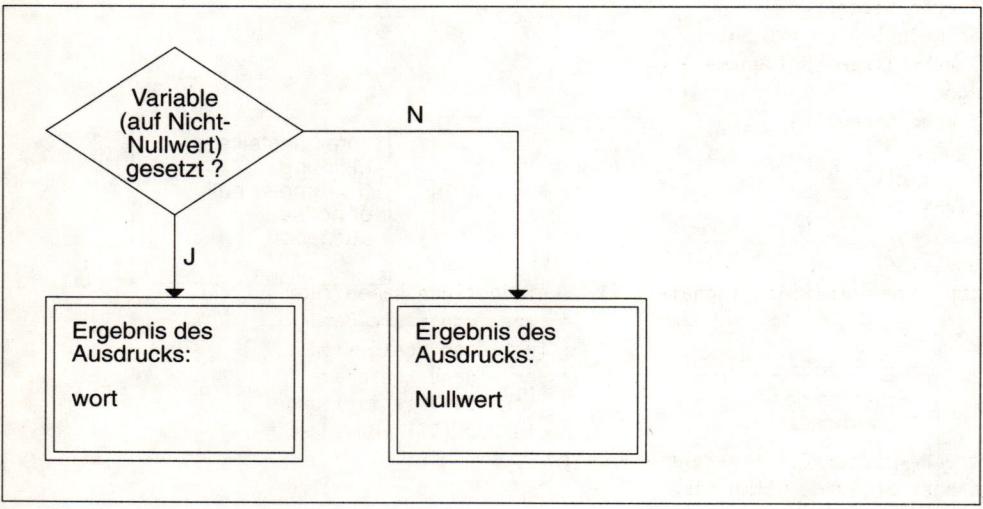

Bild 4.11 - Ablaufplan zu ${variable:+wort}

Beispiel

echo ${TEST:+"Der Wert von i ist" $i}

Ein Shell-Skript könnte mit solchen Anweisungen "gespickt" sein. Während der Testphase wird die Variable **TEST** gesetzt und alle Werte von i werden zum Nachvollziehen am Bildschirm ausgegeben. Ist dieses Skript ausgetestet, dann kann die Variable **TEST** mit dem Nullwert (**TEST=**) vorbesetzt werden und es erfolgt keine Testausgabe mehr.

${variable+wort}: Fehlt der Doppelpunkt bei der Angabe, so ändert sich lediglich die erste Abfrage im Pseudocode:

Ergebnis des Ausdrucks::=
```
if variable definiert then wort
       else Nullwert
fi
```

In all diesen angegebenen Variablenausdrücken kann **wort** eine einfache Zeichenkette (String) oder ein Ausdruck sein, welcher nach seiner Auswertung eine Zeichenkette liefert.

Beispiele

```
$ dinner="Schweinebraten"⏎
$ echo ${essen:="${dinner} mit Salat"}⏎
Schweinebraten mit Salat
$ echo $essen⏎
Schweinebraten mit Salat
$ echo ${name:='logname'}⏎
egon
$ echo $name⏎
egon
$ cat gls⏎
dir=${1:-'pwd'}
para2=$2
ende=$3
tmp_name=/tmp/${4:-'logname'}.$$    # eindeutigen Namen fuer
                                    # eine temporaere Datei
                                    # festlegen; dazu wird
                                    # der eigene Loginname
                                    # (wenn $4 leer ist) und
                                    # die PID ($$) verwendet
trenner=${para2:="+++++++++++++++"}
banner $LOGNAME >$tmp_name
echo $dir >>$tmp_name
echo $trenner >>$tmp_name
ls -CF $dir >>$tmp_name
echo $trenner >>$tmp_name
cat $tmp_name
rm -r $tmp_name
echo ${ende:?"Ich bin fertig"}
$ chmod u+x gls⏎
$ gls .  ———  Tschuess⏎

 #####   ####   ####   #    #
 #      #    # #    #  ##   #
 #####  #      #    #  # #  #
 #      #  ### #    #  #  # #
 #      #    # #    #  #   ##
 #####   ####   ####   #    #
.
```

```
adress*         countdow2*      div_null.c      kinder2*        which1*
adresse.txt     countdown*      div_null2*      ll*             woist*
anfang*         cph*            eing_zaehl      lszaehl         zaehle.txt
argu_pid*       datum*          gls*            schiebe*        zeig_pid*
ausgab*         demo*           gruss*          stdio.h
core            div_null*       kinder1*        weiblich*
```

Tschuess
$ **gls /usr/include**⏎

```
######   ####    ####    #    #
#    #   #   #   #   #   ##   #
#####    #       #       # #  #
#        #  ###  #       #  # #
#        #   #   #   #   #   ##
######   ####    ####    #    #
```

/usr/include
++++++++++++++++
```
a.out.h         fatal.h         mnttab.h        search.h        term.h
agent.h         fcntl.h         mon.h           setjmp.h        termio.h
alarm.h         filehdr.h       nan.h           sgtty.h         time.h
aouthdr.h       ftw.h           nlist.h         signal.h        tiuser.h
ar.h            grp.h           nsaddr.h        stand.h         tp_defs.h
assert.h        ieeefp.h        nserve.h        stdio.h         ttysrv.h
core.h          ldfcn.h         pn.h            storclass.h     unctrl.h
ctype.h         limits.h        poll.h          string.h        unistd.h
curses.h        linenum.h       prof.h          stropts.h       ustat.h
dial.h          macros.h        pwd.h           strselect.h     utmp.h
dirent.h        malloc.h        regexp.h        symbol.h        values.h
dumprestor.h    math.h          reloc.h         syms.h          values.h3b5x
errno.h         math.h3b5x      rje.h           sys/            varargs.h
execargs.h      memory.h        scnhdr.h        sys.s
```
++++++++++++++++
gls: ende: Ich bin fertig
$

Es ist noch darauf hinzuweisen, daß **wort** nur in den Fällen ausgewertet wird, in denen sein Wert auch verwendet wird.

Beispiel

echo ${1:-'cd $HOME;pwd'}

Wurde eine solche Anweisung in einem Shell-Skript gegeben, dann ist im weiteren Verlauf des Shell-Skripts davon auszugehen, daß möglicherweise der Directory-

Wechsel (**cd $HOME**) nicht durchgeführt wurde (wenn **$1** auf einen Nicht-Nullwert gesetzt war).

Hinweis

Allgemein kann festgehalten werden: Wird bei einer dieser Angaben der Doppelpunkt nicht angegeben, so wird nicht der Inhalt der entsprechenden Variablen geprüft, sondern ob diese Variable bereits definiert ist. Eine Variable gilt als definiert, wenn sie zuvor explizit gesetzt wurde, eventuell auch mit einer leeren Zeichenkette.

Typische Anwendungen:

Da diese speziellen Variablenausdrücke doch sehr schwer zu merken sind, werden hier typische Anwendungen zu den einzelnen Konstruktionen gegeben, um so dem Benutzer eventuell kleine Merkhilfen zu geben:

`dir=${2:-.}`

bzw.:

`dir=${2-.}`

wird häufig innerhalb von Shell-Skripts verwendet, um Variablen entweder einen vom Skript-Aufrufer angegebenen Wert oder aber einen default-Wert zu zuweisen.

Wurde hier beim Aufruf des Shell-Skripts das 2.Argument angegeben, so wird dieses Argument (Directory) der Variablen *dir* zugewiesen, ansonsten wird dieser Variablen der default-Wert (hier das working directory) zugewiesen.

`${EDITOR:=/bin/vi}`

bzw.:

`${EDITOR=/bin/vi}`

wird auch sehr häufig in Shell-Skripts verwendet, um sicherzustellen, daß bestimmte Variablen im weiteren Verlauf in jedem Fall mit einem Wert besetzt sind.

In diesem Beispiel wird die Variable *EDITOR* nur dann auf */bin/vi* gesetzt, wenn sie noch leer (bzw. undefiniert) ist.

`${1:?"1.Argument muss immer angegeben sein"}`

kann verwendet werden, um zu prüfen, ob Variablen, die für die Weiterarbeit in Shell-Skripts von Wichtigkeit sind, gesetzt (bzw. definiert) sind. Wenn nicht, so wird das entsprechende Shell-Skript mit der angegebenen Fehlermeldung abgebrochen.

`cd ${WECHSEL:+"/user1/egon/shellueb"}`

bzw.

```
cd ${WECHSEL+"/user1/egon/shellueb"}
```

kann verwendet werden, um eine **if**-Anweisung nachzubilden. Wenn in diesem Beispiel die Variable *WECHSEL* gesetzt (bzw. definiert) ist, so wird zum Directory */user1/egon/shellueb* und ansonsten zum home directory gewechselt. Diese Form eines Variablenausdrucks wird allerdings nicht allzu oft in der praktischen Shell-Programmierung verwendet.

4.6.4 Gültigkeitsbereiche von Variablen

Neben den Argumenten beim Start einer Subshell stellt die Vater-Shell der entsprechenden Subshell noch etwas weiteres zur Verfügung: eine Umgebung (engl.: *environment*). Eine solche Umgebung enthält eine Liste von Namen mit zugehörigen Werten.

Der Inhalt für die Umgebung der Login-Shell wird bereits beim Anmelden eines Benutzers festgelegt: Beim Aufruf der Login-Shell wird die vom System vorgegebene Standardumgebung gelesen und für jedes gefundene Name/Werte Paar wird eine Shell-Variable mit dem angegebenen Namen und Wert erzeugt. Diese Umgebung der Login-Shell kann durch Definitionen in der Datei *.profile* den speziellen Bedürfnissen des jeweiligen Benutzers angepasst werden. So könnte z.B. in *.profile*

```
PS1="Was nun> "
```

angegeben sein. Dadurch würde der voreingestellte Wert von **PS1** ("$ "), auf **"Was nun> "** geändert.

Beim Start einer Subshell liest die gerade aktive Shell nun die Standardumgebung (nicht die Umgebung der Vater-Shell) und kreiert für jedes dort angegebene Name/Werte Paar eine Shell-Variable, die dann dieser Subshell zur Verfügung steht.

Wird nun von einer Subshell eine aus der Standardumgebung bereitgestellte Shell-Variable verändert oder eine neue eingeführt, so hat dies nur Auswirkungen auf die Kopie, also auf die eigene lokale Umgebung des jeweiligen Programms und nicht auf die Umgebung der Vater-Shell.

Würde z.B. in der Subshell die neue Variable **insekt** eingeführt:

```
insekt="fliege"
```

so hätte dies nur Auswirkungen auf die lokale Umgebung:

Die Bourne-Shell

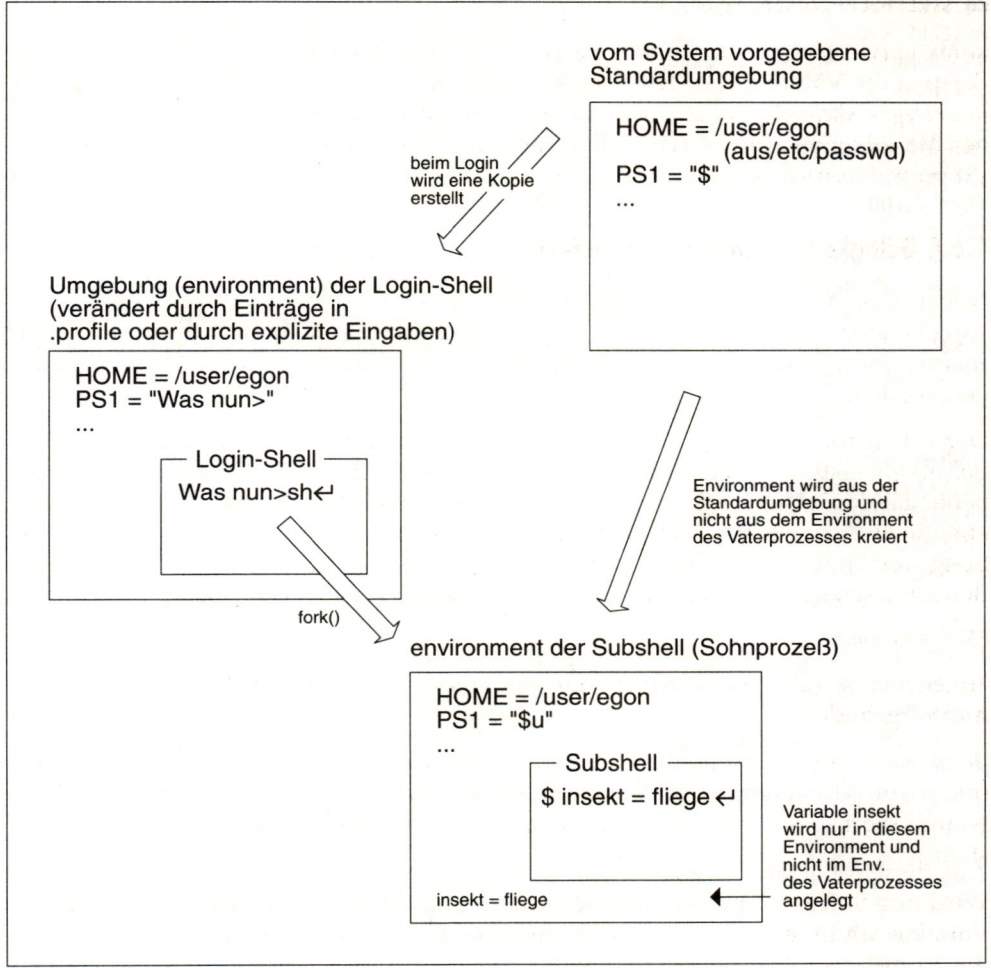

Bild 4.12 - Environment einer Subshell

Beispiel

```
$ PS1="Gib ein, 'logname'> "↵     [Setzen eines neuen Primär-Promptstrings]
Gib ein, egon> NACHN=Meier↵       [Zuweisen eines Werts an Variable NACHN]
Gib ein, egon> set↵               [Ausgeben aller gesetzten Shell-Variablen]
HOME=/user1/egon
IFS=

LOGNAME=egon
```

```
MAIL=/usr/mail/egon
MAILCHECK=0
NACHN=Meier
OPTIND=1
PATH=:/bin:/usr/bin
PS1=Gib ein, egon>
PS2=>
TERM=vt100
TZ=GMT0
Gib ein, egon> sh⏎                        [Starten einer neuen Subshell]
$ echo $NACHN⏎      [Primär-Promptstr. aus Standardumg. (nicht zuvor definierter)]
                    [Variable NACHN hier (in Subshell) nicht definiert]
$ set⏎              [Ausgeben aller (in Subshell) gesetzten Shell-Variablen]
HOME=/user1/egon
IFS=

LOGNAME=egon
MAIL=/usr/mail/egon
MAILCHECK=600
OPTIND=1
PATH=:/bin:/usr/bin
PS1=$      [Primär-Promptstring aus Standardumgebung (nicht der aus Vater-Shell)]
PS2=>
TERM=vt100
TZ=GMT0
$ exit⏎
Gib ein, egon> echo $NACHN⏎        [NACHN in dieser Shellebene wieder definiert]
Meier
Gib ein, egon> PS1="$ "⏎
$
```

Aus diesem Beispiel ist zu ersehen, daß mit dem Start eines Shell-Skripts, welches von einer Subshell ausgeführt wird, die Veränderung von **PS1** und die Neudefinition von **NACHN** in dieser neuen Subshell unbekannt sind.

Bei einer Rückkehr in die aufrufende Shell stehen jedoch die zuvor dort neudefinierten oder veränderten Werte wieder zur Verfügung, da diese lokale Umgebung der aufrufenden Shell den Aufruf einer Subshell "überlebt".

Exportieren von Shell-Variablen

Nun ist es manchmal auch erwünscht, veränderte oder neu eingeführte Variablen an eine Subshell zu vererben. Dazu steht das built in-Kommando **export** zur Verfügung:

export variable [variable ...]

Die Bourne-Shell

Beispiel

```
$ PS1="Gib ein, 'logname'> "⏎
Gib ein, egon> NACHN=Meier⏎
Gib ein, egon> export   PS1   NACHN⏎      [Markiert Var. PS1 und NACHN für Export]
Gib ein, egon> sh⏎                        [Starten einer neuen Subshell]
Gib ein, egon> echo $NACHN⏎ [Verändert. Promptstr. nun auch in Subshell vorh.]
Meier                       [Variable NACHN hier (in Subshell) nun definiert]
Gib ein, egon> set⏎   [Ausgeben aller (in Subshell) gesetzten Shell-Variablen]
HOME=/user1/egon
IFS=

LOGNAME=egon
MAIL=/usr/mail/egon
MAILCHECK=600
NACHN=Meier                 [Variable NACHN hier (in Subshell) nun definiert]
OPTIND=1
PATH=:/bin:/usr/bin
PS1=Gib ein, egon>    [Veränderter Promptstring nun auch in Subshell vorhanden]
PS2=>
TERM=vt100
TZ=GMT0
Gib ein, egon> PS1="Next please> "⏎
Next please> NACHN=Mueller⏎
Next please> set⏎
HOME=/user1/egon
IFS=

LOGNAME=egon
MAIL=/usr/mail/egon
MAILCHECK=600
NACHN=Mueller
OPTIND=1
PATH=:/bin:/usr/bin
PS1=Next please>
PS2=>
TERM=vt100
TZ=GMT0
Next please> exit⏎                        [Verlassen der Subshell]
Gib ein, egon> echo $NACHN⏎
Meier            [NACHN besitzt den alten Wert, nicht den Wert "Mueller"]
Gib ein, egon> set⏎
HOME=/user1/egon
IFS=

LOGNAME=egon
MAIL=/usr/mail/egon
```

```
MAILCHECK=0
NACHN=Meier
OPTIND=1
PATH=:/bin:/usr/bin
PS1=Gib ein, egon>              [alter Promptstring; nicht von Subshell verändert]
PS2=>
TERM=vt100
TZ=GMT0
Gib ein, egon> PS1="$ "⏎
$
```

export bewirkt, daß die hierbei angegebenen Variablen an alle Subshells, Sub-Sub-shells, usw. der momentan aktuellen Shell weitergereicht werden. Am leichtesten kann man sich dies vielleicht so vorstellen, daß beim Start einer Subshell zuerst alle **export**ierten Variablen in die Umgebung dieser Subshell übernommen werden, bevor dann die restlichen Shell-Variablen aus der Standardumgebung gebildet werden.

Wenn allerdings in einer solchen Subshell eine **export**ierte Variable modifiziert wird, dann hat dies keine Auswirkungen auf den Wert dieser Variablen in der Vater-Shell, da eine solche Änderung wieder nur in der lokalen Umgebung der jeweiligen Subshell vorgenommen wird.

Der Aufruf

set −a

bewirkt im übrigen fast das gleiche wie das Kommando **export**. Der Unterschied besteht darin, daß nur die Variablen, die ab diesem Zeitpunkt neu angelegt oder verändert werden, exportiert werden:

```
$ VORN=Helmut⏎
$ sh⏎
$ echo $VORN⏎

$ exit⏎
$ set −a⏎
$ sh⏎
$ echo $VORN⏎

$ exit⏎
$ VORN=Manfred⏎
$ sh⏎
$ echo $VORN⏎
Manfred
$ exit⏎
$
```

Löschen von Shell-Variablen

Mit dem built in-Kommando **unset** kann eine Shell-Variable aus der lokalen Umgebung einer Subshell entfernt werden. Dies kann bei umfangreichen Shell-Skripts sinnvoll sein, um den Speicherplatz von nicht mehr benötigten Shell-Variablen wieder freizugeben. Wird in einer Subshell (S) eine **export**ierte Variable, die von der Vater-Shell (V) geerbt wurde, mit **unset** aus der lokalen Umgebung entfernt, so steht diese auch möglichen weiteren Subshells zur momentan aktuellen Shell (S) nicht mehr zur Verfügung.

Ausgabe aller exportierten Shell-Variablen

Der Aufruf von

export

ohne Angabe von Argumenten bewirkt, daß alle Variablen, die während der momentanen UNIX-Sitzung als "zu exportieren" markiert wurden, ausgegeben werden. Dazu zählen auch die Variablen, die z.B. in *.profile* mit **export** exportiert wurden. Nicht aufgelistet werden dagegen in diesem Fall die Variablen, die automatisch während der Login-Prozedur (wie z.B: **HOME**) exportiert wurden:

```
$ export⏎
export NACHN
export PATH
export PS1
export TERM
export TZ
export VORN
$
```

Der Aufruf des Kommandos **env** ohne Argumente gibt **alle** momentan **export**ierten Variablen mit deren aktuellen Werten aus.

Beispiel

```
$ env⏎
HOME=/user1/egon
LOGNAME=egon
MAIL=/usr/mail/egon
NACHN=Meier
PATH=:/bin:/usr/bin
PS1=$
TERM=vt100
TZ=GMT0
VORN=Manfred
$
```

Übergabe von Shellvariablen an Subshells ohne export

Desöfteren benötigt man für die Ausführung eines einfachen Kommandos zusätzliche Shell-Variablen, wobei allerdings die ursprüngliche Shell-Umgebung nicht eigens hierfür verändert werden soll. Dieser Anforderung kann leicht Genüge getan werden, indem beim Aufruf vor dem entsprechenden Programm- oder Skriptnamen die geeigneten Variablen-Definitionen mitangegeben werden.

Beispiel

var_wert sei ein Shell-Skript, welches auf die Variablen **HOME**, **LEVEL** und **PATH** zugreift:

```
$ cat var_wert⏎
echo "LEVEL=$LEVEL"
echo "HOME=$HOME"
echo "PATH=$PATH"
$ chmod u+x var_wert⏎
$ var_wert⏎
LEVEL=
HOME=/user1/egon
PATH=:/bin:/usr/bin
$ LEVEL=2  HOME=/user1/fritz  PATH=$HOME/bin:/bin:  var_wert⏎
LEVEL=2
HOME=/user1/fritz
PATH=/user1/egon/bin:/bin:
$ echo $PATH⏎    [Urspr. Werte der 3 Variablen mit vorherigem Aufruf unverändert]
:/bin:/usr/bin
$ echo $HOME⏎
/user1/egon
$ echo $LEVEL⏎

$
```

Neben der erwähnten Option **-a** bietet das built-in Kommando **set** noch weitere Optionen an, z.B. die Option **-k**, welche bewirkt, daß alle Shell-Variablen-Definitionen an die Umgebung einer Subshell weitergegeben werden, sogar wenn diese nach dem Kommando-/Shell-Skript-Namen angegeben werden. **+k** schaltet diesen Mechanismus wieder aus.

Beispiele

```
$ var_wert  LEVEL=2  HOME=/user1/fritz  PATH=$HOME/bin:/bin:⏎
LEVEL=  [Variablenangaben hier als Positionsparam. übergeben, keine Zuweisungen]
HOME=/user1/egon
PATH=:/bin:/usr/bin
$ set -k⏎
$ var_wert LEVEL=2  HOME=/user1/fritz  PATH=$HOME/bin:/bin:⏎
```

Die Bourne-Shell

```
LEVEL=2     [Nun Zuweisungen von Werten an Variablen (keine Argumente für var_wert)]
HOME=/user1/fritz
PATH=/user1/egon/bin:/bin:
$ set +k⏎                              [Ursprüngl. Einstellung wiederherstellen]
$ echo  dach=ziegel  steinhaus⏎        [2 Argumente fuer echo]
dach=ziegel steinhaus
$ set -k⏎
$ echo  dach=ziegel  steinhaus⏎        [steinhaus Argument; dach=ziegel Zuweisung]
steinhaus
$ set +k⏎                              [Ursprüngl. Einstellung wiederherstellen]
$
```

Hinweis

Shell-Variablen einer Subshell können niemals an eine Vater-Shell zurückgegeben werden, da jede Subshell eine Kopie von der Umgebung ihres Vaters erhält. Alle Änderungen (einschließlich **unset**) wirken sich auf diese Kopie und nicht auf die Standardumgebung oder auf die Umgebung einer Vater-Shell aus. Deswegen kann ein Shell-Skript nicht verwendet werden, um eine Shell-Variable in der Vater-Shell zu kreieren und zu modifizieren.

Da eine Subshell ihre eigene lokale Umgebung besitzt, zu der beispielsweise auch das working directory für diese Shell gehört, ist es eine typische Anwendung, daß ein kurzfristiger Wechsel in ein anderes Directory in einer Subshell vorgenommen wird, um sich dann beim Verlassen dieser Subshell sofort wieder im ursprünglichen Directory zu befinden:

```
$ pwd⏎
/user1/egon/shellueb
$ sh⏎
$ cd /usr/include/sys⏎
$ pwd⏎
/usr/include/sys
$ ls d*⏎
debug.h
debugreg.h
dir.h
dirent.h
dma.h
$ exit⏎
$ pwd⏎
/user1/egon/shellueb
$
```

Die C-Shell bietet - wie im Kapitel 6 gezeigt wird - für solche kurzfristigen Directorywechsel eigene Kommandos (**pushd** und **popd**) an.

4.7 Expandierung von Dateinamen auf der Kommandozeile

Beim Aufruf eines Kommandos oder Shell-Skripts wird jedes Wort der Kommandozeile von der Shell daraufhin untersucht, ob eines der Zeichen *, ? oder [darin vorkommt. Wird ein solches Wort gefunden, so betrachtet die Shell dieses als ein sogenanntes *pattern*[24], welches eine Vielzahl von Dateinamen abdecken kann.

Jedes in der Kommandozeile gefundene pattern wird dann von der Shell expandiert, d.h. durch alle Dateinamen ersetzt[25] die es abdeckt. Falls kein Dateiname gefunden werden kann, den ein vorgegebenes pattern abdeckt, so wird das entsprechende pattern nicht expandiert und unverändert dem aufgerufenen Kommando oder Shell-Skript übergeben.

Zur Expandierung von Dateinamen stehen nun folgende Metazeichen zur Verfügung:

Metazeichen	Bedeutung
*	steht für "*eine beliebige Zeichenfolge*" (auch die leere) **ab*** deckt alle Dateinamen ab, die mit *ab* beginnen und dann beliebige weitere Zeichen oder auch kein weiteres Zeichen enthalten: *ab*, *abc*, *aber008.c*, usw. **x*.c** deckt alle Dateinamen ab, die mit *x* beginnen und mit *.c* enden: *x.c*, *xyz.c*, *xalt.c*, *xvers145.c*, usw. **?** steht für "*ein beliebiges einzelnes Zeichen*" **ab?** deckt alle Dateinamen ab, die mit *ab* beginnen und dann genau ein weiteres Zeichen enthalten: *abc*, *abx*, *ab8*, usw. (nicht abgedeckt werden Namen wie *ab*, *abcd*, *ab82*, *abxx*, usw.) **add?.c** deckt alle Dateinamen ab, die mit *add* beginnen, dann ein beliebiges weiteres Zeichen haben und mit *.c* enden: *add1.c*, *add9.c*, *addb.c*, usw. (nicht abgedeckt werden Namen wie *add10.c*, *add.c*, *addiere.c*, usw.)

---

[24] zu deutsch: Mustervorgabe, Schablone
[25] alphabetisch sortiert.

Metazeichen	Bedeutung
[...]	steht für "*eines der in [...] angegebenen Zeichen*" ***.[ch]** deckt alle Dateinamen ab, die mit *.c* oder *.h* enden: *add.c, stdio.h, sub2div.h,* usw. **obst[1234]** deckt die Dateinamen *obst1, obst2,* *obst3* und *obst4* ab. Bei der Angabe der Zeichen innerhalb von [...] sind auch Bereichsangaben wie *[a-f]* oder *[0-8]* oder *[A-Z]* erlaubt. **obst[1-4a]** deckt die Dateinamen *obst1, obst2,* *obst3, obst4* und *obsta* ab.
[!...]	steht für "*ein Zeichen, welches* **nicht** *in [!...] angegeben ist*" ***.[!ch]** deckt alle Dateinamen ab, die als vorletztes Zeichen einen Punkt besitzen, aber nicht mit *c* oder *h* enden: *add.p, obst4, add2.c2,* usw. Bei der Angabe der Zeichen innerhalb von [!...] sind auch Bereichs- angaben wie *[!a-z]* oder *[!3-7]* oder *[!A-L]* erlaubt. ***[!1-9]** deckt alle Dateinamen ab, die nicht mit einer Ziffer enden.

Tabelle - Metazeichen für Dateinamen-Expandierung

Ausnahmen zu obigen Regeln:

Folgende Zeichenfolgen in Dateinamen werden nur dann abgedeckt, wenn sie explizit im entsprechenden pattern angegeben wurden:

```
.       (Punkt) am Anfang eines Dateinamens
/.
/
```

Beispiele

`rm   *`
Alle Dateien des working directorys (außer die, deren Name mit . beginnt) löschen.

`ls   *.c`
Alle Dateien auflisten, deren Name mit *.c* endet.

`cp   /usr/bin/k?   /user1/emil`
Alle Dateien aus dem Directory */usr/bin*, deren Name mit *k* beginnt und insgesamt nur zwei Zeichen lang ist, in das Directory */user1/emil* kopieren.

ls   [a–di–ly]*
Alle Dateien auflisten, deren Name mit Buchstaben *a*, *b*, *c*, *d*, *i*, *j*, *k*, *l* oder *y* beginnt.

cp   [!a–zA–Z0–9]*   /tmp
Alle Dateien, deren Name nicht mit einem Buchstaben oder einer Ziffer beginnt, in das Directory */tmp* kopieren.

Zunächst werden zu Übungszwecken einige leere Dateien (mit dem Kommando **touch**) angelegt, bevor dann hierfür Beispiele der Dateinamenexpandierung gezeigt werden:

```
$ touch .fritz↵
$ touch franz↵
$ touch fratz↵
$ touch fritz↵
$ touch frutz↵
$ touch .katz↵
$ ls f*z↵
franz
fratz
fritz
frutz
$ ls fr?tz↵
fratz
fritz
frutz
$ ls fr[a-i][nt]z↵
franz
fratz
fritz
$ ls fr[!a-i]tz↵
frutz
$ ls -CF .*↵
.fritz    .katz

.:
adress*         countdown*      eing_zaehl      kinder1*        weiblich*
adresse.txt     cph*            franz           kinder2*        which1*
anfang*         datum*          fratz           ll*             woist*
argu_pid*       demo*           fritz           lszaehl         zaehle.txt
ausgab*         div_null*       frutz           schiebe*        zeig_pid*
core            div_null.c      gls*            stdio.h
countdow2*      div_null2*      gruss*          var_wert*

..:
shellueb/       uebung1/        uebung3/
....
```

Die Bourne-Shell 85

```
....
$ ls $HOME/.[a-z]*⏎
/user1/egon/.exrc          [Mögliche Ausgabe]
/user1/egon/.mailrc
/user1/egon/.news_time
/user1/egon/.profile
$ echo fr[xyz][!abc]*⏎
fr[xyz][!abc]*   [Da pattern keinen Dateinamen abdeckt, keine Dateinamenexpand.]
$ echo *⏎
adress adresse.txt anfang argu_pid ausgab core countdow2 countdown cph datum demo
div_null div_null.c div_null2 eing_zaehl franz fratz fritz frutz gls gruss
kinder1 kinder2 ll lszaehl schiebe stdio.h var_wert weiblich which1 woist
zaehle.txt zeig_pid
$ echo .*⏎
. .. .fritz .katz
$ echo */*⏎
*/*
$ rm -i .*⏎
rm: . directory
rm: .. directory
.fritz ? y⏎
.katz ? y⏎
$ rm -i fr*⏎
franz ? y⏎
fratz ? y⏎
fritz ? y⏎
frutz ? y⏎
$
```

Hinweis

Die Dateinamen-Expandierung kann auch ausgeschaltet werden, indem entweder beim Shell-Aufruf die Option **-f** angegeben wird oder aber diese Option mit dem built in-Kommando **set** eingeschaltet wird:

```
$ echo d*⏎
datum demo div_null div_null.c div_null2
$ set -f⏎
$ echo d*⏎
d*
$ set +f⏎
$
```

4.8 Quoting

Die in Kapitel 4.1 vorgestellten Metazeichen haben eine Sonderbedeutung für die Shell. In manchen Anwendungsfällen ist es nun notwendig, die Sonderbedeutung dieser Zeichen kurzfristig auszuschalten.

Dazu steht der Quoting-Mechanismus der Shell zur Verfügung.

4.8.1 Verschiedene Arten von Quoting

Mit Quoting können - wie schon erwähnt - die Sonderbedeutungen der Metazeichen ausgeschaltet werden und diese Zeichen als "ganz normale Zeichen" verwendet werden. Es existieren nun verschiedene Möglichkeiten des Quotings:

1. Voranstellen von \
2. Klammerung mit '..'
3. Klammerung mit ".."

Voranstellen von \

Wird einem der Metazeichen ein \ vorangestellt, so verliert dieses Metazeichen seine Sonderbedeutung.

Beispiele

Zunächst werden wieder zu Übungszwecken leere Dateien angelegt, bevor dann der Quoting-Mechanismus an diesen Dateinamen vorgestellt wird:

```
$ touch dem\?↵
$ touch film\*↵
$ touch filmapparat↵
$ touch filmkosten↵
$ touch filmstar↵
$ ls de*↵
dem?
demo
$ ls dem?↵
dem?
demo
$ ls dem\?↵
dem?
$ rm dem\?↵     [es wird nur dem? (nicht demo) gelöscht]
$ ls de*↵
demo
$ ls film*↵
film*
```

Die Bourne-Shell 87

```
filmapparat
filmkosten
filmstar
$ ls film\*⏎
film*
$ rm film\*⏎   [nur film* wird gelöscht]
$ ls film*⏎
filmapparat
filmkosten
filmstar
$
```

Die Angabe von \ unmittelbar vor dem $-Zeichen schaltet dessen Sonderbedeutung (Zugriff auf den Wert einer Variablen) aus, was dazu führt, daß $ als normales Zeichen verwendet wird:

```
$ echo \$HOME=$HOME⏎
$HOME=/user1/egon
$
```

Normalerweise würde das Neuezeile-Zeichen, welches von der Taste ⏎ erzeugt wird, das Ende der Kommandozeile anzeigen, und die Shell zur Abarbeitung der angegebenen Kommandozeile veranlassen. Die unmittelbare Eingabe von \ vor dem Drücken der Taste ⏎ bewirkt, daß diese Sonderbedeutung des Neuezeile-Zeichens ausgeschaltet wird. Daß eine Kommandozeile noch nicht abgeschlossen ist, zeigt die Shell durch die Ausgabe des Sekundär-Promptstrings an.

Nachdem ein nicht ausgeschaltetes Neuezeile-Zeichen (Taste ⏎) eingegeben wurde, werden alle Paare *Neuezeile-Zeichen* von der Shell vollständig aus der Kommandozeile entfernt, bevor die Shell Kommando- und Parametersubstitution durchführt:

```
$ echo $HO\⏎
> ME⏎
/user1/egon
$
```

Wenn sich also eine Kommandozeile über mehr als eine Zeile erstrecken soll, so kann \ als Fortsetzungszeichen verwendet werden.

Klammerung mit '..'

Alle Metazeichen zwischen zwei einzelnen Apostrophen[26] (außer ein weiterer Apostroph) verlieren ihre Sonderbedeutung.

---

[26] Nicht zu verwechseln mit den Gegen-Apostrophen der Kommandosubstitution `..`

Beispiele

```
$ cat >dem\?⏎
Dies ist Text in dem?⏎
[Ctrl-D]
$ touch film\*⏎
$ cat dem?⏎
Dies ist Text in dem?    [Ausgabe des Inhalts der Dateien dem? und demo]
echo "Gib eine Zeile von Text ein"
read x
echo $x
echo "Gib noch eine Textzeile ein"
read x y z
echo $x
echo $y
echo $z
$ cat 'dem?'⏎
Dies ist Text in dem?    [Nur Ausgabe des Inhalts der Datei dem? (nicht von demo)]
$ cat dem'?'⏎
Dies ist Text in dem?    [Nur Ausgabe des Inhalts der Datei dem? (nicht von demo)]
$ ls film*⏎
film*
filmapparat
filmkosten
filmstar
$ ls film'*'⏎
film*
$ rm film'*'⏎    [nur film* wird gelöscht]
$ ls film*⏎
filmapparat
filmkosten
filmstar
$ echo '$HOME='$HOME⏎    [Sonderbedeutung von $ einmal ausgeschaltet]
$HOME=/user1/egon
$ echo '$'HOME=$HOME⏎    [Sonderbedeutung von $ ebenfalls einmal ausgeschaltet]
$HOME=/user1/egon
$
```

Innerhalb von '..' verliert sogar das zuvor vorgestellte Quoting-Zeichen \ seine Sonderbedeutung. Das nachfolgende Beispiel zeigt, daß diese Art des Quotings beim Vorkommen vieler auszuschaltender Metazeichen in einer Kommandozeile dem Quoting mit \ vorzuziehen ist, da sich in diesem Fall doch wesentlich lesbarere Kommandozeilen ergeben:

```
$ echo 'Wasser & Feuer ($ \ <DM>)'⏎
Wasser & Feuer ($ \ <DM>)
```

```
$ echo Wasser \& Feuer \(\$   \\   \<DM\>\) ⏎
Wasser & Feuer ($ \ <DM>)
$
```

Zwar kann auch mit dieser Quoting-Art die Sonderbedeutung des Neuezeile-Zeichens (Abschluß einer Kommandozeile) ausgeschaltet werden; allerdings wird anders als bei \⏎ der dadurch erzeugte Zeilenvorschub nicht von der Shell entfernt.

```
$ echo $HO'⏎
> 'ME⏎
ME                  [Ausgabe von $HO: leere Zeichenkette]
                    [Ausgabe des Strings ME in einer neuen Zeile]
$
```

Wenn sich eine Kommandozeile über mehr als eine Zeile erstrecken soll, so wird meist \ als Fortsetzungszeichen verwendet; Klammerung mit '..' wird meist dann verwendet, wenn ein Text, der über mehrere Zeilen auszugeben ist, mit einem Kommando angegeben wird.

Beispiel

```
$ ls -F | grep *$ ; \⏎
> echo '————⏎
> Dies sind alle ausfuehrbaren Dateien im Directory:⏎
>       ' $HOME/shellueb⏎
adress*
...
...
zeig_pid*
————
Dies sind alle ausfuehrbaren Dateien im Directory:   /user1/egon/shellueb
$
```

Zum Auschalten der Sonderbedeutung eines einfachen Apostrophs innerhalb einer mit '..' geklammerten Zeichenkette, muß er mit Anführungszeichen umfaßt sein: '..'"'"..'

Beispiel

```
$ finde_c='find . -name "'"*.c"'" -print'⏎
$ echo $finde_c >finde_c⏎
$ cat finde_c⏎
find . -name "*.c" -print
$ chmod u+x finde_c⏎
$ finde_c⏎
./div_null.c
$
```

Klammerung mit ".."

Bei einer Klammerung mit ".." verlieren die meisten, aber nicht alle Metazeichen ihre besondere Bedeutung: innerhalb von ".." behalten nur die Metazeichen

\   "   ` $

ihre Sonderbedeutung.

Im Unterschied zur Apostrophen-Klammerung schaltet diese Form der Klammerung also folgendes nicht aus:

- das Quoting mit \
- Parametersubstitution ($*variable*: Zugriff auf den Wert von *variable*)
- Kommandosubstitution (`` `kdo` ``)

Da auch \ innerhalb von ".." seine Sonderbedeutung behält, kann es verwendet werden, um die Sonderbedeutung der 4 Zeichen \ " ` $ innerhalb von ".." auszuschalten.

Beispiele
```
$ cat muenz_kom⏎
muenze=zahl
echo 1: '$muenze'
echo 2: "$muenze"
echo 3: "\$muenze"
echo "Die amerikanische Waehrung ist: \$ ('Dollar')."
echo "\`pwd\` gibt working directory aus, welches ist: `pwd`"
$ chmod +x muenz_kom⏎
$ muenz_kom⏎
1: $muenze
2: zahl
3: $muenze
Die amerikanische Waehrung ist: $ ('Dollar').
`pwd` gibt working directory aus, welches ist: /user1/egon/shellueboo
$ touch film\*⏎
$ ls film"*"⏎
film*
$ rm film"*"⏎   [film* (nicht Dateien, deren Name mit film beginnt) löschen]
$ ls film*⏎
filmapparat
filmkosten
filmstar
$ rm film*⏎   [löscht alle Dateien, deren Name mit film beginnt]
$ ls dem"?"⏎
dem?
```

Die Bourne-Shell

```
$ rm dem"?"⏎    [nur dem? (nicht Datei demo) wird gelöscht]
$
```

Ähnlich wie bei '..' wird auch bei dieser Quoting-Art die Sonderbedeutung des Neuezeile-Zeichens (Abschluß einer Kommandozeile) zwar ausgeschaltet, aber der dadurch erzeugte Zeilenvorschub nicht von der Shell entfernt.

```
$ echo $HO"⏎
> "ME⏎
                    [Ausgabe von $HO: leere Zeichenkette]
ME                  [Ausgabe des Strings ME in einer neuen Zeile]
$
```

Somit kann auch diese Quoting-Art verwendet werden, wenn ein Text, der über mehrere Zeilen auszugeben ist, mit einem Kommando angegeben wird. Im Unterschied zu '..' können allerdings hier Parameter- und Kommandosubstitution innerhalb von ".." durchgeführt werden:

Beispiele

```
$ ls -F | grep *$ ; \⏎
> echo "————⏎
> Dies sind alle ausfuehrbaren Dateien im Directory:⏎
>        'pwd'"⏎
adress*
...
...
zeig_pid*
————
Dies sind alle ausfuehrbaren Dateien im Directory:
       /user1/egon/shellueb
$ echo "Menue:⏎
>       Kopieren    :   k⏎
>       Verlagern   :   v⏎
>       Umbenennen  :   u⏎
>       Verlassen   :   q⏎
> Gib entsprechendes Zeichen ein:"⏎
Menue:
    Kopieren    :   k
    Verlagern   :   v
    Umbenennen  :   u
    Verlassen   :   q
Gib entsprechendes Zeichen ein:"
$
```

Obwohl die Angaben $* und $@ die ganze Liste der Positionsparameter ($1, $2, ...) repräsentieren, so werden sie doch unterschiedlich interpretiert, wenn sie innerhalb von ".." angegeben sind:

"$*" entspricht **"$1 $2 $3 ...."**

Die ganze Parameterliste wird als ein einziges Wort interpretiert, wobei die einzelnen Parameterwerte mit Leerzeichen voneinander getrennt sind.

"$@" entspricht **"$1" "$2"** ...

Die Liste aller Parameter wird hierbei als Aneinanderreihung von einzelnen Wörtern interpretiert. Diese Unterscheidung ist vor allen Dingen innerhalb von Shell-Skripts bei der Auswertung von übergebenen Argumenten von Wichtigkeit.

Beispiel
```
$ cat argaus⏎
echo "Die Parameterzahl ist $#"
echo "\$1 ist ($1)"
echo "\$2 ist ($2)"
$ chmod u+x argaus⏎
$ set Egon Miller⏎
$ argaus "$*"⏎
Die Parameterzahl ist 1
$1 ist (Egon Miller)
$2 ist ()
$ argaus "$@"⏎ 27
Die Parameterzahl ist 2
$1 ist (Egon)
$2 ist (Miller)
$
```

Kommt *Neuezeile-Zeichen* innerhalb von ".." vor, so wird dieses Zeichenpaar zuerst entfernt, bevor Parameter- und Kommandosubstitution durchgeführt werden:

```
$ curdir="'p\⏎
> w\⏎
> d\⏎
>'"⏎
$ echo $curdir⏎
/user1/egon/shellueb
$
```

Wird ein \ innerhalb von ".." vor einem anderen Zeichen als \ ` " $ oder Neuezeile-Zeichen angegeben, so repräsentiert es sich selbst.

---

[27] @ ist eventuell mit \@ einzugeben, um seine Funktion "Letztes Zeichen löschen" auszuschalten.

Die Bourne-Shell

Beispiel

```
$ echo "Das \-Zeichen"⏎
Das \-Zeichen
$
```

Oft ist es notwendig, Kommandosubstitutionen mit ".." zu klammern, um bei den dadurch bereitgestellten Zeichenketten die darin enthaltenen Metazeichen (wie z.B. Dateinamen-Expandierung) auszuschalten.

Beispiel

```
$ cat abc⏎
echo Ausfuehrbare Dateien, die mit a, b oder c beginnen
echo 'ls -F [abc]* | grep *$'
$ chmod u+x abc⏎
$ abc⏎
Ausfuehrbare Dateien, die mit a, b oder c beginnen
abc adress adresse.txt anfang argaus argu_pid ausgab
countdow2 countdown cph        [Falsche Ausgabe: adresse.txt nicht ausführbar[28]]
$ cat abc2⏎
echo Ausfuehrbare Dateien, die mit a, b oder c beginnen
echo "'ls -F [abc]* | grep *$'"         [Kommandosubst. mit ".." geklammert]
$ chmod u+x abc2⏎
$ abc2⏎
Ausfuehrbare Dateien, die mit a, b oder c beginnen
abc*
abc2*
adress* [Nun ist die Ausgabe richtig]
anfang* [von der Kommandosubstitution gelieferte
         [Zeilenvorschübe bleiben erhalten]
argaus*
argu_pid*
ausgab*
countdow2*
countdown*
cph*
$
```

Hinweis

Die Erkennung von built in-Kommandos[29] durch die Shell kann niemals durch Quoting unterbunden werden:

---

[28] Das von der Kommandosubstitution gelieferte Wort adress* wird bei der Ausführung des **echo**-Kommandos expandiert

[29] In Kapitel 4.15.8 sind alle built in-Kommandos zusammengefasst.

```
$ \p\w\d ⏎
/user1/egon/shellueb
$ "pwd" ⏎
/user1/egon/shellueb
$ 'pwd' ⏎
/user1/egon/shellueb
$ "cd" /bin ⏎
$ 'pwd' ⏎
/bin
$ \c\d ⏎
$ \c'd' shellueb ⏎
$ \p"wd" ⏎
/user1/egon/shellueb
$ "cd /bin" ⏎
cd /bin: not found      ["cd bin" wird als Kdoname interpretiert (existiert nicht)]
$
```

4.8.2 Quoting innerhalb von Kommandosubstitution

Das Zeichen \ kann innerhalb von Kommandosubstitution verwendet werden, um die Sonderbedeutung von \ bzw. ` (*backquote*) auszuschalten.

Da die Shell beim jeweiligen Lesen der Kommandozeile voranstehende \ entfernt, kann hieraus eine erneute Kommandosubstitution in der Kommandozeile entstehen, welche die Shell dazu zwingt, die entstandene Kommandozeile erneut zu lesen, wobei hierbei wieder voranstehende \ entfernt werden, was wieder zu neuen Kommandosubstitutionen führen kann, usw.

Beispiel

Ein Datei *u* enthalte den Dateinamen *uv*. Die Datei *uv* wiederum enthalte den Dateinamen *uvw*. Die Datei *uvw* enthalte ihrerseits den Dateinamen *uvwx*. Die Datei *uvwx* schließlich enthalte die Zeile

"*Stille Wasser, die sind tief*":

```
─── u ─────────────────────────────
|uv    ─── uv ──────────────────
       |uvw    ─── uvw ──────────
              |uvwx   ─── uvwx ─────
                      |Stille Wasser, die sind tief
```

Der Aufruf

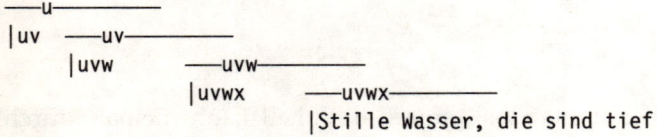

würde dann den Inhalt der Datei *uvwx* ausgeben:

Stille Wasser, die sind tief

Erklärung:

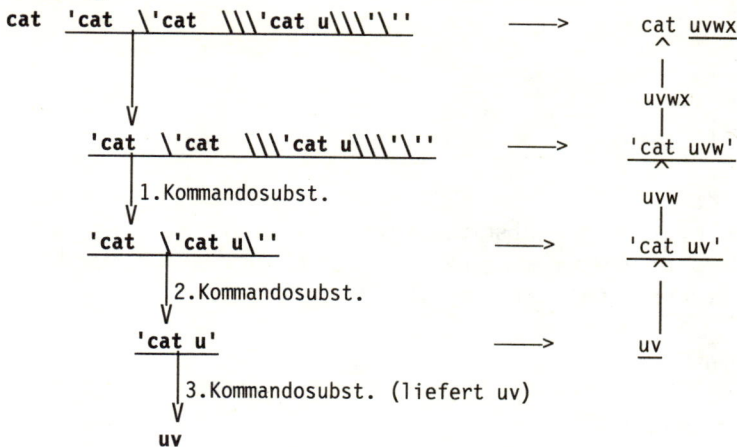

Falls eine Kommandosubstitution innerhalb von "....`kdo`...." angegeben ist, so wird bei einem innerhalb von *kdo* angegebenen Zeichenpaar \" der Backslash \ entfernt, was sonst nicht der Fall ist.

Beispiel

```
$ echo "'echo Hallo \"Franz\"'"⏎     [\ wird entfernt, da in ".." eingebettet, so]
Hallo Franz                          [Kommandosubst. Hallo Franz und nicht Hallo "Franz" liefert]
$ echo 'echo Hallo \"Franz\"'⏎
Hallo "Franz"
$
```

Wird innerhalb einer Kommandosubstitution *Neuezeile-Zeichen* angegeben, so wird dieses Zeichenpaar einfach entfernt. Neuezeile-Zeichen, welche ohne vorangestelltem \ eingegeben werden, werden auch als solche (Kommandoabschluß) interpretiert.

Beispiel

```
$ echo 'p\⏎
> w\⏎
> d'⏎
/user1/egon/shellueb
```

```
$ echo 'p⏎
> w⏎
> d'⏎
p: not found
w: not found
d: not found
$
```

Backslashes, die in einer Kommandosubstitution vor einem anderen Zeichen als \ `
" $ oder *Neuezeile-Zeichen* angegeben sind, werden beim Lesen des Kommandos in
der Kommandosubstitution `..` nicht entfernt.

Beispiel

```
$ touch abc\*⏎
$ echo "abc-Dateien:\n`ls abc*`"⏎
abc-Dateien:
abc
abc*
abc2
$ echo "abc-Dateien:\n`ls abc\*`"⏎
abc-Dateien:
abc*
$
```

Es ist auch möglich, Kommandosubstitution für Kommandos durchzuführen, die
in einer Datei angegeben sind.

Beispiel

```
$ cat pd⏎
pwd
$ chmod u+x pd⏎
$ echo '`cat pd`'⏎
/user1/egon/shellueb
$
```

Da in einer Kommandosubstitution (beim Lesen) ein \ vor einem $ entfernt wird,
muß die Sonderbedeutung eines $ mit \\$ oder \\\$ (nicht mit \$) ausgeschaltet
werden.

Beispiel

```
$ name=franz⏎
$ echo `echo \$name`⏎
franz
$ echo `echo \\$name`⏎
$name
```

Die Bourne-Shell

```
$ echo 'echo \\\$name'⏎
$name
$ echo "'echo \$name'"⏎
franz
$
```

Kurze Zusammenfassung:

Die nachfolgende Tabelle gibt eine Übersicht über die Gültigkeit bestimmter Metazeichen bei den unterschiedlichen Quoting-Arten und der Kommandosubstitution:

Quoting	Metazeichen						
	\ $	* ? [	`	"	'	⏎
\	-	-	-	-	-	-	-
".."	x	x	-	x	+	-	v
'..'	-	-	-	-	-	+	v
`..`	x	x	x	+	x	x	x

Hierbei bedeutet:

-   Sonderbedeutung ausgeschaltet

x   behält seine Sonderbedeutung

+   beendet Quoting bzw. Kommandosubstitution

v   Sonderbedeutung (Kommandoabschluß) ausgeschaltet, aber Bedeutung "Zeilenvorschub" bleibt erhalten

4.9 Ein- und Ausgabeumlenkung

Wie bereits im ersten Buch besprochen, lesen sehr viele UNIX-Kommandos von der Standardeingabe und schreiben auf die Standardausgabe bzw. Standardfehlerausgabe.

Die üblichen Voreinstellungen sind dabei:

Standardeingabe: Dialogstation (Tastatur)
Standardausgabe: Dialogstation (Bildschirm)
Standardfehlerausgabe: Dialogstation (Bildschirm)

Zwischen Standardausgabe und Standardfehlerausgabe wird unterschieden, um echte Daten (Standardausgabe) und Fehler- oder Diagnosemeldungen (Standardfehlerausgabe) trennen zu können.

Somit ergibt sich folgendes Bild für viele UNIX-Kommandos:

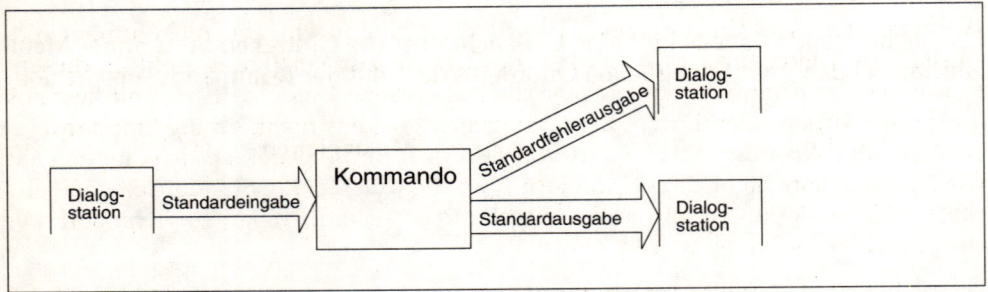

Bild 4.13 - Standardeingabe, Standardausgabe und Standardfehlerausgabe

Jedem dieser drei Ein-/Ausgabekanäle ist ein sogenannter Dateideskriptor[30] zugeordnet:

Standardeingabe (**stdin**):	0
Standardausgabe (**stdout**):	1
Standardfehlerausgabe (**stderr**):	2

Anderen Dateien, welche innerhalb eines Programms oder Kommandos explizit eröffnet werden, werden die Dateideskriptoren 3, 4, 5, 6, usw. zugeordnet.

Diese Ein-/Ausgabekanäle können in Dateien umgelenkt werden. Eine solche Umlenkung wird durch die Angabe von speziellen Zeichen erreicht:

<*datei* lenkt die Standardeingabe (von der Dialogstation) in die Datei *datei* um, d.h. es wird nicht mehr von der Dialogstation, sondern aus der Datei *datei* gelesen.

Beispiel
```
mail emil <glueckwunsch
```
Hier wird mail an **emil** geschickt, wobei der Inhalt des zu sendenden Briefes nicht von Tastatur, sondern von der Datei *glueckwunsch* gelesen wird.

---

[30] Erinnerung: In UNIX werden Geräte wie Dateien behandelt.

Die Bourne-Shell

Obwohl jeder der beiden Aufrufe

```
sort namdatei    (1)  und
sort < namdatei  (2)
```

zur sortierten Ausgabe der Datei *namdatei* führt, besteht doch ein Unterschied zwischen diesen beiden:

Während der Ausführung von (1) wird die Standardeingabe nicht umgelenkt, weshalb sie weiter für Eingaben über die Tastatur zur Verfügung steht. In diesem Fall öffnet das Kommando **sort** selbst die angegebene Datei *namdatei* und liest aus ihr die zu sortierenden Daten. Bei (2) dagegen gilt dies nicht, da die Standardeingabe vor der Ausführung von **sort** von der Shell in die Datei *namdatei* umgelenkt wird, so daß **sort** nicht direkt, sondern über die umgelenkte Standardeingabe aus *namdatei* liest. Bei (2) ist also keine Eingabe über Tastatur möglich, wenn **sort** solche Eingaben verlangen würde.

Deutlicher wird es vielleicht bei den folgenden Aufrufen, wobei die Angabe - auf der Kommandozeile **sort** mitteilt, daß es hier von der Standardeingabe (bis *Ctrl-D*) lesen soll:

```
$ sort uvwx -⏎
Morgenstund⏎   [Eingabe zusätzlich zu sortierender Daten von Tastatur]
hat⏎
Gold⏎
im⏎
Mund⏎
Ctrl-D
Gold
Morgenstund
Mund
Stille Wasser, die sind tief    [Inh. von uvwx; in eingeg. Zeilen einsortieren]
hat
im
$
```

Würde die Eingabeumlenkung bei diesem Aufruf verwendet, so bestünde keine Möglichkeit, Daten über Tastatur - zum Sortieren - mit einzugeben, da in diesem Fall die Standardeingabe bereits in die Datei *uvwx* umgelenkt wäre:

```
$ sort <uvwx -⏎
Stille Wasser, die sind tief    [keine Möglichk. von Daten-Eingabe über Tastatur]
$
```

>*datei* lenkt die Standardausgabe (von der Dialogstation) in die Datei *datei* um, d.h. es wird nicht mehr auf die Dialogstation, sondern in die Datei *datei* geschrieben.

Beispiele

```
$ cat namdatei⏎
hans
fritz
anton
emil
$ sort namdatei⏎
anton
emil
fritz
hans
$ sort namdatei  > sortiert⏎
$ cat sortiert⏎
anton
emil
fritz
hans
$ ls -CF . > wd_inhalt⏎
$ cat wd_inhalt⏎
abc*          core          eing_zaehl    namdatei      var_wert*
abc*          countdow2*    finde_c*      pd*           wd_inhalt
abc2*         countdown*    gls*          schiebe*      weiblich*
adress*       cph*          gruss*        sortiert      which1*
adresse.txt   datum*        kinder1*      stdio.h       woist*
anfang*       demo*         kinder2*      u             zaehle.txt
argaus*       div_null*     ll*           uv            zeig_pid*
argu_pid*     div_null.c    lszaehl       uvw
ausgab*       div_null2*    muenz_kom*    uvwx
$
```

Vorsicht: Wenn die Datei *datei* bereits existiert, so wird ihr alter Inhalt überschrieben. Existiert *datei* noch nicht, so wird sie neu angelegt:

```
$ echo 'pwd' >wd_inhalt⏎
$ cat wd_inhalt⏎
/user1/egon/shellueb
$
```

Das mit dem Kommando

cp div_null.c /tmp/div_null.c

bewirkte Kopieren der Datei *div_null.c* könnte auch mit einer der beiden folgenden Kommandozeilen erreicht werden:

cat div_null.c >/tmp/div_null.c   oder
cat <div_null.c >/tmp/div_null.c

Die Eingabe von **>*datei*** ohne Angabe eines Kommandos erzeugt eine leere Datei mit Namen *datei* und lenkt nicht die Standardausgabe der momentan aktiven Shell in die Datei *datei* um. Um ein Umlenken der Standardausgabe für die momentan aktive Shell zu erreichen, wäre das built in-Kommando **exec**[31] zu verwenden.

Beispiel
```
$ pwd⏎
/user1/egon/shellueb
$ >neudat⏎
$ ls n*⏎
namdatei
neudat
$ exec >logfile⏎
$ echo "working directory: 'pwd'"⏎
$ ls -CF a*⏎
$ exec >/dev/tty⏎      [Standardausgabe wieder auf Bildschirm lenken]
$ cat logfile⏎
working directory: /user1/egon/shellueb
abc*         abc2*        adresse.txt   argaus*      ausgab*
abc*         adress*      anfang*       argu_pid*
$
```

>>*datei* lenkt ebenfalls die Standardausgabe (von der Dialogstation) in die Datei *datei* um; allerdings wird hierbei der alte Inhalt einer eventuell schon existierenden Datei *datei* nicht überschrieben. Die neuen Ausgabedaten werden an das Ende von *datei* geschrieben. Sollte die Datei *datei* noch nicht existieren, so wird sie wie bei der Konstruktion **>***datei* neu angelegt.

Beispiel
```
$ echo "── 'date' ──" >mom_inhalt⏎
$ ls -C >> mom_inhalt⏎
$ cat mom_inhalt⏎
── Thu Nov 15 14:53:43 GMT 1990 ──
abc          ausgab       div_null.c    ll           schiebe      wd_inhalt
abc*         core         div_null2     logfile      sortiert     weiblich
abc2         countdow2    eing_zaehl    lszaehl      stdio.h      which1
adress       countdown    finde_c       mom_inhalt   u            woist
adresse.txt  cph          gls           muenz_kom    uv           zaehle.txt
anfang       datum        gruss         namdatei     uvw          zeig_pid
argaus       demo         kinder1       neudat       uvwx
argu_pid     div_null     kinder2       pd           var_wert
$
```

---

[31] Eine genaue Beschreibung dieses Kommandos wird in Kapitel 4.15.3 gegeben.

Zuerst wird das heutige Datum in die Datei *mom_inhalt* geschrieben, wobei ein eventueller Inhalt dieser Datei überschrieben wird. Danach werden alle Dateinamen des working directorys ans Ende der Datei *mom_inhalt* geschrieben.

<<*wort* - Hier-Dokument (engl. *here document*): Nachdem die Parameter- und Kommandosubstitution für *wort* durchgeführt ist, wird die Eingabe an die Shell Zeile für Zeile gelesen, bis eine Zeile gefunden wird, welche genau mit *wort* übereinstimmt, oder bis ein **EOF** gelesen wird.

Beispiele
```
$ sort <<ENDE⏎
> Hans⏎
> Fritz⏎
> Anni⏎
> ENDEN⏎
> ENDE⏎
Anni
ENDEN
Fritz
Hans
$ cat <<ENDTEXT⏎
> Menue:⏎
>       Neu eingeben:     n⏎
>       Aendern:          a⏎
>       Loeschen:         l⏎
>       Drucken:          d⏎
>       Ende:             e⏎
> ENDTEXT⏎
Menue:
       Neu eingeben:     n
       Aendern:          a
       Loeschen:         l
       Drucken:          d
       Ende:             e
$
```

Das Eingabeende wird abhängig davon, ob Quoting im *wort* verwendet wurde oder nicht, unterschiedlich festgelegt:

Quoting im wort
In den folgenden Eingabezeilen wird die Sonderbedeutung der Metazeichen ausgeschaltet, d.h. daß die eingegebenen Zeichen ohne besondere Interpretation von der Shell gelesen werden.

Die Bourne-Shell

Beispiele

```
$ cat <<\$HOME⏎
> 'pwd'⏎
> echo $HOME⏎
> \$HOME⏎
> \'pwd\'⏎
> $HOME⏎
'pwd'
echo $HOME
\$HOME
\'pwd\'
$
```

Kein Quoting im wort

Für die folgenden Eingabezeilen gelten dann folgende Regeln:

1. Parameter- und Kommandosubstitution findet statt.
2. *Neuezeile-Zeichen*-Kombinationen werden ignoriert.
3. \\ muß verwendet werden, um die Sonderbedeutung der Zeichen \\ sowie $ und ` auszuschalten.

Beispiele

```
$ echo $HOME⏎
/user1/egon
$ cat <<$HOME⏎
> 'logname'⏎
> echo $HOME⏎
> \$HOME⏎
> \'logname\'⏎
> /user1/egon⏎
egon
echo /user1/egon
$HOME
'logname'
$
```

Typische Anwendungen für das Hier-Dokument sind:

- Erstellen und Kompilieren eines C-Programms in einem Shell-Skript
- Angabe von ed-Skripts zum Editieren von Texten aus Dateien, Variablen oder von Eingabezeilen
- Senden von mail mit einem im Skript vorgegebenen Text

Beispiele

```
$ cat hallo.arc⏎
cat << —ENDE— > hallo.c
main()
{
    printf("Hallo egon\n");
}
—ENDE—
cc -o hallo hallo.c
echo "hallo.c kompiliert
Programmname: hallo"
$ chmod u+x hallo.arc⏎
$ hallo.arc⏎
hallo.c kompiliert
Programmname: hallo
$ hallo⏎
Hallo egon
$ cat which2⏎
tmp_name=/tmp/${LOGNAME}.$$
echo $PATH >$tmp_name

# Ersetzen von leeren Pfaden durch . (working directory)
# Es muss fuer alle drei Moeglichkeiten:
#   - leerer Pfad am Anfang (^:); ^ steht fuer Zeilenanfang
#   - leerer Pfad in der Mitte (::)
#   - leerer Pfad am Ende (:$); $ steht fuer Zeilenende
# ein eigenes ed-Skript angegeben werden, da ed sich beim Lesen
# von Kommandos aus einem ed-Skript beim Vorkommen des ersten
# Fehlers automatisch beendet
ed -s $tmp_name <<ende_ed  >/dev/null    # am Anfang
s/^:/.:/
w
ende_ed
ed -s $tmp_name <<ende_ed  >/dev/null    # in der Mitte
s/::/:.:/
w
ende_ed
ed -s $tmp_name <<ende_ed  >/dev/null    # am Ende
s/:$/:./
w
ende_ed

pfad="`cat $tmp_name | tr : ' '`"
find $pfad -name $1 -print
rm $tmp_name
$ chmod u+x which2⏎
```

```
$ echo $PATH↵
:/bin:/usr/bin
$ which2 dircmp↵
/usr/bin/dircmp
$ which2 du↵
/bin/du
$ which2 which2↵
./which2
$
```

Im vorhergehenden Skript *which2* wurde folgende Zeile angegeben:

```
tmp_name=/tmp/${LOGNAME}.$$
```

Dabei liefert *$$* die PID der jeweiligen Subshell, die das Skript ausführt. Solche Konstruktionen werden häufig verwendet, um eindeutige Namen für temporäre Dateien zu erhalten, da es unwahrscheinlich ist, daß ein anderer Benutzer in */tmp* ebenfalls einen Dateinamen wählt, der mit genau dieser angehängten Prozeßnummer (PID) endet.

Das folgende Skript *diskuse* gibt die Speicherplatzbelegung für das ganze Dateisystem / in die Datei */user1/egon/.diskuse* aus. Am Ende sendet es mail an **egon**, und teilt ihm die Information mit:

```
$ cat diskuse↵
du / >$HOME/.diskuse
mail $LOGNAME <<ENDE_NACHRICHT
    Die Belegungsstatistik fuer das Dateisystem /
    befindet sich in der Datei $HOME/.diskuse
ENDE_NACHRICHT
$ chmod u+x diskuse↵
$
```

<<-*wort* entspricht weitgehend der Angabe <<*wort*, allerdings werden hier in den nachfolgenden Eingabezeilen alle führenden Tabulatorzeichen ignoriert. Dies ist v.a.D. bei Shell-Skripts von Nutzen, in welchen oft Tabulatorzeichen zum Einrücken von Text verwendet werden, um die Lesbarkeit zu erhöhen.

<& *fd* verwendet die Datei, welche mit dem Dateideskriptor *fd* verbunden ist, als Standardeingabe.

Beispiele

```
mail   hans   < geburtstag
       ist identisch zu
mail   hans   <&0 geburtstag
```

>& *fd* verwendet die Datei, welche mit dem Dateideskriptor *fd* verbunden ist, als Standardausgabe.

Benutzerfreundliche Shell-Skripts weisen den Anwender auf Fehler (wie falsche Eingaben) hin. Nun wird allerdings oft beim Aufruf von Shell-Skripts die Standardausgabe umgelenkt und damit werden auch alle für den Benutzer gedachten Dialog-Meldungen, wie z.B.

`echo "Bitte eine der Tasten a, b oder c druecken"`

in diese umgelenkte Standardausgabe-Datei geschrieben.

Der Benutzer wird also diese Meldung nicht am Bildschirm sehen können, da diese in die entsprechende Standardausgabe-Datei geschrieben wird. Um nun explizit zu erzwingen, daß eine solche Fehlermeldung auch bei umgelenkter Standardausgabe auf **stderr** (und damit - wenn nicht explizit umgelenkt - auf den Bildschirm) geschrieben wird, werden oft folgende **echo**-Meldungen in Shell-Skripts angegeben:

`echo "Bitte eine der Tasten a, b oder c druecken" >&2`

<&- schließt die Standardeingabe (identisch zu **< /dev/null**).

>&- schließt die Standardausgabe. Wird oft anstelle von **> /dev/null** verwendet, wenn nur die Ausführung, aber nicht die Ausgabe eines Kommandos von Wichtigkeit ist.

Bei all diesen Notationen kann zusätzlich vor dem entsprechenden Umlenkungszeichen noch ein Dateideskriptor (Zahl) angegeben werden, der den umzulenkenden "Datenstrom" (wie z.B. 2 für Standardfehlerausgabe) festlegt:

Beispiele

`2>fehler`

lenkt die Standardfehlerausgabe in die Datei *fehler* um

`2>>fehl_sammel`

lenkt die Standardfehlerausgabe in die Datei *fehl_sammel* um, wobei die entsprechende Fehlermeldung ans Ende der Datei *fehl_sammel* geschrieben wird.

`2>&-`

schließt die Standardfehlerausgabe.

`2>&1`

lenkt die Standardfehlerausgabe in die Datei mit dem Dateideskriptor 1 (Standardausgabe) um.

`0<eingab_dat`

ist identisch zur Angabe **<eingab_dat**

`auswert 1>sammel 2>&1`

verbindet zunächst die Standardausgabe (Dateideskriptor 1) mit der Datei *sammel*; dann wird die Standardfehlerausgabe (Dateideskriptor 2) in die Datei, welche mit Dateideskriptor 1 (*sammel*) verbunden ist, umgelenkt.

Hinweis

1. Vor und nach den Umlenkungsanweisungen können beliebig viele Leer- und Tabulatorzeichen angegeben sein.

```
cat  >      aus   <     ein
```

2. Die Reihenfolge, in welcher die Umlenkungsanweisungen angegeben sind, ist signifikant: Die Shell wertet immer von links nach rechts aus.

Beispiel

Bei der Eingabe hat sich jemand vertippt und anstatt es zu korrigieren, wird einfach eine neue Umlenkung angegeben.

```
$ echo "Hallo Egon" >gruss_egon ⏎
$ cat gruss_egon ⏎
Hallo Egon
$ echo "Hallo Hans" >gruss_egon >gruss_hans ⏎
$ cat gruss_hans ⏎
Hallo Hans
$ cat gruss_egon ⏎
$
```

Die Datei *gruss_egon* ist leer. Der Grund hierfür ist: Zunächst wird die Standardausgabe in die Datei *gruss_egon* umgelenkt, d.h. der Inhalt dieser Datei wird gelöscht. Das spätere Umlenken in die Datei *gruss_hans* bewirkt zwar, daß die Ausgabe in diese Datei *gruss_hans* (und nicht nach *gruss_egon*) erfolgt. Die Löschaktion für Datei *gruss_egon* kann jedoch nicht mehr rückgängig gemacht werden.

3. Die oben vorgestellten Umlenkungs-Konstruktionen werden bereits vor dem Aufruf des entsprechenden Programms von der Shell ausgewertet, so daß das aufgerufene Programm davon keinerlei Notiz nimmt. Nachdem die Shell die geforderten Umleitungen vorgenommen hat, werden die Umlenkungsangaben nicht mehr benötigt und deshalb von der Shell aus der Kommandozeile entfernt. Somit werden Umlenkungsanweisungen niemals einem Programm als Argumente übergeben.

Beispiel

```
$ cat dru ⏎
echo Argumentzahl: $#
echo $1 $2
$ chmod u+x dru ⏎
```

```
$ dru hans >ausg⏎
$ cat ausg⏎
Argumentzahl: 1
hans
$
```

4. Umlenkungsanweisungen können in einem einfachen Kommando an beliebiger Stelle angegeben werden.

Beispiele

Alle folgenden Kommandozeilen sind identisch:

```
cat <ein >aus      (1)
cat >aus <ein      (2)
<ein cat >aus      (3)
<ein >aus cat      (4)
>aus cat <ein      (5)
>aus <ein cat      (6)
```

Aus Gründen der Lesbarkeit sollten die Umlenkungsangaben allerdings am Ende eines Kommandos - wie bei (1) und (2) - angegeben werden.

5. Parameter- und Kommandosubstitution werden immer zuerst durchgeführt, bevor die entsprechenden Umlenkungen von der Shell vorgenommen werden:

```
$ ausg_datei="/tmp/${LOGNAME}.ausg$$"⏎
$ fehl_datei="/tmp/${LOGNAME}.fehl$$"⏎
$ ls c* >$ausg_datei⏎
$ cat $ausg_datei⏎
core
countdow2
countdown
cph
$ ls b* 2>$fehl_datei⏎
$ cat $fehl_datei⏎
b*: No such file or directory
$ od -cb <'pwd'⏎
0000000  220  \b   .   \0  \0  \0  \0  \0  \0  \0  \0  \0  \0  \0  \0  \0
         220  010  056 000 000 000 000 000 000 000 000 000 000 000 000 00
0000020  372  007  .   .   \0  \0  \0  \0  \0  \0  \0  \0  \0  \0  \0  \0
         372  007  056 056 000 000 000 000 000 000 000 000 000 000 000 000
0000040  221  \b   d   i   v   _   n   u   l   l   .   c   \0  \0  \0  \0
         221  010  144 151 166 137 156 165 154 154 056 143 000 000 000 000
                   :
0001600  9    \t   a   u   s   g   \0  \0  \0  \0  \0  \0  \0  \0  \0  \0
         071  011  141 165 163 147 000 000 000 000 000 000 000 000 000 000
0001620
$
```

Die Bourne-Shell

6. Im Hintergrund gestartete Kommandos verwenden, wenn keine Umlenkungsanweisungen angegeben sind, die Voreinstellungen für die Standardausgabe und Standardfehlerausgabe: die Dialogstation. Dies ist einleuchtend, aber was passiert bei Hintergrundjobs mit der Standardeingabe; die Eingabe über Tastatur ist nämlich nur für Vordergrundjobs vorgesehen. Deswegen wurde folgende Konvention getroffen: Bei Hintergrundjobs ist die Voreinstellung für die Standardeingabe die leere Datei **/dev/null**.

Beispiel

```
$ wc div_null.c &
1139                                    [PID des Hintergrundjobs]
      9     21    129 div_null.c
$ wc &
1178                                    [erwartet eine Eingabe von der Tastatur]
                                        [PID des Hintergrundjobs]
      0      0      0                   [Eingabe unmöglich, da]
$                                       [Standard in /dev/null umgelenkt]
```

7. Für die bei der Ausgabeumlenkung angegebene Datei findet keine Dateinamen-Expandierung statt.

Beispiel

```
$ ls so*
sortiert
$ sort namdatei >so*
$ ls so*
so*
sortiert
$ cat so\*
anton
emil
fritz
hans
$
```

8. Wenn sich ein angegebenes Kommando aus mehreren einfachen Kommandos zusammensetzt, so wertet die Shell zuerst die Umlenkungsanweisungen für das gesamte Kommando aus, bevor sie die Umlenkungsangaben für die einzelnen einfachen Kommandos auswertet. Somit ergibt sich folgende Auswertungsreihenfolge:

a) Auswertung für die gesamte *Kommandoliste*
b) Auswertung für jede einzelne *Pipeline* in der *Kommandoliste*
c) Auswertung für jedes einzelne Kommando in den angegebenen *Pipelines*
d) Auswertung für jede *Kommandoliste* in jedem Kommando

9. Eine Subshell erbt die Dateideskriptoren der aufrufenden Shell.

Beispiele

```
$ exec 2>fehler >logfile⏎
sh⏎                    [Keine Ausgabe des Promptzeichens (da stderr umgelenkt)]
echo $$⏎
ls so*⏎
exit⏎
exec 2>/dev/tty >/dev/tty⏎
$ cat logfile⏎
1259
so*
sortiert
$ cat fehler⏎
$ $ $ echo $$⏎
1073
$
```

10. Bei der Verwendung von >& ist die Reihenfolge der Angabe wichtig:

kdo   2>&1   1>sammel (1)   Standardfehlerausgabe ---> Bildschirm
                                Standardausgabe   ---> *sammel*

Zunächst wird hierbei die Standardfehlerausgabe (Dateideskriptor 2) auf den Bildschirm (Voreinstellung für Standardausgabe) umgelenkt; danach erst wird die Standardausgabe in die Datei *sammel* umgelenkt.

kdo   1>sammel   2>&1 (2)   Standardausgabe --> *sammel*
                                Standardfehlerausgabe --> *sammel*

Solche exotischen Kommandozeilen lassen sich mit der nachfolgenden Notation nachvollziehen:

(2)   1 —> *sammel*
       2 —> 1

Nun wird versucht, "von unten nach oben" Weiterleitungen zu erkennen. Dies ist dann möglich, wenn ein rechts stehender Dateideskriptor eines tiefer stehenden Ausdrucks auf der linken Seite eines höher stehenden Ausdrucks vorkommt. Dies trifft hier zu:

2 —> <u>1</u>   1 —> *sammel*
2 —> <u>1</u>   —> *sammel*

(1)   2 —> 1
               1 —> *sammel*

Nun wird versucht, "von unten nach oben" Weiterleitungen zu erkennen. Dies ist hier nicht möglich:

1 —> *sammel*   2 —> 1

Beispiele

```
$ ls  b*  s*  2>&1  1>sammel ⏎
b*: No such file or directory
$ cat sammel ⏎
sammel
schiebe
so*
sortiert
stdio.h
$ ls  b*  s*  1>sammel  2>&1 ⏎
$ cat sammel ⏎
b*: No such file or directory
sammel
schiebe
so*
sortiert
stdio.h
$ who ⏎          [Ausgabe erfolgt auf die Standardfehlerausgabe]
emil        ttyib          Apr 30    10:35
egon        ttyic          Apr 30    11:17
moly        ttyie          Apr 30    11:28
$ who 2>&1 | wc -l ⏎    [Standardfehlerausgabe in Pipe umlenken]
      3
$
```

4.10 Auswertung von Ausdrücken

Bevor in den nächsten beiden Kapiteln auf die einzelnen Programmiersprach-Konstrukte der Shell eingegangen wird, sollen zunächst die beiden Kommandos **test** und **expr** vorgestellt werden.

4.10.1 Das built in-Kommando test

Das built in-Kommando **test** bietet über seine Optionen eine Vielzahl von Möglichkeiten an, um Bedingungen abzuprüfen. Die vollständige Aufrufsyntax für **test** ist:

test *ausdr*

oder die alternative Angabe

[*ausdr* **]**[32]

Der angegebene Ausdruck *ausdr* wird dabei ausgewertet. Ist die über *ausdr* angegebene Bedingung erfüllt, so liefert **test** bzw. **[...]** den exit-Status 0 (wahr oder erfolgreich), ansonsten einen von 0 verschiedenen Wert (falsch oder nicht erfolgreich). Wenn keine Argumente angegeben sind, dann liefert **test** einen exit-Status verschieden von 0 (falsch). Es können die folgenden Ausdrücke für *ausdr* angegeben werden:

Ausdruck	liefert wahr (exit-Status 0), wenn
-r *datei*	*datei* existiert und gelesen (**r**ead) werden darf.
-w *datei*	*datei* existiert und beschrieben (**w**rite) werden darf.
-x *datei*	*datei* existiert und ausführbar (e**x**ecute) ist.
-f *datei*	*datei* existiert und eine normale Datei (**f**ile) ist.
-d *datei*	*datei* existiert und ein Directory (**d**irectory) ist.
-c *datei*	*datei* existiert und eine "zeichenspezifische Gerätedatei" (**c**haracter) ist.
-b *datei*	*datei* existiert und eine "blockspezif. Gerätedatei" (**b**lock) ist.
-p *datei*	*datei* existiert und eine named **p**ipe ist.
-u *datei*	*datei* existiert und das set-**u**ser-id Bit gesetzt ist.
-g *datei*	*datei* existiert und das set-**g**roup-id Bit gesetzt ist.
-k *datei*	*datei* existiert und das stic**k**y-Bit gesetzt ist.
-s *datei*	*datei* existiert und nicht leer (**s**pace) ist.
-t [*fd*]	die geöffnete Datei, deren Filedeskriptor *fd* ist, der Dialogstation (**t**erminal) zugeordnet ist. Ist *fd* nicht angegeben, so wird hierfür der Filedeskriptor 1 angenommen.
-z *zkt*	die Länge der Zeichenkette *zkt* gleich 0 (**z**ero) ist.
-n *zkt*	die Länge der Zeichenkette *zkt* nicht gleich 0 (**n**ot zero) ist.
zkt1 = *zkt2*	die Zeichenketten *zkt1* und *zkt2* identisch sind.

---

[32] nach [und vor] muß mindestens ein Leer- oder Tabulatorzeichen angegeben sein.

Ausdruck	liefert wahr (exit-Status 0), wenn
zkt1 != zkt2	die Zeichenketten zkt1 und zkt2 verschieden sind.
zkt	zkt nicht die leere Zeichenkette ist.
n1 -eq n2	die ganzen Zahlen n1 und n2 gleich (**equal**) sind.
n1 -ne n2	die ganzen Zahlen n1 und n2 nicht gleich (**not equal**) sind.
n1 -gt n2	die ganze Zahl n1 größer als (**greater than**) die ganze Zahl n2 ist.
n1 -ge n2	die ganze Zahl n1 größer oder gleich (**greater equal**) der ganzen Zahl n2 ist.
n1 -lt n2	die ganze Zahl n1 kleiner als (**less than**) die ganze Zahl n2 ist.
n1 -le n2	die ganze Zahl n1 kleiner oder gleich (**less equal**) der ganzen Zahl n2 ist.

Tabelle - Ausdrucke für das Kommando Test

Alle diese Ausdrücke können nun mit den nachfolgenden Operatoren zu neuen Ausdrücken verknüpft werden:

Ausdruck	Bedeutung
! ausdr	Negationsoperator (monadisch[33]): Dieser Operator negiert den Wahrheitswert des nachfolgenden Ausdrucks *ausdr*.
ausdr1 -a ausdr2	AND-Operator (dyadisch[34]): Der Wahrheitswert dieses mit einem AND-Operator gebildeten Gesamtausdrucks ist nur dann wahr, wenn beide Ausdrücke *ausdr1* und *ausdr2* wahr liefern.
ausdr1 -o ausdr2	OR-Operator (dyadisch): Dieser Ausdruck ist wahr, wenn mindestens einer der beiden Ausdrücke *ausdr1* und *ausdr2* wahr liefert.
(ausdr)	Klammerung eines Ausdrucks: Klammern werden verwendet, um Prioritäten (für die Operatoren) bei der Auswertung eines Ausdrucks festzulegen.

Tabelle - Operatoren zum Verknüpfen von test-Ausdrucken

---

[33] monadisch bedeutet, daß dieser Operator nur auf einen Operanden (Ausdruck) angewandt werden kann.
[34] dyadisch bedeutet, daß ein solcher Operator immer zwei Operanden benötigt.

Die voreingestellte Prioritätsreihenfolge ist:

  ( )
  !
  –a
  –o

Beispiele

`test ! -w personaldat`
liefert wahr, wenn für die Datei *personaldat* keine Schreiberlaubnis vorliegt.

`test -r terminkal -a -w terminkal`

liefert wahr, wenn die Datei *terminkal* existiert und sowohl Lese- als auch Schreiberlaubnis besteht.

`test -f neuheit -a -s neuheit`
liefert wahr, wenn es sich bei Datei *neuheit* um eine normale Datei handelt, welche nicht leer ist.

`test ! -r terminkal -a -w terminkal`
ist identisch zu

`test  ( ! -r terminkal ) -a -w terminkal`

Wenn nun der ganze Ausdruck zu negieren ist, dann ist

`test  ! ( -r terminkal -a -w terminkal )`

anzugeben. Dieser Gesamtausdruck liefert dann wahr, wenn für *terminkal* nicht gleichzeitig Schreib- und Leseerlaubnis vorhanden ist. Da die Shell ihre eigene Interpretation für Klammern[35] besitzt, ist ihre Sonderbedeutung für die Shell mit Quoting auszuschalten:

`test ! \( -r terminkal -a -w terminkal \`

Der gesamte Ausdruck könnte auch in Apostrophe oder Anführungszeichen geklammert werden:

`test ! '( -r terminkal -a -w terminkal )'`
`test ! "( -r terminkal -a -w terminkal )"`

```
$ test -x div_null.c⏎
$ echo $?⏎
1
$ test -x div_null⏎
$ echo $?⏎
0
$
```

---

[35] siehe Kapitel 4.11

Die Bourne-Shell 115

Hinweis

1. Jeder Operator und Ausdruck ist als eigenes Argument an das Kommando **test** zu übergeben, was bedeutet, daß die Operatoren und Ausdrücke durch Leer- und/oder Tabulatorzeichen voneinander getrennt anzugeben sind.

2. Wenn eine Datei mit **-r**, **-w** oder **-x** auf Lesbarkeit, Beschreibbarkeit oder Ausführbarkeit geprüft wird und das entsprechende Zugriffsrecht-Bit nicht für den Eigentümer gesetzt ist, dann liefert **test** einen exit-Statuswert verschieden von 0 (falsch), selbst wenn das entsprechende Bit für *group* oder *others* gesetzt ist.

Beispiel
```
$ chmod 077 datum⏎
$ test -r datum⏎
$ echo $?⏎
1
$
```

3. Die Operatoren = und != haben eine höhere Priorität als die Operatoren **-r** bis **-n**.

4. Da die Operatoren = und != immer Argumente benötigen, können sie nicht bei den Operatoren **-r** bis **-n** benutzt werden.

5. Wenn mehr als ein Argument nach den Operatoren **-r** bis **-n** angegeben ist, so wird nur das erste Argument ausgewertet und die restlichen werden ignoriert, außer wenn das zweite Argument einer der Operatoren **-a** oder **-o** ist.

Beispiel
```
$ test -r sortiert datum⏎
$ echo $?⏎
0
$ test -r datum sortiert⏎
$ echo $?⏎
1
$ test -x div*⏎
$ echo $?⏎
0
$ ls -F div*⏎
div_null*         [nur dieses wurde vom vorherig. test-Kommando ausgewertet]
div_null.c
div_null2*
$
```

6. Für einen *ausdr* kann auch ein String angegeben werden. In diesem Fall liefert **test** WAHR (exit-Status 0), wenn dieser String nicht der Nullstring ist, ansonsten FALSCH (exit-Status 1).

Beispiel
```
$ test $nam⏎
$ echo $?⏎
1
$ nam="Hans"⏎
$ test $nam⏎
$ echo $?⏎
0
$
```

4.10.2 Das Kommando expr

Das Kommando **expr** ermöglicht es, einfache arithmetische Berechnungen durchzuführen. Die Aufrufsyntax für **expr** ist:

expr *argument(e)*

Die *argument(e)* stellen dabei den auszuwertenden Ausdruck dar. **expr** wertet diesen Ausdruck aus und schreibt das Ergebnis auf die Standardausgabe.

Als *argument* kann angegeben werden:

- eine Zeichenkette
- eine ganze Zahl
- eine Konstruktion, welche eine ganze Zahl oder Zeichenkette liefert: z.B. ein Variablenwert ($*variable*) oder Kommandosubstitution (`` `...` ``)
- ein Operator (siehe unten)

Für die einzelnen *argument(e)* ist folgendes zu beachten:

- Die einzelnen *argument(e)* müssen durch Leer- und/oder Tabulatorzeichen voneinander getrennt angegeben werden.
- Ist ein angegebenes *argument* eine Zeichenkette, welche Shell-Metazeichen beinhaltet (wie z.B. Leerzeichen oder *), so muß deren Sonderbedeutung für die Shell unter Verwendung von Quoting ausgeschaltet werden.
- Ganzzahligen *argumenten* kann ein Minuszeichen vorangestellt werden, um dadurch den entsprechenden Negativwert auszudrücken.
- Intern wird für ganze Zahlen die 32-Bitdarstellung (Zweier-Komplement) verwendet.
- Liefert die Berechnung des angegebenen Ausdrucks Null, so liefert **expr** den arithmetischen Wert 0 und nicht die leere Zeichenkette.

Die Bourne-Shell

- Wird **expr** mit nur einem Argument aufgerufen, so wird dieses Argument ausgewertet und das Ergebnis dieser Auswertung ausgegeben. Das Argument sollte keiner der unten vorgestellten Operatoren sein.

Operatoren

Alle bei **expr** erlaubten Operatoren sind dyadische Operatoren, welche die entsprechende Berechnung mit den links und rechts vom Operator angegebenen Operanden durchführen.

Es ist zu beachten, daß

- die einzelnen Operanden und Operatoren mit Leer- und/oder Tabulatorzeichen voneinander getrennt anzugeben sind und
- gewissen Operatoren, welche zugleich auch Shell-Metazeichen sind, ein \ voranzustellen ist, um deren Sonderbedeutung für die Shell auszuschalten.

Die nachfolgende Tabelle zeigt alle Operatoren, die **expr** kennt:

Operator	Bedeutung
op1 : *op2*	Der Operator : überprüft, ob der für den Operanden *op2* angegebene reguläre Ausdruck den Operanden *op1* abdeckt. Als reguläre Ausdrücke sind dabei fast alle regulären Ausdrücke von **ed**[36] zugelassen; nur ^ hat hier nicht seine **ed**-Sonderbedeutung für den Zeilenbeginn, da der für *op2* angegebene reguläre Ausdruck immer vom *op1*-Anfang an verglichen wird[37]. Wenn der für den Operanden *op2* angegebene reguläre Ausdruck den Operanden *op1* abdeckt, so liefert der Operator : die Anzahl der abgedeckten Zeichen und sonst 0. Soll nicht die Anzahl der durch *op2* abgedeckten Zeichen in *op1*, sondern der abgedeckte Teil selbst ausgegeben werden, so ist der entsprechende reguläre Ausdruck in *op2* mit \(..\) zu klammern.

---

[36] siehe erstes Buch
[37] *op2* ist so gesehen immer die Kurzform für ^*op2*.

Operator	Bedeutung
op1 : *op2* (Forts.)	Beispiele: `$ expr nikolaus : kola`⏎ 0 [kola kommt nicht am Anfang vor] `$ expr nikolaus : 'n.*a'`⏎ 6 `$ expr nikolaus : '.*'`⏎ 8 `$ expr nikolaus : '.*cola'`⏎ 0 `$ expr nikolaus : '.*\(1.*\)'`⏎ laus `$ expr nikolaus : '.*\(1.*\)' : lau`⏎ 3 `$ expr nikolaus : '\([^a]*\).*'`⏎ nikol `$ expr nikolaus : '\(n.*1\)us'`⏎ $
op1 * *op2*	Multiplikationsoperator: multipliziert *op1* mit *op2*.
op1 / *op2*	ganzzahliger Divisionsoperator: dividiert *op1* durch *op2* und liefert ein ganzzahliges Ergebnis (eventuelle Nachkommastellen werden entfernt).
op1 % *op2*	Modulooperator: liefert den Rest aus der Ganzzahldivision von *op1* durch *op2*. Beispiele: `$ wert1=6`⏎ `$ wert2=14`⏎ `$ nam="Peter"`⏎ `$ expr 14 \* 6`⏎ 84 `$ expr $wert2 / $wert1`⏎ 2 `$ expr $wert2 % 5`⏎ 4 `$ expr $wert1 / $nam`⏎ expr: non numeric argument $

Operator	Bedeutung
op1 + *op2* *op1* – *op2*	Additionsoperator: addiert *op1* und *op2*. Subtraktionsoperator: subtrahiert *op2* von *op1*. Beispiele: `$ wert1=6`⏎ `$ wert2=14`⏎ `$ expr 14 + 6`⏎ 20 `$ expr $wert1 - $wert2`⏎ –8 `$ expr $wert2 - $wert1`⏎ 8 `$ expr 14 - $wert1`⏎ 8 `$`
op1 = *op2* *op1* \> *op2* *op1* \>= *op2* *op1* \< *op2* *op1* \<= *op2* *op1* != *op2*	prüft, ob *op1* gleich *op2* ist. prüft, ob *op1* größer als *op2* ist. prüft, ob *op1* größer oder gleich *op2* ist. prüft, ob *op1* kleiner als *op2* ist. prüft, ob *op1* kleiner oder gleich *op2* ist. prüft, ob *op1* ungleich *op2* ist. Beispiele: `$ wert1=6`⏎ `$ wert2=8`⏎ `$ nam="Peter"`⏎ `$ expr $wert1 = 6`⏎ 1 [wahr] `$ expr $wert1 = $wert2`⏎ 0 [falsch] `$ expr fritz \> franz`⏎ 1 [wahr] `$ expr $nam \< "Petersilie"`⏎ 1 [wahr] `$` Wenn bei den obigen Operatoren die angegebene Bedingung erfüllt ist, so wird als Vergleichsergebnis 1 und ansonsten 0 geliefert.[38]

---

[38] entsprechend C-Konvention

Operator	Bedeutung
op1 \& *op2*	liefert als Ergebnis *op1*, wenn keiner der beiden Operanden *op1* oder *op2* der Wert 0 oder die leere Zeichenkette ist, ansonsten wird als Ergebnis 0 geliefert. Beispiele: **$ NAME=hans**⏎ **$ expr $NAME \& nachname**⏎ hans **$ expr "$VORNAME" \& "Nachname ?"**⏎ 0 **$ expr $VORNAME \& nachname**⏎ expr: syntax error $ Die letzte Kommandozeile liefert einen Syntaxfehler, da *VORNAME* undefiniert ist, so daß **expr** mit **exfpr \& "Nachname ?"** aufgerufen wird, und somit der linke Operand zu **\&** fehlt.
op1 | *op2*	liefert als Ergebnis *op1*, wenn der Operand *op1* nicht der Wert 0 oder die leere Zeichenkette ist, ansonsten wird als Ergebnis *op2* geliefert. Beispiele: **$ tmpdir=`expr "$TEMP" \| "/tmp"`**⏎ **$ echo $tmpdir**⏎ /tmp **$ TEMP=$HOME/shellueb**⏎ **$ tmpdir=`expr "$TEMP" \| "/tmp"`**⏎ **$ echo $tmpdir**⏎ /user1/egon/shellueb $

Tabelle - Operatoren für das Kommando expr

Die folgende Tabelle gibt die Prioritätsreihenfolge der Operatoren an. Alle in einer Zeile angegebenen Operatoren besitzen die gleiche Priorität:

```
:
\*    /    %
+    -
=    \>   \>=   \<   \<=   !=
\&
\|
```

Beispiele

```
$ expr "Hallo"⏎
Hallo
$ expr 4+5⏎         [kein Trennzeichen zw. 4, + und 5; als ein String interpretiert]
4+5                 [wird als ein String ausgegeben]
$ expr 4 + 5 \* 3⏎
19
$ expr 'expr 4 + 5' \* 3⏎
27
$
```

zaehl=`expr $zaehl + 1`

addiert 1 auf die Shell-Variable *zaehl*.

zeich_zahl=`expr "$NAME" : '.*'`

bestimmt die Anzahl der Zeichen, die in der Shell-Variablen *NAME* gespeichert sind, und weist diese Zahl der Variablen *zeich_zahl* zu.

expr `pwd` = $HOME/shellueb

gibt 1 aus, wenn das working directory */user1/egon/shellueb* ist; in allen anderen Fällen wird 0 ausgegeben.

```
$ cat basisname1⏎
expr $1 : '.*/\(.*\)' \| $1
$ chmod u+x basisname1⏎
$ basisname1 /user1/egon/shellueb⏎
shellueb
$ basisname1 /⏎
expr: syntax error
$
```

Das letzte Kommando liefert einen Syntaxfehler, da dieser Aufruf des Shell-Skripts *basisname1* zu folgendem **expr**-Aufruf führt:

expr / : '.*/\(.*\)' \| $1

und **expr** für den ersten Slash den Divisionsoperator / annimmt, zu dem dann keine gültigen Operanden vorhanden sind.

Besser wäre deshalb folgendes Shell-Skript:

```
$ cat basisname2↵
expr /$1 : '.*/\(.*\)'↵
$ chmod u+x basisname2↵
$ basisname2 /user1/egon/shellueb↵
shellueb
$ basisname2 /↵

$
```

Die wirklichen Kommandos **basename** bzw. **dirname** in /bin sind noch etwas komplexer. Für Skript-Tüftler werden hier mögliche Realisierungen für diese beiden Kommandos gegeben:

```
# basename:
expr \
    "/${1:-.}" : '\(.*[^/]\)/*$' : '.*/\(..*\)' : "\\(.*\\)$2\$"  \| \
    "/${1:-.}" : '\(.*[^/]\)/*$' : '.*/\(..*\)'     \| \
    "/${1:-.}" : '.*/\(..*\)'

# dirname:
expr \
    "${1:-.}/" : '\(/\)/*[^/]*//*$'  \| \
    "${1:-.}/" : '\(.*[^/]\)//*[^/][^/]*//*$' \| \
    .
```

Neben der Ausgabe des Ergebnisses liefert **expr** auch einen exit-Status:

0   wenn der angegebene Ausdruck weder 0 noch die leere Zeichenkette ist.
1   wenn der angegebene Ausdruck entweder 0 oder die leere Zeichenkette ist.
2   wenn ein unerlaubter Ausdruck angegeben wurde.

Hinweis

Nach der Bearbeitung der angegebenen Argumente durch die Shell kann **expr** Operatoren und Operanden nur noch durch die Darstellung unterscheiden. Somit ist die Angabe von Operatoren-Zeichen, die von **expr** als Operanden zu behandeln sind, nicht so einfach möglich.

Beispiel

```
$ var=+↵
$ expr $var = '+'↵
expr: syntax error
$
```

Die letzte Kommandozeile liefert einen Syntaxfehler, da nach der Bearbeitung durch die Shell folgender Aufruf von **expr** stattfinden würde:

expr + = +

expr würden also drei Operatoren ohne Operanden übergeben.

Mit Hilfe eines kleinen Tricks kann jedoch dieses Dilemma umgangen werden: Den als Operanden zu behandelnden Operatoren-Zeichen wird ein anderes Zeichen vorangestellt, so daß **expr** hierfür keine Operator-Klassifikation treffen kann, und somit die gewünschte Auswertung vornimmt:

```
$ expr a$var = a'+'⏎    [daraus wird: expr a+ = a+]
1
$
```

4.11 Kommandoklammerung

Die Shell kennt zwei Arten von Kommandoklammerung:

- runde Klammern: (*kdoliste*) und
- geschweifte Klammern: { *kdoliste*;}

4.11.1 Runde Klammern: (*kdoliste*)

Diese Klammerung bewirkt, daß für alle in *kdoliste* angegebenen Kommandos eine Subshell gestartet wird. Dies ist vor allen Dingen dann von Wichtigkeit,

- wenn einzelne Kommandos nicht im aktuellen working directory ausgeführt werden sollen oder
- wenn die Shell-Variablen der aktuellen Shell nicht wegen eines Skript-Aufrufs geändert werden sollen.

Beispiele
```
$ pwd⏎
/user1/egon/shellueb
$ cd /bin; ls a*⏎
acctcom
ar
as
$ pwd⏎
/bin
$ cd /user1/egon/shellueb⏎
$
```

Mit der Klammerung der entsprechenden Kommandos wäre es nun möglich, nur für die Dauer der Ausführung des Kommandos **ls** in das Directory */bin* zu wechseln:

```
$ pwd
/user1/egon/shellueb
$ (cd /bin; ls a*)
acctcom
ar
as
$ pwd
/user1/egon/shellueb
$
```

Da alle Kommandos innerhalb des Klammernpaares (..) von einer Subshell ausgeführt werden, wird nur in dieser Subshell zum Directory */bin* gewechselt, während das working directory der dazu gehörigen Vatershell unverändert bleibt

Das nachfolgende Shell-Skript *umrech* macht vom UNIX-Kommando **bc** Gebrauch. **bc** ist eine Art Taschenrechner mit beliebig großer Genauigkeit, dem die zu berechnenden Ausdrücke über die Standardeingabe mitgeteilt werden können. Das Ergebnis schreibt **bc** dann auf die Standardausgabe. Im Anhang wird dieses Kommando ausführlich beschrieben:

```
$ ESKALA=cm
$ ASKALA=inch
$ FAKTOR=0.3937
$ export ESKALA ASKALA FAKTOR
$ cat umrech
echo "Gib Groesse in $ESKALA ein"
read groesse
ergeb=`bc <<xxxx
        $groesse * $FAKTOR
xxxx`
echo "$groesse $ESKALA = $ergeb $ASKALA"
$ chmod u+x umrech
$ ( ESKALA=Gallonen
>   ASKALA=Liter
>   FAKTOR=4.5459
>   umrech)
Gib Groesse in Gallonen ein
2.5
2.5 Gallonen = 11.3647 Liter
$ umrech
Gib Groesse in cm ein [Ursprüngl. Werte durch vorherig. Aufruf nicht verändert]
100
```

```
100 cm = 39.3700 inch
$
```

Angaben wie & oder Umlenkungsanweisungen beziehen sich immer nur auf das jeweilige Teilkommando. Mit der Verwendung von Klammern können nun durch den Benutzer andere als die voreingestellten Prioritäten festgelegt werden.

Beispiele

```
$ echo "Dateien im working directory: 'pwd'"; ls -C >hier_dat⏎
Dateien im working directory: /user1/egon/shellueb
$
```

In diesem Fall würde also nur die Ausgabe von **ls** in die Datei *hier_dat* umgelenkt. Die Ausgabe des **echo**-Kommandos dagegen nicht. Mit der Verwendung von Klammern könnte nun erreicht werden, daß beide Ausgaben in die Datei *hierdat* geschrieben würden:

```
$ ( echo "Dateien im working directory: 'pwd'"⏎
> ls -C) >hier_dat  ⏎
$ cat hier_dat⏎
Dateien im working directory: /user1/egon/shellueb
abc             basisname2    dru         hier_dat      sammel      wd_inhalt
......
......
basisname1      div_null2     hallo.c     pd            var_wert
$
```

Es sind alle Dateien in den Directories */bin* und */usr/bin* zu zählen. Der Aufruf

```
$ ls /bin; ls /usr/bin | wc -l⏎
acctcom
ar
as
....
....
who
write
     149
$
```

würde diese gestellte Aufgabe nicht lösen; in diesem Fall würden nur die Dateien des Directorys */usr/bin* gezählt, während die Dateien aus */bin* lediglich am Bildschirm angezeigt würden.

Die gestellte Aufgabe könnte allerdings mit dem folgenden Aufruf gelöst werden:

```
$ ( ls /bin; ls /usr/bin ) | wc -l⏎
     249
$
```

Die Ausgabe eines Textes soll für 50 Sekunden verzögert werden. Nach Ablauf dieser Zeitspanne soll

```
Ich habe 50 Sekunden geschlafen
```

ausgegeben werden.

Der Aufruf

```
sleep 50; echo "Ich habe 50 Sekunden geschlafen" &
```

wäre in diesem Fall falsch, da hier keine Weiterarbeit möglich wäre:

```
( sleep 50; echo "Ich habe 50 Sekunden geschlafen" )  &
```

Der exit-Status der ganzen in (..) angegebenen *kdoliste* ist der exit-Status des letzten Kommandos dieser *kdoliste*.

Beispiel

```
$ ( lss ; pwd )⏎
lss: not found
/user1/egon/shellueb
$ echo $?⏎
0               [erfolgreich, da letztes Kommando pwd erfolgreich war]
$ ( pwd; lss )⏎
/user1/egon/shellueb
lss: not found
$ echo $?⏎
1               [nicht erfolgreich, da letztes Kommando lss nicht erfolgreich war]
$
```

Hinweis

Geschachtelte Klammerungen sind erlaubt.

Beispiel

```
$ pwd⏎
/user1/egon/shellueb
$ (cd /bin⏎
> (cd /usr/bin; pwd; ls a*)⏎
> pwd; ls a*)⏎
/usr/bin
admin
asa
at
awk
/bin
acctcom
```

```
ar
as
$ pwd⏎
/user1/egon/shellueb
$
```

4.11.2 Geschweifte Klammern: { kdoliste;}

Im Unterschied zur (..)-Klammerung wird hier die angegebene *kdoliste* nicht von einer neuen Subshell, sondern von der momentan aktiven Shell ausgeführt.

In den meisten Fällen macht es keinen Unterschied, ob eine *kdoliste* von der momentan aktiven Shell oder aber von einer Subshell ausgeführt wird; jedoch existieren - wie bei der Klammerung mit (..) gezeigt - einige Anwendungsfälle, wo dies von Wichtigkeit sein kann.

Die Hauptanwendung der {..}-Klammerung liegt darin, daß ein Benutzer hiermit die für gewisse Shell-Konstruktionen wie Pipe- oder Umlenkungsangaben voreingestellte Reihenfolge der Abarbeitung beeinflussen kann; allerdings sollte er hierzu nur dann diese Klammerungsart verwenden, wenn er die entsprechenden Kommandos von der aktuellen Shell ausführen lassen möchte.

Bei der Klammerung mit {..} sind zwei Syntaxregeln zu beachten:

1. Das letzte Zeichen in {..} muß ein **;** oder ein Neuezeile-Zeichen sein.

Beispiel
```
$ { ls /bin; ls /usr/bin;} | wc -l⏎
    249
$
```

oder

```
$ { ls /bin⏎
> ls /usr/bin⏎
> } | wc -l⏎
    249
$
```

2. Da es sich bei { um ein Schlüsselwort der Shell handelt, ist vor und nach { mindestens ein Trennzeichen (Leer-,Tabulator-,Neuezeile-Zeichen) anzugeben, damit die Shell es als solches erkennen kann.

Der exit-Status der ganzen in {..} angegebenen *kdoliste* ist der exit-Status des letzten Kommandos dieser *kdoliste*.

Beispiel
```
$ { lss ; pwd;}⏎
lss: not found
/user1/egon/shellueb
$ echo $?⏎
0                  [erfolgreich, da letztes Kommando pwd erfolgreich war]
$ { pwd; lss;}⏎
/user1/egon/shellueb
lss: not found
$ echo $?⏎
1                  [nicht erfolgreich, da letztes Kommando lss nicht erfolgreich war]
$
```

Hinweis

Geschachtelte Klammerungen sind erlaubt.

Beispiel
```
$ pwd⏎
/user1/egon/shellueb
$ { cd /bin⏎
> { cd /usr/bin; pwd; ls a*; }⏎
> pwd; ls a*;}⏎
/usr/bin
admin
asa
at
awk
/usr/bin           [Warum diese im Vergleich zur ()-Klammerung veränderte Ausgabe ?]
admin
asa
at
awk
$ pwd⏎
/usr/bin
$ cd⏎
$ cd shellueb⏎
$
```

Diese Art der Klammerung wird meist bei Funktionsdefinitionen (siehe Kapitel 4.12.6) verwendet und entspricht dabei in etwa einer **begin-end** Blockbegrenzung in höheren Programmiersprachen.

4.12 Kommandos zur Ablaufsteuerung

Die Bourne-Shell bietet folgende Konstrukte zur Ablaufsteuerung an[39]:

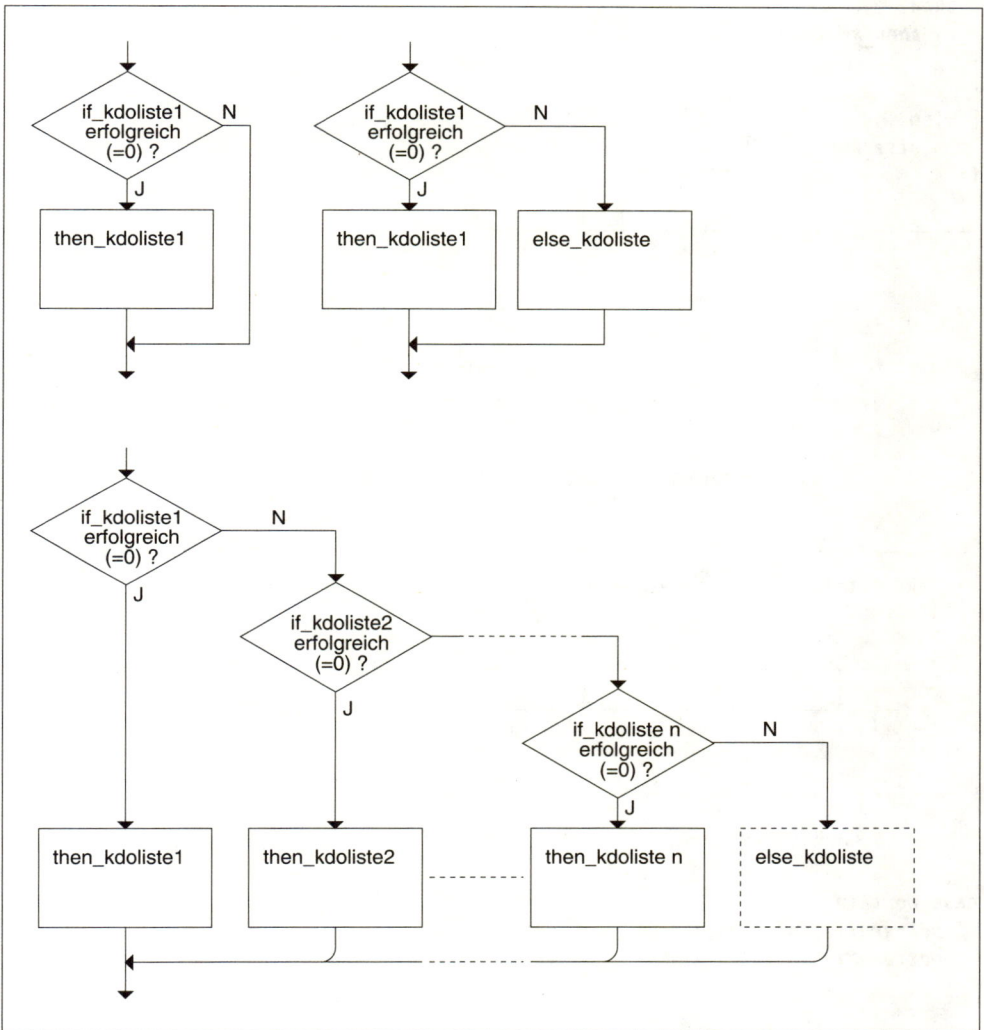

Bild 4.14 - Ablaufpläne zum if-Kommando

---

[39] [..] bedeutet, daß dieser Teil optional ist.

```
if if_kdoliste1
then
    then_kdoliste1
[ elif if_kdoliste2 ]
  then
    then_kdoliste2 ]
:
:
[ else
    else_kdoliste ]
fi
```

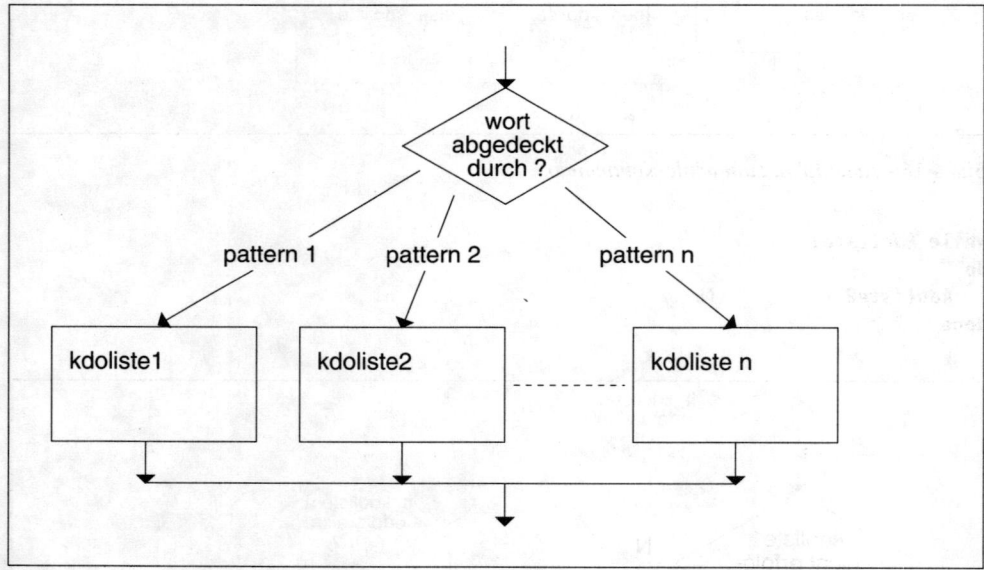

Bild 4.15 - *Ablaufplan zum case-Kommando*

```
case wort in
   pattern1) kdoliste1;;
   pattern2) kdoliste2;;
      :
      :
   patternn) kdolisten;;
esac
```

Die Bourne-Shell

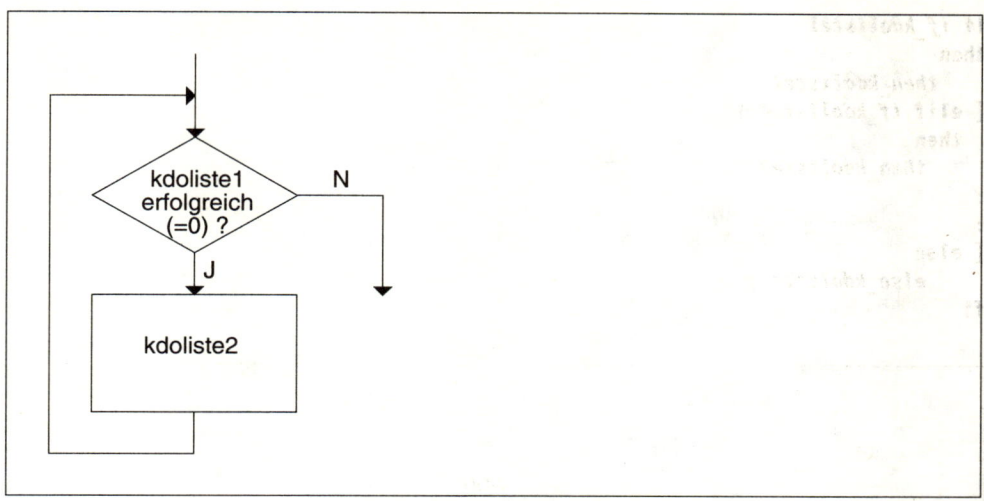

Bild 4.16 - Ablaufplan zum while-Kommando

while *kdoliste1*
do
    kdoliste2
done

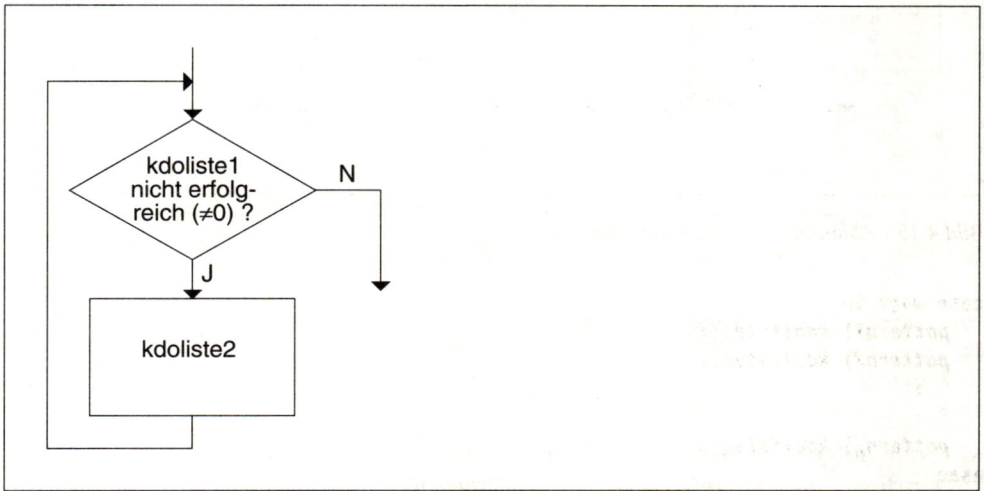

Bild 4.17 - Ablaufplan zum until-Kommando

```
until kdoliste1
do
    kdoliste2
done
```

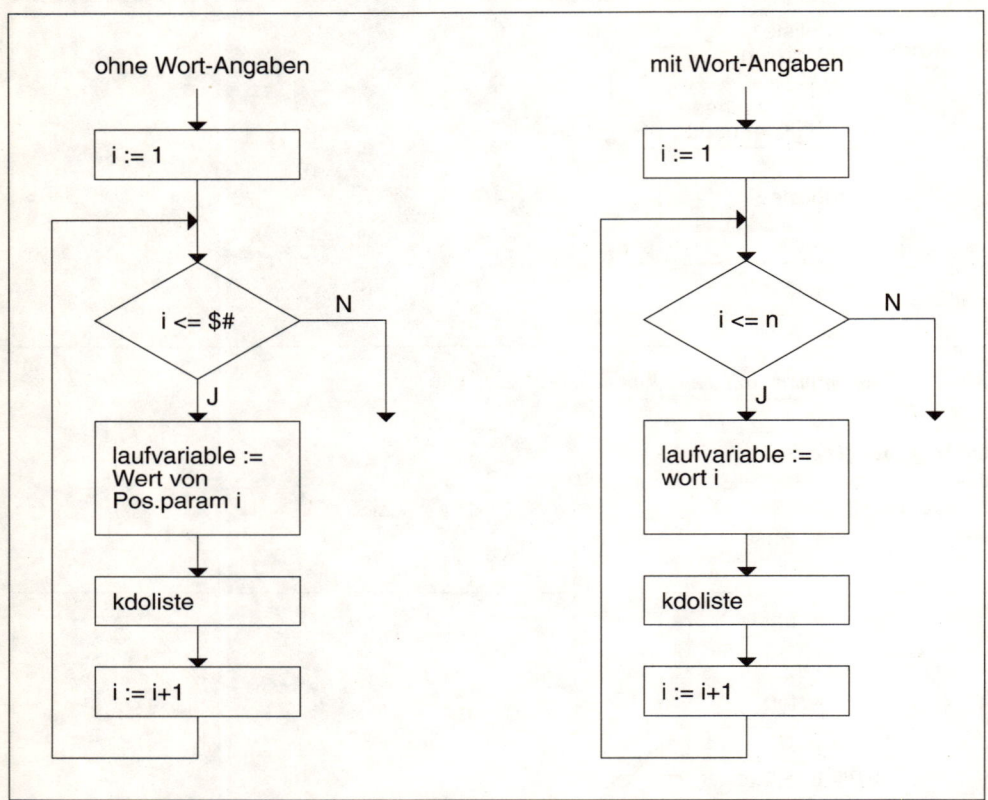

Bild 4.18 - Ablaufpläne zum for-Kommando

```
for laufvariable [ in wort1 ... wortn ]
do
    kdoliste
done
```

Mit der folgenden Anweisung wird der Funktion *funktionsname* die *kdoliste* zugeordnet. Ein späterer Aufruf von *funktionsname* bewirkt dann die Ausführung dieser *kdoliste*.

```
funktionsname() { kdoliste;}
```

Da ein Kommando entweder ein einfaches Kommando, eine Kommandoklammerung oder eines der oben angegebenen Konstrukte sein kann, ergibt sich folgendes Syntaxdiagramm für ein Kommando:

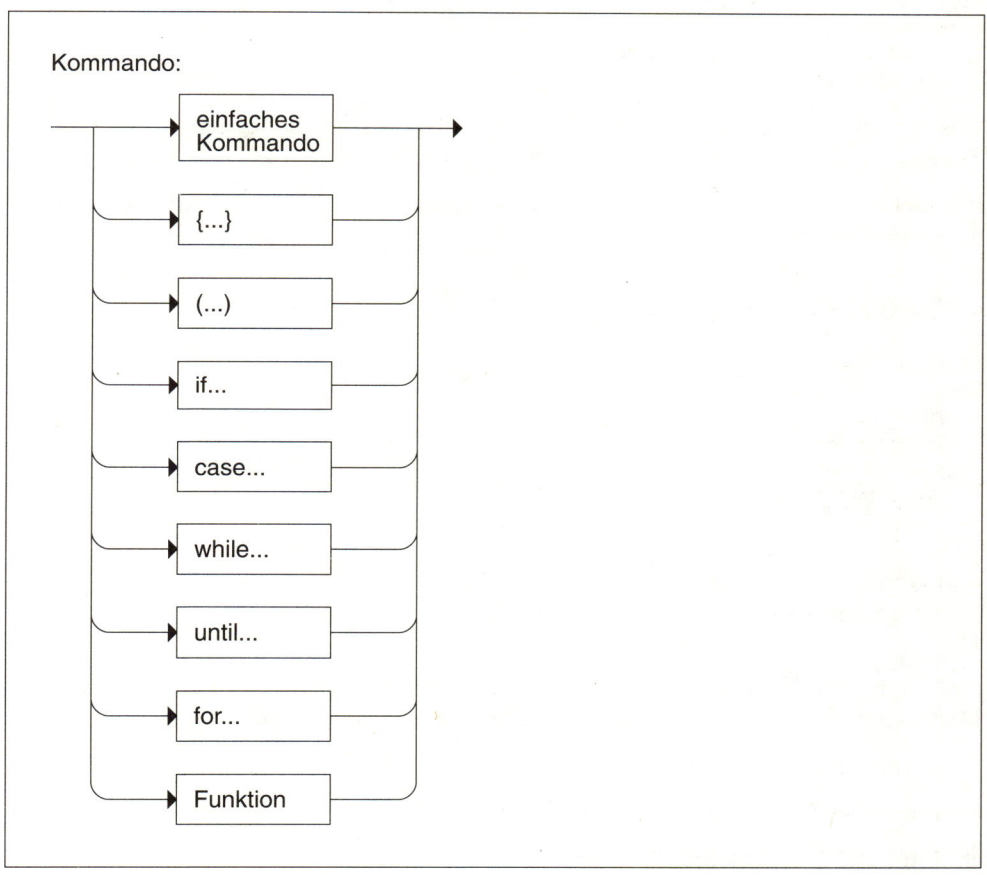

Bild 4.19 - Syntaxdiagramm für ein Kommando

Jedes dieser Konstrukte wird also als ein einziges Kommando von der Shell betrachtet; somit kann auch jedes dieser Kommandos ein Element einer Pipeline oder Liste sein.

Der exit-Status eines solchen Kommandos ist dabei, wenn nicht explizit anders beschrieben, der exit-Status des zuletzt (innerhalb des Kommandos) ausgeführten einfachen Kommandos.

Die folgenden Wörter werden von der Shell nur dann als Schlüsselwörter erkannt, wenn sie das erste Wort eines Kommandos sind und ihre Sonderbedeutung nicht durch Quoting ausgeschaltet ist:

```
if    then   else   elif   fi
case  esac
for   while  until  do    done
{ }
```

Das bedeutet, daß diese Schlüsselwörter entweder als erstes Wort einer neuen Zeile oder aber als erstes Wort hinter einem Semikolon anzugeben sind.

Im nachfolgenden werden nun die einzelnen Konstrukte zur Ablaufsteuerung genauer beschrieben.

4.12.1 Die if-Anweisung

```
if if_kdoliste1
then
   then_kdoliste1
[ elif if_kdoliste2 ]
   then
      then_kdoliste2 ]
:
:
[ else
      else_kdoliste ]
fi
```

Abhängig vom Resultat der *if_kdoliste1*-Auswertung wird der Ablauf verzweigt. Dabei sind die folgenden unterschiedlichen Angaben möglich:

- **if** ohne **else**-Teil (einseitige Auswahl)
- f mit **else**-Teil (zweiseitige Auswahl)
- f mit **elif**-Teil (Mehrfach-Auswahl)

if ohne else-Teil (einseitige Auswahl)

```
if if_kdoliste
then
    then_kdoliste
fi
```

Zuerst werden die Kommandos aus *if_kdoliste* ausgeführt: Wenn der exit-Status dieser Kommandoliste (des letzten Kommandos) gleich 0 (erfolgreich) ist, dann werden die Kommandos aus *then_kdoliste* ausgeführt; ansonsten werden diese einfach übersprungen.

Beispiele

1. Das nachfolgende Shell-Skript *vorh* meldet, ob das beim Aufruf angegebene erste Argument als Datei- oder Directoryname existiert.

```
$ cat vorh⏎
echo "$1 ist \c"
if [ ! \( -f $1 -o -d $1 \) ]
then
    echo "nicht \c"
fi
echo "vorhanden"
$ chmod u+x vorh⏎
$ vorh liste⏎
liste ist nicht vorhanden
$ vorh div_null.c⏎
div_null.c ist vorhanden
$ vorh /bin⏎
/bin ist vorhanden
$
```

2. Die nachfolgende Konstruktion überprüft, ob zumindest ein Argument beim Aufruf angegeben wurde; wenn nicht, dann wird eine Meldung ausgegeben, und das Shell-Skript mit exit-Status 1 verlassen:

```
if test $# -eq 0
then
    echo "Ein Argument muss zumindest angegeben werden"
    exit 1
fi
```

3.
```
$ cat compi⏎
if cc -o $1 $1.c
then
    echo "Datei $1.c wurde erfolgreich kompiliert" >&2
    echo "Programm $1 kann nun gestartet werden" >&2
    exit 0
fi
echo "Datei $1.c konnte nicht kompiliert werden" >&2
$ chmod u+x compi⏎
$ compi div_null⏎
Datei div_null.c wurde erfolgreich kompiliert
Programm div_null kann nun gestartet werden
$ compi dd⏎
0: No source file dd.c
Datei dd.c konnte nicht kompiliert werden
$
```

if mit else-Teil (zweiseitige Auswahl)

```
if if_kdoliste
then
    then_kdoliste
else
    else_kdoliste
fi
```

Zuerst werden die Kommandos aus *if_kdoliste* ausgeführt: Wenn der exit-Status dieser Kommandoliste (des letzten Kommandos) gleich 0 (erfolgreich) ist, dann werden die Kommandos aus *then_kdoliste*, ansonsten werden die aus *else_kdoliste* ausgeführt.

Beispiele

1. Es ist ein Shell-Skript *userda* zu erstellen, das zu einem übergebenen Login-Namen feststellt, ob dieser auf dem System existiert oder nicht:

```
$ cat userda⏎
if cut -f1 -d":" /etc/passwd | grep "^$1$" >/dev/null 2>/dev/null
then
    echo Login-Name $1 in Passwortdatei vorhanden
    exit 0
else
    echo Login-Name $1 nicht in Passwortdatei vorhanden
    exit 1
fi
$ chmod u+x userda⏎
$ userda egon⏎
Login-Name egon in Passwortdatei vorhanden
$ userda eg⏎
Login-Name eg nicht in Passwortdatei vorhanden
$
```

2. Das nachfolgende Shell-Skript *datv* vergleicht die Zeilenanzahl von zwei Dateien:

```
$ cat datv⏎
if [ $# -ne 2 ]
then
    echo "usage: $0 datei1 datei2" >&2
    exit 1
else
    if [ `cat "$1" | wc -l` -ne `cat "$2" | wc -l` ]
    then
        echo "Zeilenzahl von $1 und $2 ist unterschiedlich" >&2
```

Die Bourne-Shell

```
      else
         echo "Zeilenzahl von $1 und $2 ist gleich" >&2
      fi
fi
$ chmod u+x datv⏎
$ datv div_null.c abc⏎
Zeilenzahl von div_null.c und abc ist unterschiedlich
$ datv div_null.c hallo.arc⏎
Zeilenzahl von div_null.c und hallo.arc ist gleich
$
```

In diesem Beispiel muß der Inhalt der Dateien dem **wc**-Kommando über eine Pipe übergeben werden, da sonst **wc** bei der Ausgabe den Dateinamen mit ausgibt.

3. Das nachfolgende Skript *cpdir* kopiert einen ganzen Directorybaum. Wird die Option **-s** (*silent*) angegeben, so wird nicht - wie sonst - für jede kopierte Datei deren Name ausgegeben:

```
$ cat cpdir⏎
# cpdir    Version  v1.0    (20.11.1990)
#               kopiert den Directorybaum quelldir nach zieldir
#
#   Syntax: cpdir [-s] quelldir zieldir
#              -s keine Ausgabe der Namen von kopierten Dateien
#
#   Autor: Egon ...
#
if [ $# -lt 2 -o $# -gt 3 ]
then
    echo "cpdir:  falsche Anzahl von Argumenten" >&2
    echo "usage: cpdir [-s] quelldir zieldir" >&2
    exit 1
fi

if [ "$1" = "-s" ]
then
    OPTION="-pd"
    shift
else
    OPTION="-pdv"
fi

QUELLE=$1
ZIEL=$2
```

```
if [ -d $ZIEL ]
then
   echo "\"$ZIEL\" existiert bereits. Loeschen ? (J/N) : \c"
   read ANTWORT
   if [ "$ANTWORT" = "j" -o "$ANTWORT" = "J" ]
   then
      rm -rf $ZIEL
      mkdir $ZIEL
   fi
else
   mkdir $ZIEL
fi

if [ "'echo $ZIEL | cut -c1'" = "/" ]
then
   cd $QUELLE
   find . -print -depth | sort | cpio $OPTION $ZIEL
else
   WORKDIR='pwd'
   cd $QUELLE
   find . -print -depth | sort | cpio $OPTION $WORKDIR/$ZIEL
fi
```
$ chmod u+x cpdir⏎
$

Da von nun an häufiger nützliche Skripts in den Beispielen entwickelt werden, sollten solche Shell-Skripts im Directory **$HOME/bin** untergebracht werden, um sie dort zu sammeln:

$ cd⏎
$ mkdir bin⏎
$ cd shellueb⏎
$ cp cpdir ../bin⏎
$

Damit beim Aufruf eines solchen Skripts dieses immer gefunden wird, sollte dieses Directory in der Variablen **PATH** eingetragen werden. Am besten ist es, diese Variable in der Datei *.profile* (im home directory) zu setzen. Deswegen ist es empfehlenswert, folgende Zeile in *.profile* einzutragen:

PATH=/bin:/usr/bin:$HOME/bin:.

Die Datei *.profile* sollte nun etwa folgendes Aussehen haben:

```
:
:
MAIL=/usr/mail/${LOGNAME:?}
MAILCHECK=0
PATH=/bin:/usr/bin:$HOME/bin:.
```

```
TERM=vt100
export TERM
tput init
```

4. Es ist ein Shell-Skript *gruesse* zu erstellen, das abhängig von der Tageszeit eine bestimmte Meldung ausgibt:

```
$ cat gruesse⏎
stunde='date +%H'
if [ 'expr $stunde' -lt 12 ]
then
    echo "Guten Morgen"
    echo "  Mit Frohmut ans Werk"
else
    if [ 'expr $stunde' -lt 18 ]
    then
        echo "Einen schoenen Nachmittag wuensche ich"
        echo "  Wie waere es mit einer Kaffeepause"
    else
        echo "Guten Abend"
        echo "  Es ist Zeit zu gehen"
    fi
fi
$ chmod u+x gruesse⏎
$ cp gruesse ../bin⏎
$
```

Mit dem folgenden Eintrag in *.profile* würde *gruesse* beim Anmelden, um 10.00 Uhr, um 14.30 Uhr und um 18.00 Uhr automatisch aufgerufen:

```
gruesse
at 1000 <<EOF 2>/dev/null
    gruesse
EOF
at 1430 <<EOF 2>/dev/null
    gruesse
EOF
at 1800 <<EOF 2>/dev/null
    gruesse
EOF
```

5. Ein **else** gehört immer zu der vorhergehenden, noch nicht (mit **fi**) abgeschlossenen **if**-Anweisung. Das Shell-Skript *letztlog* schreibt die aktuelle Zeit in die Datei *$HOME/.letztlog*. Wird beim Aufruf dieses Skripts die Option **-m** angegeben, so meldet es für den entsprechenden Benutzer die Anfangszeit der letzten UNIX-Sitzung.

```
# letztlog   Version  v1.0   (7.12.1990)
#               traegt letzte Login-Zeit in $HOME/.letztlog ein
#    Syntax:   letztlog [-m]
#               -m  meldet die Anfangszeit der letzten UNIX-Sitzung
#    Autor: Egon ...
#
if [ $# -gt 1 ]
then
   echo "$0: falsche Anzahl von Argumenten" >&2
   echo "usage: letztlog [-m]" >&2
   exit 1
fi
if [ "$#" -eq "1" ]
then
   if [ "$1" = "-m" ]
   then
      echo "\n\n**** Letzte Anmeldung war: 'tail -1 $HOME/.letztlog' ****\n"
   else
      echo "$0: unbekannte Option $1" >&2
      echo "usage: letztlog [-m]" >&2
      exit 1
   fi
else
   date >>$HOME/.letztlog
fi
```

Das Skript *letztlog* sollte zunächst wieder ausführbar gemacht und nach *$HOME/bin* kopiert werden. Ist dies geschehen, so empfiehlt es sich, in *.profile* folgende Aufrufe einzutragen:

letztlog -m; letztlog

so daß bei jedem Anmeldevorgang zunächst der Beginn der letzten UNIX-Sitzung gemeldet wird, bevor der Beginn der jetzigen UNIX-Sitzung in die Datei *$HOME/.letztlog* eingetragen wird.

if mit elif-Teil (Mehrfach-Auswahl)

```
if if_kdoliste1
then
    then_kdoliste1
elif if_kdoliste2
then
    then_kdoliste2
:
[ else
    else_kdoliste ]
fi
```

Die Bourne-Shell 141

Zuerst werden die Kommandos aus der *if_kdoliste1* ausgeführt: Wenn der exit-Status dieser Kommandoliste (des letzten Kommandos) gleich 0 (erfolgreich) ist, dann werden die Kommandos aus *then_kdoliste1*, ansonsten die Kommandos aus *if_kdoliste2* ausgeführt. Wenn hierbei das letzte Kommando aus *if_kdoliste2* erfolgreich ausgeführt werden konnte, dann wird *then_kdoliste2* ausgeführt, ansonsten wird die nächste **elif**-Kommandoliste (falls vorhanden) ausgeführt, usw.; Wenn hier das letzte Kommando erfolgreich war, dann wird der entsprechende **then**-Teil ausgeführt usw.

Falls die letzte angegebene **elif**-Kommandoliste nicht erfolgreich durchgeführt werden konnte, dann wird - wenn angegeben - die *else_kdoliste* ausgeführt, und sonst - beim Fehlen eines **else**-Teils - wird mit der Kommandoausführung hinter dem Schlüsselwort **fi** fortgefahren.

Beispiele

1) Es ist ein Shell-Skript *catd* zu erstellen, das Inhalte von normalen Dateien mit **cat** und Inhalte von Directories mit **od** ausgibt:

```
$ pwd
/user1/egon/shellueb
$ cat catd
if [ -d "$1" ]
then
    od -cx $1
elif [ -f "$1" ]
    then
    cat $1
else
    echo "$1 ist weder ein Directory noch eine einfache Datei" >&2
    exit 1
fi
$ chmod u+x catd
$ catd $HOME/bin
0000000    094f    002e    0000    0000    0000    0000    0000    0000
            O  \t    .  \0   \0 \0   \0 \0   \0 \0   \0 \0   \0 \0   \0 \0
0000020    07fa    2e2e    0000    0000    0000    0000    0000    0000
           372 007   .  .   \0 \0   \0 \0   \0 \0   \0 \0   \0 \0   \0 \0
0000040    0950    7063    6964    0072    0000    0000    0000    0000
            P  \t    c  p    d  i    r  \0   \0 \0   \0 \0   \0 \0   \0 \0
0000060    0951    7267    6575    7373    0065    0000    0000    0000
            Q  \t    g  r    u  e    s  s    e  \0   \0 \0   \0 \0   \0 \0
0000100    09ea    656c    7a74    6c74    676f    0000    0000    0000
           352 \t    l  e    t  z    t  l    o  g   \0 \0   \0 \0   \0 \0
0000120
```

```
$ catd hallo.c⏎
main()
{
    printf("Hallo egon\n");
}
$ catd data⏎
data ist weder ein Directory noch eine einfache Datei
$
```

2. Es ist ein Shell-Skript *ampel1* zu erstellen, das für eine Ampelfarbe die erforderliche Reaktion eines Autofahrers ausgibt. Die Ampelfarbe wird dabei als erstes Argument übergeben:

```
$ cat ampel1⏎
if [ "$1" = "gruen" ]
then
    echo "Fahren"
elif [ "$1" = "gelb" ]
then
    echo "Wenn   rot -> gelb: Vorsichtig fahren"
    echo "Wenn gruen -> gelb: Stoppen"
elif [ "$1" = "rot" ]
then
    echo "Stoppen"
else
    echo "Ampel ausser Betrieb"
fi
$ chmod u+x ampel1⏎
$ ampel1 gelb⏎
Wenn   rot -> gelb: Vorsichtig fahren
Wenn gruen -> gelb: Stoppen
$ ampel1 gruen⏎
Fahren
$ ampel1 orange⏎
Ampel ausser Betrieb
$ ampel1⏎
Ampel ausser Betrieb
$
```

3. Es ist ein Shell-Skript *copy* zu erstellen, das ähnlich dem MSDOS-Kommando **copy** arbeitet.

```
$ cat copy⏎
#   copy    Version  v1.0   (7.12.1990)
#                    simuliert das MS-DOS Kommando copy
#
#      Syntax:   copy quell-datei(en) [ziel-datei/directory]
#
```

```
#       Autor: Egon ...
#

if test $# -eq 0
then
   echo "$0: falsche Anzahl von Argumenten" >&2
   echo "usage: copy quell-datei(en) [ziel]" >&2
   exit 1
elif test $# -eq 1
then
   cp $1 .
elif test $# -eq 2
then
   if test -f $2
   then
      echo "$2 wuerde durch diesen Aufruf: " >&2
      echo "    copy $1 $2     ueberschrieben" >&2
      echo "Ist dies beabsichtigt ? (j/n) : \c" >&2
      read antw
      if test "$antw" = "j" -o "$antw" = "J"
      then
         cp $1 $2
      else
         cp $* .
      fi
   else
      cp $1 $2
   fi
else
   argumente="$*"
   shift 'expr $# - 1'    # letztes Argument nach $1 schieben
   if test -f $1
   then
      cp $argumente .
   else
      cp $argumente
   fi
fi
$ chmod u+x copy⏎
$ cp copy ../bin⏎
$
```

4. Es ist ein Shell-Skript *loesch* anzugeben, welches den als erstes Argument übergebenen Dateinamen löscht. Handelt es sich bei diesem Namen um ein Directory, so ist nach Rückfrage der ganze Directorybaum zu löschen. In jedem Fall soll der Benutzer vor dem Löschen immer gefragt werden, ob die entsprechende Datei wirklich zu löschen ist (Option **-i** beim Kommando **rm**).

```
$ cat loesch⏎
if [ $# -ne 1 ]
then
    echo "$0: falsche Anzahl von Argumenten" >&2
    echo "usage: loesch dateiname|directoryname" >&2
    exit 1
elif [ -f "$1" ]
then
    rm -i $1
elif [ -d "$1" ]
then
    echo "***************
        ganzen Directorybaum loeschen      (g)
        nicht loeschen                     (n)
***************

    Was ist zu tun : \c"
    read auswahl
    if [ "$auswahl" = "g" -o "$auswahl" = "G" ]
    then
        rm -ri $1
    fi
else
    echo "$1 ist weder ein Directory noch eine regulaere Datei" >&2
    exit 1
fi
$ chmod u+x loesch⏎
$
```

Hinweis

1. Die einseitige **if**-Anweisung kann auch unter Verwendung von **&&** und **||** nachgebildet werden.

if_kdoliste **&&** *then_kdoliste*
                entspricht
if *if_kdoliste*
then
    then_kdoliste
fi

Beispiel

```
$ cat cc2⏎
cc -o $1 $1.c && { echo "Datei $1.c erfolgreich kompiliert"; exit 0;}
echo "Datei $1.c nicht erfolgreich kompiliert"
exit 1
$ chmod u+x cc2⏎
```

Die Bourne-Shell

```
$ cc2 hallo⏎
Datei hallo.c erfolgreich kompiliert
$ echo $?⏎
0
$ cc2 hallo2⏎
0: No source file hallo2.c
Datei hallo2.c nicht erfolgreich kompiliert
$ echo $?⏎
1
$
```

Die Anweisung

if_kdoliste || *then_kdoliste*

entspricht

if ! *if_kdoliste*
then
   then_kdoliste
fi

Beispiel

`[ $# -eq 2 ] || { echo "Mind. 2 Argumente sind anzugeben" >&2; exit 1;}`

2. Der exit-Wert eines **if**-Kommandos ist der exit-Wert des letzten ausgeführten Kommandos (im **then**- bzw. **else**-Teil). Wenn keine Kommandos aus einem **then**- oder **else**-Teil ausgeführt wurden, dann ist der exit-Status 0 (entspricht erfolgreichem Ablauf des **if**-Kommandos).

Beispiel

```
$ if lss⏎
> then⏎
> echo "Ende"⏎
> fi⏎
lss: not found
$ echo $?⏎
0
$
```

3. Die Schlüsselwörter **if**, **then**, **else**, **elif** und **fi** müssen entweder als erstes Wort einer neuen Zeile oder aber als erstes Wort hinter einem Semikolon angegeben werden.

Beispiel

Das nachfolgend Shell-Skript *catd2* würde somit das gleiche leisten wie das zuvor vorgestellte Skript *catd*.

```
$ cat catd2⏎
if [ -d "$1" ];then od -cx $1; elif [ -f "$1" ];then cat $1;else
echo "$1 ist weder ein Directory noch eine einfache Datei" >&2; exit 1;fi
$ rm catd2⏎
$
```

Ein solcher Programmierstil ist allerdings nicht empfehlenswert, da hierdurch die Lesbarkeit von Shell-Skripts, die ohnehin schon durch die kryptische Syntax der Shell erschwert ist, nahezu vollständig verloren geht.

4.12.2 Die case-Anweisung

Mit der **case**-Anweisung bietet die Bourne-Shell die Möglichkeit der Mehrfach-Verzweigung an:

case *wort* **in**
   pattern1) *kdoliste1*;;
   pattern2) *kdoliste2*;;
:
:
   pattern$_n$) *kdoliste$_n$*;;
esac

Während die vorherige **if**-Anweisung nur Ja/Nein-Verzweigungen zuläßt, ist es mit der **case**-Anweisung möglich, Mehrfach-Verzweigungen von einer einzigen Bedingung abhängig zu machen.

Die Zeichenkette *wort* wird dabei in der angegebenen Reihenfolge zunächst mit *pattern1*, dann mit *pattern2*, usw. verglichen, bis eine Übereinstimmung gefunden wird. Bei einer Übereinstimmung wird dann die zugehörige *kdoliste* ausgeführt und danach mit dem nächsten Kommando nach dem Schlüsselwort **esac** fortgefahren.

Das Zeichen **)** trennt die *pattern*-Angabe von der zugehörigen *kdoliste*; das Ende einer Kommandoliste muß mit **;;** angegeben werden.

Meistens wird für *wort* der Wert einer Shell-Variablen angegeben. Die einzelnen *pattern* sind als Zeichenketten anzugeben, welche allerdings vom Mechanismus der Dateinamen-Expandierung Gebrauch machen können, so daß die Metazeichen *** ? [ ]** die in Kapitel 4.7 besprochenen Auswirkungen haben. Einige Abweichungen von diesem Mechanismus gilt es hier allerdings zu berücksichtigen: **/** oder führender Punkt oder ein Punkt, welcher unmittelbar auf **/** folgt, müssen nicht explizit (wie bei der üblichen Dateinamen-Expandierung) in *wort* angegeben sein.

Beispiele

1. Die Funktion des zuvor vorgestellten Shell-Skripts *ampel1* soll mit einer **case**-Anweisung realisiert werden:

```
$ cat ampel2
case "$1" in
   gruen) echo "Fahren";;
    gelb) echo "Wenn    rot -> gelb: Vorsichtig fahren"
          echo "Wenn gruen -> gelb: Stoppen";;
     rot) echo "Stoppen";;
       *) echo "Ampel ausser Betrieb";;[40]
esac
$ chmod u+x ampel2
$ ampel2 gelb
Wenn    rot -> gelb: Vorsichtig fahren
Wenn gruen -> gelb: Stoppen
$ ampel2 gruen
Fahren
$ ampel2 orange
Ampel ausser Betrieb
$ ampel2
Ampel ausser Betrieb
$
```

2. Das nachfolgende Shell-Skript *zeichtyp* bestimmt den Typ eines Zeichens, das ihm als Argument übergeben wird:

```
$ cat zeichtyp
if [ $# -ne 1 ]
then
    echo "$0: falsche Anzahl von Argumenten" >&2
    echo "usage: zeichtyp zeichen" >&2
    exit 1
fi

case "$1" in
   [0-9]) echo "Ziffer";;
   [a-z]) echo "Kleinbuchstabe";;
   [A-Z]) echo "Grossbuchstabe";;
       ?) echo "weder eine Ziffer noch ein Buchstabe";;
       *) echo "Fehler: Nur ein Zeichen erlaubt" >&2;;
esac
```

---

[40] Der Wert des ersten Arguments wird durch keines der vorgegebenen pattern (gruen, gelb, rot) abgedeckt und es bleibt nur noch das pattern * übrig, welches alle Zeichenketten abdeckt; das pattern * entspricht also in etwa der *default*-Angabe in einer **switch**-Anweisung eines C-Programms.

```
$ chmod u+x zeichtyp⏎
$ zeichtyp x⏎
Kleinbuchstabe
$ zeichtyp B⏎
Grossbuchstabe
$ zeichtyp 7⏎
Ziffer
$ zeichtyp '<'⏎
weder eine Ziffer noch ein Buchstabe
$ zeichtyp xyz⏎
Fehler: Nur ein Zeichen erlaubt
$
```

3. Die **case**-Anweisung wird auch häufig bei der Klassifizierung von interaktiven Eingaben verwendet. Das nachfolgende Shell-Skript *del* löscht die als Argumente angegebenen Dateien. Allerdings fragt es zunächst den Benutzer, ob es alle Dateien mit oder ohne Rückfrage löschen soll. Zudem läßt es ihm auch noch die Möglichkeit, das Skript ohne jegliches Löschen von Dateien zu verlassen:

```
$ pwd⏎
/user1/egon/shellueb
$ cat del⏎
#   del    Version   v1.0   (7.12.1990)
#                    loescht Dateien nach einer vorgegebenen Benutzerwahl
#
#      Syntax:   del datei(en)
#
#      Autor: Egon ...
#
if [ $# -lt 1 ]
then
    echo "$0: falsche Anzahl von Argumenten" >&2
    echo "usage: del datei(en)" >&2
    exit 1
fi

echo "Folgende Dateien sind zum Loeschen vorgesehen:
**********
$*
**********

        (1)  Alle diese Dateien ohne Rueckfrage loeschen
        (r)  Fuer jede einzelne Datei rueckfragen, ob loeschen oder nicht
        (k)  Keine dieser Dateien loeschen

Bitte waehlen: \c" >&2
read wahl
```

Die Bourne-Shell 149

```
case $wahl in
    [lL]) /bin/rm "$@";;
    [rR]) /bin/rm -i "$@";;
        *) echo "----> Es wird keine Datei geloescht" >&2
esac
$ chmod u+x del⏎
$ cp del ../bin⏎
$
```

4. Das nachfolgende, etwas umfangreichere Shell-Skript *gebdat* gibt zu einem Geburtsdatum, das interaktiv einzugeben ist, den zugehörigen Wochentags-Namen aus:

```
$ pwd⏎
/user1/egon/shellueb
$ cat gebdat⏎
    # Einlesen des Geburtsdatums
echo "Bitte geben Sie Ihr Geburtsdatum (numerisch) ein" >&2
echo "    (tag monat jahr): \c" >&2
read tag monat jahr

    # eventuell fuehrende Nullen entfernen
t=`expr $tag + 0`
m=`expr $monat + 0`
j=`expr $jahr + 0`

    # Kalender zu entsprechendem Monat und Jahr ueber eine Pipe an erstes
    #   egrep (nur numerische Zeilen herausfiltern); dann ueber Pipe an zweites
    #   egrep (sucht Zeile, welche entspr. Tag enthaelt)
    # Die einzelnen Felder der so herausgefilterten Zeile werden mit set
    # den Positionsparametern zugewiesen, falls eine Zeile gefunden werden
    # konnte.
zeile=`cal $m $j |
       egrep '^[ 0-9]*$' |
       egrep "[^0-9]$t$|[^0-9]$t[^0-9]|^$t[^0-9]|^$t$"`
if [ "$zeile" = "" ]
then
    echo "Unerlaubtes Datum: $tag.$monat.$jahr" >&2
    exit 1
fi
set $zeile

    # Letzten Positionsparameter der Variablen letzt_arg zuweisen
anzahl=$#
```

```
if [ $# -gt 1 ]
then
    shift 'expr $# - 1'
fi
letzt_arg=$1

    # Unterschiedliche Berechnung findet nur fuer die erste (evtl.) nicht
    # siebentaegige Woche des entsprechenden Monats statt
if [ $letzt_arg -ge 7 ]
then
    pos='expr $letzt_arg - $t + 7 - $anzahl'
else
    pos='expr $letzt_arg - $t'
fi

    # Abhaengig von berechneter Tagesposition wird entspr. Wochentag ausgegeben
case $pos in
    0) echo "Samstag";;
    1) echo "Freitag";;
    2) echo "Donnerstag";;
    3) echo "Mittwoch";;
    4) echo "Dienstag";;
    5) echo "Montag";;
    6) echo "Sonntag";;
    *) echo "Fehler im Skript" >&2
esac
$ chmod u+x gebdat⏎
$ gebdat⏎
Bitte geben Sie Ihr Geburtsdatum (numerisch) ein
    (tag monat jahr): 04 06 1956⏎
Montag
$ gebdat⏎
Bitte geben Sie Ihr Geburtsdatum (numerisch) ein
    (tag monat jahr): 30 8 1990⏎
Donnerstag
$ gebdat⏎
Bitte geben Sie Ihr Geburtsdatum (numerisch) ein
    (tag monat jahr): 1 1 1⏎
Samstag
$ gebdat⏎
Bitte geben Sie Ihr Geburtsdatum (numerisch) ein
    (tag monat jahr): 31 2 1960⏎
Unerlaubtes Datum: 31.2.1960
$ cp gebdat ../bin⏎
$
```

Die Bourne-Shell 151

Das Zeichen | kann verwendet werden, um mehrere alternative pattern für eine *kdoliste* anzugeben.

Beispiele

1. Das schon vorgestellte Shell-Skript *gruesse* wird hier mit einer **case**-Anweisung realisiert:

```
$ pwd
/user1/egon/shellueb
$ cat gruesse2
stunde=`date +%H`

case $stunde in
    0? | 1[01] )   echo "Guten Morgen"
                   echo "  Mit Frohmut ans Werk";;
         1[2-7] )  echo "Einen schoenen Nachmittag wuensche ich"
                   echo "  Wie waere es mit einer Kaffeepause";;
              * )  echo "Guten Abend"
                   echo "  Es ist Zeit zu gehen";;
esac
$ chmod u+x gruesse2
$
```

2. Es ist ein Shell-Skript *hexziff* zu erstellen, welches bei Vorlage einer als Parameter übergebenen Hexaziffer die entsprechende Dezimalzahl dazu ausgibt:

```
$ cat hexziff
case $1 in
    0 | 1 | 2 | 3 | 4 | 5 | 6 | 7 | 8 | 9 ) echo $1;;
    a | A ) echo 10;;
    b | B ) echo 11;;
    c | C ) echo 12;;
    d | D ) echo 13;;
    e | E ) echo 14;;
    f | F ) echo 15;;
        * ) echo "Keine erlaubte Hexadezimalziffer";;
esac
$ chmod u+x hexziff
$ hexziff 7
7
$ hexziff e
14
$ hexziff x
Keine erlaubte Hexadezimalziffer
$ hexziff abc
Keine erlaubte Hexadezimalziffer
$
```

Hinweis

1. Die Schlüsselwörter **case** und **esac** müssen entweder als erstes Wort einer neuen Zeile oder aber als erstes Wort nach einem Semikolon angegeben werden.

2. Der exit-Wert eines **case**-Kommandos ist der exit-Wert der letzten ausgeführten Anweisung oder eben 0, wenn keine der angebotenen Alternativen ausgewählt wurde.

3. Die angegebenen pattern werden in der Reihenfolge der Angabe daraufhin überprüft, ob sie das vorgegebene *wort* abdecken. Deswegen sollten z.B. niemals die "default"-Angaben als erste pattern angegeben werden:

Beispiel
```
$ cat hexziff2↵
case $1 in
        * ) echo "Keine erlaubte Hexadezimalziffer";;
    a | A ) echo 10;;
    b | B ) echo 11;;
    c | C ) echo 12;;
    d | D ) echo 13;;
    e | E ) echo 14;;
    f | F ) echo 15;;
    0 | 1 | 2 | 3 | 4 | 5 | 6 | 7 | 8 | 9 ) echo $1;;
esac
$ chmod u+x hexziff2↵
$ hexziff 7↵
Keine erlaubte Hexadezimalziffer
$ hexziff e↵
Keine erlaubte Hexadezimalziffer
$
```

Dieses Shell-Skript *hexziff2* gibt also immer (sogar für richtige Hexaziffern) die Meldung: »Keine erlaubte Hexadezimalziffer« aus, da das zuerst angegebene pattern * alle möglichen Zeichen abdeckt.

4. Für *wort* wird neben Dateinamen-Expandierung auch Kommando- und Parametersubstitution durchgeführt.

4.12.3 Die while-Schleife

Mit dem **while**-Kommando bietet die Bourne-Shell eine Möglichkeit, Kommandolisten abhängig von einer Bedingung wiederholt auszuführen zu lassen:

```
while kdoliste1
do
    kdoliste2
done
```

Zuerst werden die Kommandos aus *kdoliste1* ausgeführt. Wenn der exit-Status dieser Kommandoliste (des letzten Kommando) gleich 0 (erfolgreich) ist, dann werden die Kommandos aus *kdoliste2* ausgeführt. Dieser Ablauf wird wiederholt, bis die Ausführung von *kdoliste1* einen exit-Status verschieden von 0 (nicht erfolgreich) liefert. In diesem Fall wird die Abarbeitung hinter der **done**-Anweisung fortgesetzt.

Beispiele

1. Das nachfolgende Shell-Skript *emilda* meldet - solange **emil** am System arbeitet - alle 5 Minuten (300 Sekunden) "emil ist immer noch angemeldet". Das Kommando **grep** durchsucht die Ausgabe von **who** nach dem login-Namen **emil**. Wenn dieser gefunden werden kann, dann resultiert hieraus der exit-Status 0 und die Schleife wird ausgeführt. Der Aufruf **sleep 300** bewirkt, daß an dieser Stelle 300 Sekunden (5 Minuten) gewartet wird, bevor die Kommandoausführung fortgesetzt wird:

```
$ cat emilda⏎
while  who | grep emil  >> /dev/null
do
    echo "emil ist immer noch angemeldet"
    sleep 300
done
$ chmod u+x emilda⏎
$
```

Da der Start dieses Skripts das Weiterarbeiten am System blockiert, ist empfehlenswert, es im Hintergrund zu starten. Dies kann entweder beim Aufruf (mit der Angabe von &) festgelegt werden oder aber besser noch im Skript selbst, so daß hierfür der Aufrufer keine Sorge tragen muß:

```
$ cat emilda2⏎
while  who | grep emil  >> /dev/null
do
    echo "emil ist immer noch angemeldet"
    sleep 300
done &
$ chmod u+x emilda2⏎
$
```

Die Angabe von **&** hinter **done** bewirkt, daß die gesamte **while**-Schleife im Hintergrund ausgeführt wird, da eine **while**-Schleife (genauso wie die bereits vorgestellten **if**- und **case**-Anweisungen) als ein Kommando von der Shell interpretiert wird.

2. Das nachfolgende Shell-Skript *fiba* druckt die Fibonacci-Zahlen am Bildschirm aus: Die beiden ersten Zahlen der Fibonacci-Zahlenfolge sind 1 und die weiteren Zahlen ergeben sich immer aus der Summe der beiden vorhergehenden Zahlen aus dieser Folge. Der Endwert der auszugebenden Zahlenfolge kann als erstes Argument übergeben werden. Wird *fiba* ohne ein Argument aufgerufen, so wird als Endwert 1000 angenommen:

```
$ cat fiba⏎
ende=${1:-1000}
x=1
y=1
while [ $x -le $ende ]
do
    echo $x
    z=`expr $x + $y`
    x=$y
    y=$z
done
$ chmod u+x fiba⏎
$ fiba 15⏎
1
1
2
3
5
8
13
$ fiba⏎
1
1
2
3
5
8
13
21
34
55
89
144
233
377
610
987
$
```

Hinweis

1. Die Schlüsselwörter **while**, **do** und **done** müssen entweder als erstes Wort einer neuen Zeile oder aber als erstes Wort nach einem Semikolon angegeben werden.

2 Die **while**-Schleife kann auch durch das built in-Kommando **break** verlassen werden. Die Aufrufsyntax für dieses Kommando ist:

break [*n*]

Das Kommando **break** bewirkt das unmittelbare Verlassen der direkt umgebenden **while**-Schleife[41]. Die optionale Angabe von *n* legt die Anzahl der Schachtelungstiefen fest, welche verlassen werden sollen. Wird *n* nicht angegeben, so wird nur eine Schleifenebene verlassen. Üblicherweise ist die Ausführung von **break** an eine Bedingung (in einer **if**- oder **case**-Konstruktion) geknüpft.

Beispiel

Das nachfolgende Shell-Skript *userda* überprüft alle 5 Minuten, ob ein bestimmter Benutzer, dessen Login-Name als erstes Argument beim Aufruf anzugeben ist, noch angemeldet ist. Wird bei der Überprüfung festgestellt, daß der entsprechende Benutzer nicht mehr angemeldet ist, so wird dies gemeldet und das Shell-Skript verlassen. Bei der Realisierung dieses Skripts wird eine Endlosschleife benutzt, was gängige Praxis in der Shell-Programmierung ist[42]. Eine Endlosschleife erreicht man unter Aufruf des Kommandos **true** (als **while**-Bedingung); dieses Kommando **true** führt keinerlei Aktionen durch, sondern liefert nur den exit-Status 0 (erfolgreich). Somit ist die **while**-Bedingung immer erfüllt. Um die **while**-Schleife zu verlassen, wird das Kommando **break** verwendet:

```
$ cat userda ⏎
while true
do
    if who | grep $1 >> /dev/null
    then
        echo "$1 ist immer noch angemeldet"
        sleep 300
    else
        echo "$1 hat sich nun abgemeldet"
        break
    fi
done &
```

---

[41] gilt auch für die in den nächsten Kapiteln vorgestellten **until**- und **for**-Schleifen
[42] Diese Vorgehensweise verstößt zwar gegen die Grundsätze der strukturierten Programmierung, allerdings hat sie sich so eingebürgert, daß sie zumindest jedem Shell-Programmierer bekannt sein sollte.

```
$ chmod u+x userda↵
$
```

3. Da eine **while**-Schleife nur ein einziges Kommando darstellt, kann **&** - wie bereits zuvor gezeigt - nach **done** angegeben werden, um dieses "Schleifenkommando" im Hintergrund ablaufen zu lassen.

Beispiel

In diesem Beispiel hat der Benutzer **emil** dem Benutzer **egon** versprochen, ihm die Datei *addiere.c* in das Directory */tmp* zu kopieren. Das nachfolgende Shell-Skript *holedatei* überprüft nun alle 120 Sekunden, ob die Datei, deren Name als erstes Argument (z.B. */tmp/addiere.c*) zu übergeben ist, bereits existiert. Nachdem diese Datei eingetroffen ist, wird sie in das working directory kopiert:

```
$ pwd↵
/user1/egon/shellueb
$ cat holedatei↵
#   holedatei    Version  v1.0   (7.12.1990)
#
#                wartet auf das Eintreffen einer Datei und kopiert diese
#                Datei nach ihrem Eintreffen in das working directory
#
#
#      Syntax:   holedatei dateiname
#                dateiname ist der Dateiname der zu kopierenden Datei
#
#      Autor: Egon ...
#
if [ $# -ne 1 ]
then
    echo "$0: falsche Anzahl von Argumenten" >&2
    echo "usage: holedatei dateiname" >&2
    exit 1
fi

while true
do
   if [ -s $1 ]
   then
      break
   else
      sleep 120
   fi
done &

wait $!    # Auf das Ende der while-Schleife warten
```

Die Bourne-Shell 157

```
sleep 100   # Um sicherzustellen, dass entsprechende Datei vollstaendig
            # uebertragen ist.
cp $1 .
echo "$1 befindet sich nun im working directory" >&2
```
$ **chmod u+x holedatei**⏎
$ **holedatei /tmp/addiere.c &**⏎
1669   [PID des Hintergrund-Prozesses]
$ .....⏎
.....   [Weiterarbeiten im Vordergrund]
$ .....⏎
/tmp/addiere.c befindet sich nun im working directory
$ **cp holedatei ../bin**⏎
$

In diesem Beispiel wurde das built in-Kommando **wait** verwendet. Die Aufrufsyntax dieses Kommandos ist

wait [*n*]

Das Kommando **wait** veranlaßt die aktuelle Shell, auf die Beendigung des Sohnprozesses mit der PID *n* zu warten. Würde **wait** ohne die Angabe einer PID *n* aufgerufen, so würde auf die Beendigung aller Sohnprozesse gewartet; dies wäre hier auch möglich gewesen.

4. Der exit-Status einer **while**-Schleife hängt davon ab, ob der Schleifenkörper ausgeführt wurde oder nicht. Wenn der Schleifenkörper ausgeführt wurde, dann ist der exit-Status des gesamten "Schleifen-Kommandos" der exit-Status des letzten ausgeführten Kommandos im Schleifenkörper (aus *kdoliste2*).

Wenn der Schleifenkörper nicht ausgeführt wird, dann ist der exit-Status gleich 0: Dies trifft nur dann zu, wenn die Auswertung von *kdoliste1* bereits beim erstenmal negativ ausfällt. Es ist hier zu beachten, daß nicht der exit-Wert von *kdoliste1* als exit-Status für das ganze "Schleifen-Kommando" verwendet wird.

Beispiel

$ **cat gruessoft**⏎
```
echo "Wieoft soll ich dich gruessen ? \c"
read zahl
x=1
name=`logname`
```

```
while [ $x -le $zahl ]
do
   echo "Guten Tag, $name"
   x=`expr $x + 1`
   if [ $x -gt $zahl ]
   then
       eco "Auf Wiedersehen, $name"      # Fehler: eco statt echo
   fi
done
echo "    exit-Status der while-Schleife: $?"
$ chmod u+x gruessoft⏎
$ gruessoft⏎
Wieoft soll ich dich gruessen ? 2⏎
Guten Tag, egon
Guten Tag, egon
gruessoft: eco: not found
    exit-Status der while-Schleife: 1
$ gruessoft⏎
Wieoft soll ich dich gruessen ? 0⏎
    exit-Status der while-Schleife: 0
$
```

5) Manchmal können Kommandozeilen zu lang für die Verarbeitung durch die Shell werden; in solchen Fällen kann die Verwendung der **while**-Schleife einen Ausweg bieten.

Beispiel

Das nachfolgende Shell-Skript *suchtext1* sucht den als erstes Argument angegebenen Text in allen Dateien des Directorybaums, der als zweites Argument übergeben wird.

```
$ cat suchtext1⏎
grep -sn "$1" `find "$2" -print`
$ chmod u+x suchtext1⏎
$ suchtext1 getchar /usr/include⏎
suchtext1: /bin/grep: arg list too long
$
```

Unter Verwendung der **while**-Schleife könnte dieses Dilemma umgangen werden:

```
$ pwd⏎
/user1/egon/shellueb
$ cat suchtext⏎
find "$2" -print | while read datei
```

Die Bourne-Shell

```
do
    grep -sn "$1" $datei ""⁴³
done
$ chmod u+x suchtext⏎
$ suchtext getchar /usr/include⏎
/usr/include/stdio.h:77:#define getchar()          getc(stdin)
$ cp suchtext ../bin⏎
$
```

Die Ausgabe des **find**-Kommandos wird in diesem Beispiel über eine Pipe an das **while**-Kommando weitergegeben. Das als **while**-Bedingung angegebene Kommando **read datei** liest dann Zeile für Zeile aus dieser Pipe und führt für jede Zeile den **while**-Schleifenkörper (das **grep**-Kommando) aus; diese Bedingung ist solange erfüllt, wie noch eine Zeile von **find** durch die Pipe geschickt wird.

Dieses Skript kann also niemals durch eine zu lange Kommandozeile in Verlegenheit gebracht werden. Allerdings wird diese Allgemeingültigkeit mit einer etwas langsameren Verarbeitung (gegenüber dem ursprünglichen Skript *suchtext*) erkauft: **grep** wird hier für jede einzelne Datei aufgerufen, während im ersten Skript **grep** nur einmal aufgerufen wird.

4.12.4 Die until-Schleife

Mit dem **until**-Kommando bietet die Bourne-Shell eine weitere Möglichkeit, Kommandolisten abhängig von einer Bedingung wiederholt ausführen zu lassen:

until *kdoliste1*
do
   kdoliste2
done

Die **until**-Schleife stellt die Umkehrung zur **while**-Schleife dar: Der Schleifenrumpf (*kdoliste2*) wird solange ausgeführt wie *kdoliste1* einen exit-Wert verschieden von 0 (Ausführung des letzten Kommandos aus *kdoliste1* war nicht erfolgreich) liefert.

Es ergibt sich hier also folgende Situation: Zuerst werden die Kommandos in *kdoliste1* ausgeführt. Wenn das letzte Kommando aus dieser Kommandoliste nicht erfolgreich ausgeführt werden konnte (exit-Status verschieden von 0), dann werden die Kommandos aus *kdoliste2* ausgeführt. Dieser Ablauf wird wiederholt, bis das letzte Kommando in *kdoliste1* erfolgreich durchgeführt werden kann (exit-Status gleich 0). In diesem Fall wird die Abarbeitung hinter der **done**-Anweisung fortgesetzt.

---

[43] Da **grep** bei einem Aufruf mit nur einer Datei nicht den Dateinamen mit ausgibt, wird hier einfach ein zweites leeres Argument angegeben, um so **grep** zu zwingen, den Dateinamen bei Auffinden eines Textes mit auszugeben.

Beispiele

1. Das nachfolgende Shell-Skript *wartemil* meldet - solange **emil** noch nicht am System angemeldet ist - alle 5 Minuten (300 Sekunden) "emil ist noch nicht angemeldet".

Das Kommando **grep** durchsucht die Ausgabe von **who** nach dem login-Namen **emil**. Wenn dieser gefunden werden kann, dann resultiert hieraus der exit-Status 0 und die **until**-Schleife wird verlassen:

```
$ cat wartemil
until who | grep emil  > /dev/null
do
    echo "emil ist noch nicht angemeldet"
    sleep 300
done
echo "emil hat sich angemeldet"
$ chmod u+x wartemil
$
```

Da der Start dieses Skripts das Weiterarbeiten am System blockiert, ist es empfehlenswert, es im Hintergrund zu starten. Dies kann entweder beim Aufruf (mit der Angabe von **&**) festgelegt werden oder aber besser noch im Skript selbst, so daß hierfür der Aufrufer keine Sorge tragen muß:

```
$ cat wartemil2
until who | grep emil  > /dev/null
do
    echo "emil ist noch nicht angemeldet"
    sleep 300
done &
wait $!    # Auf die Beendigung der until-Schleife warten
echo "emil hat sich angemeldet"
$ chmod u+x wartemil2
$
```

Die Angabe von **&** hinter **done** bewirkt, daß die gesamte **until**-Schleife im Hintergrund ausgeführt wird, da eine **until**-Schleife als ein Kommando von der Shell interpretiert wird.

2. Das nachfolgende Shell-Skript *fiba2* druckt wieder die Fibonacci-Zahlen am Bildschirm aus. Diesmal wurde es allerdings unter Verwendung der **until**-Schleife realisiert:

```
$ cat fiba2
ende=${1:-1000}
x=1
y=1
```

```
until [ $x -gt $ende ]
do
   echo $x
   z=`expr $x + $y`
   x=$y
   y=$z
done
$ chmod u+x fiba2⏎
$
```

3) Der Benutzer **egon** habe im home directory ein Subdirectory *zeildruck*. Alle Dateien, die dorthin kopiert werden, sollen innerhalb von 10 Minuten am Drucker ausgegeben werden; beim Drucken soll auf der ersten Seite der eigene Login-Name und der Dateiname in Spruchband-Form, und die Zeilenanzahl ausgegeben werden. Bei der Ausgabe sollen die einzelnen Zeilen numeriert werden.

Nach dem Drucken soll die Datei wieder aus dem Directory *zeildruck* entfernt werden.

Es ist nun ein Shell-Skript *zdrucke1* zu erstellen, das alle 10 Minuten überprüft, ob neue Dateien in diesem Directory *zeildruck* angekommen sind. Wenn ja, dann sollte dieses Skript hierfür den Druckvorgang anstoßen und danach die Datei aus diesem Directory wieder entfernen:

```
$ cd⏎
$ mkdir zeildruck⏎
$ cd shellueb⏎
$ cat zdrucke1⏎
cd $HOME/zeildruck
tmp_name=/tmp/zdrucke.$$
while true
do
   until set "" `ls`; [ $# -eq 1 ]    # $1 ist immer leer "", um zu verhindern
   do                                 # dass set ohne Argumente aufgerufen wird
      banner $LOGNAME >$tmp_name
      echo "\n————————————————\n\n" >>$tmp_name
      banner $2 >>$tmp_name
      echo "\n————————————\n" >>$tmp_name
      echo "   Zeilenzahl: `cat $2 | wc -l` \f" >>$tmp_name
      nl -ba $2 >>$tmp_name
      lp -c $tmp_name
      rm $2 $tmp_name
   done
   sleep 600
done &
$ chmod u+x zdrucke1⏎
$
```

Bei diesem Skript könnte es nun allerdings vorkommen, daß der Druckvorgang für eine Datei bereits angestoßen wird, obwohl diese Datei noch nicht vollständig kopiert ist. Diese Gefahr besteht v.a.D. bei umfangreichen Dateien, wo der entsprechende Dateiname zwar schon in die Directory-Datei eingetragen wurde, aber deren Inhalt noch nicht vollständig kopiert ist.

Diese Fehlfunktion kann beseitigt werden, wenn hier der Kopier- und Druckvorgang synchronisiert werden. Die einfachste Möglichkeit, dies zu erreichen, ist die Verwendung einer "Synchronisationsdatei". Ist eine solche Datei vorhanden, so muß das Drucken der entsprechenden Datei verzögert werden, bis diese "Synchronisationsdatei" wieder entfernt wurde. Somit ergibt sich folgende verbesserte Version des obigen Shell-Skripts:

```
$ cat zdrucke⏎
cd $HOME/zeildruck
tmp_name=/tmp/zdrucke.$$

while true
do
    until set "" 'ls'; [ $# -eq 1 ]    # $1 ist immer leer "", um zu verhindern
    do                                  # dass set ohne Argumente aufgerufen wird
        while [ -f $2.syn ]    #
        do                     #   neu: Synchronisations-Teil
            sleep 2            #
        done                   #
        banner $LOGNAME >$tmp_name
        echo "\n————————————————————————\n\n" >>$tmp_name
        banner $2 >>$tmp_name
        echo "\n————————————————\n" >>$tmp_name
        echo " Zeilenzahl: 'cat $2 | wc -l' \f" >>$tmp_name
        nl -ba $2 >>$tmp_name
        lp -c $tmp_name
        rm $2 $tmp_name
    done
    sleep 600
done &
$ chmod u+x zdrucke⏎
$ cp zdrucke ../bin⏎
$ zdrucke⏎
$
```

Dieses Skript funktioniert allerdings nur, wenn der Benutzer vor dem Kopieren der zu druckenden Datei eine solche "Synchronisations-Datei" im Directory *zeildruck* anlegt. Das könnte mit folgenden Kommandos erreicht werden:

Die Bourne-Shell

```
$ >$HOME/zeildruck/dateiname.syn⏎
$ cp dateiname $HOME/zeildruck⏎
$ rm $HOME/zeildruck/dateiname.syn⏎
```

Allerdings ist es besser, dies durch ein eigenes Shell-Skript *cpzdr* zu automatisieren, um so dem Benutzer diese Verantwortung abzunehmen:

```
$ cat cpzdr⏎
until [ -z "$1" ]
do
    > $HOME/zeildruck/$1.syn      # Anlegen der Synchronisationsdatei
    cp $1 $HOME/zeildruck
    rm $HOME/zeildruck/$1.syn     # Entfernen der Synchronisationsdatei
    shift
done
$ chmod u+x cpzdr⏎
$ cp cpzdr ../bin⏎
$
```

Sollen nun eine oder mehrere Dateien entsprechend aufbereitet am Drucker ausgegeben werden, so wäre nur

cpzdr *dateiname1 dateiname2 ...*

aufzurufen.

Hinweis

1. Die Schlüsselwörter **until**, **do** und **done** müssen entweder als erstes Wort einer neuen Zeile oder aber als erstes Wort nach einem Semikolon angegeben werden.

2. Da eine **until**-Schleife (wie eine **while**-Schleife) nur ein einziges Kommando darstellt, kann & - wie bereits zuvor gezeigt - nach **done** angegeben werden, um dieses "Schleifenkommando" im Hintergrund ablaufen zu lassen.

3. Die **until**-Schleife kann auch wieder durch das built in-Kommando **break** verlassen werden.

Beispiel

Das nachfolgende Shell-Skript *wartuser* überprüft alle 5 Minuten, ob ein bestimmter Benutzer, dessen Login-Name als erstes Argument beim Aufruf anzugeben ist, bereits angemeldet ist. Wird bei der Überprüfung festgestellt, daß der entsprechende Benutzer angemeldet ist, so wird dies mit dem Klingeln der Terminalglocke gemeldet und das Shell-Skript verlassen. Bei diesem Skript wird wieder eine Endlosschleife benutzt. Eine **until**-Endlosschleife erreicht man durch den Aufruf des Kommandos **false** (als **until**-Bedingung); dieses Kommando **false** führt keinerlei Aktionen durch, sondern liefert nur einen von 0 verschiedenen exit-Status (nicht erfolgreich). Somit ist die **until**-Bedingung niemals erfüllt und der **until**-Schleifenkörper wird immer ausgeführt. Um die **until**-Schleife zu verlassen, wird hier wieder das Kommando **break** verwendet:

```
$ cat wartuser⏎
if [ $# -ne 1 ]
then
    echo "usage: $0 login-name"
    exit 1
fi

cut -f1 -d: /etc/passwd | egrep "^$1$" >/dev/null
if [ $? -ne 0 ]
then
    echo "$1 ist kein Benutzer dieses Systems"
    exit 1
fi

until false
do
    if who | grep $1 >/dev/null
    then
        echo "\007$1 ist angemeldet"
        break
    else
        echo "$1 ist noch nicht angemeldet"
        sleep 300
    fi
done &
$ chmod u+x wartuser⏎
$ cp wartuser ../bin⏎
$
```

4. Der exit-Status einer **until**-Schleife hängt (wie bei der **while**-Schleife) davon ab, ob der Schleifenkörper ausgeführt wurde oder nicht. Wenn der Schleifenkörper ausgeführt wurde, dann ist der exit-Status des gesamten "Schleifen-Kommandos" der exit-Status des letzten ausgeführten Kommandos im Schleifenkörper (aus *kdoliste2*).

Wenn der Schleifenkörper nicht ausgeführt wird, dann ist der exit-Status gleich 0: Dies trifft nur dann zu, wenn die Auswertung von *kdoliste1* bereits beim erstenmal positiv (exit-Wert 0) ausfällt.

4.12.5 Die for-Schleife

```
for laufvariable [ in wort1   ... wortn ]
do
    kdoliste
done
```

Während die Ausführung von **while**- und **until**-Schleifen an die Auswertung von Bedingungen geknüpft ist, wird bei der **for**-Schleife die Anzahl der Schleifendurchläufe durch eine bestimmte *wort*-Liste festgelegt. Als *wort*-Liste werden dabei

- entweder implizit alle Positionsparameter (keine **in**-Angabe)
- oder die danach angegebenen *worte*

genommen.

for ohne in-Angabe

```
for laufvariable
do
    kdoliste
done
```

Diese Konstruktion erlaubt eine wiederholte Ausführung von *kdoliste*, wobei *laufvariable* nacheinander die Werte der Positionsparameter **$1**, ...,**$n** zugewiesen werden (siehe Bild 4.20 auf der folgenden Seite).

Beispiele

1. Das nachfolgende Shell-Skript *for1* gibt alle übergebenen Argumente mit Argument-Nummer aus:

```
$ cat for1⏎
z=1
for j
do
   echo "$z.Argument: $j"
   z=`expr $z + 1`
done
$ chmod u+x for1⏎
$ for1 eins zwei drei vier fuenf sechs⏎
1.Argument: eins
2.Argument: zwei
3.Argument: drei
4.Argument: vier
5.Argument: fuenf
6.Argument: sechs
```

```
$ for1⏎          [keine Argumente ―> keine Ausgabe]
$
```

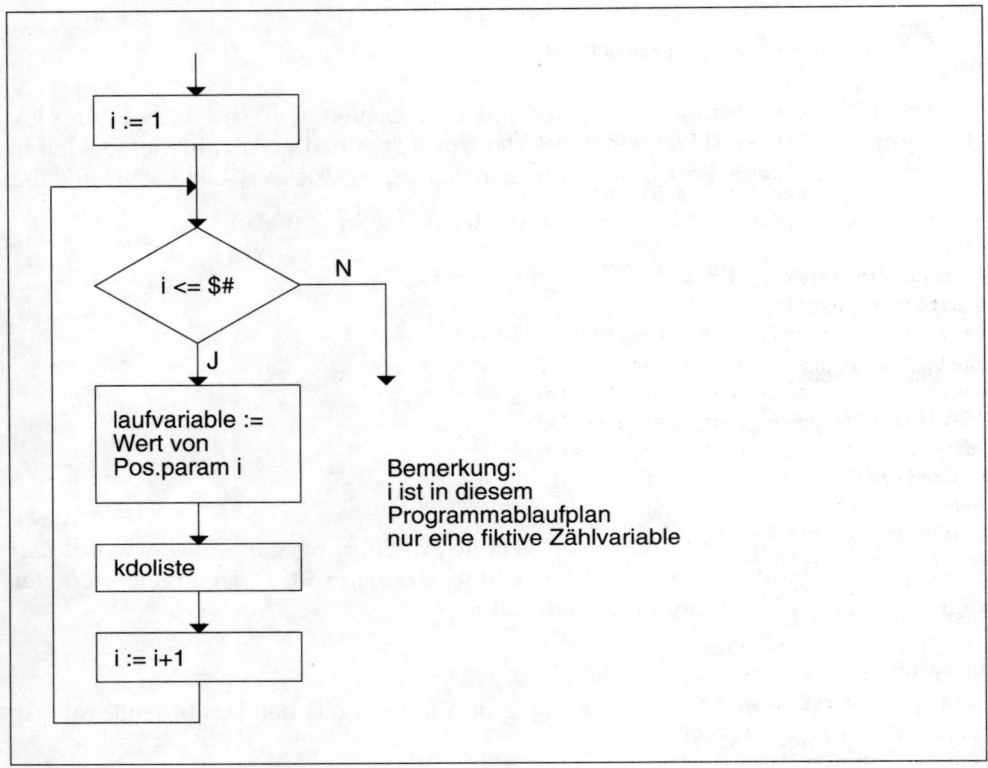

Bild 4.20 - Ablaufplan zu for ohne in-Angabe

2. Es ist ein Shell-Skript *dateityp* zu erstellen, welches für alle als Argumente übergebenen Dateinamen den Dateityp (reguläre Datei, Directory, Block- oder Zeichenspezifische Datei) ausgibt.

```
$ cat dateityp⏎
for i
do
    echo "$i : \c"
    if [ -f $i ]
    then
        echo "regulaere Datei"
    elif [ -d $i ]
```

```
            then
                echo "directory"
            elif [ -b $i ]
            then
                echo "blockorient. Geraetedatei"
            elif [ -c $i ]
            then
                echo "zeichenorient. Geraetedatei"
            else
                echo "unbekannter Dateityp"
            fi
done
$ chmod u+x dateityp⏎
$ dateityp /dev/l*⏎
/dev/log : zeichenorient. Geraetedatei
/dev/lp : zeichenorient. Geraetedatei
/dev/lp0 : zeichenorient. Geraetedatei
/dev/lp1 : zeichenorient. Geraetedatei
/dev/lp2 : zeichenorient. Geraetedatei
$ dateityp /usr⏎
/usr : directory
$ dateityp /usr/*⏎ [44]
/usr/adm : directory
/usr/admin : directory
/usr/bin : directory
/usr/include : directory
/usr/lbin : directory
/usr/lib : directory
/usr/lost+found : directory
/usr/mail : directory
/usr/news : directory
/usr/options : directory
/usr/preserve : directory
/usr/rw.c : regulaere Datei
/usr/rw10 : regulaere Datei
/usr/rw256 : regulaere Datei
/usr/rw4096 : regulaere Datei
/usr/spool : directory
/usr/tmp : directory
$
```

3. Für alle Dateinamen, die an das nachfolgende Shell-Skript *groesse* als Argumente übergeben werden, wird deren einzelner und gesamter Speicherbedarf ermittelt:

---

[44] Die Ausgabe für diesen Aufruf kann sich von System zu System unterscheiden, abhängig von den in */usr* vorhandenen Dateien.

```
$ cat groesse⏎
sum=0
for datei
do
    echo "$datei:\t\c"               # Ausgabe des Dateinamens
    if [ 'expr "$datei" : '.*'' -lt 7 ]  # Fuer Ausgabe: Bei Dateinamen, die
    then                              # kuerzer als 7 Zeichen, zusaetzliches
        echo "\t\c"                   # Tabulator-Zeichen ausgeben:
    fi
    g='cat "$datei" | wc -c'          # Dateigroesse bestimmen
    echo $g
    sum='expr $sum + $g'
done

echo "———————————————"
echo "Gesamt:\t\t$sum"
$ chmod u+x groesse⏎
$ groesse a*⏎
abc:            86
abc*:           0
abc2:           88
addiere.c:      34
adress:         272
adresse.txt:    82
ampel1:         242
ampel2:         208
anfang:         51
argaus:         72
argu_pid:               68
ausg:           21
ausgab:         90
———————————————
Gesamt:         1314
$
```

for mit in-Angabe

for *laufvariable* **in** *wort1* ... *wortn*
do
    kdoliste
done

Diese Konstruktion erlaubt eine wiederholte Ausführung von *kdoliste*, wobei *laufvariable* nacheinander die Werte *wort1*, *wort2* ... bis *wortn* annimmt:

Die Bourne-Shell

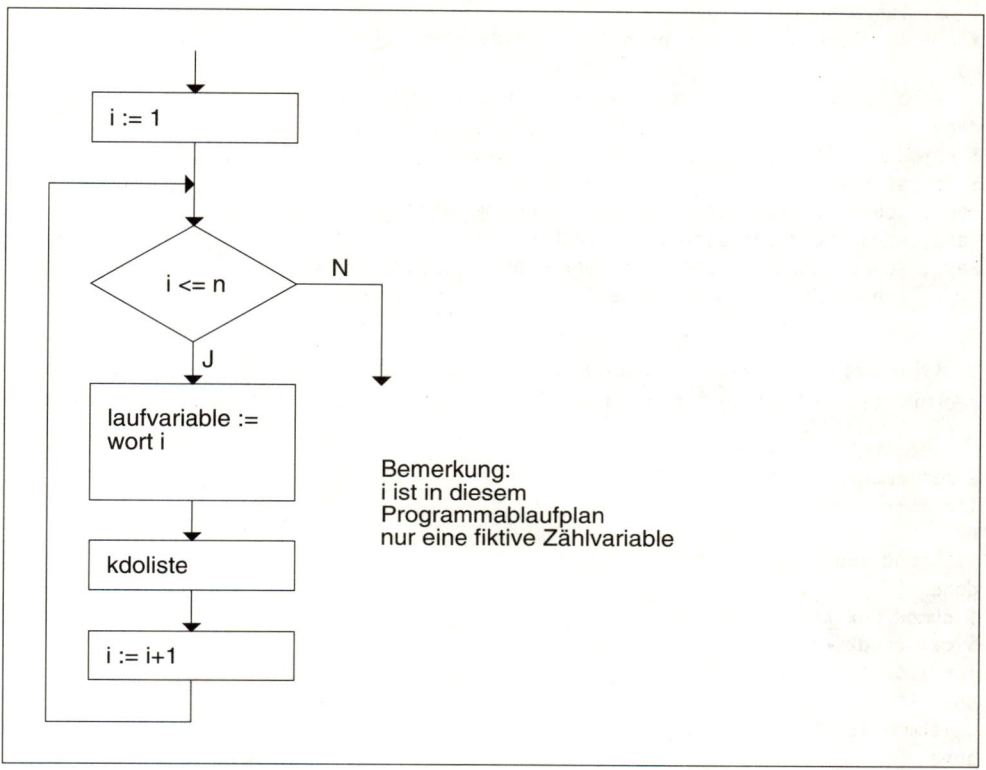

Bild 4.21 - Ablaufplan zu for mit in-Angabe

Die vorherige Form einer **for**-Schleife (ohne **in**-Angabe) könnte also z.B. auch mit

```
for laufvariable in $@
do
    kdoliste
done
```

angegeben werden.

Beispiele

1. Das nachfolgende Shell-Skript *fahrsohn* würde die Erfolgserlebnisse eines Sohnes beim Erlernen des Fahrradfahrens ausgeben:

```
$ cat fahrsohn⏎
for i in "linken Arm" "rechten Arm" "beide Arme" "Zaehne"
do
    echo "Papa, schau ich kann schon ohne $i Fahrrad fahren"
done
$ chmod u+x fahrsohn⏎
$ fahrsohn⏎
Papa, schau ich kann schon ohne linken Arm Fahrrad fahren
Papa, schau ich kann schon ohne rechten Arm Fahrrad fahren
Papa, schau ich kann schon ohne beide Arme Fahrrad fahren
Papa, schau ich kann schon ohne Zaehne Fahrrad fahren
$
```

2. Die Shell-Skripts *cmod1* und *cmod2* setzen beide für alle Dateien im working directory (außer für die, deren Name mit . beginnt) die Zugriffsmaske auf " rwxr-xr-x":

```
$ cat cmod1⏎
for i in *
do
    chmod 755 $i
done
$ chmod u+x cmod1⏎
$ cat cmod2⏎
for i in 'ls'
do
    chmod 755 $i
done
$ chmod u+x cmod2⏎
$
```

3. Das nachfolgende Shell-Skript *findch* sucht den als erstes Argument angegebenen Begriff in allen C-Dateien (Header- und Programmdateien) der Directorybäume, die als restliche Argumente angegeben sind:

```
$ cat findch⏎
if [ $# -lt 2 ]
then
    echo "usage: $0 begriff directory1 [directory2 ...]" >&2
    exit 1
fi

begriff=$1      # $1 in begriff sichern, und dann
shift           # aus Liste der Positionsparameter entfernen

for i in 'find $* -name "*.[ch]" -print'
do
    grep -sn "$begriff" "" $i   # leerer 2.Dateiname, um grep zur Ausgabe
```

Die Bourne-Shell   171

```
done                     # des Dateinamens zu zwingen
$ chmod u+x findch⏎
$ findch TRUE /usr/include⏎
/usr/include/sys/comm.h:30:#ifndef            TRUE
/usr/include/sys/comm.h:31:#define            TRUE    1
/usr/include/sys/fs/nfs/types.h:31:#define    TRUE    (1)
/usr/include/sys/slnutil.h:15:#define TRUE            1
/usr/include/sys/xtproto.h:30: *              cntl  - TRUE if control packet.
/usr/include/dial.h:22:#define                TRUE    1
/usr/include/ttysrv.h:19:#define              TRUE            1
/usr/include/curses.h:82:/* TRUE and FALSE get defined so many times, */
/usr/include/curses.h:84:#if                  !defined(TRUE) || ((TRUE) != 1)
/usr/include/curses.h:85:# define             TRUE    (1)
$
```

4. Die nachfolgenden beiden Shell-Skripts *for2* und *for3* machen nochmals den Unterschied zwischen den beiden automatischen Variablen

$*   (alle Positionsparameter als ein String: **"$1 $2 $3 ..."**)

und

$@   (alle Positionsparameter als einzelne Strings: **"$1" "$2" "$3"** ...)

deutlich:

```
$ cat for2⏎
echo "Argument-Anzahl: $#"
z=1
for arg in $*
do
   echo "$z.Argument: $arg"
   z=`expr $z + 1`
done
$ chmod u+x for2⏎
$ for2 eins zwei drei⏎
Argument-Anzahl: 3
1.Argument: eins
2.Argument: zwei
3.Argument: drei
$ for2 'eins zwei' drei⏎
Argument-Anzahl: 2
1.Argument: eins
2.Argument: zwei
3.Argument: drei
$
```

Bei [1] wird

for arg in $*

durch

for arg in eins zwei drei

ersetzt (drei Worte), obwohl 'eins zwei' als ein Argument übergeben wurde. Deshalb wird die **for**-Schleife auch dreimal ausgeführt. Um zu erzwingen, daß die **for**-Schleife nur für die wirklich angegebenen Argumente durchlaufen wird, ist $* durch "$@" zu ersetzen:

```
$ cat for3⏎
echo "Argument-Anzahl: $#"
z=1
for arg in "$@"
do
    echo "$z.Argument: $arg"
    z=`expr $z + 1`
done
$ chmod u+x for3⏎
$ for3 eins zwei drei⏎
Argument-Anzahl: 3
1.Argument: eins
2.Argument: zwei
3.Argument: drei
$ for3 'eins zwei' drei⏎
Argument-Anzahl: 2
1.Argument: eins zwei
2.Argument: drei
$ for3⏎
Argument-Anzahl: 0
$
```

5 Die Teilnehmer an einer Lottotipgemeinschaft werden aus der Datei *.lottoteil* (im home directory) gelesen, und für jeden einzelnen Teilnehmer wird eine Datei *teilnehmername.lotto* angelegt, in welche zunächst der Teilnehmername in Spruchband-Form, dann eine Trennzeile "-----...--" und schließlich der Gewinn (als erstes Argument übergeben) geschrieben wird. Diese Datei wird dann am Drucker ausgegeben und danach gelöscht.

```
$ cat lottodruck⏎
if [ $# -ne 1 ]
then
    echo "usage: $0 gewinn"
    exit 1
fi

for teilnehm in `cat $HOME/.lottoteil`
do
    banner $teilnehm >$teilnehm.lotto
```

```
        echo "————————————————————" >>$teilnehm.lotto
        echo "\n\nGewinn in letzter Woche: $1 DM" >>$teilnehm.lotto
        lp -c $teilnehm.lotto
        rm $teilnehm.lotto
done
$ chmod u+x lottodruck⏎
$ cat $HOME/.lottoteil⏎
emil
egon
$
```

Würde in diesem Fall das Skript *lottodruck* mit dem Aufruf

lottodruck 12.56

gestartet, so würden die folgenden beiden Seiten am Drucker ausgegeben:

```
#####   #   #   #   #
#       ## ##   #   #
#####   # ## #  #   #
#       #   #   #   #
#       #   #   #   #
#####   #   #   #   #####
```

_____

Gewinn in letzter Woche: 12.56 DM

```
#####   ####   ####   #    #
#       #   #  #   #  ##   #
#####   #      #      # #  #
#       #  ###  #     #  # #
#       #   #  #   #  #   ##
#####   ####   ####   #    #
```

_____

Gewinn in letzter Woche: 12.56 DM

Hinweis

1. Die Schlüsselwörter **for**, **do** und **done** müssen entweder als erstes Wort einer neuen Zeile oder aber als erstes Wort nach einem Semikolon angegeben werden.

Einzige Ausnahme ist das Schlüsselwort **do** bei einer **for**-Schleife ohne **in**-Angabe; in diesem Falle kann nämlich **do** unmittelbar nach *laufvariable* angegeben werden.

Beispiel

Das nachfolgende Shell-Skript *kreiere* legt leere Dateien an; als Namen verwendet es dabei die übergebenen Argumente:

```
$ cat kreiere⏎
for i do >$i; done    # keine Angabe von ; vor do hier noetig
$ chmod u+x kreiere⏎
$
```

2. Da eine **for**-Schleife (wie eine **while**- oder **until**-Schleife) nur ein einziges Kommando darstellt, kann **&** - wie bei den vorherigen Schleifen gezeigt - nach **done** angegeben werden, um dieses "Schleifenkommando" im Hintergrund ablaufen zu lassen.

3. Die **for**-Schleife kann auch wieder durch das built in-Kommando **break** verlassen werden.

4. Der exit-Status einer **for**-Schleife hängt (wie bei der **while**- oder **until**-Schleife) davon ab, ob der Schleifenkörper ausgeführt wurde oder nicht. Wenn der Schleifenkörper ausgeführt wurde, dann ist der exit-Status des gesamten "Schleifen-Kommandos" der exit-Status des letzten ausgeführten Kommandos im Schleifenkörper. Wenn der Schleifenkörper nicht ausgeführt wird, dann ist der exit-Status gleich 0.

4.12.6 Hinweise zu den Kommandos if, case, while, until und for

1. Der Aufruf des built in-Kommandos **continue** in einem Schleifen-Kommando (**while, until, for**) bewirkt die unmittelbare Ausführung des nächsten Schleifendurchlaufs. Im Gegensatz zu **break** wird also bei **continue** nicht die gesamte Schleife verlassen, sondern lediglich der Rest des Schleifenkörpers übersprungen und sofort mit dem nächsten Schleifendurchlauf fortgefahren. Die Aufrufsyntax für dieses Kommando ist:

continue [*n*]

Die optionale Angabe von *n* legt die Anzahl der Schachtelungstiefen fest, welche übersprungen werden sollen. Ist *n* nicht angegeben, so wird nur für die direkt umschließende Schleife der nächste Schleifendurchlauf gestartet. Üblicherweise ist die Ausführung von **continue** an eine Bedingung (in einer **if**- oder **case**-Konstruktion) geknüpft.

Beispiel

Das nachfolgende Shell-Skript *klebe* überprüft alle als Argumente übergebenen Dateinamen darauf hin, ob es sich bei der jeweiligen Datei um eine Textdatei handelt. Wenn ja, so wird deren Inhalt an die Datei *zusamm* angehängt, ansonsten nicht. Um die einzelnen Dateien voneinander abzutrennen, wird vor jeder Datei die Trennzeile "@@---Dateiname---@@" nach *zusamm* geschrieben:

```
$ cat klebe⏎
for datei
do
   file $datei | grep "text" >/dev/null  2>/dev/null
   if [ $? -ne 0 ]
   then
      echo "$datei keine Textdatei" >&2
      continue
   fi
   echo "@@——$datei——@@" >>zusamm
   cat $datei >>zusamm
done
$ chmod u+x klebe⏎
$ file di*⏎
diskuse:                commands text
div_null:       iAPX 386 executable not stripped
div_null.c:     c program text
div_null2:      iAPX 386 executable not stripped
$ klebe di*⏎
div_null keine Textdatei
div_null2 keine Textdatei
$ cat zusamm⏎
@@——diskuse——@@
du / >$HOME/.diskuse
mail $LOGNAME <<ENDE_NACHRICHT
    Die Belegungsstatistik fuer das Dateisystem /
    befindet sich in der Datei $HOME/.diskuse
ENDE_NACHRICHT
@@——div_null.c——@@
#include <stdio.h>

main()
{
    int divi, a=5, b=0;

    divi=a/b;
    printf("Die Division von %d / %d = %d\n", a, b, divi);
}
$
```

Die Funktion des Skripts *klebe* hätte natürlich auch ohne die Verwendung von **continue** realisert werden können; das nachfolgende Skript *klebe2* ist vollständig äquivalent zu *klebe*:

```
$ cat klebe2⏎
for datei
do
    file $datei | grep "text" >/dev/null  2>/dev/null
    if [ $? -ne 0 ]
    then
       echo "$datei keine Textdatei" >&2
    else
       echo "@@----$datei----@@" >>zusamm
       cat $datei >>zusamm
    fi
done
$
```

2. Es ist möglich, Ein-/Ausgabeumlenkungen für ein ganzes "Programmiersprach-Kommando" (**if**, **case**, **while**, **until** oder **for**) anzugeben, indem nach dem abschließenden Schlüsselwort (**fi**, **esac** oder **done**) die entsprechenden Umlenkungsanweisungen angegeben werden: Die Umlenkung der Standardeingabe für ein ganzes solches Kommando bewirkt, daß alle in dieses Kommando eingebetteten Kommandos, die ihre Daten von der Standardeingabe lesen, diese nun aus der entsprechenden Datei (neue Standardeingabe) lesen. Die Umlenkung der Standardausgabe oder Standardfehlerausgabe für ein gesamtes solches Kommando bewirkt, daß alle in dieses Kommando eingebetteten Kommandos, die Daten ausgeben, diese nun auf die entsprechende Datei (neue Standardausgabe bzw. Standardfehlerausgabe) schreiben. Soll ein bestimmtes eingebettetes Kommando nicht mit dieser "Gesamt-Ein-/Ausgabeumlenkung" gekoppelt werden, so kann dort explizit eine andere Umlenkungsvorgabe angegeben werden. So kann z.B. die Ausgabe eines bestimmten **echo**-Kommandos immer auf das Terminal erfolgen, indem

echo "..." >/dev/tty

angegeben wird.

Beispiel

Das nachfolgende Shell-Skript *klebe3* würde das gleiche leisten, wie das zuvor vorgestellte Skript *klebe*:

```
$ cat klebe3⏎
for datei
do
    file $datei | grep "text" >/dev/null  2>/dev/null   # nur fuer grep
    if [ $? -ne 0 ]
    then
       echo "$datei keine Textdatei" >/dev/tty # nur fuer echo-Kommando
       continue
    fi
```

```
      echo "@@——$datei——@@"
      cat $datei
done >> zusamm    # Alle Ausgaben der for-Schleife an zusamm anhaengen
$
```

3. Die gesamte Ausgabe eines "Programmiersprach-Kommandos" (**if, case, while, until** oder **for**) kann über eine Pipe in die Standardeingabe eines anderen Kommandos hineingeleitet werden. Ebenso kann die gesamte Eingabe für ein "Programmiersprach-Kommando" aus einer Pipe gelesen werden.

Beispiel

Das nachfolgende Shell-Skript *langnam* gibt alle Dateinamen eines Directorys (ist als Argument anzugeben) aus, die länger als 8 Zeichen sind:

```
$ cat langnam⏎
if [ $# -ne 1 ]
then
    echo "usage: $0 directory"
    exit 1
fi

for i in 'ls -a $1'
do
    echo "$i"
done |
    while read name
    do
        laenge=`expr "$name" : '.*'`
        if [ $laenge -gt 8 ]
        then
            echo "$name ($laenge)"
        fi
    done
$ chmod u+x langnam⏎
$ langnam .⏎
addiere.c (9)
adresse.txt (11)
basisname1 (10)
basisname2 (10)
countdow2 (9)
countdown (9)
div_null.c (10)
div_null2 (9)
eing_zaehl (10)
gruessoft (9)
gruss_egon (10)
```

```
gruss_hans (10)
hallo.arc (9)
holedatei (9)
lottodruck (10)
mom_inhalt (10)
muenz_kom (9)
suchtext1 (9)
wartemi12 (9)
wd_inhalt (9)
zaehle.txt (10)
$
```

4. Normalerweise wird für die Kommandos **if**, **case**, **while**, **until** und **for** keine eigene Subshell gestartet. Somit sind die Werte von Variablen, die innerhalb eines solchen Kommandos gesetzt werden, auch außerhalb dieses Kommandos bekannt:

Beispiel

```
$ cat for4⏎
for i in 1 2 3 4; do echo $i; done
echo "Wert von i ist: $i"
$ chmod u+x for4⏎
$ for4⏎
1
2
3
4
Wert von i ist: 4
$
```

Wird dagegen für eines dieser "Programmiersprach-Kommandos" Ein-/Ausgabeumlenkung verwendet, so werden diese Kommandos in einer eigenen Subshell ausgeführt. In diesem Fall sind Veränderungen von Variablen, die innerhalb eines solchen Kommandos vorgenommen wurden, außerhalb nicht verfügbar:

```
$ cat for5⏎
for i in 1 2 3 4; do echo $i; done >for5.aus
echo "Wert von i ist: $i"
$ chmod u+x for5⏎
$ for5⏎
1
2
3
4
Wert von i ist:
$
```

Die Bourne-Shell

Ebenso wird eine eigene Subshell aufgerufen, wenn eines der "Programmiersprach-Kommandos" in einer Pipe-Konstruktion angegeben wird.

Beispiele

Das nachfolgende Shell-Skript *langzeil1* zählt alle Zeilen einer Datei (als erstes Argument anzugeben), die mehr als 40 Zeichen haben:

```
$ cat langzeil1⏎
zaehl=0
cat $1 |
   while read zeile
   do
       laenge=`expr "$zeile" : '.*'`
       if [ $laenge -gt 40 ]
       then
           zaehl=`expr $zaehl + 1`
       fi
   done
echo "$1 hat $zaehl Zeilen, die laenger als 40 Zeichen"
$ chmod u+x langzeil1⏎
$ langzeil1 lottodruck⏎
lottodruck hat 0 Zeilen, die laenger als 40 Zeichen
$
```

In diesem Fall würde die Verwendung von **export**, wie im nachfolgenden Shell-Skript *langzeil2* auch nicht weiterhelfen[45]:

```
$ cat langzeil2⏎
zaehl=0
export zaehl      # Nun wird zaehl exportiert
cat $1 |
   while read zeile
   do
       laenge=`expr "$zeile" : '.*'`
       if [ $laenge -gt 40 ]
       then
           zaehl=`expr $zaehl + 1`
       fi
   done
echo "$1 hat $zaehl Zeilen, die laenger als 40 Zeichen"
$ chmod u+x langzeil2⏎
$ langzeil2 lottodruck⏎
lottodruck hat 0 Zeilen, die laenger als 40 Zeichen
$
```

---

[45] Als Erinnerung: In Subshells vorgenommene Änderungen an exportierten Variablen haben keinen Einfluß auf die Werte dieser Variablen in der Vater-Shell.

Eine mögliche Lösung für dieses Problem ergäbe sich hier unter der Verwendung des built in-Kommandos **exec**, um die Standardeingabe für die Ausführungsdauer der durch **while** bedingten Subshell in die Datei **$1** umzulenken:

```
$ cat langzeil3⏎
zaehl=0
exec < $1    # Standardeingabe nach $1 umlenken

while read zeile     # nun keine Umlenkung notwendig
do
    laenge=`expr "$zeile" : '.*'`
    if [ $laenge -gt 40 ]
    then
        zaehl=`expr $zaehl + 1`
    fi
done

exec < /dev/tty  # Standardeingabe wieder auf Terminal umlenken

echo "$1 hat $zaehl Zeilen, die laenger als 40 Zeichen"
$ chmod u+x langzeil3⏎
$ langzeil3 lottodruck⏎
lottodruck hat 2 Zeilen, die laenger als 40 Zeichen
$
```

4.12.7 Funktionen

Seit UNIX-System V.2 erlaubt die Bourne-Shell - wie höhere Programmiersprachen - die Definition von Funktionen. Die Syntax für eine Funktionsdefinition ist dabei:

funktionsname()   { *kdoliste*; }

Zwischen { und dem ersten Kommando aus *kdoliste* muß mindestens ein Leerzeichen, Tabulatorzeichen oder Neuezeile-Zeichen angegeben sein. Zwischen dem letzten Kommando aus *kdoliste* und der abschließenden *}* muß immer ein Semikolon angegeben sein, wenn sich diese beiden in derselben Zeile befinden.

Damit wird der *kdoliste* die Funktion *funktionsname* zugeordnet.

Der Aufruf von *funktionsname* bewirkt dann die Ausführung der zugeordneten *kdoliste*.

Beispiele

Nachfolgend wird ein neues "Kommando" ll eingeführt, welches alle Dateien eines Directorys mit den Optionen **-CF** listet und danach die Anzahl der Dateien ausgibt. Der Nachteil ist hier, daß ll immer nur alle Dateien des working directorys auflistet:

```
$ ll()   { ls –CF; echo "———\n'ls | wc –l' Dateien"; }⏎
$ ll⏎
```

abc*	cpdir*	for3*	klebe3*	u*
abc**	cph*	for4*	kreiere*	umrech*
abc2*	cpzdr*	for5*	langnam*	userda*
addiere.c*	dateityp*	for5.aus	langzeil1*	uv*
adress*	datum*	gebdat*	langzeil2*	uvw*
adresse.txt*	datv*	gls*	langzeil3*	uvwx*
ampel1*	del*	groesse*	letztlog*	var_wert*
ampel2*	demo*	gruesse*	ll*	vorh*
anfang*	diskuse*	gruesse2*	loesch*	wartemil*
argaus*	div_null*	gruessoft*	logfile*	wartemil2*
argu_pid*	div_null.c*	gruss*	lottodruck*	wartuser*
ausg*	div_null2*	gruss_egon*	lszaehl*	wd_inhalt*
ausgab*	dru*	gruss_hans*	mom_inhalt*	weiblich*
basisname1*	eing_zaehl*	hallo*	muenz_kom*	which1*
basisname2*	emilda*	hallo.arc*	namdatei*	which2*
catd*	emilda2*	hallo.c*	neudat*	woist*
cc2*	fahrsohn*	hexziff*	pd*	zaehle.txt*
cmod1*	fehler*	hexziff2*	sammel*	zdrucke*
cmod2*	fiba*	hier_dat*	schiebe*	zdrucke1*
compi*	fiba2*	holedatei*	so**	zeichtyp*
copy1*	findch*	kinder1*	sortiert*	zeig_pid*
core*	finde_c*	kinder2*	stdio.h*	zusamm
countdow2*	for1*	klebe*	suchtext*	
countdown*	for2*	klebe2*	suchtext1*	

———
  118 Dateien
$

Da der Aufruf von Funktionen weitgehend dem Aufruf von Shell-Skripts entspricht, können auch bei Funktionsaufrufen Argumente angegeben werden, welche dann der entsprechenden Funktion in Form von Positionsparametern[46] zur Verfügung gestellt werden. Somit kann der Nachteil der vorherigen Funktion umgangen werden:

```
$ ll()   { ls –CF "$@"; echo "———\n'ls "$@" | wc –l' Dateien"; }⏎
$ ll a*⏎
```

abc*	addiere.c*	ampel1*	argaus*	ausgab*
abc**	adress*	ampel2*	argu_pid*	
abc2*	adresse.txt*	anfang*	ausg*	

———
  13 Dateien

---

[46] $0 enthält allerdings nicht den Funktionsnamen, sondern den Namen der ausführenden Shell.

```
$ ll /bin/c*⏎
/bin/cat*       /bin/chmod*     /bin/conv*      /bin/cpio*
/bin/cc*        /bin/chown*     /bin/convert*   /bin/cprs*
/bin/chgrp*     /bin/cmp*       /bin/cp*        /bin/csh*

    12 Dateien
$
```

Eine Funktionsdefinition kann sich über mehrere Zeilen erstrecken. Die Shell gibt dann bei einer interaktiven Eingabe einer Funktionsdefinition solange den Sekundär-Promptstring aus, bis die Definition mit der abschließenden } beendet wird.

Beispiele

```
$ zaehle() {⏎
> start=${1:-1}⏎
> ende=${2:-10}⏎
> step=${3:-1}⏎
> i=$start⏎
> while [ $i -le $ende ]⏎
> do⏎
> echo $i⏎
> i=`expr $i + $step`⏎
> done⏎
> }⏎
$ zaehle 2 35 7⏎
2
9
16
23
30
$
```

Eigenschaften von Shell-Funktionen

Im nachfolgenden sind die Eigenschaften von Shell-Funktionen zusammengefasst:

Hinweis

Für die Wahl eines Funktionsnamens gelten die gleichen Regeln wie für die Wahl von Datei- und Variablennamen[47]. Gleiche Funktions- und Shellvariablen-Namen sind nicht erlaubt.

---

[47] siehe Syntaxregeln für Bezeichner in Kapitel 3.

Die Bourne-Shell

Beispiele

```
$ 2mal4() {⏎
> echo 'expr 2 \* 4'⏎
> }⏎
2mal4: is not an identifier
$ heute() { echo "Heute ist: 'date '+%d.%m.%y''" ; }⏎
$ heute⏎
Heute ist: 18.12.90
$ heute="Heute ist: 'date '+%d.%m.%y''"⏎
$ heute⏎
heute: not found        [»heute« keine Funktion mehr, sondern nun eine Variable]
$ echo $heute⏎
Heute ist: 18.12.90
$
```

Hinweis

Shell-Funktionen sind nur in der Shell bekannt, in der sie definiert wurden, denn sie können nicht wie Shellvariablen an Subshells exportiert werden.

Beispiele

```
$ cdir()   { cd $1; PS1="'pwd'> "; }⏎
$ cdir /bin⏎
/bin> cdir⏎
/user1/egon> cdir shellueb⏎
/user1/egon/shellueb> cdir shellueb⏎
/user1/egon/shellueb> export cdir⏎
cannot export functions
/user1/egon/shellueb> sh⏎
$ cdir⏎
cdir: not found
$ exit⏎
/user1/egon/shellueb> PS1="$ "⏎
$
```

Hinweis

Shell-Funktionen werden sehr oft entweder in der Datei *.profile* oder in einer eigenen "Funktionsdefinitions-Datei" definiert. Wird dann eine solche "Funktionsdefinitions-Datei" in einer Subshell mit dem Punkt-Kommando[48] gelesen, dann stehen die darin angegebenen Shell-Funktionen auch dieser Subshell zur Verfügung.

---

[48] Aufrufsyntax: **.** *datei*
Das Punkt-Kommando . bewirkt, daß die Shell die Kommandos in *datei* liest und ausführt; im Falle von Funktionsdefinitionen werden diese lediglich der aktuellen Shell zur Verfügung gestellt.

Wichtig ist, daß die in *datei* enthaltenen Funktionsdefinitionen von der aktuellen Shell (und nicht von einer Subshell) gelesen werden.

Definitionen von häufig benötigten Funktionen können in der Datei *.profile* angegeben werden. Dadurch stehen sie immer sofort nach dem Anmelden zur Verfügung. Eine andere typische Vorgehensweise ist, nützliche Funktionen in einer eigenen "Funktionsdefinitions-Datei" (wie z.B. *funkdef*) im home directory unterzubringen. Das Lesen dieser Datei mit dem Punkt-Kommando, wie z.B.

$HOME/funkdef

stellt dann diese Funktionen in der aktuellen Shell zur Verfügung. Wird dieser Aufruf in *.profile* angegeben, so werden die entsprechenden Funktionen der Login-Shell zur Verfügung gestellt, ohne daß dadurch *.profile* durch die explizite Angabe von Funktionsdefinitionen aufgebläht wird.

Die Angabe von Funktionsdefinitionen in einer eigenen Datei hat auch den Vorteil, daß in einer Subshell mit dem Aufruf

$HOME/funkdef

die in *funkdef* definierten Funktionen sehr schnell der Subshell zur Verfügung gestellt werden können, ohne daß die entsprechenden Funktionsdefinitionen nochmals zeitraubend und umständlich "von Hand" vollständig einzugeben sind.

Ein weiterer Vorteil solcher Funktionsdefinitions-Dateien ist, daß man mehrere Programme (Funktionen) in einer Datei unterbringen kann, was ja bei Shell-Skripts nicht möglich ist.

Im weiteren Verlauf sollen alle nützlichen Funktionen in der Datei *funkdef* gesammelt werden.

Beispiel

Als erstes werden die bereits vorgestellten Funktionen *ll*, *cdir* und *zaehle* in *funkdef* aufgenommen:

```
$ cd⏎
$ pwd⏎
/user1/egon
$ cat funkdef⏎
#— ll ————————————————
 #    ruft ls —CF auf und gibt Anzahl der aufgelisteten Dateinamen aus
ll() {
  ls —CF "$@"
  echo "————\n"'ls "$@" | wc —l' Dateien"
}
```

```
#— cdir ─────────────────────
#    entspricht dem Kommando cd, allerdings wird danach das
#    working directory als Prompt-String ausgegeben
cdir() {
  cd $1
  PS1="'pwd'> "
}


#— zaehle ─────────────────────
#    realisiert eine for-Schleife mit step-Angabe
#         1.Argument: Startwert
#         2.Argument: Endwert
#         3.Argument: Schrittweite
zaehle() {
  start=${1:-1}
  ende=${2:-10}
  step=${3:-1}
  i=$start
  while [ $i -le $ende ]
  do
     echo $i
     i=`expr $i + $step`
  done
}
```
$ **cd shellueb**⏎
$ **. $HOME/funkdef**⏎
$ **cat sum_ungerad**⏎
```
. $HOME/funkdef
sum=0
for i in `zaehle 1 100 2`
do
    sum=`expr $sum + $i`
done
echo "Summe aller ungeraden Zahlen zwischen 1 und 100 ist: $sum"
```
$ **chmod u+x sum_ungerad**⏎
$ **sum_ungerad**⏎
Summe aller ungeraden Zahlen zwischen 1 und 100 ist: 2500
$

Ist eine Funktion erst einmal definiert, so läuft sie wesentlich schneller ab, als ein Shell-Skript mit den gleichen Aufgaben, da in diesem Fall das Lokalisieren der entsprechenden Skript-Datei innerhalb des Dateisystems und das nachfolgende Eröffnen dieser Skript-Datei wegfällt.

Damit die Funktionsdefinitionen nach jedem Anmelden verfügbar sind, sollte nun am Ende von *.profile* folgende Zeile eingetragen werden:

```
. $HOME/funkdef
```

Beim Aufruf von Shell-Funktionen werden diese in der aktuellen Shell ausgeführt. Somit können sie verwendet werden, um Shell-Variablen in der momentan aktiven Shell zu verändern.

Beispiele
```
$ setze_name { name="$*"; }⏎
$ name=franz⏎
$ echo $name⏎
franz
$ setze_name "Franz Mueller"⏎
$ echo $name⏎
Franz Mueller
$
```

Wäre *setze_name* dagegen ein Shell-Skript, so hätte die Zuweisung an *name* keine Auswirkung auf die aufrufende Shell:

```
$ cat setze_name⏎
name="$*"
$ chmod u+x setze_name⏎
$ name=franz⏎
$ echo $name⏎
franz
$ ./setze_name "Franz Mueller"⏎      [relativer Pfadn., damit Shell-Skript und]
                                     [nicht gleichnamige Funktion aufgerufen wird]
$ echo $name⏎
franz
$
```

Shell-Funktionen können auch rekursiv aufgerufen werden.

Beispiele
```
$ cat hexa⏎
hex() {
  if [ -n "$1" ]
  then
     x=`expr $x \* 16`
     case "$1" in
        [aA]*) x=`expr $x + 10`;;
        [bB]*) x=`expr $x + 11`;;
        [cC]*) x=`expr $x + 12`;;
        [dD]*) x=`expr $x + 13`;;
```

```
            [eE]*)  x=`expr $x + 14`;;
            [fF]*)  x=`expr $x + 15`;;
            [0-9]*) x=`expr $x + \`echo $1 | cut -c1\``;;
               *)   echo "nicht erlaubte Hexa-Ziffer: `echo $1 | cut -c1`" >&2
                    exit 1;;
        esac
        hex `echo $1 | cut -c2-`    # rekursiver Aufruf fuer restliche Ziffer
    fi
}

for i
do
    x=0
    hex $i
    echo "$i (16)  =  $x (10)"
done
$ chmod u+x hexa⏎
$ hexa  fff  12  ab⏎
fff (16)  =  4095 (10)
12 (16)   =  18 (10)
ab (16)   =  171 (10)
$ cp hexa  ../bin⏎
$ cat baum⏎
baumchen() {
   for i in `ls`   # keine Dateinamen die mit Punkt beginnen
   do
      if [ -d $i ]
      then
         echo $leer $i:
         leeralt=$leer
         cd $i
         leer="$leer──"; export leer
         baumchen $i
         leer=$leeralt
         cd ..
      else
         echo $leer $i
      fi
   done
}

# main

dir=${1:-.}
cd $dir
baumchen
```

```
$ chmod u+x baum⏎
$ baum /usr⏎
adm:
── pacct
── pacct1
      :
      :
── pacct8
── pacct9
── sa:
──────  sa03
          :
          :
──────  sa18
──────  sar10
── sulog
── admin:
────── bupsched
────── checkfsys
────── gettyvalues
────── makefsys
────── menu:
─────────── DESC
─────────── diskmgmt:
──────────────── DESC
──────────────── checkfsys
──────────────── cpdisk
──────────────── erase
──────────────── format
──────────────── harddisk:
──────────────────── DESC
──────────────────── addbadblocks
──────────────────── addharddisk
──────────────────── checkhdfsys
──────────────────── display
                         :
                         :
$
```

In den Anwendungsbeispielen zur Bourne-Shell wird eine verbesserte Version zur "baumartigen" Ausgabe von Directorybäumen (in Kapitel 4.22.5) gegeben.

- Ein- und Ausgabeumlenkung ist sowohl bei der Definition als auch beim Aufruf einer Shell-Funktion erlaubt.

Beispiele

```
$ zahlausgab() { ⏎
> ende=${1:-20} ⏎
> i=1 ⏎
> while [ $i -le $ende ] ⏎
> do ⏎
> if [ 'expr $i % 2' -eq 0 ] ⏎
> then ⏎
> echo $i ⏎
> else ⏎
> echo $i >>ungerad ⏎
> fi ⏎
> i='expr $i + 1' ⏎
> done ⏎
> echo "Fertig: Bis $ende gezaehlt" >&2 ⏎
> } ⏎
$ zahlausgab > gerad  2>fehl ⏎
$ cat gerad ⏎
2
4
6
8
10
12
14
16
18
20
$ cat ungerad ⏎
1
3
5
7
9
11
13
15
17
19
$ cat fehl ⏎
Fertig: Bis 20 gezaehlt
$
```

Hinweis

Die Definitionen von Shell-Funktionen gehören zum Environment eines Shell-Prozesses. Wird mit dem Systemaufruf **fork** ein Sohnprozeß zur aktuellen Shell kreiert, so erbt dieser das ganze Environment der aktuellen Shell und somit auch die Funktionsdefinitionen aus der Vater-Shell.

In Kapitel 4.4 wurde bereits erwähnt, daß zwei Möglichkeiten existieren, um ein Shell-Skript zu starten:

(1) **sh** *skriptname*
(2) *skriptname* (ohne **sh**)

Obwohl in beiden Fällen eine Subshell gestartet wird, so bestehen doch bezüglich des Environments dieser Subshells gewisse Unterschiede.

Im Fall (1) wird das Shell-Programm **/bin/sh** gestartet und somit das Standard-Environment als Environment für die Subshell genommen, so daß in diesem Fall die in der Vater-Shell definierten Funktionen nicht zur Verfügung stehen.

Im Fall (2) dagegen wird das Environment der Vater-Shell für die Subshell genommen, so daß in diesem Fall alle in der Vater-Shell definierten Funktionen in der Subshell zur Verfügung stehen. Der Grund hierfür ist, daß bei (2) mit einem **fork**-Aufruf ein Sohnprozeß (Subshell) erzeugt wird, so daß das Environment des Vaterprozesses dupliziert wird. Das gleiche gilt auch für Subshells, die mit der (..)-Klammerung erzeugt werden.

Beispiele

```
$ . $HOME/funkdef⏎
$ cat sum_gerad⏎
sum=0
for i in 'zaehle 0 100 2'
do
    sum=`expr $sum + $i`
done
echo "Summe aller geraden Zahlen zwischen 0 und 100 ist: $sum"
$ chmod u+x sum_gerad⏎
$ sum_gerad⏎
Summe aller geraden Zahlen zwischen 0 und 100 ist: 2550
$ sh sum_gerad⏎
sum_gerad: zaehle: not found
Summe aller geraden Zahlen zwischen 0 und 100 ist: 0
$ setze_name() { nam="$*"; }⏎
$ nam=franz⏎
$ echo $nam⏎
franz
$ (setze_name "Franz Mueller"; echo $nam)⏎                [Funktion bekannt]
```

Die Bourne-Shell

```
Franz Mueller
$ echo $nam⏎
franz                   [die in Subshell gemachte Änderung an nam hat keinen Einfluß]
$                       [auf nam in der Vater-Shell]
```

Built in-Kommandos[49] können nicht durch eine Funktionsdefinition ersetzt werden, andere Kommandos dagegen sehr wohl.

Ob es sich bei einem Kommando um ein built in-Kommando handelt oder nicht, kann sehr leicht mit dem built in-Kommando **type** festgestellt werden. Die Aufrufsyntax für **type** ist:

type [*kdo_name(n)*]

Das Kommando **type** gibt aus, welches Programm ausgeführt wird, wenn einer der angegebenen *kdo_name(n)* als Kommando aufgerufen wird. **type** gibt somit für jeden einzelnen *kdo_namen* folgendes aus:

- entweder den absoluten Pfadnamen des entsprechenden Kommandos (eventuell mit dem Hinweis, daß dieses Kommando bereits in der internen **hash**-Tabelle[50] eingetragen wurde)

- oder die Information, daß das entsprechende Kommando ein built in-Kommando ist

- oder die Information, daß das entsprechende "Kommando" eine Funktion ist; in diesem Fall wird die komplette Funktionsdefinition mit angezeigt.

Beispiele
```
$ type cd⏎
cd is a shell builtin
$ cd() {⏎
> cd $1⏎
> PS1="'pwd'> "⏎
> }⏎
$ type cd⏎
cd is a shell builtin                   [Funktionsdefinition war umsonst]
$ type rm⏎
rm is /bin/rm                           [bzw.: rm is hashed (/bin/rm), wenn rm]
$ rm() {⏎                               [zuvor bereits einmal aufgerufen wurde]
> case "$1" in⏎
> -f|-r|-i) /bin/rm $*;;⏎
>        *) /bin/rm -i $*;;⏎
> esac⏎
```

---

[49] im Kapitel 4.15.8 sind alle built in-Kommandos angegeben.
[50] siehe Kommando **hash** in Kapitel 4.15.5.

```
> }⏎
$ type rm⏎
rm is a function
rm(){
case "$1"-i | -r | -f)/bin/rm $* ;;*)/bin/rm -i $* ;;
}
$
```

Nach dieser Funktionsdefinition wird also immer beim Aufruf von **rm** diese Funktion und nicht das Kommando **rm** aufgerufen. Soll das Kommando **rm** aufgerufen werden, so ist der dazugehörige absolute Pafdname (**/bin/rm**) bzw. relative Pfadname anzugeben. Es ist im übrigen empfehlenswert, diese Funktionsdefinition für **rm**:

```
:
:
:
#— rm ——————————————————
#     loescht Dateien nicht sofort, sondern fragt nach
rm() {
  case "$1" in
    -f|-r|-i) /bin/rm $*;;
           *) /bin/rm -i $*;;
  esac
}
```

in *funkdef* mitaufzunehmen, um somit die Gefahr des zu voreiligen Löschens mit dem Kommando **rm** etwas zu entschärfen, da in diesem Fall vor jedem Löschen nochmals rückgefragt wird, ob wirklich gelöscht werden soll.

Die in der gerade aktiven Shell definierten Shell-Funktionen können mit dem Kommando

set (ohne Angabe von Argumenten)

angezeigt werden. Mit

unset *funktionsname*

kann die Definition einer Shell-Funktion wieder aufgehoben werden.

Der Aufruf des built in-Kommandos

return [*n*]

bewirkt, daß eine Funktion mit dem Rückgabewert (exit-Status) *n* verlassen wird. Ist *n* nicht angegeben, dann wird als Rückgabewert der exit-Status des zuletzt in dieser Funktion ausgeführten Kommandos verwendet.

Beispiele

Es werden zwei Funktionen **pushd** und **popd** erstellt, die am Ende von $HOME/*funkdef* anzufügen sind.

pushd wechselt dabei mit dem Aufruf der Funktion **cdir** zu dem als ersten Argument angegebenen Directory, so daß das neue working directory immer im Prompt angezeigt wird. Zusätzlich merkt sich die Funktion **pushd** das vorherige working directory, indem sie den Directory-Namen in der Variablen *PUSHD* aufhebt. Eventuell dort bereits vorhandene Directory-Namen werden dabei "nach rechts" geschoben. So simuliert diese Variable *PUSHD* eine Art "Directory-Stack", wobei die letzten working directories immer an oberster Stelle im Stack stehen. Wird **pushd** ohne ein Argument aufgerufen, so gibt es den momentanen Directory-Stack (Inhalt der Variablen *PUSHD*) aus.

Die Funktion **popd** ermöglicht es nun - unter Verwendung dieses Directory-Stacks - sehr schnell in vorherige working directories zurückzukehren. **popd** kann auf drei verschiedene Arten aufgerufen werden:

popd   (ohne Argumente) - Rückkehr zum vorherigen working directory
popd *n*:   Rückkehr zum *n*-ten vorherigen working directory
popd -   ganzer Directory-Stack wird entfernt und als Prompt wird wieder der default-Promptstring verwendet.

Solange die Funktionen **pushd** und **popd** zum Directory-Wechsel verwendet werden, sollte nicht das Kommando **cd**, sondern die Funktion **cdir** benutzt werden, da sonst der Prompt nicht dem wirklichen working directory entspricht.

```
$ pwd ⏎
/user1/egon/shellueb
$ cat $HOME/funkdef ⏎
                              :
                              :
                              :
#─── pushd ──────────────────────────
  #    wechselt ─ wie cdir ─ zum angegebenen Directory.
  #    Das aktuelle Directory wird allerdings in der Variablen
  #    PUSHD festgehalten, so dass mit popd immer zum vorherigen
  #    Directory zurueckgekehrt werden kann.
  #    Wird kein Directory beim Aufruf angegeben, so gibt pushd
  #    den gemerkten "Directory─Stack" aus.
pushd() {
  if [ $# ─gt 1 ]
  then
      echo "usage: pushd [directory]" >&2
      return 1
```

```
    elif [ $# -eq 0 ]
    then
        echo "$PUSHD"
        return 0
    fi

    if [ -z "$tiefe" ]
    then
        tiefe=0
    fi
    if [ -d "$1" -a -x "$1" ]
    then
        PUSHD="'pwd' $PUSHD"
        tiefe='expr $tiefe + 1'
        cdir "$1"
    else
        echo "Kann nicht zu $1 wechseln" >&2
        return 2
    fi
}


#— popd ————————————————
#     ist das Gegenstueck zu pushd: Die als erstes Argument
#     angegebene Zahl legt fest, um wieviele Directories auf
#     dem "Directory-Stack" zurueckgekehrt werden soll.
#     Wird keine Zahl angegeben, so wird zum obersten Directory
#     des "Directory-Stacks" zurueckgekehrt.
#     Wird  popd - aufgerufen, so wird der ganze "Directory-Stack"
#     geleert und wieder der default-Prompt eingestellt
popd() {
  if [ "$1" = "-" ]
  then
      unset PUSHD tiefe
      PS1="$ "
      return 0
  fi
  zahl=${1:-1}
  if [ "$tiefe" -lt "$zahl" -o "$tiefe" -lt 1 ]
  then
      echo "zu kleiner Directory-Stack" >&2
      return 1
  fi
  d='echo "$PUSHD" | cut -d" " -f${zahl} -'
  cdir "$d"
  s='expr $zahl + 1'
  PUSHD='echo "$PUSHD" | cut -d" " -f${s}- -'
```

```
    tiefe=`expr $tiefe - $zahl`
}
$ .  $HOME/funkdef⏎
$ pushd /usr⏎
/usr> pushd bin⏎
/usr/bin> pushd ../include⏎
/usr/include> pushd /etc⏎
/etc> pushd⏎
/usr/include /usr/bin /usr /user1/egon/shellueb    [momentaner Directory-Stack]
/etc> popd 2⏎
/usr/bin> popd⏎
/usr> cdir $HOME/bin⏎              [wird nicht im Directory-Stack festgehalten]
/user1/egon/bin> pushd⏎
/user1/egon/shellueb               [momentaner Directory-Stack]
/user1/egon/bin> popd⏎
/user1/egon/shellueb> popd⏎
zu kleiner Directory-Stack
/user1/egon/shellueb> popd -⏎
$ pwd⏎
/user1/egon/shellueb
$
```

Beispiele

Beim Aufruf von Funktionen werden diese immer als solche erkannt, selbst, wenn Quoting verwendet wird.

```
$ \c\d\i\r /usr⏎
/usr> "cdir" include⏎
/usr/include> 'cdir' ../bin⏎
/usr/bin> \c'dir'⏎
/user1/egon> "cdir shellueb"⏎
cdir shellueb: not found         ["cdir shellueb" wird als Funktions-bzw. ]
/user1/egon> cdi"r" shellueb⏎    [Kommandoname interpretiert (existiert nicht)]
/user1/egon/shellueb> PS1="$ "⏎
$
```

Als Erinnerung: Die Sonderbedeutung der Schlüsselwörter

```
if      then    else    elif    fi
case    esac
for     while   until   do      done
{   }
```

kann dagegen sehr wohl ausgeschaltet werden, indem für mindestens ein Zeichen dieser Wörter Quoting vorgenommen wird.

4.13 Fehlersuche in Shell-Skripts

Das Auffinden von syntaktischen und semantischen Fehlern in Shell-Skripts kann ein äußerst mühsames Unterfangen sein. Um die Fehlersuche etwas zu erleichtern, bietet die Bourne-Shell 5 Optionen an:

Optionen	Bedeutung
-n	Kommandos werden nur gelesen und auf Syntaxfehler untersucht, aber nicht ausgeführt (*no execution*).
-v	Alle Shell-Eingabezeilen werden so ausgegeben, wie sie gelesen werden. Erst nach dieser Ausgabe wird das entsprechende Kommando ausgeführt (*verbose*).
-x	Alle Shell-Eingabezeilen werden auf die Standardfehlerausgabe ausgegeben, bevor sie ausgeführt werden; d.h. daß bei dieser Ausgabe bereits die Parametersubstitution, die Kommandosubstitution und die Dateinamen-Expandierung stattgefunden hat (*execution trace*).
-u	Ein Zugriff auf nicht gesetzte Variablen bewirkt einen Fehler. Ohne diese Option wird üblicherweise die leere Zeichenkette geliefert (*unset*).
-e	Das entsprechende Shell-Skript wird sofort verlassen, wenn ein Kommando einen exit-Status verschieden von 0 (nicht erfolgreich) liefert (*exit*).

Diese Optionen können auf zwei Arten verwendet werden:

sh [–nvxue] *skript*

In diesem Fall gelten die gesetzten Optionen nur für die Dauer der Skript-Ausführung.

set [–nvxue]

Hierbei bleiben die entsprechenden Optionen so lange gesetzt, bis sie explizit mit + wieder ausgeschaltet werden:

set [+nvxue]

Im Unterschied zur vorherigen Aufrufform werden dabei die Optionen nicht für ein aufgerufenes Shell-Skript, das ja von einer eigenen Subshell ausgeführt wird, gesetzt, sondern gelten nur für die gerade aktive Shell. Um sie für ein Shell-Skript einzuschalten, müßten die betreffenden Optionen innerhalb des Shell-Skripts mit **set ...** gesetzt werden.

Beispiele

```
$ pwd⏎
/user1/egon/shellueb
$ cat woist⏎
dir=${2:-$HOME}
find $dir -name $1 -print
$ sh -x woist fiba⏎
dir=/user1/egon
+ find /user1/egon -name fiba -print
/user1/egon/shellueb/fiba
$ set -x⏎
$ pwd⏎
+ pwd
/user1/egon/shellueb
$ woist zdrucke⏎
+ woist zdrucke  [keine Ausgabe der einzelnen Kommandos in zdrucke, sondern nur]
                [dessen Aufruf]
/user1/egon/shellueb/zdrucke
/user1/egon/bin/zdrucke
$ ls a[a-m]*⏎
+ ls abc abc* abc2 addiere.c adress adresse.txt ampel1 ampel2
abc
abc*
abc2
addiere.c
adress
adresse.txt
ampel1
ampel2
$ set +x⏎
+ set +x
$ ls a[a-m]*⏎
abc
abc*
abc2
addiere.c
adress
adresse.txt
ampel1
ampel2
$
```

Die beiden meistbenutzten Optionen sind **-n** und **-x**. Die Option **-n** wird oft verwendet, um eine vorläufige Syntaxüberprüfung für ein Shell-Skript durchführen zu lassen, ohne daß dieses Shell-Skript gestartet werden muß. Dies hat natürlich seine Vorteile, da die Shell als Interpreter arbeitet und eventuelle Fehler erst an späterer Stelle in einem Skript auftreten könnten, nachdem schon ein Teil des Shell-Skripts ausgeführt wurde; die dabei durchgeführten Aktionen könnten dann nicht mehr rückgängig gemacht werden.

Doch die wohl am häufigsten benutzte Option ist **-x**. Sie eignet sich hervorragend dazu, ein Shell-Skript auszutesten, da sie bewirkt, daß die wirkliche Kommandozeile unmittelbar vor ihrer Ausführung, also nachdem Parametersubstitution, Kommandosubstitution und Dateinamen-Expandierung stattgefunden hat, angezeigt wird. Dies ist auch der Grund dafür, daß im nächsten Beispiel, welches das schrittweise Austesten eines Shell-Skripts zeigt, gerade von dieser Option ausgiebig Gebrauch gemacht wird.

Beispiel

Das nachfolgende Shell-Skript *werist* ermöglicht es, Informationen zu einzelnen Benutzern abzufragen: Login-Name, wirklicher Name, home directory und Login-Shell. Die erste Version dieses Shell-Skripts enthält sowohl syntaktische wie auch semantische Fehler, die dann schrittweise lokalisiert und behoben werden sollen. Für dieses Beispiel wird angenommen, daß die Datei */etc/passwd* den nachfolgend gezeigten Inhalt habe:

```
$ cat /etc/passwd↵
danko:9eY.31Q6kjTQM:115:1:Daniel Korbmeier:/user1/danko:
bermu:qmZQCAXwDvCdk:116:1:Bernd Mueller:/user1/bermu:/bin/ksh
dani:VasIGULd4ze4c:117:1:David Niedermeier:/user1/dani:/bin/csh
kille:ltvvsLn4TdLDk:118:1:Kilian Lehner:/user1/kille:/bin/sh
$ nl -ba werist↵
     1  while true
     2  do
     3      echo "
     4  _____
     5          Login-Name:         L
     6          richtiger Name:     R
     7
     8          Programmende:       Q
     9  _____
    10
    11      Gib ein: "
    12      read antw
    13      case $antw in
    14          [qQ])    exit 0;;
    15          [lLrR])  break;;
    16          *)       echo "\007Nur die Eingaben  L, R und Q erlaubt\n"
    17                   eco "Wiederholen Sie bitte Ihre Eingabe";;
    18      esac
    19  done
    20
```

```
21   case $antw in
22        [lL]) echo "Zu suchender Login-Name (reg. Ausdruck moeglich) ?"
23              read such;;
24        [rR]) echo "Zu suchender richtiger Name (reg. Ausdruck moeglich) ?"
25              read such;;
26   esac
27
28   cat /etc/passwd |
29      while read zeile
30      do
31         gef=`echo $zeile | egrep $such`
32         if [ $gef != "" ]
33         then
34            loginnam=`echo $zeile | cut -f1 -d":"`
35            richtnam=`echo $zeile | cut -f5 -d":"`
36            homedir=`echo $zeile | cut -f6 -d":"`
37            loginshell=`echo $zeile | cut -f7 -d":"`
38            echo "————————————————————————————"
39            echo "  Login-Name: $loginnam;   richtiger Name: $richtnam"
40            echo "  Home Directory: $homedir;   Login-Shell: $loginshell"
41         fi
42      done
```

$ **chmod u+x werist**⏎
$ **werist**⏎

Login-Name: L
richtiger Name: R

Programmende: Q

    Gib ein:
l⏎
Zu suchender Login-Name (reg. Ausdruck moeglich) ?
dani⏎
werist: test: argument expected   [Fehler !!]
$

Zum Auffinden dieses Fehlers eignet sich nun die Option **-x**:

```
$ sh -x werist⏎
+ true
+ echo
```

Login-Name:	L
richtiger Name:	R
Programmende:	Q

Gib ein:

Login-Name:	L
richtiger Name:	R
Programmende:	Q

```
    Gib ein:
+ read antw
1⏎
+ break
+ echo Zu suchender Login-Name (reg. Ausdruck moeglich) ?
Zu suchender Login-Name (reg. Ausdruck moeglich) ?
+ read such
dani⏎
+ cat /etc/passwd
+ read zeile
+ echo danko:9eY.31Q6kjTQM:115:1:Daniel Korbmeier:/user1/danko:
+ egrep dani
gef=
+ [ != ]         [◄──── Fehler liegt hier !!]
werist: test: argument expected
$
```

Die durch die Option **-x** bewirkte Ausgabe von Kommandozeilen wird mit einem vorangestellten Pluszeichen + (außer bei Variablen-Zuweisungen) gekennzeichnet.

Hier ist nun gut zu erkennen, daß der Fehler durch die leere Variable *gef* bedingt ist, da in diesem Fall die 32. Zeile von *werist*

if [$gef != ""]

zu folgender Zeile wird:

if [!=]

Die Bourne-Shell

Der Operator != verlangt aber links und rechts einen Operanden. Deswegen sollte man die 32. Zeile in *werist* durch folgende Zeile ersetzen:

if [-n "$gef"]

Nach dieser vorgenommenen Änderung kann nun das Shell-Skript wieder gestartet werden:

$ werist⏎

```
    Login-Name:         L
    richtiger Name:     R

    Programmende:       Q
```

```
    Gib ein:
1 ⏎
Zu suchender Login-Name (reg. Ausdruck moeglich) ?
ani ⏎
```

```
  Login-Name: danko;  richtiger Name: Daniel Korbmeier     [<— sollte nicht]
  Home Directory: /user1/danko;  Login-Shell:              [angezeigt werden]

  Login-Name: dani;   richtiger Name: David Niedermeier
  Home Directory: /user1/dani;   Login-Shell: /bin/csh
$
```

Die falsche Ausgabe ist dadurch bedingt, daß **egrep** in der ganzen "*passwd*-Zeile" sucht und nicht nur im Feld des Login-Namens. Dies kann behoben werden, wenn die 31.Zeile in *werist*:

gef='echo $zeile | egrep $such'

durch

gef='echo $zeile | cut -f$feld -d":" | egrep $such'

ersetzt wird. Allerdings muß dann die Variable *feld* zuvor entsprechend gesetzt werden, so daß sich dann folgendes neue Listing für *werist* ergibt:

$ nl -ba werist⏎
```
     1  while true
     2  do
     3      echo "
```

```
 4              _____
 5                      Login-Name:         L
 6                      richtiger Name:     R
 7
 8                      Programmende:       Q
 9
10              _____
11         Gib ein: "
12       read antw
13       case $antw in
14           [qQ])   exit 0;;
15           [lLrR]) break;;
16              *)   echo "\007Nur die Eingaben  L, R und Q erlaubt\n"
17                   eco "Wiederholen Sie bitte Ihre Eingabe";;
18       esac
19    done
20
21    case $antw in
22         [lL]) echo "Zu suchender Login-Name (reg. Ausdruck moeglich) ?"
23               read such
24               feld=1;;
25         [rR]) echo "Zu suchender richtiger Name (reg.Ausdruck moeglich) ?"
26               read such
27               feld=5;;
28    esac
29
30    cat /etc/passwd |
31      while read zeile
32      do
33         gef=`echo $zeile | cut -f$feld -d":" | egrep $such`
34         if [ -n "$gef" ]
35         then
36            loginnam=`echo $zeile | cut -f1 -d":"`
37            richtnam=`echo $zeile | cut -f5 -d":"`
38            homedir=`echo $zeile | cut -f6 -d":"`
39            loginshell=`echo $zeile | cut -f7 -d":"`
40            echo "_____"
41            echo " Login-Name: $loginnam;  richtiger Name: $richtnam"
42            echo " Home Directory: $homedir;  Login-Shell: $loginshell"
43         fi
44      done
$ werist⏎
```

Die Bourne-Shell

```
    Login-Name:         L
    richtiger Name:     R

    Programmende:       Q
```

```
    Gib ein:
1 ⏎
Zu suchender Login-Name (reg. Ausdruck moeglich) ?
ani ⏎

  Login-Name: dani;   richtiger Name: David Niedermeier
  Home Directory: /user1/dani;   Login-Shell: /bin/csh
$
```

Dieser Fehler ist nun behoben. Nun soll einmal getestet werden, wie sich das Shell-Skript bei der Eingabe eines regulären Ausdrucks als Suchbegriff verhält:

`$ werist ⏎`

```
    Login-Name:         L
    richtiger Name:     R

    Programmende:       Q
```

```
    Gib ein:
1 ⏎
Zu suchender Login-Name (reg. Ausdruck moeglich) ?
da* ⏎
$
```

Das scheint also noch nicht zu funktionieren. Es soll nun wieder die Option **-x** verwendet werden, um den Fehler zu lokalisieren:

```
$ sh -x werist ⏎
+ true
+ echo
```

```
    Login-Name:         L
    richtiger Name:     R

    Programmende:       Q
```

Gib ein:

Login–Name:	L
richtiger Name:	R
Programmende:	Q

```
    Gib ein:
1 ⏎
+ read antw
+ break
+ echo Zu suchender Login-Name (reg. Ausdruck moeglich) ?
Zu suchender Login-Name (reg. Ausdruck moeglich) ?
+ read such
da* ⏎
feld=1
+ cat /etc/passwd
+ read zeile
+ echo danko:9eY.31Q6kjTQM:115:1:Daniel Korbmeier:/user1/danko:
+ cut -f1 -d:
+ egrep dateityp datum datv                    [◄──── Fehler liegt hier]
gef=
+ [ -n ]
+ read zeile
+ echo bermu:qmZQCAXwDvCdk:116:1:Bernd Mueller:/user1/bermu:/bin/ksh
+ cut -f1 -d:
+ egrep dateityp datum datv                    [◄──── Fehler liegt hier]
gef=
+ [ -n ]
+ read zeile
+ echo dani:VasIGULd4ze4c:117:1:David Niedermeier:/user1/dani:/bin/csh
+ cut -f1 -d:
+ egrep dateityp datum datv                    [◄──── Fehler liegt hier]
gef=
+ [ -n ]
+ read zeile
+ echo kille:ltvvsLn4TdLDk:118:1:Kilian Lehner:/user1/kille:/bin/sh
+ cut -f1 -d:
+ egrep dateityp datum datv                    [◄──── Fehler liegt hier]
gef=
+ [ -n ]
+ read zeile
$
```

An dieser Ausgabe ist zu erkennen, daß der eingegebene reguläre Ausdruck nicht an **egrep** übergeben wird, sondern für ihn bereits von der Shell Dateinamen-Ex-

Die Bourne-Shell

pandierung durchgeführt wird. Dieses Fehlverhalten kann behoben werden, indem die Variable *$such*, die den regulären Ausdruck enthält, bei der Übergabe an **egrep** in der 33.Zeile mit ".." geklammert wird, um so die Interpretation duch die Shell zu unterbinden:

gef='echo $zeile | cut –f$feld –d":" | egrep "$such"'

Nach dieser Änderung soll nun nochmals ein Versuch unternommen werden:

$ werist⏎

```
    Login–Name:         L
    richtiger Name:     R

    Programmende:       Q
```

```
    Gib ein:
1⏎
Zu suchender Login–Name (reg. Ausdruck moeglich) ?
da*⏎

  Login–Name: danko;  richtiger Name: Daniel Korbmeier
  Home Directory: /user1/danko;  Login–Shell:

  Login–Name: dani;   richtiger Name: David Niedermeier
  Home Directory: /user1/dani;   Login–Shell: /bin/csh
$
```

Diese Ausgabe enthält noch ein kleines Manko: Wenn nämlich kein Eintrag im letzten Feld einer *passwd*-Zeile vorhanden ist[51], so wird auch nichts für die Login-Shell ausgegeben. Besser wäre, wenn in diesem Fall */bin/sh* ausgegeben würde. Dies kann erreicht werden, wenn nach der 39.Zeile in *werist* noch folgende Zeile eingefügt wird:

loginshell=${loginshell:–"/bin/sh"}

Nach dieser Änderung wird das Shell-Skript nochmals mit den gleichen Eingaben getestet:

$ werist⏎

```
    Login–Name:         L
    richtiger Name:     R
    Programmende:       Q
```

---

[51] Login-Shell ist diesem Fall die Bourne-Shell

        Gib ein:
1⏎
Zu suchender Login-Name (reg. Ausdruck moeglich) ?
da*⏎

  Login-Name: danko;   richtiger Name: Daniel Korbmeier
  Home Directory: /user1/danko; Login-Shell: /bin/sh

  Login-Name: dani;   richtiger Name: David Niedermeier
  Home Directory: /user1/dani; Login-Shell: /bin/csh
$

Nun scheint das Shell-Skript *werist* richtig zu sein, oder nicht ?

$ **werist**⏎

          Login-Name: L
          richtiger Name: R

          Programmende: Q

        Gib ein:
w⏎

werist: eco: not found   [◀────── Noch ein Fehler]

Nur die Eingaben L, R und Q erlaubt

          Login-Name: L
          richtiger Name: R

          Programmende: Q

        Gib ein:
1⏎
Zu suchender Login-Name (reg. Ausdruck moeglich) ?
bermu⏎

  Login-Name: bermu;   richtiger Name: Bernd Mueller
  Home Directory: /user1/bermu; Login-Shell: /bin/ksh
$

Die Bourne-Shell 207

Nachdem nun hoffentlich der letzte Fehler in Zeile 17 ausgebessert, nämlich **eco** durch **echo** ersetzt wurde, ergibt sich folgendes Aussehen für das Shell-Skript *werist*:

```
$ cat werist⏎
while true
do
   echo "
         _____
         
         Login-Name:           L
         richtiger Name:       R
         
         Programmende:         Q
         _____
         
   Gib ein: "
   read antw
   case $antw in
        [qQ])    exit 0;;
        [lLrR])  break;;
        *)       echo "\007Nur die Eingaben  L, R und Q erlaubt\n"
                 echo "Wiederholen Sie bitte Ihre Eingabe";;
   esac
done

case $antw in
     [lL])  echo "Zu suchender Login-Name (reg. Ausdruck moeglich) ?"
            read such
            feld=1;;
     [rR])  echo "Zu suchender richtiger Name (reg. Ausdruck moeglich) ?"
            read such
            feld=5;;
esac

cat /etc/passwd |
   while read zeile
   do
      gef=`echo $zeile | cut -f$feld -d":" | egrep "$such"`
      if [ -n "$gef" ]
      then
           loginnam=`echo $zeile | cut -f1 -d":"`
           richtnam=`echo $zeile | cut -f5 -d":"`
           homedir=`echo $zeile | cut -f6 -d":"`
           loginshell=`echo $zeile | cut -f7 -d":"`
           loginshell=${loginshell:-"/bin/sh"}
```

```
            echo "—————————————————————————"
            echo " Login-Name: $loginnam;  richtiger Name: $richtnam"
            echo " Home Directory: $homedir;  Login-Shell: $loginshell"
        fi
   done
$ cp werist ../bin⏎
$
```

An diesem Beispiel ist zu erkennen, daß die Shell sehr wohl Unterstützung bei der Fehlersuche gibt, wobei diese Hilfestellungen natürlich nicht mit dem Komfort und den Möglichkeiten heutiger Debugger verglichen werden können.

4.14 Signalbehandlung in der Shell

Signale wurden bereits im ersten Buch dieser Buchreihe besprochen. Dort wurde die Signalbehandlung innerhalb von C-Programmen vorgestellt. Hier nun wird die Signalbehandlung in der Shell bzw. innerhalb von Shell-Skripts vorgestellt.

4.14.1 Allgemeines zu Signalen

Über ein Signal kann einem Prozeß eine bestimmte Botschaft geschickt werden. Die Ursachen für das Auftreten von Signalen können interner oder externer Natur sein.

Interne Signale treten auf, wenn während der Ausführung eines Prozesses (hier: des Shell-Prozesses) etwas Unplanmäßiges auftritt, wie

1. Ein aufgerufenes Kommando existiert nicht oder ist nicht ausführbar.
2. Fehler bei der Ein-/Ausgabeumlenkung (wie z.B. Eingabeumlenkung auf eine nicht existierende Datei).
3. Ein aufgerufenes Kommando beendet sich abnormal (wie z.B. bei Division durch 0).
4. Ein aufgerufenes Kommando beendet sich korrekt, aber mit einem exit-Status verschieden von 0.
5. Syntaxfehler bei den Programmiersprach-Konstrukten (wie z.B. **while** ohne Angabe von **do**).
6. Fehler beim Aufruf eines built in-Kommandos (wie z.B. **cd** mit nicht existierenden Pfadnamen).

Die voreingestellte Reaktion der Shell auf diese Fehler ist:

1-3. Eine entsprechende Fehlermeldung wird ausgegeben und mit der Bearbeitung des nächsten Kommandos wird fortgefahren.

4. Ohne Fehlermeldung wird mit der Bearbeitung des nächsten Kommandos fortgefahren.

5.-6. Hier ist zu unterscheiden zwischen einem Shell-Skript und einer interaktiven Shell. Eine Shell ist dann interaktiv, wenn sie entweder mit der Option **-i** aufgerufen wurde oder aber ihre Standardeingabe, Standardausgabe und Standardfehlerausgabe auf die Dialogstation eingestellt ist: Bei einer interaktiven Shell wird hier eine entsprechende Fehlermeldung ausgegeben und mit der Bearbeitung des nächsten Kommandos fortgefahren. Tritt einer dieser Fehler in einem Shell-Skript auf, so wird dessen Ausführung beendet.

Ist bei der Ausführung eines Shell-Skripts die Option **-e** gesetzt, so wird dieses Skript immer dann beendet, wenn die Ausführung eines Kommandos einen exit-Status verschieden von 0 liefert.

Externe Signale werden einem Prozeß (Shell-Prozeß) entweder direkt vom Benutzer (wie z.B. beim Drücken der *DEL*- oder *BREAK*-Taste) oder von einem anderen Prozeß (mit der Systemfunktion **kill** bzw. mit dem Kommando **kill**) geschickt.

4.14.2 Signalnummern

Die möglichen Signale sind durch ganzzahlige Nummern gekennzeichnet:

Signalnummer	Beschreibung
0	*terminate*: wird beim Verlassen einer Shell erzeugt.
1	*hangup*: wird beim Beenden einer Verbindung (z.B. Auflegen des Telefonhörers) erzeugt.
2	*intr*: Interrupt-Signal, welches durch Drücken der *DEL*- oder *BREAK*-Taste erzeugt wird.
3 *	*quit*: wird durch Eingabe der Tastenkombination *CTRL-* erzeugt.
4 *	*illegal instruction (not reset when caught)*: wird beim Versuch, einen illegalen Maschinenbefehl auszuführen, erzeugt.
5 *	*trace trap (not reset when caught)*: wird erzeugt, wenn beim Debuggen eines Programms auf einen Haltepunkt (*Breakpoint*) getroffen wird.
6 *	*abort*: wird von der Systemfunktion *abort* erzeugt.

Signalnummer	Beschreibung
7 *	*EMT-instruction*: wird bei der Ausführung eines EMT-Befehls (auf manchen Maschinen ohne Gleitpunkt-Rechnung) erzeugt.
8 *	*floating point exception*: wird beim Auftreten eines Gleitpunktfehlers erzeugt (z.B. Division durch 0).
9	*kill (cannot be caught or ignored)*: bewirkt die sofortige Beendigung eines Prozesses und kann nicht abgefangen werden; wird z.B. beim Aufruf **kill -9** *pid* an den Prozeß mit der Prozeßnummer *pid* geschickt.
10 *	*bus error*: wird bei einem Fehler auf dem Systembus erzeugt (z.B. bei einem unzulässigen Zugriff über einen Zeiger in C).
11 *	*segmentation violation*: wird beim Zugriff auf unerlaubte Adressen erzeugt (z.B. bei Zugriff über ungültige C-Zeiger).
12 *	*bad argument to system call*: wird bei Übergabe eines unerlaubten Arguments an einen Systemaufruf erzeugt.
13	*write on a pipe with no one to read it*: wird beim Schreibversuch in eine gebrochene Pipe erzeugt; dies tritt z.B. auf, wenn ein Leseprozeß aus einer Pipe vorzeitig endet und der Schreibprozeß weiter in die gebrochene Pipe schreibt.
14	*alarm clock*: wird nach Ablauf der durch einen **alarm**-Aufruf vorgegebenen Zeitdauer erzeugt.
15	*software termination signal from kill*: voreingestelltes Signal beim Aufruf des Kommandos **kill**.
16	*user defined signal 1*: freies Signal, welches vom Benutzer definiert werden kann.
17	*user defined signal 2*: freies Signal, welches vom Benutzer definiert werden kann.

Tabelle - Mögliche Signalnummern

Die mit * gekennzeichneten Signale bewirken - wenn sie nicht explizit abgefangen werden - nicht nur die Beendigung des jeweiligen Prozesses, sondern zusätzlich noch einen Speicherabzug; ein solcher Speicherabzug wird auch *core image* genannt und wird in die Datei *core* des working directorys geschrieben.

Allgemein gilt, daß das Eintreffen eines der obigen Signale zum Abbruch des betreffenden Prozesses führt, wenn dieser nicht explizite Vorkehrungen getroffen hat, um ein eingetroffenes Signal abzufangen.

Die Bourne-Shell

Ein Prozeß kann dabei folgende Vorkehrungen zum Abfangen von Signalen[52] treffen:

- Signal ignorieren,
- Aufruf von Kommandos zur Signalbehandlung oder
- wieder die von der Shell voreingestellte Signalbehandlung herstellen.

4.14.3 Signale mit trap abfangen

Das Abfangen von Signalen in einer Shell, insbesondere innerhalb von Shell-Skripts, ist dabei mit dem Kommando **trap** möglich:

```
trap [argument] [signalnummer(n)]
```

Das Kommando **trap** legt die Reaktion der Shell auf asynchron eintreffende Signale fest. Trifft ein Signal ein, dessen Signalnummer in der Liste *signalnummer(n)* angegeben ist, dann führt die Shell die als *argument* angegebenen Kommandos aus und danach setzt sie ihre Ausführung an der Stelle fort[53], an der die durch das Signal bedingte Unterbrechung stattfand.

Als Signalbehandlung ist dabei möglich:

1. Es kann für *argument* eine Liste von Kommandos angegeben werden ('kdoliste'), die bei Eintreffen eines der mit *signalnummer(n)* spezifizierten Signale auszuführen ist.

2. Ignorieren der Signale *signalnummer(n)*, indem für *argument* eine leere Zeichenkette (z.B. "" oder ') angegeben wird.

3. Wird beim Aufruf von **trap** kein *argument* angegeben, so wird für die Signale *signalnummer(n)* wieder die vom System voreingestellte Signalbehandlung festgelegt.

Werden beim Aufruf von **trap** kein *argument* und keine *signalnummer(n)* angegeben, dann gibt **trap** die Signalnummern aus, für die momentan mithilfe eines **trap**-Kommandos eine benutzerspezifische Signalbehandlung eingestellt wurde; zudem gibt es in diesem Fall zu jeder dieser Signalnummern die Kommandos an, die diese Signalbehandlung durchführen.

Beispiele

1. Es ist ein Shell-Skript *brkzaehl* zu erstellen, welches beim Drücken der *BREAK*-oder *DEL*-Taste (Signal 2) sich nicht abbrechen läßt, sondern lediglich ausgibt, wie

---

[52] Bis auf das Signal 9 können alle Signale abgefangen werden.
[53] wenn bei den für *argument* angegebenen Kommandos nicht **exit** vorkommt.

oft bereits diese Taste gedrückt wurde. Dieses Shell-Skript muß dann mit dem Signal 3 (Taste *Ctrl-*) abgebrochen werden:

```
$ cat brkzaehl↵
   # Signalbehandlung fuer intr (Signal 2)
trap ' i=`expr $i + 1`; echo "$i.mal die DEL-Taste gedrueckt" ' 2

   # Signalbehandlung fuer quit (Signal 3)
trap ' echo "$0 wird nun abgebrochen"; exit 1 ' 3

i=0
while true
do
   sleep 1
done
$ chmod u+x brkzaehl↵
$ brkzaehl↵
[DEL]1.mal die DEL-Taste gedrueckt
[DEL]2.mal die DEL-Taste gedrueckt
[DEL]3.mal die DEL-Taste gedrueckt
[DEL]4.mal die DEL-Taste gedrueckt
[DEL]5.mal die DEL-Taste gedrueckt
[Ctrl-\]brkzaehl: 2056 Quit - core dumped
brkzaehl wird nun abgebrochen
$
```

2. Es kommt häufig vor, daß man seinen Bildschirmplatz verlassen muß, um z.B. eine Besprechung zu besuchen. Für diese Zeit möchte man sich nicht unbedingt abmelden. Allerdings sind dann der Bildschirm und damit alle persönlichen Daten für jedermann zugänglich. Für solche Fälle ist es nützlich, ein Shell-Skript *bildsperr* zu besitzen, das den Bildschirm sperrt und nur nach Eingabe eines entsprechenden Paßwortes eine Weiterarbeit zuläßt. Allerdings wäre ein solches Shell-Skript nur wenig wert, wenn es einem fremden Benutzer möglich wäre, es z.B. mit der *BREAK*-Taste abzubrechen:

```
$ pwd↵
/user1/egon/shellueb
$ cat bildsperr↵
   # Festlegen des Passworts
   # ────────────────────────
tput clear    # Bildschirm loeschen

while true
do
   stty -echo    # echo-Fkt. ausschalten, um verdeckte Eingabe zu ermoeglichen
   echo "Bitte Passwort eingeben: \c"
   read passwd1
```

Die Bourne-Shell 213

```
        echo "\nPasswort-Eingabe wiederholen: \c"
        read passwd2
        if [ "$passwd1" != "$passwd2" ]
        then
            echo "\n\n\007Verschiedene Passwort-Eingaben"
            echo "Passwort-Eingabe muss wiederholt werden\n\n"
        else
            break
        fi
done
# Bildschirm bis zur Eingabe des richtigen Passworts sperren
# ─────────────────────────────────────────────────────────
trap '' 1 2 3 15   # Ab jetzt die Signale 1 2 3 15 ignorieren
while true
do
    tput clear      # Bildschirm loeschen
    echo "Passwort: \c"
    read passwd
    echo
    if [ "$passwd" != "$passwd1" ]
    then
        echo "\007Falsches Passwort"
        sleep 2
    else
        stty echo    # echo-Funktion wieder einschalten
        break
    fi
done
$ chmod u+x bildsperr⏎
$ cp bildsperr ../bin⏎
$
```

3. Die bei **trap** als *argument* angegebene Kommandoliste wird zweimal gelesen: das erstemal bei der Ausführung des **trap**-Kommandos und das zweitemal, wenn die Kommandoliste bedingt durch das Eintreffen eines Signals aufgerufen wird. Deshalb empfiehlt es sich, die angegebene Kommandoliste mit '..' zu klammern, um Parametersubstitution, Kommandosubstitution oder Dateinamen-Expandierung beim erstmaligen Lesen auszuschalten:

```
$ cat fang1⏎
x=$HOME/bin
trap "ls $x" 2    [<──── Für $x wird bereits hier /user1/egon/bin eingesetzt]
x="a*"
while true
do
   sleep 1
done
```

```
$ chmod u+x fang1 ⏎
$ fang1 ⏎
[DEL]bildsperr
copy
cpdir
cpzdr
del
gebdat
gruesse
hexa
holedatei
letztlog
suchtext
wartuser
werist
zdrucke
[Ctrl-\]fang1: 2075 Quit - core dumped
$ cat fang2 ⏎
x=$HOME/bin
trap 'ls $x' 2     [<── $x wird hier noch nicht substitutiert, sondern erst beim
                         Aufruf (a*)]
x="a*"
while true
do
   sleep 1
done
$ chmod u+x fang2 ⏎
$ fang2 ⏎
[DEL]abc
abc*
abc2
addiere.c
adress
adresse.txt
ampel1
ampel2
anfang
argaus
argu_pid
ausg
ausgab
[Ctrl-\]fang2: 2837 Quit - core dumped
$
```

4. Bei Programmen, die im Hintergrund gestartet werden, werden zwar die Signale 2 (*intr*) und 3 (*quit*) ignoriert, aber nicht die Signale 1 (*hangup*) und 0

(*terminate*; Verlassen der Shell). Deshalb kann **trap** auch in einer interaktiven Shell verwendet werden, wenn man das Kommando **nohup** nicht verwenden möchte:

```
$ pwd↵
/user1/egon/shellueb
$ ( trap '' 0 1; find / –name werist –print >gefunden 2>/dev/null) &↵
$ exit↵
```

In diesem Fall wird das **find**-Kommando durch das Abmelden nicht abgebrochen. Beim nächsten Anmelden sollte der Pfadname von *werist* in der Datei */user1/egon/shellueb/gefunden* stehen.

5. Sehr oft wird **trap** verwendet, um im Falle des Abbruchs eines Shell-Skripts noch Aufräumarbeiten (*cleanup*) durchzuführen, wie z.B. das Entfernen von temporären Dateien. Das nachfolgende Shell-Skript *psuser* listet alle Prozesse der Benutzer, die auf der Kommandozeile beim Aufruf von *psuser* angegeben sind:

```
$ cat psuser↵
tmp_name=/tmp/psuser.$$
trap 'rm –f $tmp_name 2>/dev/null; exit 1' 0 1 2 3 15    # cleanup

ps –ef >$tmp_name

cat $tmp_name | line
echo "―――――――――――――――"
for user
do
    fgrep "$user" $tmp_name
    echo "―――――――――――――――"
done
$ chmod u+x psuser↵
$ psuser egon root↵
     UID    PID  PPID  C    STIME TTY       TIME COMMAND

    egon    667     1  1 12:18:45 ttyic     0:03 –sh
    egon    722   667  4 12:23:30 ttyic     0:00 –sh
    egon    723   722 14 12:23:30 ttyic     0:00 ps –ef

    root      0     0  0 Jan 11   ?         0:00 sched
    root      1     0  0 Jan 11   ?         0:10 /etc/init
    root      2     0  0 Jan 11   ?         0:00 vhand
    root      3     0  0 Jan 11   ?         0:07 bdflush
    root    122     1  0 10:49:54 console   0:01 /etc/getty console console
    root     74     1  0 10:49:43 ?         0:05 /etc/cron
    root    124     1  0 10:49:57 vt01      0:01 /etc/getty /dev/vt01 vt01
    root    125     1  0 10:49:57 vt02      0:01 /etc/getty /dev/vt02 vt02
    root    126     1  0 10:49:57 ttyia     0:00 /etc/getty ttyia 9600
    root    127     1  0 10:49:57 ttyib     0:00 /etc/getty ttyib 9600
```

```
    root    129    1   0 10:49:58 ttyid     0:00 /etc/getty ttyid 9600
    root    130    1   0 10:49:58 ttyie     0:00 /etc/getty ttyie 9600
    root    131    1   0 10:49:59 ttyif     0:01 /etc/getty ttyif 9600
```

```
$ cp psuser ../bin⏎
$
```

6. Wird **trap** ohne Argumente aufgerufen, so werden alle Signalnummern ausgegeben, für die momentan eine benutzerspezifische Signalbehandlung eingestellt ist; zu jedem abzufangenden Signal werden dabei die Kommandos angegeben, die diese Signalbehandlung durchführen:

```
$ trap 'echo "Ade, $LOGNAME"' 0⏎
$ trap⏎
0: echo "Ade, $LOGNAME"
$ exit⏎
Ade, egon
```

7. Werden die folgenden Zeilen in der Datei *.profile* eingetragen, dann wird bei jedem neuen Anmelden automatisch in das Directory gewechselt, welches das working directory zum Zeitpunkt des letzten Abmeldens war. Zudem wird noch der Zeitpunkt der letzten Abmeldung ausgegeben:

```
trap 'echo "'`pwd` `date`'" >$HOME/.zuletzt' 0
if [ -f $HOME/.zuletzt ]
then*
   read workdir datum <$HOME/.zuletzt
   cd $workdir
   echo "\n**** Letzte Abmeldung war: $datum ****"
fi
```

Hinweis

- Die Liste der möglichen Signalnummern ist systemabhängig und kann üblicherweise in der Datei */usr/include/sys/signal.h* "nachgeschlagen" werden.

- Ist ein leeres Argument bei **trap** angegeben, so werden die entsprechenden Signale ignoriert:

  ```
  trap ''   0 1 2       # Signale 0, 1 und 2 ignorieren
  ```

  Wird ein Signal ignoriert, so ignorieren auch alle Subshells dieses Signal. Wird jedoch eine bestimmte Signalbehandlung (nicht leere Kommandoliste) für ein Signal festgelegt, so wird diese Signalbehandlung nicht an Subshells weiter vererbt; diese behalten dann weiter die voreingestellte Signal-Behandlung:

  ```
  $ trap 'echo "DEL-Taste gedrueckt"' 2⏎
  $ trap ''  3⏎                    [Ignorieren des Signals 3; wird vererbt]
  $ trap ';' 15⏎                   [Nicht-Ignorieren des Signals 15; wird nicht vererbt]
  ```

Die Bourne-Shell 217

```
$ trap⏎
0: echo "'pwd' 'date'" >$HOME/.zuletzt
2: echo "DEL-Taste gedrueckt"
3:
15: ;
$
```

- Der Versuch, das Signal mit der Signalnummer 11 (*segmentation violation*) abzufangen, resultiert in einem Fehler.

- Die Signale 2 (*intr*) und 3 (*quit*) werden für ein Kommando, das im Hintergrund gestartet wird, ignoriert.

4.15 Built in- Kommandos der Bourne-Shell

Die built in-Kommandos sind Teile des Programms sh. Deswegen muß die Shell auch keinen neuen Prozeß starten, um diese ablaufen zu lassen, weswegen diese Kommandos "schneller starten"[54] als die anderen (nicht built in-) Kommandos. Seit System V Release 2 ist für die built in-Kommandos auch Ein- und Ausgabeumlenkung möglich.

Während die meisten dieser Kommandos wichtige Werkzeuge für Shell-Skripts sind, ist es für andere von Wichtigkeit, daß sie in der momentan aktiven Shell und auf keinen Fall in einer Subshell ablaufen[55].

Zunächst werden in diesem Kapitel alle noch nicht behandelten built in-Kommandos ausführlich besprochen, bevor dann am Ende eine Zusammenfassung aller built in-Kommandos der Bourne-Shell gegeben wird.

4.15.1 Das Null-Kommando (:)

Das Null-Kommando : liefert ohne jegliche weitere Aktionen den exit-Status 0 (erfolgreich). Seine Aufrufsyntax ist:

: [*argument(e)*]

Es unterscheidet sich in zwei wesentlichen Punkten vom Kommentar-Kommando

:

1. Obwohl das Null-Kommando selbst keine Aktion ausführt, so wird doch - anders als beim Kommentar-Kommando # - die angegebene Kommandozeile durch die Shell ausgewertet.

---

[54] siehe Kapitel 4.16: Abarbeitung von Kommandozeilen
[55] Ein Kandidat für diese Gruppe ist z.B. das Kommando **cd**.

Beispiel

```
$ # 'echo "Guten Morgen" > frueh'⏎
$ cat frueh⏎
cat: cannot open frueh
$ : 'echo "Guten Morgen" > frueh'⏎
$ cat frueh⏎
Guten Morgen
$
```

Das Null-Kommando ignoriert zwar das durch die Auswertung der angegebenen Argumente gelieferte Ergebnis, kann aber nicht die Auswertung dieser Argumente durch die Shell unterbinden.

2. Beim Null-Kommando wird nicht bedingungslos - wie beim Kommentar-Kommando - der Rest der Kommandozeile ignoriert, sondern nur der Text bis zum nächsten Kommando. Und ein Kommando kann bekanntlich nicht nur mit dem Neuezeile-Zeichen, sondern auch mit einem Semikolon abgeschlossen werden.

Beispiel

```
$ # Ausgabe des working directorys ; pwd⏎
$ : Ausgabe des working directorys ; pwd⏎
/user1/egon/shellueb
$
```

Sehr schön läßt sich auch der Unterschied zwischen den Kommandos # und : beim nachfolgenden Beispiel erkennen:

```
$ # Kommentar- \⏎
$ : Kommentar- \⏎
> zeile⏎
$
```

Während das Kommentar-Kommando # den Rest einer Zeile (einschließlich dem Fortsetzungszeichen) vollständig ignoriert, gilt für den Aufruf des Null-Kommandos das gleiche wie bei anderen UNIX-Kommandos, wo die Metazeichen der Shell ihre Sonderbedeutung behalten; somit bezieht es sich auch nicht bedingunslos auf eine Eingabezeile, sondern auf eine Kommandozeile.

Typische Anwendungen

■ Das Null-Kommando : wird häufig verwendet, um einem Kommando einen Kommentar voranzustellen:

```
$ : Ausgabe des Login-Namens und des work. dir. ;  logname; pwd⏎
egon
/user1/egon/shellueb
$
```

- Das Null-Kommando wird auch oft verwendet, um in Shell-Skripts eine Endlos-Schleife zu realisieren:

```
while :                 # enstpricht der Angabe:   while true
do
   .......
   if bedingung
   then
        break
   fi
   .......
done
```

Da das Null-Kommando als exit-Wert immer 0 liefert, wird die **while**-Bedingung immer erfüllt sein; eine solche Endlos-Schleife wird üblicherweise beim Eintreten einer bestimmten Bedingung mit dem Kommando **break** abgebrochen.

- Mit dem Null-Kommando : kann ein leerer **then**-Zweig in einer **if**-Anweisung realisiert werden:

```
if [ $# -lt 2 ]
then            # nach then muss immer mindestens ein Kommando
    :           # angegeben sein; sonst Syntaxfehler
else
    echo "Hoechstens 2 Argumente erlaubt" >&2
    echo "usage: ...." >&2
    exit 1
fi
```

4.15.2 Argumente als Kommandos ausführen (eval)

Das Kommando **eval** bewirkt, daß eine Kommandozeile zweimal von der Shell gelesen wird, bevor sie diese ausführt. Die Aufrufsyntax des **eval**-Kommandos ist:

eval   [*argument(e)*]

Die Shell liest die bei **eval** angegebenen *argument(e)* und führt diese dann als Kommandos aus. Diese Vorgehensweise bringt es allerdings mit sich, daß die angegebenen *argument(e)* zweimal ausgewertet[56] werden:

- das erstemal beim Lesen der **eval**-Kommandozeile durch die Shell und

- das zweitemal bei der Ausführung des **eval**-Kommandos, welches die einmal ausgewerteten *argument(e)* als eigentliche Kommandozeile interpretiert.

---

[56] d.h. es wird zweimal Parametersubstitution, Kommandosubstitution und Dateinamenexpandierung durchgeführt.

Vergleichbar mit der { }-Klammerung werden die als *argument(e)* angegebenen Kommandos in der momentanen Shell und nicht in einer Subshell ausgeführt.

Beispiele
```
$ ls | wc -l↵
    135
$ eval ls | wc -l↵     [Ausgabe wie oben, da Kdozeile zwar zweimal gelesen wird,]
    135                [aber immer die gleiche bleibt]
$ list=ls↵
$ zaehle='| wc -l'↵
$ $list $zaehle↵                 [ergibt Fehler, da nach einmaligem Lesen nur]
|: No such file or directory    [Parametersubst. stattfand und somit der Inhalt]
wc: No such file or directory   [ von zaehle als Argumente an ls uebergeben wird]
-l: No such file or directory
$ eval $list $zaehle↵
    135
$
```

Beim letzten Aufruf werden die beiden Shell-Variablen *zaehle* und *list* zunächst ausgewertet, so daß folgende Aufrufzeile entsteht:

eval ls | wc -l

Da **eval** ein zweites Lesen der Kommandozeile erzwingt, wird nun die aus der Auswertung der Argumente resultierende Kommandozeile ausgeführt

ls | wc -l

Das zweite Beispiel
```
$ x=3; echo '$x'↵
$x
$ x=3; eval echo '$x'↵          [x=3; eval echo $x —> echo 3]
3
$
```

Das nachfolgende Shell-Skript *letztarg* gibt immer das letzte übergebene Argument aus:

```
$ cat letztarg↵
eval echo \$$#      # \$ notwendig, um erstes $ ueber erste Auswertung zu retten
$ chmod u+x letztarg↵
$ letztarg eins zwei drei vier↵
vier
$ echo b*↵
basisname1 basisname2 baum bildsperr brkzaehl
$ letztarg b*↵
brkzaehl
$
```

Die Bourne-Shell

Das nachfolgende Shell-Skript *lc* listet Dateinamen mit den Optionen **-CF** auf. Wird die Option **-p** beim Aufruf angegeben, so erfolgt die Ausgabe seitenweise (mit **pg**):

```
$ pwd ⏎
/user1/egon/shellueb
$ cat lc ⏎
#   Dateien mit den Optionen -CF auflisten
#
#      usage: lc [-p]
#                   -p   Seitenweise Ausgabe
#
if [ "$1" = "-p" ]
then
    PG=" | /usr/bin/pg"
    shift
else
    PG=""
fi

eval /bin/ls -aCF "$@" $PG
$ chmod u+x lc ⏎
$ lc $HOME/bin ⏎
./              copy*        del*        hexa*          psuser*       werist*
../             cpdir*       gebdat*     holedatei*     suchtext*     zdrucke*
bildsperr*      cpzdr*       gruesse*    letztlog*      wartuser*
$ cp lc ../bin ⏎
$
```

Hinweis

Es dürfen auch mehrere **eval**-Kommandos hintereinander angegeben werden, was zu einer entsprechend geschachtelten Auswertung führt:

Beispiel

Ein Variable *u* enthalte den Text "*$uv*". Die Variable *uv* wiederum enthalte den Text "*$uvw*". Die Variable *uvw* enthalte ihrerseits den Text "*$uvwx*". Die Variable *uvwx* schließlich enthalte den Text "*ls b**". Es soll nun mit einem Aufruf unter Verwendung von *$u* der **ls**-Befehl der Variablen *uvwx* ausgeführt werden:

```
$ u='$uv' ⏎
$ uv='$uvw' ⏎
$ uvw='$uvwx' ⏎
$ uvwx='ls b*' ⏎
$ eval eval eval $u ⏎
basisname1
basisname2
```

```
baum
bildsperr
brkzaehl
$
```

Um die einzelnen Auswertungsschritte nachvollziehen zu können, wird die Option
-x für die Ausführung dieser Kommandozeile gesetzt:

```
$ set -x
$ eval eval eval $u
+ eval eval eval $uv
+ eval eval $uvw
+ eval $uvwx
+ ls basisname1 basisname2 baum bildsperr brkzaehl
basisname1
basisname2
baum
bildsperr
brkzaehl
$ set +x
+ set +x
$
```

Bei einer Zuweisung eines Wertes an eine Shell-Variable wird von der Shell üblicherweise nur auf der rechten Seite des Zuweisungsoperators die Parametersubstitution durchgeführt:

```
$ a=x
$ b=5
$ $a=$b
x=5: not found   [x=5 wird von der Shell als Kommandoname interpretiert]
$
```

Unter Verwendung von **eval** kann die Parametersubstitution auch für die linke Seite einer Zuweisung erreicht werden:

```
$ a=x
$ b=5
$ eval $a=$b
$ echo $x
5
$
```

Prinzipiell kann also **eval** verwendet werden, um eine Art von Zeigervariablen in Shell-Skripts zu verwenden:

```
$ zahl1=1000
$ zahl2=50
$ zgr_zahl=zahl1
```

Die Bourne-Shell

```
$ eval echo \$$zgr_zahl ⏎
1000
$ zgr_zahl=zahl2 ⏎
$ eval echo \$$zgr_zahl ⏎
50
$
```

Typische Anwendung

eval wird meist in Shell-Skripts verwendet, die dynamisch während ihrer Ausführung Kommandozeilen aufbauen.

Beispiel

Es ist ein Shell-Skript *datlaufe* zu erstellen, das zu allen Dateien eines Directorybaums deren Namen ausgibt und dann ein Kommando einliest, das für diese Datei durchzuführen ist. Der Name des Directorybaums ist als Argument anzugeben. Wird kein Argument angegeben, so wird das working directory angenommen:

```
$ cat datlaufe ⏎
laufe() {
  for i in *
  do
      while echo "'pwd'/$i: \c"
            read kdo
      do
         if [ -z "$kdo" ]
         then
            break
         fi
         eval $kdo $i
      done
      if [ -d $i ]
      then
         cd $i
         laufe
         cd ..
      fi
  done
}
dir=${1:-.}
if [ ! -d "$dir" ]
then
   echo "$dir ist kein directory" >&2
   echo "usage: $0 [directory]" >&2
   exit 1
fi
```

```
         cd $dir
         laufe
$ chmod u+x datlaufe⏎
$ datlaufe $HOME/bin⏎
/user1/egon/bin/bildsperr:  ⏎
/user1/egon/bin/copy:   ⏎
/user1/egon/bin/cpdir: file⏎
cpdir:            commands text
/user1/egon/bin/cpdir:  ⏎
/user1/egon/bin/cpzdr: cat⏎
until [ -z "$1" ]
do
   > $HOME/zeildruck/$1.syn    # Anlegen der Synchronisationsdatei
   cp $1 $HOME/zeildruck
   rm $HOME/zeildruck/$1.syn   # Entfernen der Synchronisationsdatei
   shift
done
/user1/egon/bin/cpzdr: ls -l⏎
-rwxr--r--    1 egon      other         196 Dec 13 14:16 cpzdr
/user1/egon/bin/cpzdr:  ⏎
/user1/egon/bin/del: type⏎
del is /user2/egon/bin/del
/user1/egon/bin/del:  ⏎
/user1/egon/bin/gebdat: [DEL]
$ cp datlaufe ../bin⏎
$
```

eval wird auch oft verwendet, um auf den Wert des letzten Positionsparameters zuzugreifen, z.B. mit

eval letztarg='$'{$#}

4.15.3 Überlagern der Shell mit einem Kommando (exec)

Das Kommando **exec** bewirkt, daß das Code-,Daten- und Stacksegment der aktuellen Shell durch ein anderes Programm ersetzt wird. Die Aufrufsyntax für **exec** ist:

exec [*argument(e)*]

Das über die angegebenen *argument(e)* festgelegte Kommando wird anstelle des Shellprogramms ausgeführt, ohne daß hierfür eine Subshell (Sohnprozeß) kreiert wird. Die Shell wird somit durch das über die *argument(e)* spezifizierte Kommando überlagert, was dazu führt, daß mit Beendigung des Kommandos auch die aktuelle Shell beendet wird.

Die Bourne-Shell

Beispiele

`exec date`

Die aktuelle Shell wird durch das Kommando **date** überlagert. Das heißt, daß nach der Ausgabe des Datums die aktuelle Shell beendet wird. Wenn es sich also bei der aktuellen Shell um die Login-Shell handelt, so muß sich der Benutzer danach neu anmelden.

`exec /bin/csh`

Die aktuelle Shell wird durch die C-Shell (*/bin/csh*) überlagert. Das heißt, daß von nun ab in der C-Shell gearbeitet wird, die nicht als eigener Sohnprozeß gestartet wird, sondern die neue interaktive Shell ist. Wenn also die C-Shell (mit **exit**) beendet wird, so ist damit auch diese UNIX-Sitzung beendet, falls es sich dabei um die Login-Shell handelte. Wird diese Zeile in der Datei *.profile* eingetragen, so arbeitet der entsprechende Benutzer nach dem Anmelden immer in der C-Shell, obwohl die Bourne-Shell als Login-Shell für ihn in */etc/passwd* eingetragen ist.

Typische Anwendung

Sind beim **exec**-Aufruf keine *argument(e)* angegeben, sondern nur Umlenkungsanweisungen, so werden diese für die aktuelle Shell ausgewertet:

```
$ exec >sh.out↵
$ ls b*↵
$ exec >/dev/tty↵           [Standardausgabe wieder auf das Terminal legen]
$ cat ls.out↵
basisname1
basisname2
baum
bildsperr
brkzaehl
$
```

Dies kann verwendet werden, um Ausgaben einer interaktiven Shell in einer Datei festzuhalten oder aber Eingaben an eine Shell aus einer Datei lesen zu lassen.

4.15.4 Auswerten der Kommandozeilen-Optionen eines Shell-Skripts (getopts)

Das Kommando **getopts** wird in Shell-Skripts verwendet, um Kommandozeilen zu lesen und die dort angegebenen Optionen auszuwerten. Die Aufrufsyntax für **getopts** ist:

getopts *optstring name* [*argument(e)*][57]

---

[57] Dieses Kommando ist neu ab System V.3

Jedesmal, wenn **getopts** in einem Shell-Skript aufgerufen wird, dann liefert es die nächste Option aus der Kommandozeile und weist diese der Shell-Variablen *name* zu; zudem wird der Index (Positionsparameter-Nummer) des nächsten zu bearbeitenden Arguments in der Shell-Variablen **OPTIND** abgelegt. **OPTIND** ist beim Aufruf des entsprechenden Shell-Skripts zunächst immer auf 1 gesetzt.

Mit *optstring* werden die für das entsprechende Skript zugelassenen Optionen festgelegt. Wenn nach einer Option ein Argument oder eine Argumentengruppe[58] verlangt ist, so sollte nach dieser Option ein Doppelpunkt in *optstring* angegeben werden: so würde z.B. die Angabe **ab:le:** für *optstring* bedeuten, daß **-a**, **-b**, **-l** und **-e** gültige Optionen sind, wobei hinter den beiden Optionen **-b** und **-e** ein weiteres Argument anzugeben ist.

Wenn eine Option, welche ein zusätzliches Argument erfordert, beim Durcharbeiten der Kommandozeile gefunden wird, dann wird das entsprechende Argument der Shell-Variablen **OPTARG** zugewiesen.

Wird eine ungültige Option in der Kommandozeile gefunden, dann wird der Shell-Variablen *name* das Zeichen **?** zugewiesen.

Wenn **getopts** keine weiteren Optionen in einer Kommandozeile findet oder das spezielle Argument -- [59] liest, dann liefert es einen von 0 verschiedenen exit-Status. Diese Konvention bringt es mit sich, daß **getopts** sehr oft als **while**-Bedingung eingesetzt wird.

Normalerweise liest **getopts** den Inhalt der Positionsparameter **$1**, **$2**, ... eines Shell-Skripts. Wenn allerdings beim Aufruf von **getopts** zusätzliche *argument(e)* angegeben wurden, so liest **getopts** diese anstelle von den Positionsparametern.

Beispiele

1. Ein Shell-Skript sei für die Optionen **-a -b -l** ausgelegt, wobei hinter der Option **-b** ein weiteres Argument bzw. eine weitere Argumentengruppe anzugeben ist.

Der folgende Ausschnitt aus diesem Shell-Skript zeigt, wie diese Optionen abgearbeitet werden:

```
........
FEHLMELD="$0: -$option ist nicht erlaubt und wird ignoriert"
OPTIONA=0
OPTIONB=0
OPTIONL=0
while getopts ab:l option
```

---

[58] siehe Hinweise
[59] -- kann in der Kommandozeile angegeben werden, um das Ende der angegebenen Optionen anzuzeigen.

```
do
   case $option in
      a) OPTIONA=1;;
      b) OPTIONB=1; ARGB=$OPTARG;;
      l) OPTIONL=1;;
     \?) echo $FEHLMELD
         exit 2;;
   esac
done
shift 'expr $OPTIND - 1'
```
. . . .

Die **while**-Schleife bewirkt, daß **getopts** solange Optionen verarbeitet, bis es einen exit-Status verschieden von 0 liefert, was eintritt, wenn alle vorgegebenen Optionen verarbeitet sind oder wenn -- gelesen wird.

Die **case**-Anweisung verwendet den Wert von *option*, um festzulegen, welche Anweisungen während jedes Schleifendurchlaufs durchgeführt werden müssen. Die Shell-Variable **OPTIND** wird jedesmal inkrementiert, wenn ein neuer Positionsparameter zur Abarbeitung anfällt, und zeigt so an, wieviele von den vorgegebenen Optionen bereits gelesen wurden. Der Ausdruck

```
shift 'expr $OPTIND - 1'
```

bewirkt, daß das erste Argument, welches keine Option ist, nach **$1**, das nächste nach **$2**, usw. geschoben wird.

Das obige Skript würde z.B. folgende Kommandozeilen akzeptieren:

```
skriptname   -a -l -b "xxx y zz" ...
skriptname   -a -l -b "xxx y zz" -- ...
skriptname   -al -b xxx,y,zz ...
skriptname   -al -b "xxx y zz" ...
skriptname   -b xxx,y,zz -l -a ...
```

Natürlich sind auch Aufrufe erlaubt, bei denen keine oder nicht alle Optionen angegeben sind.

2. Das nachfolgende Shell-Skript *wer* ist eine etwas abgeänderte Version des Kommandos **who**. Es bietet folgende Optionen an:

-i	Informationen zu Benutzern (Login-Name, richtig. Name, home dir.)
-m	mail an alle angemeldeten Benutzer verschicken
-n	nach Namen sortieren
-z	nach Anmeldezeitpunkt sortieren

Die erste Version dieses Shell-Skripts *wer1* wird auf herkömmliche Weise (ohne Verwendung von **getopts**) erstellt:

```
$ cat wer1⏎
postsend() {
   tmp_name="/tmp/wer.$$"
   > $tmp_name      # Anlegen der leeren Datei $tmp_name
   echo "Welche Nachricht ist zu senden (Abschluss mit Ctrl-d):"
   cat </dev/tty >>$tmp_name     # Einlesen des mail-Textes
   who |
    eval $SORTIER |
     cut -d' ' -f1 |
      while read name
      do
          echo "\nmail an $name (j/n): \c"
          antw=`line </dev/tty`
          if [ "$antw" = "j" -o "$antw" = "J" ]
          then
              mail $name < $tmp_name
          fi
      done
      rm -f $tmp_name
}

ANZEIGE="normal"
SORTIER="sort"

for i
do
   case $i in
     -i) ANZEIGE="info";;
     -m) ANZEIGE="post";;
     -n) SORTIER="sort";;
     -z) SORTIER="sort -b +2";;
      *) echo "$0: unerlaubte Option $i" >&2
         echo "usage: $0 [-i] [-m] [-n] [-z]" >&2
         echo "           -i    Infos aus /etc/passwd" >&2
         echo "           -m    mail an alle angemeldeten Benutzer" >&2
         echo "           -n    nach Namen sortieren" >&2
         echo "           -z    nach Anmeldezeitpunkt sortieren" >&2
         exit 1;;
   esac
done

case $ANZEIGE in
   normal) eval who | $SORTIER;;
     info) for nam in `who | $SORTIER | cut -d" " -f1`
```

Die Bourne-Shell

```
            do
                zeile=`grep "^\$nam:" /etc/passwd`
                loginnam=`echo $zeile | cut -d":" -f1`
                richtnam=`echo $zeile | cut -d":" -f5`
                homedir=`echo $zeile | cut -d":" -f6`
                echo "$loginnam     ($richtnam; $homedir)"
            done;;
      post) postsend;;
esac
$ chmod u+x wer1 ⏎
$
```

Der Nachteil dieser Realisierung ist allerdings, daß alle Optionen einzelnen anzugeben sind, wie z.B.

wer1 −i −z

Eine Zusammenfassung der Optionen beim Aufruf von *wer1* wäre nicht möglich[60]:

```
$ wer1 -iz ⏎
wer1: unerlaubte Option -iz
usage: wer1 [-i] [-m] [-n] [-z]
        -i    Infos aus /etc/passwd
        -m    mail an alle angemeldeten Benutzer
        -n    nach Namen sortieren
        -z    nach Anmeldezeitpunkt sortieren
$
```

Dieser Nachteil wird mit der Verwendung von **getopts** in der zweiten Version *wer* beseitigt:

```
$ cat wer ⏎
postsend() {
    :
    :
}

ANZEIGE="normal"
SORTIER="sort"

while getopts imnz opt
do
    case $opt in
        i) ANZEIGE="info";;
        m) ANZEIGE="post";;
        n) SORTIER="sort";;
        z) SORTIER="sort -b +2";;
```

---

[60] Dies könnte zwar auch realisiert werden, wäre aber wesentlich umständlicher als bei **getopts**.

```
        \?) echo "usage: $0 [-i] [-m] [-n] [-z]" >&2
            echo "        -i    Infos aus /etc/passwd" >&2
            echo "        -m    mail an alle angemeldeten Benutzer" >&2
            echo "        -n    nach Namen sortieren" >&2
            echo "        -z    nach Anmeldezeitpunkt sortieren" >&2
            exit 1;;
    esac
done

case $ANZEIGE in
    normal) eval who | $SORTIER;;
      info) for nam in 'who | $SORTIER | cut -d" " -f1'
            do
                zeile='grep "^\$nam:" /etc/passwd'
                loginnam='echo $zeile | cut -d":" -f1'
                richtnam='echo $zeile | cut -d":" -f5'
                homedir='echo $zeile | cut -d":" -f6'
                echo "$loginnam    ($richtnam; $homedir)"
            done;;
      post) postsend;;
esac
$ chmod u+x wer⏎
$ cp wer ../bin⏎
$
```

3. Das nachfolgende Shell-Skript *erinner* ermöglicht es, einen Text nach einer bestimmten Zeit an ein Terminal schicken zu lassen. Voreinstellung ist das Terminal, an dem *erinner* aufgerufen wird. Ist ein anderes Terminal erwünscht, so muß der Name dieses Terminals als letztes Argument angegeben werden. Der zu schickende Text kann dabei auf der Kommandozeile (**-t** *text*) oder aber interaktiv eingegeben werden. Zudem kann über die Optionen angegeben werden, ob der Text in Banner-Form (**-b**) zu schicken ist und nach wieviel Minuten (**-m** *minuten*) er zu senden ist. Die Option **-h** ermöglicht es, usage-Information zu diesem Shell-Skript *erinner* ausgeben zu lassen:

```
$ cat erinner⏎
#   erinner    Version  v1.0   (7.1.1991)
#                erinnert den Benutzer nach einer bestimmten Zeit
#
#      Syntax:  erinner [-m minuten] [-t text] [-b] [-h] [Terminalname]
#               -m minuten    Erinnerung nach minuten (Voreinst.: 10 Minuten)
#               -t text       Erinnerungstext (Voreinst.: Text einlesen)
#               -b            Erinnerungstext in Banner-Form ausgeben
#               -h            nur usage-Info ausgeben
#               Terminalname  Erinnerung an Terminalname ausgeben
#                             (Voreinst.: Terminal, an dem aufgerufen)
#
```

```
#       Autor: Egon ...
#

usage() {
   echo "usage: $0 [-m minuten] [-t text] [-b] [-h] [Terminalname]
                -m minuten   Erinnerung nach minuten (Voreinst.: 10 Minuten)
                -t text      Erinnerungstext (Voreinst.: Text einlesen)
                -b           Erinnerungstext in Banner-Form ausgeben
                -h           nur usage-Info ausgeben
                Terminalname Erinnerung an Terminalname ausgeben
                             (Voreinst.: Terminal, an dem aufgerufen)" >&2
}

kdo="echo"

while getopts m:t:bh opt
do
   case $opt in
      m) MIN="$OPTARG";;
      t) TEXT="$OPTARG";;
      b) kdo="banner";;
      h) usage
         exit 0;;
     \?) usage
         exit 1;;
   esac
done
shift 'expr $OPTIND - 1'

TTY=${1:-"tty"}
if [ ! -c "/dev/$TTY" ]
then
   echo "Fehler: Terminal \"/dev/$TTY\" existiert nicht" >&2
   exit 2
fi

MIN=${MIN:-"10"}
if [ -z "$TEXT" ]
then
   echo "Gib Erinnerungstext ein (max. eine Zeile) ein: \c" >&2
   read TEXT
fi

echo "Text \"$TEXT\" wird in $MIN Min. an Terminal /dev/$TTY geschickt" >&2

{ sleep 'expr $MIN \* 60';  eval $kdo "$TEXT" >/dev/$TTY; } &
```

```
$ chmod u+x erinner⏎
$ erinner -b -t "Besprechung nicht vergessen" -b -m 5 tty12⏎
Text "Besprechung nicht vergessen" wird in 5 Min. an /dev/tty12 geschickt
$ cp erinner ../bin⏎
$
```

Hinweis

Mit System V Release 3 wurden gewisse Syntaxregeln aufgestellt, die alle neu hinzukommenden Kommandos einhalten müssen. Die von System V.3 vorgegebenen Regeln werden zwar nicht von allen zur Zeit verfügbaren UNIX-Kommandos eingehalten, aber alle neu hinzukommenden Kommandos werden diesen vorgegebenen Regeln folgen. Diese 13 Syntaxregeln[61] sind:

1. Kommandonamen müssen zwischen 2 und 9 Zeichen lang sein.

2. Kommandonamen dürfen nur Kleinbuchstaben[62] und Ziffern enthalten.

3. Optionen müssen immer genau ein Zeichen lang sein.

4. Allen Optionen muß ein - (Minuszeichen) vorangestellt werden.

5. Optionen ohne Argumente können hinter einem - (Minuszeichen) gruppiert angegeben werden.

6. Das erste Argument zu einer Option muß mit Leer- und/oder Tabulatorzeichen von der Option getrennt angegeben werden (z.B. ist **-o** *datei* erlaubt, aber nicht **-o***datei*).

7. Argumente zu Optionen dürfen nicht optional sein.

8. Argumente in einer Argumentgruppe zu einer Option müssen

   - entweder durch Kommas (z.B. **-o** *xxx,z,yy*)
   - oder mit Leer- und/oder Tabulatorzeichen voneinander getrennt sein; in diesem Fall ist Quoting zu verwenden (z.B. **-o** *"xxx z yy"*)

9. Alle Optionen müssen vor anderen eventuell auf der Kommandozeile vorhandenen Argumenten angegeben sein.

10. (doppeltes Minuszeichen) -- kann verwendet werden, um das Ende der Optionen-Angabe explizit anzuzeigen.

11. Der relativen Reihenfolge der Angabe von Optionen zueinander sollte keinerlei Bedeutung zugemessen werden.

---

[61] Die Regeln 3-10 beziehen sich auf die Optionen
[62] keine Umlaute oder ß

Die Bourne-Shell

12. Der relativen Reihenfolge der Angabe von anderen Argumenten kann sehr wohl vom jeweiligen Kommando eine Bedeutung zugemessen werden.
13. (Minuszeichen) - alleine mit voranstehenden bzw. nachfolgenden Leer- und/ oder Tabulatorzeichen sollte nur verwendet werden, um damit die Standardeingabe zu spezifizieren.

Aus Konsistenzgründen sollte sich jeder Benutzer bei der Entwicklung eigener Kommandos oder Shell-Skripts an diese Konventionen halten.

- Das explizite Verändern der Shell-Variablen **OPTIND** kann zu unvorhersehbaren Ergebnissen führen.
- Das Kommando **getopts** ist ein neues Kommando seit System V.3. Frühere UNIX-Versionen bieten das vergleichbare Kommando **getopt** an, welches zwar auch noch in System V.3 angeboten wird, aber sehr wahrscheinlich in zukünftigen UNIX-Freigaben entfernt wird.
- Der von der Shell-Variablen **OPTIND** bereitgestellte Index bezieht sich auf die Positionsparameter und nicht auf die Anzahl von bisher gelesenen Optionen.

Beispiel
```
(1)  mll -a -l -x datei
(2)  mll -al -x datei
```
Nachdem bei (1) die Option **-a** verarbeitet wurde, wird **OPTIND** auf 2 gesetzt, da sich die nächste Option **-l** in **$2** befindet.   Nachdem allerdings bei (2) **-a** verarbeitet wurde, wird **OPTIND** auf 1 gesetzt, da sich die nächste Option **-l** immer noch in **$1** befindet.

4.15.5 Das hashing-Verfahren der Shell (hash)

Wird ein Kommando (nur unter Angabe des eigentlichen Kommandonamens[63]) aufgerufen, das kein built in-Kommando und keine definierte Funktion der Shell ist, so werden die in **PATH** angegebenen Directories benutzt, um nach diesem Kommando zu suchen. Um diesen zeitaufwendigen Suchvorgang bei einem erneuten Aufruf dieses Kommandos zu vermeiden, unterhält die Shell eine sogenannte hashing-Tabelle, in welcher für jedes aufgerufene Kommando, das kein built in-Kommando und keine definierte Funktion ist, dessen Pfadname festgehalten wird. Der Inhalt dieser internen hashing-Tabelle kann nun mit dem Kommando **hash** abgefragt oder aber auch verändert werden. Die Aufrufsyntax des Kommandos **hash** ist:

hash   [-r]   [*name(n)*]

---

[63] ohne Pfadspezifikationen, d.h. ohne Verwendung des / bei Angabe des Kommandonamens.

Wird **hash** ohne Argumente aufgerufen, so werden alle momentan gemerkten Kommandos aus der hashing-Tabelle mit ihren zugehörigen Pfadnamen ausgegeben.

Bei der Ausgabe des **hash**-Kommandos werden drei Spalten ausgegeben:

- *hits* gibt an, wie oft ein entsprechendes Kommando aufgerufen wurde.
- *cost* ist ein Maß für den Aufwand, der notwendig war, um ein Kommando über die Suchpfade in **PATH** zu finden.
- *command* gibt den Pfadnamen des entsprechenden Kommandos an.

Falls *name(n)*[64] beim Aufruf von **hash** angegeben werden, dann werden diese, ohne daß sie ausgeführt werden, in dieser Tabelle eingetragen. Oft wird diese Aufrufform in der Datei *.profile* verwendet, um häufig verwendete Kommandos bereits beim Anmelden (über die **PATH**-Directories) suchen und in diese hashing-Tabelle eintragen zu lassen. So wird bei einem späteren Aufruf der entsprechenden Kommandos auch das erstmalige Suchen über die **PATH**-Variable unterbunden.

Wenn die Option **-r** (*remove*) angegeben wird, dann wird diese shell-interne Tabelle vollständig geleert. Dies ist v.a.D. dann notwendig, wenn ein Kommando seine Position geändert hat, oder wenn ein erneutes Suchen erwünscht ist, z.B. wenn ein neues Kommando mit gleichem Namen in einem weiter vorne stehenden **PATH**-Directory eingerichtet wurde.

Beispiele

```
$ hash⏎
hits host command          [Einträge sind durch die Aufrufe der entsprechenden]
3    2    /usr/bin/at      [Kommandos bzw. Shell-Skripts in .profile bedingt]
2    3    /user1/egon/bin/letztlog
1    2    /usr/bin/tput
1    3    /user1/egon/bin/gruesse
$ pwd⏎
/user1/egon/shellueb
$ PATH=:/bin:/usr/bin⏎        [Neues Setzen der PATH-Variablen]
$ hash⏎
hits cost command         [Neues Setzen von PATH bewirkte das Leeren der hash-Tabelle]
$ wc -l gruesse⏎
     15 gruesse
$ cd ../bin⏎
$ cat wc⏎
echo "Ich bin ein Trojanisches Pferdchen"
echo "nun wird das wirkliche wc aufgerufen"
/bin/wc $@
```

---

[64] Namen von Kommandos

```
$ chmod u+x wc⏎
$ wc -l gruesse⏎        [wegen Eintrag in hash-Tabelle wird /bin/wc aufgerufen]
     15 gruesse
$ hash⏎
hits cost command
1*    2    /bin/cat
1*    3    /bin/wc
$ hash -r⏎
$ wc -l gruesse⏎ [Löschen der hash-Tabelle wird wc des work. dir. gefunden]
Ich bin ein Trojanisches Pferdchen
nun wird das wirkliche wc aufgerufen
     15 gruesse
$ hash⏎
hits cost command
1*    1    wc
$ rm -f wc⏎
$ cd ../shellueb⏎
$ wc -l gruesse⏎ [kein wc in work. dir. - neue Suche und Finden von /bin/wc]
     15 gruesse
$ hash⏎
hits cost command
1*    3    /bin/wc
$
```

4.15.6 Setzen von Optionen für die aktuelle Shell (set)

Es ist möglich, während des Arbeitens in einer Shell, neue Optionen ein- bzw. auszuschalten; dazu steht das Kommando **set** zur Verfügung. Die Aufrufsyntax ist:

set [*optionen* [*argument(e)*]]

Das Kommando **set** kann recht vielseitig verwendet werden:

1. Wird **set** ohne Angabe von *optionen* oder *argument(e)* aufgerufen, dann zeigt es die Namen und Werte aller momentan definierten Shellvariablen und die Namen und Definitionen aller gerade definierten Funktionen an.

2. Wird **set** mit Angabe von *argument(e)* aufgerufen, so weist es diese Argumente[65] der Reihe nach den Positionsparametern $1, $2 usw. zu.

3. **set** kann auch verwendet werden, um Optionen zu setzen oder wieder zu löschen, welche das Verhalten der gerade aktiven Shell beeinflussen. Die unten genannten Optionen können auch nur für die Ausführungsdauer eines Shell-Skripts gesetzt werden; dazu müßten die gewünschten Optionen mit **set** innerhalb des Shell-Skripts gesetzt werden.

---

[65] Angegebene Optionen zählen dabei nicht als Argumente.

Optionen

Bei den nachfolgend vorgestellten Optionen gilt:

- Vorangestelltes - (Minuszeichen) schaltet die entsprechende Option ein.
- Vorangestelltes + (Pluszeichen) schaltet die entsprechende Option aus.

set kennt folgende Optionen

Optionen	Bedeutung
-a	markiert die Shell-Variablen, die verändert oder neu angelegt werden, für den Export[66].
-e	(_exit_) bewirkt, daß ein Shell-Skript sofort beendet wird, wenn ein Kommando einen exit-Status verschieden von 0 (nicht erfolgreich) liefert.
-f	(_filename expansion_) schaltet die Dateinamen-Expandierung aus: Die Metazeichen * ? [werden als einfache Zeichen ohne Sonderbedeutung behandelt.
-h	(_hash_) bewirkt, daß Kommandos innerhalb einer Funktion schon bei der Definition und nicht erst bei der Ausführung der Funktion lokalisiert und in der hashing-Tabelle[67] hinterlegt werden.
-k	(_keywords_) bewirkt, daß **alle** Shell-Variablen an die Umgebung (_environment_) eines Kommandos übergeben werden. Normalerweise werden Shell-Variablen nur dann an aufgerufene Kommandos übergeben, wenn sie beim Aufruf vor dem Kommandonamen angegeben sind[68].
-n	(_no execution_) Kommandos werden nur gelesen und auf Syntaxfehler untersucht, aber nicht ausgeführt.
-t	(_terminate_) Nach dem Lesen und der Ausführung eines Kommandos wird die entsprechende Shell beendet.
-u	(_unset_) Ein Zugriff auf nicht gesetzte Shell-Variablen bewirkt einen Fehler. Ohne diese Option setzt die Shell üblicherweise die leere Zeichenkette für eine solche Variable ein.

---

[66] siehe built in-Kommando **export** oder Kapitel 4.6.4 (Gültigkeitsbereiche von Variablen).
[67] siehe built in-Kommando **hash** in Kapitel 4.15.5.
[68] siehe Kapitel 4.6.4 (Gültigkeitsbereiche von Variablen).

Die Bourne-Shell

Optionen	Bedeutung
-v	(*verbose*) bewirkt, daß alle Shell-Eingabezeilen - so wie sie gelesen werden - ausgegeben werden. Erst nach dieser Ausgabe wird das entsprechende Kommando ausgeführt.
-x	(*execute*) bewirkt, daß alle Kommandos und ihre Argumente - so wie sie wirklich von der Shell ausgeführt werden - ausgegeben werden; d.h. daß bei dieser Ausgabe bereits die Parametersubstitution, die Kommandosubstitution und die Dateinamen-Expandierung stattgefunden hat.
--	(doppeltes Minuszeichen) hat keine Auswirkung auf die Optionen; ist nützlich, um **$1** auf - zu setzen(**set -- -**).

Wie oben bereits erwähnt, kann eine Option ausgeschaltet werden, wenn anstelle eines Minuszeichens - ein Pluszeichen + vorangestellt wird.

Der automatische Parameter $- enthält die gesetzten Optionen für die momentan aktive Shell. Mit dem Aufruf

echo $-

können diese gerade gesetzten Optionen ausgegeben werden.

Beispiele
```
$ ls abc*↵
abc
abc*
abc2
$ set -f↵
$ ls abc*↵
abc*
$ echo $-↵
sf                      [Option -s wird in Kapitel 4.17 vorgestellt]
$ set +f↵
$ set *↵
$ echo $1↵
abc
$ set - *↵
$ echo $1↵
abc
$ ls xyz*↵
xyz: No such file or directory
```

```
$ set 'ls xyz* 2>/dev/null'⏎
  :
  [Ausgabe aller momentan definierten Shell-Variablen und -Funktionen]
  :
$ set - 'ls xyz* 2>/dev/null'⏎      [Keine Ausgabe69]
$ set - *⏎
$ echo $1⏎
abc
$
```

Der vorletzte Aufruf

```
set - *
```

zeigt, daß bei Angabe von - (Minuszeichen) der Positionsparameter **$1** nicht auf -, sondern auf das erste "echte" Argument gesetzt wird; in diesem Fall ist dies der erste Name des working directorys. Die Angabe von - stellt zusätzlich sicher, daß diese Zuweisung auch dann erfolgreich verläuft, wenn der erste Dateiname mit - beginnen würde.

4.15.7 Die built in-Kommandos readonly, times und ulimit

Die drei letzten bisher noch nicht besprochenen built in-Kommandos sind **readonly**, **times** und **ulimit**:

readonly

Das Kommando **readonly** ermöglicht es, Shell-Variablen als "nur lesbar" zu kennzeichnen. Die Aufrufsyntax von **readonly** ist:

readonly [*variable(n)*]

readonly markiert die angegebenen *variable(n)* als "nur lesbar", was bedeutet, daß die Inhalte dieser *variable(n)* danach nicht mehr verändert werden können. Dieses Kommando kann also verwendet werden, um benamte Shell-Konstanten einzuführen. Wird **readonly** ohne Angabe von *variable(n)* aufgerufen, so werden alle Shell-Variablen ausgegeben, die momentan als "nur lesbar" markiert sind.

Die angegebenen *variable(n)* können zum Zeitpunkt des Aufrufs von **readonly** bereits definiert sein oder aber auch erst später mit einer Zuweisung definiert werden.

---

[69] Diese Aufrufform kann in Anwendungsfällen wie z.B. beim Shell-Skript *zdrucke* in Kapitel 4.12.4 genutzt werden, wo ein Aufruf von **set** mit einer leeren Argumentenliste die Ausgabe aller definierten Variablen und Funktionen unterbinden soll.

Die Bourne-Shell 239

times

Das Kommando **times**[70] zeigt die bisher verbrauchte CPU-Zeit der momentan aktiven Shell an; es werden dabei zwei Zeiten ausgegeben:

1. Zeit   (user) gebrauchte CPU-Zeit im Benutzermodus
2. Zeit   (sys) gebrauchte CPU-Zeit im Systemmodus (z.B. bei der Ausführung von Systemroutinen)

Beispiele
```
$ times ⏎
0m1s 0m8s
$ sh ⏎
$ times ⏎
0m0s 0m0s
$ exit ⏎
$ { find / -name "*.c" -print | wc -l; times; } ⏎
   1263
0m1s 0m9s
$
```

ulimit

Das Kommando **ulimit** legt ein Limit für die maximale Größe (*n* Blöcke) von Dateien fest, welche von der aktuellen Shell oder ihren Sohnprozeßen erstellt werden dürfen[71]. Die Aufrufsyntax für **ulimit** ist:

ulimit   [*n*]

Wenn *n* nicht angegeben ist, so wird das momentan festgelegte Limit ausgegeben. Jeder Benutzer kann sein ihm zugestandenes Limit heruntersetzen. Erhöhen dieses Limits ist allerdings nur dem Superuser vorbehalten.

4.15.8 Zusammenfassung der built in-Kommandos

Hier werden nun alle built in-Kommandos nochmals zusammengefasst. Dabei wird jeweils eine kurze Beschreibung gegeben. Eine ausführliche Beschreibung der built in-Kommandos kann im Anhang nachgeschlagen werden, wo zu allen hier behandelten Kommandos nochmals eine alphabetisch geordnete Liste angegeben ist.

Die Bourne-Shell verfügt über folgende built in-Kommandos:

---

[70] **times** verfügt über keinerlei Argumente.
[71] Für zu lesende Dateien gibt es keine Größenbegrenzung.

Kommando	Wirkung
#	Kommentar-Kommando
: [*argument(e)*]	Null-Kommando
. *kdodatei*	Punkt-Kommando: liest die Kommandos in *kdodatei* und führt sie in der aktuellen Shell aus.
break [*n*]	Verlassen einer bzw. von n umschließenden **for**-, **while**- bzw. **until**-Schleifen:
cd [*directory*]	Wechseln in ein anderes working directory
continue [*n*]	Abbrechen eines bzw. von n **for**-, **while**- bzw. **until**-Schleifendurchläufen:
echo [*argument(e)*]	Ausgeben von Text
eval [*argument(e)*]	Ausführen der *argument(e)* als Kommandos
exec [*argument(e)*]	Überlagern der Shell mit einem Kommando
exit [*n*]	Beenden der momentan aktiven Shell
export [*variable(n)*]	Exportieren von Shell-Variablen
getopts *optstring name* [*argument(e)*]	Auswerten der Optionen in einem Shell-Skript
hash [**-r**] [*name(n)*]	Abfragen bzw. Ändern der shell-internen hashing-Tabelle
newgrp [**-**] [*gruppenname*]	Kurzzeitiges Wechseln der Gruppenzugehörigkeit
pwd	Ausgeben des working directorys
read [*variable(n)*]	Lesen einer Eingabezeile von der Standardeingabe
readonly [*variable(n)*]	Shell-Variablen als "nur lesbar" kennzeichnen
return [*n*]	Verlassen einer Funktion
set [**--aefhkntuvx** [*argument(e)*]]	Setzen von Optionen für die aktuelle Shell bzw. Zuweisen von Werten an die Positionsparameter.
shift [*n*]	Verschieben der Werte von Positionsparametern

Kommando	Wirkung
test [*ausdr*]	Auswerten des Ausdrucks *ausdr* Anstelle von **test** *ausdr* kann auch **[** *ausdr* **]** angegeben werden.
times	Anzeigen der bisher von der aktuellen Shell verbrauchten CPU-Zeit.
trap [*argument*] [*signalnummer(n)*]	Installieren bzw. Auflisten von Signalhandlern
type [*kdo_name(n)*]	Anzeigen, welches Programm bei Kommando-Aufruf ausgeführt wird
ulimit [*n*]	Festlegen einer maximalen Größe für Dateien
umask [*3-stellige-oktalzahl*]	Setzen bzw. Ausgeben der Dateikreierungs-Maske
unset [*name(n)*]	Entfernen von Shell-Variablen oder Shell-Funktionen
wait [*n*]	Warten auf die Beendigung von Subshells (Sohnprozessen)

4.16 Abarbeitung von Kommandozeilen

Die Shell arbeitet Kommandozeilen in folgender Reihenfolge ab:

1. Entfernen aller *Neuezeile-Zeichen*.

2. Parametersubstitution und Auswerten von Variablenzuweisungen.

3. Kommandosubstitution.

4 Zerlegen der (aus den ersten 3 Schritten entstandenen) Kommandozeile in einzelne Worte.

Die Trennzeichen für die einzelnen Worte sind dabei in der Shell-Variablen **IFS** definiert. Während eine mit "" bzw. " geklammerte leere Zeichenkette als ein eigenes Wort interpretiert wird, gilt dies nicht für leere Zeichenketten, die ungeklammert sind.

Beispiel

```
$ cat argausg⏎
echo "Die Parameterzahl ist $#"
echo "Inhalt von \$1 ist [$1]"
echo "Inhalt von \$2 ist [$2]"
echo "Inhalt von \$3 ist [$3]"
echo "Inhalt von \$4 ist [$4]"
$ chmod u+x argausg⏎
$ LEER=⏎
$ argausg "Leere Argumente" '' "" "$LEER"⏎
Die Parameterzahl ist 4
Inhalt von $1 ist [Leere Argumente]
Inhalt von $2 ist []
Inhalt von $3 ist []
Inhalt von $4 ist []
$ argausg "Leere Argumente" $LEER    ⏎
Die Parameterzahl ist 1
Inhalt von $1 ist [Leere Argumente]
Inhalt von $2 ist []
Inhalt von $3 ist []
Inhalt von $4 ist []
$
```

5. Auswerten der Ein-/Ausgabe-Umlenkungsangaben.

6. Expandierung von Dateinamen[72].

Hierbei wird jedes einzelne Wort nach den Zeichen ***** **?** und **[** durchsucht. Wenn eines dieser Zeichen in einem Wort gefunden wird, dann wird dieses Wort als *pattern* betrachtet, welches eine Vielzahl von Dateinamen abdecken kann. Jedes in der Kommandozeile gefundene pattern wird dann von der Shell expandiert, d.h. durch alle Dateinamen ersetzt[73], die es abdeckt. Wenn kein Dateiname gefunden werden kann, den ein vorgegebenes pattern abdeckt, so wird das entsprechende pattern nicht expandiert und bleibt somit unverändert. Zur Expandierung stehen folgende Metazeichen zur Verfügung:

---

[72] wurde ausführlich in Kapitel 4.7 beschrieben.
[73] alphabetisch sortiert

Die Bourne-Shell

Metazeichen	Bedeutung
*	eine beliebige Zeichenfolge
?	ein beliebiges einzelnes Zeichen
[..]	eines der in [..] angegebenen Zeichen
[!..]	ein Zeichen, welches nicht in [!..] angegeben ist

7. Shell lokalisiert entsprechendes Kommando und führt es aus.

Die Lokalisierung des entsprechenden Kommandos läßt sich durch den nachfolgenden Programmablaufplan veranschaulichen:

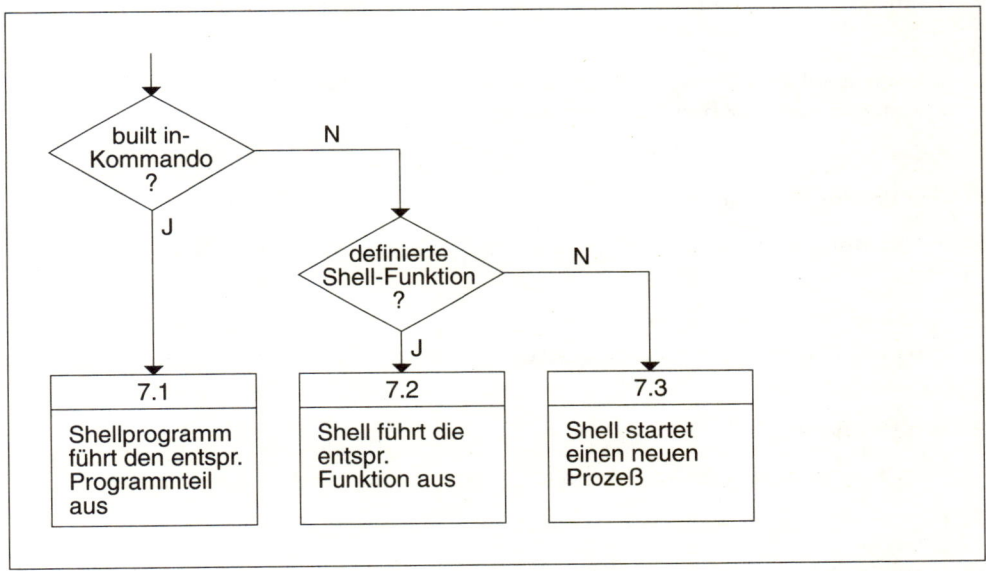

Bild 4.22 - *Lokalisieren und Ausführen eines Kommandos*

7.1 Shellprogramm führt den entsprechenden Programmteil aus:

Das Shellprogramm **sh** verzweigt zu dem entsprechenden Programmteil, der dieses Kommando realisiert, und führt ihn aus. Wichtig ist, daß hierbei keine neue Subshell gestartet wird, da das entsprechende "Kommando" vom aktuellen Shellprozeß selbst ausgeführt wird.

Anmerkung: Der obige Ablaufplan verdeutlicht nochmals, warum built in-Kommandos niemals durch Funktionsdefinitionen ersetzt werden können.

7.2 Shell führt die entsprechende Funktion aus:

Die durch die entsprechende Funktion definierten Kommandos werden ausgeführt, wobei innerhalb der Funktion auf eventuell angegebene Funktionsargumente über die Positionsparameter **$1**, **$2**, ... zugegriffen werden kann.

7.3 Shell startet einen neuen Prozeß:

Dazu muß zuerst die entsprechende Programmdatei lokalisiert werden, welche das betreffende Kommando enthält. Für diesen Suchprozeß werden 3 Möglichkeiten unterschieden:

1. Kommando ist als absoluter Pfadname (erstes Zeichen ist ein Slash /) angegeben:

   Dieser absolute Pfadname zeigt bereits auf die entsprechende Programmdatei, die zu starten ist; z.B. würde der Aufruf

   /bin/who

   das Programm **who** im Directory **/bin** starten.

2. Kommando ist als relativer Pfadname angegeben, in dem mindestens ein Slash / vorkommt:

   Ausgehend vom working directory wird über "Auf- und Absteigen im Directorybaum" die entsprechende Datei lokalisiert, die zu starten ist; z.B. würde der Aufruf

   ../bin/psuser

   das Programm **psuser** im Subdirectory **bin** des parent directorys starten.

3. Kommando ist als einfacher Dateiname ohne einen Slash / angegeben:

Es wird in den Directories, welche in der Shellvariablen **PATH** vorgegeben sind, nach dem angegebenen Dateinamen gesucht[74].

Sobald in einem der durch **PATH** vorgegebenen Directories ein passender Dateiname gefunden werden konnte, wird die Suche abgebrochen.

Ist die gefundene Datei ausführbar und enthält ausführbaren Maschinencode, dann wird diese Programmdatei unverzüglich gestartet.

Ist diese Datei zwar ausführbar, aber enthält keinen ausführbaren Maschinencode, so wird angenommen, daß es sich hierbei um ein Shell-Skript handelt; in diesem

---

[74] eine genaue Beschreibung dazu wurde in Kapitel 4.6.2.2 bei der Vorstellung der Shell-Variablen **PATH** gegeben.

Die Bourne-Shell 245

Fall wird eine Subshell gestartet, um die angegebenen Kommandos zu interpretieren und auszuführen.

Anmerkung zum Lokalisieren einer Datei:
Die Shell verwendet ein sogenanntes "hashing"-Verfahren, um sich an einmal gefundene Kommandos auch später wieder erinnern zu können, ohne wieder von neuem die **PATH**-Directories durchsuchen zu müssen; dazu unterhält sie eine Tabelle, in welche die absoluten Pfadnamen aller einmal gefundenen Kommandos festgehalten werden. Dieses "hashing"-Verfahren bewirkt nun, daß die Shell die Variable **PATH** vollständig ignoriert, wenn das angegebene Kommando in dieser Tabelle bereits eingetragen ist[75].

Beispiel
```
$ pwd
/user1/egon/shellueb
$ STD="/usr/include/stdio.h"
$ cat such
printf
$ ls p*
pd
psuser
$ ls *.c
addiere.c
div_null.c
hallo.c
$ grep 'cat such' *.c $S\
> TD >p*
$ ls p*
p*
pd
psuser
$ cat p\*
addiere.c:    printf("%d + %d = %d\n", a, b, c);
div_null.c:   printf("Die Division von %d / %d = %d\n", a, b, divi);
hallo.c:   printf("Hallo egon\n");
/usr/include/stdio.h:      getw(), pclose(), printf(), fprintf(), sprintf(),
/usr/include/stdio.h:      vprintf(), vfprintf(), vsprintf(), fputc(), putw(),
$
```

---

[75] siehe Kapitel 4.15.5, wo das hashing-Verfahren der Shell vorgestellt wurde.

Die Abarbeitung der Kommandozeile

```
$ grep 'cat such' *.c $S\⏎
> TD >p*⏎
$
```

wurde von der Shell in folgenden Schritten durchgeführt:

1. Entfernen aller \Neuezeile-Zeichen:
   grep 'cat such' *.c $STD >p*

2. Parametersubstitution:
   grep 'cat such' *.c /usr/include/stdio.h >p*

3. Kommandosubstitution
   grep printf *.c /usr/include/stdio.h >p*

4. Zerlegen der Kommandozeile in einzelne Worte:

0.Wort (Kommando):	**grep**
1.Wort:	**printf**
2.Wort:	***.c**
3.Wort:	**/usr/include/stdio.h**
4.Wort (Standardausgabe):	**p***

5. Auswerten der Ein-/Ausgabe-Umlenkungsangaben

   Bei Ausgabeumlenkung findet keine Dateinamen-Expandierung statt. Deshalb wird hier die Standardausgabe für das Kommando **grep** von der Shell in die Datei *p** umgelenkt

6. Expandierung von Dateinamen
   grep printf addiere.c div_null.c hallo.c /usr/include/stdio.h

   Im zweiten Wort (*.c*) wurde das Expandierungs-Metazeichen * gefunden, was zu obiger Expandierung führt.

7. Shell lokalisiert entsprechendes Kommando und führt es aus:

Da es sich bei dem Kommando **grep** weder um ein built in-Kommando noch um eine Funktion handelt, wird zunächst geprüft, ob **grep** bedingt durch einen vorherigen Aufruf bereits in der hashing-Tabelle eingetragen wurde. Wenn nicht, dann wird es über die **PATH**-Directories gesucht; in diesem Fall wird die zugehörige Programmdatei in **/bin/grep** gefunden. Hierfür wird dann von der Shell ein Sohnprozeß gestartet, der mit einem **exec**-Systemaufruf[76] überlagert wird.

---

[76] siehe erstes Buch.

Die Bourne-Shell

Diese Abarbeitungsreihenfolge muß der Benutzer bei einem Kommandoaufruf berücksichtigen; zudem sollte er beachten, daß alle Auswertungen nur einmal durchgeführt werden.

Beispiel
```
$ pwd⏎
/user1/egon/shellueb
$ dir=/user1/egon/shellueb/verz⏎
$ cat $dir⏎
/user1/egon/bin
$ cd 'cat $dir'⏎
$ pwd⏎
/user1/egon/bin
$ cd ../shellueb⏎
$
```

4.17 Die Aufrufsyntax der Shell

Die mögliche Aufrufsyntax für die Bourne-Shell ist:

sh [−aefhiknrtuvx] [*argument(e)*]

sh [−aefhiknrtuvx] [−c *argument*]

sh [−aefhiknrtuvx] [−s] [*argument(e)*]

Die Login-Prozedur ruft die Shell mit

exec −sh

auf. Das Minuszeichen - bewirkt, daß zuerst die Kommandos aus der Datei */etc/profile* und dann die aus **$HOME**/.*profile* - falls diese Dateien existieren - ausgeführt werden.

Wenn **sh** mit der Angabe von *argument(e)*, aber ohne die Optionen **-c** und **-s**, aufgerufen wird, dann wird das erste Argument als eine Programmdatei interpretiert, welche entweder ein UNIX-Kommando, ein ausführbares Benutzerprogramm oder ein Shell-Skript sein kann; die restlichen *argument(e)* werden diesem Programm dann als eigentliche Argumente übergeben.

Wird **sh** ohne *argument(e)* aufgerufen, dann wird eine Subshell gestartet, welche Kommandos interaktiv von der Standardeingabe liest. Eine solche Subshell kann immer mit dem Kommando **exit** oder der Eingabe von **EOF** (*Ctrl-D*) verlassen werden, was dann eine Rückkehr in die Vater-Shell bewirkt.

Alle beim built in-Kommando **set** vorgestellten Optionen können auch beim Aufruf von **sh** angegeben werden; diese Optionen gelten dann für die Subshell, die durch **sh** kreiert wird. Die bei **set** erlaubten Optionen werden hier nochmals zum Zwecke der Wiederholung kurz aufgeführt:

Optionen	Bedeutung
-a	Shell-Variablen für den Export markieren.
-e	(*exit*) Shell bei nicht erfolgreicher Ausführung eines Kommandos sofort beenden.
-f	(*filename expansion*) Dateinamen-Expandierung ausschalten.
-h	(*hash*) Kommandos einer Funktion schon bei der Definition und nicht erst bei der Ausführung der Funktion lokalisieren und in der hashing-Tabelle eintragen.
-k	(*keywords*) **Alle** Shell-Variablen an die Umgebung (*environment*) eines Kommandos übergeben.
-n	(*no execution*) Kommandos nur lesen und auf Syntaxfehler untersuchen, aber nicht ausführen.
-t	(*terminate*) Nach dem Lesen und der Ausführung eines Kommandos entsprechende Shell beenden.
-u	(*unset*) Zugriff auf nicht gesetzte Shell-Variable als Fehler werten.
-v	(*verbose*) Alle Shell-Eingabezeilen - so wie sie gelesen werden - ausgeben.
-x	(*execute*) Alle Kommandos und ihre Argumente - so wie sie wirklich von der Shell ausgeführt werden - ausgeben.

Zusätzlich können noch die folgenden Optionen angegeben werden:

Optionen	Bedeutung
-c *argument* (Forts.)	Die als *argument* angegebene Kommandoliste wird gelesen und ausgeführt. Beispiel: `sh -c 'ls	wc -l'` gibt die Anzahl von Dateien im working directory aus. bewirkt, daß eine interaktive Subshell gestartet wird, die Kommandos von der Standardeingabe liest. Wenn *argument(e)* angegeben sind, dann werden diese der Subshell als Positionsparameter übergeben. Ausgaben der Shell werden in diesem Fall auf die mit Dateideskriptor 2 spezifizierte Datei (Standardfehlerausgabe) geschrieben.

Die Bourne-Shell

Optionen	Bedeutung
-s [argument(e)]	Beispiel: $ **pwd**⏎ /user1/egon/shellueb $ **sh -s egon 'pwd'**⏎ $ **echo "Hallo, $1"**⏎ Hallo, egon⏎ $ **echo $2**⏎ /user1/egon/shellueb $ **exit**⏎ $
-i	macht die Shell interaktiv, d.h. daß die Standardeingabe und die beiden Ausgabekanäle auf die Dialogstation eingestellt sind. Zudem gilt: ▪ das *terminate*-Signal (Signalnummer 0) wird in dieser Shell ignoriert[77]. ▪ das *intr*-Signal (Signalnummer 2) wird abgefangen und ignoriert. ▪ das *quit*-Signal (Signalnummer 3) wird von der Shell ignoriert.
-r	die entsprechende Shell wird als "*restricted Shell*" (eingeschränkte Shell)[78] aufgerufen.

4.18 Handhabung von überlangen Kommandozeilen

Es wurde bereits früher erwähnt[79], daß manche Kommandozeilen zu lang für die Verarbeitung durch die Shell werden können. Typische Konstruktionen, bei denen solche überlangen Kommandozeilen entstehen können, sind z.B.

for i in * oder

grep *begriff* **'find** *directory* **-print'**

---

[77] Eine solche interaktive Shell kann deshalb nicht mit
  kill 0 *shell-pid*
  abgebrochen werden.
[78] siehe Kapitel 4.20.
[79] Bei der Vorstellung der **while**-Schleife in Kapitel 4.12.3.

Die Kommandosubstitution und Dateinamen-Expandierung der Shell kann dazu führen, daß die neu entstandene Argumenten-Liste zu lang für die Shell oder das aufgerufene Kommando wird. Dies wird dann durch die Ausgabe der Fehlermeldung:

sh: arg list too long

oder

kommandoname: arg list too long

angezeigt.

Glücklicherweise treten solche überlangen Kommandozeilen nur selten auf. Wenn sie aber vorkommen, sollte es dem Benutzer möglich sein, dieses Problem zu beseitigen.

Im nachfolgenden werden anhand eines Beispiels Verfahren gezeigt, die es ermöglichen, das Entstehen von überlangen Kommandozeilen zu vermeiden:

```
$ grep -sn getchar 'find /usr/include -print'⏎
/bin/grep: arg list too long⏎
$
```

Kommando-Ausgabe über Pipe an while-Schleife weiterleiten

```
$ ( find /usr/include -print | while read datei⏎
> do⏎
> grep -sn getchar $datei ""⏎   [mit "" grep zur Ausgabe des Namens zwingen]
> done; times )⏎
/usr/include/stdio.h:77:#define getchar() getc(stdin)
0m10s 0m33s
$
```

Diese Vorgehensweise hat neben der mehrzeiligen Eingabe allerdings den Nachteil, daß für jede einzelne Datei immer wieder das Kommando **grep** neu aufgerufen wird; dies macht sich natürlich an der verbrauchten CPU-Zeit bemerkbar.

Verwendung von find mit der exec-Bedingung

```
$ ( find /usr/include -exec grep -sn getchar {} "" \; ; times )⏎
/usr/include/stdio.h:77:#define getchar()    getc(stdin)
0m7s 0m28s
$
```

Bei diesem Verfahren reicht zwar ein einzeiliger Kommandoaufruf aus. Trotzdem wird auch hier wieder für jede einzelne Datei das Kommando **grep** neu aufgerufen, was wieder an der verbrauchten CPU-Zeit erkennbar ist. Die etwas verbesserte Laufzeit gegenüber dem ersten Verfahren läßt sich hier durch den Wegfall der Pipe erklären.

Verwendung von xargs

```
$ ( find /usr/include -print | xargs grep -sn getchar; times )⏎
/usr/include/stdio.h:77:#define getchar()   getc(stdin)
0m7s 0m11s
$
```

Die Verwendung von **xargs** bringt eindeutige Vorteile bezüglich der Laufzeit eines solchen Kommandos mit sich. **xargs** baut dynamisch Kommandozeilen auf, indem es die Argumente für das angegebene Kommando (hier **grep**) von der Standardeingabe liest. Um ein "Überlaufen" einer Kommandozeile zu verhindern, benutzt **xargs** einen internen Puffer, in dem es alle von der Standardeingabe gelesenen Argumente speichert. Wenn dieser Puffer voll ist, so ruft es das angegebene Kommando (hier **grep**) mit diesen Argumenten auf. Danach wird dieser ganze Prozeß wiederholt, bis keine Argumente mehr in der Standardeingabe vorhanden sind.

Eine vollständige Beschreibung von **xargs** ist im Anhang gegeben. Hier soll nun noch ein Beispiel zu **xargs** gegeben werden:

Es ist ein ganzer Directorybaum umzukopieren (zu verlagern):

Eine mögliche Lösung zu dieser Aufgabenstellung wäre z.B. der Aufruf

find *quelldir* **-print | cpio -pd** *zieldir*

Ein Nachteil hierbei ist, daß bei eventuellem Speicherplatzmangel dieses Kommando abbricht und nur ein Teil des Quell-Directorybaums kopiert würde. Zudem muß anschließend immer mit

rm -rf *quelldir*

der Quell-Directorybaum entfernt werden.

Eine andere Möglichkeit wäre die Verwendung des Kommandos **xargs**:

```
$ pwd⏎
/user1/egon/shellueb
$ cat mvbaum⏎
# mvbaum    Version  v1.0    (20.1.1991)
#            verlagert den Directorybaum quelldir nach zieldir
#    Syntax: mvbaum quelldir zieldir
#
#    Autor: Egon ...
#
if [ $# -ne 2 ]
then
    echo "$0:  falsche Anzahl von Argumenten" >&2
    echo "usage: mvbaum quelldir zieldir" >&2
    exit 1
fi
```

```
if [ ! -d $1 ]
then
    echo "$0:   $1 ist kein directory" >&2
    echo "usage: mvbaum quelldir zieldir" >&2
    exit 1
fi

QUELLE=$1
ZIEL=$2

if [ -d $ZIEL ]
then
    echo "\"$ZIEL\" existiert bereits. Loeschen ? (J/N) : \c"
    read ANTWORT
    if [ "$ANTWORT" = "j" -o "$ANTWORT" = "J" ]
    then
         rm -rf $ZIEL
         mkdir $ZIEL
    fi
else
    mkdir $ZIEL
fi

cd $QUELLE     # Wechseln ins Quell-Directory

    # (1) Directory-Baumsstruktur von $QUELLE in $ZIEL herstellen
    #         -i bewirkt, dass Kommando mkdir fuer jedes von find gelieferte
    #            Argument aufgerufen wird.
    #
    # (2) Alle einfachen Dateien aus $QUELLE in die durch (1) kreierte
    #     Directory-Baumsstruktur von $ZIEL verlagern.
    #
    # (3) Entfernen des Quell-Directorybaums

find * -type d -print | xargs -i mkdir $ZIEL/{}    &&    # (1)
  find . -type f -print | xargs -i mv {} $ZIEL/{}  &&    # (2)
    rm -rf *                                             # (3)
$ **chmod u+x mvbaum**⏎
$
```

Die Angabe der Option **-i** beim Aufruf von **xargs** bewirkt, daß das entsprechende Kommando für jedes einzelne aus der Pipe gelesene Argument aufgerufen wird. Die Angabe des Klammernpaares {} bewirkt, daß dieses Argument beim Aufbau der Kommandozeile eingesetzt wird. Nun soll das Shell-Skript *mvbaum* getestet werden, indem zunächst mit dem früher geschriebenen Shell-Skript *cpdir* der Di-

Die Bourne-Shell

rectorybaum $HOME/*bin* nach $HOME/*bin2* kopiert wird. Danach wird dann mit *mvbaum* der Directorybaum $HOME/*bin2* nach $HOME/*bin3* verlagert:

```
$ pwd⏎
/user1/egon/shellueb
$ cd ..⏎
$ cpdir bin bin2⏎
36 blocks
$ cd shellueb⏎
$ mvbaum ../bin2 ../bin3⏎
$ lc ../bin⏎
./          cpdir*      erinner*    holedatei*  suchtext*   zdrucke*
../         cpzdr*      gebdat*     lc*         wartuser*
bildsperr*  datlaufe*   gruesse*    letztlog*   wer*
copy*       del*        hexa*       psuser*     werist*
$ lc ../bin3⏎
./          cpdir*      erinner*    holedatei*  suchtext*   zdrucke*
../         cpzdr*      gebdat*     lc*         wartuser*
bildsperr*  datlaufe*   gruesse*    letztlog*   wer*
copy*       del*        hexa*       psuser*     werist*
$ lc ../bin2⏎
./          ../
$ cp mvbaum ../bin⏎
$
```

Das Kommando **xargs** ist also ein nützliches Werkzeug, um Aufrufe, die in ihrer herkömmlichen Form überlange Kommandozeilen produzieren, so umzuformen, daß sie von der Shell oder vom jeweiligen Kommando verarbeitet werden können. Zudem kann die Verwendung von **xargs** - wie zuvor gezeigt wurde - zu erheblichen Laufzeit-Verbesserungen führen, da **xargs** die mögliche Länge einer Kommandozeile optimal ausnützt und nicht unbedingt für jedes Argument einen neuen Prozeß startet. **xargs** ist sicher kein häufig verwendetes Kommando wie **grep** oder **find**. Trotzdem ist es gut, zu wissen, daß es dieses Kommando gibt, um es im Bedarfsfall benutzen zu können.

4.19 Die Datei .profile

Wenn ein Benutzer sich am System anmeldet, so startet die login-Prozedur unter Verwendung einer **exec**-Funktion[80] die Shell mit -*sh*; das führende Minuszeichen zeigt an, daß es sich um eine Login-Shell handelt. Deshalb führt sie zuerst die Datei */etc/profile*[81] aus und dann die Datei *.profile* im home directory des speziellen Benutzers. Jede neue Shell, die nach dieser Login-Shell gestartet wird, führt keine dieser

---
[80] siehe erstes Buch, »UNIX-Grundlagen«.
[81] die vom Systemverwalter eingerichtete allgemeine *profile*-Datei.

profile-Dateien mehr aus. Der Inhalt der Datei */etc/profile* kann Informationen über Maschinen-Eigenschaften und über Voreinstellungen für alle Benutzer geben. Ein Beispiel für das Aussehen einer solchen Datei */etc/profile* könnte sein:

```
$ cat /etc/profile↵
#       .......
#            Kommentar
#       .......

trap "" 1 2 3
umask 022       # set default file creation mask
. /etc/TIMEZONE

case "$0" in
-sh | -rsh)
            trap : 1 2 3
                if [ -s /etc/motd ] ; then cat /etc/motd; fi # issue message of
the day
                trap "" 1 2 3
                stty erase '^h' echoe
                case 'tty' in
                        /dev/tty*)      TERM=vt100    ; break ;;
                        *)              TERM=AT386    ; break ;;
                esac
                export TERM;

        # check mailbox and news bulletins
                if mail -e
                then echo "you have mail"
                fi
                if [ $LOGNAME != root ]
                then news -n
                fi
                ;;
-su)
                :
                ;;
esac
export PATH;
trap 1 2 3
$
```

In der Datei *.profile* (im home directory) werden üblicherweise Variablen oder Funktionen definiert, die zum einen eine spezielle Shell-Umgebung für den Benutzer festlegen und zum anderen auch das spätere Arbeiten mit der Shell erleichtern. Damit solche Shell-Variablen auch in späteren Subshells bekannt sind, sollten diese mit dem Kommando **export** exportiert werden. Um ein Aufblähen der Datei *.profile* zu vermeiden, ist es üblich, die Funktionsdefinitionen in einer anderen Datei im home directory (hier *funkde*f) unterzubringen und diese dann mit dem Punkt-Kommando in *.profile* zu lesen. Weitere typische Aktionen in *.profile* sind z.B.:

- Festlegen einer benutzereigenen Signalbehandlung für die Login-Shell.
- Festlegen von Aktionen, die immer am Anfang einer UNIX-Sitzung durchzuführen sind, wie z.B. Ausgabe des letzten Anmeldezeitpunkts.
- Abgeben von **cron**- und **at**-Aufträgen, wie z.B. Einbau eines automatischen Erinnerungs-Service.

Wird der Inhalt von *.profile* während einer UNIX-Sitzung geändert, so ist damit nicht auch automatisch die entsprechende Shell-Umgebung geändert. Dazu muß die Shell zunächst den Inhalt von *.profile* wieder neu lesen. Am einfachsten erreicht man dies unter Verwendung des Punkt-Kommandos:Punkt-Kommando:

. .profile

Im nachfolgenden wird ein Beispiel für das Aussehen einer *.profile*-Datei und einer begleitenden Funktionsdefinitions-Datei (hier *funkdef*) gegeben. Dies ist lediglich als Vorschlag zu verstehen. Jeder Benutzer kann dann diese beiden Dateien weiter ausbauen und ändern, um sie seinen speziellen Bedürfnissen anzupassen:

```
$ cat $HOME/.profile⏎
#ident   "@(#)sadmin:etc/stdprofile     1.2"
#        This is the default standard profile provided to a user.
#        They are expected to edit it to meet their own needs.

   # Definition von nuetzlichen Variablen
hu=$HOME/shellueb
hb=$HOME/bin
dirs="hu hb"
export $dirs dirs

   # Lesen von nuetzlichen Funktionsdefinitionen
. $HOME/funkdef

   # Definition von vordefinierten Shell-Variablen
MAIL=/usr/mail/${LOGNAME:?}
MAILCHECK=0
PATH=/bin:/usr/bin:$HOME/bin:/etc:.
TERM=vt100
CDPATH=.:..:$HOME:$dirs
export MAIL MAILCHECK PATH TERM CDPATH
tput init

   # Ausgabe des letzten Anmeldezeitpunkts
letztlog -m; letztlog
```

```
    # Ausgabe des Abmeldezeitpunkts
trap 'echo "'`pwd` '`date`'" >$HOME/.zuletzt' 0
if [ -f $HOME/.zuletzt ]
then
    read workdir datum <$HOME/.zuletzt
    echo "**** Letzte Abmeldung war: $datum ****"
fi

    # Ausgabe des heutigen Datums und zeitabhaengige Meldung
echo "\n**** Heute ist `date` ****\n"
gruesse

    # Erinnerungs-Service
/usr/bin/calendar

    # Wechseln zum letzten work. dir und Ausgabe des working directorys
if [ -n "$workdir" ]
then
    cd $workdir
fi
echo "\n`pwd`>\c"
$ cat $HOME/funkdef ⏎
#— ll ————————————————
 #    ruft ls -CF auf und gibt Anzahl der aufgelisteten Dateinamen aus
ll() {
  ls -CF "$@"
  echo "————\n`ls "$@" | wc -l` Dateien"
}


#— cdir ————————————————
 #    entspricht dem Kommando cd, allerdings wird danach das
 #    working directory als Prompt-String ausgegeben
cdir() {
  cd $1
  PS1="`pwd`> "
}


#— zaehle ————————————————
 #    realisiert eine for-Schleife mit step-Angabe
 #        1.Argument: Startwert
 #        2.Argument: Endwert
 #        3.Argument: Schrittweite
zaehle() {
  start=${1:-1}
  ende=${2:-10}
```

```
    step=${3:-1}
    i=$start
    while [ $i -le $ende ]
    do
        echo $i
        i=`expr $i + $step`
    done
}


#— rm ─────────────────────────────
#     loescht Dateien nicht sofort, sondern fragt nach
rm() {
  case "$1" in
    -f|-r|-i) /bin/rm $*;;
            *) /bin/rm -i $*;;
  esac
}


#— pushd ──────────────────────────
#     wechselt - wie cdir - zum angegebenen Directory.
#     Das aktuelle Directory wird allerdings in der Variablen
#     PUSHD festgehalten, so dass mit popd immer zum vorherigen
#     Directory zurueckgekehrt werden kann.
#     Wird kein Directory beim Aufruf angegeben, so gibt pushd
#     den gemerkten "Directory-Stack" aus.
pushd() {
  if [ $# -gt 1 ]
  then
      echo "usage: pushd [directory]" >&2
      return 1
  elif [ $# -eq 0 ]
  then
      echo "$PUSHD"
      return 0
  fi

  if [ -z "$tiefe" ]
  then
      tiefe=0
  fi
```

```
    if [ -d "$1" -a -x "$1" ]
    then
        PUSHD="'pwd' $PUSHD"
        tiefe='expr $tiefe + 1'
        cdir "$1"
    else
        echo "Kann nicht zu $1 wechseln" >&2
        return 2
    fi
}


#— popd ————————————————————————
#    ist das Gegenstueck zu pushd: Die als erstes Argument
#    angegebene Zahl legt fest, um wieviele Directories auf
#    dem "Directory-Stack" zurueckgekehrt werden soll.
#    Wird keine Zahl angegeben, so wird zum obersten Directory
#    des "Directory-Stacks" zurueckgekehrt.
#    Wird  popd - aufgerufen, so wird der ganze "Directory-Stack"
#    geleert und wieder der default-Prompt eingestellt
popd() {
  if [ "$1" = "-" ]
  then
      unset PUSHD tiefe
      PS1="$ "
      return 0
  fi
  zahl=${1:-1}
  if [ "$tiefe" -lt "$zahl" -o "$tiefe" -lt 1 ]
  then
      echo "zu kleiner Directory-Stack" >&2
      return 1
  fi
  d='echo "$PUSHD" | cut -d" " -f${zahl} -'
  cdir "$d"
  s='expr $zahl + 1'
  PUSHD='echo "$PUSHD" | cut -d" " -f${s}- -'
  tiefe='expr $tiefe - $zahl'
}
$
```

4.20 Die eingeschränkte Shell rsh

Oft befinden sich unter den Benutzern einer großen Rechenanlage auch solche, welchen nicht der volle Zugang zu allen Daten und Kommandos in einem System erlaubt sein soll (z.B. Werkstudenten, Mitarbeitern aus Fremdfirmen usw.). Für solche Benutzer wurde die eingeschränkte Shell **rsh** (*restricted shell*) erfunden.

Obwohl **rsh** ebenso wie **sh** explizit als eigener Prozeß gestartet werden kann, so wird **rsh** doch meist durch einen entsprechenden Eintrag in */etc/passwd* als Login-Shell für solche "zweitklassigen Benutzer" gestartet.

rsh hat die gleiche Aufrufsyntax und die gleichen Optionen wie **sh**[82]:

rsh [-aefhiknrtuvx] [*argument(e)*]

rsh [-aefhiknrtuvx] [**-c** *argument*]

rsh [-aefhiknrtuvx] [**-s**] [*argument(e)*]

Nach dem Starten werden die Kommandos aus den Dateien */etc/profile*, */etc/rsh* und *.profile* (im home directory des entsprechenden Benutzers) ausgeführt. Erst danach werden die für **rsh** vorgegebenen Einschränkungen wirksam.

Die eingeschränkte Shell **rsh** verhält sich bis auf die folgenden Einschränkungen genauso wie die Shell **sh**:

- Das Kommando **cd** ist nicht erlaubt:
  Der entsprechende Benutzer kann nur in dem ihm zugeteilten working directory arbeiten.

- Der Inhalt der vorgegebenen Shellvariablen **PATH** darf nicht verändert werden:

  Damit ist sichergestellt, daß der entsprechende Benutzer nur Programme ausführen kann, die ihm über die vorgegebenen **PATH**-Directories zugestanden werden.

- Pfad- und Kommandonamen, welche / enthalten, können nicht verwendet werden.

- Die Ausgabe-Umlenkungen > und >> können nicht verwendet werden.

Die Einschränkungen für Pfadnamen, für das **cd**-Kommando und für die **PATH**-Variable ermöglichen es dem Systemadministrator, dem entsprechenden Benutzer eine Shellumgebung einzurichten, in der er nur Zugriff auf eine festumrissene Menge von Kommandos hat. Beispielsweise könnte der Systemadministrator ein Directory */usr/rbin* anlegen, welches nur Links auf die gestatteten Kommandos enthält. Dem "eingeschränkten Benutzer" würde dann z.B. anstelle von */usr/bin* dieses Directory */usr/rbin* in die **PATH**-Variable geschrieben. Die Datei *.profile* für einen solchen Benutzer würde dann vom Systemadministrator erstellt und könnte z.B. wie folgt aussehen:

---

[82] siehe Kapitel 4.17.

```
$ cat .profile⏎
PATH=/usr/rbin
SHELL=/bin/rsh
export PATH SHELL
cd /user1/rsh/rudi
$
```

Mit diesem *.profile* wird erreicht, daß der entsprechende Benutzer nur die Kommandos aus */usr/rbin* aufrufen kann. Versucht er, andere Kommandos aufzurufen, so wird ihm gemeldet:

kommandoname: not found

Außerdem wird er in das Directory */user1/rsh/rudi* verbannt, das er niemals verlassen kann, da ihm **rsh** nicht die Verwendung des **cd**-Kommandos zugesteht. Da dieses Directory nicht die Datei *.profile* enthält, besteht auch keine Möglichkeit für ihn, den Inhalt dieser Datei zu ändern.

Hinweis

1. Der Aufruf von **rsh** kann auf vier verschiedenen Arten erfolgen:

    a) Als Login-Shell durch einen entsprechenden Eintrag in */etc/passwd*; dies ist die üblichste die Aufrufform.

    b) Beim Aufruf einer Shell existiert die vordefinierte Shell-Variable **SHELL** und enthält als Wert einen Pfadnamen, dessen Basisname *rsh* ist.

    c) Durch direkten Aufruf von **rsh**.

    d) Das Programm **sh** wird mit der Option **-r** aufgerufen.

2. Es sollte einem "eingeschränkten Benutzer" niemals Zugriff auf ein Shell-Programm[83], einen Compiler oder das Kommando **chmod** gewährt werden. Da ein erfahrener UNIX-Anwender mit Hilfe dieser Kommandos eventuell die vorgegebenen Restriktionen umgehen könnte.

3. Zum Editor **ed** existiert auch eine eingeschränkte Version **red** (*restricted ed*). **red** entspricht dem **ed**, mit dem Unterschied, daß ein Wechseln in eine andere Shell nicht möglich ist und nur Dateien im working directory editiert werden können.

4. Es kann vorkommen, daß manche "zweitklassige Benutzer" Kommandos benötigen, welche für die Dauer ihrer Ausführung diese Einschränkung umgehen[84]; für diesen Fall ist es üblich, dem Benutzer diese Kommandos in Form von Shell-Skripts zur Verfügung zu stellen. Zur Ausführung eines Shell-Skripts ruft näm-

---

[83] **/bin/sh**, **/bin/csh** oder **/bin/ksh**.
[84] Beispiele für solche Kommandos sind **env**, **cp** oder **ln**.

lich **rsh** die normale Shell **sh** auf, welche keine Einschränkungen kennt. Um bei einer solchen Vorgehensweise zu verhindern, daß ein Benutzer sich über eigene Shell-Skripts Zugang zur normalen Shell-Welt verschafft, sollte dieser im working directory weder Schreib- noch Ausführrechte besitzen.

4.21 Job-Kontrolle mit shl

Bis zu System V gab es keine Möglichkeit einer Job-Kontrolle, wie sie von Berkeley-UNIX her bekannt ist. Unter Job-Kontrolle versteht man z.B., daß es dem Benutzer erlaubt ist, ein Programm vorübergehend anzuhalten und an späterer Stelle wieder zu starten. Mit System V.2 wurde nun das Kommando **shl** eingeführt, welches eine einfache Job-Kontrolle ermöglicht. Die Aufrufsyntax ist dabei:

shl   (ohne jegliche Argumente oder Optionen)

Beschreibung

Während UNIX-System V das gleichzeitige Ablaufen mehrerer Hintergrundjobs erlaubt, läßt es dagegen normalerweise nur eine interaktive Shell im Vordergrund zu. Mit dem Kommando **shl** ist es nun möglich, mehrere interaktive Shells (auch *layers* genannt) gleichzeitig ablaufen zu lassen. Dabei kann zu einem Zeitpunkt immer nur ein Layer aktiv (interaktiv) sein; allerdings ist es möglich, zwischen den verschiedenen Layers hin- und herzuschalten.

Layers und virtuelle Terminals

Eine normale interaktive Shell ist immer einem bestimmten physikalisch vorhandenen Terminal zugeordnet; auf dieses Terminal ist dann die Standardeingabe, Standardausgabe und Standardfehlerausgabe eingestellt.

Ein Layer ist nun eine Shell, welche einem "virtuellen Terminal" zugeordnet ist; ein virtuelles Terminal ist kein physikalisch existierendes Terminal, sondern ein imaginäres Terminal, das nur in der Vorstellung der Software existiert. Die Einstellungen für ein solches virtuelles Terminal können allerdings genauso wie die für ein wirkliches Terminal unter Verwendung des Kommandos **stty** geändert werden.

Jeder Layer besitzt nun sein eigenes virtuelles Terminal. Für jede existierende Dialogstation sind maximal bis zu 7 Layers (mit den zugehörigen virtuellen Terminals) zugelassen. Das Kommando **shl** erlaubt es, einen Layer zum aktiven Layer (engl. *current layer*) zu machen. Damit wird das diesem Layer zugehörige virtuelle Terminal dem wirklichen Terminal zugeordnet. Somit ist der gerade aktive Layer immer der Layer, der Eingaben über die Tastatur entgegennimmt. Andere, nicht aktive Layer, die Eingaben erwarten, werden dabei blockiert, bis auf sie umgeschaltet wird und sie damit zum aktiven Layer werden. Ausgaben von nicht aktiven Layers werden dagegen normalerweise nicht blockiert, sondern werden ausgegeben. Dies kann zu gemischten Bildschirm-Ausgaben von verschiedenen Layers führen. Um einen bestimmten, nicht aktiven Layer daran zu hindern, daß er seine Ausgabe auf den Bildschirm schreibt, kann dessen Ausgabe mit

stty loblk [für diese Eingabe muß der enstpr. Layer aktiv sein]

blockiert werden.

Eine andere Möglichkeit, die Ausgabe eines Layers zu blockieren, ist die Verwendung des **shl**-Kommandos

block *layer–name(n)*

Solche Ausgabeblockaden können wieder aufgehoben werden mit:

stty –loblk [für diese Eingabe muß der entspr. Layer aktiv sein]

oder

unblock *layer–name(n)*   [**shl**-Kommando]

Layer-Manager

Nach dem Aufruf

shl

befindet sich der Benutzer im **shl**-Kommandomodus (auch Layer-Manager genannt); dies wird durch den Prompt >>> angezeigt. Nun können **shl**-Kommandos eingegeben werden, um z.B. neue Layers zu kreieren (**create**), Layers zu löschen (**delete**), usw. Befindet sich der Benutzer in einem Layer, so befindet er sich damit in der zu diesem Layer gehörigen interaktiven Shell. Er kann nun unter dieser Shell arbeiten[85], ohne daß davon die Shells der anderen Layers betroffen sind. Vom momentan aktiven Layer kann er jederzeit mit der Eingabe der **swtch**-Taste (*CTRL-z*)[86] wieder zum **shl**-Kommandomodus (Layer-Manager) zurückkehren.

---

[85] Als Prompt wird dabei immer der Layer-Name ausgegeben.
[86] kann mit dem **stty**-Kommando (siehe erstes Buch) auch einer anderen Tastenkombination zugeordnet werden.

Die Bourne-Shell

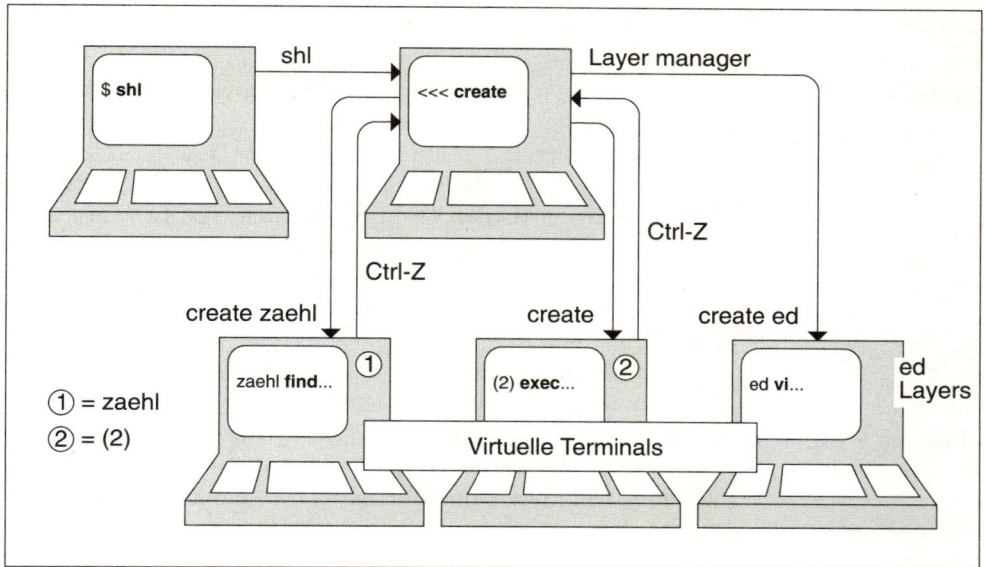

Bild 4.23 - Layer-Manager und virtuelle Terminals

shl-Kommando

Die meisten der **shl**-Kommandos erlauben die Angabe von Layer-Namen. Ein Layer-Name ist dabei eine Zeichenkette, in der kein Leer-, Tabulator- oder Neuezeile-Zeichen vorkommt. Werden bei einem **shl**-Kommando mehrere Layer-Namen angegeben, so sind diese mit Leer- oder Tabulator-Zeichen voneinander zu trennen.

Bei Layer-Namen sind nur die ersten 8 Zeichen signifikant; so würde es sich z.B. bei *terminal1* und *terminal2* um den gleichen Layer-Namen *terminal* handeln.

Die Namen *(1), (2), .., (7)* sind dabei reserviert. Dies sind die voreingestellten Layer-Namen, wenn beim Anlegen eines neuen Layers nicht explizit eigene Layer-Namen angegeben werden. Obwohl die Klammern zum Namen gehören, so können diese Layers auch mit der Kurzform *1, 2, .., 7* angesprochen werden.

Die folgenden Kommandos können im **shl**-Kommandomodus (Prompt **>>>**) aufgerufen werden:

Kommando	Beschreibung
create [*name*]	kreiert einen Layer mit den Namen *name* und macht ihn zum aktiven Layer. Ist kein *name* angegeben, so wird für diesen neuen Layer einer der Namen *(1), (2), .., (7)* gewählt; die Namensziffer wird dabei über die letzte Ziffer des virtuellen Terminal-Namens für diesen Layer bestimmt. Die Namen der virtuellen Terminals sind dabei */dev/sxt001, /dev/sxt002, ..,/dev/sxt007*. Daraus ist zu ersehen, daß maximal 7 Layers gleichzeitig vorhanden sein können. Der mit **create** erzeugte Layer meldet sich mit seinem Namen als Prompt (**PS1**=*layername*).
block *name* [*name(n)*]	blockiert die Ausgaben der Layers mit den angegebenen *name(n)*. Das bedeutet, daß diese Layers ihre Ausgaben erst dann fortsetzen können, wenn sie wieder aktiviert werden. Die Ausgaben eines Layers können auch blockiert werden, indem dieser zum aktiven Layer gemacht wird und dann mit **stty loblk** seine Ausgaben gesperrt werden.
delete *name* [*name(n)*]	löscht die Layers mit den angegebenen *name(n)*, indem allen ihren Prozessen das Signal **SIGHUP** (*hangup*) geschickt wird.
help oder ?	gibt alle **shl**-Kommandos mit ihrer Aufrufsyntax aus.
layers [**-l**] [*name(n)*]	gibt zu jedem der Layers mit den angegebenen *name(n)* den Layer-Namen und die Prozeß-Gruppennummer aus. Die Option **-l** erzeugt eine **ps**-ähnliche Ausgabe. Sind keine *name(n)* angegeben, so wird für alle Layers eine entsprechende Information ausgegeben.
resume [*name*]	macht den Layer *name* zum aktiven Layer. Ist kein *name* angegeben, so wird der Layer aktiviert, der zuvor aktiver Layer war.
toggle	macht den Layer, der vor dem letzten aktiven Layer aktiv war zum aktiven Layer. Wenn z.B. der letzte aktive Layer *(4)* und der aktive Layer davor *(2)* war, so macht **toggle** den Layer *(2)* zum aktiven Layer.

Kommando	Beschreibung
unblock *name* [*name(n)*]	hebt die Ausgabe-Blockierung für die über die *name(n)* spezifizierten Layers auf. Das Aufheben einer Blockierung für einen Layer könnte auch erreicht werden, indem der entsprechende Layer aktiviert wird und seine Ausgabeblockade mit **stty -loblk** aufgehoben wird.
quit	bewirkt das Verlassen des Kommandos **shl**, indem allen Layern das **SIGHUP**-Signal (*hangup*) geschickt wird.
name	macht den Layer *name* zum aktiven Layer.

Beispiel

```
$ pwd⏎
/user1/egon/shellueb
$ shl⏎
>>> create zaehl⏎                  [Kreieren eines Layers zaehl]
zaehl [Ctrl-Z]                     [Zurückschalten zum Layer-Manager]
>>> block zaehl⏎                   [Ausgabeblockade für Layer zaehl einrichten]
>>> resume⏎                        [letzten aktiven Layer (zaehl) zum aktiven Layer machen]
resuming zaehl
⏎
zaehl find / -name "*.c" -print | wc -l⏎ [Alle C-Dateien des Dateisystems
zaehlen]
[Ctrl-Z]                           [Zurückschalten zum Layer-Manager]
>>> create⏎          [Kreieren eines neuen Layers; Name des neuen Layers wird (2)]
(2) exec csh⏎                      [Überlagere Shell des Layers (2) mit der C-Shell]
% ls z*⏎
zaehle.txt
zdrucke
zdruckel
zeichtyp
zeig_pid
zusamm
% [Ctrl-Z]                         [Zurückschalten zum Layer-Manager]
>>> create ed⏎                     [Kreieren eines Layers ed]
ed PS1="ed$ "⏎                     [neues Promptzeichen für diesen Layer festlegen]
ed$ vi cx⏎                         [Editieren der Datei cx]
            [Eingabe des Inhalts von cx (siehe unten) und vi wieder verlassen]
ed$ cat cx⏎
chmod u+x $*
ed$ chmod u+x cx⏎
```

```
ed$ [Ctrl-Z]              [Zurückschalten zum Layer-Manager]
>>> layers↵                [Information zu allen Layers ausgeben lassen]
zaehl (1445) blocked on input
(2) (1457) executing or awaiting input
ed (1563) executing or awaiting input
>>> zaehl↵                 [Layer zaehl zum aktiven Layer machen]
resuming zaehl
   18421                   [soviele C-Programmdateien sind im Dateisystem vorhanden]
zaehl [Ctrl-Z]             [Zurückschalten zum Layer-Manager]
>>> delete ed↵             [Löschen des Layers ed]
>>> layers↵                [Information zu allen Layers ausgeben lassen]
zaehl (1445) executing or awaiting input
(2) (1457) executing or awaiting input
>>> quit↵                                         [shl verlassen]
$
```

4.22 Anwendungsbeispiele

Hier werden anhand nützlicher Shell-Skripts Beispiele für die vielseitigen Einsatzmöglichkeiten der Shell gegeben. Die hier vorgestellten Shell-Skripts dienen dabei folgenden Zwecken:

- Wiederholung, indem sie von möglichst vielen Shell-Konstruktionen Gebrauch machen.

- Aufzeigen des Zusammenspiels der einzelnen Shell-Konstrukte, indem anhand praxisnaher Shell-Programmierung die Einsatzmöglichkeiten der Shell gezeigt werden; dabei soll verdeutlicht werden, um welch mächtiges Werkzeug es sich bei der Shell handelt, wenn es verstanden wird, ihre vielseitigen Fähigkeiten richtig einzusetzen.

- Verständnis und Nachvollziehen bereits existierender Skripts. Sehr oft wird ein Benutzer bereits existierende Shell-Skripts vorfinden, die es zu verbessern gilt. In solchen Fällen muß er diese Skripts zunächst verstehen. Da jeder Skript-Schreiber mit der Zeit seinen eigenen Stil entwickelt, der leider nicht immer den Grundsätzen der strukturierten Programmierung, wie etwa guter Lesbarkeit genügt, ist das Verstehen bereits existierender Shell-Skripts von größter Bedeutung.

4.22.1 Konvertieren von Zahlen (Oktal, Dezimal, Hexadezimal)

Das nachfolgende Shell-Skript *konvert* erlaubt die Konvertierung von Zahlen zwischen dem Oktal-, Zehner- und Hexadezimal-System. Dabei benutzt es das Kommando **bc**. Dieses Kommando simuliert einen Taschenrechner mit beliebiger Genauigkeit. Nach dem Aufruf liest **bc** die zu berechnenden arithmetischen Ausdrücke von der Standardeingabe und gibt dann das Ergebnis auf die Standardausgabe aus:

```
$ bc⏎
4.25 * 4.25 * 3.1415⏎
56.7354
(12+5.3) *17.6⏎
304.4
3.7^4⏎               [bedeutet: 3.7 hoch 4]
187.4
[CTRL-D]             [bc wird mit EOF (CTRL-D) beendet]
$
```

Neben diesen Grundrechenarten verfügt **bc** noch über andere Fähigkeiten; so läßt sich dieser Rechner beispielsweise in einer C-ähnlichen Sprache programmieren oder führt auch Konvertierungen zwischen verschiedenen Zahlensystemen durch. Zur Konvertierung bietet **bc** zwei built in-Variablen an: **ibase** (legt die Basis für die eingegebenen Zahlen fest) und **obase** (legt die Basis für auszugebende Zahlen fest). Voreinstellung für beide Variablen ist dabei das Zehnersystem.

```
$ bc⏎
120⏎
120
obase=2⏎
120⏎
1111000
obase=16⏎
45054⏎
AFFE
ibase=2⏎
1110111110001010⏎
EF8A
ibase=1010⏎   [Festlegen von ibase auf 10-er System muss dual sein, da momentan]
              [ibase=2 gilt]
12345678901234567890⏎
6B14E9F8122A11FD2
[CTRL-D]
$
```

Eine vollständige Beschreibung zu den vielseitigen Fähigkeiten des Kommandos **bc** befindet sich in Kapitel 7 und im Anhang.

```
$ pwd⏎
/user1/egon/shellueb
$ cat konvert⏎
#   konvert    Version  v1.0   (7.2.1991)
#                       fuehrt Zahlen-Konvertierungen durch
```

```
#
#       Syntax:  konvert
#
#       Autor: Egon ...
#

tput clear      # Bildschirm loeschen
while true
do
    cat <<EOF  >&2

        Konvertierungs-Moeglichkeiten:
        _____

                1 :   Dezimal ──> Hexa
                2 :   Hexa ──> Dezimal
                3 :   Dezimal ──> Oktal
                4 :   Oktal ──> Dezimal
                5 :   Oktal ──> Hexa
                6 :   Hexa ──> Oktal
EOF
    echo "         Eingabe : \c" >&2
    read eing
    echo "\n\n"

    case $eing in
       "") exit;;
       1) echo "Dezimalzahl (CR fuer Ende) : \c" >&2
          ebasis=10
          abasis=16;;
       2) echo "Hexazahl (keine Kleinbuchstaben; CR fuer Ende) : \c" >&2
          ebasis=16
          abasis=10;;
       3) echo "Dezimalzahl (CR fuer Ende) : \c" >&2
          ebasis=10
          abasis=8;;
       4) echo "Oktalzahl (CR fuer Ende) : \c" >&2
          ebasis=8
          abasis=10;;
       5) echo "Oktalzahl (CR fuer Ende) : \c" >&2
          ebasis=8
          abasis=16;;
       6) echo "Hexazahl (keine Kleinbuchstaben; CR fuer Ende) : \c" >&2
          ebasis=16
          abasis=8;;
       *) echo "\007     $eing ist nicht erlaubt\n\n" >&2
          continue;;
```

```
        esac
        read zahl
        if [ "$zahl" = "" ]
        then
            exit
        fi
        erg=`bc <<EOF
            obase=$abasis
            ibase=$ebasis
            $zahl
EOF`
        echo "\n$zahl ($ebasis) = $erg ($abasis)\n"
done

$ cx konvert⏎
$ cp konvert ../bin⏎
$
```

4.22.2 Durchsuchen ganzer Directorybäume mit grep

Das Kommando **grep** führt keine rekursive Suche in allen Subdirectories eines beliebigen Directorys durch. Da oft aber unbekannt ist, in welchen Directories sich die zu durchsuchenden Dateien befinden, müssen diese meist erst mühsam lokalisiert werden, bevor dann das **grep**-Kommando auf sie angewendet werden kann. Deswegen wäre es zuweilen nützlich, wenn man über ein **grep**-ähnliches Kommando verfügen würde, das automatisch in allen Subdirectories eines Directorys die angegebenen Dateien nach einem bestimmten Begriff durchsucht. Das Shell-Skript *baumgrep* erfüllt diese Aufgabe.

Die Aufrufsyntax dieses Shell-Skripts ist dabei ähnlich zu der von **grep**, nur können zusätzlich noch Directories angegeben werden, die zu durchsuchen sind.

Beim Aufruf von *baumgrep* sollten die ersten beiden Argumente, wenn sie Metazeichen beinhalten, mit '..' geklammert sein, um eine Interpretation dieser Metazeichen durch die Shell zu unterbinden.

```
$ cat baumgrep⏎
#   baumgrep    Version  v1.0   (7.2.1991)
#                   grep-Kommando fuer ganze Directorybaeume
#
#     Syntax:  baumgrep   '[optionen] reg.ausdr'  'datei(en)'  [directory(s)]
#              optionen    alle fuer grep zugelassenen Optionen
#              reg.ausdr   legt die zu suchenden Begriffe fest
#              datei(en)   legt die zu durchsuchenden Dateien fest;
#                          Expandierungszeichen sind dabei erlaubt.
#              directories geben die Wurzeln der zu durchsuchenden
```

```
#                        Directorybaeume an; ist kein directory angegeben,
#                        so wird das working directory angenommen.
#     Beispiel
#
#         baumgrep '-n strcat'  '*.h'  /usr/include/
#             Es werden alle System-Headerdateien nach dem String strcat
#             durchsucht. Zu allen gefundenen Strings wird noch die
#             Zeilennummer ausgegeben (Option -n), in der sie gefunden
#             wurden.
#
#     Autor: Egon ...
#

 # usage - gibt usage-Info aus
usage() {
  cat <<EOF >&2
    usage: baumgrep  '[optionen] reg.ausdr'  'datei(en)'  [directory(s)]
                     optionen   alle fuer grep zugelassenen Optionen
                     reg.ausdr  legt die zu suchenden Begriffe fest
                     datei(en)  legt die zu durchsuchenden Dateien fest;
                                Expandierungszeichen sind dabei erlaubt.
                     directories geben die Wurzeln der zu durchsuchenden
                                Directorybaeume an; ist kein directory angegeben,
                                so wird das working directory angenommen.
EOF
}

   #---- main ---------------
if [ $# -lt 2 ]
then
   usage
   exit 1
fi

regausdr=$1
dir=${3:-'pwd'}

for name in 'find $dir -type d -print'
do
   grep $regausdr $name/$2
done
$ cx baumgrep⏎
$ baumgrep '-n strncpy' '*.h' /usr/include⏎
/usr/include/string.h:11:         *strncpy(),
```

```
$ baumgrep expr '*' /bin /usr/bin /etc⏎
/bin/basename:exec /bin/expr \
/bin/dirname:exec /bin/expr \
/bin/lorder:#    The first two expressions in the sed script
$ cp baumgrep ../bin⏎
$
```

4.22.3 Prozesse mit bestimmten Namen löschen

Mit dem Kommando **kill** können Prozesse mit bestimmten Prozeßnummern (PID) entfernt werden. Allerdings hat dieses Löschen über die PID den Nachteil, daß zunächst mit **ps** die PID des entsprechenden Prozesses ermittelt werden muß. Mit dem nachfolgenden Shell-Skript *namkill* ist es nun möglich, Prozesse über die Angabe von Namen (Login-Name oder Prozeßname) zu löschen: Als Optionen kennt dieses Shell-Skript:

-1   die angegebenen Prozesse ohne Rückfrage löschen; Voreinstellung ist eine Rückfrage.

-s *signalnr*   den entsprechenden Prozessen wird das Signal *signalnr* geschickt; Voreinstellung ist die Signalnummer 9.

```
$ cat namkill⏎
#   namkill    Version v1.0   (17.1.1991)
#               loescht Prozesse mit bestimmten Namen
#
#     Syntax:  namkill [-1] [-s signalnr] name
#                 -1           loescht die angegeb. Prozesse ohne Rueckfrage
#                              (Voreinstellung ist Rueckfrage)
#                 -s signalnr  ruft kill mit signalnr auf
#                              (Voreinstellung ist Signalnummer 9)
#
#     Autor: Egon ...
#

  # usage - gibt usage-Info aus
usage() {
  cat <<EOF >&2
     usage: namkill [-1] [-s signalnr] name
                 -1           loescht die angegeb. Prozesse ohne Rueckfrage
                              (Voreinstellung ist Rueckfrage)
                 -s signalnr  ruft kill mit signalnr auf
                              (Voreinstellung ist Signalnummer 9)
EOF
}

  #—— main ——————
```

```
tmp_datei=/tmp/namkill.$$
SIG=9
trap 'rm -f $tmp_datei >/dev/null 2>/dev/null; exit 2'  0 1 2 3 15

while getopts ls: opt         # Abarbeiten der Optionen
do
   case $opt in
      l) loesch=1;;
      s) SIG=$OPTARG;;
     \?) usage
         exit 1;;
   esac
done
shift 'expr $OPTIND - 1'

if [ $# -eq 0 ]               # Mind. ein Prozessname muss angegeben sein
then
   echo "Mind. ein Prozessname muss angegeben sein" >&2
   usage
   exit 1
fi

args="$*"

ps -ef >$tmp_datei
cat $tmp_datei |
  grep "$args" |              # Alle entspr. Prozesse herausfiltern
    while read zeile
    do
       set $zeile             # Pos.param. mit entspr. ps-Zeile setzen
       if [ -n "$loesch" ]
       then
          ps -p $2 >/dev/null
          if [ $? -eq 0 ]     # Prozess nur loeschen, wenn noch existent
          then
             kill -$SIG $2
          fi
       else
          ps -p $2  >/dev/null
          if [ $? -eq 0 ]     # Prozess nur abfragen, wenn noch existent
          then
             echo "Loeschen: $zeile   (j/n) : \c" >&2
             antw='line </dev/tty'
             ps -p $2  >/dev/null
```

Die Bourne-Shell

```
                    if [ \( "$antw" = "j" -o "$antw" = "J" \) -a $? -eq 0 ]
                    then
                        kill -$SIG $2
                    fi
                fi
            fi
    done

rm -f $tmp_name
$ cx namkill⏎
$ cp namkill ../bin⏎
$
```

Beispiele

`namkill -1 egon`
löscht alle Prozesse des Benutzers **egon** ohne Rückfragen.

`namkill "find / -name"`
zeigt alle Prozesse an, die mit dem Aufruf **find / -name** ... erzeugt wurden und fragt für jeden einzelnen Prozess nach, ob dieser zu löschen ist. Wenn der Benutzer die Frage bejaht, so wird dieser Prozeß beendet.

4.22.4 Terminalein- und -ausgaben auf anderen Terminals mitprotokollieren

Oft ist es für Benutzer (wie z.B. Kunden oder Service-Leuten), die sich in anderen Gebäuden oder sogar anderen Städten befinden, schwierig, ihre Probleme am Telefon richtig zu verdeutlichen. In solchen Fällen wäre es nützlich, wenn diese Benutzer dem Experten ihre Probleme direkt am Bildschirm zeigen könnten. Dazu wurde das nachfolgende Shell-Skript *termkop* entwickelt, welches zu allen auf der Kommandozeile angegebenen Login-Namen den entsprechenden Terminalnamen ermittelt (mit **who -T**), und dann alle Ein- und Ausgaben, die an diesem Terminal erfolgen, auf den Terminals der angegebenen Login-Namen mitprotokolliert.

```
$ cat termkop⏎
#   termkop    Version v1.0   (5.2.1991)
#                  zeigt die Ausgaben des eigenen Terminals auch
#                  auf anderen Terminals an.
#
#    Syntax:   termkop [loginname(n)]
#
#    Autor: Egon ...
#
```

```
#------ schicke ------
schicke() {       # schickt den als $1 uebergebenen Text an entspr. Terminals
   i=0
   echo "$1"
   while [ "$i" -lt "$argc" ]
   do
       eval dev=$"devnr${i}"
       echo "$1" >/dev/"$dev"
       i=`expr $i + 1`
   done
}


#------ main ------------------
trap 'schicke "termkop-Modus wurde verlassen";
      kill -9 $$ 1>&2 2>/dev/null'              1 2 3 15

if [ $# -eq 0 ]
then
   echo "usage: $0 [loginname(n)]" >&2
   exit 1
fi

i=0
argv="$*"
argc="$#"

for b in $argv
do
   set "" `who -T|grep $b`
   if [ "$2" != "$b" -o "$3" != "+" ]
   then
       echo "$b ist entweder nicht angemeldet oder hat sein" >&2
       echo "Terminal fuer fremde Benutzer-Ausgaben gesperrt" >&2
       fehler=1
   else
       geraete="${geraete}|tee /dev/$4"
       eval devnr${i}="$4"
       i=`expr $i + 1`
   fi
done

if [ -n "$fehler" ]
then
   echo "Skript wird aufgrund der fehlenden Verbindungen verlassen" >&2
   exit 2
fi
```

Die Bourne-Shell 275

```
cat <<EOF >&2
   Dein Terminal ist jetzt im "TERMKOP-Modus".
   Alle Ein- und Ausgaben deines Terminals werden auf
   allen angegebenen Geraeten mitprotokolliert.
   Der TERMKOP-Modus kann jederzeit mit exit verlassen werden.
   Waehrend des TERMKOP-Modus wird als Promptzeichen immer
       termkop>  ausgegeben.
EOF

while [ "$kdo" != "exit" ]
do
    schicke "termkop> \c"
    read kdo
    if [ "$kdo" ]
    then
        set "" $kdo
        if [ "$2" = "cd" ]
        then
            eval "$kdo"
            eval echo \'$kdo\' "$geraete"
        else
            eval echo \'$kdo\' "$geraete" >/dev/null
            eval $kdo "$geraete"
        fi
    fi
done

schicke "termkop-Modus wurde verlassen"
$ cx termkop⏎
$ cp termkop ../bin⏎
$
```

4.22.5 Ausgabe von UNIX-Directorybäumen in graphischer Darstellung

Das nachfolgende Shell-Skript *tree* gibt Directorybäume in graphischer Form aus. Dabei wird zusätzliche Information zu den einzelnen Dateien über ein eventuell an den Dateinamen angehängtes Kürzel gegeben:

*dateiname**	einfache Datei und ausführbar
dateiname/	Directory
dateiname/-	leeres Directory
dateiname/-**r**	nicht lesbares Directory (Inhalt nicht auflistbar)
dateiname/-**x**	nicht ausführbares Directory (kein **cd** möglich)

Die Aufrufsyntax für dieses Skript ist

tree [**-d**] [**-r** *"regulärer-ausdruck"*] [*directory*]

Die Optionen bedeuten dabei:

-d nur Directories aus dem entsprechenden Directorybaum anzeigen; diese Option hat höhere Priorität als die Option **-r**.

-r *"regulärer-ausdruck"* nur Directories und zusätzlich die Dateien anzeigen, für die der angegebene *regulärer-ausdruck* zutrifft.

Wird kein *directory* angegeben, so wird der Directorybaum des working directorys angezeigt.

```
$ pwd⏎
/user1/egon/shellueb
$ cat tree⏎
#   tree     Version v1.0  (7.2.1991)
#                  gibt Directorybaum in graphischer Form aus
#
#      Syntax: tree  [-d]  [-r "reg.ausdr"]  [directory]
#                    -d  nur Dir. auflisten
#                    -r  nur Dir. und Dateien, die durch reg. ausdr. abgedeckt
#
#                         Ist kein directory angegeben, so wird working
#                         directory angenommen
#
#
#      Autor: Egon ...
#


 # usage - gibt usage-Info aus
usage() {
  echo "$0 [-d] [-r \"reg.ausdr\"] [directory]" >&2
  echo "      -d  nur Dir. auflisten" >&2
  echo "      -r  nur Dir. und Dateien, die durch reg. ausdr. abgedeckt" >&2
}


 # baum - fuer die graphische Baum-Ausgabe verantwortlich
baum()
{
   if [ ! -x "$1" ]         # Nur wenn x-Recht fuer Directory gesetzt
   then                      # kann dorthin gewechselt werden.
      echo "-x\c"             # Ansonsten wird nur Directoryname mit
      exit                    # angehaengtem "-x" ausgegeben und betreff.
   fi                         # Subshell sofort wieder verlassen.
```

Die Bourne-Shell 277

```
   cd $1

   set -f    # Ausschalten der Dateinamen-Expandierung

     # Setzen der Positionsparameter mit allen Namen des Directories;
     # Ist dies nicht moeglich, so wird nur Directoryname mit angehaengtem
     # "-r" ausgegeben, da Dir. nicht lesbar. Auch in diesem Fall wird die
     # betreffende Subshell wieder verlassen.
   set "" 'ls -a 2>/dev/null' || { echo "-r\c"; exit; }

   shift   # Um ersten leeren Positionsparameter zu beseitigen

   if [ $# -eq 2 ]          # Wenn nur 2 Positionsparameter vorhanden
   then                     # (. und ..), so ist Directory leer und es wird
      echo "-\c"            # nur Directoryname mit angehaengtem "-"
   fi                       # ausgegeben.

   args="$*"
   argus=""

     # Abarbeiten der angegebenen Optionen
     #   Verbleibende Dateien werden in Var.  args gespeichert.
   if [ -n "$OPTION" ]
   then
     case $OPTION in
        *d*) for i in $args
             do
                [ -d "$i" ] && argus="$argus $i"
             done
             args="$argus"
             argus="";;
     esac
     case $OPTION in
        *r*) for i in $args
             do
                if [ -d "$i" ] || case $i in
                                    $ra) :;;
                                    *) false;;
                                  esac
                then
                    argus="$argus $i"
                fi
             done
             args="$argus"
             argus="";;
     esac
   fi
```

```
        # Setzen der Positionsparameter mit den verbliebenen Dateien
        if [ -n "$args" ]
        then
            set "" `ls -adF $args 2>/dev/null`
        else
            set ""
        fi

        shift   # Um ersten leeren Positionsparameter zu beseitigen

        # Ausgabe des graphischen Baumteils
        while [ -n "$2" ]
        do
            if [ "$1" != "./" -a "$1" != "../" ]
            then
                echo "\n${striche}|────$1\c"
                if [ -d "$1" ]
                then
                    (striche="${striche}|     "; baum $1 )
                fi
            fi
            shift
        done

        if [ -n "$1" -a "$1" != "./" -a "$1" != "../" ]
        then
            if [ -d "$1" ]
            then
                echo "\n${striche}\'────$1\c"
                striche="${striche}       "; baum $1
            else
                echo "\n${striche}\'────$1\n${striche}\c"
            fi
        fi
}


#──── main ────
#────────────

trap 'echo; exit' 0 1 2 3 15

while getopts dr: opt        # Abarbeiten der angegebenen Optionen
do
    case $opt in
      d) OPTION="${OPTION}d";;
      r) OPTION="${OPTION}r";ra="$OPTARG";;
```

```
        \?) usage; exit 1;;
    esac
done
shift 'expr $OPTIND - 1'

dir=${1:-'pwd'}         # Bestimmen der Wurzel des auszugebenden Baums
if [ ! -d "$dir" ]
then
    echo "$0: $dir ist kein Directory" >&2
    exit 1
fi
echo "$dir\c"

baum $dir
$ chmod u+x tree⏎
$ tree -d /usr⏎
/usr
|————adm/
|       '————sa/
|————admin/
|       '————menu/
|               |————diskmgmt/
|               |       '————harddisk/
|               |————filemgmt/
|               |       '————bupsched/
|               |————machinemgmt/
|               |————packagemgmt/
|               |       |————uucpmgmt/
|               |       '————vpixmgmt/
|               |————softwaremgmt/
|               |————syssetup/
|               |————ttymgmt/
|               '————usermgmt/
|                       |————modgroup/
|                       '————moduser/

$ tree -r "s*" /usr/include⏎
/usr/include
|————scnhdr.h
|————search.h
|————setjmp.h
|————sgtty.h
|————signal.h
|————stand.h
|————stdio.h
|————storclass.h
|————string.h
```

```
|————stropts.h
|————strselect.h
|————symbol.h
|————syms.h
|————sys/
|    |————fs/
|    |    |————nfs/
|    |    |    |————svc.h
|    |    |    '————svc_auth.h
|    |    |
|    |    |————s5dir.h
|    |    |————s5fblk.h
|    |    |————s5filsys.h
|    |    |————s5inode.h
|    |    |————s5macros.h
|    |    '————s5param.h
|    |
```

$ **cp tree ../bin**⏎
$

Kapitel 5
Die Korn-Shell

Wirf Deinen Lendenschurz nicht fort, wenn Du ein neues Kleid bekommen hast!
Sprichwort aus dem Kongo

Die Korn-Shell ist eine Weiterentwicklung der Bourne-Shell. Sie ist somit weitgehend aufwärtskompatibel zur Bourne-Shell, was bedeutet, daß die Korn-Shell zum einen über alle Konstrukte der Bourne-Shell verfügt, die auch in ihrer Syntax denen der Bourne-Shell entsprechen, zum anderen aber auch noch zusätzliche Mechanismen anbietet.

Das bedeutet, daß alle bereits vorhandenen Bourne-Shellskripts ohne Änderung auch unter der Korn-Shell ablauffähig sind, aber umgekehrt, Korn-Shellskripts nicht unbedingt unter der Bourne-Shell lauffähig sein müssen, da sie eventuell von neuen Konstrukten Gebrauch machen, die der Bourne-Shell unbekannt sind.

Diese Einschränkung steht allerdings dem Umstieg von der Bourne- auf die Korn-Shell nicht im Wege, da nicht zu erwarten ist, daß eine solche Entscheidung zum Wechsel der Shell durch das entsprechende Projekt-Management wieder rückgängig gemacht wird, wenn die einzelnen SW-Entwickler einmal die Vorzüge der Korn- gegenüber der Bourne-Shell erkannt haben.

Da die Korn-Shell eine Obermenge der Bourne-Shell ist, werden hier nur die Neuheiten und Unterschiede der Korn-Shell zur Bourne-Shell vertieft vorgestellt. Ist eine genauere Beschreibung erwünscht, so muß im Kapitel 4 bei der Bourne-Shell nachgeschlagen werden.

5.1 Erweiterungen und Neuheiten der Korn-Shell

Die Korn-Shell hat sich die C-Shell, welche allerdings nicht aufwärtskompatibel zur Bourne-Shell ist, zum Vorbild genommen. Gegenüber der Bourne-Shell bietet die Korn-Shell folgende Neuheiten an:

- **Editieren von Kommandozeilen**
  Ein sehr großer Vorteil der Korn-Shell ist, daß sie das Editeren einer Kommandozeile mit **vi**- oder **emacs**-Kommandos zuläßt. Somit müssen bei einer fehlerhaften Kommandozeile nicht alle Zeichen "rückwärts" bis zur Stelle, an der eine Änderung vorzunehmen ist, zunächst gelöscht und dann wieder neu eingegeben werden.

- **History-Mechanismus**
  Die Korn-Shell merkt sich Kommandos, die zuvor eingegeben wurden, in einer sogenannten *History-Datei*. Auf diese Datei kann mittels **vi**- oder **emacs**-Kommandos, oder aber unter Verwendung des Kommandos **fc** zugegriffen werden. Somit ist es möglich, früher gegebene Kommandozeilen zu editieren und erneut aufzurufen, ohne daß diese vollständig neu einzutippen sind. Die History-Datei bleibt auch nach Beendigung einer UNIX-Sitzung bestehen.

- **Alias-Mechanismus**
  Es ist möglich, an ganze Kommandozeilen, die häufig benötigt werden, einen Kurznamen (auch *Alias* genannt) zu vergeben, und diese dann unter Angabe des Alias aufzurufen.

- **Job-Kontrolle**
  In der Korn-Shell ist es möglich, Jobs (Programme) zu stoppen, und ihre Ausführung vom Vorder- in den Hintergrund bzw. umgekehrt zu verlegen.

- **Erweitertes cd-Kommando**
  Mit dem Aufruf
  cd –
  ist es möglich, zum vorherigen working directory zurückzukehren, ohne daß der Directory-Name erneut einzugeben ist. Auch ist es möglich, das Kommando **cd** durch eine eigene Funktion zu ersetzen, um es so den persönlichen Anforderungen anzupassen.

- **Tilde-Expandierung**
  Auf das home directory eines beliebigen Benutzers kann durch die Angabe ~*loginname* zugegriffen werden, ohne daß dazu der Pfadname dieses Directorys bekannt sein muß.

- **Eigenes Menü-Kommando**
  Die Implementierung von Menüs in Korn-Shellskripts wird durch ein eigenes Kommando (**select**) erleichtert. Die Korn-Shell passt dann die Menü-Ausgabe automatisch an die Bildschirmgröße des jeweiligen Terminaltyps an.

- **Eingebaute Arithmetik für ganze Zahlen**
  Die Korn-Shell kann ganzzahlige Berechnungen vom Dual- bis zum 36-System durchführen, ohne daß dafür - wie in der Bourne-Shell - ein nicht built in-Kommando (wie **expr** oder **bc**) aufzurufen ist.

- **Substring-Operatoren**
  Die Korn-Shell kann Teilstrings aus den Werten von Shell-Variablen extrahieren.

- **Variablen-Attribute**
  Shell-Variablen in der Korn-Shell verfügen über Attribute, die z.B. festlegen, ob es sich um eine String- oder Integer-Variable handelt. Über Änderung eines Attributs ist es z.B. auch möglich, den String-Wert einer Variablen von Groß- in Kleinbuchstaben umzuwandeln.

- **Arrays**
  Eindimensionale Arrays von Zahlen oder Strings sind in der Korn-Shell erlaubt.

- **Funktionslokale Variablen**
  In Funktionen können lokale Variablen definiert werden.

- **Kommunikation mit Hintergrund-Prozessen**
  In der Korn-Shell ist möglich, mit einem oder mehreren Programmen, die im Hintergrund ablaufen, zu kommunizieren.

- **Bessere Unterstützung bei der Fehlersuche**
  Die Debugging-Möglichkeiten der Korn-Shell sind gegenüber denen der Bourne-Shell verbessert worden. Deshalb kann ein Fehler schneller lokalisiert und behoben werden.

- **Verbessertes Laufzeitverhalten**
  Die Korn-Shell ist drei- bis zehnmal schneller als die Bourne-Shell; dies gilt allerdings nicht für den Start einer Subshell, da das Korn-Shellprogramm umfangreicher ist und wesentlich mehr Mechanismen zur Manipulation und Überprüfung der jeweiligen Shell-Umgebung anbietet. Dieser kleine Nachteil wird jedoch durch die Tatsache wett gemacht, daß die Korn-Shell nicht sooft von sich aus Subshells startet wie vergleichsweise die Bourne- oder C-Shell; so startet die Korn-Shell z.B. für die Abarbeitung von Schleifen keine eigene Subshell.

5.2 Das Starten der Korn-Shell

Welche Shell als Login-Shell nach dem Anmelden zu starten ist, kann der Systemadministrator durch einen Eintrag in der entsprechenden Benutzerzeile in der Datei *etc/passwd* festlegen[1]. Ist die Korn-Shell nicht die Login-Shell, so kann sie mit ihrem Programmnamen **ksh** aufgerufen werden. Man erhält in diesem Fall die Meldung

---

[1] siehe Kapitel 2

ksh: not found

muß nach ihr gesucht werden[2]. Üblicherweise befindet sich das ksh-Programm in */bin*. Andere Unterbringungs-Möglichkeiten könnten */usr/bin*, */usr/lbin*, */usr/local* oder */usr/add-on* sein. Jedenfalls sollte das entsprechende Directory in der Variablen **PATH** mit aufgenommen werden, damit die Korn-Shell von nun ab nur mit ihrem Programmnamen **ksh** und nicht nur mit ihrem absoluten Pfadnamen aufgerufen werden kann.

Wird die Korn-Shell gestartet, so führt sie wie die Bourne-Shell zunächst die Datei *.profile* aus.

Danach sucht sie in ihrer Umgebung nach der Variablen **ENV**. Ist diese Variable vorhanden, so wird als nächstes die in **ENV** angegebene Datei ausgeführt. Diese Datei erstellt der jeweilige Benutzer selbst, um die Umgebung der Korn-Shell seinen eigenen Bedürfnissen anzupassen. Im nachfolgenden wird *$HOME/.ksh_env* als **ENV**-Datei (Environment-Datei) verwendet, deren Inhalt auf den nachfolgenden Seiten ständig erweitert werden wird.

Zunächst sollte allerdings die Variable **ENV** in *.profile* entsprechend gesetzt werden. Zudem sollte in *.profile* noch die Variable **SHELL** mit den Pfadnamen der **ksh** gesetzt werden, da viele Programme (wie z.B. **vi**) den Inhalt dieser Variablen verwenden, um festzulegen, welche Shell aufzurufen ist, wenn in diesen Programmen der Start einer Shell gefordert ist[3]:

```
$ cat $HOME/.profile⏎
PATH=/bin:/usr/bin/:.
ENV=$HOME/.ksh_env
SHELL=/bin/ksh          # Pfadname der ksh (evtl. aendern)
export PATH ENV SHELL
$
```

Für die nachfolgenden Beispiele wird das Directory */user1/egon/kshueb* benutzt:

```
$ pwd⏎
/user1/egon
$ mkdir kshueb⏎
$ cd kshueb⏎
$ pwd⏎
/user1/egon/kshueb
$
```

---

[2] Die Korn-Shell **ksh** ist erst seit System V.4 ein fester Bestandteil des UNIX-Software-Pakets.
[3] Eventuell sollte die alte Datei *.profile* von der Bourne-Shell zuvor gesichert werden, um sie auch später noch zur Verfügung zu haben.

5.3 Metazeichen

In der Korn-Shell existieren die selben Metazeichen wie in der Bourne-Shell. Es sind allerdings noch weitere hinzugekommen:[4]

Metazeichen	Bedeutung
kdo >| *datei*	wie bei > wird die Standardausgabe in *datei* umgelenkt. Im Unterschied zu > wird jedoch der alte Inhalt von *datei* in jedem Fall überschrieben, selbst wenn die Option **noclobber** eingeschaltet ist.
kdo <> *datei*	*datei* zum Lesen und Schreiben eröffnen.
$(*kdos*)	Neue alternative Form der Kommandosubstitution.
${10}, ${11}, ..	Zugriff auf die Werte der Positionsparameter 10, 11, ...
?(*pattern*)	deckt kein oder ein Vorkommen des angegebenen *pattern* ab.
*(*pattern*)	deckt kein, ein oder mehrere Vorkommen von *pattern* ab.
+(*pattern*)	deckt ein oder mehrere Vorkommen des angegebenen *pattern* ab.
@(*pattern*)	deckt genau ein Vorkommen des angegebenen *pattern* ab.
!(*pattern*)	deckt die Strings ab, die nicht durch das angegebene *pattern* abgedeckt werden.
~	Tilde-Expandierung für Worte, die mit ~ (engl. *tilde*) beginnen. Auf das home directory eines beliebigen Benutzers kann durch die Angabe ~*loginname* zugegriffen werden. Eine andere Anwendung von ~ ist z.B. **cd** ~- (Tilde und Minus), was einen Wechsel zum vorherigen working directory bewirkt.
((*ausdr*))	arithmetische Auswertung von *ausdr*.
kdo |&	Das Metazeichen |& bewirkt, daß das Kommando *kdo* (wie bei der Angabe von &) als Ko-Prozeß im Hintergrund (parallel) abläuft und die Vater-Shell nicht auf die Beendigung von *kdo* wartet. Anders als beim Metazeichen & wird hier zusätzlich eine "Zweiwege-Pipe" eingerichtet, über die der Vater- und Sohnprozeß miteinander kommunizieren können. "Zweiwege-Pipe" bedeutet dabei, daß der Vaterprozeß über diese Pipe in die Standardeingabe von *kdo* schreiben oder aber dessen Standardausgabe lesen kann. Dazu muß der Vaterprozeß die beiden built in-Kommandos **print** (ähnlich zu **echo**) und **read** mit der Option **-p** verwenden.

Tabelle - Neue Metazeichen in der ksh

---

[4] Von den hier vorgestellten neuen Metazeichen sind jedoch nur in der neuesten **ksh**-Version (16.11.1988) alle verfügbar.

Beispiel

```
$ pwd⏎
/user1/egon/kshueb
$ cd ~emil⏎
$ pwd⏎
/user1/emil
$ cd ~-⏎
$ pwd⏎
/user1/egon/kshueb
$ a=4+5⏎
$ echo $a⏎
4+5
$ ((a=4+5))⏎
$ echo $a⏎
9
$ cat rechne⏎
    # Dieses Skript wird als Koprozess gestartet
    #
g=0
while read zahlen    # Lesen einer Zeile aus der Pipe
do
   set $zahlen       # Setzen der Positionsparameter
   for i             # Fuer jeden einzelnen
   do                # Positionsparameter addieren: Aufruf
     g=`bc <<- EOF   # des Rechners bc (siehe Kap 7)
         $g+$i
     EOF`
   done
   print $g       # Zwischenergebnis in Pipe schreiben
done
$ cat add⏎
rechne |&   # Starten des Skripts rechne als Koprozess

while read zeile
do
   print -p "$zeile"    # Gelesene Zeile ueber Pipe
                        # an Koprozess leiten
   read -p gesamt       # Lesen des neu berechneten
                        # Zwischenergebnisses aus der
                        # Pipe zum Koprozess
   echo "——> $gesamt" # Ausgabe des Zwischenergebnisses
done
$ chmod u+x add rechne⏎
$ add⏎
1 2 3  4⏎
——> 10
```

```
20 35 [↵]
---> 65
12 1024 16 [↵]
---> 1117
12345678 [↵]
---> 12346795
[Ctrl-D]
$
```

5.4 Einfache Kommandos, Pipelines und Listen

Wie bei der Bourne-Shell gilt:

Listen werden aus einer oder mehreren Pipelines gebildet.

Pipelines setzen sich aus einem oder mehreren Kommandos zusammen.

Kommandos sind unterteilt in

- einfache Kommandos
- geklammerte Kommandos und
- Programmiersprach-Konstrukte.

Neu zu den Programmiersprach-Konstrukten hinzugekommen sind in der Korn-Shell:

- **[[** *ausdr* **]]**
- **select**-Anweisung,
- **function** *funktionsname* { *liste* ;} und
- **time** *pipeline*

Diese neuen Kommandos werden an späterer Stelle ausführlich beschrieben.

5.4.1 Einfache Kommandos und exit-Werte

Die Definition für einfache Kommandos entspricht der Definition, wie sie für die Bourne-Shell gegeben wurde:

Ein *einfaches Kommando* ist eine Folge von Wörtern, die durch Leer- und/oder Tabulatorzeichen voneinander getrennt sind. Das erste Wort gibt den Namen des auszuführenden Kommandos an. Bis auf wenige Ausnahmen werden die restlichen Wörter dem aufgerufenen Kommando als Argumente übergeben:

Der Rückgabewert eines Kommandos wird als sein *exit-Status* bezeichnet. Der exit-Status eines Kommandos zeigt immer den Erfolgsgrad der Kommandoausführung an:

Status	Anzeige
0	zeigt an, daß das Kommando erfolgreich ausgeführt wurde[5].
verschieden von 0	zeigt an, daß das Kommando nicht erfolgreich ausgeführt werden konnte. Der exit-Status liefert in diesem Fall noch zusätzlich die Information, ob das Kommando normal (z.B. Datei nicht vorhanden) oder abnormal (z.B. bei Division durch 0 oder bei Abbruch durch den Benutzer) beendet wurde. Wurde ein Programm abnormal beendet, so wird auf den eigentlichen exit-Status noch 0200 (oktal)[6] aufaddiert.

5.4.2 Pipelines

Eine *Pipeline* ist unter der Korn-Shell genauso definiert wie für die Bourne-Shell:

Eine *Pipeline* ist eine Folge von einem oder mehreren Kommandos, welche mit | voneinander getrennt sind. Das Pipesymbol | bewirkt, daß die Standardausgabe des links vom Pipesymbol | angegebenen Kommandos direkt in die Standardeingabe des rechts davon stehenden Kommandos weitergeleitet wird.

Der exit-Status einer Pipeline ist der exit-Status des zuletzt in der Pipeline angegebenen Kommandos.

5.4.3 Listen

Wie in der Bourne-Shell gilt: Eine *Liste* ist eine Folge von ein oder mehreren Pipelines, welche durch die Metazeichen

; ,& ,&& oder ||

voneinander getrennt sind.

---

[5] Achtung: Dies ist ein wesentlicher Unterschied zur Programmiersprache C, bei der der Wert 0 als FALSE und alle anderen Werte als TRUE interpretiert werden; gerade diese Eigenheit bereitet manchen C-Programmierern anfänglich Schwierigkeiten beim Arbeiten mit der Shell.
[6] dezimal: 128

Die Trennzeichen haben dabei folgende Bedeutung: Das Zeichen **;** bewirkt, daß die in der Liste angegebenen Pipelines streng nacheinander ausgeführt werden. Anstelle von **;** könnte auch ⏎ (Neuezeile-Zeichen) und dann das nächste Kommando eingegeben werden. Der einzige Unterschied zu dieser typischen Eingabe (Ein Kommando eingeben, auf Ausführungsende warten, dann nächstes Kommando eingeben und bis zum Ausführungsende warten, usw.) ist, daß man bei **;** mehrere Kommandos in einer Kommandozeile eingeben kann, bevor mit der sequentiellen Ausführung der angegebenen Kommandos begonnen wird.

Das Zeichen **&** bewirkt, daß die davor angegebene Pipeline[7] im Hintergrund (asynchron) ausgeführt wird. Das heißt, daß die Shell nicht auf das Ende der in der Pipeline angegebenen Kommandos wartet, sondern sofort mit der Abarbeitung (bzw. Entgegennahme) des nächsten Kommandos fortfährt, während die vorherige Pipeline parallel dazu im Hintergrund abläuft.

Das Zeichen **&&** bewirkt, daß die danach angegebenen Pipelines nur dann ausgeführt werden, wenn die vorherigen Pipelines erfolgreich (exit-Status = 0) ausgeführt werden konnten.

Das Zeichen **| |** bewirkt, daß die danach angegebenen Pipelines nur dann ausgeführt werden, wenn die vorherigen Pipelines nicht erfolgreich (exit-Status verschieden von 0) ausgeführt werden konnten

Am Ende einer Liste dürfen allerdings nicht nur wie in der Bourne-Shell die Metazeichen **&** und **;**, sondern auch das zuvor vorgestellte Metazeichen **|&** angegeben werden.

Die Vorrangregeln der hier angegebenen Trennzeichen von Pipelines in einer Liste sind: (**;** gleich **&** gleich **|&**) < (**&&** gleich **| |**). Wird in einer Liste das Symbol **|&** verwendet, so ist der exit-Status dieser Liste 0 (erfolgreich).

5.4.4 Syntaxdiagramme zur Pipeline und Liste

Mir dem gegenüber der Bourne-Shell neu hinzugekommenen Symbol **|&** ergeben sich für die Korn-Shell folgende Syntaxdiagramme zu den zuvor vorgestellten Begriffen:

---

[7] Eine Pipeline kann sich auch aus nur einem Kommando zusammensetzen.

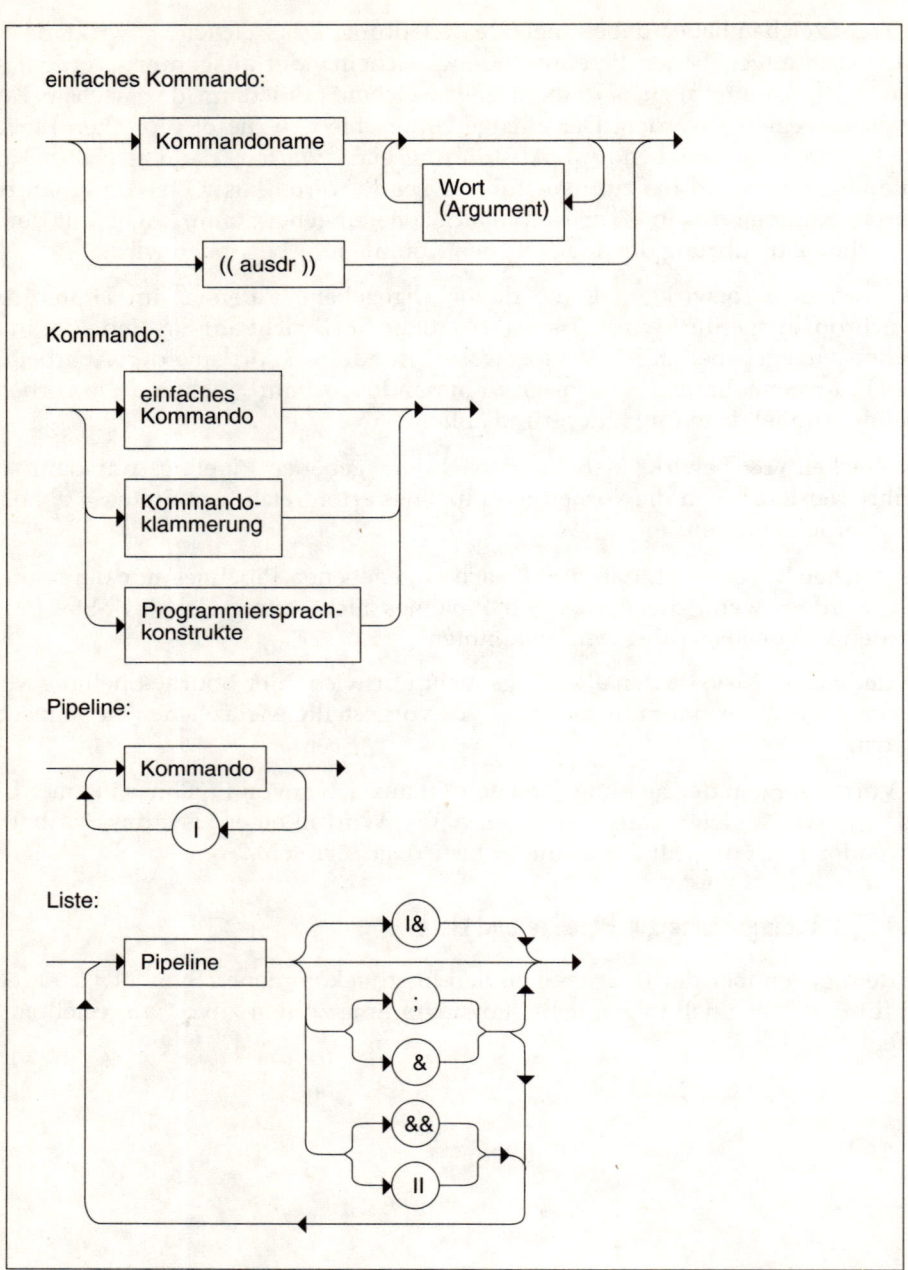

Bild 5.1 - Syntaxdiagramme zu Kommandos, Pipelines und Listen

Hinweis: Wird eines der Symbole |, && oder || an letzter Stelle einer Zeile angegeben, so nimmt die **ksh** in diesem Fall an, daß die Kommandozeile noch nicht vollständig ist, und fordert den Benutzer durch Ausgabe des Sekundär-Promptstrings "> " zur weiteren Eingabe auf.

5.5 Kommentare

Wie in der Bourne-Shell gilt: Wenn ein Wort mit # beginnt, dann werden dieses Wort und alle nachfolgenden Zeichen dieser Zeile von der Korn-Shell als Kommentar interpretiert und als solcher von ihr ignoriert.

Auf manchen Systemen ist es möglich, mit der folgenden Angabe in der ersten Zeile eines Shell-Skripts:

#! shell–pfadname

festzulegen, von welcher Shell dieses Skript auszuführen ist. So wäre es z.B. möglich in der Bourne-Shell ein Skript von der Korn-Shell ausführen zu lassen:

```
$ pwd↵
/user1/egon/kshueb
$ cat homedir↵
#!/bin/ksh
cd ~egon                    # ksh–Anweisung: wechsele zu egon's home dir.
pwd
$ chmod u+x homedir↵
$ homedir↵
/user1/egon
$ pwd↵
/user1/egon/kshueb          [Directory–Wechsel nur in Subshell stattgefunden]
$
```

5.6 Shell-Skripts (Shell-Prozeduren)

Wie in der Bourne-Shell, so können natürlich auch in der Korn-Shell Kommandos (bzw. Pipelines oder Listen) nicht nur interaktiv eingegeben werden, sondern in eine Datei geschrieben werden und diese Datei dann der **ksh** zur Abarbeitung der darin angegebenen Kommandos vorgelegt werden.

Solche Kommandodateien werden auch unter der Korn-Shell als *Shell-Skripts* (oder *Shell-Prozeduren*) bezeichnet.

Auch unter der Korn-Shell existieren mehrere Möglichkeiten, solche Shell-Skripts zu starten:

1. Aufruf mit **ksh**:
   ksh *skript-name*
   Wird ein Shell-Skript mit **ksh** aufgerufen, so wird eine neue Subshell[8] gestartet, die das angegebene Shell-Skript ausführt.

2. Alleinige Angabe des Shell-Skript-Namens (ohne **ksh**):
   skript-name
   Bei dieser Aufrufform muß die Datei, in welcher das Shell-Skript gespeichert ist, ausführbar sein, was beim Aufruf mit **ksh** nicht erforderlich ist.

   Falls die entsprechende Shell-Skript-Datei nicht ausführbar ist, so muß sie zuerst mit dem Kommando **chmod** dazu gemacht werden. Wie beim Aufruf mit **ksh** wird auch hier eine eigene Subshell gestartet, welche die Ausführung des aufgerufenen Shell-Skripts übernimmt.

Hinweis

Auch hier gilt, daß als Dateinamen für Shell-Skripts keine Namen von UNIX-Kommandos gewählt werden sollten; die Gründe dafür wurden bereits in Kapitel 4.4 besprochen.

5.7 Kommandosubstitution

Wie in der Bourne-Shell gilt:

Kommandos, deren Standardausgabe von der **ksh** als Teil der Kommandozeile zu verwenden ist, müssen mit "Gegen-Apostrophen" (engl.: *backquotes* oder *accents graves*):

`kommandos`

geklammert werden.

Wie in der Bourne-Shell, so gilt auch in der Korn-Shell:

- Alle Metazeichen behalten innerhalb einer Kommandosubstitution ihre Sonderbedeutung.

- Eine Schachtelung von Kommandosubstitutionen ist mit der Angabe von \`..\` (bzw. \\\`..\\\`, usw.) möglich.

- Zu `cat datei` existiert eine äquivalente aber schnellere Variante `< datei`.

Anders als in der Bourne-Shell wird bei einer Kommandosubstitution von built in-Kommandos, die keine Ein- oder Ausgabeumlenkung verwenden, keine neue Subshell gestartet.

---

[8] Sohnprozeß zur aktuellen Shell

Die Korn-Shell bietet zusätzlich noch eine andere Variante von Kommandosubstitution an:

$(*kommandos***)**

Bei dieser Form können die entsprechenden *kommandos* ohne Einschränkung durch bestimmte Quoting-Regeln genauso angegeben werden, als ob sie ohne Kommandosubstitution aufgerufen würden.

Beispiele

```
$ echo "Heute ist der $(date '+%d.%m.%y')"⏎
Heute ist der 22.05.91
$ echo "Zur Zeit arbeiten $(who | wc -l) Benutzer am System"⏎
Zur Zeit arbeiten       15 Benutzer am System
$
```

Auch bei dieser neu hinzugekommenen Kommandosubstitution ist Schachtelung möglich.

Beispiele

```
$ pwd⏎
/user1/egon/kshueb
$ cat addiere.c⏎
#include <stdio.h>

main()
{
   float  a, b;

   printf("Gib 2 Zahlen ein: ");
   scanf("%f %f", &a, &b);
   printf("Die Summe ist: %.3f\n", a+b);
}
$ cat cph⏎
cp $(find /usr/include \
      -name $(grep '#include' addiere.c | line |
              cut -f2- -d' ' | tr -d '<>') \
      -print) .
$ ls⏎
add
addiere.c
cph
homedir
rechne
$ chmod u+x cph⏎
$ cph⏎
```

```
$ ls⏎
add
addiere.c
cph
homedir
rechne
stdio.h  [ ←—— neu im Directory ]
$
```

Die Wirkung der Kommandosubstitution **$(cat** *datei***)** kann auch hier durch **$(<***datei***)** erreicht werden, wobei diese alternative Angabe wieder die schnellere Variante ist:

```
$ cat zaehle.txt⏎
/etc/magic
/etc/passwd
/usr/include/s*.h
$ wc -w $(<zaehle.txt)⏎
    946 /etc/magic
     46 /etc/passwd
     56 /usr/include/sccs.h
    502 /usr/include/scnhdr.h
    111 /usr/include/sd.h
    281 /usr/include/search.h
    309 /usr/include/setjmp.h
    293 /usr/include/sgtty.h
    236 /usr/include/shadow.h
    178 /usr/include/signal.h
    445 /usr/include/stand.h
     76 /usr/include/stdarg.h
    201 /usr/include/stddef.h
    856 /usr/include/stdio.h
    405 /usr/include/stdlib.h
    339 /usr/include/storclass.h
    309 /usr/include/string.h
    109 /usr/include/stropts.h
    280 /usr/include/strselect.h
    834 /usr/include/syms.h
   6812 total
$
```

Werden innerhalb von **$(..)** runde Klammern verwendet, so ist deren Sonderbedeutung durch Voranstellen von \ auszuschalten:

```
$ echo $(echo \(*\))⏎
(*)
$
```

Es gibt jedoch eine Ausnahme zu beachten. Wird in **$(..)** eine **case**-Anweisung verwendet, so ist vor jeder pattern-Angabe eine öffnende Klammer anzugeben, um sicherzustellen, daß gleich viele öffnende wie schließende Klammern in **$(..)** vorhanden sind.

```
$ cat hexz⏎
echo "Gib Hexaziffer ein"
read hziff
echo "$hziff (16) =  $(case $hziff in
                        ([0-9]) echo $hziff;;
                        ([Aa]) echo 10;;
                        ([bB]) echo 11;;
                        ([cC]) echo 12;;
                        ([dD]) echo 13;;
                        ([eE]) echo 14;;
                        ([fF]) echo 15;;
                            (*) echo "Keine Hexaziffer";;
                      esac) (10)"
$ chmod u+x hexz⏎
$ hexz⏎
Gib Hexaziffer ein
7⏎
7 (16) = 7 (10)
$ hexz⏎
Gib Hexaziffer ein
b⏎
b (16) = 11 (10)
$ hexz⏎
Gib Hexaziffer ein
x⏎
x (16) = Keine Hexaziffer (10)
$
```

In **ksh**-Versionen, die vor dem 3.6.1986 freigegeben wurden, ist die Angabe von **(** vor einem **case**-pattern allerdings nicht erlaubt; das wiederum bedeutet, daß in diesen **ksh**-Versionen keine **case**-Anweisung in **$(..)** erlaubt ist.

5.8 Shell-Parameter

Die Korn-Shell kennt wie die Bourne-Shell zwei Arten von Parametern:

Positionsparameter

Ihr Name wird als Ziffer 0, 1, 2,..., 9 angegeben. Wie später gezeigt wird, ist in der Korn-Shell auch ein Zugriff auf die Positionsparameter **10, 11,** usw. mit der Angabe **$(10), $(11),** usw. möglich.

Shell-Variablen

Ihr Name ist

- Ein Bezeichner (siehe Kapitel 3) oder
- eines der Zeichen * @ # ? - $!

Wie bei der Bourne-Shell wird durch Voranstellen von **$** vor einen Parameternamen dessen Wert angesprochen:

$parameter entspricht: Wert von *parameter*

Anders als in der Bourne-Shell haben Bezeichner-Variablen nicht nur einen Wert, sondern können zusätzlich noch ein oder mehrere Attribute besitzen. Die gleichzeitige Zuweisung von Werten und Attributen an Bezeichner-Variablen kann mit dem neuen built in-Kommando **typeset**[9] vorgenommen werden.

5.8.1 Positionsparameter

Für die Positionsparameter gelten weitgehend die gleichen Regeln wie in der Bourne-Shell:

Positionsparameter stellen wie in der Bourne-Shell die an ein Shell-Skript übergebenen Argumente zur Verfügung, wobei das 1.Argument dem Parameter 1, das 2.Argument dem Parameter 2, usw. zugewiesen wird. Dem Parameter 0 wird der Name des aufgerufenen Shell-Skripts zugewiesen.

Auf die Werte der einzelnen Parameternamen kann wieder durch Voranstellen des $-Zeichens zugegriffen werden.

Beispiel
```
$ cat ausgab↵
echo Das erste Argument ist $1
echo Das zweite Argument ist $2
echo Der Skriptname ist $0
$ chmod u+x ausgab↵
$ ausgab hans fritz franz↵
Das erste Argument ist hans
Das zweite Argument ist fritz
Der Skriptname ist ausgab
$
```

Mit dem built in-Kommando **set** können den Positionsparametern auch wieder explizit Werte zugewiesen werden. Die beim Aufruf von **set** angegebenen Argu-

---

[9] **typeset** wird in Kapitel 5.8.3 vorgestellt.

mente werden dabei in der Reihenfolge ihrer Angabe den Positionsparametern zugewiesen.

Der Positionsparameter 0 wird durch den **set**-Aufruf nicht neu gesetzt, sondern behält weiterhin als Wert den Namen der Shell "ksh" bzw. des aufgerufenen Shell-Skripts:

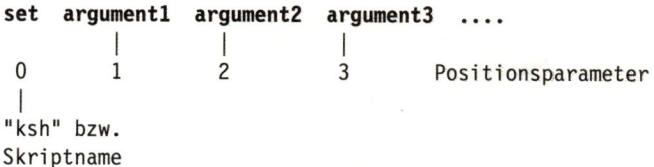

Werden innerhalb eines Shell-Skripts den Positionsparametern mit **set** neue Werte zugewiesen, so werden deren alte Inhalte (wie z.B. die Argumente aus der Kommandozeile) überschrieben.

Bei den zu **set** angegebenen Argumenten findet Dateinamen-Expandierung statt.

Mit dem Kommando **shift** können die Werte der Positionsparameter wieder (nach links) verschoben werden.

Mit dem neuen Aufruf

```
set —
```

werden alle Positionsparameter gelöscht:

```
$ set hans emil fritz↵
$ echo $2↵
emil
$ echo $*↵
hans emil fritz
$ set —↵
$ echo $2↵

$ echo $*↵

$
```

Mit dem neuen Aufruf

```
set —s
```

werden alle Positionsparameter nach dem ASCII-Code sortiert:

```
$ set hans emil fritz↵
$ echo $2↵
emil
$ echo $*↵
```

```
hans emil fritz
$ set -s↵
$ echo $2↵
fritz
$ echo $*↵
emil fritz hans
$
```

5.8.2 Shell-Variablen (Schlüsselwort-Parameter)

Der Name einer Korn-Shell-Variablen ist wie in der Bourne-Shell

- entweder als Bezeichner (siehe auch Kapitel 13). Es gibt dabei keine Beschränkung bezüglich der Länge eines Bezeichners, und Groß- und Kleinbuchstaben werden unterschieden.
- oder eines der Zeichen * @ # ? - $!

anzugeben.

Ebenso gilt die gleiche Syntax für die Zuweisung eines Wertes an eine Shell-Variable

variablenname=wert [*variablenname=wert*]....

Vor und hinter dem Gleichheitszeichen darf dabei kein Trennzeichen angegeben sein.

Im nachfolgenden wird wieder unterschieden zwischen:

- vom Benutzer frei wählbaren und
- von der **ksh** vordefinierten Variablennamen.

Frei wählbare Variablennamen

Bezüglich der Wahl von benutzerdefinierten Variablennamen gelten die Regeln für Bezeichner (siehe Kapitel 3). Da die von der **ksh** vordefinierten Variablennamen immer aus drei oder mehr Großbuchstaben bestehen, ist es empfehlenswert, keine solchen Variablennamen zu wählen. Denn so kann sichergestellt werden, daß eigene Variablen nicht mit Variablen kollidieren, die in späteren **ksh**-Versionen neu eingeführt werden.

Wie in der Bourne-Shell, so gilt auch in der Korn-Shell:

- Wird auf den Wert einer Variablen zugegriffen, bevor ihr explizit ein Wert zugewiesen wurde, dann liefert ein solcher Zugriff die leere Zeichenkette.

- Soll einer Shell-Variablen eine Zeichenkette zugewiesen werden, in der die Bedeutung aller Metazeichen, wie z.B. **$**, Leerzeichen, usw. auszuschalten ist, dann ist diese Zeichenkette mit '..' zu klammern.

- Bei einer Zuweisung an eine Variable findet keine Dateinamen-Expandierung statt.

- Die Definition einer Shell-Variablen kann mit dem Kommando **unset** wieder aufgehoben werden.

- Unter Verwendung des built in-Kommandos
  read *variable(n)*
  kann eine Zeile von der Standardeingabe gelesen werden; dabei werden die einzelnen Wörter der Eingabezeile nacheinander den angegebenen Shell-Variablen *variable(n)* zugewiesen.

Arrays

Neu in der Korn-Shell ist, daß sie auch eindimensionale Arrays mit bis zu 512 Elementen[10] anbietet. Einem Element eines Arrays kann dabei unter Verwendung der folgenden Syntax ein Wert zugewiesen werden:

arrayname **[***index***]** =*wert*

Als *index* ist dabei jeder mögliche arithmetische Ausdruck[11] zugelassen, der einen Wert aus dem Bereich 0 bis 511 liefert.

Soll auf den Wert eines Arrayelements zugegriffen werden, so muß dies mit

${*arrayname***[***index***]}**

erfolgen.

Werden die Klammern { } weggelassen:

$*arrayname***[***index***]**

so wird der Wert $*arrayname* mit dem String konkateniert, der durch die Dateinamen-Expandierung von [*index*] geliefert wird.

Arrays müssen nicht wie in höheren Programmiersprachen deklariert werden, sondern werden beim ersten Zugriff auf ein Element automatisch von der **ksh** angelegt. Wenn jedoch die Größe eines Arrays bekannt ist und explizit festgelegt werden soll, so kann **typeset** verwendet werden.

---

[10] implementations-abhängiger Wert; Manche **ksh**-Versionen lassen eventuell mehr Array-Elemente zu.
[11] siehe Kapitel 5.8.3

Wird ein Arrayname alleine ohne Angabe von [*index*] verwendet:

arrayname

so ist dies gleichbedeutend mit der Angabe

***arrayname*[0]**

Die Angabe

${*arrayname*[*]}

beziehungsweise

${*arrayname*[@]}

liefert alle Array-Elemente (mit Leerzeichen getrennt).

Die Angabe

${#*arrayname*[*]}

beziehungsweise

${#*arrayname*[@]}

liefert die Anzahl der Elemente im Array *arrayname*.

Beispiele

```
$ wort[1]=one⏎
$ wort[2]=two⏎
$ wort[3]=three⏎
$ wort[0]="zero ——> start"⏎
$ echo ${wort[3]} ${wort[2]}⏎
three two
$ echo ${wort[1]}⏎
one
$ echo ${wort[0]}⏎
zero ——> start
$ echo $wort⏎
zero ——> start             [Inhalt von wort[0]]
$ echo $wort[1]⏎
zero ——> start[1]          [Inhalt von wort[0] und pattern [1] ]
$ wort="Lauf los"⏎         ["Lauf los" wird wort[0] zugewiesen]
$ echo ${wort[0]}⏎
Lauf los
$ echo ${wort[*]}⏎
Lauf los one two three
$ >abc⏎                    [Leere Datei abc anlegen]
$ >abc2⏎                   [Leere Datei abc2 anlegen]
$ ls abc*⏎
```

```
abc
abc2
$ wort[0]=abc⏎
$ echo $wort[2] ⏎     [= echo abc[2];[..] Metazeichen für Dateinamen-Expand.]
abc2
$ echo ${#wort[*]}⏎
4
$ wort[10]=ten⏎
$ echo ${#wort[*]}⏎
5
$ echo ${wort[*]}⏎
abc one two three ten
$
```

Arrays können nicht exportiert werden.

Neu in der Korn-Shell ist desweiteren, daß Variablen nicht nur einen Wert, sondern auch Attribute besitzen, wie z.B. Integer-Variable, Funktionsname, usw. Gleichzeitige Festlegung eines Werts und Attributs für eine Variable kann mit dem Kommando **typeset** erreicht werden[12]. Soll z.B. eine Variable als Integer-Variable gekennzeichnet werden, so kann dies mit

typeset −i *variable=wert*

erfolgen.

Vordefinierte Shell-Variablen

Wie die Bourne-Shell, so bietet auch die Korn-Shell eine Reihe von Variablen an, deren Namen von ihr bereits fest vorgegeben sind. Bei diesen vordefinierten Variablen wird wieder unterschieden zwischen

- vom Benutzer veränderbaren Shell-Variablen
- Variablen, die ständig von der **ksh** automatisch gesetzt werden (auch automatische Variablen genannt).

Vordefinierte, aber änderbare Shell-Variablen

Name	Bedeutung
CDPATH	Wie in der Bourne-Shell enthält diese Variable die Suchpfade für das built-in-Kommando **cd** (siehe auch Kapitel 4.6.2). keine Voreinstellung.

---

[12] siehe Kapitel 5.8.3

Name	Bedeutung
COLUMNS	Wenn diese Variable gesetzt ist, so legt ihr Wert die Weite des Editor-FensterEditor-Fensters für die built in-Editoren der **ksh** (siehe Kapitel 5.20) und für die Ausgaben von **select**-Listen (siehe Kapitel 5.16.7) fest. Voreinstellung: **COLUMNS=80**.
EDITOR	Falls die Variable **VISUAL** nicht gesetzt ist, und der Wert der Variablen **EDITOR** mit einem der Wörter *emacs, gmacs* oder *vi* endet, so wird der entsprechende built in-Editor für die **ksh** eingeschaltet (siehe Kapitel 5.20). Voreinstellung: **EDITOR=/bin/ed**.
ENV	Der Inhalt dieser Variablen legt den Pfadnamen der Environment-Datei fest; die in dieser Datei enthaltenen Definitionen und Kommandos werden bei jedem Aufruf einer neuen **ksh** gelesen bzw. ausgeführt. Üblicherweise werden in der mit **ENV** spezifizierten Datei Funktions- und Variablen-Definitionen oder Alias-Vereinbarungen (siehe Kapitel 5.17) angegeben, so daß diese automatisch jeder Subshell zur Verfügung gestellt werden. keine Voreinstellung.
FCEDIT	enthält den Pfadnamen des Editors, der beim Kommando **fc** (siehe Kapitel 5.19.2) zu verwenden ist. Voreinstellung: **FCEDIT=/bin/ed**.
FPATH	enthält die Directories, welche die **ksh** nach "Funktionsdefinitions-Dateien" durchsuchen soll (siehe auch **autoload** in Kapitel 5.16.9). Wie bei **PATH** sind auch hier die einzelnen Directories mit Doppelpunkt (:) voneinander zu trennen. Diese Variable ist nur in **ksh**-Versionen verfügbar, die nach dem 3.6.1986 freigegeben wurden. keine Voreinstellung.
HISTFILE	enthält den Pfadnamen einer Datei, in der die Kommando-History (Liste der zuletzt aufgerufenen Kommandozeilen) aufbewahrt wird, um zuvor eingegebene Kommandos eventuell an späterer Stelle wieder verwenden zu können (siehe Kapitel 5.19.1). Diese Variable wird bei jedem Aufruf der **ksh** ausgewertet, aber nicht während einer Sitzung. Voreinstellung: Falls diese Variable nicht gesetzt ist oder die darin angegebene Datei aufgrund von Zugriffsrechten nicht beschrieben werden darf, so wird als History-Datei die Datei **$HOME**/*.sh_history* genommen.

Name	Bedeutung
HISTSIZE	Der Inhalt dieser Variablen legt fest, wieviele der zuletzt eingegebenen Kommandos aufzuheben sind, um sie eventuell später wieder zu verwenden. Diese Variable wird bei jedem Aufruf der **ksh** ausgewertet, aber nicht während einer Sitzung. Voreinstellung: **HISTSIZE=128**.
HOME	wie in der Bourne-Shell: enthält home directory des entsprechenden Benutzers. Voreinstellung: wird beim Anmelden auf einen vom Systemadministrator (in /etc/passwd) festgelegten Pfadnamen gesetzt.
IFS	(*Internal Field Separators*) enthält die Trennzeichen, welche zum Trennen einer Zeile in einzelne Wörter zu verwenden sind. Anders als in der Bourne-Shell gelten die darin enthaltenen Trennzeichen nur für **read**, **set** und für das Resultat aus Parameter- und Kommandosubstitution. Voreinstellung: Leerzeichen, Tabulatorzeichen und Neuezeile-Zeichen.
LINES	wird von **ksh** für die Ausgabe von **select**-Listen (siehe Kapitel 5.16.7) verwendet; ungefähr zwei Drittel der mit **LINES** festgelegten Zeilenzahl wird dabei ausgegeben. Neben **ksh** verwenden auch noch andere Programme diese Variable. Voreinstellung: **LINES=24**
MAIL	Wie in der Bourne-Shell: enthält den Pfadnamen der mailbox-Datei.
MAILCHECK	Wie in der Bourne-Shell: legt die Zeitperiode (in Sekunden) fest, in der immer zu überprüfen ist, ob neue mail angekommen ist.
MAILPATH	ist sehr ähnlich zur Bourne-Shellvariablen **MAILPATH**, außer daß ein **?** anstelle von % zu verwenden ist, um die zu einem mail-Pfadnamen gehörige Meldung von diesem abzugrenzen. Wird keine solche Meldung für einen Pfadnamen angegeben, so ist hier die voreingestellte Meldung "*you have mail in $_*" ($_ enthält den Pfadnamen der mailbox).

Name	Bedeutung

MAILPATH	Auch hier wird für die angegebene Meldung Parameter- und Kommandosubstitution durchgeführt. So würde z.B die Zuweisung
	`MAILPATH="/usr/mail/egon:/usr/mail/gruppe?$(logname), Postbote da"`
	bewirken, daß die Ankunft neuer mail in der mailbox */usr/mail/egon* mit "*you have mail in /usr/mail/egon*" und die Ankunft neuer mail in der mailbox */usr/mail/gruppe* mit "*Login-Name, Postbote da*" (z.B. "*egon, Postbote da*") gemeldet würde.
	Auch kann für die entsprechenden mailbox-Dateinamen die Kurzform $_ verwendet werden. So bewirkt z.B. die Zuweisung
	`MAILPATH=/usr/mail/egon:/usr/mail/gruppe?Post in $_ angekommen,`
	daß die Ankunft neuer mail in der mailbox */usr/mail/egon* mit "*you have mail in /usr/mail/egon*" und die Ankunft neuer mail in der mailbox */usr/mail/gruppe* mit "*Post in /usr/mail/gruppe angekommen*" gemeldet würde.
	keine Voreinstellung.

PATH	wie in der Bourne-Shell: enthält die Suchpfade für Programme. Die Voreinstellung ist nicht wie in der Bourne-Shell: `PATH=:/bin:/usr/bin,` sondern `PATH=/bin:/usr/bin:`[13]
PS1	wie in der Bourne-Shell enthält diese Variable den Primär-Promptstring, welchen die **ksh** ausgibt, wenn sie die Eingabe von Kommandos erwartet. Anders als in der Bourne-Shell kann allerdings der Promptstring nicht nur statisch, sondern auch dynamisch festgelegt werden, da die Parametersubstitution bei Klammerung mit '..' nicht bereits bei der Zuweisung, sondern immer nur beim Lesen von **PS1** ausgeführt wird. Ebenso neu gegenüber der Bourne-Shell ist, daß jedes Vorkommen von **!** im Promptstring bei der Ausgabe durch die entsprechende Kommandonummer ersetzt wird.

---

[13] aus Sicherheitsgründen ist zuerst in */bin*, dann in */usr/bin* und zuletzt im working directory zu suchen.

Name	Bedeutung
PS1	Beispiel: `$ PS1='!>$PWD: '`⏎[14] `202>/user1/egon/kshueb: `**cd /usr**⏎ `203>/usr: `**cd**⏎ `204>/user1/egon: `**cd /kshueb**⏎ `205>/user1/egon/kshueb: `**PS1="$ "**⏎ `$`[15] Voreinstellung: **PS1="$ "** (beim Superuser: **PS1="# "**)
PS2	Wie in der Bourne-Shell: enthält den Sekundär-Promptstring, welchen die **ksh** ausgibt, wenn sich eine Kommandozeile über mehrere Zeilen erstreckt, um anzuzeigen, daß sie noch auf weitere Eingaben wartet, bevor sie mit der Ausführung der gesamten Kommandozeile beginnt.
PS3	enthält den Promptstring für die Auswahl beim Kommando **select** (siehe Kapitel 5.16.7) Voreinstellung: **PS3="#? "**.
PS4	enthält den Debugging-Promptstring. Der in **PS4** enthaltene Promptstring wird beim Debuggen von Shell-Skripts (Option **-x** gesetzt) auf die Standardfehlerausgabe ausgegeben (siehe Kapitel 5.21). **PS4** ist nur in **ksh**-Versionen verfügbar, die nach dem 3.6.1986 freigegeben wurden. Voreinstellung: **PS4="+ "**.
SHACCT	Wie in der Bourne-Shell: **ksh** schreibt in die über **SHACCT** festgelegte Datei Abrechnungsinformation. keine Voreinstellung.

---

[14] Die automatische Variable **PWD** wird von der **ksh** immer mit dem Pfadnamen des working directorys besetzt.
[15] Für die nachfolgenden Beispiele wird angenommen, daß die Variable **PS1** mit
`export PS1='!>$PWD: '`
in der Datei *.ksh_env* (im home directory) gesetzt wird.

Name	Bedeutung
SHELL	Wie in der Bourne-Shell: enthält den Pfadnamen der Shell. Beim Aufruf einer neuen Shell wird geprüft, ob im Basisnamen dieses Pfadnames ein **r** vorkommt. Wenn dies zutrifft, so wird diese **ksh** als eingeschränkte Shell (*restricted shell*) gestartet. Voreinstellung: wird beim Anmelden auf einen vom Systemadministrator (in */etc/passwd*) festgelegten Pfadnamen gesetzt.
TERM	Wie in der Bourne-Shell: spezifiziert das Terminal, an dem der Benutzer gerade arbeitet. keine Voreinstellung.
TMOUT	Wenn diese Variable einen Wert größer als 0 enthält, so beendet sich die entsprechende **ksh** nach soviel Sekunden, wenn nicht innerhalb dieser Zeitspanne ein neues Kommando eingegeben wird. Bevor sich die Shell allerdings beendet, gibt sie die Warnung *"shell time out in 60 seconds"* aus. Wenn dann nicht innerhalb von 60 Sekunden ein Kommando eingegeben oder zumindest die ↵-Taste gedrückt wird, dann beendet sie sich. Die Korn-Shell kann so eingerichtet werden, daß es unmöglich ist, **TMOUT** einen Wert zuzuweisen, der größer als ein bestimmtes Maximum oder aber 0 ist. Voreinstellung: **TMOUT=0** (bedeutet: unendliche Zeit)
VISUAL	Wenn der Wert dieser Variablen mit einem der Wörter *emacs*, *gmacs* oder *vi* endet, so wird der entsprechende built in-Editor für die **ksh** eingestellt (siehe Kapitel 5.20) keine Voreinstellung.
TZ	Wie in der Bourne-Shell: legt die Zeitzone fest.

Tabelle - Vordefinierte, aber änderbare Shell-Variablen in der ksh

Die momentanen Werte aller Shell-Variablen können mit den Kommandos **set** (ohne Angabe von Argumenten) oder **typeset** (ohne Angabe von Argumenten) am Bildschirm ausgegeben werden.

Automatische Variablen

Die folgenden vordefinierten Variablen können niemals explizit durch den Benutzer gesetzt werden; sie werden ständig neu von der Korn-Shell gesetzt. Auf die Werte dieser automatischen Parameter kann wieder durch Voranstellen von $ zugegriffen werden:

Die Korn-Shell

Name	Bedeutung
#	Anzahl der gesetzten Positionsparameter. Neben dem Aufruf eines Skripts oder einer Funktion wird # auch noch durch die Kommandos **set**, **shift** und . (Punkt-Kommando) neu gesetzt.
-	(Minuszeichen) Optionen, welche beim Aufruf der Shell angegeben oder mit dem **set**-Kommando eingeschaltet wurden[16].
?	Exit-Status des zuletzt im Vordergrund ausgeführten Kommandos.
$	Prozeßnummer (PID) der aktuellen Shell.
!	Prozeßnummer (PID) des zuletzt im Hintergrund gestarteten Kommandos.
*	Alle Positionsparameter als **ein** String: "$*" entspricht "$1 $2 $3 ..." Als Trennzeichen für die einzelnen Parameter $1, $2, usw. wird dabei das erste in **IFS** angegebene Zeichen verwendet.
@	Alle Positionsparameter als **einzelne** Strings: "$@" entspricht "$1" "$2" "$3" ..."

Tabelle - Automatische Variablen in der ksh

Beispiele

```
210>/user1/egon/kshueb: set "Hallo Franz" wie gehts↵
211>/user1/egon/kshueb: ALT_IFS="$IFS"↵
212>/user1/egon/kshueb: IFS=",$IFS"↵
213>/user1/egon/kshueb: for i in $@↵
> do↵
>    echo "$i"↵
> done↵
Hallo
Franz
wie
gehts
214>/user1/egon/kshueb: for i in "$@"↵
> do↵
>    echo "$i"↵
> done↵
Hallo Franz
wie
gehts
```

---

[16] siehe auch Kapitel 5.24.3.

```
215>/user1/egon/kshueb: for i in $*↵
> do↵
>    echo "$i"↵
> done↵
Hallo
Franz
wie
gehts
216>/user1/egon/kshueb: echo "$*"↵
Hallo Franz,wie,gehts          [Trennzeichen ist Komma (erstes Zeichen aus IFS)]
217>/user1/egon/kshueb: IFS="$ALT_IFS"↵
218>/user1/egon/kshueb: echo "$*"↵
Hallo Franz wie gehts     [Trennzeichen ist Leerzeichen (erstes Zeichen aus IFS)]
219>/user1/egon/kshueb:
```

Den nachfolgenden automatischen Variablen kann der Benutzer zwar explizit Werte zuweisen; allerdings macht dies nur selten Sinn. Zum Beispiel enthält die Variable **PWD** immer das momentane working directory. Wenn der Benutzer nun den Wert von **PWD** ändert, so bewirkt dies keinen Wechsel des working directorys; zudem wird beim nächsten **cd**-Aufruf **PWD** wieder neu auf das entsprechende working directory gesetzt.

Name	Bedeutung
_	(Unterstrich) Diese Variable hat mehrere Funktionen: ■ letztes Argument des vorherigen (Vordergrund-)Kommandos. ■ Beim Auswerten der Variablen **MAIL** enthält _ den Pfadnamen der mailbox. ■ Bei **ksh**-Versionen nach dem 3.6.1986 wird _ beim Aufruf eines Shell-Skripts mit dem Pfadnamen des Skripts gesetzt.
ERRNO	Diese Integer-Variable enthält immer die Fehlernummer des letzten fehlerhaften Systemaufrufs. Es ist zu beachten, daß die Fehlernummern systemabhängig sind. Mit der Zuweisung von 0 kann **ERRNO** zurückgesetzt werden. **ERRNO** ist nur bei **ksh**-Versionen verfügbar, die nach dem 3.6.1986 freigegeben wurden.
LINENO	Die **ksh** setzt **LINENO** auf die momentane Zeilennummer in einem Skript oder in einer Funktion, bevor sie das entsprechende Kommando ausführt. Wenn **LINENO** explizit ein Wert zugewiesen wird, so wird damit ab der momentanen Zeile (nicht für die vorhergehenden) eine neue Zeilenzählung begonnen. **LINENO** ist nur bei **ksh**-Versionen verfügbar, die nach dem 3.6.1986 freigegeben wurden.

Die Korn-Shell

Variablenname Bedeutung

OLDPWD	enthält das vorherige working directory.
OPTARG	Die **ksh** setzt die Variable **OPTARG**, wenn das Kommando **getopts** eine Option liest, die ein Argument verlangt; **OPTARG** wird dann das entsprechende Argument zugewiesen. **OPTARG** ist nur bei **ksh**-Versionen verfügbar, die nach dem 3.6.1986 freigegeben wurden.
OPTIND	**getopts** setzt den Wert von **OPTIND** immer auf die Argument-Nummer der nächsten auszuwertenden Option. **OPTIND** wird immer automatisch auf 1 gesetzt, wenn **ksh**, ein Skript oder eine Funktion aufgerufen wird. Soll **getopts** eine neue Argumenten-Liste abarbeiten, so kann **OPTIND** explizit der Wert 1 zugewiesen werden. **OPTIND** ist nur bei **ksh**-Versionen verfügbar, die nach dem 3.6.1986 freigegeben wurden.
PPID	.Prozeßnummer der Vatershell (*Parent Process* **ID**).
PWD	momentanes working directory.
RANDOM	**RANDOM** ist eine Integer-Variable, welcher die **ksh** bei jedem Zugriff eine Zufallszahl zwischen 0 und 32767 zuweist. Mit dem expliziten Zuweisen einer ganzen Zahl an **RANDOM** kann ein neuer Startwert für die zu generierende Zufallszahlenfolge festgelegt werden.
REPLY	In dieser Variablen werden beim **select**-Kommando (siehe Kapitel 5.16.7) oder beim Aufruf des built in-Kommandos **read**, wenn keine Argumente angegeben sind, die eingegebenen Zeichen gespeichert.
SECONDS	Der Wert dieser Integer-Variablen enthält die seit dem Aufruf der **ksh** verstrichene Sekundenzahl. **SECONDS** kann auch explizit ein neuer Wert zugewiesen werden.

Tabelle - Automatische ksh-Variablen, die änderbar sind

Beispiele

```
220>/user1/egon/kshueb: echo "Hallo" >/bin/ls
ksh: /bin/ls: cannot create
221>/user1/egon/kshueb: echo $_
Hallo
222>/user1/egon/kshueb: echo $ERRNO
 10                      [Fehlernummer vom ersten echo-Kommando;systemabhaengig]
223>/user1/egon/kshueb: cat zufall
```

```
RANDOM=$$      # Start fuer Zufallszahlengenerator
echo "1.Zufallszahl: $RANDOM"
echo "2.Zufallszahl: $RANDOM"
echo "Zufzahl aus [1,100]: $(expr $RANDOM % 100 + 1)"
```
224>/user1/egon/kshueb: **chmod u+x zufall**⏎
225>/user1/egon/kshueb: **zufall**⏎
1.Zufallszahl: 677
2.Zufallszahl: 19145
Zufzahl aus [1,100]: 84
226>/user1/egon/kshueb: **zufall**⏎
1.Zufallszahl: 1585
2.Zufallszahl: 21844
Zufzahl aus [1,100]: 36
227>/user1/egon/kshueb: **echo $SECONDS**⏎
130
228>/user1/egon/kshueb: **echo $SECONDS**⏎
139
229>/user1/egon/kshueb: **SECONDS=50**⏎
230>/user1/egon/kshueb: **echo $SECONDS; sleep 10; echo $SECONDS**⏎
63
73
231>/user1/egon/kshueb: **echo $$**⏎
1286
232>/user1/egon/kshueb: **echo $PPID**⏎
1256
233>/user1/egon/kshueb: **ksh**⏎
234>/user1/egon/kshueb: **echo $$**⏎
1359
235>/user1/egon/kshueb: **echo $PPID**⏎
1286
236>/user1/egon/kshueb: **exit**⏎
237>/user1/egon/kshueb: **echo $PWD**⏎
/user1/egon/kshueb
238>/user1/egon/kshueb: **cd /usr**⏎
239>/usr: **echo $PWD**⏎
/usr
240>/usr: **echo $OLDPWD**⏎
/user1/egon/kshueb
241>/usr: **cd $OLDPWD**⏎
242>/user1/egon/kshueb: **cat eingabe**⏎
echo "Gib was ein:"
read
echo "Du hast ──$REPLY── eingegeben"
243>/user1/egon/kshueb: **chmod u+x eingabe**⏎
244>/user1/egon/kshueb: **eingabe**⏎
Gib was ein:
Das ist nur ein Test⏎

Die Korn-Shell

```
Du hast ——Das ist nur ein Test—— eingegeben
245>/user1/egon/kshueb: set⏎
CDSPELL=cdspell
ENV=/user1/egon/.ksh_env
ERRNO=10
FCEDIT=/bin/ed
HOME=/user1/egon
HZ=60
IFS=

LINENO=1
LOGNAME=egon
MAIL=/usr/spool/mail/egon
MAILCHECK=600
OLDPWD=/usr
OPTIND=0
PATH=/bin:/usr/bin:.
PPID=1256
PS1=!>$PWD:
PS2=>
PS3=#?
PS4=+
PWD=/user1/egon/kshueb
RANDOM=3756
SECONDS=279
SHELL=/bin/ksh
TERM=ansi
TMOUT=0
TZ=MET-1MESZ,M3.5.0,M9.5.0/03
_=eingabe
246>/user1/egon/kshueb:
```

5.8.3 Attribute von Variablen

Neu in der ksh ist, daß Variablen Attribute besitzen. Jeder Variablen (Bezeichner-Variablen) können ein oder mehrere Attribute zugeordnet werden. Wird das Attribut einer Variablen geändert, so wird auch der Wert dieser Variablen dem neuen Attribut entsprechend angepasst. Um Attribute von Variablen ein- oder auszuschalten, steht das built in-Kommando **typeset** zur Verfügung:

typeset [±flrtuxH] [±iLRZ[*n*]] [*variable*=[*wert* ..]]

Wird **typeset** alleine ohne Argumente aufgerufen, so werden alle momentan definierten Variablen mit ihren Attributen angezeigt.

Werden beim Aufruf von **typeset** nur Optionen angegeben, so werden alle Variablen, welche die mit den Optionen spezifizierten Attribute besitzen, aufgelistet:

Wurde vor den Optionen - (Minus) angegeben, so werden die betreffenden Variablen mit ihren derzeitigen Werten ausgegeben.

Ist vor den Optionen ein + (Plus) angegeben, so werden nur die entsprechenden Variablennamen ausgegeben.

Enthält ein **typeset**-Aufruf zumindest eine *variable*, dann werden allen erwähnten *variable(n)* die über die Optionen spezifizierten Attribute zugeordnet. Ein - (Minus) vor einer Option schaltet dabei diese ein und ein + (Plus) davor schaltet sie aus.

Mit **typeset** sind auch Variablenzuweisungen möglich; dabei sind mehrere Zuweisungen mit einem **typeset**-Aufruf möglich. Die Angabe von Optionen schaltet dabei wieder die entsprechenden Attribute für die *variable(n)* ein (-) bzw. aus (+).

Wenn **typeset** innerhalb einer Funktion aufgerufen wird, dann wird mit diesem Aufruf eine funktionslokale *variable* kreiert.

Folgende Optionen kennt **typeset**:

Optionen	Bedeutung
-u	(**u**ppercase) alle Kleinbuchstaben werden in Großbuchstaben umgewandelt; schaltet die Option **-l** aus.
-l	(**l**owercase) alle Großbuchstaben werden in Kleinbuchstaben umgewandelt; schaltet die Option **-u** aus.
-i[*n*]	(**i**nteger) die entsprechende Variable wird als Integer-Variable definiert. Ist eine ganze Zahl *n* angegeben, so legt diese die Basis des Zahlensystems für die Variable fest, andernfalls wird als Basis 10 angenommen. Bei jeder Zuweisung eines Werts an eine Integer-Variable wird dieser Wert als arithmetischer Ausdruck (nicht als String) interpretiert. Anstelle von **typeset -i** *variable=wert* .. kann auch das vordefinierte Alias **integer** (siehe Kapitel 5.17) verwendet werden: **integer** *variable=wert* ..

Optionen	Bedeutung
-L[*n*]	(**L**eft *justified*) justiert den Wert der entsprechenden Variablen linksbündig und entfernt eventuell führende Leerzeichen. Ist eine ganze Zahl *n* (ungleich 0) angegeben, so legt diese die Anzahl der auszugebenden Zeichen fest. Ist kein *n* angegeben, so wird diese Zeichenzahl durch die erste Zuweisung festgelegt. Enthält ein zugewiesener Wert weniger Zeichen als für eine Variable festgelegt sind, so werden bei der Ausgabe entsprechend viel Leerzeichen rechts angehängt; enthält dagegen ein zugewiesener Wert mehr Zeichen, so werden die rechts "überhängenden" Zeichen abgeschnitten. **-L** schaltet die Option **-R** aus.
-LZ[*n*]	(*strip* **L**eading **Z**eros) entspricht weitgehend der Option **-L**[*n*]. Allerdings werden bei diesem Attribut führende Nullen entfernt.
-R[*n*]	(**R**ight *justified*) justiert den Wert der entsprechenden Variablen rechtsbündig und entfernt Leerzeichen am Ende. Ist eine ganze Zahl *n* (ungleich 0) angegeben, so legt diese die Anzahl der auszugebenden Zeichen fest. Ist kein *n* angegeben, so wird diese Zeichenzahl durch die erste Zuweisung festgelegt. Enthält ein zugewiesener Wert weniger Zeichen als für eine Variable festgelegt sind, so werden bei der Ausgabe entsprechend viel Leerzeichen davor ausgegeben; enthält dagegen ein zugewiesener Wert mehr Zeichen, so werden die links "überhängenden" Zeichen abgeschnitten. **-R** schaltet die Option **-L** aus.
-Z[*n*] oder **-RZ**[*n*]	(**R**ight **Z**ero *filled*) entspricht weitgehend der Option **-R**[*n*]. Allerdings wird hier der Wert bei der Ausgabe links mit führenden Nullen aufgefüllt. Dies geschieht aber nur dann, wenn das erste "echte" Zeichen eine Ziffer ist, ansonsten wird der Wert mit entsprechend viel führenden Leerzeichen ausgegeben.
-r	(**r**eadonly) markiert Variablen als "nur lesbar". Der Versuch, den Wert einer solchen Variablen zu ändern, resultiert in einer Fehlermeldung. Der Inhalt einer "nur lesbaren" Variablen kann nur dann geändert werden, wenn diese Variable entweder mit **unset** gelöscht oder aber mit **typeset +r** das Attribut "nur lesbar" ausgeschaltet wird. Das Attribut "nur lesbar" kann auch mit dem built in-Kommando **readonly** eingeschaltet werden; allerdings bestehen dabei doch gewisse Unterschiede:

Optionen	Bedeutung
-r (Forts.)	■ Während eine mit **typeset -r** eingeführte Variable wieder mit **unset** entfernt werden kann, ist dies bei **readonly** unmöglich. ■ Innerhalb einer Funktion wird mit **typeset -r** eine funktionslokale Variable definiert; bei **readonly** dagegen eine globale Variable.[17]
-x	(*export*) markiert Variablen für den Export an Subshells. Die **ksh** setzt dieses Attribut für alle Variablen, die sie von der Vatershell geerbt hat. Wird dann der Wert einer so geerbten Variablen geändert, so wird dieser neue Wert (nicht der Wert von der Vatershell) an alle Subshells vererbt. Dies ist ein Unterschied zur Bourne-Shell, wo jede Variable neu exportiert werden muß, wenn ein geänderter Wert (nicht der Wert aus der Vatershell) an weitere Subshells zu vererben ist. Eine Variable kann neben **typeset -x** auch noch mit dem built in-Kommando **export** exportiert werden. Innerhalb einer Funktion wird mit **typeset -x** eine funktionslokale Variable definiert, während **export** dagegen eine globale Variable einführt.
-H	(**H***ost operating system pathname mapping*) nur bei Nicht-UNIX-Systemen anwendbar. **ksh** ignoriert diese Option auf UNIX-Systemen. Bei jedem Zugriff auf eine Variable mit diesem Attribut, ändert sie den Wert (Pfadnamen) dieser Variablen so, daß er den Pfadnamen-Regeln des jeweiligen Nicht-UNIX-Systems entspricht.
-t	(*tagged*) markiert Variablen für benutzereigene Zwecke. Dieses Attribut wird von der **ksh** nicht benutzt.

Die Option **-f** wird an späterer Stelle besprochen.

Beispiele
```
195>/user1/egon/kshueb: PS1="$ "⏎
$ typeset -u a="hallo"⏎
$ echo $a⏎
HALLO
$ typeset -l a⏎
$ echo $a⏎
hallo
$ read a⏎
Das ist ein TEST⏎
$ echo $a⏎
```

---

[17] Leer- und Tabulatorzeichen zählen nicht als "echte" Zeichen.

Die Korn-Shell 315

```
das ist ein test
$ integer x=6⏎
$ typeset -i16 y=5*x⏎
$ echo $y⏎
16#1e          [1e (hexadezimal); entspricht 30 im Zehnersystem]
$ typeset -i z=$y⏎
$ echo $z⏎
16#1e
$ typeset -i2 d⏎
$ d=$y⏎
$ echo $d⏎
2#11110
$ typeset -R10 vv="Vorname" nn="Nachname" ww="Wohnort"⏎
$ typeset -R10 vor="Egon" nach="Mueller"⏎
$ wohnort="8500 Nuernberg"⏎
$ typeset -R10 wohnort⏎
$ echo "$vv$nn$ww\n$vor$nach$wohnort"⏎
   Vorname  Nachname   Wohnort
      Egon   Mueller Nuernberg
$ typeset -L10 vv nn ww vor nach wohnort⏎
$ echo "$vv$nn$ww\n$vor$nach$wohnort"⏎
Vorname   Nachname  Wohnort
Egon      Mueller   Nuernberg
$ typeset -u vv nn ww vor nach wohnort⏎
$ echo "$vv$nn$ww\n$vor$nach$wohnort"⏎
VORNAME   NACHNAME  WOHNORT
EGON      MUELLER   NUERNBERG
$ unset x y⏎
$ typeset -L3 x="abcd" y⏎
$ y=3⏎
$ echo "$y:$x"⏎
3  :abc
$ typeset -LZ3 x y=0003⏎
$ echo "$y:$x"⏎
   :abc
$ typeset -R3 x y⏎
$ y=3⏎
$ echo "$y:$x"⏎
  3:bcd
$ typeset -Z3 x y⏎
$ x="abcd"⏎
$ echo "$y:$x"⏎
003:bcd
$ typeset -l⏎             [Zeige alle Var. mit Werten, die Attribut -l haben]
a=das ist ein test
$ typeset +l⏎             [Zeige alle Var. ohne Werte, die Attribut -l haben]
a
```

```
$ typeset -t HOME mdir=PWD mzeit=$(date '+%T') ⏎
$ typeset +t ⏎          [Zeige alle mit -t markierten Var. ohne Wert]
HOME
mdir
mzeit
$ typeset -t ⏎          [Zeige alle mit -t markierten Var. mit Wert]
HOME=/user1/egon
mdir=/user1/egon/kshueb
mzeit=14:20:38
$ integer i=2#1010101001 ⏎
$ echo $i ⏎
2#1010101001
$ i=1023 ⏎
$ echo $i ⏎
1111111111
$ ((i=16#a4f+16#bad)) ⏎      [Addition zweier Hexzahlen]
$ echo $i ⏎
2#1010111111100
$ typeset ⏎    [Zeige alle Shell-Variablen mit ihren Attributen]
uppercase nn
export HZ
uppercase vor
export PATH
integer ERRNO
integer OPTIND
function LINENO
export LOGNAME
export MAIL
function SECONDS
readonly integer PPID
export PS1
PS3
PS2
OPTARG
function RANDOM
uppercase ww
export SHELL
tagged mdir
integer TMOUT
uppercase vv
uppercase nach
export tagged HOME
export _
lowercase a
integer base 2 d
FCEDIT
export TERM
```

Die Korn-Shell

```
integer base 2 i
export PWD
tagged mzeit
export TZ
export ENV
zerofill 3 rightjust 3 x
zerofill 3 rightjust 3 y
integer base 16 z
uppercase wohnort
integer MAILCHECK
$
```

Um beispielsweise von einer eingegebenen Antwort nur das erste Zeichen gelten zu lassen, könnte folgendes angegeben werden:

```
typeset -lL1 antwort
echo "Gib j oder n ein:"
read antwort
if [ "$antwort" = "j" ]
then
    echo "Zugestimmt"
else
    echo "Abgelehnt"
fi
```

typeset kann auch verwendet werden, um Arrays mit einer festen Anzahl von Elementen zu definieren. So legt z.B. die Deklaration

typeset x[100]

ein Array mit 101 Elementen (Indizes von 0 bis 100) fest.

Beispiel

```
255>/user1/egon/kshueb: cat lotto
RANDOM=$$      # Startwert fuer Zufallszahlengenerator

typeset -i zahl[49] i=1 z

while [ $i -le 6 ]         # 6 Zahlen sind zu ziehen
do
    ((z=$RANDOM % 49 + 1))  # Zahl zwischen 1 und 49
    while [ zahl[$z] -eq 1 ]   # wenn Zahl schon gezogen,
    do ((z=$RANDOM % 49 + 1))  # dann neuer Versuch
    done
    echo $z            # Zahl ausgeben
    zahl[$z]=1         # Merken, dass Zahl bereits gezogen
    ((i=i+1))          # i inkrementieren
done
```

```
256>/user1/egon/kshueb: chmod u+x lotto⏎
257>/user1/egon/kshueb: lotto⏎
41
14
13
6
16
20
258>/user1/egon/kshueb: lotto⏎
23
33
41
10
44
40
259>/user1/egon/kshueb:
```

Liegt keine solche Deklaration für ein Array vor, so wird beim ersten Zugriff auf ein Arrayelement ein Array mit der maximalen Größe von 512 Elementen[18] angelegt.

5.8.4 Spezielle Variablenausdrücke

Wie die Bourne-Shell, so unterscheidet auch die Korn-Shell zwischen undefinierten Variablen und Variablen, welchen explizit der "Nullwert" (leere Zeichenkette) zugeordnet wurde.

Neben dem einfachen Zugriff auf den Wert einer Variablen mit

$variable

bietet auch die Korn-Shell einige spezielle Zugriffsmöglichkeiten auf die Werte von Variablen:

${variable}** ist wie in der Bourne-Shell identisch zur Angabe **$variable.

Ein Variablenname muß immer dann in {..} angegeben werden, wenn

- dem Variablennamen ein Buchstabe, eine Ziffer oder ein Unterstrich folgt.
- ein Zugriff auf ein Arrayelement erfolgen soll:

    ${*arrayname*[*index*]}

---

[18] systemabhängig

■ auf Positionsparameter mit mehr als einer Ziffer (größer als 9) zuzugreifen ist:

```
259>/user1/egon/kshueb: set a b c d e f g h i j k l m n o p q↵
260>/user1/egon/kshueb: echo $12↵
a2
261>/user1/egon/kshueb: echo ${12}↵
l
262>/user1/egon/kshueb: eval echo \${$#}↵
q
263>/user1/egon/kshueb:
```

Die folgenden Angaben sind identisch zur Bourne-Shell:

Verwendung von default-Werten

${*variable*:-*wort*}
${*variable*-*wort*}

Zuweisen von default-Werten

${*variable*:=*wort*}
${*variable*=*wort*}

Fehlermeldung, wenn Nullwert oder nicht gesetzt

${*variable*:?*wort*}
${*variable*?*wort*}

Verwendung eines alternativen Werts

${*variable*:+*wort*}
${*variable*+*wort*}

Neu in der **ksh** hinzugekommen sind die folgenden Variablenausdrücke:

Länge eines Strings

${#*variable*}

liefert die Länge des Strings, der in *variable* gespeichert ist. Wird für *variable* * oder @ angegeben, so liefert dieser Ausdruck die Anzahl der Positionsparameter.

Beispiele

```
$ PS1="$ "⏎ [19]
$ satz="Wie lang bin ich denn ?"⏎
$ echo ${#satz}⏎
23
$ echo $HOME⏎
/user1/egon
$ echo ${#HOME}⏎
11
$ set one two three four five six⏎
$ echo ${#*}⏎
6
$ shift 2⏎
$ echo ${#@}⏎
4
$ namen="*"⏎
$ echo "$namen"⏎
*
$ echo ${#namen}⏎
1
$ echo $namen⏎
abc abc2 add addiere.c ausgab cph eingabe hexz homedir lotto rechne stdio.h
zaehle.txt zufall
$ a='echo $namen'⏎
$ echo ${#a}⏎
93
$
```

Anzahl der Elemente eines Arrays

${#*variable*[*]}

oder

${#*variable*[@]}

liefert die Anzahl der Elemente des Arrays *variable*.

Beispiele

```
$ x[1]=4  x[3]=17  x[6]="Hallo Egon"⏎
$ echo ${#x[*]}⏎
3
$ x[12]=144⏎
$ echo ${#x[*]}⏎
4
```

---

[19] Zur besseren Lesbarkeit wird für die nächsten Beispiele der Primärprompt immer mit **PS1="$ "** gesetzt.

Die Korn-Shell

```
$ typeset -u name[100]
$ echo ${#name[*]}
0
$ name[10]="Meier"
$ echo ${#name[@]}
1
$
```

Entfernen eines kleinen linken Teilstrings

${variable#pattern}

Wenn der über *pattern*[20] angegebene reguläre Ausdruck den Anfang des in *variable* gespeicherten Strings abdeckt, so liefert dieser Ausdruck den Wert von *variable* ohne den **kleinstmöglichen** durch *pattern* abgedeckten linken Teilstring, andernfalls liefert dieser Ausdruck den vollständigen Wert von *variable*.

Beispiele

```
$ echo $HOME
/user1/egon
$ echo $PWD
/user1/egon/kshueb
$ echo ${PWD#$HOME/}
kshueb
$ text=Wasserfrosch
$ echo ${text#*s}
serfrosch
$ echo ${text#??}
sserfrosch
$ echo ${text#Wasser}
frosch
$ echo ${text#frosch}
Wasserfrosch
$ echo ${text#Waser}
Wasserfrosch
$
```

Entfernen eines großen linken Teilstrings

${variable##pattern}

Wenn der über *pattern*[21] angegebene reguläre Ausdruck den Anfang des in *variable* gespeicherten Strings abdeckt, so liefert dieser Ausdruck den Wert von *variable*

---

[20] siehe Dateinamen-Expandierung in Kapitel 5.9
[21] siehe Dateinamen-Expandierung in Kapitel 5.9

ohne den **größtmöglichen** durch *pattern* abgedeckten linken Teilstring, andernfalls liefert dieser Ausdruck den vollständigen Wert von *variable*.

Beispiele
```
$ echo $PWD⏎
/user1/egon/kshueb
$ echo ${PWD##*/}⏎
kshueb
$ echo ${PWD#*/}⏎
user1/egon/kshueb
$ text=Wasserfrosch⏎
$ echo ${text##*s}⏎
ch
$ echo ${text##frosch}⏎
Wasserfrosch
$ cat basisname⏎
echo ${1##*/}
$ chmod u+x basisname⏎
$ basisname $HOME⏎
egon
$ basisname /usr/bin/vi⏎
vi
$
```

Um den Basisnamen eines aufgerufenen Skripts zu ermitteln, müßte im Skript folgendes angegeben werden:

${0##*/}

Mit dem Eintrag der beiden nachfolgenden Zeilen in *.profile* können für verschiedene Layers (bei Verwendung von **shl**) unterschiedliche History-Dateien eingerichtet werden:

```
vterminal=$(tty)
HISTFILE=$HOME/${vterminal##*/}
```

Entfernen eines kleinen rechten Teilstrings

${variable%pattern}

Wenn der über *pattern*[22] angegebene reguläre Ausdruck das Ende des in *variable* gespeicherten Strings abdeckt, so liefert dieser Ausdruck den Wert von *variable* ohne den **kleinstmöglichen** durch *pattern* abgedeckten rechten Teilstring, andernfalls liefert dieser Ausdruck den vollständigen Wert von *variable*.

---

[22] siehe Dateinamen-Expandierung in Kapitel 5.9

Beispiele
```
$ text=Wasserfrosch↵
$ echo ${text%s*}↵
Wasserfro
$ echo ${text%*s}↵
Wasserfrosch
$ echo ${text%Wasser}↵
Wasserfrosch
$ cat diriname↵
echo ${1%/*}
$ chmod u+x diriname↵
$ diriname $HOME↵
/user1
$ echo $PWD↵
/user1/egon/kshueb
$ diriname $PWD↵
/user1/egon
$ diriname /usr/bin/vi↵
/usr/bin
$
```

Der nachfolgende Ausschnitt aus einem Shell-Skript zeigt eine praktische Anwendung dieser Konstruktion. Es wird dabei geprüft, ob der *dateiname* mit **.c** endet. Wenn ja, dann wird diese Datei kompiliert:

```
......
if [ ${dateiname%.c} != $dateiname ]
then     # dateiname endet auf .c
   cc -c $dateiname
fi
......
```

Entfernen eines großen rechten Teilstrings
${variable%%pattern}

Wenn der über *pattern*[23] angegebene reguläre Ausdruck das Ende des in *variable* gespeicherten Strings abdeckt, so liefert dieser Ausdruck den Wert von *variable* ohne den **größtmöglichen** durch *pattern* abgedeckten rechten Teilstring, andernfalls liefert dieser Ausdruck den vollständigen Wert von *variable*.

Beispiele
```
$ text=Wasserfrosch↵
$ echo ${text%%s*}↵
Wa
```

---

[23] siehe Dateinamen-Expandierung in Kapitel 5.9

```
$ echo ${text%%+([!aeoui])}⏎24
Wasserfro
$
```

5.9 Expandierung von Dateinamen auf der Kommandozeile

Wie in der Bourne-Shell, so gilt auch in der Korn-Shell: Beim Aufruf eines Kommandos oder Shell-Skripts wird jedes Wort der Kommandozeile von der Korn-Shell daraufhin untersucht, ob eines der Zeichen *, ? oder [darin vorkommt. Wird ein solches Wort gefunden, so betrachtet die Shell dieses als ein sogenanntes *pattern*, welches eine Vielzahl von Dateinamen abdecken kann.

Jedes in der Kommandozeile gefundene pattern[25] wird dann von der **ksh** expandiert, d.h. durch alle Dateinamen ersetzt[26], die es abdeckt. Falls kein Dateiname gefunden werden kann, den ein vorgegebenes pattern abdeckt, so wird das entsprechende pattern nicht expandiert und unverändert dem aufgerufenen Kommando oder Shell-Skript übergeben.

Zur Expandierung von Dateinamen stehen wieder folgende Metazeichen zur Verfügung:

Metazeichen	Bedeutung
*	steht für "*eine beliebige Zeichenfolge*" (auch die leere)
?	steht für "*ein beliebiges einzelnes Zeichen*"
[...]	steht für "*eines der in [...] angegebenen Zeichen*". Bei der Angabe von Zeichen innerhalb von [...] sind auch Bereichsangaben wie [A-Z] oder [0-9] erlaubt.
[!...]	steht für "*ein Zeichen, welches **nicht** in [!...] angegeben ist*". Bei der Angabe von Zeichen innerhalb von [!...] sind auch Bereichsangaben wie [!B-S] oder [!4-8] erlaubt.

Tabelle - Zur Bourne-Shell identische Metazeichen für Dateinamen-Expandierung

---

[24] schneidet von rechts her alle Nicht-Vokale ab. Das neue *pattern* +(...) wird im nächsten Kapitel ausführlich beschrieben.
[25] Ein pattern kann am Anfang in der Mitte oder am Ende eines Worts angegeben sein. Es ist sogar möglich, daß ein Wort nur aus einem pattern besteht.
[26] alphabetisch sortiert.

In **ksh**-Versionen, die nach dem 3.6.1986 freigegeben wurden, können noch folgende *pattern*-Konstruktionen angegeben werden:

pattern	Bedeutung
?(*pattern*[| *pattern*]...)	deckt kein oder ein Vorkommen der angegebenen *pattern* ab. Beispiele: **kap?(11 | 1[4-6] | 20).1** deckt die Strings *kap.1*, *kap11.1*, *kap14.1*, *kap15.1*, *kap16.1* und *kap20.1* ab. **text.?(ein | aus | ksh | lst)** deckt die Strings *text.*, *text.ein*, *text.aus*, *text.ksh* und *text.lst* ab.
*(*pattern*[| *pattern*]...)	deckt kein, ein oder mehrere Vorkommen der angegebenen *pattern* ab. Beispiele: **kap**([0-9])** deckt den String *kap* und alle Strings ab, die mit *kap* beginnen und danach beliebig viele Ziffern enthalten.
+(*pattern*[| *pattern*]...)	deckt ein oder mehrere Vorkommen der angegebenen *pattern* ab. Beispiele: **kap+([0-9])** deckt alle Strings ab, die mit *kap* beginnen und danach eine oder mehrere Ziffern enthalten. ***+([0-9][0-9] | [a-z][a-z])** deckt alle Strings ab, die mit zwei Ziffern oder zwei Kleinbuchstaben enden. ***+([!a-zA-Z_0-9])*** deckt alle Strings ab, in denen ein Zeichen vorkommt, das kein Buchstabe, kein Unterstrich oder keine Ziffer ist.
@(*pattern*[| *pattern*]...)	deckt genau ein Vorkommen der angegebenen *pattern* ab. Beispiele: **rm *@(.bak | .sik)** löscht alle Dateien, deren Name mit *.bak* oder *.sik* endet. **hinter@(tuer | hof)** deckt die beiden Strings *hintertuer* und *hinterhof* ab.

pattern	Bedeutung
!(pattern[| pattern]...)	deckt die Strings ab, die durch keines der angegebenen *pattern* abgedeckt werden. Beispiele: **kap*!(.[0-9])** deckt die Strings ab, die mit *kap* beginnen und nicht mit einem Punkt gefolgt von einer Ziffer enden. **cp *!(.[co]) /tmp** kopiert alle Dateien, deren Name nicht mit *.c* oder *.o* endet in das Directory */tmp*. **!([a-f]*)** deckt alle Strings ab, die nicht mit einem der Kleinbuchstaben *a* bis *f* beginnen.

Tabelle - Neue ksh-Metazeichen für Dateinamen-Expandierung

Ausnahmen zu obigen Regeln:

Wie in der Bourne-Shell, so gilt auch in der Korn-Shell, daß einige Zeichenfolgen in Dateinamen nur dann abgedeckt werden, wenn sie explizit im entsprechenden pattern angegeben wurden:

```
. (Punkt) am Anfang eines Dateinamens
/.
/
```

Hinweis

Die Dateinamen-Expandierung kann auch ausgeschaltet werden, indem entweder beim **ksh**-Aufruf die Option **-f** angegeben wird oder aber diese Option mit dem built in-Kommando **set** (**set -f** oder **set -o noglob**[27]) eingeschaltet wird.

5.10 Quoting

Wie in der Bourne-Shell, so steht auch in der Korn-Shell der Quoting-Mechanismus zur Verfügung, um die Sonderbedeutung von Metazeichen[28] auszuschalten.

---

[27] siehe Kapitel 5.24.3.
[28] Die Metazeichen der Korn-Shell wurden in Kapitel 5.3 vorgestellt.

5.10.1 Verschiedene Quoting-Arten

Auch in der Korn-Shell existieren drei verschiedene Quoting-Arten:

1. Voranstellen von \
2. Klammerung mit '..'
3. Klammerung mit ".."

Voranstellen von \

Es gelten folgende Regeln:

- Wird einem der Metazeichen ein \ vorangestellt, so verliert dieses Metazeichen seine Sonderbedeutung. Wird ein \ vor einem Neuezeile-Zeichen angegeben, so wird dieses Zeichenpaar von der **ksh** entfernt. Wenn sich also eine Kommandozeile über mehr als eine Zeile erstrecken soll, so kann \ als Fortsetzungszeichen verwendet werden; in Kommentaren oder innerhalb von '..' wird \ nicht als Fortsetzungszeichen interpretiert.

- Ein \ vor einem Nicht-Metazeichen hat keinerlei Auswirkung, sondern wird lediglich entfernt.

- In einem Kommentar und innerhalb von '..' hat \ keine Sonderbedeutung.

- Innerhalb von ".." schaltet \ nur die Sonderbedeutung der Metazeichen $, `, \ und " aus.

- Innerhalb der alten Kommandosubstitution (`kdos`) schaltet \ nur die Sonderbedeutung der Metazeichen $, ` und \ aus.

Klammerung mit '..'

Alle Metazeichen zwischen zwei einzelnen Apostrophen[29] (außer ein weiterer Apostroph) verlieren ihre Sonderbedeutung.

Innerhalb von '..' verliert sogar das zuvor vorgestellte Quoting-Zeichen \ seine Sonderbedeutung. Sind in einer Kommandozeile viele Metazeichen auszuschalten, dann ist diese Art des Quotings dem Quoting mit \ vorzuziehen, da sich in diesem Fall doch wesentlich lesbarere Kommandozeilen ergeben.

Zwar kann auch mit dieser Quoting-Art die Sonderbedeutung des Neuezeile-Zeichens (Abschluß einer Kommandozeile) ausgeschaltet werden; allerdings wird anders als bei \⏎ der dadurch erzeugte Vorschub nicht von der Shell entfernt.

---

[29] Nicht zu verwechseln mit den Gegen-Apostrophen der Kommandosubstitution `..`

```
$ echo $HO'⏎
> 'ME⏎
                    [Ausgabe von $HO: leere Zeichenkette]
ME                  [Ausgabe des Strings ME in einer neuen Zeile]
$
```

Um die Sonderbedeutung eines einfachen Apostrophs innerhalb einer mit '..' geklammerten Zeichenkette auszuschalten, muß dieser mit Anführungszeichen geklammert werden: '..'"'"'..'. Außerhalb von '..' kann die Sonderbedeutung von ' mit \' oder mit "'" ausgeschaltet werden.

Klammerung mit ".."

Bei einer Klammerung mit ".." verlieren die meisten, aber nicht alle Metazeichen ihre besondere Bedeutung: innerhalb von ".." behalten nur die Metazeichen

\   "   ` $

ihre Sonderbedeutung.

Im Unterschied zur Apostrophen-Klammerung schaltet diese Form der Klammerung also folgendes nicht aus:

- das Quoting mit \

- Parametersubstitution ($*variable*: Zugriff auf den Wert von *variable*)

- alte Kommandosubstitution (`kdos`)

- neue Kommandosubstitution ($(*kdos*))

Da auch \ innerhalb von ".." seine Sonderbedeutung behält, kann es verwendet werden, um die Sonderbedeutung der 4 Zeichen \ " ` $ innerhalb von ".." auszuschalten.

Beispiele

```
$ echo "$PWD \" \$PWD \\$PWD \\\$PWD"⏎
/user1/egon/kshueb " $PWD \/user1/egon/kshueb \$PWD
$
```

Hinweis

Oft ist es notwendig, Kommandosubstitutionen mit ".." zu klammern, um bei den dadurch bereitgestellten Zeichenketten die darin enthaltenen Metazeichen (wie z.B. Dateinamen-Expandierung) auszuschalten.

Die Erkennung von built in-Kommandos[30] durch die Shell kann niemals durch Quoting unterbunden werden:

```
$ \p\w\d⏎
/user1/egon/kshueb
$ "pwd"⏎
/user1/egon/kshueb
$ 'pwd'⏎
/user1/egon/kshueb
$ "cd" /bin⏎
$ 'pwd'⏎
/bin
$ \c\d⏎
$ \c'd' kshueb⏎
$ \p"wd"⏎
/user1/egon/kshueb
$ "cd /bin"⏎
ksh: cd /bin:   not found[31]
$
```

Die Erkennung der **ksh**-Schlüsselwörter[32] dagegen kann mit Quoting verhindert werden, z.B. **"for"**, **\for**, **""for** , **'for'** oder **for""**.

Die Erkennung von **alias**-Namen[33] kann ebenfalls mit Quoting unterbunden werden.

5.10.2 Zusammenfassung der Quoting-Regeln

Die nachfolgende Tabelle gibt eine Übersicht über die Gültigkeit bestimmter Metazeichen bei den unterschiedlichen Quoting-Arten und der Kommandosubstitution:

---

[30] In Kapitel 5.24.5 sind alle built in-Kommandos der **ksh** zusammengefasst.
[31] String "cd bin" wird als Kommandoname interpretiert (existiert nicht)
[32] siehe Kapitel 5.16.
[33] siehe Kapitel 5.17.

Quoting		Metazeichen					
	\ $	*?[+!@	`	"	'	⌐
\	-	-	-	-	-	-	-
".."	x	x	-	x	+	-	v
'..'	-	-	-	-	-	+	v
`..`	x	x	x	+	x	x	x

Hierbei bedeutet:

- Sonderbedeutung ausgeschaltet
- x behält seine Sonderbedeutung
- + beendet entsprechendes Quoting bzw. Kommandosubstitution
- v Sonderbedeutung (Kommandoabschluß) ausgeschaltet, aber Bedeutung "Zeilenvorschub" bleibt erhalten

5.11 Ein- und Ausgabeumlenkung

Die üblichen Voreinstellungen sind dabei wie in der Bourne-Shell:

Standardeingabe: Dialogstation (Tastatur)
Standardausgabe: Dialogstation (Bildschirm)
Standardfehlerausgabe: Dialogstation (Bildschirm)

Jedem dieser drei Ein-/Ausgabekanäle ist wieder ein Dateideskriptor[34] zugeordnet:

Standardeingabe (**stdin**): 0
Standardausgabe (**stdout**): 1
Standardfehlerausgabe (**stderr**): 2

Anderen Dateien, welche innerhalb eines Programms oder Kommandos explizit eröffnet werden, werden die Dateideskriptoren 3, 4, 5, 6, usw. zugeordnet.

Diese Ein-/Ausgabekanäle können nun auch in der **ksh** in Dateien umgelenkt werden:

---

[34] Erinnerung: In UNIX werden Geräte wie Dateien behandelt.

Die Korn-Shell 331

<*datei* lenkt die Standardeingabe (von der Dialogstation) in die Datei *datei* um.

Standardeingabe

>*datei*
>|*datei*[35]

lenkt die Standardausgabe (von der Dialogstation) in die Datei *datei* um.

Existiert *datei* noch nicht, so wird sie neu angelegt. Wenn die Datei *datei* bereits existiert, so wird unterschieden, ob die Option **noclobber**[36] gesetzt ist oder nicht:

- gesetzt: **ksh** meldet einen Fehler. Bei der Angabe >|*datei* wird der alte Inhalt von *datei* überschrieben.

- nicht gesetzt: der alte Inhalt von *datei* wird überschrieben.

Die Eingabe

>*datei*

oder

>|*datei*

ohne Angabe eines Kommandos erzeugt eine leere Datei mit Namen *datei*. Um ein Umlenken der Standardausgabe für die momentan aktive **ksh** zu erreichen, muß das built in-Kommando **exec** verwendet werden.

Beispiel

```
$ pwd↵
/user1/egon/kshueb
$ >neudat↵
$ ls n*↵
neudat
$ set -o noclobber↵
$ >neudat↵
ksh  : neudat: file already exists
$ >|neudat↵
$ exec >logfile↵
$ echo "working directory: $(pwd)"↵
$ ls -CF a*↵
$ exec >/dev/tty↵      [Versuch: Standardausgabe wieder auf Bildschirm lenken]
ksh: /dev/tty: file already exists
```

---

[35] nur auf **ksh**-Versionen verfügbar, die nach dem 3.6.1986 freigegeben wurde.
[36] siehe Kapitel 5.24.3; **noclobber** ist jedoch nur auf **ksh**-Versionen verfügbar, die nach dem 3.6.1986 freigegeben wurde.

```
$ exec >|/dev/tty↵     [Standardausgabe wieder auf Bildschirm lenken]
$ cat logfile↵
working directory: /user1/egon/kshueb
abc        abc2       add*       addiere.c    ausgab*
$
```

>>*datei* lenkt die Standardausgabe (von der Dialogstation) in die Datei *datei* um; allerdings wird hierbei der alte Inhalt einer eventuell schon existierenden Datei *datei* nicht überschrieben. Die neuen Ausgabedaten werden an das Ende von *datei* geschrieben. Sollte die Datei *datei* noch nicht existieren, so wird sie wie bei der Konstruktion >*datei* bzw. >|*datei* neu angelegt.

<<*wort* - Hier-Dokument (engl. *here document*): Es wird die Eingabe an die Korn-Shell Zeile für Zeile gelesen, bis eine Zeile gefunden wird, welche genau mit *wort* übereinstimmt, oder bis ein **EOF** gelesen wird.

Anders als in der Bourne-Shell wird hier keine Parametersubstitution, keine Kommandosubstitution und keine Dateinamen-Expandierung für *wort* durchgeführt.

Abhängig davon, ob Quoting im *wort* verwendet wird oder nicht, wird die Sonderbedeutung der Metazeichen für die Eingabezeilen ausgeschaltet oder nicht:

Quoting im wort

In den folgenden Eingabezeilen wird die Sonderbedeutung der Metazeichen ausgeschaltet.

Beispiel

```
$ cat <<""ENDE↵
> Dies ist ein Hier-Dokument↵
> $PWD ist das working directory↵
> ENDE↵
Dies ist ein Hier-Dokument
$PWD ist das working directory
$
```

Kein Quoting im wort

Für die folgenden Eingabezeilen gelten dann wie in der Bourne-Shell folgende Regeln:

1. Parameter- und Kommandosubstitution findet statt.4

2. *Neuezeile-Zeichen*-Kombinationen werden ignoriert.4

3. \\ muß verwendet werden, um die Sonderbedeutung der Zeichen \\ sowie $ und ` auszuschalten.

Beispiel

```
$ cat <<ENDE⏎
> Dies ist ein Hier-Dokument⏎
> $PWD ist das working directory⏎
> ENDE⏎
Dies ist ein Hier-Dokument
/user1/egon/kshueb ist das working directory
$
```

Hinweis

Weitere Angaben nach *wort* sind möglich:

```
$ cat <<EOF | tr '[a-z]' '[A-Z]'⏎
> Dies ist ein Hier-Dokument⏎
> $PWD ist das working directory⏎
> EOF⏎
DIES IST EIN HIER-DOKUMENT
/USER1/EGON/KSHUEB IST DAS WORKING DIRECTORY
$
```

Wenn mehr als ein Hier-Dokument in einer Kommandozeile angegeben ist, dann liest **ksh** diese in umgekehrter Reihenfolge:

```
$ cat <<ENDE <<FIN⏎
> Dies ist⏎
> lediglich Kommentar⏎
> ENDE⏎
> eigentlicher⏎
> Text⏎
> FIN⏎
eigentlicher
Text
$
```

<<-*wort* ist identisch zur Angabe <<*wort*, außer daß in den nachfolgenden Eingabezeilen alle führenden Tabulatorzeichen ignoriert werden.

<& *fd* verwendet die Datei, welche mit dem Dateideskriptor *fd* (Ziffer) verbunden ist, als Standardeingabe.

In **ksh**-Versionen, die nach dem 3.6.1986 freigegeben wurden, kann für *fd* auch der Buchstabe **p** angegeben werden; in diesem Fall wird die Standardausgabe eines Ko-Prozesses, der mit Angabe von |& im Hintergrund gestartet wurde, direkt an die Standardeingabe weitergeleitet.

>& *fd* verwendet die Datei, welche mit dem Dateideskriptor *fd* verbunden ist, als Standardausgabe.

In **ksh**-Versionen, die nach dem 3.6.1986 freigegeben wurden, kann für *fd* auch der Buchstabe **p** angegeben werden; in diesem Fall wird die Standardausgabe direkt an die Standardeingabe eines Ko-Prozesses, der mit |& im Hintergrund gestartet wurde, weitergeleitet.

Nachdem die Standardeingabe oder die Standardausgabe unter Verwendung von **exec** mit einem Filedeskriptor benannt wurde, kann ein weiterer Ko-Prozeß gestartet werden.

Beispiel

```
$ cat wartmsg⏎
if [ $# -ne 1 ]
then
    echo "usage: $0 username" >&2
    exit 1
fi

until who | grep $1
do
    sleep 60
done
echo "$1 hat sich angemeldet" >&2
echo "Gib deine Meldung an $1 ein" >&2
read zeile
banner $zeile | mail $1
$ chmod u+x wartmsg⏎
$ ksh⏎
$ wartmsg emil |&⏎      [Ko-Prozeß 1 wird gestartet]
[1]     1823            [Jobnummer      PID]
$ exec 5>&p⏎ [Filedeskr. 5 auf Standardeing. von Koprozeß 1 festlegen]
$ wartmsg toni |&⏎      [Ko-Prozeß 2 wird gestartet]
[2]     2223            [Jobnummer      PID]
$ exec 6>&p⏎ [Filedeskr. 6 auf Standardeing. von Koprozeß 2 festlegen]
$
toni hat sich angemeldet
Gib deine Meldung an toni ein
$ print -u6 "Wichtig. See You soon —egon"⏎    [Zeile für Koprozeß 2]
$
emil hat sich angemeldet
Gib deine Meldung an emil ein
$ echo "Testdaten ? —egon" >&5⏎               [Zeile für Koprozeß 1]
$
```

Die entsprechenden Meldungen werden dabei den beiden Benutzern *toni* und *emil* in **banner**-Form als mail geschickt. Im obigen Beispiel wurde gezeigt, daß die entsprechende Meldung den betreffenden Ko-Prozessen auf zwei verschiedene Arten geschickt werden kann:

print −u*fd* **"***meldung***"**[37]

und

echo "*meldung***" >&***fd*.

```
$ ksh↵
$ (read a b c d; print "$$: $c $b $a") |&↵        [Start Koprozeß 1]
[1]   1334                                        [Jobnummer PID]
$ exec 5>&p↵         [Filedeskr. 5 auf Standardeing. von Koprozeß 1 festlegen]
$ (read; print "$$: $REPLY") |&↵                  [Start Koprozeß 2]
[2]   1523                                        [Jobnummer PID]
$ exec 6>&p↵         [Filedeskr. 6 auf Standardeing. von Koprozeß 2 festlegen]
$ date >&5↵                                       [date-Ausgabe nach Koprozeß 1]
$ print -u6 "Hallo, wie gehts"↵                   [Zeile für Koprozeß 2]
[1] -  Done    (read a b c d; print "$$: $c $b $a") |&
$ exec 3<&p↵    [Filedeskr. 3 auf Standardausg. von beiden Koprozessen legen]
[2] -  Done    (read; print "$$: $REPLY") |&
$ read -ru3 zeile↵                                [Lesen einer Zeile vom Koprozeß]
$ echo $zeile↵
1447: 04 Jun Tue
$ read -ru3 zeile↵                                [Lesen noch einer Zeile vom Koprozeß]
$ echo $zeile↵
1447: Hallo, wie gehts
$
```

<>*datei* eröffnet die Datei *datei* zum Lesen von und Schreiben auf die Standardeingabe. Diese Konstruktion ist nur auf **ksh**-Versionen verfügbar, die nach dem 3.6.1986 freigegeben wurden.

<&- schließt die Standardeingabe (identisch zu **< /dev/null**).

>&- schließt die Standardausgabe. Wird oft anstelle von **> /dev/null** verwendet, wenn nur die Ausführung, aber nicht die Ausgabe eines Kommandos von Wichtigkeit ist.

Bei all diesen Notationen kann zusätzlich vor dem entsprechenden Umlenkungszeichen noch ein Dateideskriptor (Zahl) angegeben werden, der den umzulenkenden "Datenstrom" (wie z.B. 2 für Standardfehlerausgabe) festlegt:

Beispiele

2>fehler

lenkt die Standardfehlerausgabe in die Datei *fehler* um

---

[37] siehe Kapitel 5.12.

3>>fehl_sammel

lenkt den Filedeskriptor 3 in die Datei *fehl_sammel* um, wobei die entsprechenden Ausgaben ans Ende der Datei *fehl_sammel* geschrieben werden.

2>&-

schließt die Standardfehlerausgabe.

2>&1

lenkt die Standardfehlerausgabe in die Datei mit dem Dateideskriptor 1 (Standardausgabe) um.

0<eingab_dat

ist identisch zur Angabe **<eingab_dat**

>/tmp/prot.$$

kreiert eine leere Datei *prot.pid* im Directory */tmp*.

Hinweis

1. Unter Verwendung von **exec** ohne Angabe von Argumenten, sondern nur mit Umlenkungsanweisungen, ist es möglich, Dateien zu öffnen und zu schließen. Als Filedeskriptoren können dabei die Ziffern 0 bis 9 verwendet werden.

Beispiele

exec 3<>/dev/tty
eröffnet */dev/tty* (Dialogstation) mit dem Filedeskriptor 3 zum Lesen und Schreiben:
```
$ exec 3<>/dev/tty⏎
$ echo "Hallo" >&3⏎
Hallo
$ read -u3 zeil⏎
Das ist eine Zeile⏎
$ echo $zeil⏎
Das ist eine Zeile
$
```

exec 3<zaehle.txt
eröffnet die Datei *zaehle.txt* zum Lesen und legt 3 als Filedeskriptor für diese Datei fest:
```
$ exec 3<zaehle.txt⏎
$ read -u3⏎
$ echo $REPLY⏎
/etc/magic
$ read -u3 zeile⏎
$ echo $zeile⏎
```

```
/etc/passwd
$
```

Der Befehl

exec 3<&–

schließt die Datei mit Filedeskriptor 3.

exec 4<>einaus

eröffnet die Datei *einaus* zum Lesen und Schreiben; als Filedeskriptor für diese Datei wird 4 festgelegt.

exec 3<&5

eröffnet den Filedeskriptor 3 als eine Kopie von Filedeskriptor 5.

2. Vor und nach den Umlenkungsanweisungen können beliebig viele Leer- und Tabulatorzeichen angegeben sein.

3. Die Reihenfolge, in welcher die "Umlenkungsanweisungen" angegeben sind, ist signifikant: Die Shell wertet immer "von links nach rechts" aus.

4. Die Umlenkungs-Konstruktionen werden bereits vor dem Aufruf des entsprechenden Programms von der **ksh** ausgewertet, so daß das aufgerufene Programm davon keinerlei Notiz nimmt. Nachdem die **ksh** die geforderten Umleitungen vorgenommen hat, werden die Umlenkungsangaben nicht mehr benötigt und deshalb von der **ksh** aus der Kommandozeile entfernt. Somit werden Umlenkungsanweisungen niemals einem Programm als Argumente übergeben.

5. Umlenkungsanweisungen können an beliebiger Stelle in einem einfachen Kommando angegeben werden. Üblicherweise werden die Umlenkungen am Ende eines Kommandos angegeben.

6. Für die bei der Ein-/Ausgabeumlenkung angegebene Datei findet nur dann eine Dateinamen-Expandierung statt, wenn diese nur eine Datei liefert.

Beispiel
```
$ ls e*⏎
eingabe
$ read <eingabe⏎
$ echo $REPLY⏎
echo "Gib was ein:"
$ ls a*⏎
abc
abc2
add
addiere.c
ausgab
```

```
$ read <a*↵
ksh: a*: cannot open
$ echo "Hallo" >a*↵
$ ls a*↵
a*
abc
abc2
add
addiere.c
ausgab
$ cat a\*↵
Hallo
$
```

7. Wenn sich ein angegebenes Kommando aus mehreren einfachen Kommandos zusammensetzt, so wertet auch die **ksh** zuerst die Umlenkungsanweisungen für das gesamte Kommando aus, bevor sie die Umlenkungsangaben für die einzelnen einfachen Kommandos auswertet. Somit ergibt sich wie in der Bourne-Shell folgende Auswertungsreihenfolge:

a) Auswertung für die gesamte *Kommandoliste*

b) Auswertung für jede einzelne *Pipeline* in der *Kommandoliste*

c) Auswertung für jedes einzelne Kommando in den angegebenen *Pipelines*

d) Auswertung für jede *Kommandoliste* in jedem Kommando

8. Eine Subshell erbt die Dateideskriptoren der aufrufenden Shell.

9. Bei der Verwendung von >& ist auch in der **ksh** die Reihenfolge der Angabe wichtig:

kdo   2>&1   1>sammel (1)

Standardfehlerausgabe ——> Bildschirm
Standardausgabe   ——> *sammel*

kdo   1>sammel   2>&1 (2)

Standardausgabe   ——> *sammel*
Standardfehlerausgabe ——> *sammel*

5.12 Die built in-Kommandos read und print

Das Lesen vom Terminal oder aus Dateien ist mit dem built in-Kommando **read** möglich. Anders als in der Bourne-Shell verfügt das **read** der **ksh** über Optionen.

Das Schreiben auf das Terminal oder in Dateien ist in der Korn-Shell mit dem built in-Kommando **print** oder mit dem Alias **echo**[38] möglich.

5.12.1 Lesen von Terminals und Dateien

Um eine Zeile von der Standardeingabe zu lesen, ist das built in-Kommando **read** zu verwenden:

read   [–prsu[*n*]]   [*variable(n)*]

Das Kommando **read** liest eine Zeile[39] von der Standardeingabe. Das erste Wort der Eingabezeile wird dann der zuerst angegebenen *variable*, das zweite der zweiten *variable*, usw. zugewiesen. Zur Aufteilung der Eingabezeile in einzelne Wörter werden die Trennzeichen aus der Shell-Variablen **IFS** verwendet.

Wenn mehr Worte als *variable(n)* angegeben sind, dann werden alle restlichen Worte der zuletzt angegebenen *variable* zugewiesen.

Sind mehr *variable(n)* angegeben, als Worte in einer Eingabezeile vorhanden sind, so wird den zuviel angegebenen Variablen der Nullwert (leerer String) zugewiesen.

Wird **read** ohne Angabe von *variable(n)* aufgerufen, so wird die vollständige Eingabezeile in der Variablen **REPLY** gespeichert.

Die erste Variable kann in der Form

variable?prompt

angegeben werden. Wenn die entsprechende **ksh** interaktiv ist, so wird in diesem Fall der *prompt*-String vor dem Einlesen der entsprechenden Eingabezeile auf die Standardfehlerausgabe ausgegeben.

read liefert nur dann einen von 0 verschiedenen exit-Status (nicht erfolgreich), wenn **EOF** gelesen wird.

---

[38] **echo** ist kein built in-Kommando der **ksh**, sondern ein Alias (siehe Kapitel 5.17)
[39] Eine Eingabezeile kann sich dabei über mehrere Zeilen erstrecken, wenn als letztes Zeichen einer Teilzeile das Zeichen \ vor dem Neuezeile-Zeichen angegeben wird.

Optionen

Option	Bedeutung
-p	liest die Eingabezeile vom Ko-Prozeß. Ein Lesen von **EOF** bewirkt dabei, daß die Verbindung zum Ko-Prozeß abgebrochen wird; danach könnte also ein neuer Ko-Prozeß kreiert werden.
-r	schaltet die Sonderbedeutung von \ als Zeilen-Fortsetzungszeichen aus.
-s	die entsprechende Eingabezeile wird als Kommando in der History-Datei[40] festgehalten.
-u[n]	bewirkt ein Lesen von der Datei mit Filedeskriptor n; Voreinstellung für n ist 0 (Standardeingabe). Bevor ein anderer Filedeskriptor als 0 oder 2 verwendet werden kann, muß mit **exec** ein entsprechender Filedeskriptor eingerichtet werden[41].

Hinweise

Bei der Eingabe für ein **read**-Kommando können Metazeichen der Shell durch Voranstellen von \ ausgeschaltet werden. Der Backslash wird entfernt, bevor die entsprechenden Worte den angegebenen *variable(n)* zugewiesen werden.

Ist bei der Eingabe ein built in-Editor eingeschaltet, so können entsprechende Editor-Direktiven[42] bei der Eingabe der Zeile verwendet werden.

Beispiele

read -r

liest eine Zeile in die Variable **REPLY**

read -rs

liest eine Zeile in die Variable **REPLY** und speichert diese Zeile zusätzlich in der History-Datei

read -r zeile

liest eine Zeile in die Variable **zeile**

---

[40] siehe Kapitel 5.19.
[41] siehe Kapitel 5.11.
[42] siehe Kapitel 5.20.

read −r zeile?"Gib ein:"

liest eine Zeile in die Variable **zeile**; hierbei wird vor der Eingabe die Aufforderung *Gib ein:* ausgegeben.

read −u3 text

liest aus der Datei mit Filedeskriptor 3 eine Zeile in die Variable **text**.

```
$ cat einles↵
read nachnam?"Wie heisst du ? (Nachname Vorname)" vornam
echo "Du heisst also $vornam $nachnam"
$ chmod u+x einles↵
$ einles↵
Wie heisst du ? (Nachname Vorname) Haller Sascha↵
Du heisst also Sascha Haller
$ cat pruef↵
typeset −L1 −l antwort  # Konsistenzpruefg. fuer Eingaben
while read antwort?"Bitte geben Sie j oder n ein: "
      case $antwort in
         [jn]) false;;
            *) true;;
      esac
do
   echo "Falsche Eingabe"
done
echo "Eingabe ok"
$ chmod u+x pruef↵
$ pruef↵
Bitte geben Sie j oder n ein: Yes↵
Falsche Eingabe
$ pruef↵
Bitte geben Sie j oder n ein: klar↵
Falsche Eingabe
$ pruef↵
Bitte geben Sie j oder n ein: Jaja↵
Eingabe ok
$
```

5.12.2 Schreiben auf Terminals und in Dateien

Zum Schreiben auf die Standardeingabe steht das built in-Kommando **print** zur Verfügung:

print [−Rnprsu[n]] [argument(e)]

Das Kommando **print** gibt die *argument(e)*, nachdem für diese Parametersubstitution, Kommandosubstitution und Dateinamen-Expandierung durchgeführt wurde, auf die Standardausgabe aus. Bei der Ausgabe werden alle Argumente durch ein Leerzeichen voneinander getrennt, und diese gesamte Ausgabe wird dann mit einem Neuezeile-Zeichen abgeschlossen.

Spezielle Notationen

Das **print**-Kommando läßt bestimmte C-ähnliche Notationen zu:

Notation	Bedeutung
\a	Zeichen für akustisches Terminalsignal[43].
\b	Backspace.
\c	gibt die angegebenen *argument(e)* bis zu diesem Zeichen aus, und unterdrückt den üblichen Zeilenvorschub durch das Kommando **print**. Eventuell danach angegebene Argumente werden nicht ausgegeben.
\f	Seitenvorschub (*form feed*).
\n	Neuezeile-Zeichen; an den Anfang der nächsten Zeile positionieren.
\r	*Carriage-Return*; an den Anfang der momentanen Zeile positionieren.
\t	Tabulatorzeichen.
\v	Vertikales Tabulatorzeichen
\\	Backslash.
\0*n*	für *n* ist eine ein-, zwei- oder drei-ziffrige Oktalzahl anzugeben; das dieser Zahl entsprechende ASCII-Zeichen wird dann ausgegeben.

---

[43] ist nur auf **ksh**-Versionen verfügbar, die nach dem 3.6.1986 freigegeben wurden.

Optionen

Option	Bedeutung
-	alle nach dem Minuszeichen - angegebenen Wörter werden als Argumente interpretiert; sogar, wenn sie mit einem - (Minus) beginnen.
-R	schaltet die Bedeutung der oben angegebenen speziellen Notationen aus und bewirkt, daß alle nach **-R** angegebenen Wörter (außer **-n**) als Argumente interpretiert werden, auch wenn sie mit einem - (Minus) beginnen.
-n	keinen Zeilenvorschub nach der Ausgabe der *argument(e)*.
-p	leitet die Ausgabe der *argument(e)* direkt an den Ko-Prozeß weiter.
-r	schaltet die Bedeutung der oben angegebenen speziellen Notationen aus.
-s	schreibt die *argument(e)* in die History-Datei.
-u[*n*]	schreibt die *argument(e)* in eine Datei mit dem Filedeskriptor *n*. *n* muß dabei 1, 2 oder ein mit **exec** eingerichteter Filedeskriptor sein[44]. Die Option **-u** hat dieselbe Wirkung wie ein Umlenken der Standardausgabe von **print**; jedoch wird bei **-u** die entsprechende Datei nicht automatisch geöffnet oder geschlossen.

Voreinstellung für *n* ist 1. Der exit-Status des **print**-Kommandos ist immer 0 (erfolgreich).

Beispiele

```
$ print -r 'Hallo\\\\theo'⏎                [print-r wird mit ....\\\\theo aufgerufen]
Hallo\\\\theo
$ print 'Hallo\\\\theo'⏎                   [print wird mit....\\\\theo aufgerufen]
Hallo\\theo
$ print 'Hallo\\\theo'⏎                    [print wird mit ....\\\theo aufgerufen]
                                           [\t als Tabulatorzeichen interpretiert]
Hallo\   heo
$ print -r Hallo\\\\theo⏎                  [print-r wird mit ....\\theo aufgerufen]
Hallo\\theo
$ print Hallo\\\\theo⏎                     [print wird mit ....\\theo aufgerufen]
Hallo\theo
$ print Hallo\\\theo⏎                      [print wird mit ....\theo aufgerufen]
Hallo    heo
$
```

---

[44] siehe Kapitel 5.11.

Hinweis

Auch das in der Bourne-Shell verfügbare Kommando **echo** kann in der Korn-Shell verwendet werden. Allerdings ist **echo** in der Korn-Shell kein built in-Kommando, sondern ein Alias, so daß gilt:

`echo`

ist äquivalent zu

`print -`

5.13 Überprüfen von Bedingungen

Zum Überprüfen von Bedingungen bietet auch die **ksh** das built in-Kommando **test** an, das bis auf einige Erweiterungen identisch zum **test**-Kommando der Bourne-Shell ist.

Allerdings bieten **ksh**-Versionen, die nach dem 3.6.1986 freigegeben wurden, noch ein weiteres Kommando **[[..]]** zum Prüfen von Bedingungen an, welches das built in-Kommando **test** überflüßig macht.

5.13.1 Das built in-Kommando test

Die Aufrufsyntax für das built in-Kommando **test** ist:

`test  ausdr`

oder die alternative Angabe

`[ ausdr ]` [45]

Der angegebene Ausdruck *ausdr* wird dabei ausgewertet. Ist die über *ausdr* angegebene Bedingung erfüllt, so liefert **test** bzw. **[..]** den exit-Status 0 (wahr oder erfolgreich), ansonsten einen von 0 verschiedenen Wert (falsch oder nicht erfolgreich). Wenn keine Argumente angegeben sind, dann liefert **test** einen exit-Status verschieden von 0 (erfolgreich).

Es können wieder die folgenden Ausdrücke für *ausdr* angegeben werden:

---

[45] nach **[** und vor **]** muß mindestens ein Leer- oder Tabulatorzeichen angegeben sein.

Ausdruck	liefert wahr (exit-Status 0), wenn
-r *datei*	*datei* existiert und gelesen (**r**ead) werden darf.
-w *datei*	*datei* existiert und beschrieben (**w**rite) werden darf.
-x *datei*	*datei* existiert und ausführbar (e**x**ecute) ist.
-f *datei*	*datei* existiert und eine normale Datei (**f**ile) ist.
-d *datei*	*datei* existiert und ein Directory (**d**irectory) ist.
-c *datei*	*datei* existiert und eine "zeichenspezifische Gerätedatei" (**c**haracter) ist.
-b *datei*	*datei* existiert und eine "blockspezif. Gerätedatei" (**b**lock) ist.
-p *datei*	*datei* existiert und eine named **p**ipe ist.
-u *datei*	*datei* existiert und das set-**u**ser-id Bit gesetzt ist.
-g *datei*	*datei* existiert und das set-**g**roup-id Bit gesetzt ist.
-k *datei*	*datei* existiert und das stic**k**y-Bit gesetzt ist.
-s *datei*	*datei* existiert und nicht leer (**s**pace) ist.
-t [*fd*]	die geöffnete Datei, deren Filedeskriptor *fd* ist, der Dialogstation (**t**erminal) zugeordnet ist. Ist *fd* nicht angegeben, so wird hierfür der Filedeskriptor 1 angenommen.
-z *zkt*	die Länge der Zeichenkette *zkt* gleich 0 (**z**ero) ist.
-n *zkt*	die Länge der Zeichenkette *zkt* nicht gleich 0 (**n**ot zero) ist.
zkt1 = *zkt2*	die Zeichenketten *zkt1* und *zkt2* identisch sind.
zkt1 != *zkt2*	die Zeichenketten *zkt1* und *zkt2* verschieden sind.
zkt	*zkt* nicht die leere Zeichenkette ist.
n1 -eq *n2*	die ganzen Zahlen *n1* und *n2* gleich (**eq**ual) sind.
n1 -ne *n2*	die ganzen Zahlen *n1* und *n2* nicht gleich (**n**ot **e**qual) sind.
n1 -gt *n2*	die ganze Zahl *n1* größer als (**g**reater **t**han) die ganze Zahl *n2* ist.
n1 -ge *n2*	die ganze Zahl *n1* größer oder gleich (**g**reater **e**qual) der ganzen Zahl *n2* ist.
n1 -lt *n2*	die ganze Zahl *n1* kleiner als (**l**ess **t**han) die ganze Zahl *n2* ist.
n1 -le *n2*	die ganze Zahl *n1* kleiner oder gleich (**l**ess **e**qual) der ganzen Zahl *n2* ist.

Zusätzlich können in der **ksh** noch folgende Ausdrücke angegeben werden:

Ausdruck	liefert wahr (exit-Status 0), wenn
-L *datei*	*datei* existiert und ein symbolischer Link (**L**ink) ist.
-O *datei*	*datei* existiert und der *datei*-Eigentümer der effektiven UID entspricht (**O**wner).
-G *datei*	*datei* existiert und die *datei*-Gruppe der effektiven GID entspricht (**G**roup).
-S *datei*	*datei* existiert und eine spezielle Datei vom *socket*-Typ ist (**S**ocket).
-o *option*	angegebene *option* eingeschaltet ist (**o**ption).
dat1 **-nt** *dat2*	Datei *dat1* neuer als Datei *dat2* ist (**n**ewer **t**han).
dat1 **-ot** *dat2*	Datei *dat1* älter als Datei *dat2* ist (**o**lder **t**han).
dat1 **-ef** *dat2*	*dat1* nur ein anderer Name für die Datei *dat2* ist (**e**qual **f**ile).

Alle diese Ausdrücke können auch in der Korn-Shell mit den nachfolgenden **Operatoren** zu neuen Ausdrücken verknüpft werden:

Ausdruck	Bedeutung
! *ausdr*	Negationsoperator
ausdr1 **-a** *ausdr2*	AND-Operator
ausdr1 **-o** *ausdr2*	OR-Operator
(*ausdr*)	Klammerung eines Ausdrucks: Klammern werden verwendet, um andere als die voreingestellten Prioritäten (für die Operatoren) bei der Auswertung eines Ausdrucks festzulegen.

Die voreingestellte **Prioritätsreihenfolge** (höchste zuerst) ist dabei wieder:

( )
!
−a
−o

Hinweis

- Die Ausdrücke **-o** *option*, **-O** *datei*, **-G** *datei* und **-S** *datei* sind nur auf **ksh**-Versionen verfügbar, die nach dem 3.6.1986 freigegeben wurden.
- Auf **ksh**-Versionen, die nach dem 3.6.1986 freigegeben wurden, wird der Filedeskriptor *n* geprüft, wenn in den obigen Ausdrücken für *datei* der Pfadname **/dev/fd/***n* angegeben ist.

Ansonsten gelten alle Regeln des **test**-Kommandos aus der Bourne-Shell.

5.13.2 Die Programmiersprach-Konstruktion [[..]]

Die Syntax für dieses neu hinzugekomme **ksh**-Kommando[46] ist:

[[*ausdr* **]]**

Der angegebene Ausdruck *ausdr* wird dabei ausgewertet. Ist die über *ausdr* angegebene Bedingung erfüllt, so liefert **[[..]]** (wie **test**) den exit-Status 0 (wahr oder erfolgreich), ansonsten einen von 0 verschiedenen Wert (falsch oder nicht erfolgreich).

Für *ausdr* können dabei alle beim **test**-Kommando vorgestellten Ausdrücke angegeben werden, wobei die folgenden Unterschiede gelten:

- Bei den Verknüpfungen von Ausdrücken ist
  - anstelle von **-a** der Operator **&&** und
  - anstelle von **-o** der Operator **||**

  zu verwenden.

- Bei **-t** *fd* kann der Fildeskriptor *fd* nicht weggelassen werden.

- Anstelle der beiden **test**-Ausdrücke

  zkt1 = *zkt2* und
  zkt1 != *zkt2*

  können folgende Ausdrucksformen angegeben werden:

zkt1 = *pattern*	wahr, wenn *pattern*[47] den String *zkt1* abdeckt
zkt1 != *pattern*	wahr, wenn *pattern* nicht den String *zkt1* abdeckt
zkt1 < *zkt2*	wahr, wenn *zkt1* < *zkt2* (nach ASCII-Code) ist
zkt1 > *zkt2*	wahr, wenn *zkt1* < *zkt2* (nach ASCII-Code) ist

---

[46] ist nur auf **ksh**-Versionen verfügbar, die nach dem 3.6.1986 freigegeben wurden.
[47] alle in Kapitel 5.9 beschriebenen *pattern*-Angaben sind erlaubt.

Hinweis

Auch beim Kommando **[[..]]** müssen - wie beim built in-Kommando **test** - die einzelnen Operanden und Operatoren mit Leer- oder Tabulatorzeichen voneinander getrennt werden.

Da für den in **[[..]]** angegebenen Ausdruck keine Zerteilung in einzelne Wörter und auch keine Dateinamen-Expandierung von der **ksh** durchgeführt wird, können bei **[[..]]** viele ärgerliche Fehler, die bei der Verwendung von **test** auftreten, vermieden werden.

Zudem bestimmt die **ksh** die in **[[..]]** angegebenen Operatoren, bevor sie Parameter- und Kommandosubstitution für die einzelnen Wörter durchführt, so daß Wörter, die zu einem String substituiert werden, der mit einem Minuszeichen - beginnt, nicht mehr falsch als Operatoren interpretiert werden.

Auch müssen innerhalb von **[[..]]** die Klammern nicht mehr wie bei **test** mit Quoting ausgeschaltet werden.

Auf **ksh**-Versionen, die nach dem 3.6.1986 freigegeben wurden, ist somit das built in-Kommando **test** bzw. **[..]** überflüßig geworden, da seine Funktionalität vollständig durch das neue Kommando **[[..]]** abgedeckt ist.

Beispiele

Alle drei folgenden Aufrufe prüfen, ob $1 genau den String "abc" enthält:

```
test "X$1" = "Xabc"
[ "X$1" = "Xabc" ]
[[ $1 = abc ]]
```

Die nachfolgenden Aufrufe prüfen, ob $1 den Namen des working directories enthält; dieser Name kann dabei in Form eines absoluten oder relativen Pfadnamens vorliegen:

```
test "$1" -ef .
[ "$1" -ef . ]
[[ $1 -ef . ]]
```

Die nachfolgenden Aufrufe prüfen, ob die Datei *datei* weder beschreibbar noch ausführbar ist:

```
test ! \( -w datei -o -x datei \)
[[ ! ( -w datei || -x datei ) ]]
```

5.14 Arithmetische Auswertungen

Anders als die Bourne-Shell verfügt die Korn-Shell über eine eigene Arithmetik, so daß keine zeitaufwendigen Aufrufe des nicht built in-Kommandos **expr** mehr notwendig sind, um mathematische Berechnungen durchführen zu lassen.

ksh verwendet am jeweiligen System bei allen Berechnungen die größtmögliche interne Darstellungsform für ganze Zahlen (z.B. 2, 4 oder 8 Bytes). **ksh** prüft dabei niemals auf einen eventuellen *Overflow*.

5.14.1 Konstanten

Eine Konstante hat die Form

[*basis#*]*zahl*

basis muß eine Zahl zwischen 2 und 36 sein, und legt die Basis des Zahlensystems fest; Voreinstellung ist die Basis 10.

zahl muß eine nicht-negative ganze Zahl sein. Bei einer Basis, die größer als 10 ist, sind Groß- oder Kleinbuchstaben zu verwenden, um eine Ziffer größer als 9 darzustellen, z.B. **16#e** oder **16#E** stellt 14 im Hexadezimalsystem dar. Ein eventuell vorhandener Nachkommateil (Teil hinter einem Dezimalpunkt) wird abgeschnitten.

5.14.2 Variablen

Wenn eine Variable in einem arithmetischen Ausdruck das Integer-Attribut besitzt[48], dann verwendet die **ksh** den Wert dieser Variablen. Ansonsten nimmt die **ksh** an, daß der Wert ein arithmetischer Ausdruck ist, und versucht, diesen auszuwerten. Zum Beispiel, wenn die Variable **a** den Wert **b+1**, die Variable **b** den Wert **c+2** und die Variable **c** den Wert **5** besitzt, dann liefert die Auswertung des Ausdrucks **2*a** den Wert **16**. **ksh** kann Variablen bis zu 9 Ebenen tief auswerten.

Für eine Variable, die als Wert den Null-String besitzt, liefert eine Auswertung den Wert 0.

Beispiele
```
$ typeset -i c=5 ⏎
$ b=c+2 ⏎
$ a=b+1 ⏎
$ print $a ⏎
b+1
$ typeset -i x=2*a ⏎
$ print $x ⏎
```

---

[48] mit **typeset -i** oder **integer** zugeteilt.

16
```
$ integer y
$ y=zimmer
ksh: zimmer: bad number
$ y=20*7
$ print $y
140
$
```

5.14.3 Arithmetischer Ausdruck

Wie in C wird der Wert eines arithmetischen Ausdrucks als TRUE gewertet, wenn er verschieden von 0, und als FALSE, wenn er 0 ist.

Ein Ausdruck kann zunächst einmal nur eine Konstante oder eine Variable sein. Unter Verwendung von Operatoren können dann aber mit Konstanten und Variablen mathematische Ausdrücke gebildet werden, die von der **ksh** zu berechnen sind. Das folgende Syntaxdiagramm soll dies nochmals verdeutlichen:

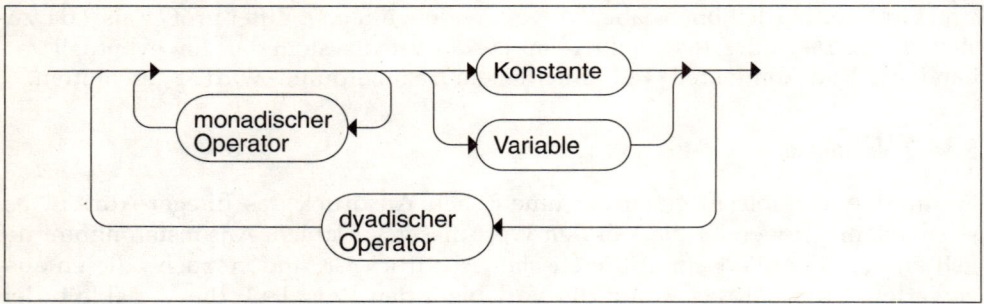

Bild 5.2 - Syntaxdiagramm für einen Ausdruck

Die in der **ksh** möglichen Operatoren entsprechen weitgehend den Operatoren der Programmiersprache C:

Monadische Operatoren

Operator	Bedeutung
-ausdr	Minuszeichen: negiert den arithmetischen Wert von *ausdr*.
!ausdr	Logische Negation: negiert den Wahrheitswert von *ausdr*.
~ausdr	Bitweise Negation: bildet das Einer-Komplement zu *ausdr*[49].

---

[49] nur auf **ksh**-Versionen verfügbar, die nach 3.6.1986 freigegeben wurden.

Dyadische Operatoren

Operator	Bedeutung
ausdr1*ausdr2	Multiplikation
ausdr1/ausdr2	Division
ausdr1%ausdr2	Modulo: liefert den Rest aus der ganzzahligen Division von *ausdr1* durch *ausdr2*.
ausdr1+ausdr2	Addition
ausdr1-ausdr2	Subtraktion
ausdr1<=ausdr2	kleiner gleich
ausdr1>=ausdr2	größer gleich
ausdr1<ausdr2	kleiner
ausdr1>ausdr2	größer
ausdr1==ausdr2	gleich
ausdr1!=ausdr2	ungleich
var=ausdr	Zuweisung von *ausdr* an Variable *var*.

Ausdrücke mit den Vergleichsoperatoren <=, >=, <, >, ==, und != liefern TRUE (1), wenn die angegebene Bedingung erfüllt ist, ansonsten FALSE (0).

Die folgenden Operatoren sind nur auf **ksh**-Versionen verfügbar, die nach dem 3.6.1986 freigegeben wurden.

Operator	Bedeutung
ausdr1<<ausdr2	Links-Shift: schiebt den Wert von *ausdr1* um *ausdr2*-Bits nach links.
ausdr1>>ausdr2	Rechts-Shift: schiebt den Wert von *ausdr1* um *ausdr2*-Bits nach rechts.
ausdr1&ausdr2	bitweises AND
ausdr1^ausdr2	bitweises XOR
ausdr1 | ausdr2	bitweises OR
ausdr1&&ausdr2	logisches AND: wenn *ausdr1* FALSE (0) liefert, so wird *ausdr2* überhaupt nicht ausgewertet.
ausdr1 | | ausdr2	logisches OR: wenn *ausdr1* TRUE (Wert verschieden von 0) liefert, so wird *ausdr2* überhaupt nicht ausgewertet.

Operator	Bedeutung
var*=ausdr	entspricht: *var=var*ausdr*
var/=ausdr	entspricht: *var=var/ausdr*
var%=ausdr	entspricht: *var=var%ausdr*
var+=ausdr	entspricht: *var=var+ausdr*
var-=ausdr	entspricht: *var=var-ausdr*
var<<=ausdr	entspricht: *var=var<<ausdr*
var>>=ausdr	entspricht: *var=var>>ausdr*
var&=ausdr	entspricht: *var=var&ausdr*
var^=ausdr	entspricht: *var=var^ausdr*
var|=ausdr	entspricht: *var=var|ausdr*

Die logischen Operatoren && und || liefern TRUE (1), wenn die angegebene Gesamtbedingung erfüllt ist, ansonsten FALSE (0).

Die folgende Tabelle zeigt die voreingestellte **Prioritätsreihenfolge** (höchste zuerst). Alle in einer Zeile angegebenen Operatoren besitzen dabei die gleiche Priorität:

```
( )
-       (Minuszeichen)
!   ~
*   /   %
+   -
<<  >>
<=  >=  <   >
==  !=
&
^
|
&&
||
=   *=  /=  %=  +=  -=  <<= >>= &=  ^=  |=
```

Außer den Zuweisungsoperatoren (in der letzten Tabellenzeile) werden alle Operatoren mit gleicher Priorität von links nach rechts abgearbeitet. Mit Klammerung ist es möglich, eine andere als die durch die Prioritäten vorgegebene Auswertung zu erzwingen.

Beispiele

```
$ integer a b c↵
$ a=4*3/2↵              [entspricht: a=(4*3)/2]
```

```
$ print $a⏎
6
$ a=4*(3/2)⏎       [ (3/2) ergibt 1, da Nachkommateil abgeschnitten wird ]
$ print $a⏎
4
$ a=4*3+2⏎         [entspricht: a=(4*3)+2]
$ print $a⏎
14
$ a=4*(3+2)⏎
$ print $a⏎
20
$ b=7⏎
$ c=b+=a⏎          [entspricht: c=(b=b+a)]
$ print $a $b $c⏎
20 27 27
$
```

Hinweis

Operatoren, welche Metazeichen in der **ksh** sind, müssen mit Quoting ausgeschaltet werden.

Arithmetische Ausdrücke können verwendet werden:

- als Array-Index; z.B.
  `x[4*(i+1)]=7`

- als Argument beim built in-Kommando **shift**; z.B.
  `shift $#-2`

- als Operanden bei den arithmetischen Vergleichsoperatoren von **test**, **[..]** und **[[..]]**; z.B.
  ```
  $ integer i=0⏎
  $ while [[ i=$i+1 -le 5 ]]⏎
  > do⏎
  > print $i⏎
  > done⏎
  1
  2
  3
  4
  5
  $
  ```

- als Limit-Angabe beim built in-Kommando **ulimit**[50]; z.B.

  ulimit -t 60*60*2 # Zeitlimit für alle Prozesse auf 2 Stunden festlegen[51]

- auf der rechten Seite einer Zuweisung an eine Integer-Variable; z.B.

  ```
  $ typeset -i d ⏎
  $ d=7+(2*3*4*5) ⏎
  $ print $d ⏎
  127
  $
  ```

- für jedes Argument beim Aufruf des built in-Kommandos **let** oder innerhalb von **((..))**[52].

5.14.4 let und ((..))

Mit dem Vorhandensein des built in-Kommandos **let** ist das nicht built in- (und damit langsamere) Kommando **expr** in der Korn-Shell nicht mehr notwendig.

Die Aufrufsyntax für **let** ist:

let *argument(e)*

Jedes *argument* ist dabei ein auszuwertender Ausdruck; deshalb müssen Leer- und Tabulatorzeichen in einem arithmetischen Ausdruck mit Quoting ausgeschaltet werden. Operatoren, welche Metazeichen für die **ksh** sind, sind ebenfalls mit Quoting auszuschalten.

Der Rückgabewert von **let** ist 0 (erfolgreich), wenn die Auswertung des letzten Ausdrucks einen Wert verschieden von 0 liefert. Andernfalls ist der Rückgabewert von **let** 1 (nicht erfolgreich).

Ist nur ein Ausdruck auszuwerten, so kann anstelle von **let** das Kommando

((*ausdr***))**

verwendet werden, welches dem Aufruf

let "*ausdr***"**

entspricht, so daß bei Verwendung von Leer-, Tabulator- oder sonstigen Metazeichen in *ausdr* diese nicht mit Quoting auszuschalten sind.

---

[50] siehe Kapitel 5.24.2.
[51] Option **-t** bei **ulimit** ist nicht auf allen **ksh**-Versionen verfügbar.
[52] siehe nächstes Kapitel 5.14.4.

Die Korn-Shell

((..)) wird meist bei der Bedingungs-Angabe der Kommandos **if**, **while** und **until** benutzt.

Eine andere Verwendung von ((..)) ist das Rechnen mit Variablen, die zwar arithmetische Ausdrücke als Werte beinhalten, aber nicht explizit als Integer-Variablen deklariert wurden.

Beispiele

```
$ cat num↵
typeset -R5 zeilnr=1
IFS=""      # Um Leerzeichen aus der Eingabe als echte
            # Zeichen und nicht als Trennzeichen
            # interpretieren zu lassen
cat $* |
    while read -r zeile
    do
        print -R "$zeilnr:" "$zeile"
        ((zeilnr=zeilnr+1))   # ((..))-Klammerung, da
                              # zeilnr keine
                              # Integer-Variable ist.
    done
$ chmod u+x num↵
$ num addiere.c↵
    1: #include <stdio.h>
    2:
    3: main()
    4: {
    5:     float a, b;
    6:
    7:     printf("Gib 2 Zahlen ein: ");
    8:     scanf("%f %f", &a, &b);
    9:     printf("Die Summe ist: %.3f\n", a+b);
   10: }
$ cat fiba↵
integer ende=${1:-1000} x=1 y=1 z

while ((x<=ende))
do
   print $x
   let z=x+y x=y y=z
done
$ chmod u+x fiba↵
$ fiba↵
1
1
2
```

```
3
5
8
13
21
34
55
89
144
233
377
610
987
$ fiba 10 ⏎
1
1
2
3
5
8
$ cat kexpr ⏎
     # Realisierung des Kommandos expr als Funktion
expr()
{
    integer ausdr="$*"
    print $ausdr
}
$ . kexpr ⏎         [Lesen der Datei kexpr mit Punkt-Kommando]
$ expr 5*8 ⏎        [Hier sind keine Leerstellen zwischen den Operanden nötig]
40
$ expr 5 \* 8 ⏎
40
$ type expr ⏎
expr is a function
$ cat vonhinten ⏎
# vonhinten - liest bis zu 512 Zeilen aus einer Datei
#              bzw. von der Standardeingabe und gibt sie
#              dann in umgekehrter Reihenfolge aus.
#
#     usage: vonhinten [dateiname]
#
IFS=""    # Um Trennzeichen aus der Eingabe als
          # echte Zeichen interpretieren zu lassen

if [[ $1 != "" ]]   # wenn eine Datei auf Kdozeile
then exec 0< $1     # angegeben ist, dann
fi                  # Standardeingabe dorthin umlenken
```

```
   integer nr=0

   # Zeilen einlesen und im Array puffer speichern
while (( nr < 512 )) && read -r puffer[$nr]
do   ((nr=nr+1))
done

   # Zeilen in umgekehrter Reihenfolge ausgeben
while (( nr > 0 ))
do   print -R ${puffer[((nr-=1))]}
done
$ chmod u+x vonhinten⏎
$ vonhinten addiere.c⏎
}
   printf("Die Summe ist: %.3f\n", a+b);
   scanf("%f %f", &a, &b);
   printf("Gib 2 Zahlen ein: ");

   float  a, b;
{
main()

#include <stdio.h>
$ vonhinten⏎
eins⏎
zwei⏎
drei⏎
Ctrl-D
drei
zwei
eins
$
```

5.15 Kommandoklammerung

Die Korn-Shell kennt die gleichen Arten von Kommandoklammerung wie die Bourne-Shell:

- runde Klammern: (*kdoliste*) und
- geschweifte Klammern: { *kdoliste*;}

5.15.1 runde Klammern: (*kdoliste*)

Diese Klammerung bewirkt, daß für alle in *kdoliste* angegebenen Kommandos eine Subshell gestartet wird.

Angaben wie **&** oder Umlenkungsanweisungen beziehen sich auch in der **ksh** immer nur auf das jeweilige Teilkommando. Mit der Verwendung von Klammern können nun durch den Benutzer andere als die voreingestellten Prioritäten festgelegt werden.

Der exit-Status der ganzen in (..) angegebenen *kdoliste* ist der exit-Status des letzten Kommandos dieser *kdoliste*.

Auch in der **ksh** sind geschachtelte Klammerungen erlaubt. Allerdings müssen anders als in der Bourne-Shell eventuell nacheinander angegebene öffnende Klammern mit Leer-, Tabulator- oder Neuezeile-Zeichen voneinander getrennt werden, um sie vom **ksh**-Kommando ((..)), welches eine arithmetische Auswertung nach sich zieht, zu unterscheiden.

5.15.2 geschweifte Klammern: { kdoliste;}

Im Unterschied zur (..)-Klammerung wird auch in der **ksh** die hier angegebene *kdoliste* nicht von einer neuen Subshell, sondern von der momentan aktiven Shell ausgeführt.

Wie in der Bourne-Shell sind auch in der **ksh** bei der Klammerung mit {..} zwei Syntaxregeln zu beachten:

- Das letzte Zeichen in {..} muß ein ; oder ein Neuezeile-Zeichen sein.
- Da es sich bei { um ein Schlüsselwort der **ksh** handelt, ist vor und nach { mindestens ein Trennzeichen (Leer-, Tabulator-, Neuezeile-Zeichen) anzugeben, damit die Shell es als solches erkennen kann.

Der exit-Status der ganzen in {..} angegebenen *kdoliste* ist der exit-Status des letzten Kommandos dieser *kdoliste*.

Auch hier sind wieder geschachtelte Klammerungen erlaubt.

Beispiel

Die nachfolgende Aufrufzeile bewirkt, daß die ersten beiden Zeilen der Datei *kexpr* in die beiden Variablen *zeile1* und *zeile2* gelesen werden, und der Rest dieser Datei dann mit **cat** am Bildschirm ausgegeben wird:

```
$ { read -r zeile1; read -r zeile2; cat;} < kexpr⏎
{
    integer ausdr="$*"
    print $ausdr
}
$ print $zeile1⏎
    # Realisierung des Kommandos expr als Funktion
$ print $zeile2⏎
expr()
$
```

5.16 Kommandos zur Ablaufsteuerung

Ein Kommando in der **ksh** ist

- ein einfaches Kommando,
- eine Kommandoklammerung oder
- ein Kommando zur Ablaufsteuerung.

Die Syntaxdiagramme in Bild 5.3 auf der nächsten Seite fassen dies nochmals zusammen.

Jedes dieser Konstrukte wird also als ein einziges Kommando von der **ksh** betrachtet; somit kann auch jedes dieser Kommandos ein Element einer Pipeline oder Liste sein.

Die folgenden Wörter werden von der **ksh** nur dann als Schlüsselwörter erkannt, wenn sie das erste Wort eines Kommandos sind und ihre Sonderbedeutung nicht durch Quoting ausgeschaltet ist:

```
if      then    else    elif    fi
case    esac
for     while   until   do      done
{   }
select  in
function
time
[[   ]]
```

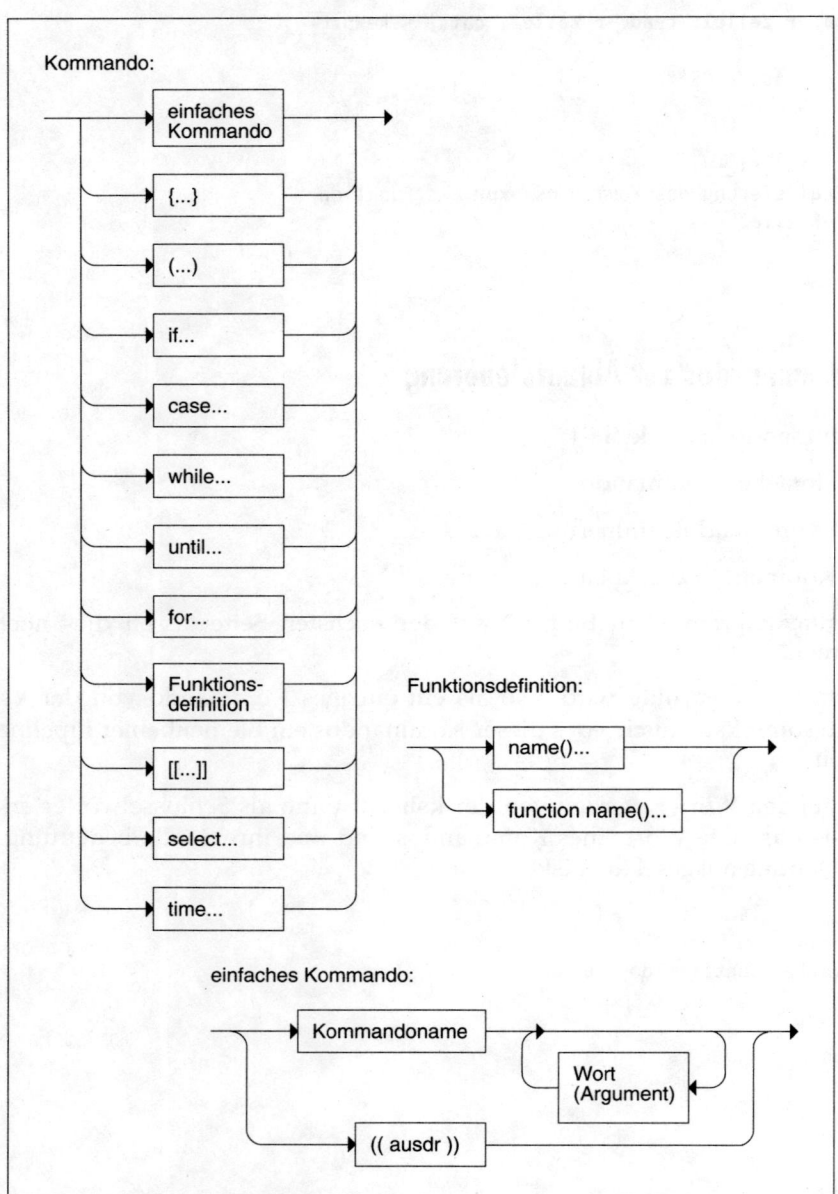

Bild 5.3 - Syntaxdiagramm für ein Kommando

Die **ksh** erkennt diese Schlüsselwörter nur, wenn sie folgendermaßen angegeben werden:

- als erstes Wort in einer Zeile oder
- nach einem der Operatoren ;, |, | |, &, && |&, (,) oder
- als erstes Wort nach einem Schlüsselwort, außer nach **case**, **for**, **in**, **select**, **[[**

Das Schlüsselwort **in** wird auch als zweites Wort nach **case**, **for** oder **select** erkannt.

5.16.1 if-Anweisung

```
if if_kdoliste1
then
    then_kdoliste1
[ elif if_kdoliste2 ]
  then
    then_kdoliste2 ]
:
:
[ else
    else_kdoliste ]
fi
```

entspricht vollständig dem **if**-Kommando der Bourne-Shell (siehe auch Kap. 4.12.1): Abhängig vom Resultat der if-kdoliste 1-Auswertung wird der Ablauf verzweigt.

Hinweis

1. Die einseitige **if**-Anweisung kann auch wieder unter Verwendung von **&&** und **| |** nachgebildet werden.

if_kdoliste **&&** *then_kdoliste*

entspricht

```
if if_kdoliste
then
    then_kdoliste
fi
```

Die Anweisung

if_kdoliste || *then_kdoliste*

entspricht

```
if ! if_kdoliste
then
    then_kdoliste
fi
```

2. Der exit-Wert eines **if**-Kommandos ist der exit-Wert des letzten ausgeführten Kommandos (im **then**- bzw. **else**-Teil). Wenn keine Kommandos aus einem **then**- oder **else**-Teil ausgeführt wurden, dann ist der exit-Status 0 (entspricht einem erfolgreichen Ablauf des **if**-Kommandos).

5.16.2 case-Anweisung

```
case wort in
    pattern1) kdoliste1;;
    pattern2) kdoliste2;;
    :
    :
    patternn) kdolisten;;
esac
```

entspricht weitgehend dem **case**-Kommando der Bourne-Shell: Die Zeichenkette *wort* wird dabei in der angegebenen Reihenfolge zunächst mit *pattern1*, dann mit *pattern2*, usw. verglichen, bis eine Übereinstimmung gefunden wird. Bei einer Übereinstimmung wird dann die zugehörige *kdoliste* ausgeführt und danach mit dem nächsten Kommando nach dem Schlüsselwort **esac** fortgefahren.

Auch hier kann wieder das Zeichen | verwendet werden, um mehrere alternative pattern für eine *kdoliste* anzugeben.

Jedoch gibt es eine Ausnahme zu beachten: Es kann vor jeder pattern-Angabe eine runde Klammer (angegeben werden.

Wird in $(..) eine **case**-Anweisung verwendet, so ist vor jeder pattern-Angabe eine öffnende Klammer anzugeben, um sicherzustellen, daß gleich viele öffnende wie schließende Klammern in $(..) vorhanden sind.

In **ksh**-Versionen, die vor dem 3.6.1986 freigegeben wurden, ist diese Angabe von (vor einem **case**-pattern allerdings nicht erlaubt; das wiederum bedeutet, daß in diesen **ksh**-Versionen keine **case**-Anweisung in $(..) erlaubt ist.

Zusätzlich gilt auch noch, daß in **ksh**-Versionen, die nach dem 3.6.1986 freigegeben wurden, für **case**-pattern auch die neu hinzugekommenen pattern[53] angegeben werden können:

?(*pattern*[|*pattern*]...)
*(*pattern*[|*pattern*]...)
+(*pattern*[|*pattern*]...)
@(*pattern*[|*pattern*]...)
!(*pattern*[|*pattern*]...)

Hinweis

1. Der exit-Wert eines **case**-Kommandos ist wieder der exit-Wert der letzten ausgeführten Anweisung oder eben 0, wenn keine der angebotenen Alternativen ausgewählt wurde.

2. Die angegebenen pattern werden in der Reihenfolge der Angabe daraufhin überprüft, ob sie das vorgegebene *wort* abdecken. Deswegen sollten die "default"-Angaben niemals als erste pattern angegeben werden.

3. Für *wort* wird Dateinamen-Expandierung, Kommandosubstitution und Parametersubstitution durchgeführt.

5.16.3 while-Schleife

```
while kdoliste1
do
    kdoliste2
done
```

entspricht vollständig dem **while**-Kommando der Bourne-Shell: Zuerst werden die Kommandos aus *kdoliste1* ausgeführt. Wenn der exit-Status dieser Kommandoliste (des letzten Kommando) gleich 0 (erfolgreich) ist, dann werden die Kommandos aus *kdoliste2* ausgeführt. Dieser Ablauf wird wiederholt, bis die Ausführung von *kdoliste1* einen exit-Status verschieden von 0 (nicht erfolgreich) liefert. In diesem Fall wird die Abarbeitung hinter der **done**-Anweisung fortgesetzt.

Der exit-Status einer **while**-Schleife hängt davon ab, ob der Schleifenkörper ausgeführt wurde oder nicht:

Wurde der Schleifenkörper ausgeführt, dann ist der exit-Status des gesamten "Schleifen-Kommandos" der exit-Status des letzten ausgeführten Kommandos im Schleifenkörper (aus *kdoliste2*).

Wurde der Schleifenkörper nicht ausgeführt, dann ist der exit-Status gleich 0 (erfolgreich).

---

[53] siehe Kapitel 5.9.

Hinweis

Das built in-Kommando **break** bewirkt, daß die **while**-Schleife mit einem exit-Status 0 (erfolgreich) verlassen wird.

Das built in-Kommando **continue** bewirkt, daß die Ausführung der *kdoliste2* abgebrochen wird, und unmittelbar wieder mit der Ausführung von *kdoliste1* fortgefahren wird.

5.16.4 until-Schleife

```
until kdoliste1
do
    kdoliste2
done
```

entspricht vollständig dem **until**-Kommando der Bourne-Shell: Die **until**-Schleife stellt die Umkehrung zur **while**-Schleife dar: Der Schleifenrumpf (*kdoliste2*) wird solange ausgeführt wie *kdoliste1* einen exit-Wert verschieden von 0 (Ausführung des letzten Kommandos aus *kdoliste1* war nicht erfolgreich) liefert.

Der exit-Status einer **until**-Schleife hängt davon ab, ob der Schleifenkörper ausgeführt wurde oder nicht:

Wurde der Schleifenkörper ausgeführt, dann ist der exit-Status des gesamten "Schleifen-Kommandos" der exit-Status des letzten ausgeführten Kommandos im Schleifenkörper (aus *kdoliste2*).

Wurde der Schleifenkörper nicht ausgeführt, dann ist der exit-Status gleich 0 (erfolgreich).

Beispiel

Beim Aufruf des folgenden Skripts wird für die angegebene C-Programmdatei immer wieder der Editor **vi** aufgerufen, bis dieses C-Programm fehlerfrei kompiliert wurde:

```
$ cat ccvi⏎
if [ $# -ne 1 ]
then
    echo "usage: $0 c-datei"
    exit 1
fi
until cc $1
do   read dummy?"Weiter mit RETURN-Taste"
     vi $1
done
```

```
$ chmod u+x ccvi⏎
$
```

Hinweis

Das built in-Kommando **break** bewirkt, daß die **until**-Schleife mit einem exit-Status 0 (erfolgreich) verlassen wird.

Das built in-Kommando **continue** bewirkt, daß die Ausführung von *kdoliste2* abgebrochen wird, und unmittelbar wieder mit der Ausführung von *kdoliste1* fortgefahren wird.

5.16.5 for-Schleife

for *laufvariable* [**in** *wort1* ... *wortn*]
do
    kdoliste
done

entspricht vollständig dem **for**-Kommando der Bourne-Shell (siehe auch Kap. 4.12.5): Während die Ausführung von **while**- und **until**-Schleifen an die Auswertung von Bedingungen geknüpft ist, wird bei der **for**-Schleife die Anzahl der Schleifendurchläufe durch eine bestimmte *wort*-Liste festgelegt. Als *wort*-Liste werden dabei

- entweder implizit alle Positiionsparameter (keine **in**-Angabe)
- oder die danach angegebenen *worte*

genommen.

Der exit-Status einer **for**-Schleife hängt davon ab, ob der Schleifenkörper ausgeführt wurde oder nicht:

Wurde der Schleifenkörper ausgeführt, dann ist der exit-Status des gesamten "Schleifen-Kommandos" der exit-Status des letzten ausgeführten Kommandos im Schleifenkörper (aus *kdoliste*).

Wurde der Schleifenkörper nicht ausgeführt, dann ist der exit-Status gleich 0 (erfolgreich).

Hinweis

Das built in-Kommando **break** bewirkt, daß die **for**-Schleife mit einem exit-Status 0 (erfolgreich) verlassen wird.

Das built in-Kommando **continue** bewirkt, daß die Ausführung der *kdoliste* abgebrochen wird, und unmittelbar mit der Ausführung des nächsten Schleifendurchlaufs fortgefahren wird.

Für die angegebenen *worte* führt die **ksh** wieder Parametersubstitution, Kommandosubstitution und Dateinamen-Expandierung durch.

5.16.6 Kommando [[..]]

Das Kommando **[[** *ausdr* **]]** wurde bereits in Kapitel 5.13 genau besprochen: Es wertet den angegebenen *ausdr* aus. Ist die über *ausdr* angegebene Bedingung erfüllt, so liefert **[[..]]** (wie **test**) den exit-Status 0 (wahr oder erfolgreich), ansonsten einen von 0 verschiedenen Wert (falsch oder nicht erfolgreich).

5.16.7 select-Kommando

```
select variable [ in wort1 ... wortn ]
do
    kdoliste
done
```

Das **select**-Kommando ist neu in der **ksh**. Es wurde eigens zur Ausgabe und Bearbeitung von Menüs eingeführt:

select zeigt zunächst alle Auswahlmöglichkeiten eines Menüs am Bildschirm (Standardfehlerausgabe) an.

Die Auswahlmöglichkeiten sind dabei die angegebenen *worte*. Ist

```
in wort1 ... wortn
```

nicht angegeben, so legen die Positionsparameter die Auswahlmöglichkeiten fest:

```
select variable
```

entspricht somit der Angabe:

```
select variable in "$@"
```

Die beiden vordefinierten Shellvariablen **COLUMNS** und **LINES**[54] können entsprechend gesetzt werden, um die Ausgabe des Menüs geeignet zu formatieren.

Jedem Menüpunkt wird bei der Ausgabe automatisch eine Zahl vorangestellt; z.B. würde die Angabe

```
select i  in Suchen Ersetzen Sortieren Verlassen
do   kdoliste
done
```

zu folgender Menü-Ausgabe führen:

---

[54] siehe Kapitel 5.8.2.

Die Korn-Shell

```
1) Suchen
2) Ersetzen
3) Sortieren
4) Verlassen
#?
```

- Nach der Ausgabe des entsprechenden Menüs gibt **select** den Inhalt der Shellvariablen **PS3**[55] als Prompt aus, um dem Benutzer anzuzeigen, daß es für die Eingabe einer Auswahl bereit ist. **PS3** kann dabei mit einer entsprechenden Eingabe-Aufforderung belegt werden; z.B. **PS3="Waehlen Sie bitte aus :"**.

  Die Voreinstellung ist: **PS3="#? "**.

- Wählt der Benutzer hierbei einen Menüpunkt über eine Zahl aus, so besetzt **select** die *variable* mit dem enstprechenden *wort*, das dieser Zahl im Menü entspricht.

  Gibt der Benutzer dagegen als Antwort eine leere Zeile ein, dann zeigt **select** sofort wieder das Menü und den Prompt **PS3** als Eingabe-Aufforderung an; in diesem Fall wird die *kdoliste* nicht ausgeführt.

  Wird eine nicht erlaubte Menüauswahl getroffen, so besetzt **select** die *variable* mit den Nullwert. Die wirkliche Benutzer-Eingabe (Zahl) wird immer in der automatischen Variable **REPLY**[56] gespeichert.

- Das **select**-Kommando wird nur verlassen, wenn es bei der Ausführung der *kdoliste* auf ein **break**-, **return**- oder **exit**-Kommando trifft, oder es aber **EOF** (CTRL-D) liest.

- Für die angegebenen *worte* führt die **ksh** Parametersubstitution, Kommandosubstitution und Dateinamen-Expandierung durch.

Beispiele

```
$ cat selecttest⏎
PS3="Deine Wahl ?"
select wahl in Suchen Ersetzen Sortieren Verlassen
do⏎
   if [ "$wahl" = "Verlassen" ]
   then
      break
   else
      print "Du hast — $wahl ($REPLY) — gewaehlt"
   fi
done
```

---

[55] siehe Kapitel 5.8.2.
[56] siehe Kapitel 5.8.2.

```
$ chmod u+x selecttest⏎
$ selecttest⏎
1) Suchen
2) Ersetzen
3) Sortieren
4) Verlassen
Deine Wahl ?2⏎
Du hast — Ersetzen (2) — gewaehlt
Deine Wahl ?1⏎
Du hast — Suchen (1) — gewaehlt
Deine Wahl ?0⏎
Du hast —   (0) — gewaehlt
Deine Wahl ?⏎
1) Suchen
2) Ersetzen
3) Sortieren
4) Verlassen
Deine Wahl ?4⏎
$ cat seltext⏎
PS3="Wie soll der Text ausgegeben werden ? "
print "Gib deinen Text ein" >&2
read — text
select i in Normal Unterstrichen Spruchband \
            "Neuen Text" Ende
do
 case $i in
         Normal) print — "$text";;
   Unterstrichen) print — "$text"
                  integer z=1 laenge=${#text}
                  while ((z<=laenge))
                  do    print -n — "-"
                        ((z=z+1))
                  done
                  print;;
     Spruchband) banner "$text";;
    "Neuen Text") print "Gib deinen neuen Text ein" >&2
                  read — text;;
            Ende) break;;
               *) print -n "\n\007unerlaubte Eingabe: "
                  print "$REPLY\n" >&2;;
 esac
done
$ chmod u+x seltext⏎
$ seltext⏎
Gib deinen Text ein
Der Wal⏎
1) Normal
```

Die Korn-Shell 369

```
2) Unterstrichen
3) Spruchband
4) Neuen Text
5) Ende
Wie soll der Text ausgegeben werden ? 1⏎
Der Wal
Wie soll der Text ausgegeben werden ? 2⏎
Der Wal
‾‾‾‾‾‾‾
Wie soll der Text ausgegeben werden ? 3⏎
######                    #    #
#    # ###### #####       #  # #    ##    #
#    # #      #    #      #  # #   #  #   #
#    # #####  #    #      #  # #      #   #
#    # #      #####       #  # #  #####   #
#    # #      #    #      #  # #  #   #   #
######  ######  #    #      ##  ##   #     #  ######

Wie soll der Text ausgegeben werden ? 4⏎
Gib deinen neuen Text ein
Niklas⏎
Wie soll der Text ausgegeben werden ? ⏎
1) Normal
2) Unterstrichen
3) Spruchband
4) Neuen Text
5) Ende
Wie soll der Text ausgegeben werden ? 2⏎
Niklas
‾‾‾‾‾‾
Wie soll der Text ausgegeben werden ? 6⏎

unerlaubte Eingabe: 6

Wie soll der Text ausgegeben werden ? 5⏎
$ cat datanal⏎
PS3="Ihre Wahl ? "
if [[ $# -eq 0 ]]
then
   print "usage: $0 datei(en)" >&2
   exit 1
else
   print -n "\nInhaltsanalyse fuer folgende "
   print - "Dateien:\n$*\n\n"
fi

select i in "Wortstatistik" \
```

```
                    "Durchschnittliche Zeilenlaenge" \
                    "Zeilen-, Wort- und Zeichenanzahl" \
                    "Verlassen"
do
  case $REPLY in
    1) cat $* |
       tr -cs "[a-z][A-Z][0-9]" "[\012*]" |
       tr "[A-Z]" "[a-z]" |
       sort |
       uniq -c;;
    2) integer nr=0 ges_laenge=0 durch
       ALT_IFS="$IFS"
       cat "$@" |
       { IFS=; while read -r zeile
                do (( nr=nr+1 ))
                   (( ges_laenge+=${#zeile} ))
                done;}
       ((durch=ges_laenge/nr))
       print -n "Durchschnittliche Zeilenlaenge: "
       print $durch
       IFS="$ALT_IFS";;
    3) wc $*;;
    4) break;;
    *) print - "\n\007unerlaubte Eingabe: $REPLY\n" >&2;;
  esac
done
$ chmod u+x datanal⏎
$ datanal eingabe wartmsg⏎

Inhaltsanalyse fuer folgende Dateien:
eingabe wartmsg


1) Wortstatistik
2) Durchschnittliche Zeilenlaenge
3) Zeilen-, Wort- und Zeichenanzahl
4) Verlassen
Ihre Wahl ? 1⏎
   1 0
   6 1
   3 2
   1 60
   1 an
   1 angemeldet
   1 banner
   1 deine
   1 do
```

```
      1 done
      1 du
      5 echo
      2 ein
      1 eingegeben
      1 exit
      1 fi
      2 gib
      1 grep
      1 hast
      1 hat
      1 if
      1 mail
      1 meldung
      1 ne
      2 read
      1 reply
      1 sich
      1 sleep
      1 then
      1 until
      1 usage
      1 username
      1 was
      1 who
      2 zeile
Ihre Wahl ? ⏎
1) Wortstatistik
2) Durchschnittliche Zeilenlaenge
3) Zeilen-, Wort- und Zeichenanzahl
4) Verlassen
Ihre Wahl ? **2**⏎
Durchschnittliche Zeilenlaenge: 15
Ihre Wahl ? **3**⏎
      3      10     64 eingabe
     14      45    216 wartmsg
     17      55    280 total
Ihre Wahl ? **4**⏎
$
```

5.16.8 time-Kommando

Die **ksh** führt bei diesem neu hinzugekommenen Kommando die angegebene *pipeline*[57] aus, und gibt auf die Standardfehlerausgabe drei Zeilen aus, welche in Minuten und Sekunden folgendes festlegen:

real	vergangene Uhrzeit (*elapsed time*) bei der Ausführung der angegebenen *pipeline*.
user	gebrauchte CPU-Zeit der *pipeline* im Benutzermodus.
sys	gebrauchte CPU-Zeit der *pipeline* im Systemmodus (z.B. bei der Ausführung von Systemroutinen)

Der exit-Status des **time**-Kommandos ist der exit-Status der *pipeline*.

Werden beim Aufruf des **time**-Kommandos Ein- und Ausgabeumlenkungen angegeben, so beziehen sich diese auf die *pipeline* und nicht auf die Ein- oder Ausgaben des **time**-Kommandos.

Beispiele
```
$ time ls -l /bin /usr/bin | wc↵
    400    3552   23248           [wc-Ausgabe]

real    0m5.56s
user    0m3.23s
sys     0m2.05s
$ time sleep 10↵

real    0m9.50s
user    0m0.00s
sys     0m0.06s
$ time pwd↵
/user1/egon/kshueb

real    0m0.00s
user    0m0.00s
sys     0m0.00s
$
```

5.16.9 Funktionen

Auch in der Korn-Shell ist die Definition von Funktionen erlaubt. Die Syntax für eine Funktionsdefinition ist dabei zunächst wieder wie in der Bourne-Shell:

---

[57] kann auch nur ein Kommando sein

funktionsname() { *kdoliste*; }

Neu in der **ksh** hinzugekommen ist eine alternative Angabe für Funktionsdefinitionen:

function *funktionsname* { *kdoliste*; }[58]

In beiden Fällen wird der Funktion *funktionsname* die *kdoliste* zugeordnet.

Der Aufruf von *funktionsname* bewirkt dann die Ausführung der zugeordneten *kdoliste*.

Beispiel

Die nachfolgende Funktion **verifik** kann für beliebige Ja/Nein-Eingaben aufgerufen werden. Sie liefert als Rückgabewert 0, wenn *Ja* oder *J* (klein oder groß geschrieben) eingegeben wird, und den Rückgabewert 1, wenn *N* oder *Nein* (klein oder groß geschrieben) eingegeben wird:

```
function verifik
{
  typeset -l antwort
  while true
  do    read -r antwort?"$1 ? "   || return 1
        case $antwort in
            j|ja)    return 0;;
            n|nein)  return 1;;
            *)       print "\7Nur j(a) oder n(ein) eingeben";;
        esac
  done
}
```

Mit dieser Funktionsdefinition sind dann Aufrufe wie z.B. der folgende möglich:

```
while verifik 'Weitermachen j(a)/n(nein)'
do
   .....
done
```

Eigenschaften von Shell-Funktionen

Im nachfolgenden sind die Eigenschaften von Funktionen in der Korn-Shell zusammengefasst:

Da der Aufruf von Funktionen weitgehend dem Aufruf von Shell-Skripts entspricht, können auch in der **ksh** bei Funktionsaufrufen Argumente angegeben

---

[58] { und } sind dabei Schlüsselwörter. In Kapitel 5.16 wurden die Regeln angegeben, die bei Schlüsselwörtern zu beachten sind.

werden, welche dann der entsprechenden Funktion in Form von Positionsparametern zur Verfügung gestellt werden.

Anders als in der Bourne-Shell wird **$0** bei Funktionsaufrufen mit dem Funktionsnamen besetzt.

Beispiel
```
$ function ausgabe  { print - "$0 $1 $2 $3";}⏎
$ set a b c⏎
$ print - "$0 $1 $2 $3"⏎
-ksh a b c
$ ausgabe Heute ist Freigabe-Termin⏎
ausgabe Heute ist Freigabe-Termin
$ print - "$0 $1 $2 $3"⏎
-ksh a b c
$
```

Eine Funktionsdefinition kann sich über mehrere Zeilen erstrecken. Die **ksh** gibt dann bei einer interaktiven Eingabe einer Funktionsdefinition auch wieder solange den Sekundär-Promptstring aus, bis die Definition mit der abschließenden } beendet wird.

Für die Wahl eines Funktionsnamens gelten die gleichen Regeln wie für die Wahl von Datei- und Variablennamen[59].

Gleiche Funktions- und Shellvariablen-Namen sind erlaubt.

Beim Aufruf von Shell-Funktionen werden diese in der aktuellen Shell ausgeführt. Somit können sie verwendet werden, um Shell-Variablen in der momentan aktiven Shell zu verändern.

Funktionen sind nur in der Shell bekannt, in der sie definiert wurden. In der **ksh** ist es jedoch möglich, Funktionen anderen **ksh**-Aufrufen bekannt zu machen. Dazu müssen die entsprechenden Funktionsdefinitionen in der *Environment*-Datei[60] angegeben werden. Bei jedem Aufruf der **ksh** werden dann die Funktionsdefinitionen aus dieser Datei gelesen und sind somit in der entsprechenden **ksh** bekannt.

Soll eine Funktion auch an Subshells exportiert werden, die nicht mit einem expliziten **ksh**-Aufruf (wie z.B. Shell-Skripts) erzeugt werden, so muß neben der Funktionsdefinition noch der entsprechende Funktionsname mit **typeset -xf** in der *Environment*-Datei definiert werden.

---

[59] siehe Syntaxregeln für Bezeichner in Kapitel 3.
[60] über die vordefinierte Shell-Variable **ENV** festgelegt; siehe Kapitel 5.8.2

Beispiel

```
$ echo $ENV↵
/user1/kshueb/.ksh_env
$ cat $ENV↵
export PS1='!>$PWD: '

typeset -xf zaehle
function zaehle
{
  integer  start=${1:-1} ende=${2:-10} step=${3:-1}
  integer  i=start
  while ((i<=ende))
  do    print - $i
        i=i+step
  done
}
$ . $ENV↵        [Lesen der Datei $ENV mit Punkt-Kommando]
212>/user1/egon/kshueb: PS1="$ "↵
$ cat sum_ungerad↵
typeset -i sum=0
for i in $(zaehle 1 ${1:-100} 2)
do    sum=sum+$i
done
print $sum
$ chmod u+x sum_ungerad↵
$ sum_ungerad↵
2500
$ sum_ungerad 5↵
9
$ sum_ungerad 5000↵
6250000
$
```

In der **ksh** ist es möglich, funktionslokale Variablen zu deklarieren; dazu muß die entsprechende Variable innerhalb der Funktion mit **typeset** definiert werden. Das Modifizieren von lokalen Variablen in einer Funktion hat keinerlei Einfluß auf gleichnamige Variablen außerhalb der Funktion. Alle funktionslokalen Variablen sind nach der Ausführung der Funktion nicht mehr verfügbar.

Wird jedoch in einer Funktion eine Variable verwendet, welche dort nicht explizit mit **typeset** definiert wurde, so handelt es sich um eine globale Variable. Das bedeutet, daß jede Änderung Auswirkungen auf eine eventuell gleichlautende Variable außerhalb der Funktion hat. Zum anderen ist eine solche Variable auch nach dem Funktionsende noch vorhanden, selbst wenn sie zuvor noch nicht existierte.

Beispiele

```
$ name=anton
$ function e1 { typeset name=emil; print $name;}
$ e1
emil
$ print $name
anton
$ function e2 { name=emil; print $name;}
$ e2
emil
$ print $name
emil
$
```

Die built in-Kommandos **dirs**, **pushd** und **popd** der C-Shell fehlen in der **ksh**. Eine mögliche, einfache Realisierung dieser Kommandos als **ksh**-Funktionen wird hier gezeigt. Dazu sollten die nachfolgenden Funktionsdefinitionen in der Environment-Datei (**$ENV**) eingetragen werden. Der Directory-Stack wird hierbei über die globale Variable **DS** realisiert:

```
$ cat $ENV
    :
    :

typeset -xf dirs pushd popd

function dirs
{   print - "${PWD};$DS"
}

function pushd
{   DS="$PWD;$DS"
    cd $1
    dirs
}

function popd
{   if [ "$DS" ]
    then
        cd ${DS%%\;*}
        DS=${DS#*\;}
        dirs
    else
        echo "Stack ist leer"
    fi
}
$ . $ENV
```

Die Korn-Shell 377

```
243>/user1/egon/kshueb: PS1='$PWD: '⏎
/user1/egon/kshueb: dirs⏎
/user1/egon/kshueb;
/user1/egon/kshueb: pushd /bin⏎
/bin;/user1/egon/kshueb;
/bin: pushd ../usr⏎
/usr;/bin;/user1/egon/kshueb;
/usr: popd⏎
/bin;/user1/egon/kshueb;
/bin: popd⏎
/user1/egon/kshueb;
/user1/egon/kshueb: popd⏎
Stack ist leer
/user1/egon/kshueb: PS1="$ "⏎
$
```

ksh-Funktionen können auch rekursiv aufgerufen werden.

Beispiel

Das nachfolgende komplexere Beispiel zeigt die Realisierung des berühmten Spiels "Türme von Hanoi" mit der ksh:

```
$ cat hanoi⏎
    #——— Funktionsdefinitionen ———
    #——————————————————————————
function hanoi
{
    integer zahl von nach on ov
    let zahl=$1-1
    (($zahl>0)) && hanoi $zahl $2 $4 $3
    von=$2
    nach=$4
    ((oben[nach]=oben[nach]-1))
    ((ov=oben[von]))
    ((on=oben[nach]))
    eval "turm$nach[$on]=\${turm$von[$ov]}"
    eval "turm$von[oben[von]]=\$leer"
    ((oben[von]=oben[von]+1))
    ((zug=zug+1))
    print - "\n$zug.Zug: $von ——> $nach"
    for i in $zahlen
    do  print - "  ${turm1[$i]}        ${turm2[$i]}        ${turm3[$i]}"
    done
    print - " $basis       $basis       $basis"
    read
    (($zahl>0)) && hanoi $zahl $3 $2 $4
}
```

```
function init
{
   integer i=0
   while (( (i=i+1) <= bloecke))
   do   zahlen="$zahlen $i"
   done
   oben[1]=1
   ((oben[2]=bloecke+1))
   ((oben[3]=bloecke+1))
   turm1[1]="         *         "
   turm1[2]="        ***        "
   turm1[3]="       *****       "
   turm1[4]="      *******      "
   turm1[5]="     *********     "
   turm1[6]="    ***********    "
   turm1[7]="   *************   "
   turm1[8]="  ***************  "
   turm1[9]=" ***************** "
     basis="_____"
      leer='                   '
   for i in $zahlen
   do   turm2[$i]="$leer"
        turm3[$i]="$leer"
   done
}

   #———————— main ————————————
   #——————————————————————————
integer oben[3] zug=0 bloecke

bloecke=${1:-3}

case $bloecke in
  [1-9]) init
         hanoi $bloecke 1 2 3
         exit 0;;
      *) print "Blockanzahl muss im Intervall [1,5] liegen"
         exit 1;;
esac
```

```
$ chmod u+x hanoi ⏎
$ hanoi 4 ⏎
```

1.Zug: 1 ——> 2

```
          ***
         *****
        *******                    *
    ─────────────           ─────────────           ─────────────
```
⏎

2.Zug: 1 ——> 3

```
         *****
        *******                    *                     ***
    ─────────────           ─────────────           ─────────────
```
⏎

3.Zug: 2 ——> 3

```
         *****                                            *
        *******                                          ***
    ─────────────           ─────────────           ─────────────
```
⏎

4.Zug: 1 ——> 2

```
                                                          *
        *******                  *****                   ***
    ─────────────           ─────────────           ─────────────
```
⏎

5.Zug: 3 ——> 1

```
           *
        *******                  *****                   ***
    ─────────────           ─────────────           ─────────────
```
⏎

6.Zug: 3 ⟶ 2

```
         *                      ***
      *******                  *****
  _____            _____           _____
```
⏎

7.Zug: 1 ⟶ 2

```
                                *
                               ***
      *******                 *****
  _____            _____           _____
```
⏎

8.Zug: 1 ⟶ 3

```
                                *
                               ***
                              *****              *******
  _____            _____           _____
```
⏎

9.Zug: 2 ⟶ 3

```
                               ***                  *
                              *****              *******
  _____            _____           _____
```
⏎

10.Zug: 2 ⟶ 1

```
                                                    *
       ***                    *****              *******
  _____            _____           _____
```
⏎

11.Zug: 3 ⟶ 1

```
        *
       ***                    *****              *******
  _____            _____           _____
```
⏎

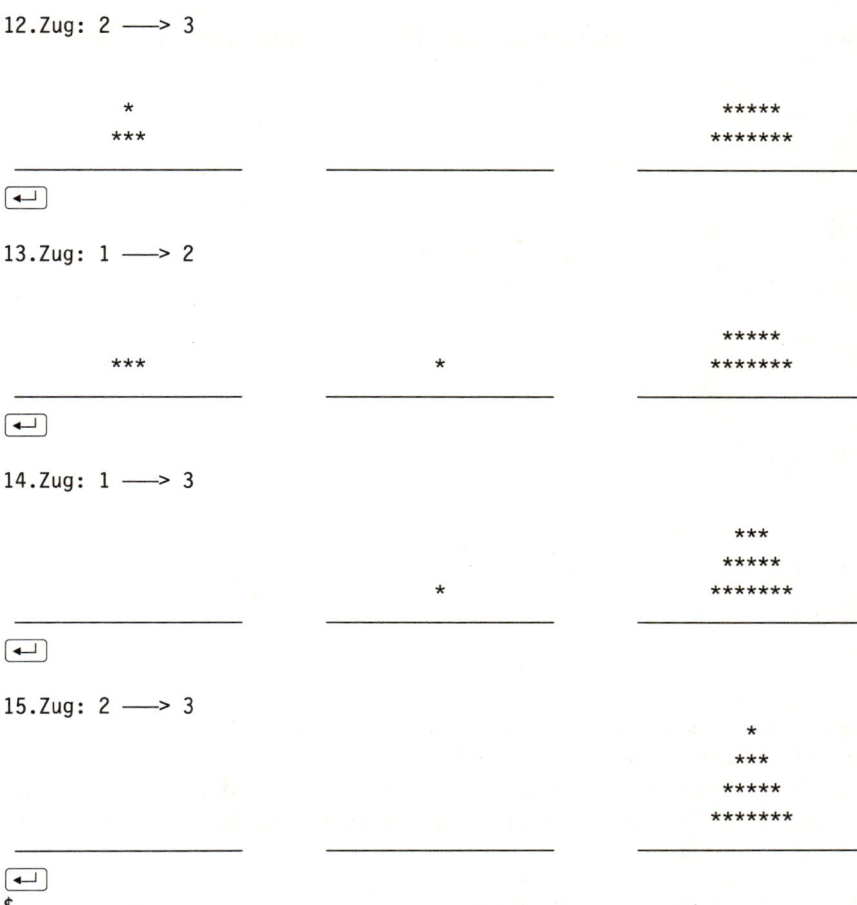

Ein- und Ausgabeumlenkung ist sowohl bei der Definition als auch beim Aufruf einer Shell-Funktion erlaubt.

Der Aufruf des built in-Kommandos

return [*n*]

bewirkt, daß eine Funktion mit dem Rückgabewert (exit-Status) *n* verlassen wird. Ist *n* nicht angegeben, dann wird als Rückgabewert der exit-Status des zuletzt in dieser Funktion ausgeführten Kommandos verwendet.

Beispiel

Die Realisierung des Kommandos **basename** als Funktion könnte wie folgt aussehen:

```
$ cat bname⏎
function basename
{   case $# in
        1) ;;
        2) eval set \${1%$2};;
        *) print - "usage: $0 pfadname [suffix]"
           return 1;;
    esac
    print - ${1##*/}
    return 0
}
$ . bname⏎
$ basename $HOME⏎
egon
$ ls *.c⏎
addiere.c
$ basename *.c⏎
addiere.c
$ basename *.c .c⏎
addiere
$
```

Built in-Kommandos[61] können nicht durch eine Funktionsdefinition ersetzt werden, andere Kommandos dagegen sehr wohl.

Jedoch ist es über einen kleinen Trick, bei dem eine Kombination von Alias- und Funktionsdefinitionen angegeben wird, doch möglich, ein built in-Kommando durch eine Funktion zu ersetzen[62].

Die in der gerade aktiven **ksh** definierten Shell-Funktionen können mit dem Kommando

typeset −f (ohne Angabe von Argumenten)

oder dem Aufruf des vordefinierten Alias

functions

angezeigt werden.

Mit

unset −f *funktionsname*

---

[61] im Kapitel 5.24.5 sind alle built in-Kommandos der **ksh** angegeben.
[62] siehe 5.17.

kann die Definition einer Shell-Funktion wieder aufgehoben werden.

Beim Aufruf von Funktionen werden diese immer als solche erkannt, selbst, wenn Quoting verwendet wird.

Hinweis

Bei der Erstellung von Funktionen sollte folgendes beachtet werden:

- Auf globale Variablen sollte innerhalb von Funktionen nur dann zugegriffen werden, wenn dies unbedingt erforderlich ist. Ansonsten sollten funktionslokale Variablen verwendet werden.
- Da Funktionen in der aktuellen Shell ausgeführt werden, bewirkt ein Wechsel des Directorys in einer Funktion, daß dies nach Rückkehr aus der Funktion auch das neue working directory der Shell ist, wenn in der Funktion nicht explizit zum ursprünglichen working directory zurückgekehrt wird.
- Ein weiterer Punkt, den es zu beachten gilt, weil Funktionen in der aktuellen Shell ausgeführt werden, ist die gleiche PID der aktuellen Shell und der Funktion. Dies kann beim Kreieren von temporären Dateien durch Anhängen von **$$** (z.B. *tmpname=/tmp/temp$$*) an den Namen zu Problemen der Art führen, daß die aktuelle Shell und die Funktion unbeabsichtigt die gleiche temporäre Datei benutzen. Der Entwickler sollte also über funktionseigene Dateinamen für temporäre Dateien sicherstellen, daß solche Konflikte vermieden werden.
- Auf **ksh**-Versionen, die vor dem 3.6.1986 freigegeben wurden, waren alle Signalbehandlungs-Routinen (außer für **EXIT**[63]), die mit **trap** eingerichtet wurden, sowohl für die Funktion als auch für die entsprechende Shell aktiv.

Auf **ksh**-Versionen nach dem 3.6.1986 können für Funktionen und die aktuelle Shell unterschiedliche Signal-Handler installiert werden. Ein innerhalb der Funktion mit **trap** installierter Signal-Handler gilt deshalb nur für die Dauer der Funktionsausführung. Nach der Rückkehr aus der Funktion werden automatisch wieder die Signal-Handler der aktuellen **ksh** aktiviert.

Autoload Funktionen

Eine Funktion, die erst dann definiert wird, wenn sie zum erstenmal aufgerufen wird, wird als *autoload-Funktion* bezeichnet.

Autoload-Funktionen haben den Vorteil, daß die **ksh** keine Zeit mit dem Lesen von Funktionsdefinitionen vergeudet, die niemals aufgerufen werden.

---

[63] siehe 5.22.

Auf **ksh**-Versionen, die nach dem 3.6.1986 freigegeben wurden, können autoload-Funktionen mit dem vordefinierten Alias **autoload**[64] oder mit **typeset -fu** deklariert werden.

Beim ersten Aufruf einer **autoload**-Funktion durchsucht die **ksh** die in der Shellvariablen **FPATH** enthaltenen Directories, um nach einem Dateinamen zu suchen, der der Name dieser Funktion ist. Findet die **ksh** eine gleichnamige Datei, so liest sie zunächst den Inhalt dieser Datei (in der aktiven Shell) und führt dann die entsprechende Funktion aus.

Beispiele

```
$ cd⏎
$ pwd⏎
/user1/egon
$ mkdir flib⏎
$ cd flib⏎
$ ls⏎
$ cat isnum⏎
# — isnum ─────────────────────────────────────
#   Rueckgabewert: 0 (TRUE), wenn erstes Argument
#                            nur aus Ziffern besteht.
#                  1 (FALSE), ansonsten
function isnum
{   typeset para="$1" zahl=1  # zahl ist boole'sche Var.
    while true
    do  case $para in
          [0-9]*) para=${para#?}
                  zahl=0;;
              "") return $zahl;;
               *) return 1;;
        esac
    done
}
$ FPATH=$HOME/flib⏎     [am besten in .profile eintragen]
$ cd $HOME/kshueb⏎
$ autoload isnum⏎       [am besten in $ENV ($HOME/.ksh_env) eintragen]
$ typeset -f | grep isnum⏎   [keine Funktion isnum vorhanden]
$ isnum 7289352⏎
$ print $?⏎
0                       [7289352 ist eine Zahl]
$ typeset -f | grep isnum⏎
function isnum          [nun ist eine Funktion isnum vorhanden]
$ if isnum 089-1234556⏎
> then⏎
```

---

[64] siehe 5.17.

```
>    print "Zahl"⏎
> else⏎
>    print "keine Zahl"⏎
> fi⏎
keine Zahl
$
```

Auf **ksh**-Versionen, die am 3.6.1986 oder früher freigegeben wurden, wird der **autoload**-Mechanismus nicht eigens angeboten; dieser kann aber mit der Definition eines Alias, dessen Name der Name einer Funktion ist, nachgebildet werden[65].

5.17 Der Alias-Mechanismus

Mit dem Alias-Mechanismus der **ksh** ist es möglich, an einen ganzen oder auch unvollständigen Kommandoaufruf einen Kurznamen, auch *Alias* genannt, zu vergeben.

5.17.1 Das built in-Kommando alias

Mit dem in der ksh neu hinzugekommenen built in-Kommando **alias** können entweder Aliase definiert oder aber momentan definierte Aliase angezeigt werden:

alias [−tx] [*name*[=*wert*]][66]

Sind keine Argumente der Form *name*[=*wert*] angegeben, so gibt die **ksh** eine Liste der momentan definierten Aliase auf die Standardausgabe aus, und zwar pro Zeile ein Alias in der Form *name=wert*. Ist **-t** und/oder **-x** angegeben, dann werden nur die Aliase mit den entsprechenden Attributen (siehe unten) angezeigt.

Wird *name=wert* angegeben, so wird ein Alias *name* mit dem angegebenen *wert* neu definiert. Vorherige Definitionen von *name* werden dabei überschrieben. Für Aliasnamen gilt, daß das erste Zeichen kein Metazeichen sein darf und die restlichen Zeichen Buchstaben oder Ziffern sein müssen.

---

[65] siehe Kapitel 5.17
[66] vor und nach dem Gleichheitszeichen darf kein Trennzeichen angegeben sein.

Optionen

Option	Bedeutung
-t	(t*racked*) Markieren eines Alias bzw. Auflisten der markierten Aliase. Der Wert eines mit **-t** markierten Alias ist der absolute Pfadname des Programms *name*; ein so markiertes Alias verliert diesen Wert, wenn die Variable **PATH** verändert wird, wobei jedoch das Alias selbst mit **-t** markiert bleibt. (siehe unten: Tracked Aliase)
-x	(*export*) Markieren eines Alias zum Export bzw. Auflisten der zum Export markierten Aliase. Ein Alias kann jedoch nur an Subshells exportiert werden, die durch den Aufruf eines Shellskripts (ohne **ksh**) erzeugt werden. Wird eine neue Korn-Shell mit dem Aufruf von **ksh** gestartet, so werden die mit **-x** markierten Aliase nicht automatisch dorthin exportiert. Um dies zu erreichen, müßten die entsprechenden Alias-Definitionen in der Environment-Datei angegeben sein, damit sie in die neue **ksh** vererbt werden.

Wird nur (ein) *name* (ohne die Zuweisung eines *wert*) angegeben, so sind folgende Fälle zu unterscheiden:

- keine Angabe von **-t** oder **-x**: *name* und *wert* des Alias *name* wird angezeigt.

- Angabe von **-x**: Alias *name* wird für den Export markiert.

- Angabe von **-t**: Alias *name* wird mit **-t** markiert. Zusätzlich wird noch der Wert dieses Alias auf den absoluten Pfadnamen des entsprechenden Programms *name* gesetzt; dazu werden die Directories in der Variablen **PATH** durchsucht. (siehe unten: Tracked Aliase)

wert kann ein beliebiger Text (einer Kommandozeile) sein. Wenn das letzte Zeichen von *wert* ein Leer- oder Tabulatorzeichen ist, dann prüft die **ksh** bei der Alias-Substitution auch noch das dem Alias folgende Wort daraufhin, ob es sich dabei um ein Alias handelt, das substituiert werden muß. Allgemein sollte immer dann ein Alias-Text mit einem Leer- oder Tabulatorzeichen enden, wenn einem Alias ein weiteres Alias folgen kann.

Wenn ein Alias-Text immer dann zu expandieren ist, wenn auf das entsprechende Alias zugegriffen wird, so muß der Alias-Text mit '..' geklammert werden, ansonsten wird der Alias-Text nur einmal bei der **alias**-Definition expandiert.

Die Korn-Shell

In einem Alias-Text kann der eigene Alias-Name verwendet werden; es handelt sich dann nicht um das Alias, sondern um das entsprechende Kommando:

```
alias ls='ls -CF '
```

Beispiele

```
$ alias dir='ls '⏎
$ alias type='cat '⏎
$ alias -x md='mkdir ' rd='rmdir '⏎
$ alias del='rm '⏎
$ alias⏎
autoload=typeset -fu     [Neben den explizit definierten Aliasen enthält diese ]
del=rm                   [Liste auch vordefinierte Aliase (siehe unten)]
dir=ls
false=let 0
functions=typeset -f
hash=alias -t -
history=fc -l
integer=typeset -i
md=mkdir
nohup=nohup
r=fc -e -
rd=rmdir
stop=kill -STOP
suspend=kill -STOP $$
true=:
type=cat
$ dir b*⏎
basisname
bname
$ type eingabe⏎
echo "Gib was ein:"
read
echo "Du hast ---$REPLY--- eingegeben"
$ x=1⏎
$ alias druck1='print $x'  druck2="print $x"⏎
$ x=5⏎
$ druck1⏎
5
$ druck2⏎
1
$ print $OLDPWD⏎
/user1/egon
$ alias alt="cd $OLDPWD"⏎
$ alias alt⏎
alt=cd /user1/egon
```

```
$ cd /usr⏎
$ alt⏎
$ pwd⏎
/user1/egon
$ cd kshueb⏎
$ print $OLDPWD⏎
/user1/egon
$ alias alt='cd $OLDPWD'⏎      [statt mit ".." nun mit '..' geklammert]
$ alias alt⏎
alt=cd $OLDPWD
$ cd /usr⏎
$ alt⏎
$ pwd⏎
/user1/egon/kshueb
$
```

Der exit-Status des **alias**-Kommandos ist 0 (erfolgreich), wenn alle angegebenen *name(n)* Aliase sind oder wenn mit einem **alias**-Aufruf Attribute gesetzt werden, ansonsten ist der exit-Status von **alias** die Zahl der *name(n)*, die keine Aliase sind.

5.17.2 Löschen eines Alias

Mit dem in der ksh neu hinzugekommenen built in-Kommando **unalias** können zuvor definierte Aliase gelöscht werden:

unalias *name(n)*

Der exit-Status von **unalias** ist 0 (erfolgreich), wenn alle angegebenen *name(n)* Aliase sind, ansonsten ist der exit-Status die Anzahl von Namen, die keine Aliase sind.

5.17.3 Alias-Substitution

Für jedes einfache Kommando prüft die **ksh** das erste Wort (Kommandoname), um dieses eventuell als Alias zu klassifizieren. Wenn keinerlei Quoting in diesem Wort vorkommt und das Wort ein erlaubter Alias-Name ist, der nicht mit **-t** markiert wurde, dann setzt die **ksh** für den Alias, falls definiert, den entsprechenden Alias-Text ein. Falls im Alias-Text der Alias-Name selbst nochmals vorkommt, so wird dieser nicht erneut substituiert. Kommt im Alias-Text dagegen ein anderer Alias-Name vor, so wird auf **ksh**-Versionen nach dem 3.6.1986 auch dieser substituiert.

Normalerweise wird die Alias-Substitution nur für das erste Wort eines einfachen Kommandos durchgeführt. Endet jedoch ein Alias-Text mit einem Leer- oder Tabulatorzeichen, dann wird auch noch für das nachfolgende Wort Alias-Substitution durchgeführt.

Die Korn-Shell

Beispiele
```
$ alias druck=print⏎
$ alias text="Hallo egon"⏎
$ druck text⏎
text
$ alias drucke='print '⏎
$ drucke text⏎
Hallo egon
$ alias w=wc⏎
$ drucke text | w⏎
      1     2    11
$ alias pdir='basename 'pwd''⏎
$ pdir⏎
kshueb
$ cd /usr/bin⏎
$ pdir⏎
bin
$ alt⏎
$ pwd⏎
/user1/egon/kshueb
$
```

5.17.4 Tracked Aliase

Wie die Bourne-Shell, so verfügt auch die **ksh** über ein sogenanntes *Kommando-Tracking*: Wenn ein Kommando aufgerufen wird, das kein built in-Kommando und keine definierte Funktion ist, so durchsucht die Shell die in **PATH** angegebenen Directories nach diesen Kommandonamen. Um beim nächsten Aufruf des gleichen Kommandos nicht wieder diesen zeitaufwendigen Suchvorgang wiederholen zu müssen, merken sich beide Shells den Pfad des Kommandos. Während die Bourne-Shell die bereits gefundenen Pfadnamen von Kommandos in einer internen hashing-Tabelle speichert, verwendet die **ksh** ein anderes Verfahren:

Das erstemal, wenn ein Kommando aufgerufen wird, kreiert die **ksh** ein sogenanntes *Tracked Alias* mit dem gleichen Namen wie das betreffende Kommando und weist diesem Alias den absoluten Pfadnamen des Kommandos als Wert zu.

Während in der Bourne-Shell das Kommando-Tracking immer eingeschaltet ist, kann es in der **ksh** vom Benutzer ein- und ausgeschaltet werden. Die Voreinstellung ist, daß Kommando-Tracking nicht eingeschaltet ist.

Mit dem Befehl

`set -o trackall`

kann das Kommando-Tracking ein- und mit

`set +o trackall`

ausgeschaltet werden.

Mit dem Aufruf

`alias -t`

können alle momentan definierten Tracked Aliase angezeigt werden.

Beispiele

```
$ wc eingabe⏎
      3     10      64 eingabe
$ alias -t⏎
$ set -o trackall⏎
$ wc eingabe⏎
      3     10      64 eingabe
$ alias -t⏎
wc=/bin/wc
$ ls b*⏎
basename
bname
$ alias -t⏎
ls=/bin/ls
wc=/bin/wc
$
```

Soll das Kommando-Tracking immer automatisch eingeschaltet werden, so sollte

`set -o trackall`

in der Environment-Datei **$ENV** eingetragen werden.

Das Kommando-Tracking hat den Vorteil, daß der zeitaufwendige Suchvorgang für häufig benutzte Kommandos wie **ls**, **cat**, **vi**, usw. nur einmal beim ersten Aufruf durchgeführt wird, und somit diese Kommandos bei nachfolgenden Aufrufen wesentlich schneller starten. Dies ist v.a.D. für Kommandos sehr nützlich, die in Schleifen aufgerufen werden.

Ein Benutzer kann auch explizit Tracked Aliase kreieren, ohne daß er das entsprechende Kommando aufruft:

`alias -t` *kdoname(n*

Benutzer, die auch den zeitaufwendigen Suchvorgang beim ersten Aufruf bestimmter Kommandos unterbinden möchten, sollten deshalb den Aufruf

alias -xt *kdoname(n)*

für die entsprechenden *kdoname(n)* in *.profile* eintragen.

```
$ alias -t⏎
ls=/bin/ls
wc=/bin/wc
$ alias -t cat vi⏎
cat=/bin/cat
ls=/bin/ls
vi=/usr/bin/vi
wc=/bin/wc
$ alias -t zufall⏎
$ alias -t⏎
cat=/bin/cat
ls=/bin/ls
vi=/usr/bin/vi
wc=/bin/wc
zufall=/user1/egon/kshueb/./zufall
$
```

Jedesmal, wenn die **PATH**-Variable neu gesetzt wird, werden die Werte aller Tracked Aliase gelöscht; die Aliase selbst bleiben jedoch bestehen und besitzen weiter das *tracked*-Attribut.

```
$ PATH=$PATH⏎
$ alias -t⏎            [keine tracked Aliase mit Wert vorhanden]
$ set +o trackall⏎     [Kommando-Tracking ausschalten]
$ zufall⏎
1.Zufallszahl: 10554
2.Zufallszahl: 1407
Zufzahl aus [1,100]: 89
$ alias -t⏎
zufall=/user1/egon/kshueb/./zufall
$ wc eingabe⏎
      3      10      64 eingabe
$ alias -t⏎
wc=/bin/wc
zufall=/user1/egon/kshueb/./zufall
$ file abc⏎
abc:       empty
```

```
$ alias -t⏎67
wc=/bin/wc
zufall=/user1/egon/kshueb/./zufall
$
```

5.17.5 Vordefinierte Aliase

Folgende Aliase werden von der **ksh** automatisch vordefiniert:

```
autoload='typeset -fu'
echo='print -'
false='let 0'
functions='typeset -f'
hash='alias -t'
history='fc -l'
integer='typeset -i'
nohup='nohup '
r='fc -e -'
true=:
type='whence -v'
```

Diese vordefinierten Aliase kann der Benutzer ändern oder löschen. Es ist jedoch nicht ratsam, da dadurch der vom Hersteller vorgegebene Standard unnötigerweise wieder aufgehoben würde, und es eine verminderte Portabilität der eigenen **ksh**-Skripts nach sich ziehen würde.

5.17.6 Funktionen und Aliase

Im vorherigen Kapitel wurde darauf hingewiesen, daß built in-Kommandos nicht durch Funktionen ersetzt werden können. Diese Einschränkung gilt zwar im allgemeinen, da die **ksh** bei einem Kommandoaufruf zuerst prüft, ob es ein built in-Kommando ist und erst dann nach einer Funktion mit diesem Namen sucht. Da die **ksh** jedoch vor der Prüfung auf ein built in-Kommando die Prüfung auf ein Alias durchführt, kann diese Einschränkung durch eine geeignete Kombination von Aliasen und Funktionen umgangen werden.

Um ein built in-Kommando durch eine Funktion zu ersetzen, muß ein Alias mit dem Namen des zu ersetzenden built in-Kommandos definiert werden; als Alias-Wert ist dabei der entsprechende Funktionsname anzugeben. Bei der Definition der betreffenden Funktion ist dann nur noch darauf zu achten, daß der Aufruf des wirklichen built in-Kommandos (falls benötigt) mit Quoting angegeben wird, um eine Alias-Substitution für diesen Namen zu unterbinden.

---

[67] **file** wird kein Tracked Alias, da Kommando-Tracking ausgeschaltet und **file** anders als **wc** und **zufall** nicht das tracked-Attribut besitzt.

Beispiel

```
$ alias cd=_cd⏎
$ cat mein_cd⏎
function _cd
{   \cd "$@"     # Quoting, um rekursiven Aufruf
                 # der Funktion cd zu vermeiden.
    print "Directorywechsel: $OLDPWD ——> $PWD"
}
$ . mein_cd⏎
$ cd /usr⏎
Directorywechsel: /user1/egon/kshueb ——> /usr
$ pwd⏎
/usr
$ cd⏎
Directorywechsel: /usr ——> /user1/egon
$ pwd⏎
/user1/egon
$ cd kshueb⏎
Directorywechsel: /user1/egon ——> /user1/egon/kshueb
$ pwd⏎
/user1/egon/kshueb
$ unalias cd⏎         [um richtiges cd wieder verwenden zu können]
$
```

Um **autoload**-Funktionen auf **ksh**-Versionen vor dem 3.6.1986 nachzubilden, muß ein Alias-Name mit dem Namen der entsprechenden **autoload**-Funktion definiert werden. Der Wert dieses Alias muß ein Punkt-Kommando mit einem Argument sein. Das Argument muß dabei der Pfadname der Datei sein, welche die Funktionsdefinition enthält; nach dem Dateinamen muß ein Semikolon, gefolgt vom Funktionsnamen angegeben werden. In der Funktionsdefinitions-Datei muß der entsprechende Alias-Name zunächst mit **unalias** entfernt werden, bevor dieser Name dann als Funktionsname definiert wird.

Beispiel

```
$ alias isprim='. $HOME/flib/isprim; isprim'⏎
$ cat $HOME/flib/isprim⏎
unalias isprim    # Loeschen des Alias isprim

# —— isprim ——————————————————————————
#
#   Rueckgabewert: 0 (TRUE), wenn erstes Argument
#                            eine Primzahl ist
#                  1 (FALSE), ansonsten
```

```
function isprim
{   set -- $(factor $1 2>/dev/null)
    ((rueckgabe=$#-2))   # wenn Primzahl, dann liefert
                         # factor 2 Zahlen
    return $rueckgabe
}
$ typeset -f | grep isprim⏎          [Funktion isprim nicht vorhanden]
$ if isprim 123457⏎
> then   echo Primzahl⏎
> else   echo keine Primzahl⏎
> fi⏎
Primzahl
$ functions | grep isprim⏎
function isprim                       [Funktion isprim nun vorhanden]
$ if isprim 12345678⏎
> then   echo Primzahl⏎
> else   echo keine Primzahl⏎
> fi⏎
keine Primzahl
$
```

Es könnte auch eine ganze Bibliothek von verwandten Funktionen geladen werden, wenn eine Funktion aus dieser Bibliothek das erstemal aufgerufen wird. Dazu müßte für jeden in der Bibliothek vorhandenen Funktionsnamen ein symbolischer Link auf die Bibliotheks-Datei gelegt werden, wie z.B.

ln *funktionsname1 $HOME/flib/mathlib*
ln *funktionsname2 $HOME/flib/mathlib*
....

Mit der Kombination von Aliasen und Funktionen ist es auch möglich, neue Sprachkonstrukte in der jeweiligen **ksh**-Umgebung einzuführen.

Beispiel[68]

```
$ cat $HOME/flib/_from⏎
function _from
{   typeset var="${1%%=*}"
    integer incr="${5:-1}" "$1"
    while (($var<=$3))
    do   _repeat
         let $var=$var+incr
    done
}
$ alias repeat='function _repeat {'⏎
```

---

[68] aus "The KornShell", von Morris I. Bolsky und David G. Korn; Prentice Hall

```
$ alias from='}; _from'⏎ [69]
$
```

Ein Beispiel für die Verwendung der doch recht komplexen Definitionen, könnte sein:

```
$ repeat⏎
>  {   ((x=i*i))⏎
>      print "$i    $x"⏎
>  }⏎
>  from i=1 to 13 step 3⏎
1    1
4    16
7    49
10   100
13   169
$
```

Hinweis

- Da Alias-Substitution erst durchgeführt wird, wenn alle Schlüsselwörter einer Kommandozeile bearbeitet wurden, wird ein Alias-Name mit dem gleichen Namen wie ein Schlüsselwort niemals von der **ksh** als Alias erkannt.

- Aliase mit Namen der Form
  buchstabe (z.B. **_a**, **_b**, usw.)
  definieren Makros für die beiden built in-Editoren[70] **vi** und **emacs**.

5.18 Die Tilde-Expandierung

Nachdem die **ksh** die Alias-Substitution durchgeführt hat, prüft sie jedes Wort in der Kommandozeile, ob es eventuell mit ~ (engl. _tilde_) beginnt. Ist ein solches Wort vorhanden, dann führt sie für dieses Wort vom Anfang bis zum nächsten Vorkommen von / bzw. bis zum Ende die sogenannte _Tilde-Expandierung_ durch:

---

[69] Diese beiden Zeilen könnten in der Environment-Datei **$ENV** eingetragen werden. Um **_from** explizit als **autoload**-Funktion zu kennzeichnen, sollte zusätzlich noch
   autoload _from
   in der Environment-Datei **$ENV** eingetragen werden.

[70] siehe Kapitel 5.19

Text	Tilde-Expandierung (wird ersetzt durch)
~	$HOME
~+	$PWD
~-	$OLDPWD
~*loginname*	$HOME vom Benutzer *loginname*
~*anderer-text*	keine Ersetzung

Beispiele
```
$ pwd⏎
/user1/egon/kshueb
$ print ~⏎
/user1/egon
$ print ~emil⏎
/user1/emil⏎
$ cd ~emil/bin⏎
$ pwd⏎
/user1/emil/bin
$ cd ~-⏎
$ pwd⏎
/user1/egon/kshueb
$ d=$HOME/.profile   s=~emil⏎
$ print ${d}_datei $s/bin⏎
/user1/egon/.profile_datei /user1/emil/bin
$
```

Hinweis

Bei Variablenzuweisungen führt die **ksh** Tilde-Expandierung durch, wenn ~ am Anfang des entsprechenden Werts (unmittelbar nach dem Gleichheitszeichen) angegeben ist. **ksh**-Versionen vom 3.6.1986 und frühere führten Tilde-Expandierungen sogar nach jedem : (Doppelpunkt) in einem Wert einer Variablenzuweisung durch.

5.19 Der History-Mechanismus

Die **ksh** merkt sich die eingegebenen Kommandos in der sogenannten History-Datei. Das hier vorgestellte built in-Kommando **fc** und die beiden im nächsten Kapitel vorgestellten built in-Editoren **vi** und **emacs** ermöglichen es, Kommandos aus der History-Datei zu holen und zu editieren.

5.19.1 Allgemeines

Um sich die Kommandos aus der History-Datei anzeigen zu lassen, steht das vordefinierte Alias **history**[71] zur Verfügung.

Falls die Option **nolog**[72] nicht gesetzt ist, dann werden auch Funktionsdefinitionen in der History-Datei mit aufgenommen.

Die **ksh** öffnet die History-Datei, wenn sie eine Funktionsdefinition liest oder nachdem die Environment-Datei gelesen wurde, je nachdem, was zuerst eintrifft.

Der Name für die History-Datei wird über die Shellvariable **HISTFILE**[73] festgelegt.

Die **ksh** schreibt automatisch jede eingegebene Kommandozeile an das Ende der History-Datei. Jedoch können mit **read** oder **print** auch Kommandozeilen am Ende der History-Datei untergebracht werden, ohne daß sie ausgeführt werden:

```
read -s kdozeile
print -s kdozeile
```

Um beispielsweise den Inhalt der **PATH**-Variablen zu editieren, bevor man diese neu setzt, müßte zunächst

```
print -s PATH=$PATH
```

aufgerufen werden. Danach könnte dann diese neu in die History-Datei eingetragene Zeile editiert werden, bevor sie der **ksh** zur Ausführung übergeben wird.

Über die Shellvariable **HISTSIZE**[74] kann festgelegt werden, wieviele der letzten Kommandozeilen maximal in der History-Datei aufzuheben sind.

Am Ende einer login-Sitzung wird die History-Datei nicht von der **ksh** gelöscht, so daß Kommandos von einer früheren Sitzung auch noch in einer späteren Sitzung wieder verwendet werden können.

---

[71] siehe Kapitel 5.17: **history** ist vordefiniert als: **alias history='fc -l'**; das Kommando **fc** wird weiter unten in diesem Kapitel vorgestellt.
[72] nur auf **ksh**-Versionen verfügbar, die nach dem 3.6.1986 freigegeben wurden.
[73] Voreinstellung: **HISTFILE=$HOME/.sh_history**.
[74] Voreinstellung: **HISTSIZE=128**.

5.19.2 Das built in-Kommando fc

Um Kommandozeilen aus der History-Datei anzuzeigen oder zur Ausführung zu bringen, steht neben den beiden im nächsten Kapitel vorgestellten built in-Editoren **vi** und **emacs** auch noch das built in-Kommando **fc** (**fix** **c**ommand) zur Verfügung. **fc** kann auf zwei verschiedene Arten aufgerufen werden, da es für zwei unterschiedliche Anwendungsfälle benutzt wird:

- Erneute Ausführung einer zuvor eingegebenen Kommandozeile:
  fc -e - [*alt=neu*] [*kommando*]

- Editieren bzw. Auflisten der Kommandozeilen aus der History-Datei:
  fc [**-e** *editor*] [**-nlr**] [*von* [*bis*]]

Erneute Ausführung einer zuvor eingegebenen Kommandozeile

Die Aufrufform

fc -e - [*alt=neu*] [*kommando*]

wird verwendet, wenn eine zuvor eingegebene Kommandozeile unverändert oder leicht abgeändert erneut ausgeführt werden soll. Die **ksh** gibt dabei die entsprechende Kommandozeile vor der Ausführung nochmals aus.

Wenn *alt=neu* angegeben ist, so wird in der entsprechenden Kommandozeile vor der Ausführung der String *alt* durch *neu* ersetzt.

kommando legt die auszuführende Kommandozeile fest. Für *kommando* kann dabei folgendes angegeben werden:

Angabe	Wirkung
positive Zahl	legt die Nummer der entsprechenden Zeile aus der History-Datei fest
negative Zahl	wird von der momentanen Kommandonummer subtrahiert
string	wählt aus den vorherigen Kommandozeilen die letzte aus, welche mit *string* beginnt.
keine Angabe	vorherige Kommandozeile

Anstelle des obigen Aufrufs kann auch das vordefinierte Alias **r**[75] benutzt werden; auch dabei dürfen die Argumente *alt=neu* und *kommando* angegeben werden.

---

[75] siehe Kapitel 5.17: **r** ist vordefiniert als
alias r='fc -e -'.

Die Korn-Shell

Der **exit**-Status dieser Aufrufform ist der exit-Status des Kommandos, welches durch **fc** zur Ausführung gebracht wurde.

Beispiele

```
$ HISTSIZE=100⏎
$ echo $HISTSIZE⏎
100
$ ls b*⏎
basisname
bname
$ r⏎                       [Letztes Kommando wiederholen]
ls b*
basisname
bname
$ r b=c⏎                   [Letztes Kdo wiederholen; dabei b durch c ersetzen]
ls c*
ccvi
cph
$ r e⏎                     [Letztes Kdo wiederholen, das mit e beginnt]
echo $HISTSIZE
100
$ r -5⏎                    [5.letztes Kdo wiederholen]
echo $HISTSIZE
100
$ r -5⏎                    [5.letztes Kdo wiederholen]
ls b*
basisname
bname
$ r e echo=print⏎          [Letztes Kdo wiederholen, das mit e beginnt]
print $HISTSIZE              [dabei echo durch print ersetzen]
100
$ r H HISTSIZE=a⏎          [Letztes Kdo wiederholen, das mit H beginnt]
a=100                        [dabei HISTSIZE durch a ersetzen]
$ fc -e - ls ls=file⏎
file b*
basisname:                 commands text
bname:                     program text
$
```

Editieren bzw. Auflisten der Kommandozeilen aus der History-Datei

Die Aufrufform

fc [**-e** *editor*] [**-nlr**] [*von* [*bis*]]

wird verwendet, wenn

- der Inhalt der History-Datei aufzulisten ist:
  fc -l oder alternativ
  history (vordefiniertes Alias[76])
- zuvor eingegebene Kommandozeilen vor ihrer Ausführung editiert werden sollen.

In zweiten Fall darf die Option **-l** nicht angegeben werden. Die mit diesem Aufruf ausgewählten Kommandozeilen aus der History-Datei werden in eine temporäre Datei geschrieben, für welche dann ein Editor aufgerufen wird. Als Editor wird dabei der nach **-e** angegebene *editor* verwendet. Fehlt diese Angabe, so wird der Editor verwendet, der in der Variablen **FCEDIT**[77] angegeben ist. Wurde diese Variable nicht explizit vom Benutzer gesetzt, so gilt ihre Voreinstellung: **FCEDIT=/bin/ed**.

Nachdem die Editorsitzung beendet ist, liest die **ksh** die so editierten Kommandozeilen aus der temporären Datei, listet sie auf und führt sie dann alle nacheinander aus.

von und *bis* legen bei diesem Aufruf den Bereich der zu editierenden Kommandozeilen aus der History-Datei fest. Für *von* und *bis* kann dabei folgendes angegeben werden:

Angabe	Wirkung
positive Zahl	legt die Nummer der entsprechenden Zeile aus der History-Datei fest
negative Zahl	wird von der momentanen Kommandonummer subtrahiert
string	wählt aus den vorherigen Kommandozeilen die letzte aus, welche mit *string* beginnt.
bis nicht angegeben	für *bis* wird der Wert von *von* genommen.
von und *bis* nicht angegeb.	es werden die folgenden default-Werte verwendet: *von* **-16**, wenn Option **-l** angegeben ist, ansonsten **-1** *bis* **-1**

---

[76] siehe Kapitel 5.17: **history** ist vordefiniert als
   alias history='fc -l'.
[77] siehe auch Kapitel 5.8.2.

Optionen

Die einzelnen Optionen haben folgende Auswirkungen:

Option	Bedeutung
-l	(*list*) Anzeigen von Kommandos aus der History-Datei.
-n	(*no number*) Bei der Ausgabe der Kommandozeilen aus der History-Datei die Kommandonummer nicht anzeigen.
-r	(*reverse*) Reihenfolge der Kommandos aus der History-Datei umdrehen.

exit-Status

Der exit-Status dieser Aufrufform ist 1 (nicht erfolgreich), wenn ungültige Argumente beim Aufruf angegeben wurden, ansonsten wird unterschieden: Ist die Option -l angegeben, so ist der exit-Status 0 (erfolgreich), andernfalls ist der exit-Status der exit-Wert des letzten von **fc** zur Ausführung gebrachten Kommandos.

Beispiele

```
$ history -5↵
71        echo $HISTSIZE
72        ls b*
73        print $HISTSIZE
74        a=100
75        file b*
76        history -5
$ history 70 74↵
70        echo $HISTSIZE
71        echo $HISTSIZE
72        ls b*
73        print $HISTSIZE
74        a=100
$ history 72↵               [ab 72 alle ausgeben]
72        ls b*
73        print $HISTSIZE
74        a=100
75        file b*
76        history -5
77        history 70 74
78        history 72
$ fc↵                       [ed für letzte Kommandozeile aufrufen]
12                          [ed-Meldung: 12 Zeichen gelesen]
P↵                          [ed-Promptzeichen einschalten]
```

```
*,p⏎                                [Dateiinhalt anzeigen]
history 72
*s/72/69⏎                           [Ersetze 72 durch 69]
history 69
*w⏎                                 [Dateiinhalt sichern]
12                                    [ed-Meldung: 12 Zeichen gesichert]
*q⏎                                 [ed verlassen]
history 69                            [Anzeigen des Kdos, das ausgeführt wird]
       69        ls c*
       70        echo $HISTSIZE
       71        echo $HISTSIZE
       72        ls b*
       73        print $HISTSIZE
       74        a=100
       75        file b*
       76        history -5
       77        history 70 74
       78        history 72
       79        history 69
$ fc -e vi 72 74⏎                   [Kdos 72 bis 74 mit vi editieren]
ls b*                                 [im vi werden entspr. 3 Kdos angezeigt]
print $HISTSIZE
a=100
                                    :
                                    [Mit vi-Kdos nun folgendes ändern:]
                                    [1.Zeile:  b durch d]
                                    [2.Zeile:  mit dd löschen und]
                                    [         mit p als letzte Zeile eintragen]
                                    [neue 3.Zeile: HISTSIZE durch a ersetzen]
                                    [vi dann mit ZZ verlassen]
                                    :
                                    [Nach Verlassen des vi Anzeige entspr.]
                                    [geänderten 3 Kdos angezeigt]
ls d*
a=100
print $a
datanal          [Ausgabe durch diese 3 Kommandos]
diriname
100
$ fc -l -3⏎                    [die letzten 3 Kdos (+ aktuelles Kdo) anzeigen]
       78        history 72
       79        history 69
       80        ls d*
                 a=100
                 print $a
       81        fc -l -3
$
```

5.20 Die built in-Editoren

Einer der größten Vorteile der **ksh** ist, daß sie das Editieren der momentanen oder zuvor eingegebener Kommandozeilen (aus der History-Datei) erlaubt. Dazu bietet sie die beiden built in-Editoren **vi** und **emacs** an.

Anders als in der Bourne-Shell müssen bei einer fehlerhaften Kommandozeile nicht alle Zeichen "rückwärts" bis zu der Stelle, an der eine Änderung vorzunehmen ist, zunächst gelöscht und dann wieder neu eingegeben werden, sondern kann die Kommandozeile mit Hilfe von Editor-Kommandos editiert werden. Dies erleichtert nicht nur das interaktive Arbeiten mit der **ksh**, sondern hilft auch viel Zeit sparen, zumal nicht nur das Editieren der momentanen Kommandozeile, sondern auch früher eingegebener Kommandozeilen möglich ist.

Die beiden built in-Editoren der **ksh** sind zeilenorientiert. Das bedeutet, daß bis auf wenige Ausnahmen immer nur eine Zeile zu einem Zeitpunkt editiert werden kann.

Spaltenzahl für die Editoren einstellen

Die **ksh** verwendet die Variable **COLUMNS**[78], um die Spaltenzahl des jeweiligen Bildschirms festzulegen. Die Variable **TERM** wird dagegen nicht von der **ksh** für die Einstellung der beiden built in-Editoren verwendet.

Das "Ein-Zeilen-Window" der ksh

ksh-Kommandozeilen können bis zu 256 Zeichen[79] lang sein. Wenn jedoch die **ksh** eine Kommandozeile aus der History-Datei und nicht vom Terminal liest, dann gilt diese Einschränkung von 256 Zeichen nicht.

Die **ksh** verfügt über ein "Ein-Zeilen-Window", durch welches der Benutzer die momentane **ksh**-Zeile sieht. Die Window-Breite ist dabei durch die Variable **COLUMNS**[80] festgelegt. Wenn die momentane Kommandozeile länger als die Window-Breite minus 2 ist[81], so schiebt die **ksh** das Window entsprechend nach links oder rechts, so daß immer nur ein Ausschnitt der vollständigen Kommandozeile am Bildschirm sichtbar ist. Dieses Verschieben führt die **ksh** automatisch durch, wenn der Cursor an den entsprechenden Rand des Windows bewegt wird.

---

[78] siehe Kapitel 5.8.2.
[79] auf manchen Systemen sind auch mehr Zeichen für eine Kommandozeile zugelassen
[80] Voreinstellung ist 80 Zeichen
[81] z.B. länger als 78 Zeichen, wenn **COLUMNS=80** ist

Die **ksh** benutzt die folgende Notation in der letzten Spalte der Zeile, um anzuzeigen, daß nur ein Teil der Kommandozeile im Window dargestellt ist:

Notation	Bedeutung
>	rechts ist noch mehr Text vorhanden
<	links ist noch mehr Text vorhanden
*	links und rechts ist noch mehr Text vorhanden

Vorsicht: Die Window-Breite wird durch die Länge des Promptstrings beeinflußt. Besonders, wenn Escape-Sequenzen im Prompt vorkommen, kann daraus eine falsch brechnete Window-Breite resultieren. Dies kann vermieden werden, wenn nach jeder Escape-Sequenz im Promptstring ein Neuezeile- oder Return-Zeichen angegeben wird.

Unerlaubte Eingaben

Die **ksh** reagiert auf unerlaubte Eingaben mit dem Klingelton.

Ein- bzw. Ausschalten der built in-Editoren

Zu einem bestimmten Zeitpunkt kann nur einer der beiden built in-Editoren eingeschaltet sein: entweder **emacs** oder **vi**. Der gewünschte built in-Editor muß vom Systemadministrator in die **ksh** "einkompiliert" worden sein. Abhängig vom jeweiligen System können beide Editoren, einer von beiden oder keiner "einkompiliert" sein.

Einschalten während einer ksh-Sitzung

Es existieren drei verschiedene Möglichkeiten, während einer Sitzung einen Editor einzuschalten:

set -o vi	bzw.	set -o emacs
VISUAL=/.../vi	bzw.	VISUAL=/.../emacs
EDITOR=/.../vi	bzw.	EDITOR=/.../emacs

Bei **VISUAL** und **EDITOR** sind die absoluten Pfadnamen der entsprechenden Editoren anzugeben. Falls die beiden Variablen **VISUAL** und **EDITOR** gleichzeitig gesetzt sind, so hat **VISUAL** die höhere Priorität.

Automatisches Einschalten bei jedem Anmelden

Eine der obigen Zeilen muß in der Datei *.profile* oder in der Environment-Datei angegeben werden.

Ausschalten der built in-Editoren

set +o vi schaltet den built in-Editor **vi** aus; danach ist kein built in-Editor mehr eingeschaltet.

set -o emacs schaltet den built in-Editor **vi** aus und den built in-Editor **emacs** ein.

Unterschiede zwischen den beiden built in-Editoren

vi editiert die Kommandozeilen der History-Datei. Da sich Kommandozeilen aus mehr als einer Zeile zusammensetzen können, ist also das Editieren eines mehrzeiligen Kommandos möglich.

emacs editiert die Zeilen der History-Datei. Dies bedeutet, daß immer nur eine Zeile zu einem bestimmten Zeitpunkt editiert werden kann. Bei einem mehrzeiligen Kommando müssen also die einzelnen Zeilen anders als im **vi** nacheinander editiert werden.

5.20.1 Built in-Editor emacs

Mit **emacs** können sowohl die momentane Kommandozeile als auch Kommandozeilen aus der History-Datei editiert werden.

emacs wird in zwei Versionen angeboten: **emacs** und **gmacs**. Der einzige Unterschied zwischen diesen beiden Versionen ist, daß bei *Ctrl*-**t** folgendes gilt:

emacs vertauscht das Zeichen an der Cursorposition mit dem nächsten Zeichen

gmacs vertauscht die beiden Zeichen links von der Cursorposition

Der built in-Editor **emacs** ist eine etwas geänderte Untermenge des wirklichen Editors **emacs** und verfügt nicht über alle **emacs**-Kommandos. Jedoch bietet der built in-Editor **emacs** auch einige Zusätze an:

Auflisten der Pfadnamen

ESC= listet die Pfadnamen auf, welche bei Expandierung des Worts (durch Anhängen von *), auf dem der Cursor sich befindet, resultieren würden.

```
$ set -o emacs ⏎
$ ls bESC=
1) basisname
2) bname
$ ls basisname ⏎
basisname
```

```
$ ls aESC=
1) a*
2) a.out
3) abc
4) abc2
5) add
6) addiere.c
7) ausgab
$ ls adESC=
1) add
2) addiere.c
$ ls ad*⏎
add
addiere.c
$
```

Vervollständigen eines Pfadnamens

ESC ESC   hängt die fehlenden Zeichen an das Wort unter dem Cursor an, um es zu einem Pfadnamen einer existierenden Datei zu vervollständigen.

```
$ cd /usr/incESC ESC
              |
              v
$ cd /usr/include/⏎
$ cd ~-⏎
$ pwd⏎
/user1/egon/kshueb
$
```

Angehängt werden dabei Zeichen bis zu einem Punkt, von dem ab mehrere Pfadnamen abgedeckt sind, oder bis der Pfadname vollständig ist. Wenn aus dieser Expandierung ein vollständiger Pfadname resultiert, so wird noch ein / angehängt, wenn es sich bei diesem Pfadnamen um ein Directory handelt, ansonsten wird ein Leerzeichen angehängt.

Diese Expandierungs-Möglichkeit mit *ESC ESC* ist jedoch nur auf **ksh**-Versionen verfügbar, die nach dem 3.6.1986 freigegeben wurde. Auf Versionen vom 3.6.1986 muß anstelle von *ESC ESC* die Tastenfolge *ESC** verwendet werden.

Pfadnamen-Expandierung

ESC*   bewirkt, daß ein * an das Wort unter dem Cursor angehängt wird, bevor dann Dateinamen-Expandierung für dieses Wort versucht wird. Wenn Expandierung für das Wort möglich ist, so wird das

Die Korn-Shell

Wort durch den entsprechenden Dateinamen ersetzt, ansonsten bleibt das Wort unverändert und es wird ein Klingelton ausgegeben.
```
$ print dESC*
   .
   .
$ print datanal diriname⏎
datanal diriname
$
```

Einfügen des letzten Arguments

ESC_   fügt das letzte Argument der vorherigen Kommandozeile ein.
```
$ file ESC_
   .
   .
$ file diriname⏎
diriname:                 commands text
$
```

Ausgabe der ksh-Versionsnummer

Ctrl-v   gibt die Version der **ksh** aus.

Abarbeiten von mehrzeiligen Kommandozeilen aus der History-Datei

Ctrl-o   übergibt die aktuelle Zeile an die **ksh** und holt die nächste Zeile aus der History-Datei. *Ctrl-o* wird verwendet, wenn mehrzeilige Kommandos aus der History-Datei auszuführen oder zu editieren sind.

Um eine Kommandozeile an die **ksh** zur Verarbeitung zu übergeben, ist die Taste ⏎ zu drücken. Viele der nachfolgenden **emacs**-Kommandos werden mit der Taste *ESC* eingeleitet. Diese Taste wird in **emacs**-Beschreibungen auch oft als *Meta-Taste* bezeichnet.

Folgende **emacs**-Direktiven stehen zur Verfügung:

Cursorpositionierung

Ctrl-f   (**f**orward) Cursor ein Zeichen nach rechts
ESC nCtrl-f   (**f**orward) Cursor *n* Zeichen nach rechts
Ctrl-b   (**b**ackward) Cursor ein Zeichen nach links
ESC nCtrl-b   (**b**ackward) Cursor *n* Zeichen nach links
Ctrl-a   Cursor an Zeilenanfang (**a**nfang)
Ctrl-e   (**e**nd) Cursor ans Zeilenende

Ctrl-]*c*	Cursor nach rechts auf das nächste Zeichen *c*
SC nCtrl-]*c*	Cursor nach rechts auf das *n*.te Vorkommen des Zeichens *c*
ESCf	(**f**orward) Cursor hinter das Cursor-Wort
ESC nESCf	Cursor nach rechts hinter das *n*.te Wort
ESCb	(**b**ackward) Cursor auf Anfang des Cursor-Worts
ESC nESCb	Cursor nach links auf Anfang des *n*.ten Worts

In den nachfolgenden Beispielen wird die Cursor-Position immer mit einem Unterstrich _ angezeigt.

Das entsprechende Editor-Kommando wird dabei immer links von der Kommandozeile angegeben, die aus diesem Editor-Kommando resultiert.

Beispiele

```
$ find / -name "*.c" -print_
ESCb                    $ find / -name "*.c" -print
Ctrl-a                  $ find / -name "*.c" -print
Esc3Escf                $ find / -name "*.c" -print
Ctrl-b                  $ find / -name "*.c" -print
Ctrl-e                  $ find / -name "*.c" -print_
Esc3Escb                $ find / -name "*.c" -print
Ctrl-]p                 $ find / -name "*.c" -print
Esc3Ctrl-f              $ find / -name "*.c" -print
Ctrl-e                  $ find / -name "*.c" -print_
```

Löschen

Erase	Zeichen links vom Cursor löschen. Die Voreinstellung für *Erase* ist meist # oder *Ctrl*-**h** oder die *Backspace*-Taste. Mit dem Kommando **stty** kann *Erase* auch anders gesetzt werden.
ESC nErase	*n* Zeichen links vom Cursor löschen
Kill	ganze Zeilen löschen. Die Voreinstellung für *Kill* ist meist @ oder *Ctrl*-**x**. Mit dem Kommando **stty** kann *Kill* auch anders gesetzt werden.
Ctrl-**k**	(**k**ill) Alle Zeichen ab Cursorposition bis zum Zeilenende löschen
ESC nCtrl-**k**	(**k**ill) Wenn Cursor rechts von der Spalte *n* ist, so werden alle Zeichen von Spalte *n* bis zum Cursor (ohne Cursorzeichen) gelöscht. Wenn Cursor links von der Spalte *n* ist, so werden alle Zeichen ab Cursorposition bis zur Spalte *n* (ausschließlich) gelöscht.
Ctrl-**d**	(**d**elete) Zeichen an Cursorposition löschen. Falls *Ctrl*-**d** das erste Zeichen einer Zeile ist, so interpretiert die **ksh** dies als **EOF**.
ESC nCtrl-**d**	(**d**elete) *n* Zeichen ab Cursorposition (nach rechts) löschen

Die Korn-Shell

*ESC*d	(**d***elete*) ab Cursorposition bis zum Wortende löschen
*ESC n*ESC**d**	(**d***elete*) ab Cursorposition (nach rechts) *n* Wörter löschen
ESC *Ctrl*-**h**	Ab Cursorposition (nach links) bis zum Wortanfang löschen.
ESC *Ctrl*-**?**	Anstelle von *Ctrl*-**h** kann auch die *Backspace*-Taste und anstelle von
*ESC***h**	*Ctrl*-**?** die *Delete*-Taste eingegeben werden.
Ctrl-**w**	(**w***ipe out*) Ab Cursorposition bis zu einer markierten Stelle löschen. Eine Stelle kann mit *ESC Leertaste* markiert werden.

Beispiele

```
$ find / -name "*.c" -print_
```
ESC Ctrl-**h**	`$ find / -name "*.c" -_`
Ctrl-**a**	`$ find / -name "*.c" -`
*Esc***d**	`$ _/ -name "*.c" -`
*Esc*5*Ctrl*-**d**	`$ ame "*.c" -`
Ctrl-**d**	`$ me "*.c" -`
Ctrl-**k**	`$` [Zeile nun leer]
....	[Neue Zeile eingeben]

```
$ find / -name -name -print "*.c" -print_
```
*Esc*3*Esc***b**	`$ find / -name -name -print "*.c" -print`
*Esc***f**	`$ find / -name -name -print_"*.c" -print`
Esc Leertaste	`$ find / -name -name -print_"*.c" -print`
*Esc*2*Esc***b**	`$ find / -name -name -print "*.c" -print`
Ctrl-**b**	`$ find / -name -name -print "*.c" -print`
Ctrl-**w**	`$ find / -name "*.c" -print`
Ctrl-**h**	`$ find / -name_"*.c" -print`
Ctrl-**e**	`$ find / -name "*.c" -print_`

Markieren und Kopieren

ESC Leertaste	Cursorposition markieren
Ctrl-**x***Ctrl*-**x**	(**ex***change*) Cursor an markierte Stelle positionieren und Marke an ursprünglicher Cursorposition setzen. Mit dieser Direktive kann der Cursor an einer zuvor markierten Stelle positioniert werden.
*ESC***p**	(**p***ush*) Text von Cursorposition bis markierte Stelle in einem Puffer zu sichern. Dieser Pufferinhalt kann dann an späterer Stelle mit *Ctrl*-**y** wieder einkopiert werden.
Ctrl-**y**	(**y***ank*) Pufferinhalt an momentane Cursorposition kopieren

Beispiele

```
$ find / -name "*.c" -print_
```
Ctrl-**a**	`$ find / -name "*.c" -print`
*ESC***f**	`$ find_/ -name "*.c" -print`

ESC Leertaste	`$ find_/ -name "*.c" -print`
Ctrl–e	`$ find / -name "*.c" -print_`
Ctrl–x *Ctrl*–x	`$ find_/ -name "*.c" -print`
Ctrl–x *Ctrl*–x	`$ find / -name "*.c" -print_`
ESCp	`$ find / -name "*.c" -print_`
Ctrl–y	
	`$ find / -name "*.c" -print / -name "*.c" -print_`
ESC4ESCb	
	`$ find / -name "*.c" -print / -name "*.c" -print`
ESCf	
	`$ find / -name "*.c" -print_/ -name "*.c" -print`
Ctrl–k	`$ find / -name "*.c" -print_`

Sonstige emacs-Direktiven

Ctrl-t   (*transpose*) einzige Direktive, die in **emacs** und **gmacs** unterschiedlich wirkt:
emacs: Zeichen an Cursorposition mit nachfolgendem Zeichen vertauschen und Cursor um eine Position nach rechts bewegen.
gmacs: Beide Zeichen vor Cursorposition vertauschen; hier findet keine Cursor-Bewegung statt.

Ctrl-c   (*capitalize*) Zeichen an Cursorposition durch entsprechenden Großbuchstaben ersetzen und Cursor ein Zeichen weiter positionieren.

ESC n Ctrl-c   (*capitalize*) *n* Zeichen ab Cursorposition durch entsprechende Großbuchstaben ersetzen und Cursor *n* Zeichen weiter positionieren.

ESCc   (*change*) Ab Cursorposition bis Wortende alle Kleinbuchstaben durch Großbuchstaben ersetzen und Cursor auf Anfang des nächsten Worts positionieren.

ESC n ESCc   (*capitalize*) Ab Cursorposition bis zum Ende des *n*.ten Worts alle Kleinbuchstaben durch Großbuchstaben ersetzen und Cursor auf Anfang des *n*+1.ten Worts positionieren.

ESCl   (*lowercase*) Ab Cursorposition bis Wortende alle Großbuchstaben durch Kleinbuchstaben ersetzen und Cursor auf Anfang des nächsten Worts positionieren.

ESC n ESCl   (*lowercase*) Ab Cursorposition bis zum Ende des *n*.ten Worts alle Großbuchstaben durch Kleinbuchstaben ersetzen und Cursor auf Anfang des *n*+1.ten Worts positionieren.

Ctrl-l   (*line redraw*) Cursor in die nächste Zeile bewegen und momentane Kommandozeile erneut anzeigen; wird verwendet, wenn eine Kommandozeile z.B. bedingt durch Steuerzeichen nicht mehr den

Die Korn-Shell

	wirklichen Text beinhaltet, um sich diese wieder bereinigt anzeigen zu lassen.
EOF	(**e**nd **o**f **f**ile) wird nur erkannt, wenn es das erste Zeichen einer Zeile ist, ansonsten wird es als normales Zeichen (z.B. **emacs**-Direktive) interpretiert. Die Voreinstellung für EOF ist Ctrl-**d**; mit dem Kommando **stty** kann EOF jedoch anders gesetzt werden. Wenn die Option **ignoreeof**[82] nicht gesetzt ist, so kann mit EOF die aktuelle **ksh** verlassen werden. Ist dagegen die Option **ignoreeof** gesetzt, so kann eine **ksh** nur mit der Eingabe des Kommandos **exit** verlassen werden.
Ctrl-**j**	
Ctrl-**m**	
⏎	momentane Kommandozeile zur Ausführung an die **ksh** übergeben
ESC=	listet die Pfadnamen auf, welche aus der Expandierung des Cursor-Worts (durch Anhängen von *) resultieren würden.
ESC ESC	hängt die fehlenden Zeichen an das Wort unter dem Cursor an, um es zu einem Pfadnamen einer existierenden Datei zu vervollständigen. Angehängt werden dabei Zeichen bis zu einem Punkt, von dem ab mehrere Pfadnamen abgedeckt sind, oder bis der Pfadname vollständig ist. Wenn aus dieser Expandierung ein vollständiger Pfadname resultiert, so wird noch ein / angehängt, wenn es sich bei diesem Pfadnamen um ein Directory handelt, ansonsten wird ein Leerzeichen angehängt. Diese Expandierungsmöglichkeit mit ESC ESC ist jedoch nur auf **ksh**-Versionen verfügbar, die nach dem 3.6.1986 freigegeben wurde. Auf Versionen vom 3.6.1986 muß anstelle von ESC ESC die Tastenfolge ESC* verwendet werden.
ESC*	bewirkt, daß ein * an das Wort unter dem Cursor angehängt wird, bevor dann Dateinamen-Expandierung für dieses Wort versucht wird. Wenn Expandierung für das Wort möglich ist, so wird das Wort durch die entsprechenden Dateinamen ersetzt, ansonsten bleibt das Wort unverändert und es wird ein Klingelton ausgegeben.
Ctrl-**u**	nachfolgende **emacs**-Direktive 4 mal ausführen.
\	Wirkung der nachfolgenden **emacs**-Direktive ausschalten und diese als normales Zeichen an Cursorposition einfügen.

---

[82] siehe Kapitel 5.24.3.

*Ctrl-*v	(*version*) Datum und Kurzbezeichnung der **ksh**-Version ausgeben. Kommandoeingabe kann nach Drücken einer beliebigen Taste fortgesetzt werden.
ESC buchstabe	durchsucht die Alias-Liste nach einem Alias-Namen *_buchstabe*. Falls ein solcher Alias-Name existiert, wird dessen Wert von der **ksh** an der Cursorposition eingefügt bzw. die darin enthaltenen **emacs**-Direktiven ausgeführt. *buchstabe* darf keiner der von **emacs** nach *ESC* benutzten Buchstaben (**f,b,d,p,l,c,h**) sein; auch sollten nur Großbuchstaben benutzt werden, um mögliche Konflikte in zukünftigen **ksh**-Versionen zu vermeiden.
ESC .	
ESC _	an Cursorposition letztes Wort der vorherigen Kommandozeile einfügen.

Beispiele

```
$ set -o gmacs⏎
$ print_
```
*ESC*3*Ctrl*-b	$ print
Ctrl-t	$ rpint
Ctrl-t	$ print
Ctrl-a	$ print
Ctrl-k	$ _

```
$ set -o emacs⏎
$ print_
```
*ESC*3*Ctrl*-b	$ print
Ctrl-t	$ prnit
Ctrl-t	$ prnti
Ctrl-a	$ prnti
Ctrl-c	$ Prnti
*ESC*3*Ctrl*-c	$ PRNTi
Ctrl-a	$ PRNTi
Ctrl-k	$ _

```
$ print Hallo wie geht es emil_
```
Ctrl-a	$ print Hallo wie geht es emil
*ESC*f	$ print_Hallo wie geht es emil
*ESC*3*ESC*c	$ print HALLO WIE GEHT_es emil
*ESC*2*ESC*b	$ print HALLO WIE GEHT es emil
*ESC*3*ESC*l	$ print HALLO wie geht es_emil
Ctrl-u*Ctrl*-b	$ print HALLO wie geht es emil[83]

---

[83] Auf manchen Systemen steht *Ctrl-u* für *Kill* (Zeile löschen). Soll dort diese emacs-Direktive verwendet werden, müßte mit **stty** *Kill* umgesetzt werden; z.B. **stty kill ^n**

Die Korn-Shell   413

Ctrl–u*ESC*b $ print HALLO wie geht es emil
Ctrl–u*ESC*f $ print HALLO wie geht_es emil
Ctrl–a $ print HALLO wie geht^A_es emil
Ctrl–a $ print HALLO wie geht^A es emil
Ctrl–k $

$ alias _K='\ESC Leertaste\Ctrl–a\ESCf\Ctrl–f"\Ctrl–e"\Ctrl–x\Ctrl–x' ⏎
$ print Guten Morgen,\n   lieber Emil_
*Esc*b $ print Guten Morgen,\n   lieber_Emil
*Esc*K $ print "Guten Morgen,\n   lieber_Emil"

Ctrl–m   Ausgabe: Guten Morgen,
                                   lieber Emil
$

Kommandozeilen aus der History-Datei holen

Ctrl-p   (**p**revious) vorherige Kommandozeile aus der History-
                          Datei holen. Eine erneute Eingabe von *Ctrl*-p holt dann
                          die Kommandozeile vor der vorherigen Kommandozeile,
                          usw.
                          Wenn sowohl **emacs** als auch **vi** benutzt werden, muß
                          folgendes beachtet werden:
                          emacs bearbeitet nur einzelne Zeilen aus der History-
                          Datei. **vi** dagegen bearbeitet ganze Kommandozeilen
                          (eventuell mehrere Zeilen) aus der History-Datei.
                          Um in **emacs** Kommandozeilen aus der History-Datei zu
                          bearbeiten, die aus mehr als einer Zeile bestehen, muß
                          Ctrl-o (nicht ⏎) verwendet werden. *Ctrl*-o übergibt die
                          entsprechende Zeile an die **ksh** zur Bearbeitung und holt
                          zugleich die nachfolgende Zeile aus der History-Datei.
ESC n Ctrl-p   (**p**revious) *n*.te vorherige Kommandozeile aus der Hi-
                          story-Datei holen.
ESC<   älteste (erste) Zeile aus der History-Datei holen[84].
ESC>   letzte Zeile aus der History-Datei holen.
Ctrl-n   (**n**ext) auf die nächste Zeile in der History-Datei weiter-
                          schalten; dies bedeutet: die nächste Zeile nach der zuletzt
                          geholten Zeile aus der History-Datei holen.
ESC n Ctrl-n   (**n**ext) Um *n* Zeilen in der History-Datei weiterschalten
                          und dann diese holen.
Ctrl-r[*string*]⏎

---

[84] Es ist zu beachten, daß in der History-Datei immer nur soviele Kommandozeilen aufgehoben werden, wie mit der Variablen **HISTSIZE** festgelegt ist.

ESC0Ctrl-r[string]⏎	durchsucht die History-Datei nach dem ersten Vorkommen einer Kommandozeile, die *string* enthält. Wenn angegeben ist: *string* und *ESC0*: Vorwärts suchen nur *string*: Rückwärts suchen nur *ESC0*: Vorwärts suchen ab der Position der vorherigen Suche weder *string* noch *ESC0*: nächste Kommandozeile (rückwärts) holen, die den zuletzt angegebenen *string* enthält.
Ctrl-r^string⏎ *ESC0Ctrl-r^string*⏎	wie die Direktive zuvor, mit dem Unterschied, daß der angegebene *string* nur dann eine Zeile abdeckt, wenn dieser am Zeilenanfang steht. Diese Direktive ist nur auf **ksh**-Versionen verfügbar, die nach dem 3.6.1986 freigegeben wurden.
Ctrl-o	(**o***perate*) übergibt die aktuelle Zeile an die **ksh** zur Verarbeitung und holt die nächste Zeile aus der History-Datei; wird verwendet, um Kommandos ausführen zu lassen, die sich über mehrere Zeilen erstrecken.

Beispiele

```
$ PS1="! $ "⏎
160 $ date⏎
Tue Jun 11 09:13:23 MESZ 1991
161 $ print $OLDPWD⏎
/user1/egon
162 $ alias type="cat "⏎
163 $ for i in b*⏎
> do    wc -l $i⏎
> done⏎
        1 basisname
       10 bname
164 $ find $HOME -name isnum -print⏎
/user1/egon/flib/isnum
165 $ history -5⏎
   160               date
   161               print $OLDPWD
   162               alias type="cat "
   163               for i in b*
                     do wc -l $i
                     done
   164               find $HOME -name isnum -print
   165               history -5
```

Die Korn-Shell   415

	166 $
ESC>	166 $ history –5_
Ctrl–p	166 $ find $HOME –name isnum –print_
Ctrl–p	166 $ for i in b*_
Ctrl–o	> do wc –l $i_
Ctrl–o	> done_
Ctrl–m	1 basisname
	10 bname
	167 $
Ctrl–p	167 $ for i in b*_
Ctrl–rcat⏎	167 $ alias type="cat "_
Ctrl–rda⏎	167 $ date_
Ctrl–n	167 $ print $OLDPWD_
ESC0Ctrl–r^fin⏎	167 $ find $HOME –name isnum –print_
ESC2ESCb	167 $ find $HOME –name isnum –print
ESC5Ctrl–d	167 $ find $HOME –name _–print
add	167 $ find $HOME –name add_–print
⏎	/user1/egon/kshueb/add
	168 $

5.20.2 Built in-Editor vi

Der built in-Editor **vi** kennt zwei Arbeitszustände

- Eingabemodus
- Kommandomodus

Anders als der wirkliche **vi** befindet sich der built in-Editor immer zu Beginn im Eingabemodus. Vom Eingabemodus in den Kommandomodus kann mit *ESC* umgeschaltet werden.

Der built in-Editor **vi** ist eine leicht abgeänderte Untermenge des wirklichen Editors **vi** und verfügt somit nicht über alle **vi**-Kommandos. Gleiche Kommandonamen haben manchmal sogar unterschiedliche Wirkungen.

Zusätze gegenüber dem wirklichen vi

Der built in-Editor **vi** bietet folgende zusätzliche Funktionalität:

Kommentar

trägt die momentane Kommandozeile als Kommentar in die History-Datei ein.

Auflisten von Pfadnamen

= (Gleichheitszeichen) listet die Pfadnamen auf, welche aus der Expandierung (bei Anhängen von *) des Cursor-Wortes resultieren würden.

```
$ set -o vi ⏎
$ ls bESC=
1) basisname
2) bname
$ ls basisname ⏎        [erstes eingegebenes a für Umschalten in Eingabemodus
(append)]
basisname
$ ls aESC=
1) a*
2) a.out
3) abc
4) abc2
5) add
6) addiere.c
7) ausgab
$ ls aadESC=       [erstes eingegebenes a für Umschalten in Eingabemodus (append)]
1) add
2) addiere.c
$ ls ada* ⏎       [erstes eingegebenes a für Umschalten in Eingabemodus (append)]
add
addiere.c
$
```

Vervollständigen eines Pfadnamens

\ hängt die fehlenden Zeichen an das Wort unter dem Cursor an, um es zu einem Pfadnamen einer existierenden Datei zu vervollständigen. Angehängt werden dabei Zeichen bis zu einem Punkt, von dem ab mehrere Pfadnamen abgedeckt sind, oder bis der Pfadname vollständig ist. Wenn aus dieser Expandierung ein vollständiger Pfadname resultiert, so wird noch ein / angehängt, wenn es sich bei diesem Pfadnamen um ein Directory handelt, ansonsten wird ein Leerzeichen angehängt.

Diese Direktive \ ist jedoch nur auf **ksh**-Versionen verfügbar, die nach dem 3.6.1986 freigegeben wurden.

```
$ cd /usr/incESC\
...
$ cd /usr/include/ ⏎
$ cd ~- ⏎
$ pwd ⏎
/user1/egon/kshueb
$
```

Pfadnamen-Expandierung

Das Zeichen * bewirkt, daß ein * an das Wort unter dem Cursor angehängt wird, bevor dann Dateinamen-Expandierung für dieses Wort versucht wird. Wenn eine Expandierung für das Wort möglich ist, so wird das Wort durch den entsprechen-

den Dateinamen ersetzt, ansonsten bleibt das Wort unverändert und es wird ein Klingelton ausgegeben.
```
$ print dESC*
...
$ print datana1 diriname⏎
datana1 diriname
$
```

Aufruf des wirklichen vi

v ruft den wirklichen Editor **vi** auf. In der zu editierenden Datei befindet sich dabei die aktuelle Kommandozeile, welche nun mit dem wirklichen **vi** editiert werden kann. Nach dem Verlassen von **vi** wird diese Kommandozeile dann von der **ksh** ausgeführt.

```
$ find / -name eingabe -printESCv
...
    [vi wird mit dieser Zeile als Inhalt aufgerufen]
    [Nach Ändern dieser Zeile im vi zu:]
    [ find $HOME -name eingabe -print]
    [und Verlassen des vi mit ZZ, wird diese Kommandozeile ausgeführt]
find $HOME -name eingabe -print
/user1/egon/kshueb/eingabe
$
```

Im nachfolgenden wird folgende Notation benutzt:

Schreibweise	Bedeutung
vi-WORT	ist eine Folge von Buchstaben, Ziffern und/oder Interpunktionszeichen, welche durch Neuezeile-Zeichen, Tabulatorzeichen oder Leerzeichen abgegrenzt ist. Interpunktionszeichen gelten nur dann als eigene *vi-WORTE*, wenn um sie herum (auf beiden Seiten) Leer- oder Tabulatorzeichen angegeben sind. So zählt z.B. eine zusammenhängende Folge von Interpunktionszeichen als ein *vi-WORT*.
vi-wort	ist eine Folge von Buchstaben und/oder Ziffern, welche durch Neuezeile-Zeichen, Leerzeichen, Tabulatorzeichen oder ein Interpunktionszeichen abgegrenzt ist.

Eingabemodus

Im Eingabemodus stehen neben der normalen Text-Eingabe folgende Editiermöglichkeiten zur Verfügung:

Kommando	Wirkung
Erase	Zeichen links vom Cursor löschen. Die Voreinstellung für *Erase* ist meist # oder *Ctrl*-**h** oder die *Backspace*-Taste. Mit dem Kommando **stty** kann *Erase* auch anders gesetzt werden.
Kill	ganze Zeilen löschen. Die Voreinstellung für *Kill* ist meist @ oder *Ctrl*-**x**. Mit dem Kommando **stty** kann *Kill* auch anders gesetzt werden.
Ctrl-**v**	nachfolgendes **vi**-Kommando ausschalten und als einfachen Text interpretieren.
\	ähnlich zu *Ctrl*-**v**, jedoch kann mit \ nur ein nachfolgendes *Erase* oder *Kill* ausgeschaltet werden.
EOF	(**e**nd **o**f **f**ile) wird nur erkannt, wenn es das erste Zeichen einer Zeile ist, ansonsten wird es als normales Zeichen interpretiert. Die Voreinstellung für *EOF* ist *Ctrl*-**d**; mit dem Kommando **stty** kann *EOF* jedoch anders gesetzt werden. Wenn die Option **ignoreeof**[85] nicht gesetzt ist, so kann mit *EOF* die aktuelle **ksh** verlassen werden. Ist dagegen die Option **ignoreeof** gesetzt, so kann eine **ksh** nur mit der Eingabe des Kommandos **exit** verlassen werden.
Ctrl-**w**	löscht das vorherige vi-wort.

Die nachfolgenden **vi**-Kommandos können nur im Kommandomodus eingegeben werden. Mit *ESC* kann vom Eingabemodus in den Kommandomodus umgeschaltet werden.

Cursorpositionierung (Kommandomodus)

l	
Leerzeichen	Cursor ein Zeichen nach rechts
*n***l**	
nLeerzeichen	Cursor *n* Zeichen nach rechts
w	(**w**ord) Cursor nach rechts auf Anfang des nächsten *vi-worts*
*n***w**	(**w**ord) Cursor nach rechts auf Anfang des *n*.ten nächsten *vi-worts*
W	(**W**ord) Cursor nach rechts auf Anfang des nächsten *vi-WORTS*
*n***W**	(**W**ord) Cursor nach rechts auf Anfang des *n*.ten nächsten *vi-WORTS*
e	(**e**nd) Cursor nach rechts auf Ende des nächsten *vi-worts*

---

[85] siehe Kapitel 5.24.3.

Cursorpositionierung (Kommandomodus)

n**e**	(**e**nd) Cursor nach rechts auf Ende des n.ten nächsten *vi-worts*
E	(**E**nd) Cursor nach rechts auf Ende des nächsten *vi-WORTS*
n**E**	(**E**nd) Cursor nach rechts auf Ende des n.ten nächsten *vi-WORTS*
h	Cursor ein Zeichen nach links
n**h**	Cursor n Zeichen nach links
b	(**b**ack) Cursor auf Anfang des *vi-worts* (links vom Cursor)
n**b**	(**b**ack) Cursor auf Anfang des n.ten *vi-worts* (links vom Cursor)
B	(**B**ack) Cursor auf Anfang des *vi-WORTS* (links vom Cursor)
n**B**	(**B**ack) Cursor auf Anfang des n.ten *vi-WORTS* (links vom Cursor)
^	Cursor auf das erste Zeichen der Zeile, das kein Leer- oder Tabulatorzeichen ist
0	Cursor auf das erste Zeichen der Zeile
$	Cursor auf das letzte Zeichen der Zeile
|	Cursor auf das erste Zeichen der Zeile
n **|**	Cursor auf das n.te Zeichen der Zeile. Falls n größer als die Zeilenlänge ist, so wird der Cursor auf das letzte Zeichen positioniert. Nur auf **ksh**-Versionen verfügbar, die nach dem 3.6.1986 freigegeben wurden.
f*c*	(**f**ind) Cursor nach rechts auf das nächste Vorkommen des Zeichens *c*
n**f***c*	(**f**ind) Cursor nach rechts auf das n.te Vorkommen des Zeichens *c*
F*c*	(**F**ind) Cursor nach links auf das nächste Vorkommen des Zeichens *c*
n**F***c*	(**F**ind) Cursor nach links auf das n.te Vorkommen des Zeichens *c*
t*c*	(**t**o) Cursor nach rechts vor das nächste Vorkommen des Zeichens *c*
n**t***c*	(**t**o) Cursor nach rechts vor das n.te Vorkommen des Zeichens *c*
T*c*	(**T**o) Cursor nach links nach dem nächsten Vorkommen des Zeichens *c*
n**T***c*	(**T**o) Cursor nach links nach dem n.ten Vorkommen des Zeichens *c*
;	wiederholt das zuletzt gegebene Kommando **f**, **F**, **t** oder **T**
n**;**	wiederholt das zuletzt gegebene Kommando **f**, **F**, **t** oder **T** n-mal. **;** kann auch mehrmals nacheinander angegeben werden; so entspricht z.B. **;;;** der Angabe **3;**
,	wiederholt das zuletzt gegebene Kommando **f**, **F**, **t** oder **T** in umgekehrter Richtung

Cursorpositionierung (Kommandomodus)

n,	wiederholt das zuletzt gegebene Kommando **f**, **F**, **t** oder **T** n-mal in umgekehrter Richtung. Dieses Kommando ist nützlich, wenn versehentlich zu weit positioniert wurde.

In den nachfolgenden Beispielen wird die Cursor-Position immer mit einem Unterstrich _ angezeigt.

Das entsprechende Editor-Kommando wird dabei immer links von der Kommandozeile angegeben, die aus diesem Editor-Kommando resultiert.

Beispiele

```
$ find / -name "*.c" -print_
ESCb            $ find / -name "*.c" -print
0               $ find / -name "*.c" -print
4E              $ find / -name "*.c" -print
h               $ find / -name "*.c" -print
$               $ find / -name "*.c" -print
b               $ find / -name "*.c" -print
6|              $ find / -name "*.c" -print
fm              $ find / -name "*.c" -print
Fi              $ find / -name "*.c" -print
tr              $ find / -name "*.c" -print
Ta              $ find / -name "*.c" -print
0               $ find / -name "*.c" -print
W               $ find / -name "*.c" -print
W               $ find / -name "*.c" -print
W               $ find / -name "*.c" -print
W               $ find / -name "*.c" -print
W               $ find / -name "*.c" -print
0               $ find / -name "*.c" -print
w               $ find / -name "*.c" -print
w               $ find / -name "*.c" -print
w               $ find / -name "*.c" -print
w               $ find / -name "*.c" -print
w               $ find / -name "*.c" -print
w               $ find / -name "*.c" -print
w               $ find / -name "*.c" -print
w               $ find / -name "*.c" -print
0               $ find / -name "*.c" -print
dd              $ _
```

Einfügen, Ändern und Ersetzen (Kommandomodus)

Bis auf das Kommando **r** (*replace*) schalten die nachfolgenden Kommandos den built in-Editor **vi** in den Eingabemodus um. Im Eingabemodus kann dann beliebiger Text eingegeben werden.

Um vom Eingabemodus in den Kommandomodus zurückzukehren, muß *ESC* eingegeben werden. Eine andere Möglichkeit ist die Eingabe von ↵; in diesem Fall wird die Kommandozeile sofort zur Ausführung an die **ksh** übergeben.

Kommando	Wirkung
a	(**a**ppend) rechts von Cursorposition Text einfügen
A	(**A**ppend) am Zeilenende Text einfügen; identisch zu **$a**
i	(**i**nsert) links von Cursorposition Text einfügen
I	(**I**nsert) am Zeilenanfang (vor dem ersten Zeichen, das kein Leer- oder Tabulatorzeichen ist) Text einfügen; identisch zu **^i**
R	(**R**eplace) auf Überschreiben (im Eingabemodus) schalten: Jedes danach eingegebene Zeichen ersetzt das Zeichen an der Cursorposition, bevor der Cursor weiter positioniert wird.
cp	(**c**hange) *p* muß ein Cursorpositionierungs-Kommando sein. Es legt einen Bereich fest, der sich von der Cursorposition bis zu der mit *p* gewählten Position erstreckt. Der nachfolgend eingegebene Text ersetzt dann den Text in diesem Bereich. Anders als im wirklichen **vi** wird jedoch der Text aus dem festgelegten Bereich zuerst gelöscht, bevor in den Eingabemodus umgeschaltet wird.
c*n* p	
*n***c**p	(**c**hange) legt *n* Bereiche zum Ändern fest
cc	die ganze Eingabezeile löschen und in den Eingabemodus umschalten
C	(**C**hange) ab Cursorposition Rest der Zeile löschen und in Eingabemodus umschalten; identisch zu **c$**
S	(**S**ubstitute) ganze Zeile löschen und in den Eingabemodus umschalten; identisch zu **cc**
rc	(**r**eplace) ersetzt das Zeichen an Cursorposition durch das Zeichen *c*; hier wird nicht in den Eingabemodus umgeschaltet

Kommando	Wirkung
*n*r*c*	(**R***eplace*) ab Cursorposition *n* Zeichen das Zeichen *c* ersetzen; nach der Ersetzung wird der Cursor auf das zuletzt geänderte Zeichen positioniert und man befindet sich wieder im Kommandomodus. Ist nur auf **ksh**-Versionen verfügbar, die nach 3.6.1986 freigegeben wurden.
_	(Unterstrich) Letztes Wort der vorherigen Kommandozeile nach Cursorposition einfügen und in den Eingabemodus umschalten.
*n*_	(Unterstrich) *n*.tes *vi-WORT* der vorherigen Kommandozeile (von Beginn an) nach Cursorposition einfügen und in den Eingabemodus umschalten

Beispiele

```
$ print Hallo emil_
ESC                       $ print Hallo emil
2b                        $ print Hallo emil
cwServusESC               $ print Servus emil
a,ESC                     $ print Servus, emil
11                        $ print Servus, emil
clLieber EESC             $ print Servus, Lieber Emil
7h                        $ print Servus, Lieber Emil
cfESehr Herr EESC         $ print Servus, Sehr Herr Emil
4b                        $ print Servus, Sehr Herr Emil
cwGuten TagESC            $ print Guten Tag, Sehr Herr Emil
W                         $ print Guten Tag, Sehr Herr Emil
rs                        $ print Guten Tag, sehr Herr Emil
w                         $ print Guten Tag, sehr Herr Emil
igeehrter ESC             $ print Guten Tag, sehr geehrter Herr Emil
0                         $ print Guten Tag, sehr geehrter Herr Emil
w                         $ print Guten Tag, sehr geehrter Herr Emil
i"ESC                     $ print "Guten Tag, sehr geehrter Herr Emil
A"ESC                     $ print "Guten Tag, sehr geehrter Herr Emil"
0                         $ print "Guten Tag, sehr geehrter Herr Emil"
cc                        $ _
```

Löschen (Kommandomodus)

Kommando	Wirkung
x	Zeichen an der Cursorposition löschen
*n*x	*n* Zeichen ab der Cursorposition löschen
X	Zeichen links von der Cursorposition löschen
*n*X	*n* Zeichen links von der Cursorposition löschen
d*p*	(d*elete*) *p* muß ein Cursorpositionierungs-Kommando sein. Es legt einen Bereich fest, der sich von der Cursorposition bis zu der mit *p* gewählten Position erstreckt. Der so festgelegte Bereich wird gelöscht, wobei der gelöschte Text in einem Puffer gesichert wird. Der Inhalt dieses Puffers kann mit **u** oder **p** wieder einkopiert werden.
d*n p*	
*n*d*p*	(d*elete*) löscht *n* Bereiche
dd	(d*elete*) ganze Zeile löschen
D	(D*elete*) ab der Cursorposition den Rest der Zeile löschen; identisch zu **d$**

Beispiele

```
$ print Hallo emil, wie gehts denn so_
ESC          $ print Hallo emil, wie gehts denn so
7b           $ print Hallo emil, wie gehts denn so
x            $ print allo emil, wie gehts denn so
3x           $ print o emil, wie gehts denn so
df,          $ print _wie gehts denn so
dw           $ print wie gehts denn so
2dw          $ print denn so
D            $ print_
dd           $ _
```

Kopieren (Kommandomodus)

Kommando	Wirkung
y*p*	(*yank*) *p* muß ein Cursorpositionierungs-Kommando sein. Es legt einen Bereich fest, der sich von der Cursorposition bis zu der mit *p* gewählten Position erstreckt. Der so festgelegte Bereich wird in einen Puffer kopiert[86]. Der Inhalt dieses Puffers kann später mit einem der Kommandos **p** oder **P** wieder einkopiert werden. Der Text und die Cursorposition werden durch **y** nicht verändert.
y*n p* *n*y*p*	(*yank*) kopiert *n* Bereiche in den Puffer
yy	(*yank*) ganze Zeile in Puffer kopieren
Y	(*Yank*) ab Cursorposition den Rest der Zeile in den Puffer kopieren[87]; identisch zu **y$**
p	(*put*) den Pufferinhalt rechts vom Cursor einkopieren
*n*p	(*put*) den Pufferinhalt rechts vom Cursor *n*-mal einkopieren
P	(*Put*) den Pufferinhalt links vom Cursor einkopieren
*n*P	(*Put*) den Pufferinhalt links vom Cursor *n*-mal einkopieren

Beispiele

```
$ print ——————— Titel_
ESC                      $ print ——————— Titel_
2b                       $ print ——————— Tit_el
yw                       $ print ——————— T_itel
$                        $ print ——————— Tite_l
p                        $ print ——————— Titel————_
0                        $ print ——————— Titel————
w                        $ print ——————— T_itel————
y31                      $ print ——————— T_itel————
w                        $ print ——————— Ti_tel————
1                        $ print ——————— T_itel————
P                        $ print ——————— T—itel————
0                        $ print ——————— T—itel————
dd                       $ _
```

---

[86] vorheriger Inhalt dieses Puffers wird überschrieben
[87] anders als im wirklichen **vi**

Die Korn-Shell 425

Rückgängig machen (Kommandomodus)

Kommando	Wirkung
u	(u*ndo*) die letzte durch ein Editor-Kommando bewirkte Text-Änderung rückgängig machen
U	(U*ndo line*) alle durch Editor-Kommandos vorgenommenen Text-Änderungen in der momentanen Zeile rückgängig machen. Um eine durch **U** verursachte Änderung rückgängig zu machen, muß als nächstes das Kommando **u** eingegeben werden.

Beispiele

```
$ print Hallo egon_
ESC                    $ print Hallo egon
2b                     $ print Hallo egon
dw                     $ print egon
u                      $ print Hallo egon
w                      $ print Hallo egon
iLieber ESC            $ print Hallo Lieber_egon
1                      $ print Hallo Lieber egon
cwEmilESC              $ print Hallo Lieber Emil_
U                      $ print Hallo egon
dd                     $ _
```

Sonstige Kommandos (Kommandomodus)

Kommando	Wirkung
⏎	übergibt die momentane Zeile an die **ksh** zur Verarbeitung; ⏎ kann sowohl im Eingabemodus als auch im Kommandomodus eingegeben werden. *Ctrl*-**m** ist äquivalent zu ⏎
Ctrl-l	(l*ine redraw*) Cursor in die nächste Zeile bewegen und dort erneut die momentane Zeile anzeigen; wird meist verwendet, um eine Kommandozeile, welche durch Steuerzeichen nicht mehr den wirklichen Text wiedergibt, bereinigt anzeigen zu lassen.
#	trägt die momentane Kommandozeile als Kommentar in die History-Datei ein.
=	(Gleichheitszeichen) listet die Pfadnamen auf, welche aus der Expandierung (bei Anhängen von *) des Cursor-Wortes resultieren würden.

Kommando	Wirkung
\	hängt die fehlenden Zeichen an das *vi-WORT* unter dem Cursor an, um es zu einem Pfadnamen einer existierenden Datei zu vervollständigen. Angehängt werden dabei Zeichen bis zu einem Punkt, von dem ab mehrere Pfadnamen abgedeckt sind, oder bis der Pfadname vollständig ist. Wenn aus dieser Expandierung ein vollständiger Pfadname resultiert, so wird noch ein / angehängt, wenn es sich bei diesem Pfadnamen um ein Directory handelt, ansonsten wird ein Leerzeichen angehängt. Diese Direktive \ ist jedoch nur auf **ksh**-Versionen verfügbar, die nach dem 3.6.1986 freigegeben wurden.
*	bewirkt, daß ein * an das *vi-WORT* unter dem Cursor angehängt wird, bevor dann Dateinamen-Expandierung für dieses Wort versucht wird. Wenn Expandierung für das Wort möglich ist, so wird das Wort durch den entsprechenden Dateinamen ersetzt und in den Eingabemodus umgeschaltet; ansonsten bleibt das Wort unverändert und es wird ein Klingelton ausgegeben.
@*buchstabe*	durchsucht die Alias-Liste nach einem Alias-Namen _*buchstabe*. Falls ein solcher Alias-Name existiert, wird dessen Wert von der **ksh** an der Cursorposition eingefügt bzw. werden die darin enthaltenen **vi**-Direktiven ausgeführt.
~	Zeichen an der Cursorposition von Klein- in Großbuchstaben umwandeln bzw. umgekehrt; der Cursor wird danach um eine Position nach rechts bewegt.
n~	ab der Cursorposition *n* Zeichen von Klein- in Großbuchstaben umwandeln bzw. umgekehrt; der Cursor wird danach um *n* Zeichen nach rechts bewegt.
.	Letztes Änderungskommando (eventuell auch aus einer vorherigen Kommandozeile) wiederholen.
n.	Letztes Änderungskommando *n* mal wiederholen.
v	(*vi*) ruft den wirklichen Editor **vi** mit **fc -e ${VISUAL:-${EDITOR:-vi}}** auf. In der zu editierenden Datei befindet sich dabei die momentane Kommandozeile, welche nun mit dem wirklichen **vi** editiert werden kann. Nach dem Verlassen von **vi** wird diese Kommandozeile dann von der **ksh** ausgeführt.

Kommando	Wirkung
*n*v	(*vi*) ruft den wirklichen Editor **vi** mit **fc -e ${VISUAL:-${EDITOR:-vi}}** *n* auf. In der zu editierenden Datei befindet sich dabei die *n*.te Kommandozeile aus der History-Datei. Nach dem Verlassen von **vi** wird die editierte Kommandozeile dann von der **ksh** ausgeführt.

Beispiele

```
$ print Hallo wie geht es emil_
ESC                  $ print Hallo wie geht es emil
0                    $ print Hallo wie geht es emil
w                    $ print Hallo wie geht es emil
12~                  $ print hALLO WIE GEht es emil
6h                   $ print hALLO WIE GEht es emil
3~                   $ print hALLO wie GEht es emil
.                    $ print hALLO wie geht es emil
3b                   $ print hALLO wie geht es emil
~                    $ print HALLO wie geht es emil
4.                   $ print Hallo wie geht es emil
0                    $ print Hallo wie geht es emil
dd                   $ _

$ alias _Q='0wi"Ctrl-vESCA"Ctrl-vESC' ⏎
$ print Guten Morgen,\n    lieber Emil_
Esc                  $ print Guten Morgen,\n    lieber Emil
@Q                   $ print "Guten Morgen,\n    lieber Emil"
Ctrl-m               Ausgabe: Guten Morgen,
                         lieber Emil
                     $ _
```

Kommandozeilen aus der History-Datei holen (Kommandomodus)

Die nachfolgenden **vi**-Direktiven holen Kommandozeilen aus der History-Datei. Diese Direktiven wirken also nicht nur auf die aktuelle, sondern auch auf bereits früher eingegebene Kommandozeilen. Die Shell-Variable **HISTSIZE** legt dabei fest, wieviele der früheren Kommandozeilen in der History-Datei aufgehoben werden.
Ein **ksh**-Kommando kann sich über mehrere Zeilen erstrecken. Bei einem mehrzeiligen Kommando werden die Neuezeile-Zeichen (außer dem letzten) als ^J angezeigt.

Kommando	Wirkung
-	vorherige Kommandozeile aus der History-Datei holen. Eine erneute Eingabe von **k** oder - holt dann die Kommandozeile vor der vorherigen Kommandozeile, usw.
n**k** n-	n.te vorherige Kommandozeile aus der History-Datei holen. Wenn n größer ist als die Anzahl der noch vorhandenen Kommandozeilen (zum Dateianfang hin), so wird ein Klingelton ausgegeben und die erste Kommandozeile aus der History-Datei geholt.
j +	nächste (nachfolgende) Kommandozeile aus der History-Datei holen. Eine erneute Eingabe von **j** oder + holt dann wieder die nachfolgende Kommandozeile, usw.
n**j** n+	n.te nachfolgende Kommandozeile aus der History-Datei holen. Wenn n größer ist als die Anzahl der noch vorhandenen Kommandozeilen (zum Dateiende hin), so wird ein Klingelton ausgegeben und die letzte Kommandozeile aus der History-Datei geholt.
G	(*Go back*) älteste (erste) Kommandozeile aus der History-Datei holen
n**G**	(*Go back*) n.te Kommandozeile aus der History-Datei holen
/*string* ⏎	sucht von links nach rechts in einer Zeile und zum Dateianfang hin in der History-Datei nach einem Vorkommen von *string*. Wird eine solche Zeile gefunden, so wird diese geholt. Wird kein *string* angegeben (/⏎), so wird nach dem *string* aus dem letzten Suchkommando gesucht. Unterschiede zwischen dem built in-**vi** und dem wirklichen **vi** sind: ▪ keine regulären Ausdrücke im built in-**vi** möglich ▪ / und ? wirken im built in-**vi** genau in umgekehrter Richtung als im wirklichen **vi** ▪ im built in-**vi** kann die Form /*string*/+n nicht verwendet werden. ▪ Anders als im wirklichen **vi** wird beim Suchen im built in-**vi** nicht automatisch vom Dateianfang auf das Dateiende bzw. vom Dateiende auf den Dateianfang umgeschaltet. ▪ Im built in-**vi** kann *string* auch die Zeichen / oder ? enthalten.

Kommando	Wirkung
/^*string*⏎	dasselbe wie /*string*⏎, außer daß *string* nur gefunden wird, wenn er am Anfang einer Zeile steht; nur auf **ksh**-Versionen verfügbar, die nach dem 3.6.1986 freigegeben wurden.
?*string*⏎	dasselbe wie /*string*⏎, außer daß in umgekehrter Richtung (in einer Zeile von rechts nach links und vorwärts zum History-Dateiende hin) gesucht wird.
?^*string*⏎	dasselbe wie ?*string*⏎, außer daß *string* nur gefunden wird, wenn er am Anfang einer Zeile steht; nur auf **ksh**-Versionen verfügbar, die nach dem 3.6.1986 freigegeben wurden.
n	letztes Suchkommando (/ oder ?) wiederholen
N	letztes Suchkommando (/ oder ?) mit umgekehrter Suchrichtung wiederholen

Beispiele

```
$ set -o vi⏎
$ PS1="! $ "⏎
160 $ date⏎
Tue Jun 11 09:13:23 MESZ 1991
161 $ print $OLDPWD⏎
/user1/egon
162 $ alias type="cat "⏎
163 $ for i in b*⏎
>   do   wc -l $i⏎
>   done⏎
          1 basisname
         10 bname
164 $ find $HOME -name isnum -print⏎
/user1/egon/flib/isnum
165 $ history -5⏎
160          date
161          print $OLDPWD
162          alias type="cat "
163          for i in b*
             do   wc -l $i
             done
164          find $HOME -name isnum -print
165          history -5
166 $
ESC          166 $ _              [um vom Eingabe- in den Kommandomodus umzuschalten]
k            166 $ history -5
```

–	166 $	find $HOME –name isnum –print
–	166 $	for i in b*^Jdo wc –l $i^Jdone
Ctrl–m	1	basisname
	10	bname
ESC	167 $	_ [um vom Eingabe– in den Kommandomodus umzuschalten]
	167 $	for i in b*^Jdo wc –l $i^Jdone
/cat⏎	167 $	alias type="cat "
/da⏎	167 $	date
+	167 $	print $OLDPWD
?^fin⏎	167 $	find $HOME –name isnum –print
3W	167 $	find $HOME –name isnum –print
dw	167 $	find $HOME –name –print
i"ein*" *ESC*	167 $	find $HOME –name "ein*" –print
⏎		/user1/egon/kshueb/eingabe
		/user1/egon/kshueb/einles
	168 $	

5.21 Fehlersuche in ksh-Skripts

Auch die **ksh** bietet fünf Optionen zur Fehlersuche in Skripts an:

Option	Optionsname[88]	Bedeutung
-n	**noexec**	Kommandos werden nur gelesen und auf Syntaxfehler untersucht, aber nicht ausgeführt.
-v	**verbose**	Alle Shell-Eingabezeilen werden so ausgegeben, wie sie gelesen werden. Erst nach dieser Ausgabe wird das entsprechende Kommando ausgeführt.

---

[88] Die Verwendung von Optionsnamen wird in Kaptitel 5.24.3 gezeigt.

Option	Optionsname[89]	Bedeutung
-x	xtrace	Für jede Shell-Eingabezeile wird zuerst Parametersubstitution, Kommandosubstitution und Dateinamen-Expandierung durchgeführt. Danach wird die so entstandene Kommandozeile auf die Standardfehlerausgabe ausgegeben; vor dieser Kommandozeile wird dabei noch der Inhalt der Shellvariablen **PS4**[90] angegeben. Erst nach dieser Ausgabe wird die betreffende Kommandozeile ausgeführt.
-u	nounset	Ein Zugriff auf nicht gesetzte Variablen bewirkt einen Fehler. Ohne diese Option wird üblicherweise die leere Zeichenkette geliefert.
-e	errexit	Wenn ein Kommando einen exit-Status verschieden von 0 (nicht erfolgreich) liefert, dann führt die **ksh** die für das Signal **ERR**[91] installierte Signalbehandlung aus, und beendet sich dann.

Diese Optionen können zunächst wieder auf zwei Arten gesetzt werden:

ksh [–nvxue] *skript*

In diesem Fall gelten die gesetzten Optionen nur für die Dauer der Skript-Ausführung.

set [–nvxue]

Hierbei bleiben die Optionen solange gesetzt, bis sie explizit mit + wieder ausgeschaltet werden:

set [+nvxue]

---

[89] Die Verwendung von Optionsnamen wird in Kaptitel 5.24.3 gezeigt.
[90] Die Variable **PS4** (siehe Kapitel 5.8.4) ist nur auf ksh-Versionen verfügbar, die nach dem 3.6.1986 freigegeben wurden. Frühere **ksh**-Versionen geben anstelle von **PS4** das Zeichen + (wie die Bourne-Shell) aus.
[91] siehe Kapitel 5.22.

Im Unterschied zur vorherigen Aufrufform werden dabei die Optionen nicht für ein aufgerufenes Shell-Skript, das ja von einer eigenen Subshell ausgeführt wird, gesetzt, sondern gelten für die gerade aktive Shell.

Neu in der **ksh** ist, daß die Optionen auch über die oben fett gedruckten Optionsnamen gesetzt werden können:

-o *optname*   Einschalten der Option *optname*
+o *optname*   Ausschalten der Option *optname*[92]

Somit können die Optionen auch mit den folgenden Aufrufformen ein- bzw. ausgeschaltet werden:

ksh [æo *optname***]** *skript*

set [æo *optname***]**

Da die Option **-x** bzw **xtrace** die am häufigsten verwendete Debug-Option ist, wird diese hier genauer behandelt.

Um sich beim **xtrace** immer die Zeilennummer mit ausgeben zu lassen, muß im Debug-Prompt **PS4** auf die Shellvariable **LINENO** zugegriffen werden, z.B.:

PS4='Zeile $LINENO: ' [93]

Soll auch die Ausführung von Funktionen zeilenweise angezeigt werden, so kann dies mit

typeset –ft

erreicht werden.

In der Environment-Datei kann z.B. eine Funktion mit Namen *breakpoint* definiert werden:

typeset –fx breakpoint

---

[92] siehe auch Kapitel 5.24.3.
[93] Die beiden Variablen **PS4** und **LINENO** sind nur auf **ksh**-Versionen verfügbar, die nach dem 3.6.1986 freigegeben wurden. Für eine Version nach dem 3.6.1986 ist es empfehlenswert, die folgenden Zeilen oder zumindest ähnliche in der Datei **$HOME**/.*profile* einzutragen:
PS4='Zeile $LINENO: '
export PS4

Die Korn-Shell

```
function breakpoint
{
    typeset zeile
    while true
    do  echo -n "Zeile $lineno :ksh-dbg>> "
        read -r zeile
        if [[ -z "$zeile" ]]
        then   return
        fi
        eval "$zeile"
    done
}
```

An jeder kritischen Stelle in einem Shell-Skript kann nun diese Funktion *breakpoint* aufgerufen werden, um während des Debuggens eines **ksh**-Skripts interaktiv Eingaben zu ermöglichen. Über diese interaktiven Eingaben ist es dann z.B. möglich, sich die momentanen Werte von Variablen ausgeben zu lassen.

Auf **ksh**-Versionen, die nach dem 3.6.1986 freigegeben wurden, wird noch das Signal **DEBUG**[94] angeboten. Dieses Signal wird automatisch nach jeder Kommando-Ausführung geschickt. Mit **trap** könnte man dann erreichen, daß die Funktion *breakpoint* nach jedem Kommando automatisch aufgerufen wird:

trap 'lineno=$LINENO;breakpoint' DEBUG[95]

Mit dem Befehl

trap 'lineno=$LINENO;breakpoint' ERR

würde *breakpoint* bei jedem Auftreten des Signals **ERR** (Ausführung eines Kommandos war fehlerhaft) automatisch aufgerufen.

5.22 Signalbehandlung in der ksh

In der **ksh** gilt für Signale im allgemeinen das gleiche wie in der Bourne-Shell[96]. Neu in der **ksh** ist, daß die Signale nicht nur über ihre Nummern, sondern auch

---

[94] siehe Kapitel 5.22.
[95] **lineno=$LINENO** ist notwendig, da **breakpoint** auf die globale Variable **lineno** und nicht auf die automatische Variable **LINENO** zugreift. Der Grund dafür ist, daß bei jedem Funktionsaufruf, also auch beim Aufruf von **breakpoint**, die automatische Variable **LINENO** automatisch auf 1 gesetzt wird.
[96] siehe Kapitel 4.14

über symbolische Namen angesprochen werden können. Die symbolischen Namen der am häufigsten verwendeten Signale sind:

Name	Bedeutung
HUP	*hangup*: wird beim Beenden einer Verbindung (z.B. Auflegen des Telefonhörers) erzeugt.
INT	*intr*: Interrupt-Signal, welches durch Drücken der *DEL*- oder *BREAK*-Taste (*Ctrl*-**c**) erzeugt wird.
QUIT	*quit*: wird durch die Eingabe von *Ctrl*-\ erzeugt.
TERM	*terminate*: wird von einem Prozeß an alle Prozesse eines Benutzers geschickt, um diese zu beenden.
KILL	*kill*: bewirkt die sofortige Beendigung eines Prozesses und kann nicht abgefangen werden.
EXIT	*exit*: wird beim Verlassen einer Funktion oder einer **ksh** erzeugt.
ERR	*error*: wird immer dann geschickt, wenn ein Kommando einen exit-Status verschieden von 0 (nicht erfolgreich) liefert.
DEBUG	*debugging*: wird nach jeder Ausführung eines Kommandos erzeugt.

Für die Job-Kontrolle in der **ksh** (siehe Kapitel 5.23) stehen die folgenden Signale zur Verfügung:

Name	Bedeutung
TSTP	**tt**y **st**op: wird allen Vordergrund-Prozessen eines Benutzers geschickt, wenn die Taste *Suspend* (normalerweise *Ctrl*-**z**) gedrückt wird. Die Ausführung der entsprechenden Vordergrund-Prozesse wird durch dieses Signal angehalten, wenn sie es nicht abfangen.
TTIN	**tt**y **in**put: wird jedem Hintergrund-Prozeß geschickt, der vom Terminal zu lesen versucht. Die Ausführung des entsprechenden Hintergrund-Prozesses wird durch dieses Signal angehalten, wenn dieser es nicht explizit abfängt.
CONT	**cont**inue: wird dieses Signal einem angehaltenen Prozeß geschickt, so wird dessen Ausführung fortgesetzt.
STOP	**stop**: Dieses Signal bewirkt, daß die Ausführung des Prozesses, dem es geschickt wird, angehalten wird. Mit dem Signal **CONT** kann dann an späterer Stelle dessen Ausführung wieder fortgesetzt werden. Das Signal **STOP** kann niemals von einem Prozeß ignoriert werden.

Tasten, die das Senden von Signalen an Vordergrund-Prozesse bewirken, können mit **stty** auch anders gesetzt werden.

Die Signalnummern können von System zu System verschieden sein. Um sich zu allen verfügbaren Signalen deren Nummern und Namen ausgeben zu lassen, steht das Kommando

kill -l

zur Verfügung.

Beispiel

```
$ kill -⏎
 1) HUP              15) TERM
 2) INT              16) USR1
 3) QUIT             17) USR2
 4) ILL              18) CHLD
 5) TRAP             19) PWR
 6) IOT              20) WINCH
 7) EMT              21) bad trap
 8) FPE              22) POLL
 9) KILL             23) STOP
10) BUS              24) TSTP
11) SEGV             25) CONT
12) SYS              26) TTIN
13) PIPE             27) TTOU
14) ALRM
$
```

Zum Abfangen von Signalen steht wie in der Bourne-Shell das built in-Kommando **trap** zur Verfügung:

trap [*argument*] [*signal(e)*]

Das Kommando **trap** legt die Reaktion der **ksh** für asynchron eintreffende Signale fest. Trifft eines der angegebenen *signal(e)* ein, dann führt die **ksh** die als *argument* angegebene Kommandoliste aus und danach setzt sie ihre Ausführung an der Stelle fort[97], an der die durch das Signal bedingte Unterbrechung stattfand.

Als Signalbehandlung ist dabei (wie in der Bourne-Shell) möglich:

1. Es kann für *argument* eine Liste von Kommandos angegeben werden ('*kdoliste*'), die bei Eintreffen eines der *signal(e)* auszuführen ist.

2. Ignorieren der *signal(e)*, indem für *argument* eine leere Zeichenkette (z.B. "" oder '') angegeben wird.

---

[97] Wenn bei den für *argument* angegebenen Kommandos nicht **exit** vorkommt.

3. Wird beim Aufruf von **trap** kein *argument* oder für *argument* nur - (Minuszeichen) angegeben, so wird für die *signal(e)* wieder die vom System voreingestellte Signalbehandlung festgelegt.

Werden beim Aufruf von **trap** kein *argument* und keine *signal(e)* angegeben, dann gibt **trap** die Signalnummern bzw. Signalnamen aus, für die momentan mithilfe eines **trap**-Kommandos eine benutzerspezifische Signalbehandlung eingestellt ist; zudem gibt es in diesem Fall zu jeder dieser Signalnummern die Kommandos an, die diese Signalbehandlung durchführen.

Für *signal(e)* kann folgendes angegeben werden:

- Name oder Nummer eines Signals
  Die speziellen Signalnummern und Signalnamen können von System zu System verschieden sein. Mit **kill -l** können alle Signalnummern und Signalnamen am jeweiligen System aufgelistet werden. Aus Portabilitätsgründen ist es ratsam, Signalnamen (wenn möglich) anstelle von Signalnummern zu verwenden.

- **ERR**
  Die **ksh** führt die als *argument* angegebenen Kommandos immer dann aus, wenn ein Kommando einen exit-Status verschieden von 0 (nicht erfolgreich) liefert. Eine mit **trap** für dieses Signal installierte Signalbehandlung wird nicht an eine Funktion vererbt.

- **0 oder EXIT**
  Wird das **trap**-Kommando für diese Signale innerhalb einer Funktion ausgeführt, dann werden die als *argument* angegebenen Kommandos beim Verlassen der Funktion ausgeführt.
  Wurde dagegen das **trap**-Kommando außerhalb einer Funktion ausgeführt, dann werden die als *argument* angegebenen Kommandos beim Verlassen der **ksh** ausgeführt.

- **DEBUG**
  Die **ksh** führt die als *argument* angegebenen Kommandos nach jedem einfachen Kommando aus. Eine mit **trap** für dieses Signal eingerichtete Signalbehandlung wird nicht an eine Funktion vererbt. Das **DEBUG**-Signal ist nur auf **ksh**-Versionen verfügbar, die nach dem 3.6.1986 freigegeben wurden.

Beispiele

`trap`
Auflisten aller benutzerspezifischen Signalhandler

`trap '$HOME/.logout' EXIT`
Die Kommandos aus der Datei *.logout* werden unmittelbar vor dem Verlassen der **ksh** ausgeführt.

trap − INT QUIT EXIT
Die Signalbehandlung für die Signale **INT**, **QUIT** und **EXIT** wird auf die vom System voreingestellte Signalbehandlung zurückgesetzt.

trap INT QUIT EXIT
gleiche Auswirkung wie der vorherige Aufruf.

Hinweis

- Die bei **trap** als *argument* angegebene Kommandoliste wird zweimal gelesen: das erstemal bei der Ausführung des **trap**-Kommandos und das zweitemal, wenn die Kommandoliste bedingt durch das Eintreffen eines Signals aufgerufen wird. Deshalb empfiehlt es sich, die für *argument* angegebene Kommandoliste mit '..' zu klammern, um Parametersubstitution, Kommandosubstitution oder Dateinamen-Expandierung beim erstmaligen Lesen auszuschalten.

- Wenn mehrere Signale zur gleichen Zeit auftreten, dann arbeitet die **ksh** diese in der folgenden Reihenfolge ab:
  1. **DEBUG**
  2. **ERR**
  3. andere Signale in der Reihenfolge, wie sie durch die Signalnummern vorgegeben ist.
  4. **EXIT** (immer als letztes)

- Eine **ksh**-Subshell ignoriert alle Signale, welche von ihrem Vaterprozeß (Vatershell) ignoriert werden.

Beispiele

```
$ trap "echo DEBUG-trap" DEBUG ⏎
DEBUG-trap
$ trap "echo ERR-trap" ERR ⏎
DEBUG-trap
$ eco ⏎
ksh: eco:   not found
DEBUG-trap
ERR-trap
$ trap '' DEBUG ERR ⏎              [DEBUG und ERR ignorieren]
$
```

5.23 Job-Kontrolle in der Korn-Shell

Jede Pipeline[98], die man ausführen läßt, wird als Job bezeichnet. Die **ksh** verfügt anders als die Bourne-Shell über eine eigene Job-Kontrolle, mit der es möglich ist,

---

[98] Als Erinnerung: Eine Pipeline kann auch nur ein Kommando sein; siehe Kapitel 4.4.2.

Jobs anzuhalten und wieder fortzusetzen, oder die Ausführung von Jobs vom Hintergrund in den Vordergrund zu verlagern bzw. umgekehrt.

5.23.1 Allgemeines

Um die Job-Kontrolle der **ksh** zu aktivieren, muß die Option **monitor**[99] gesetzt werden. Dies ist allerdings systemabhängig:

- Auf Systemen, welche die vollständige Job-Kontrolle anbieten, wird die Option **monitor** automatisch gesetzt, wenn eine **ksh** als interaktive Shell aufgerufen wird.

- Auf anderen Systemen muß explizit
  ```
  set -o monitor
  ```
  aufgerufen werden; diesen Aufruf schreibt man dort üblicherweise in die Environment-Datei.

Wenn die Option **monitor** gesetzt ist, so gibt die **ksh** bei jedem Start eines Hintergrund-Jobs dessen *[Jobnummer]* und *PID* aus. Wird ein Hintergrund-Job beendet, so meldet die **ksh** dies mit *[Jobnummer] + Done   Jobname (Kommandozeile des Jobs)*.

Beispiel

```
$ cat /usr/include/* -print | wc -c &↵
[1]            356
$ ps↵
   PID TTY     TIME COMMAND
   255  01     0:06 ksh
   356  01     0:01 wc
   357  01     0:01 cat
   358  01     0:00 ps
      322908                        [Ausgabe des Hintergrund-Jobs]
↵

[1] +  Done                         cat /usr/include/* | wc -c &
$
```

Die einzelnen Jobs können über die PID, die Jobnummer oder den Jobnamen angesprochen werden. Dazu stehen die built in-Kommandos **wait**, **kill**, **fg** und **bg** zur Verfügung. Um einen Job über seine Jobnummer oder seinen Namen anzusprechen, gibt es folgende Notationen:

---

[99] siehe Kapitel 5.24.3.

Die Korn-Shell

%*jobnr*	Job mit Jobnummer *jobnr*
%*string*	Job, dessen Name mit *string* beginnt
%?*string*	Job, dessen Name *string* enthält
%+ oder %%	momentaner Job
%-	vorheriger Job

Mit dem built in-Kommando **jobs** können die gerade im Hintergrund ablaufenden Jobs und deren momentaner Status angezeigt werden.

Systeme, welche eine vollständige Job-Kontrolle anbieten, ermöglichen es, einen Prozeß anzuhalten, und ihn dann vom Vordergrund in den Hintergrund zu verlagern bzw. umgekehrt. Der Job, der gerade im Vordergrund abgearbeitet wird, kann mit der *Susp*-Taste[100] (meist *Ctrl*-**z**) angehalten werden. Die **ksh** meldet dann, daß der entsprechende Job angehalten wurde und zeigt mit der Ausgabe des Prompts an, daß sie nun wieder für die Entgegennahme von Kommandos bereit ist. Allerdings können niemals Funktionen oder Programmiersprach-Kommandos[101] angehalten werden.

Ein Hintergrund-Job wird immer dann automatisch angehalten, wenn er versucht, vom Terminal zu lesen. Mit dem Kommando **stty tostop**[102] kann zusätzlich noch festgelegt werden, daß Hintergrund-Jobs auch dann angehalten werden, wenn sie versuchen, auf das Terminal zu schreiben. Die Ausführung solcher Jobs wird dann erst wieder fortgesetzt, wenn sie in den Vordergrund verlagert werden.

Im nachfolgenden werden nun noch die für die Job-Kontrolle benötigten built in-Kommandos genauer vorgestellt.

5.23.2 Informationen zu Hintergrund-Jobs (jobs)

jobs [-lp] [*job(s)*]

Mit dem built in-Kommando **jobs** können Informationen zu den angegebenen *job(s)* oder allen momentan aktiven Jobs (wenn *job(s)* nicht angegeben ist) abgefragt werden.

---

[100] Mit dem Aufruf
stty
kann festgestellt werden, auf welche Taste *susp* eingestellt ist.
Mit
stty susp ^z
könnte *susp* auf *Ctrl*-z eingestellt werden.
[101] siehe Kapitel 5.16.
[102] Dies ist ab System V.2 nicht mehr notwendig.

Die **ksh** gibt dabei zu jeden einzelnen Job eine Zeile aus, in der folgende Information enthalten ist:

[*Jobnummer*] mit einem + vor dem aktuellen Job bzw. einem - (Minuszeichen) vor dem vorherigen aktuellen Job[103]. Aktueller Job ist der Job, der zuletzt im Hintergrund gestartet wurde und der vorherige aktuelle Job wurde als vorletzter Hintergrund-Job gestartet.

Status

Bezeichnung	Bedeutung
Running	befindet sich in der Ausführung
Stopped	ist momentan angehalten
Done	wurde normal beendet
Terminated	wurde abgebrochen

Bei (*Nummer*) nach *Don* gibt *Nummer* gibt dabei den exit-Status des beendeten Jobs an; wird jedoch nur angezeigt, wenn der exit-Status verschieden von 0 ist.

Bei **Kommandozeile** (*Jobname*) gibt die Kommandozeile wieder, die zum Start des Jobs führte. Die **ksh** nimmt dabei die entsprechende Kommandozeile aus der History-Datei. Falls die **ksh** nicht auf die History-Datei zugreifen kann, dann wird keine Kommandozeile angezeigt.

Optionen

Option	Bedeutung
-l	nach der Jobnummer wird zusätzlich noch die PID des Jobs ausgegeben.
-p	es werden nur die PIDs der Jobs angezeigt

Der exit-Status von **jobs** ist immer 0 (erfolgreich).

---

[103] + und - können eventuell auch nach der Jobnummer angegeben sein.

Beispiele

```
$ jobs -l
+[4]   239       Running      cc -c addiere.c &
-[3]   452       Stopped      mail emil
 [2]   632       Done (1)                 find / -name "*.c" -print | wc -l &
$ jobs -p %cc
239
$
```

5.23.3 Signale an Jobs schicken (kill)

kill [*-signal*] *job(s)* (1)

oder

kill -l (2)

Mit dem built in-Kommando **kill** wird den angegebenen *job(s)* das Signal *signal* geschickt. Es kann von den entsprechenden *job(s)* entweder ignoriert oder mit einem installierten Signalhandler abgefangen werden, andernfalls werden die betreffenden *job(s)* durch diesen Aufruf abgebrochen.

Für *signal* kann entweder eine Signalnummer oder ein Signalname[104] angegeben werden.

Ist *-signal* nicht angegeben, dann wird das Signal **TERM** geschickt.

Falls einem angehaltenen Job das Signal **TERM** oder **HUP** geschickt wird, so sendet die **ksh** diesem Job zuvor das Signal **CONT**.

Um Hintergrund-Jobs anzuhalten, muß diesen das **STOP**-Signal geschickt werden:

kill -STOP ...

Es ist im übrigen empfehlenswert, ein Alias der Form

alias stop='kill -STOP'[105]

zu definieren, um die Tipparbeiten beim Anhalten von Hintergrund-Jobs etwas zu reduzieren.

Der exit-Status des Aufrufs (1) ist die Anzahl von Prozessen, welchen **kill** nicht erfolgreich das entsprechende Signal schicken konnte.

Um sich alle auf dem jeweiligen System verfügbaren Signalnummern und Signalnamen anzeigen zu lassen, steht die zweite Aufrufform (2) zur Verfügung:

---

[104] siehe Kapitel 5.22
[105] Auf manchen **ksh**-Versionen ist dieses Alias auch bereits vordefiniert.

```
kill -1
```

Der exit-Status dieses Aufrufs ist immer 0 (erfolgreich).

5.23.4 Auf die Beendigung von Jobs warten (wait)

```
wait [jobdd(s)]
```

Das Kommando **wait** veranlasst die **ksh**, auf die Beendigung der von den angegebenen *job(s)* gestarteten Prozesse zu warten.

Für *job(s)* können allerdings auch die PIDs von Prozessen angegeben werden, um auf deren Beendigung zu warten[106].

Falls keine *job(s)* angegeben sind, so wird auf die Beendigung aller Sohnprozesse der momentan aktiven **ksh** gewartet.

Der exit-Status von **wait** ist der exit-Status des letzten Prozesses, auf den gewartet wurde.

Beispiele

wait	Auf die Beendigung aller Hintergrund-Prozesse warten.
wait %3	Auf die Beendigung des Jobs mit der Jobnummer 3 warten.
wait 1462	Auf die Beendigung des Prozesses mit der PID 1462 warten.
wait $!	Auf die Beendigung des letzten Hintergrund-Prozesses warten.

5.23.5 Ausführung von angehaltenen Jobs im Hintergrund fortsetzen (bg)

```
bg [job(s)]
```

bg bewirkt, daß die Ausführung der angehaltenen *job(s)* im Hintergrund fortgesetzt wird. Werden keine *job(s)* beim Aufruf angegeben, so wird die Ausführung des aktuellen Jobs (zuletzt angehaltener Job) im Hintergrund fortgesetzt. Der aktuelle Job kann auch mit dem Kommando **jobs** ermittelt werden.

Der exit-Status von **bg** ist 0, wenn die Option **monitor** gesetzt ist, ansonsten ist er 1.

Hinweis

bg ist nur auf Systemen ein built in-Kommando, welche über Job-Kontrolle verfügen.

---

[106] In der **ksh**-Version vom 3.6.1986 und früheren Versionen können für *job(s)* sogar nur PIDs angegeben werden.

5.23.6 Ausführung von Hintergrund-Jobs im Vordergrund fortsetzen (fg)

fg [*job(s)*]

fg bewirkt, daß die Ausführung der angegebenen Hintergrund-*job(s)* der Reihe nach im Vordergrund fortgesetzt wird. Werden keine *job(s)* beim Aufruf angegeben, so wird die Ausführung des aktuellen Jobs (zuletzt angehaltener Job oder zuletzt im Hintergrund gestarteter Job) im Vordergrund fortgesetzt. Der aktuelle Job kann auch mit dem Kommando **jobs** ermittelt werden.

Der exit-Status von **fg** ist 0, wenn die Option **monitor** gesetzt ist, ansonsten ist er 1.

Beispiele

```
$ stty susp ^z⏎
$ cat teiler⏎
if [[ $# -eq 0 ]]
then    echo "usage: $0 zahl(en)"
        exit 1
fi

integer i

for zahl
do  echo -n "$zahl ist "
    if isnum $zahl
    then
        echo -n "teilbar durch: "
        i=1
        while ((i<=zahl))
        do  if ((zahl%i==0))
            then echo -n " $i"
            fi
            i=i+1
        done
        echo
    else
        echo "keine erlaubte Zahl"
    fi
done
$ chmod u+x teiler⏎
$ teiler 1234567 45 3.4 45673  >teiler.txt⏎
[Ctrl-z]
+ [1] Stopped                     teiler 1234567 45 3.4 45673  >teiler.txt
$ teiler 222225 >teiler1.txt⏎
[Ctrl-z]
+ [2] Stopped                     teiler 2222225 >teiler1.txt
$ jobs⏎
```

```
+ [2] Stopped                         teiler 2222225 >teiler1.txt
- [1] Stopped                         teiler 1234567 45 3.4 45673  >teiler.txt
$ bg⏎
[2]                                   teiler 2222225 >teiler1.txt&
$ jobs⏎
+ [2] Running                         teiler 2222225 >teiler1.txt
- [1] Stopped                         teiler 1234567 45 3.4 45673  >teiler.txt
$ stop %2⏎
$ jobs⏎
+ [2] Stopped(signal)                 teiler 2222225 >teiler1.txt
- [1] Stopped                         teiler 1234567 45 3.4 45673  >teiler.txt
$ bg %1⏎
[1]                                   teiler 1234567 45 3.4 45673  >teiler.txt&
$ jobs⏎
+ [2] Stopped (signal)                teiler 2222225 >teiler1.txt
- [1] Running                         teiler 1234567 45 3.4 45673  >teiler.txt
$ fg⏎
teiler 2222225 >teiler1.txt
[Ctrl-z]
+ [2] Stopped                         teiler 2222225 >teiler1.txt
$ bg %-⏎
- [1]                                 teiler 1234567 45 3.4 45673  >teiler.txt&
$ fg⏎
teiler 2222225 >teiler1.txt
[Ctrl-z]
+ [2] Stopped                         teiler 2222225 >teiler1.txt
$ bg⏎
[2]                                   teiler 2222225 >teiler1.txt&
$ jobs⏎
+ [2] Running                         teiler 2222225 >teiler1.txt
- [1] Running                         teiler 1234567 45 3.4 45673  >teiler.txt
$ alias %=_fg⏎
$ function _fg⏎
> {⏎
>     fg %${1-%}⏎
> }⏎
$ %⏎
teiler 2222225 >teiler1.txt
[Ctrl-z]
+ [2] Stopped                         teiler 2222225 >teiler1.txt
$ bg⏎
[2]                                   teiler 2222225 >teiler1.txt&
$ % 1⏎
teiler 1234567 45 3.4 45673  >teiler.txt
[Ctrl-z]
+ [1] Stopped                         teiler 1234567 45 3.4 45673  >teiler.txt
$ kill %1 %2⏎
```

Die Korn-Shell

```
$ jobs⏎
+ [1]   Terminated              teiler 1234567 45 3.4 45673  >teiler.txt
+ [2]   Terminated              teiler 2222225 >teiler1.txt
$ jobs⏎
$
```

Hinweis

fg ist nur auf Systemen ein built in-Kommando, welche über Job-Kontrolle verfügen.

5.23.7 Allgemeine Hinweise zur Job-Kontrolle

Beim Versuch, eine interaktive **ksh** mit **exit** (bzw. *Ctrl-D*) zu verlassen, während noch Jobs im Hintergrund ablaufen, wird eine Meldung ausgegeben und die **ksh** nicht verlassen. Wird aber unmittelbar danach nochmals versucht, die **ksh** zu verlassen, dann wird sie trotz noch aktiver Jobs verlassen; die Ausführung der entsprechenden Hintergrund-Jobs wird dann jedoch beendet.

Wie bereits zuvor erwähnt, wird ein Hintergrund-Job, der versucht, von der Dialogstation zu lesen oder auf diese zu schreiben, von der **ksh** angehalten. Die **ksh** gibt dabei eine entsprechende Meldung aus:

`[`*jobnr*`] + Stopped (tty input)    kdo &`

oder

`[`*jobnr*`] + Stopped(tty output)    kdo &`

Der betreffende Job kann dann zu einem passenden Zeitpunkt mit **fg** in den Vordergrund gebracht werden, um ihm seine Aus- und Eingaben zu gestatten. Nachdem dies erledigt ist, könnte dieser Job mit

Ctrl-Z

und danach

bg

wieder in den Hintergrund verlagert werden.

Beispiel
```
$ stty tostop⏎
$ cat eingabe⏎
echo "Gib was ein:"
read
echo "Du hast ──$REPLY── eingegeben"
$ eingabe &⏎
[1]     292
```

```
[1] + Stopped(tty output)           eingabe &
$ fg⏎
eingabe
Gib was ein:
Hallo⏎
Du hast ——Hallo—— eingegeben
$
```

5.24 Built in-Kommandos der Korn-Shell

Die built in-Kommandos sind Teile des Programms **ksh**. Deswegen muß die Korn-Shell auch keinen neuen Prozeß starten, um diese ablaufen zu lassen, weswegen diese Kommandos "schneller starten"[107] als die anderen (nicht built in-) Kommandos.

Während die meisten dieser Kommandos wichtige Werkzeuge für Shell-Skripts sind, ist es für andere von Wichtigkeit, daß sie in der momentan aktiven Shell und auf keinen Fall in einer Subshell ablaufen.

Zunächst werden in diesem Kapitel alle noch nicht behandelten built in-Kommandos der **ksh** ausführlich besprochen, bevor dann am Ende eine kurze Zusammenfassung aller built in-Kommandos der **ksh** gegeben wird.

5.24.1 Das built in-Kommando cd

Anders als in der Bourne-Shell kann das Kommando **cd** in der **ksh** auf zwei verschiedene Arten aufgerufen werden:

cd [*directory*]   (1)

cd *altstring neustring*   (2)

Bei der ersten Aufrufform ist folgendes zu unterscheiden:

directory	Wirkung
n.a.	Wechsel zum home directory, welches über die Shell-Variable **HOME** festgelegt ist.
/*pfadname*	Wechsel zum Directory /*pfadname*; Shell-Variable **CDPATH** wird hierbei nicht benutzt.

---

[107] siehe auch Kapitel 5.25, wo die Abarbeitung von Kommandozeilen gezeigt wird.

directory	Wirkung
pfadname, der nicht mit / beginnt	Wenn **CDPATH** gesetzt ist und *pfadname* beginnt nicht mit ./ oder ../, dann sucht die **ksh** in den von **CDPATH** festgelegten Directories nach einem Subdirectory *pfadname*. Wird ein solches gefunden, dann wird dies das neue working directory; in diesem Fall wird auch noch der Pfadname des neuen working directorys ausgegeben. Ist dagegen **CDPATH** nicht gesetzt, so wird *pfadname* (relativ zum working directory) das neue working directory.

-	(Minuszeichen) Die **ksh** macht das vorherige working directory wieder zum working directory und gibt dann den Pfadnamen dieses neuen working directorys aus.
	`cd -`
	entspricht also
	`cd $OLDPWD.`
	existiert nicht oder fehlende RechteDie **ksh** gibt eine Fehlermeldung aus.

cd bewirkt unter anderem, daß die automatischen Variablen **PWD** (mit Pfadnamen des neuen working directorys) und **OLDPWD** (mit Pfadnamen des vorherigen working directorys) gesetzt werden.

Die zweite Aufrufform

`cd altstring neustring`

bewirkt, daß im Pfadnamen des momentanen working directorys ($PWD) der String *altstring* durch *neustring* ersetzt wird; danach versucht **cd** diesen durch Ersetzung entstandenen Pfadnamen zum neuen working directory zu machen. Ist dies möglich, dann wird der Pfadname des neuen working directorys ausgegeben.

Der exit-Status von **cd** ist bei beiden Aufrufformen 0, wenn ein Directory-Wechsel erfolgreich durchgeführt werden konnte, ansonsten verschieden von 0.

Beispiele

```
$ pwd⏎
/user1/egon/kshueb
$ cd;pwd⏎
/user1/egon
$ cd -⏎
/user1/egon/kshueb
$ cd /usr/include⏎
$ cd include news⏎
/usr/news
```

```
$ cd;pwd⏎
/user1/egon
$ cd egon emil⏎
/user1/emil
$ cd -⏎
/user1/egon
$ cd kshueb⏎
/user1/egon/kshueb
$
```

Hinweis

Das Kommando **cd** kann nicht ausgeführt werden, wenn die Option **restricted**[108] gesetzt ist.

5.24.2 Lokalisieren bzw. Klassifizieren eines Kommandos (whence)

Das built in-Kommando **whence** ist dem built in-Kommando **type** der Bourne-Shell ähnlich. **whence** ermöglicht es, den absoluten Pfadnamen oder den Typ eines Kommandos zu ermitteln. Die Aufrufsyntax für **whence** ist:

whence [-v] *name(n)*

Ist die Option **-v** nicht angegeben, so wird zu allen angegebenen *name(n)* deren absoluter Pfadname ausgegeben, wenn ein solcher existiert.

Wird die Option **-v** angegeben, so wird zu jeden angegebenen *name(n)* dessen Typ ausgegeben:

- Schlüsselwort (*keyword*)
- Alias (*alias*)
- Exportiertes Alias (*exported alias*)
- Built in-Kommando (*builtin*)
- Undefinierte Funktion (*undefined function*)
- Funktion (*function*)
- Mit **-t** markiertes Alias (*tracked alias*)
- Programm (*program*)
- nicht gefunden (*not found*)

---

[108] siehe Kapitel 5.26.

Die Korn-Shell

type ist im übrigen ein vordefiniertes Alias[109] der Form

`type='whence -v'`

Der exit-Status von **whence** ist 0, wenn alle angegebenen *name(n)* wirklich existieren, ansonsten verschieden von 0.

Beispiele

```
$ whence ed⏎
/bin/ed
$ whence -v ed⏎
ed is a tracked alias for /bin/ed
$ whence echo⏎
echo
$ whence -v echo⏎
echo is a shell builtin
$ type who funk pwd⏎
who is a tracked alias for /bin/who
funk not found
pwd is a shell builtin
$ type functions⏎
functions is an exported alias for typeset -f
$ whence cd repeat⏎
cd
function _repeat {
$ whence -v cd repeat⏎
cd is a shell builtin
repeat is an alias for function _repeat {
$ type isprim⏎
isprim is an undefined function
$ type while⏎
while is a keyword
$ type type⏎
type is an exported alias for whence -v
$
```

5.24.3 Setzen von Optionen für die aktuelle ksh (set)

Es ist möglich, während des Arbeitens mit der **ksh** neue Optionen ein- bzw. auszuschalten oder die Positionsparameter neu zu setzen bzw. zu löschen. Dazu steht das built in-Kommando **set** zur Verfügung. Die Aufrufsyntax für **set** ist:

`set [±aefhkmnopstuvx-] [±o optname]... [±A name] [argument(e)]`[110]

---

[109] siehe Kapitel 5.17.5.
[110] [**"o** *optname*] kann bei einem **set**-Aufruf mehrmals angegeben werden

Beschreibung:

Das Kommando **set** kann recht vielseitig verwendet werden:

- Zum Einschalten von Optionen: *-option* oder **-o** *optname*.
- Zum Ausschalten von Optionen: *+option* oder **+o** *optname*.
- Zum expliziten Setzen der Positionsparameter mit der Angabe von *argument(e)*.
- Zum Zuweisen von Werten an eine Array-Variable. Dazu muß **"A** *name* und *argument(e)* angegeben sein.
- Zum Sortieren der Positionsparameter oder der angegebenen *argument(e)*. Dazu muß die Option **-s** verwendet werden.
- Zum Löschen der Positionsparameter. Dazu muß
  set --
  aufgerufen werden.
- Zum Auflisten der Werte und Namen aller momentan definierten Shell-Variablen. Dazu muß **set** alleine (ohne Angabe von *optionen* oder *argument(e)*) aufgerufen werden.
- Zum Auflisten des momentanen Zustands aller Optionen (ein- oder ausgeschaltet). Dazu muß
  set -o
  aufgerufen werden.

Optionen von set

Optionen	Bedeutung
-a	(**allexport**) markiert die Shell-Variablen, die verändert oder neu angelegt werden, für den Export.
-e	(**errexit**) wenn ein Kommando in einem Shell-Skript nicht erfolgreich ausgeführt werden kann, dann wird zunächst ein eventuell zu **ERR** installierter Signalhandler ausgeführt und danach sofort die Ausführung des Shell-Skripts beendet. Während des Lesens von *.profile* oder der Environment-Datei wird diese Option von der **ksh** ignoriert.
-f	(**noglob**) schaltet die Dateinamen-Expandierung aus: Metazeichen wie * ? [werden als einfache Zeichen ohne Sonderbedeutung behandelt.

Optionen	Bedeutung
-h	(**trackall**) bewirkt, daß für jedes aufgerufene Kommando automatisch ein sogenanntes Tracked Alias mit dem gleichen Namen wie das betreffende Kommando definiert wird. Diesem Alias wird dann als Wert der Pfadname des entsprechenden Kommandos zugewiesen, um bei einem weiteren Aufruf ein erneutes Durchsuchen der **PATH**-Directories nach diesen Kommandonamen zu vermeiden. Diese Option wird bei nicht interaktiven Shells automatisch eingeschaltet.
-k	(**keyword**) bewirkt, daß alle Shell-Variablen an die Umgebung (*environment*) eines Kommandos übergeben werden. Normalerweise werden Variablen-Zuweisungen nur dann an aufgerufene Kommandos übergeben, wenn sie beim Aufruf vor dem Kommandonamen angegeben sind[111].
-m	(**monitor**) Hintergrund-Jobs werden in einer eigenen Prozeß-Gruppe ausgeführt. Die Beendigung des jeweiligen Hintergrund-Jobs wird dabei immer mit dessen exit-Status gemeldet. Diese Option wird auf Systemen, die über Job-Kontrolle verfügen, automatisch für interaktive Shells eingeschaltet.
-n	(**noexec**) Kommandos aus einem Shell-Skript werden nur gelesen und auf Syntaxfehler untersucht, aber nicht ausgeführt. Eine interaktive **ksh** ignoriert diese Option.
-o *optname*	Für *optname* kann dabei folgendes angegeben werden: **allexport** entspricht **-a** **bgnice** alle Hintergrund-Jobs werden mit einer niedrigeren Priorität ausgeführt **errexit** entspricht **-e** **emacs** schaltet built in-Editor **emacs** ein **gmacs** schaltet built in-Editor **gmacs** ein **ignoreeof** Eine interaktive **ksh** kann nur mit **exit** (nicht mit *Ctrl*-**d**) verlassen werden. **keyword** entspricht **-k** **markdirs** An alle Directory-Namen, welche aus Dateinamen-Expandierung resultieren, wird ein Slash / angehängt.

---

[111] Diese Option wurde nur aus Gründen der Kompatibilität zur Bourne-Shell in die **ksh** übernommen. Eventuell wird diese Option in späteren **ksh**-Versionen auch wieder entfernt.

Optionen	Bedeutung
-o *optname*	Für *optname* kann dabei folgendes angegeben werden: **monitor** entspricht **-m** **noclobber** Bei Angabe des Umlenkungsoperators > werden existierende Dateien nicht überschrieben. Ein Überschreiben von existierenden Dateien ist in diesem Fall nur mit dem Umlenkungsoperator >l möglich. Diese Option ist nur auf **ksh**-Versionen verfügbar, die nach dem 3.6.1986 freigegeben wurden. **noexec** entspricht **-n** **noglob** entspricht **-f** **nolog** Funktionsdefinitionen werden nicht in der History-Datei gespeichert. Diese Option ist nur auf **ksh**-Versionen verfügbar, die nach dem 3.6.1986 freigegeben wurden. **nounset** entspricht **-u** **privileged** entspricht **-p** (**ksh**-Versionen nach 3.6.1986) **protected** entspricht **-p** (**ksh**-Version vom 3.6.1986) **trackall** entspricht **-h** **verbose** entspricht **-v** **vi** schaltet den built in-Editor **vi** ein **viraw** Jedes eingegebene Zeichen wird so interpretiert, als ob es im **vi**-Modus eingegeben wurde. **xtrace** entspricht **-x**
-p	Diese Option, welche für Systemadministratoren von Interesse sein kann, hat unterschiedliche Bedeutungen auf den einzelnen **ksh**-Versionen: **privileged** (**ksh**-Versionen nach 3.6.1986) Wenn ausgeschaltet, so wird die effektive UID auf die reale UID und die effektive GID auf die reale GID gesetzt. Wenn eingeschaltet, dann werden die effektive UID und GID wieder auf die Werte gesetzt, die vorlagen, als die **ksh** aufgerufen wurde.

Optionen	Bedeutung
-p (Forts.)	**privileged** ist immer dann eingeschaltet, wenn die effektive UID nicht gleich der realen UID oder die effektive GID nicht gleich der realen GID ist. Wenn **privileged** eingeschaltet ist, dann gilt: ▪ *$HOME/.profile* kann nicht ausgeführt werden. ▪ Anstelle der über **ENV** festgelegten Environment-Datei wird die Datei */etc/suid_profile* gelesen. Der Systemadministrator kann diese Datei benutzen, um beispielsweise die **PATH**-Variable zurückzusetzen. **protected** (**ksh**-Version vom 3.6.1986) Wird automatisch eingeschaltet, wenn die effektive UID nicht der realen UID oder die effektive GID nicht der realen GID ist. Wenn **protected** eingeschaltet ist, dann gilt: ▪ *$HOME/.profile* kann nicht ausgeführt werden. ▪ die **PATH**-Variable wird auf ihren default-Wert zurückgesetzt. ▪ Anstelle der über **ENV** festgelegten Environment-Datei wird die Datei */etc/suid_profile* gelesen. Der Systemadministrator kann diese Datei benutzen, um beispielsweise die **PATH**-Variable zurückzusetzen.
-s	bewirkt, daß die Positionsparameter bzw. die angegebenen *argument(e)* sortiert werden. Beim Aufruf einer **ksh** hat diese Option jedoch eine andere Bedeutung[112].
-t	Nach dem Lesen und der Ausführung eines Kommandos wird die entsprechende **ksh** beendet.
-u	(**nounset**) Ein Zugriff auf eine nicht gesetzte Shell-Variable wird als Fehler gewertet. Ohne diese Option setzt die Shell üblicherweise die leere Zeichenkette für eine solche Variable ein.
-v	(**verbose**) bewirkt, daß alle Shell-Eingabezeilen - so wie sie gelesen werden - ausgegeben werden. Erst nach dieser Ausgabe wird das entsprechende Kommando ausgeführt.

---

[112] siehe Kapitel 5.26.2.

Optionen	Bedeutung
-x	(**xtrace**) bewirkt, daß jedes einfache Kommando unmittelbar vor seiner Ausführung (nach Parametersubstitution, Kommandosubstitution und die Dateinamen-Expandierung) auf der Standardfehlerausgabe angezeigt wird. Vor dieser Kommandozeile wird dabei noch der Inhalt der Shellvariablen **PS4**[113] angegeben. Erst nach dieser Ausgabe wird die betreffende Kommandozeile ausgeführt.
-	(Minuszeichen) schaltet zunächst die beiden Optionen **-x** und **-v** aus und behandelt den Rest der Kommandozeile als normale Argumente, selbst wenn diese mit - (Minus) beginnen.
--	(doppeltes Minuszeichen) hat keine Auswirkung auf die Optionen. Wenn nach -- keine weiteren Argumente angegeben sind, so werden die Positionsparameter gelöscht.

Allgemein gilt, daß die Optionenangabe immer dann als abgeschlossen gilt, wenn ein Argument, das nicht mit + oder - beginnt, oder ein einfaches bzw. doppeltes Minuszeichen vorkommt.

Folgen also nach einem - oder -- weitere Argumente, so werden diese immer als normale Argumente gewertet, selbst wenn sie mit einem - (Minus) beginnen. Um also den Positionsparameter **$1** mit einem String zu besetzen, der mit - (Minus) beginnt, muß - bzw. -- verwendet werden, z.B.

```
$ set  —  -a⏎
$ echo $1⏎
-a
$
```

Optionen, die ein Benutzer immer automatisch einschalten lassen möchte, sollten üblicherweise in *$HOME/.profile* oder in der Environment-Datei gesetzt werden[114].

Der automatische Parameter **$-** enthält die gesetzten Optionen für die momentan aktive Shell. Mit dem Aufruf

echo $-

können diese gerade gesetzten Optionen ausgegeben werden.

---

[113] die Variable **PS4** (siehe Kapitel 5.8.2) ist nur auf **ksh**-Versionen verfügbar, die nach dem 3.6.1986 freigegeben wurden. Frühere **ksh**-Versionen geben anstelle von **PS4** das Zeichen + (wie die Bourne-Shell) aus.

[114] siehe Kapitel 5.27.

Die Angabe

±A *name*[115]

muß benutzt werden, wenn einem Array *name* die *argument(e)* als Werte zugewiesen werden sollen. Falls zusätzlich noch die Option **-s** angegeben ist, werden diese Werte vor der Zuweisung noch sortiert. Soll der alte Inhalt des Arrays *name* vor der Zuweisung zuerst gelöscht werden, muß

−A *name*

und ansonsten

+A *name*

angegeben werden.

Der exit-Status des **set**-Kommandos ist immer 0 (erfolgreich).

Beispiele

```
$ set -o emacs -o trackall⏎
$ set -o⏎
Current option settings
allexport       off
bgnice          on
emacs           on
errexit         off
gmacs           off
ignoreeof       off
interactive     on
keyword         off
markdirs        off
monitor         on
noexec          off
noclobber       off
noglob          off
nolog           off
nounset         off
privileged      off
restricted      off
trackall        on
verbose         off
vi              off
viraw           off
xtrace          off
$ set -o | grep ignore⏎
ignoreeof       off
```

---

[115] nur auf **ksh**-Versionen verfügbar, die nach dem 3.6.1986 freigegeben wurden.

```
$ set eins zwei drei⏎
$ echo $*⏎
eins zwei drei
$ set —⏎                    [Alle Positionsparameter löschen]
$ echo $*⏎

$ echo $-⏎
ismh
$ set -o noglob -o ignoreeof⏎
$ echo $-⏎
isfmh
$ set⏎
    :
ENV=/user1/egon/.ksh_env
ERRNO=0
FCEDIT=/bin/ed
FPATH=/user1/egon/flib
HOME=/user1/egon
HZ=60
IFS=

LINENO=1
LOGNAME=egon
MAIL=/usr/spool/mail/egon
MAILCHECK=600
OLDPWD=/user1/egon
OPTIND=0
PATH=/bin:/usr/bin:.
PPID=1
PS1=!>$PWD:
PS2=>
PS3=#?
PS4=Zeile $LINENO:
PWD=/user1/egon/kshueb
RANDOM=30326
SECONDS=5088
SHELL=/bin/ksh
TERM=ansi
TMOUT=0
TZ=MET-1MESZ,M3.5.0,M9.5.0/03
_=set
from=}; _from
$ set -s mueller zeppelin aachen berta⏎
$ echo $*⏎
aachen berta mueller zeppelin
$ ls a*⏎
a*
```

Die Korn-Shell

```
$ set +o noglob⏎
$ ls a*⏎
a*
abc
abc2
add
addiere.c
ausgab
$ set +A zahl null eins zwei drei⏎
$ echo ${zahl[2]}⏎
zwei
$ set +A zahl zero one⏎
$ echo ${zahl[0]} ${zahl[2]}⏎
zero zwei
$ set -A zahl zero one⏎
$ echo ${zahl[0]} ${zahl[2]}⏎
zero
$ set eins zwei gsuffa⏎
$ a=""⏎
$ set $a⏎       [resultiert in einem set-Aufruf ohne Argumente]
                :
                [Ausgabe aller momentan definierten Shell-Variablen]
                [und -Funktionen]
                :
$ echo $1⏎
eins
$ set - $a⏎
$ echo $1⏎
eins
$
```

Um für die Argumente eines Funktionsaufrufs die Dateinamen-Expandierung auszuschalten, ist folgende Vorgehensweise empfehlenswert:

```
alias funktionsname='set -o noglob; _funktionsname'
function _funktionsname
{
    trap 'set +o noglob' EXIT
    ........
}
```

Beispiel

Die nachfolgenden Deklarationen und Definitionen könnten in der Environment-Datei (**$ENV**) eingetragen werden:

```
$ cat $ENV ⏎
      :
      :
typeset -fx _pot
alias pot='set -o noglob; _pot'

function _pot
{
    trap 'set +o noglob' EXIT
    if [[ $# -ne 2 ]]
    then  echo "usage: $0 operand potenz" >&2
          return 1
    fi

    integer op=$1 pot=$2 ergeb=1 i=1
    if isnum $op && isnum $pot
    then
        while ((i<=pot))
        do    ergeb=ergeb*op
              i=i+1
        done
        print $ergeb
    else
        echo "Nur Integer-Zahlen erlaubt" >&2
        return 1
    fi
}
$ . $ENV ⏎       [Neue Definitionen aus Env.-Datei der ksh bekannt machen]
$ pot 2 10 ⏎
1024
$ ls a*c ⏎
abc
addiere.c
$ a=5  c=4 ⏎
$ _pot a*c 2 ⏎          [Bei _pot wird Dateinamen-Exp. nicht ausgeschaltet]
usage: _pot operand potenz
$ pot a*c 2 ⏎
400
$ pot 123456  0 ⏎
1
$ pot  5  -3 ⏎
Nur Integer-Zahlen erlaubt
$
```

Die Korn-Shell

5.24.4 Die built in-Kommandos times und ulimit

Die beiden letzten noch nicht besprochenen built in-Kommandos, welche sich von der Bourne-Shell unterscheiden, sind **times** und **ulimit**:

times

Das Kommando **times**[116] gibt die bisher verbrauchte CPU-Zeit der momentan aktiven **ksh** aus; zusätzlich gibt **times** noch die verbrauchte CPU-Zeit aller Sohnprozesse aus, die von dieser **ksh** gestartet wurden.

Es werden dabei zwei Zeilen auf die Standardausgabe geschrieben:

1. Zeile: **ksh**–Zeiten
2. Zeile: Zeiten der Sohnprozesse

Pro Zeile werden dabei zwei Zeiten ausgegeben:

1.Zeit   (user) gebrauchte CPU-Zeit im Benutzermodus
2.Zeit   (sys) gebrauchte CPU-Zeit im Systemmodus (z.B. bei der Ausführung von Systemroutinen)

Der exit-Status des Kommandos **times** ist immer 0 (erfolgreich).

Beispiele

```
$ times↵
0m3.50s 0m2.18s
0m1.06s 0m2.18s
$ ksh↵
$ times↵
0m0.41s 0m0.26s
0m0.00s 0m0.00s
$ exit↵
$ times↵
0m3.53s 0m2.25s
0m1.48s 0m2.46s
$ { find / –name "*.c" –print 2>&– | wc –l; times; }↵
    1263
0m3.55s 0m2.30s
0m3.65s 0m19.65s
$
```

---

[116] **times** verfügt über keinerlei Argumente.

ulimit

Das built in-Kommando **ulimit** der **ksh** unterscheidet sich von dem der Bourne-Shell dadurch, daß es die Angabe von Optionen zuläßt.

Mit **ulimit** ist es möglich, Limits für Systemressourcen (wie z.B. Dateien, Datensegment, Stacksegment oder CPU-Zeit) festzulegen oder sich die momentan gesetzten Limits dafür anzeigen zu lassen. Die entsprechenden Limits gelten dabei für die aktuelle **ksh** und für jeden Sohnprozeß, der von dieser Shell gestartet wird.

Die Aufrufsyntax für **ulimit** ist:

`ulimit [-acdfmpst] [n]`[117]

Ist *n* angegeben, so wird damit ein Limit für die entsprechende Systemressource festgelegt. Für *n* kann ein beliebiger arithmetischer Ausdruck oder **unlimited** (unbegrenzt) angegeben werden.

Ist *n* nicht angegeben, so wird das momentan festgelegte Limit für die entsprechende Systemressource ausgegeben.

Welcher maximale Limit-Wert festgesetzt werden kann, ist von System zu System verschieden. Zudem ist es auch nicht auf jedem System möglich, alle nachfolgend angegebenen Optionen zu benutzen:

Option	Bedeutung
-a	(*all*) Alle momentan gültigen Limits anzeigen
-c	(*core*) Limit für sogenannte *core dumps* auf *n* Blöcke festlegen
-d	(*data segment*) Limit für das Datensegment auf *n* Kilobytes festlegen
-f	(*file*) Limit für Dateien, die beschrieben werden, auf *n* Blöcke festlegen[118]
-m	(*memory*) Limit für den physikalischen Hauptspeicher, der von diesem Prozeß oder seinen Sohnprozessen benutzt werden darf, auf *n* Kilobytes festlegen
-p	(*pipe*) Limit für eine Pipe auf *n* Bytes festlegen
-s	(*stack segment*) Limit für das Stacksegment auf *n* Kilobytes festlegen
-t	(*time*) Limit für die CPU-Zeit auf *n* Sekunden festlegen

---

[117] Die hier angegebenen Optionen werden nicht von allen **ksh**-Versionen angeboten.
[118] Für zu lesende Dateien gibt es keine Größenbegrenzung.

Falls keine Option angegeben ist, so entspricht dies der Angabe der Option **-f**.

Der exit-Status des Kommandos **ulimit** ist immer 0 (erfolgreich).

Beispiele
```
$ ulimit -f 500 ⏎
$ ulimit -f ⏎
500
$ ulimit ⏎
500
$
```

5.24.5 Zusammenfassung der built in-Kommandos

Hier werden nun alle built in-Kommandos der **ksh** nochmals zusammengefasst. Dabei wird eine kurze Beschreibung gegeben. Eine vollständige Beschreibung der jeweiligen built in-Kommandos kann im Anhang nachgeschlagen werden:

Die Korn-Shell verfügt über folgende built in-Kommandos:

Kommando	Wirkung
#	Kommentar-Kommando
: [*argument(e)*]	Null-Kommando:
. *kdodatei* [*argument(e)*]	Punkt-Kommando: liest die Kommandos in *kdodatei* und führt sie in der aktuellen Shell aus.
alias [**-tx**] [*name*[=*wert*] ...]	Definieren bzw. Anzeigen von Aliasen:
bg [*job(s)*]	Ausführung von angehaltenen *job(s)* im Hintergrund fortsetzen
break [*n*]	Verlassen einer bzw. von n umschließenden **for**-, **while**-, **until**- oder **select**-Schleifen
cd [*directory*]	Wechseln in ein anderes working directory
cd *altstring neustring*	Wechseln in ein anderes working directory
continue [*n*]	Abbrechen eines bzw. von n **for**-, **while**-, **until**-oder **select**-Schleifendurchläufen
echo [**-n**] [*argument(e)*]	Ausgeben der angegebenen argument(e) auf die Standardausgabe.
eval [*argument(e)*]	Ausführen der *argument(e)* als Kommandos

Kommando	Wirkung
exec [*argument(e)*]	Überlagern der Shell mit einem Kommando
exit [*n*]	Beenden der momentan aktiven Shell
export [*variable*[=*wert*]]	Exportieren von Shell-Variablen
fc -e - [*alt=neu*] [*kommando*]	Erneutes Ausführen zuvor eingegebener Kommandozeilen
fc [**-e** *editor*] [**-nlr**] [*von* [*bis*]]	Auflisten zuvor eingegebener Kommandozeilen
fg [*job(s)*]	Ausführung von Hintergrund-*job(s)* im Vordergrund fortsetzen
getopts *optstring name* [*argument(e)*]	Auswerten der Optionen in einem Shell-Skript
jobs [**-lp**] [*job(s)*]	Ausgeben von Informationen zu *job(s)*
kill [*-signal*] *job(s)*	Signale an Jobs schicken
kill -l	Signalnamen mit Nummern auflisten
let *argument(e)*	Auswerten von arithmetischen Ausdrücken
newgrp [-] [*gruppenname*]	Wechseln der Gruppenzugehörigkeit
print [**-Rnprsu**[*n*]] [*argument(e)*]	Ausgeben auf die Standardausgabe
pwd	Ausgeben des working directorys
read [**-prsu**[*n*]] [*variable(n)*]	Lesen einer Eingabezeile von der Standardeingabe
readonly [*variable*[=*wert*]]	Shell-Variablen als "nur lesbar" kennzeichnen
return [*n*]	Verlassen einer Funktion
set [**"aefhkmnopstuvx-**] [**"o** *optname*] ...[**"A** *name*] [*argument(e)*)][119]	Ein- bzw. Ausschalten von **ksh**-Optionen oder Setzen bzw. Löschen von Positionsparametern.
shift [*n*]	Verschieben der Werte von Positionsparametern

---

[119] [**"o** *optname*] kann bei einem **set**-Aufruf mehrmals angegeben werden.

Kommando	Wirkung
test [*ausdr*]	Auswerten des Ausdrucks *ausdr*: Anstelle von **test** *ausdr* kann auch [*ausdr*] angegeben werden. ksh-Versionen, die nach dem 3.6.1986 freigegeben wurden, bieten das Kommando [[...]] an und machen somit das Kommando **test** bzw. [..] überflüssig.
times	Anzeigen der bisher von der aktuellen Shell verbrauchten CPU-Zeit (Benutzer- und Systemzeit).
trap [*argument*] [*signalnummer(n)*]	Installieren bzw. Auflisten von Signalhandlern.
typeset "f[tux] [*name(n)*]	Ein-/Ausschalten bzw. Anzeigen von Attributen für Funktionen
typeset ["HLRZilrtux[*n*]] [*variable*[=*wert*]] ...	Ein-/Ausschalten bzw. Anzeigen von Attributen für Variablen
ulimit [-acdfmpst] [*n*]	Festlegen bzw. Auflisten von Limits für Systemressourcen
umask [*3-stellige-oktalzahl*]	Setzen bzw. Ausgeben der Dateikreierungs-Maske
unalias *name(n)*	Löschen der Aliase *name(n)*
unset [**-f**] *name(n)*	Entfernen von Shell-Variablen oder Shell-Funktionen
wait [*job(s)*]	Warten auf die Beendigung von Jobs
whence [**-v**] *name(n)*	Lokalisieren bzw. Klassifizieren eines Kommandos

Vordefinierte Aliase

Die von der **ksh** vordefinierten Aliase sind zwar eigentlich keine built in-Kommandos, aber da sie fast alle (bis auf **nohup**) nur Aliase für bestimmte Aufrufformen von built in-Kommandos sind, werden sie hier nochmals alle zusammengefasst:

```
autoload     (typeset -fu)
echo         (print -)[120]
false        (let 0)
functions    (typeset -f)
hash         (alias -t)
history      (fc -l)
integer      (typeset -i)
nohup        (nohup )
r            (fc -e -)
true         (:)
type         (whence -v)
```

Auf manchen **ksh**-Versionen sind auch noch die folgenden Aliase bereits vordefiniert:

```
stop         (kill -STOP )
suspend      (kill -STOP $$)
```

5.25 Die Abarbeitung von Kommandozeilen

Die Abarbeitung von Kommandozeilen ist für die **ksh** wesentlich genauer festgelegt als für die Bourne-Shell. Allerdings gilt auch hier die Einschränkung, daß es sich nur um einen Vorschlag der beiden Erfinder der Korn-Shell handelt, und sich nicht jedes System zwingend an diese Reihenfolge halten muß. Nach dieser Vorgabe werden Kommandozeilen von der **ksh** in drei Schritten abgearbeitet.

Im ersten Schritt liest die **ksh** die Kommandozeile und zerteilt diese in einzelne Token. Sie bestimmt dann, ob es sich dabei um ein einfaches Kommando handelt oder nicht. So kann sie feststellen, wieviel sie lesen muß.

Im zweiten Schritt expandiert die **ksh** die Kommandozeile und im dritten Schritt führt sie diese aus. Programmiersprach-Konstrukte wie die **while**-Schleife werden dabei bei jedem Schleifendurchlauf neu expandiert und ausgeführt.

Erster Schritt: Lesen von Kommandos

1.1 - Zerlegen der Kommandozeile in einzelne Token.

Ein Token ist dabei:

- Ein- bzw. Ausgabeumlenkungs-Operator
- Neuezeile-Zeichen

---

[120] Auf der neuesten ksh-Version vom 16.11.1988 ist echo ein built in-Kommando.

- Reserviertes Wort:
  ```
  if      then     else    elif    fi
  case    esac
  for     while    until   do      done
  {    }
  select  in
  function
  time
  [[    ]]
  ```
  [121]

- Bezeichner

- Wort

- Hier-Dokument

Wenn die **ksh** erkennen kann, daß ein Token noch unvollständig ist, und es wurde bereits ⏎ gedrückt, dann gibt die **ksh** den Sekundär-Promptstring aus **PS2** aus, um anzuzeigen, daß das Token noch unvollständig ist:

```
$ print "Hallo⏎
> egon"⏎
Hallo
egon
$
```

Während des Zerteilens einer Kommandozeile in einzelne Token führt die **ksh** Alias-Substitution aus (siehe Schritt 1.4):

```
$ alias text='Hallo \'⏎
$ alias d="print "⏎
$ d text⏎
> egon⏎
Hallo egon
$
```

1.2 - Festlegen des Kommandotyps.

Wenn das erste Token eines der folgenden reservierten Wörter ist, dann muß die **ksh** weitere Zeilen lesen, bis sie das Ende dieses Kommandos gefunden hat:

```
{ case for function if until select time while ( (( [[
```

Wenn das erste Token einer Kommandozeile eines der folgenden Wörter ist und die **ksh** ist nicht interaktiv, so gibt sie eine Fehlermeldung aus und beendet sich:

---

[121] nur auf **ksh**-Versionen nach dem 3.6.1986 verfügbar.

- eines der reservierten Wörter
  do done elif else esac fi in then }]]

- eines der Konstrukte | || & && ; ;; |&

Jedes andere Token am Anfang einer Zeile legt fest, daß es sich um ein einfaches Kommando handelt.

1.3 - Lesen von einfachen Kommandos

Die **ksh** liest alle Token bis zu einem der folgenden Konstrukte als einfache Kommandos:

; | & || && |& *Neuzeile-Zeichen*

Die **ksh** teilt dabei die gelesenen Token in drei Klassen ein:

- Ein-/Ausgabeumlenkungs-Anweisungen

- Variablen-Zuweisungen[122]

- Kommando-Wörter (Kommandoname und Kommando-Argumente)
  Die **ksh** überprüft dabei, ob das erste Kommando-Wort ein Alias ist (siehe Schritt 1.4)

1.4 - Alias-Substitution

Für jedes einfache Kommando prüft die **ksh** das erste Wort (Kommandoname), um dieses eventuell als Alias zu klassifizieren. Wenn keinerlei Quoting in diesem Wort vorkommt und das Wort ein erlaubter Alias-Name ist, der nicht mit **-t** markiert wurde, dann setzt die **ksh** für den Alias, falls definiert, den entsprechenden Alias-Text ein. Falls im Alias-Text der Alias-Name selbst nochmals vorkommt, so wird dieser nicht erneut substituiert. Kommt im Alias-Text dagegen ein anderer Alias-Name vor, so wird auf **ksh**-Versionen nach dem 3.6.1986 auch dieser substituiert.

Normalerweise wird die Alias-Substitution nur für das erste Wort eines einfachen Kommandos durchgeführt. Endet jedoch ein Alias-Text mit einem Leer- oder Tabulatorzeichen, dann wird auch noch für das nachfolgende Wort Alias-Substitution durchgeführt.

1.5 - Tilde-Expandierung

Nachdem die **ksh** die Alias-Substitution durchgeführt hat, prüft sie jedes Wort in der Kommandozeile, ob es eventuell mit ~ (engl. *tilde*) beginnt. Ist ein solches Wort vorhanden, dann führt sie für dieses Wort vom Anfang bis zum nächsten Vorkommen von / bzw. bis zum Ende die sogenannte *Tilde-Expandierung* durch:

---

[122] Falls die Option **keyword** ausgeschaltet ist, werden nach dem Kommandonamen angegebene Zuweisungen nicht als solche, sondern als Kommando-Wörter klassifiziert; siehe Kapitel 5.24.3.

Text	Tilde-Expandierung (wird ersetzt durch)
~	$HOME
~+	$PWD
~-	$OLDPWD
~*loginname*	$HOME vom Benutzer *loginname*
~*anderer-text*	keine Ersetzung

Hinweis

Bei Variablenzuweisungen führt die **ksh** Tilde-Expandierung durch, wenn ~ am Anfang des entsprechenden Werts (unmittelbar nach dem Gleichheitszeichen) angegeben ist. **ksh**-Versionen vom 3.6.1986 und frühere führten Tilde-Expandierungen sogar nach jedem : (Doppelpunkt) in einem Wert einer Variablenzuweisung durch.

Beispiele

```
$ pwd↵
/user1/egon/kshueb
$ alias d='print '↵
$ alias e=~emil↵
$ d e↵
/user1/emil
$
```

Der zweite Schritt: Expandieren der Kommandozeile

Vor der Ausführung untersucht die **ksh** jedes Token, um daraus die endgültige Kommandozeile zu formen. Die **ksh** führt dabei von links nach rechts Kommando- und Parametersubstitution für jedes entsprechende Wort durch. Danach zerteilt sie die so entstandene Kommandozeile in einzelne Wörter, für welche dann noch eventuell Dateinamen-Expandierung durchgeführt wird. Das Entfernen von Quoting-Zeichen geschieht bei diesem Schritt zuletzt.

Die nachfolgende Tabelle zeigt, was für die drei einzelnen Klassen von Token, die in Schritt 1.3 vorgestellt wurden, von der **ksh** durchgeführt wird:

	Ein-/Ausg.-Umlenkung	Variablen-Zuweisung	Kommando-Wort
Lesen von Kommandos			
Alias-Subst.	-	-	1)
Tilde-Expand.	+	2)	+
Expandierung von Kommandos			
Kommandosubst.	+ 3)	+	+
Parametersubst.	+ 3)	+	+
Zerlegen in einzelne Worte	-	-	4)
Dateinamen-Exp.	5)	-	+ 6)
Entfernen von Quotingzeichen	+	+	+

Dabei bedeutet im einzelnen:

- wird nicht durchgeführt

+ wird durchgeführt

1) wird für das erste Wort durchgeführt. Wenn der Alias-Text mit einem Leer- oder Tabulatorzeichen endet, dann wird Alias-Substitution auch für das nächste Wort durchgeführt, usw.

2) nach = und versionsabhängig nach jedem :

3) außer nach << und <<-

4) wird nur für Wörter durchgeführt, die aus Kommando- oder Parametersubstitution entstanden.

5) wird nur durchgeführt, wenn die Dateinamen-Expandierung einen eindeutigen Pfadnamen liefert.

6) wird nur durchgeführt, wenn die Option **noglob** nicht eingeschaltet ist.

2.1 - Kommandosubstitution

Die **ksh** überprüft jedes Wort, ob es mit $(..) (neue Kommandosubstitution) oder mit `..` (alte Kommandosubstitution) geklammert ist. Wenn dies zutrifft, dann führt die **ksh** folgendes aus:

- Bei der alten Kommandosubstitution werden die Kommandos in `..` ausgeführt, wobei die Quoting-Regeln aus Kapitel 5.10 gelten.
- Bei der neuen Kommandosubstitution wird das Kommando in $(..) ausgeführt.

$(..) oder **`..`** wird dann von der **ksh** durch die Ausgabe der darin enthaltenen Kommandos ersetzt, wobei Neuezeile-Zeichen durch Leerzeichen ersetzt werden. Für diese Ausgabe wird jedoch keine Parameter- oder Kommandosubstitution durchgeführt.

Wenn eine Kommandosubstitution in ".." angegeben ist, dann wird auch keine Aufteilung in einzelne Wörter und keine Dateinamen-Expandierung durchgeführt.

Es ist noch darauf hinzuweisen, daß die Kommandos in einer Kommandosubstitution in einer eigenen Subshell-Umgebung (nicht einer wirklichen Subshell) durchgeführt werden und somit nicht die Umgebung der aktuellen Shell verändern, z.B. ändert **$(cd)** nicht das working directory der aktuellen Shell.

Beispiele
```
$ a=10 ⏎
$ echo $(echo $a) ⏎
10
$ echo $(echo '$a') ⏎
$a
$ pwd ⏎
/user1/egon/kshueb
$ echo $(cd;pwd) ⏎
/user1/egon
$ pwd ⏎
/user1/egon/kshueb
$ echo $$ ⏎
254
$ echo $(echo $$) ⏎
254
$
```

2.2 - Parametersubstitution

Wenn ein angegebener Parameter (Variable) noch nicht definiert ist, und die Option **nounset** ist gesetzt, wird eine Fehlermeldung auf die Standardfehlerausgabe ausgegeben. Wenn dieser Fehler innerhalb eines Skripts auftritt, so wird das entsprechende Shell-Skript mit einem exit-Status verschieden von 0 beendet.

Falls die Parametersubstitution innerhalb von ".." durchgeführt wird, dann wird nach der Substitution keine Aufteilung in Wörter und keine Dateinamen-Expandierung durchgeführt.

2.3 - Zerlegen der (aus den ersten beiden Schritten 2.1 und 2.2 entstandenen) Kommandozeile in einzelne Worte

Die **ksh** zerteilt die aus Kommando- und Parametersubstitution entstandene Zeile in einzelne Wörter. Die Trennzeichen für die Wörter sind dabei in der Shellvariablen **IFS** festgelegt.

```
$ IFS=":"⏎
$ var="a:b"⏎
$ set a:b $var "$var"⏎        [a:b ist ein Token fuer die ksh]
> for i⏎
> do    print "$i"⏎
> done⏎
a:b
a
b
a:b
$
```

2.4 - Expandierung von Dateinamen

Wenn die Option **noglob** nicht gesetzt ist, wird jedes einzelne Wort nach den Zeichen * ? und [durchsucht. Wenn eines dieser Zeichen in einem Wort gefunden wird, dann wird dieses Wort als *pattern* betrachtet, welches eine Vielzahl von Dateinamen abdecken kann. Jedes in der Kommandozeile gefundene pattern wird dann von der Shell expandiert, d.h. durch alle Dateinamen ersetzt[123], die es abdeckt. Wenn kein Dateiname gefunden werden kann, den ein vorgegebenes pattern abdeckt, so wird das entsprechende pattern nicht expandiert und bleibt somit unverändert. Zur Expandierung stehen folgende Metazeichen zur Verfügung:

Metazeichen	Bedeutung
*	eine beliebige Zeichenfolge
?	ein beliebiges einzelnes Zeichen
[..]	eines der in [..] angebenenen Zeichen
[!..]	ein Zeichen, welches nicht in [!..] angegeben ist

In **ksh**-Versionen, die nach dem 3.6.1986 freigegeben wurden, können noch folgende *pattern*-Konstruktionen angegeben werden:

---

[123] alphabetisch sortiert

pattern	Bedeutung
?(pattern[| pattern]...)	deckt kein oder ein Vorkommen der angegebenen *pattern* ab.
*(pattern[| pattern]...)	deckt kein, ein oder mehrere Vorkommen der angegebenen *pattern* ab.
+(pattern[| pattern]...)	deckt ein oder mehrere Vorkommen der angegebenen *pattern* ab.
@(pattern[| pattern]...)	deckt genau ein Vorkommen der angegebenen *pattern* ab.
!(pattern[| pattern]...)	deckt die Strings ab, die durch keines der angegebenen *pattern* abgedeckt werden.

2.5 - Entfernen von Quoting

Die Quoting-Zeichen \, " und ' werden von der **ksh** entfernt. Quoting-Zeichen, die erst durch die Schritte 2.1 und 2.2 entstanden sind, werden dabei jedoch nicht entfernt.

Während eine mit "" bzw. '' geklammerte leere Zeichenkette als ein eigenes Wort interpretiert wird, gilt dies nicht für leere Zeichenketten, die ungeklammert sind.

Beispiele

```
$ x='"'  y=""⏎
$ print "'Hallo'"  ${x}egon${x}⏎
'Hallo' "egon"
$ set "$y" $y⏎
$ print $#⏎
1
$ cat argausg⏎
echo "Die Parameterzahl ist $#"
echo "Inhalt von \$1 ist [$1]"
echo "Inhalt von \$2 ist [$2]"
echo "Inhalt von \$3 ist [$3]"
echo "Inhalt von \$4 ist [$4]"
$ chmod u+x argausg⏎
$ LEER=⏎
$ argausg "Leere Argumente" '' "" "$LEER"⏎
Die Parameterzahl ist 4
Inhalt von $1 ist [Leere Argumente]
Inhalt von $2 ist []
Inhalt von $3 ist []
Inhalt von $4 ist []
$ argausg  "Leere Argumente"  $LEER     ⏎
```

```
Die Parameterzahl ist 1
Inhalt von $1 ist [Leere Argumente]
Inhalt von $2 ist []
Inhalt von $3 ist []
Inhalt von $4 ist []
$
```

Der dritte Schritt: Ausführen eines Kommandos

Wichtig ist, daß Alias-Substitution bereits vor diesem Schritt durchgeführt wurde.

Von der **ksh** werden in diesem Schritt Überprüfungen in der folgenden Reihenfolge durchgeführt.

3.1 - Kommandoname angegeben ?

Falls kein Kommandoname und somit auch keine Kommandoargumente in einer Kommandozeile vorkommen, so handelt es sich bei dieser Zeile um eine

- Variablen-Zuweisung oder um

- Ein-/Ausgabe-Umlenkungen

Die **ksh** führt dabei die Variablen-Zuweisung in der aktuellen Shell aus. Ein-/Ausgabe-Umlenkungen dagegen werden in einer eigenen Subshell durchgeführt; deshalb sind in diesem Fall auch nur die beiden Umlenkungs-Operatoren > und >| sinnvoll, um neue Dateien anzulegen.

Während bei den **ksh**-Versionen, die nach dem 3.6.1986 freigegeben wurden, Variablen-Zuweisungen von links nach rechts abgearbeitet wurden, geschieht dies bei früheren **ksh**-Versionen dagegen von rechts nach links.
Der exit-Status einer solchen Kommandozeile ist 0, wenn sie erfolgreich durchgeführt werden konnte und ansonsten 1. Falls eine Ein-/Ausgabe-Umlenkung innerhalb eines Skripts oder einer Funktion nicht erfolgreich durchgeführt werden kann, wird die Ausführung des Skripts oder der Funktion beendet.

3.2 - Kommandoname beginnt mit / ?

Wenn der Kommandoname mit / beginnt, dann führt die **ksh** das über den absoluten Pfadnamen festgelegte Programm aus.

3.3 - Reserviertes Wort ?

Wenn es sich bei einem Kommandonamen um ein reserviertes Wort handelt[124], das eine Konstruktion einleitet, die sich über mehrere Zeilen erstrecken kann (wie

---

[124] siehe Kapitel 5.16.

z.B. **while** oder **for**), dann liest die **ksh** solange weitere Zeilen ein, bis sie das Kommando-Ende erkennt.

3.4 - Built in-Kommando ?

Die **ksh** führt built in-Kommandos in der momentanen Shellumgebung aus. Falls jedoch Ein-/Ausgabe-Umlenkungen angegeben sind, so gelten diese außer bei **exec** immer nur für das jeweilige built in-Kommando und nicht für die aktuelle Shellumgebung. Wird dagegen **exec** mit Ein-/Ausgabe-Umlenkungen, aber ohne sonstige Argumente aufgerufen, so werden diese Umlenkungen für die aktuelle Shell ausgewertet.

Die **ksh** führt für die folgenden built in-Kommandos eine spezielle Bearbeitung durch:

```
.   :   alias   break   continue   eval   exec   exit   export
newgrp   readonly   return   shift   times   trap   typeset   wait
```

- Variablenzuweisungen werden vor den Ein-/Ausgabe-Umlenkungen ausgewertet, wobei diese Zuweisungen in der aktuellen **ksh** durchgeführt werden, so daß sie auch noch nach Beendigung des built in-Kommandos gelten.

- Treten Fehler bei der Ausführung eines der obigen built in-Kommandos in einem Shell-Skript auf, so wird die Skript-Ausführung beendet.

3.5 - Funktion ?

Wenn ein Kommando kein built in-Kommando ist, so prüft die **ksh** als nächstes, ob es sich um eine Funktion handelt. Ein-/Ausgabe-Umlenkungen, welche bei einem Funktionsaufruf angegeben sind, gelten nur für die Funktion und nicht für die aktuelle Shell. Ein-/Ausgabe-Umlenkungen, die innerhalb einer Funktion mit **exec** vorgenommen werden, haben auch keine Auswirkung auf die aktuelle Shell, sondern nur auf die Funktion.

Die entsprechende Funktion wird in der aktuellen **ksh** ausgeführt; d.h. es wird keine eigene Subshell gestartet. Trotzdem gelten gewisse Konstrukte nur für die Dauer der Funktionsausführung.

Folgendes wird sowohl von der aktuellen **ksh** als auch von einer Funktion gemeinsam benutzt:

- Werte und Attribute von Variablen, außer bei Verwendung von **typeset** innerhalb einer Funktion.
- working directory
- Aliase und Funktionsdefinitionen

- Signalhandler, außer für **EXIT** und **ERR**. Signalhandler werden jedoch nur bei der **ksh**-Version vom 3.6.1986 und früheren Versionen an Funktionen vererbt.
- automatische Parameter

Folgendes wird nicht gemeinsam von der aktuellen Shell und einer Funktion benutzt:

- Positionsparameter und der automatische Parameter # (Anzahl von Positionsparametern)
- Variablenzuweisungen beim Aufruf einer Funktion
- Shell-Optionen
- Signal-Handler. Jedoch gilt hier einschränkend, daß Signale, die von der Shell ignoriert werden, auch von einer Funktion ignoriert werden, und daß auf der **ksh**-Version vom 3.6.1986 und früheren Versionen in der aktuellen Shell installierte Signal-Handler (außer **EXIT** und **ERR**) an Funktionen vererbt werden.

3.6 - Tracked Alias

Ähnlich der Bourne-Shell verwendet die **ksh** ein "hashing"-Verfahren, um sich an einmal gefundene Kommandos auch später wieder erinnern zu können, ohne wieder von neuem die **PATH**-Directories durchsuchen zu müssen; dazu bedient sie sich sogenannter *Tracked Aliase* (Aliase, die mit **-t** markiert sind).

Die **ksh** generiert für ein einmal aufgerufenes Kommando automatisch ein Tracked Alias. Ein solches Tracked Alias, wird allerdings nur dann generiert, wenn die Option **trackall** eingeschaltet ist, und noch kein gleichnamiges Alias existiert. Einem Tracked Alias wird dann als Wert der Pfadname des entsprechenden Kommandos zugewiesen.

Hinweis

Alle momentan definierten Tracked Aliase können mit **alias -t** angezeigt werden. Der Wert eines Tracked Alias wird undefiniert, wenn der Inhalt der Variablen **PATH** geändert wird; das Alias selbst bleibt ein Tracked Alias, dessen Wert erst wieder beim Aufruf des betreffenden Kommandos gesetzt wird.

3.7 - Programm ?

Die **ksh** durchsucht die in **PATH** angegebenen Directories nach den Programmnamen (Kommandonamen) und führt das zugehörige Programm, wenn es existiert und ausführbar ist, in einer eigenen Subshell aus. Ein-/Ausgabe-Umlenkungen und Variablen-Zuweisungen gelten dabei nur für das Programm und nicht für die aktuelle **ksh**.

Die Korn-Shell

Wenn die Option **trackall** eingeschaltet ist, so definiert die **ksh** für den Programmnamen automatisch einen Tracked Alias, dem sie als Wert den absoluten Pfadnamen dieses Programms zuweist.

Kann das Programm bei der Suche in den **PATH**-Directories nicht gefunden werden oder fehlen die Ausführrechte für dieses Programm, dann meldet die **ksh** dies auf der Standardfehlerausgabe.

Hinweis

Um festzustellen, welches Kommando (bzw. Programm) von der **ksh** ausgeführt wird, kann das built in-Kommando **whence -v** bzw. das vordefinierte Alias **type** verwendet werden.

Beispiel

```
$ set -o trackall
$ pwd
/user1/egon/kshueb
$ x=for
$ type x
x is an alias for for
$ x i in 1 2 3
> do  echo $i
> done
1
2
3
$ type cd
cd is a shell builtin
$ alias cd=ls
$ type cd
cd is an alias for ls
$ cd b*
basisname
bname
$ unalias cd
$ type cd
cd is a shell builtin
$ type autoload
autoload is an exported alias for typeset -fu
$ type isnum
isnum is an undefined function
$ type zaehle
zaehle is a function
$ type ls
ls is a tracked alias for /bin/ls
```

```
$ alias ls=cat⏎
$ type ls⏎
ls is an alias for cat
$ unalias ls⏎
$ type ls⏎
ls is /bin/ls
$ type add⏎
add is /user1/egon/kshueb/./add
$ type liste⏎
liste not found
$
```

5.26 Aufrufsyntax und Umgebung der ksh

In diesem Kapitel wird zunächst die Umgebung (engl. *environment*) einer **ksh** beschrieben, bevor auf die Bearbeitungs-Schritte eingegangen wird, die von der **ksh** durchgeführt werden, wenn eine **ksh** interaktiv, ein **ksh**-Skript oder eine **ksh**-Funktion aufgerufen werden. Zudem werden hier noch die speziellen Umgebungen für Login-Shells, eingeschränkte Shells, Shell-Skripts, Subshells und Shell-Funktionen vorgestellt.

5.26.1 Umgebung

Die Umgebung einer interaktiven **ksh**, eines **ksh**-Skripts oder einer **ksh**-Funktion setzt sich zusammen aus:

- offenen Dateien
- working directory
- Dateikreierungs-Maske
- Ressourcen, welche mit **ulimit** festgelegt werden können
- Signal-Handler
- Shell-Variablen mit ihren Werten und Attributen
- Aliase
- Funktionen
- gesetzte Optionen

5.26.2 Aufruf einer ksh

Eine **ksh** kann entweder explizit oder implizit über ein Shell-Skript aufgerufen werden. Jedenfalls bewirkt jeder Aufruf einer **ksh**, daß hierfür ein neuer Sohnprozeß gestartet wird. Die Umgebung dieses Sohnprozesses wird dabei in der folgenden Reihenfolge festgelegt:

- Vererbung der Umgebung des Vaterprozesses
- Setzen der Positionsparameter
- Setzen von Optionen
- Lesen und Ausführen der Environment-Datei
- Öffnen bzw. Anlegen einer History-Datei

Vererbung

Die Umgebung des **ksh**-Sohnprozesses wird zunächst generiert, indem gewisse Elemente aus der Umgebung des Vaterprozesses kopiert (vererbt) werden.

Kopiert werden dabei

- Dateideskriptoren der offenen Dateien
- Zugriffsrechte für Dateien und Prozesse
- working directory
- Dateikreierungs-Maske
- Limits für System-Ressourcen
- ignorierte Signale
- Für nicht-ignorierte Signale wird die vorgestellte Signalbehandlung installiert. Für diese Signale kann dann jedoch der Sohnprozeß eigene Signal-Handler installieren.
- Shellvariablen (außer **IFS**) mit ihren Werten und Attributen, für die das **export**-Attribut gesetzt ist. Während bei der **ksh**-Version vom 3.6.1986 und früheren Versionen das **export**-Attribut mit übernommen wird und auch die Variable **IFS** vererbt wird, gilt dies nicht bei späteren **ksh**-Versionen.

Nicht kopiert werden dagegen:

- Alias- und Funktionsdefinitionen. Sogar zum Export markierte Aliase und Funktionen werden nicht vererbt. Um sie einem Sohnprozeß verfügbar zu machen, müßten sie in der Environment-Datei angegeben werden.

- gesetzte Optionen werden nicht direkt vererbt. Jedoch können Optionen beim Aufruf angegeben werden.

Positionsparameter

Wenn außer Optionen keine weiteren Argumente angegeben sind, so besetzt die **ksh** den Positionsparameter 0 mit "ksh", andernfalls weist sie dem Positionsparameter 0 das erste Argument zu, das keine Option ist.

```
$ ksh⏎
$ echo $0⏎
ksh
$ exit⏎
$ cat ausgab⏎
echo Das erste Argument ist $1
echo Das zweite Argument ist $2
echo Der Skriptname ist $0
$ ksh ausgab one two⏎
Das erste Argument ist one
Das zweite Argument ist two
Der Skriptname ist ausgab
$
```

Setzen von Optionen

Die mögliche Aufrufsyntax für die **ksh** ist[125]:

```
ksh   [±aefhikmnoprtuvx-]   [±o optname]...   [argument(e)]
ksh   [±aefhikmnoprtuvx-]   [±o optname]...   [-c argument]
ksh   [±aefhikmnoprtuvx-]   [±o optname]...   [-s] [argument(e)]
```

Alle beim built in-Kommando **set** vorgestellten Optionen können auch beim direkten Aufruf der **ksh** angegeben werden; diese Optionen gelten dann für die Subshell, die durch **ksh** kreiert wird. Die bei **set** erlaubten Optionen werden hier nochmals kurz zusammengefasst:

Optionen	Bedeutung
-a	(**-o allexport**) automatischer Export für Shell-Variablen.
-e	(**-o errexit**) Subshell verlassen, wenn ein Kommando nicht erfolgreich ausgeführt werden kann.
-f	(**-o noglob**) keine Dateinamen-Expandierung.

---

[125] [*"o optname*] kann bei einem **ksh**-Aufruf öfters angegeben werden

Optionen	Bedeutung
-h	(-o trackall) Für alle aufgerufenen Kommandos wird automatisch ein Tracked Alias definiert.
-k	(-o keyword) alle Variablen-Zuweisungen auf der Kommandozeile gelten für die Umgebung des aufgerufenen Kommandos.
-m	(-o monitor) Job-Kontrolle einschalten.
-n	(-o noexec) Kommandos aus einem Shell-Skript nur lesen und auf Syntaxfehler untersuchen, aber nicht ausführen.
-o *optname*	Für *optname* kann neben den bei den Optionen bereits erwähnten Optionsnamen noch folgendes angegeben werden:
	bgnice — alle Hintergrund-Jobs mit einer niedrigeren Priorität ausführen.
	emacs — schaltet built in-Editor **emacs** ein
	gmacs — schaltet built in-Editor **gmacs** ein
	ignoreeof — Eine interaktive **ksh** kann nur mit **exit** (nicht mit *Ctrl*-**d**) verlassen werden.
	markdirs — An alle Directory-Namen, welche aus Dateinamen-Expandierung resultieren, einen Slash / anhängen.
	noclobber — Bei > werden existierende Dateien nicht überschrieben.
	nolog — Funktionsdefinitionen nicht in der History-Datei speichern.
	vi — schaltet den built in-Editor **vi** ein
	viraw — Jedes eingegebene Zeichen wird so interpretiert, als ob es im **vi**-Moduseingegeben wurde.
-p	Diese Option hat unterschiedliche Bedeutungen auf den einzelnen **ksh**-Versionen: (-o privileged) **ksh**-Versionen nach 3.6.1986 (-o protected) **ksh**-Version vom 3.6.1986
-t	Nur ein Kommando ausführen.
-u	(-o nounset) Zugriff auf nicht gesetzte Shell-Variablen als Fehler werten.
-v	(-o verbose) alle Shell-Eingabezeilen - so wie sie gelesen werden - ausgeben.
-x	(-o xtrace) jedes einfache Kommando unmittelbar vor seiner Ausführung (nach Parametersubstitution, Kommandosubstitution und Dateinamen-Expandierung) auf Standardfehlerausgabe anzeigen.

Optionen	Bedeutung
-	(Minuszeichen) schaltet zunächst die beiden Optionen **-x** und **-v** aus und behandelt den Rest der Kommandozeile als normale Argumente, selbst wenn diese mit **-** (Minus) beginnen.
--	(doppeltes Minuszeichen) hat keine Auswirkung auf die Optionen. Wenn nach **--** keine weiteren Argumente angegeben sind, so werden die Positionsparameter gelöscht.

Allgemein gilt, daß die Optionenangabe immer dann als abgeschlossen gilt, wenn ein Argument, das nicht mit **+** oder **-** beginnt, oder ein einfaches bzw. doppeltes Minuszeichen vorkommt.

Folgen also nach **-** oder **--** weitere Argumente, so werden diese immer als normale Argumente gewertet, selbst wenn sie mit einem **-** (Minus) beginnen. Um also den Positionsparameter **$1** mit einem String zu besetzen, der mit **-** (Minus) beginnt, muß **-** bzw. **--** verwendet werden, z.B.

```
$ set -- -o xtrace↵
$ echo $1↵
-o
$ echo $2↵
xtrace
$
```

Optionen, die ein Benutzer immer automatisch einschalten lassen möchte, sollten üblicherweise in *$HOME/.profile* oder in der Environment-Datei gesetzt werden.

Der automatische Parameter **$-** enthält die gesetzten Optionen für die momentan aktive Shell:

```
$ echo $-↵
ismh
$
```

Um sich den Zustand aller Optionen anzeigen zu lassen, müßte

set -o

aufgerufen werden. In diesem Fall werden alle Optionsnamen mit ihrem Zustand (*on* oder *off*) angezeigt.

Zusätzlich können bei einem **ksh**-Aufruf noch die folgenden Optionen angegeben werden:

Die Korn-Shell

Optionen	Bedeutung
-c *argument*	Die als *argument* angegebene Kommandoliste wird gelesen und ausgeführt; z.B: **ksh -c 'ls	wc -l'** gibt die Anzahl von Dateien im working directory aus.
-s [*argument(e)*]	bewirkt, daß eine interaktive Subshell gestartet wird, die Kommandos von der Standardeingabe liest. Wenn *argument(e)* angegeben sind, dann werden diese der Subshell als Positionsparameter übergeben. Ausgaben der Subshell werden in die mit Dateideskriptor 2 spezifizierte Datei (Standardfehlerausgabe) geschrieben. Diese Option wird automatisch eingeschaltet, wenn die Option -c nicht angegeben ist. Falls die Option -c angegeben ist, so wird die Option -s ignoriert. Beispiel $ **pwd**⏎ /user1/egon/kshueb $ **ksh —s egon $(pwd)** ⏎ $ **echo "Hallo, $1"** ⏎ Hallo, egon⏎ $ **echo $2**⏎ /user1/egon/kshueb $ **exit**⏎ $
-i	macht die Shell interaktiv, d.h. daß die Standardeingabe und die beiden Ausgabekanäle auf die Dialogstation eingestellt sind. Zudem gilt: ■ das Signal **TERM** wird in dieser Shell ignoriert. ■ das Signal **INT** wird abgefangen und bewirkt den Abbruch des momentan ausgeführten Kommandos, aber nicht der Shell.
-r	die entsprechende Shell wird als "*restricted Shell*" (eingeschränkte Shell) aufgerufen.

Die **ksh** schaltet bis auf einige Ausnahmen alle nicht explizit eingeschalteten Optionen aus. Die Ausnahmen sind dabei:

- Die **ksh** schaltet automatisch die Option **interactive** ein, wenn außer Optionen keine anderen Argumente angegeben sind; die Standardeingabe und die Standardausgabe werden auf die Dialogstation eingestellt.
- Die **ksh** schaltet die Option **trackall** ein, wenn sie nicht interaktiv ist.

- Die **ksh** schaltet die Option **monitor** ein, wenn die Option **interactive** eingeschaltet ist und das System über eine Job-Kontrolle verfügt.

- Die **ksh** schaltet abhängig vom Inhalt der beiden Variablen **EDITOR** und **VISUAL** einen der built in-Editoren **emacs**, **gmacs** oder **vi** ein.

- **ksh**-Versionen, die nach dem 3.6.1986 freigegeben wurden, schalten automatisch die Option **bgnice** ein.

- Die **ksh** schaltet die Option **restricted** ein, wenn die Variable **SHELL** oder der Dateiname der aufgerufenen **ksh** ein "r" enthält.

- Die **ksh** schaltet die Option **protected** ein, wenn die effektive UID des Prozesses nicht gleich der realen UID bzw. die effektive GID nicht gleich der realen GID des Prozesses ist. Die Option **protected** ist jedoch nur auf der **ksh**-Version vom 3.6.1986 verfügbar.

Lesen und Ausführen der Environment-Datei

Wenn die Option **privileged**

- ausgeschaltet ist, dann liest die **ksh** beim Aufruf die Environment-Datei, welche über die Variable **ENV** festgelegt ist, und führt die darin enthaltenen Kommandos aus.

- eingeschaltet ist, dann liest die **ksh** die Datei */etc/suid_profile*, wenn diese existiert, und führt die darin enthaltenen Kommandos aus.

Um Funktionsdefinitionen und/oder Alias-Definitionen auch für andere **ksh**-Aufrufe zur Verfügung zu stellen, muß wie folgt vorgegangen werden:

- Alias- und Funktionsdefinitionen in die Environment-Datei schreiben.

- Die entsprechenden Aliase und Funktionen zum Export markieren.

- Der Variable **ENV** den Pfadnamen der Environment-Datei zuweisen.

- **ENV** für den Export markieren.

Alle Alias- und Funktionsdefinitionen, für die nicht das **export**-Attribut gesetzt ist, werden bei nicht-interaktiven Shells entfernt.

Anlegen bzw. Öffnen der History-Datei

Für interaktive Shells eröffnet bzw. kreiert die **ksh** die History-Datei[126] entweder beim ersten Lesen einer Funktionsdefinition (wenn die Option **nolog** nicht eingeschaltet ist) oder nachdem die Environment-Datei vollständig gelesen und ausgeführt ist, je nachdem, was zuerst zutrifft.

5.26.3 Login-Shells

Die Login-Prozedur ruft die Korn-Shell mit

`exec -ksh`

auf. Das Minuszeichen - bewirkt, daß eine Login-Shell gestartet wird. Eine Login-Shell unterscheidet sich von einer normalen Shell nur in den folgenden Punkten:

- Es können beim Aufruf außer Optionen keine Argumente angegeben werden.
- Es werden zuerst die einzelnen Kommandos aus der Datei */etc/profile* gelesen und ausgeführt, wenn diese Datei existiert.
- Wenn die Option **privileged** nicht eingeschaltet ist, dann werden die einzelnen Kommandos aus der Datei **$HOME**/.*profile* gelesen und ausgeführt, wenn diese Datei existiert.

5.26.4 Restricted Shells

Die Umgebung einer eingeschränkten **ksh** (engl. *restricted shell*) ist sehr stark gegenüber der Umgebung einer normalen Shell limitiert. So kann folgendes in einer restricted **ksh** nicht durchgeführt werden:

- Wechseln des working directorys
- Verändern der Werte der Shellvariablen **SHELL**, **ENV** und **PATH**
- Aufruf eines Kommandos über einen Pfadnamen, in dem / vorkommt.
- Umlenken der Ausgabe mit >, >|, <> oder >>.

Während des Lesens und der Ausführung der Datei *.profile* und der Environment-Datei gelten diese Einschränkungen für eine restricted **ksh** nicht.

Wenn eine restricted **ksh** ein Shell-Skript ausführt, dann findet die Ausführung dieses Shell-Skripts in einer normalen, nicht eingeschränkten Shell-Umgebung statt.

---

[126] Der Name dieser Datei kann über die Variable **HISTFILE** festgelegt werden. Falls diese Variable **HISTFILE** nicht gesetzt ist, verwendet die **ksh** die Datei $HOME/.sh_history als History-Datei.

5.26.5 Shell-Skripts

Ein **ksh**-Skript kann auf zwei verschiedene Arten aufgerufen werden:

ksh *skriptname* ... (1)
skriptname (2)

Bei der Aufrufform (2) findet anders als in der Bourne-Shell kein neuer Aufruf von **ksh** statt. Ausnahmen dazu werden im nächsten Kapitel bei den Subshells gezeigt. Zudem ist die zweite Aufrufform auch schneller als die erste. Außerdem werden bei der Aufrufform (2) die für den Export markierten Funktionen, Aliase und Arrays an das Skript vererbt.

Ein Shell-Skript wird üblicherweise immer dann durch einen neuen Aufruf von **ksh** ausgeführt, wenn:

- es Leserecht, aber kein Ausführrecht besitzt.

- das *setuid-* oder *setgid-* Bit gesetzt ist.

- die erste Zeile mit **#!** beginnt, und danach der Pfadname für eine bestimmte **ksh** angegeben ist; dieser Pfadname legt dann das **ksh**-Programm fest, welches dieses Skript ausführen soll. Diese Möglichkeit ist jedoch nicht auf allen Systemen verfügbar.

Wenn ein Skript nicht durch einen neuen Aufruf von **ksh** zur Ausführung gebracht wird, so gilt:

- Die Environment-Datei wird nicht gelesen und nicht ausgeführt.

- Die History-Datei wird nicht vererbt.

- Zum Export markierte Aliase, Funktionen und Arrays werden vererbt. Alle anderen Aliase, Funktionen und Arrays werden nicht vererbt.

- Variablen-Attribute werden vererbt. Auf **ksh**-Versionen, die nach dem 3.6.1986 freigegeben wurden, werden Variablen-Attribute auch bei einem eigenen **ksh**-Aufruf vererbt.

Beispiel
```
$ alias -x dir=ls⏎
$ cat 1st⏎
dir b*
$ ksh 1st⏎
1st: dir:  not found     [exportiertes Alias dir wurde nicht vererbt]
$ chmod u+x 1st⏎
```

```
$ lst⏎            [Bei dieser Aufrufform wird das Alias dir vererbt]
basisname
bname
$
```

Ein Shell-Skript wird solange ausgeführt, bis

- alle seine Kommandos ausgeführt sind, oder

- **exit** ausgeführt wird, oder

- **return** außerhalb einer Funktion ausgeführt wird, oder

- **exec** mit einem Argument ausgeführt wird; in diesem Fall wird das Shell-Skript durch das bei **exec** angegebene Programm überlagert, oder

- ein Fehler bei bestimmten built in-Kommandos[127] auftritt, oder

- ein Signal eintrifft, das nicht ignoriert wird oder für das kein eigener Signal-Handler installiert wurde, oder

- ein Kommando einen exit-Status verschieden von 0 liefert, wenn die Option **errexit** eingeschaltet ist und kein Signal-Handler für **ERR** installiert ist.

5.26.6 Subshells

Eine Subshell ist ein Sohnprozeß zur Vatershell. Bei der Kreierung einer Subshell wird die Umgebung des Vaterprozesses kopiert. Änderungen, welche an der Umgebung einer Subshell vorgenommen werden, haben somit keinen Einfluß auf die Umgebung der Vatershell.

Die **ksh** kreiert eine Subshell bei

- Kommandoklammerung: **(***kdoliste***)**

- Ko-Prozessen

- Hintergrund-Prozessen

- einer Pipeline für jedes Element, außer für das letzte. Auf **ksh**-Versionen vom 3.6.1986 und früheren Versionen wurde auch für das letzte Element einer Pipeline eine Subshell gestartet.

- einem neuen Aufruf einer **ksh**

---

[127] siehe Schritt 3.4) in Kapitel 5.25.

5.26.7 Shell-Funktionen

ksh-Funktionen teilen sich ihre Umgebung bis auf die folgenden Ausnahmen mit dem aufrufenden Prozeß:

- Variablen-Zuweisungen, die beim Funktionsaufruf angegeben sind.
- gesetzte Optionen
- Variablen, die in der Funktion mit **typeset** deklariert werden.
- Signal-Handler. Auf der **ksh**-Version vom 3.6.1986 und früheren Versionen teilen sich die Funktionen die einzelnen Signal-Handler (außer für **EXIT**) mit dem Aufrufer.

5.27 Einrichten einer persönlichen Arbeitsumgebung

Hier wird anhand von Beispielen gezeigt, wie ein Benutzer seine persönliche Arbeitsumgebung den eigenen Anforderungen anpassen kann. Dazu werden Beispiele zu einem möglichen Aussehen der Datei *.profile* und der Environment-Datei gegeben. Danach werden noch einmal alle bisher erarbeiteten und auch noch einige neue **autoload**-Funktionen vorgestellt, bevor dann Hinweise gegeben werden, wie die Ablaufgeschwindigkeit von Skripts oder Funktionen verbessert werden kann.

5.27.1 Die Datei .profile

Wenn ein Benutzer sich am System anmeldet, so startet die login-Prozedur die **ksh**[128] mit *-ksh*; dieses führende Minuszeichen zeigt an, daß es sich um eine Login-Shell handelt. Deshalb führt diese Shell dann auch zuerst die Datei */etc/profile*, wenn existent, und dann die Datei *$HOME/.profile* aus.

Die Datei *.profile* (im home directory) wird üblicherweise verwendet, um

- Variablen zu setzen und zu exportieren, welche von vielen Programmen verwendet werden. Ein typisches Beispiel für eine solche Variable ist **TERM**.
- nützliche Optionen (wie **trackall**, **ignoreeof**, usw.) für die Login-Shell immer automatisch einschalten zu lassen.

---

[128] wenn diese vom Systemadministrator als Login-Shell eingetragen ist; die Login-Shell jedes einzelnen Benutzers ist in der Datei */etc/passwd* angegeben.

Die Korn-Shell

■ Aktionen festzulegen, die immer am Anfang oder Ende einer UNIX-Sitzung durchzuführen sind, wie z.B. Einbau eines automatischen Erinnerungs-Service oder beim Beenden der UNIX-Sitzung das working directory für das nächste Anmelden merken (**trap '...' EXIT**).

Im nachfolgenden wird nun ein Beispiel für das Aussehen einer *.profile*-Datei für die **ksh** gegeben. Dabei handelt es sich lediglich um einen Vorschlag. Jeder Benutzer kann diese Datei dann seinen eigenen Bedürfnissen anpassen:

```
#————————————————————————————————————————
#    Beispiel fuer ein login .profile in der KornShell
#————————————————————————————————————————

#.... Setzen und Exportieren von Variablen .........
#..................................................
export PATH=/bin:/usr/bin:.
export ENV=$HOME/.ksh_env
export SHELL=/bin/ksh
export FPATH=$HOME/flib
export HISTSIZE=150
export MAIL=/usr/spool/mail/$LOGNAME
export MAILPATH=~uucp/mail:$MAIL
export MAILCHECK=100
export EDITOR=$(whence vi)
export TERM=ansi
export CDPATH=":$HOME:/usr:/user1/graphgruppe"
export PS3='Deine Wahl: '
export PS4='Zeile $LINENO: '
export PS1='!>$PWD: '

   # Andere beliebte Angaben fuer PS1 sind:
   #    work. dir. immer nur relativ zur home dir.
   #    ausgeben ——> kein ueberlanger Prompt
   #        PS1='!>${PWD#$HOME/}: '
   #
   #    Aktuelle Tageszeit anzeigen
   #        export SECONDS="$(date '+3600*%H+60*%M+%S')"
   #        typeset -Z2 _std _min
   #        _st="(SECONDS/3600)%24"
   #        _mi="(SECONDS/60)%60"
   #        _z='${_x[(_min=_mi)==(_std=_st)]}$_std:$_min'
   #        PS1='($_z)"'$PWD: '

#.... Setzen von nuetzlichen Optionen .............
#..................................................
set -o trackall -o ignoreeof -o nolog
```

```
#.... Terminal mit eigenen Tasten belegen .........
#................................................
stty  susp '^z'

#.... Automatischer Erinnerungs-Service ............
#................................................
calendar

#.... Ausfuehren der Kommandos aus .logout .........
#................................................
. $HOME/.logout

#.... Beim Abmelden Kommandos fuer das naechste ....
#.... Anmelden in .logout hinterlegen ..............
#................................................
function abmeld
{
  echo echo Letzte Abmeldung: $(date)
  echo 'echo "\n—— Heute ist $(date) ——"'
  echo echo —— working directory: $PWD ——
  echo cd $PWD
}
trap 'abmeld >$HOME/.logout; exit'  EXIT
```

5.27.2 Die Environment-Datei

Immer wenn die **ksh** aufgerufen wird, führt sie die Kommandos der Environment-Datei aus. Der Name der Environment-Datei ist in der Variablen **ENV** gespeichert. Die Environment-Datei wird üblicherweise benutzt, um

- Aliase und Funktionen (einschließlich **autoload**-Funktionen) automatisch für die Login-Shell und für Subshells definieren zu lassen.

- bestimmte Optionen für alle **ksh**-Aufrufe automatisch setzen zu lassen.

- variablen automatisch für alle möglichen **ksh**-Aufrufe setzen zu lassen.

Da jeder Aufruf der **ksh** das Lesen und Ausführen der Environment-Datei impliziert, ist es empfehlenswert, diese Datei nicht zu überladen, um somit eine bessere Ablaufgeschwindigkeit für **ksh**-Aufrufe zu erzielen. So ist z.B. nicht ratsam, alle im Laufe der Zeit entwickelten nützlichen Funktionen in der Environment-Datei zu definieren, sondern die weniger häufig gebrauchten Funktionen mit dem **autoload**-Mechanismus bei Notwendigkeit nachdefinieren zu lassen.

Ein mögliches Aussehen für eine Environment-Datei wäre z.B.:

```
$ cat $ENV⏎
#─────────────────────────────────────────────────
#    Beispiel fuer eine Environment-Datei
#─────────────────────────────────────────────────


#..... Alias-Definitionen .......................
#................................................
alias -x repeat='function _repeat {'
alias -x from='}; _from'
alias -x pot='set -o noglob; _pot'
alias -x sh=${SHELL:-/bin/sh}
alias -x suspend='kill -STOP $$'
alias -x stop='kill -STOP '
alias -x cx='chmod u+x'
alias -x h='fc -l'
if [[ -f $(whence more) ]]   # more wird oft anstelle
then    :                    # von pg verwendet.
else    alias -x more=$(whence pg)
fi


#..... autoload-Funktionen ......................
#................................................
autoload isprim      # Primzahl ?
autoload isnum       # Integer-Zahl ?
autoload _pot        # Potenz berechnen
autoload zaehle      # zaehle start ende schrittweite
                     # realisiert einfache for-Schleife
autoload _from       # fuer Realisierung einer
                     # repeat-Schleife
autoload substr      # substr string pos [zahl]
                     # schneidet aus string ab Position
                     # 'pos' einen Teilstring mit 'zahl'
                     # Zeichen bzw. Reststring heraus


#..... Setzen von Optionen ......................
#................................................
set -o trackall -o ignoreeof -o nolog


#..... Funktions-Definitionen ...................
#................................................
typeset -xf dirs pushd popd ll
```

```
function dirs
{   print - "${PWD};$DS"
}

function pushd
{   DS="$PWD;$DS"
    cd $1
    dirs
}

function popd
{   if [ "$DS" ]
    then
        cd ${DS%%\;*}
        DS=${DS#*\;}
        dirs
    else
        echo "Stack ist leer"
    fi
}

function ll
{
    typeset i    # Lokale Variable
    set -o markdirs
    if [[ $# = 1 && -d $1 ]]
    then  cd "$1"
          trap 'cd $OLDPWD' EXIT
          set --
    fi
    PS3=         # es wird keine interaktive Eingabe
                 # erwartet.
    select i in ${@-*}   # Ausgabe aller Dateien mit
    do :                 # Numerierung
    done </dev/null 2>&1
}
```
$. $ENV⏎
$ pwd⏎
/user1/egon/kshueb
$ ll⏎
 1) a*   15) diriname   29) pruef
 2) a.out   16) eingabe   30) ps.txt
 3) abc   17) einles   31) rechne
 4) abc2   18) fiba   32) selecttest
 5) add   19) hanoi   33) seltext
 6) addiere.c   20) hexz   34) stdio.h

```
 7) argausg           21) homedir          35) sum_ungerad
 8) ausgab            22) kexpr            36) teiler
 9) basisname         23) logfile          37) teiler.txt
10) bname             24) lotto            38) teiler1.txt
11) ccvi              25) lst              39) vonhinten
12) core              26) mein_cd          40) wartmsg
13) cph               27) neudat           41) zaehle.txt
14) datanal           28) num              42) zufall
$
```

5.27.3 Autoload-Funktionen

Eine **autoload**-Funktion wird erst dann definiert, wenn sie zum erstenmal aufgerufen wird. Dies hat den Vorteil, daß die **ksh** keine Zeit mit dem Lesen von Funktionsdefinitionen vergeudet, die niemals aufgerufen werden. Beim ersten Aufruf durchsucht die **ksh** die in der Shellvariablen **FPATH** enthaltenen Directories nach einem Dateinamen, welcher der Name der aufgerufenen Funktion ist. Findet die **ksh** die gleichnamige Datei, so liest sie zunächst den Inhalt dieser Datei und führt dann die entsprechende Funktion aus.

Im nachfolgenden werden nun einige nützliche **autoload**-Funktionen gegeben, die in den gleichnamigen Dateien im "Funktionen-Directory" (hier: /user1/egon/flib) untergebracht sind.

Bis auf die Funktion **substr** wurden alle hier vorgestellten Funktionen bereits in den vorhergehenden Kapiteln entworfen. Sie werden hier zum Zwecke der Wiederholung nochmals alle angegeben:

```
$ echo $FPATH⏎
/user1/egon/flib
$ cd⏎
$ cd flib⏎
$ pwd⏎
/user1/egon/flib
$ cat _from⏎
#———— _from ——————————————————————
#    realisiert Schleifen wie
#         for i='$1' to '$3' step '$5'
function _from
{   typeset var="${1%%=*}"
    integer incr="${5:-1}" "$1"
    while (($var<=$3))
    do   _repeat
         let $var=$var+incr
    done
}
```

```
$ cat zaehle⏎
#------ zaehle ------------------------------------------
#   realisiert eine einfache for-Schleife:
#       zaehle $1 $2 $3      entspricht
#       for (x=$1 ; x<=$2 ; x=x+$3)
#
function zaehle
{
  integer  start=${1:-1} ende=${2:-10} step=${3:-1}
  integer  i=start
  while ((i<=ende))
  do   print - $i
       i=i+step
  done
}
$ cat isnum⏎
# -- isnum ------------------------------------------------
#   Rueckgabewert: 0 (TRUE), wenn erstes Argument
#                            nur aus Ziffern besteht.
#                  1 (FALSE), ansonsten
function isnum
{   typeset para="$1" zahl=1  # zahl ist boole'sche Var.
    while true
    do   case $para in
            [0-9]*) para=${para#?}
                    zahl=0;;
                "") return $zahl;;
                 *) return 1;;
         esac
    done
}
$ cat isprim⏎
# -- isprim -----------------------------------------------
#
#   Rueckgabewert: 0 (TRUE), wenn erstes Argument
#                            eine Primzahl ist
#                  1 (FALSE), ansonsten
function isprim
{   set -- $(factor $1 2>/dev/null)
    ((rueckgabe=$#-2))   # wenn Primzahl, dann liefert
                         # factor 2 Zahlen
    return $rueckgabe
}
$ cat _pot⏎
#------ _pot ---------------------------------------------
#   realisiert den Potenzoperator
#
```

```
function _pot
{
    trap 'set +o noglob' EXIT
    if [[ $# -ne 2 ]]
    then  echo "usage: $0 operand potenz" >&2
          return 1
    fi

    integer op=$1 pot=$2 ergeb=1 i=1
    if isnum $op && isnum $pot
    then
        while ((i<=pot))
        do    ergeb=ergeb*op
              i=i+1
        done
        print $ergeb
    else
        echo "Nur Integer-Zahlen erlaubt" >&2
        return 1
    fi
}
```
$ **cat breakpoint**⏎
```
#------ breakpoint ------------------------------
#   ermoeglicht interaktive Eingaben beim
#   Debuggen eines Shell-Skripts.
#
function breakpoint
{
    typeset zeile
    while true
    do  echo -n "Zeile $lineno :ksh-dbg>> "
        read -r zeile
        if [[ -z "$zeile" ]]
        then   return
        fi
        eval "$zeile"
    done
}
```
$

Die neue Funktion **substr** liefert einen Substring aus einem vorgegebenen String, der als erstes Argument anzugeben ist. Das zweite Argument legt die Position fest, ab welcher der Substring "herauszuschneiden" ist. Ist auch noch ein drittes Argument angegeben, so legt dies die Zahl der "herauszuschneidenden" Zeichen fest. Ist kein drittes Argument angegeben, so wird ab der angegebenen Position der Rest des Strings als Substring geliefert:

```
$ cat substr⏎
#────── substr ──────────────────────────────
#
#   Aufrufsyntax:   substr $1 $2 [$3]
#       substr liefert einen Substring aus $1.
#       $2 legt dabei die Position fest, ab der dieser
#       Substring "herauszuschneiden" ist.
#       Ist $3 angegeben, so legt dieses die Anzahl der
#       herauszuschneidenden Zeichen fest; fehlt $3, so
#       werden ab $2 alle Zeichen herausgeschnitten.
#
function substr
{
   integer   strlaenge

   if (( $# !=2 && $# != 3 ))
   then   print "usage: $0 string pos [anzahl]" >&2
          exit 1
   fi
   string="$1"
   strlaenge=${#string}
   if isnum $2
   then   integer r_anz
          ((r_anz=strlaenge - $2 + 1))
          typeset -RZ$r_anz substring="$string"
   else   print - "$2 ist keine Integer-Zahl" >&2
          exit 1
   fi

   if (($# == 3))
   then   if isnum $3
          then   typeset -L$3 substring="$substring"
          else   print - "$3 ist keine Integer-Zahl" >&2
                 exit 1
          fi
   fi
   echo "$substring"
}
$ substr Manfred 5⏎
red
$ substr "Helmut Herold" 4 3⏎
mut
$
```

5.27.4 Verbesserte Ablaufgeschwindigkeit für Skripts und Funktionen

Um die Ablaufgeschwingikeit von **ksh**-Skripts oder -Funktionen zu verbessern, sollten die folgenden Ratschläge berücksichtigt werden:

- Wenn möglich, sollten built in-Kommandos verwendet werden. Built in-Kommandos laufen wesentlich schneller ab als andere Programme.
- Funktionen sind langsamer als built in-Kommandos.
- Parametersubstitution, Arithmetische Berechnungen und Dateinamen-Expandierung sollte immer, wenn möglich, anstelle von Kommandosubstitution verwendet werden:

  ```
  $ time echo $(ls)⏎
  ....
  ....

  real    0m0.35s
  user    0m0.20s
  sys     0m0.13s
  $ time echo *⏎
  ....
  ....

  real    0m0.01s
  user    0m0.01s
  sys     0m0.01s
  $
  ```

- Feste Schleifen-Bedingungen sollten vor der Schleife ausgewertet werden, damit nicht bei jedem Schleifendurchlauf eine erneute Auswertung notwendig wird:

  ```
  $ time for i in $(ls)⏎
  >  do   echo $i⏎
  >  done⏎
  .....
  .....

  real    0m0.48s
  user    0m0.26s
  sys     0m0.15s
  $ set - *⏎
  $ time for i⏎
  >  do   echo $i⏎
  >  done⏎
  .....
  ```

```
.....
real    0m0.05s
user    0m0.06s
sys     0m0.00s
$
```

- Es sollte immer **$(<** *datei***)** anstelle von **$(cat** *datei***)** oder `` `cat *datei*` `` verwendet werden.

- {..} sollte (..) vorgezogen werden, da die **ksh** für (..) immer eine Subshell startet. Für {..} startet die **ksh** nur eine Subshell, wenn dies erforderlich ist.

- Umlenkung für eine ganze **for**-, **while**- oder **until**-Schleife ist schneller, als wenn diese Umlenkung bei einzelnen Kommandos in der Schleife angegeben wird:

```
$ time for i in *
>  do   echo $i >tmp
>  done

real    0m0.48s
user    0m0.10s
sys     0m0.40s
$ time for i in *
>  do   echo $i
>  done >tmp

real    0m0.10s
user    0m0.08s
sys     0m0.03s
$
```

- Der Zugriff auf eine Integer-Variable in einem arithmetischen Ausdruck ist schneller als die Verwendung von Parametersubstitution (Voranstellen von $), um auf den Zahlenwert einer Variable ohne das Integer-Attribut zuzugreifen.

5.28 Anwendungsbeispiele

Hier werden zum Teil etwas umfangreichere **ksh**-Skripts vorgestellt, um die vielen Einsatzmöglichkeiten der **ksh**-Konstrukte aufzuzeigen, was auch zur Vertiefung und Wiederholung der wichtigsten **ksh**-Elemente beitragen soll. Außerdem dienen die hier vorgestellten Skripts auch zum Lernen des Umgangs mit bereits vorhandenen Skripts. Eine Fähigkeit, die bei der tagtäglichen Software-Praxis nicht zu unterschätzen ist, da es immer wieder vorkommen wird, daß bereits bestehende Skripts verbessert oder geändert werden müssen.

5.28.1 Das Spiel moo

Das Spiel **moo** ähnelt dem bekannten Spiel "Mastermind". **moo** denkt sich eine vierstellige Zahl, die es zu erraten gilt. Als Regel gilt, daß eine Ziffer nie mehr als einmal in dieser gedachten Zahl vorkommt. Die Ziffer 0 kann wie jede andere Ziffer an jeder beliebiger Stelle vorkommen. Beispiele für erlaubte Zahlen wären also *2791*, *0823*, usw. Nicht erlaubt wären dagegen *2723*, *3889*, usw.

Nach jedem Rateversuch gibt **moo** folgendes aus:

m Bullen; *n* Kuehe
m gibt dabei die Anzahl von richtigen Ziffern an richtigen Positionen und
n gibt die Anzahl von richtigen Ziffern an falschen Positionen an.

```
$ cat moo⏎
#─────────────────────────────────────────────────────
# Spiel moo:   aehnelt dem bekannten Mastermind-Spiel.
#              moo generiert eine 4-stellige Zufallszahl,
#              welche der Spieler dann ermitteln muss.
#              Nach jedem Versuch gibt moo folgendes aus:
#                m Bullen; n Kuehe
#                  m = Anzahl von richtigen Ziffern
#                      an richtigen Positionen
#                  n = Anzahl von richtigen Ziffern
#                      an falschen Positionen
#─────────────────────────────────────────────────────

        #──── Signal-Handler einrichten ────
        #─────────────────────────────────────
trap 'echo -n "gesuchte Zahl war "
      for i in 1 2 3 4
      do   echo -n ${ziffer[i]}
      done; echo; exit' HUP INT QUIT TERM

        #──── Variablen-Deklarationen ────
        #─────────────────────────────────────
integer bullen kuehe    # Zaehl-Variablen
integer versuche=0      # zaehlt die Versuche
integer ziffer[4]       # 4-stellige Zufallszahl
integer bziffer[4]      # vorgeschlagene Benutzer-Zahl
typeset -L1 zeich       # fuers Zerlegen der eingegeb.
                        # Zahl in einzelne Ziffern
integer i j             # Laufvariablen

        #──── Funktions-Deklarationen ────
        #─────────────────────────────────────
```

```
#.....................................................
# generiert 4-stellige Zufallszahl ins Array ziffer,
# wobei jede Ziffer eindeutig ist.
#    erlaubte Zahlen sind z.B. 0398, 1526, 8463, usw.
#    nicht erlaubte Zahlen sind z.B. 1231, 1022, 8988,...
#.....................................................
function bestimme_zufalls_zahl
{
    ((ziffer[1]=RANDOM % 10))
    for i in 2 3 4
    do   ((ziffer[i]=RANDOM % 10))
         j=1
         while ((j<i))
         do   if ((ziffer[i] == ziffer[j]))
              then  ((ziffer[i]=RANDOM % 10))
                    j=1
              else  j=j+1
              fi
         done
    done
}


#.....................................................
# Eingegebene Benutzerzahl bezueglich
#   Treffern (bullen und kuehe) analysieren
#.....................................................
function zahl_analyse
{
    integer i j
    bullen=0
    for i in 1 2 3 4    # bullen zaehlen
    do   if ((ziffer[i] == bziffer[i]))
         then bullen=bullen+1
         fi
    done
    kuehe=0
    for i in 1 2 3 4
    do   for j in 1 2 3 4
         do   if ((ziffer[i]==bziffer[j]))
              then   kuehe=kuehe+1
              fi
         done
    done
    kuehe=kuehe-bullen
    echo "$bullen Bullen; $kuehe Kuehe\n"
}
```

```
        #—— main ——————————————————
        #————————————————————————————

#... Zufallszahl bestimmen
bestimme_zufalls_zahl

until ((bullen==4))
do
        #... Zahl einlesen und pruefen
      read zahl?"Dein Vorschlag: "
      if [[ $zahl = [0-9][0-9][0-9][0-9] ]]
      then  versuche=versuche+1
      else  echo "ungueltige Zahl" >&2
            continue
      fi
         #... Zahl in Array bziffer speichern
         #... und analysieren
      for i in 1 2 3 4
      do  zeich=$zahl
          bziffer[i]=$zeich
          zahl=${zahl#?}
      done
      zahl_analyse
done
echo "\nDu hast die Zahl nach $versuche Versuchen gefunden"
#————————————————————————————————————
$ cx moo⏎              [cx = Alias für  chmod u+x]
$ moo⏎
Dein Vorschlag: 1234⏎
0 Bullen; 1 Kuehe

Dein Vorschlag: 2345⏎
0 Bullen; 2 Kuehe

Dein Vorschlag: 3467⏎
0 Bullen; 2 Kuehe

Dein Vorschlag: 5673⏎
2 Bullen; 1 Kuehe

Dein Vorschlag: 7835⏎
0 Bullen; 4 Kuehe

Dein Vorschlag: 8573⏎
1 Bullen; 3 Kuehe

Dein Vorschlag: 5783⏎
```

```
4 Bullen; 0 Kuehe


Du hast die Zahl nach 7 Versuchen gefunden
$
```

5.28.2 Realisierung des Kommandos cat

Das nachfolgende Beispiel zeigt eine mögliche Realisierung des Kommandos **cat**.

```
$ cat mcat⏎
#─────────────────────────────────────────────
#       ksh-Version von cat
#
#       urspruengliche Version aus:
#           The KornShell,
#               Morris I. Bolsky, David G.Korn
#       Ein dort enthaltener Fehler ist hier
#       behoben.
#─────────────────────────────────────────────
alias open=exec         # zwecks besserer Lesbarkeit
alias duplicate=exec    # zwecks besserer Lesbarkeit
duplicate 3<&0          # Dateideskr. 0 sichern

if (( $# == 0 ))
then set - -       # - steht fuer Standardeingabe
fi

for i                   # fuer jede Datei
do  if test x"$i" != x  # Datei eroeffnen, wenn noetig
    then if test x"$i" != x-  # - ist Standardeingabe
         then open 0< $i
         else duplicate 0<&3 # verwende Stdeingabe
         fi
    fi
    IFS=
    while read -r zeile
    do   print -r - "$zeile"
    done
done
```

```
$ cx mcat⏎
$ mcat⏎
das ist ein Test⏎
das ist ein Test
Hoffentlich erfolgreich⏎
Hoffentlich erfolgreich
Ctrl-D
$
```

5.28.3 Banner-Ausgabe im Querformat mit qbanner

Während das Kommando **banner** von BSD-Unix den in Spruchbandform auszugebenden Text bereits im Querformat ausgibt, um ihn dann auch auf Endlos-Papier drucken zu lassen, ist dies beim **banner** von System V nicht der Fall. Mit dem nachfolgenden Skript **qbanner** kann auch auf System V eine Querformat-Ausgabe erreicht werden:

```
$ cat qbanner⏎
#————————————————————————————————————————————————
#    qbanner - banner mit Querformat-Ausgabe
#
#————————————————————————————————————————————————

       #—— Cleanup bei Fehler und Ende
       #————————————————————————
trap 'if [[ -f $tmpdat ]]
      then   rm $tmpdat
      fi' ERR   EXIT

       #—— Mindestens ein Argument vorhanden ?
       #————————————————————————————
if [ $# -eq 0 ]
then
   echo "usage: $0 argument(e)"
   exit 1
fi

       #—— Deklarationen und Initialisierung
       #————————————————————————————
integer i=1 j z=1 l laenge[511] m max
typeset -L1 zeich
tmpdat="/tmp/qbanner.$$"

       #—— Banner in temporaere Datei; Dabei werden
       #—— alle Leerz. in Unterstrich umgewandelt und alle
       #—— Nummernzeichen in X umgewandelt, um IFS nicht
       #—— nicht explizit anpassen zu muessen.
```

```
    #-----------------------------------------------------------
banner "$@" | tr " #" "_X" >$tmpdat

    #--- Zeile fuer Zeile aus temporaeren Datei lesen
    #-----------------------------------------------------------
cat $tmpdat |
    while read
    do   zeile[i]="$REPLY"   # im Array zeile speichern
         if ((i%8==0))       # eine Banner-Zeile
                             # = 8 normale Zeilen
         then  max=0
               j=i-7
               while ((j<=i))      # maximale Laenge in
               do   zeil="${zeile[j]}"  # Banner-Zeile
                    laenge[j]=${#zeil}  # bestimmen
                    if ((laenge[j]>max))
                    then max=laenge[j]
                    fi
                    j=j+1
               done
               j=i-7
               while ((j<=i))      # alle Banner-Zeilen
               do   m=laenge[j]    # gleich lang machen
                    while ((m<=max))
                    do    zeile[j]="${zeile[j]}_"
                          m=m+1
                    done
                    j=j+1
               done
         fi
         i=i+1
    done

i=i-1   # i enthaelt die Zeilenzahl

    #--- Ausgeben der Banner-Zeilen im Querformat
    #-----------------------------------------------------------
while ((z<=i))
do
    l=1
    while ((l<=78))
    do   j=z+7
         ausgabe=""
```

```
            while ((j>=z))
            do   x="${zeile[j]}"
                 if [[ -n "$x" ]]
                 then
                       zeich="$x"
                       if [[ "$zeich" = "_" ]]
                       then  ausgabe="$ausgabe       "
                       else  ausgabe="${ausgabe}XXXXX"
                       fi
                       zeile[j]="${x#$zeich}"
                 fi
                 j=j-1
            done
            if [[ -n "$x" ]]
            then  echo "$ausgabe\n$ausgabe\n$ausgabe"
            fi
            l=l+1
      done
      echo "\n\n\n\n"
      z=z+8
done
$ cx qbanner ⏎
$ qbanner Happy Birthday ⏎

       XXXXXXXXXXXXXXXXXXXXXXXXXXXXXXXXXX
       XXXXXXXXXXXXXXXXXXXXXXXXXXXXXXXXXX
       XXXXXXXXXXXXXXXXXXXXXXXXXXXXXXXXXX
                        XXXXX
                        XXXXX
                        XXXXX
                        XXXXX
                        XXXXX
                        XXXXX
                        XXXXX
                        XXXXX
                        XXXXX
                        XXXXX
                        XXXXX
                        XXXXX
                        XXXXX
                        XXXXX
                        XXXXX
       XXXXXXXXXXXXXXXXXXXXXXXXXXXXXXXXXX
       XXXXXXXXXXXXXXXXXXXXXXXXXXXXXXXXXX
       XXXXXXXXXXXXXXXXXXXXXXXXXXXXXXXXXX
```

```
XXXXXXXXXXXXXXXXXXXXXXXXXXX
XXXXXXXXXXXXXXXXXXXXXXXXXXX
XXXXXXXXXXXXXXXXXXXXXXXXXXX
                XXXXX          XXXXX
                XXXXX          XXXXX
                XXXXX          XXXXX
                XXXXX          XXXXX
                XXXXX          XXXXX
                XXXXX          XXXXX
                XXXXX          XXXXX
                XXXXX          XXXXX
                XXXXX          XXXXX
                XXXXX          XXXXX
                XXXXX          XXXXX
                XXXXX          XXXXX
                    XXXXXXXXXX
                    XXXXXXXXXX
                    XXXXXXXXXX




                                XXXXX
                                XXXXX
                                XXXXX
                        XXXXX
                        XXXXX
                        XXXXX
XXXXXXXXXXXXXXXXXXXX
XXXXXXXXXXXXXXXXXXXX
XXXXXXXXXXXXXXXXXXXX
                        XXXXX
                        XXXXX
                        XXXXX
                                XXXXX
                                XXXXX
                                XXXXX
```

```
................
................
................
................
$
```

Mit

qbanner text | lp

könnte die **qbanner**-Ausgabe direkt an den Drucker weitergeleitet werden.

5.28.4 Zeilenweiser Vergleich zweier Dateien mit mdiff

Das nachfolgende Skript **mdiff** macht einen zeilenweisen Vergleich von zwei Dateien. Sind zwei Zeilen gleich, so schreibt dieses Skript die entsprechende Zeile mit Zeilennummer in die Datei *passt*, andernfalls werden die beiden unterschiedlichen Zeilen in die Datei *anders* geschrieben. Dieses Skript soll vor allen Dingen zeigen, wie in einem Skript gleichzeitig mehrere Dateien zum Lesen und Schreiben eröffnet werden können:

```
$ cat mdiff⏎
#―――――――――――――――――――――――――――――――――――――
#   mdiff    vergleicht 2 Dateien zeilenweise:
#            mdiff   datei1   datei2
#―――――――――――――――――――――――――――――――――――――


#.... zwecks besserer Lesbarkeit
alias open=exec

#.... 2 Argumente muessen angegeben sein
if (($# != 2))
then   echo "usage: $0 datei1 datei2" >&2
       exit 1
fi

#... Beide Argumente muessen lesbare Dateien sein
if [[ ! ((-f $1) && (-r $1)) ]]
then   echo "Fehler: $1 ist keine lesbare Datei" >&2
       exit 1
fi
if [[ ! ((-f $2) && (-r $2)) ]]
then   echo "Fehler: $2 ist keine lesbare Datei" >&2
       exit 1
fi

#.... 4 Dateien eroeffnen
```

Die Korn-Shell

```
open 3< $1       # $1 zum Lesen eroeffnen
open 4< $2       # $2 zum Lesen eroeffnen
open 5> passt    # Datei "passt" zum Schreiben eroeffnen
open 6> anders   # Datei "anders" zum Schreiben eroeffnen

#.... $1 und $2 zeilenweise vergleichen
integer pid1=0 pid2=0
typeset -R5 nr=1
IFS=
while true
do
        read -u3 -r zeil1    # Zeile von $1 lesen
        pid1=$?              # exit-Status von read
        read -u4 -r zeil2    # Zeile von $2 lesen
        pid2=$?              # exit-Status von read
        if (( (pid1 != 0) && (pid2 != 0) ))
        then    break
        fi
        if [ "$zeil1" = "$zeil2" ] # Zeilen vergleichen
        then    print -u5 -R "$nr:$zeil1"
        else    print -u6 -R "$nr:$zeil1 <--> $zeil2"
        fi
        ((nr=nr+1))
done

#.... Meldung, dass fertig
echo "Gleiche Zeilen in Datei 'passt'" >&2
echo "Unterschiedliche Zeilen in Datei 'anders'" >&2
$ cx mdiff⏎
$
```

5.28.5 Realisierung des Kommandos head

Auf vielen Systemen wird ein Kommando **head** angeboten. Mit dem Kommando **head** können die ersten Zeilen einer Datei ausgegeben werden. **head** ist somit das Gegenstück zum Kommando **tail**. Die Aufrufsyntax für **head** ist üblicherweise

head [*-n*] [*datei(en)*]

Die Zahl *n* legt dabei fest, wieviele Zeilen von den angegebenen *datei(en)* jeweils auszugeben sind. Ist *-n* nicht angegeben, so ist die Voreinstellung 10 Zeilen. Im nachfolgenden wird eine mögliche Realisierung des Kommandos **head** gegeben:

```
$ cat head⏎
#─────────────────────────────────────────
#   head - Die ersten Zeilen von Dateien ausgeben
#
#              head [-n] [datei(en)]
#                   -n die Zahl n legt die Anzahl
#                      der auszugebenden Zeilen fest.
#                      Voreinstellung ist: 10
#─────────────────────────────────────────

#... Initialisierungen ..........................
alias open=exec        # zwecks besserer Lesbarkeit
alias duplicate=exec   # zwecks besserer Lesbarkeit
duplicate 3<&0         # Dateideskr. 0 sichern

#... auszugebende Zeilenzahl festlegen ...........
typeset -L1 zeich="$1"
integer n  zahl=10
if [[ "$zeich" = "-" ]]
then   zahl=${1#"-"}
       shift
fi

#... wenn keine Dateien angegeb., dann Stdeingabe
if (( $# == 0 ))
then   set - -    # - steht fuer Standardeingabe
fi

#... Dateien der Reihe nach ausgeben ..............
for i
do   if test x"$i" != x    # Datei eroeffnen, wenn noetig
     then  if test x"$i" != x-  # - ist Standardeingabe
           then  open 0< $i
                 if (( $# > 1 ))  # bei mehreren Dateien
                 then  echo "==> $i <=="  # Dateiname als
                 fi              # erstes ausgeben.
           else  duplicate 0<&3  # verwende Stdeing.
           fi
     fi
     IFS=
     n=zahl    # n = Zahl der auszugebenden Zeilen
     while (( (n=n-1) >= 0 )) && read -r zeile
     do   print -r - "$zeile"
     done
done
$ cx head⏎
$ ./head -15 head⏎      [ersten 15 Zeilen der Datei head ausgeben]
```

Die Korn-Shell

```
#------------------------------------------------
#   head – Die ersten Zeilen von Dateien ausgeben
#
#           head [-n] [datei(en)]
#               -n  die Zahl n legt die Anzahl
#                   der auszugebenden Zeilen fest.
#                   Voreinstellung ist: 10
#------------------------------------------------

#... Initialisierungen ........................
alias open=exec       # zwecks besserer Lesbarkeit
alias duplicate=exec  # zwecks besserer Lesbarkeit
duplicate 3<&0        # Dateideskr. 0 sichern

#... auszugebende Zeilenzahl festlegen ..........
$
```

5.28.6 Dateien eines Diretcorybaums nach Größe auflisten (dusort)

Das nachfolgende Skript **dusort** gibt die Größe aller Dateien von den beim Aufruf angegebenen Directorybäumen aus. Die Dateien werden dabei bei der Ausgabe der Größe nach sortiert. Ist die Option **-r** nicht angegeben, so wird die kleinste, ansonsten die größte Datei zuerst ausgegeben:

```
$ cat dusort⏎
#------------------------------------------------
# dusort:   gibt die Groesse aller Dateien von
#           Directorybaeumen (im du-Format) aus.
#           Dateien werden dabei nach Groesse sortiert.
#
#           Syntax:
#               dusort [-r] pfadname(n)
#                   -r  Groesste zuerst;
#                       Voreinstellung: Kleinste zuerst
#
#------------------------------------------------


        #---- Name fuer temporaere Datei ------
        #------------------------------------------
tmp_datei="/tmp/dusort.$$"

        #---- Signalhandler einrichten --------
        #------------------------------------------
trap 'rm $tmp_datei 2>/dev/null; exit 1' INT QUIT EXIT
```

```
          #────  Funktion baum ─────────────────
          #────────────────────────────────────
function baum
{
   cd $1
   set +o noglob   # Dateinamen-Expandierung einschalten
   typeset datei wd_dateien="$(echo .* *)" # Lokale Var.

   set -o noglob   # Dateinamen-Expandierung ausschalten,
                   # um zweimalige Auswertung von
                   # Sonderzeichen in Dateinamen
                   # zu verhindern.
   for datei in $wd_dateien
   do   if [[ $datei -ef . || $datei -ef .. ]]
        then   continue       # Fuer . und .. nichts tun
        fi
        if [[ -d $datei ]]    # Wenn Directory dann
        then   baum $datei    # baum rekursiv aufrufen
               cd ..
        elif [[ -r $datei ]]
        then   du -s $PWD/$datei >>$tmp_datei
        fi
   done
   set +o noglob   # Dateinamen-Expandierung einschalten
}

          #────  main ─────────────────────────
          #────────────────────────────────────

   #... Optionen abarbeiten .............
while getopts r opt
do   case $opt in
         r) option="-r";;
         \?) echo "usage: $0 [-r] pfadname(n)"
             exit 1;;
     esac
done
integer anz=OPTIND-1
shift $anz

   #... baum fuer alle angegebenen Pfade aufrufen ...
startdir="$PWD"
for pfad
do   baum $pfad
     cd $startdir  # falls rel. Pfadnamen in Kdozeile
done
```

```
      #... Inhalt von $tmp_datei nach Groesse .......
      #... sortiert ausgeben ......................
if [[ -s $tmp_datei ]]
then   sort $option -n $tmp_datei
fi
```

```
$ cx dusort⏎
$ dusort -r $HOME⏎
74          /user1/egon/kshueb/a.out
58          /user1/egon/kshueb/core
19          /user1/egon/kshueb/stdio.h
12          /user1/egon/.sh_history
5                     /user1/egon/kshueb/dusort
4                     /user1/egon/kshueb/hanoi
3                     /user1/egon/.ksh_env
2                     /user1/egon/mbox
2                     /user1/egon/kshueb/vonhinten
2                     /user1/egon/kshueb/seltext
2                     /user1/egon/kshueb/datanal
1                     /user1/egon/kshueb/zufall
1                     /user1/egon/kshueb/zaehle.txt
1                     /user1/egon/kshueb/wartmsg
:           :
:           :
:           :
1                     /user1/egon/flib/_from
1                     /user1/egon/.profile
0                     /user1/egon/kshueb/neudat
0                     /user1/egon/kshueb/abc2
0                     /user1/egon/kshueb/abc
$
```

5.28.7 Eine Adressen-Verwaltung (adr)

Das umfangreiche Skript **adr** realisiert eine einfache Adressen-Verwaltung.

Werden beim Aufruf dieses Skripts Argumente angegeben, so wird im Adreßbuch nach Einträgen gesucht, in denen die angegebenen Strings vorkommen. Werden Einträge gefunden, so werden dazu die entsprechenden Adressen ausgegeben.

Wird **adr** ohne jegliche Argumente aufgerufen, so arbeitet es interaktiv. Über ein Menü kann dann der Benutzer die gewünschte Aktion anwählen. Zur Auswahl stehen dabei:

- Adresse suchen
- Adresse hinzufügen
- Adresse löschen

- Adresse ändern
- Alle Adressen auflisten

```
$ cat adr↵
#─────────────────────────────────────────────
# adr - Ein Programm zur Adressenverwaltung
#       Es bietet folgende Funktionen an:
#               Adresse suchen
#               Adresse hinzufuegen
#               Adresse entfernen
#               Adresse aendern
#               Alle Adressen auflisten
#
#       Syntax:
#           adr [argument(e)]
#               Sind argument(e) angegeben, so werden
#               Zeilen im Adressenbuch gesucht, die
#               diese Argumente enthalten.
#               Sind keine argument(e) angegeben,
#               so kann der Benutzer ueber ein
#               Menue die geforderten Funktionen
#               abrufen.
#─────────────────────────────────────────────

#.... Deklarationen und Initialisierungen ...........
typeset -l -L1 antwort
alias open=exec
adrbuch="$HOME/adressbuch"

#.... Funktion ausgabe ............................
#       gibt einen Eintrag aus dem Telefonbuch aus.
#..................................................
function ausgabe
{
    typeset i   # Lokale Variable
    echo "\n+─────────────────────────────────+"
    IFS="@"
    set - $1
    for i
    do  echo "                                    |\r| $i"
    done
    echo "+─────────────────────────────────+"
}
```

```
#.... Funktion suche ................................
#       sucht Eintraege im Telefonbuch und gibt
#       gefundene Eintraege aus.
#......................................................
function suche
{
   typeset tmpdat="/tmp/gefunden.$$"
   typeset muster
   trap 'rm -r $tmpdat 2>/dev/null' EXIT INT QUIT

   if (($# == 0))
   then  read muster?"Muster fuer die zu suchenden Eintraege: "
   else  muster="$1"
   fi
   while [[ -n "$muster" ]]
   do    grep "$muster" $adrbuch >$tmpdat
         if [[ -s $tmpdat ]]
         then  open 3< $tmpdat
               while read -u3 -r zeile
               do   ausgabe "$zeile"
               done
         else  echo "\007Muster '$muster' nicht gefunden" >&2
         fi
         if (($# != 0))
         then break
         fi
         read muster?"Muster fuer die zu suchenden Eintraege: "
   done
}

#.... Funktion add ................................
#       fuegt weitere Eintraege ins Adressbuch ein
#......................................................
function add
{
   typeset name zusatz strasse ort telnr
   trap 'sort -o $adrbuch $adrbuch' EXIT INT QUIT
   read name?"Name/Firmaname: "
   while [[ -n "$name" ]]
   do    read zusatz?"Zusaetzliche Bezeichnungen: "
         read strasse?"Strasse: "
         read ort?"Wohnort: "
         read telnr?"Telefonnummer: "
         echo "$name@$zusatz@$strasse@$ort@$telnr" >>$adrbuch
         read name?"Name/Firmaname: "
   done
}
```

```
#.... Funktion loesch .............................
#        loescht Eintraege im Adressbuch.
#..................................................
function loesch
{
   typeset tmpdat="/tmp/loesch.$$"
   typeset zwidat="/tmp/zwischdat.$$"
   typeset muster

   trap 'rm -r $tmpdat 2>/dev/null
         rm -r $zwidat 2>/dev/null' EXIT INT QUIT

   read muster?"Muster fuer die zu loeschenden Eintraege: "
   while [[ -n "$muster" ]]
   do   grep "$muster" $adrbuch >$tmpdat
        if [[ -s $tmpdat ]]
        then   open 3< $tmpdat
               while read -u3 -r zeile
               do   ausgabe "$zeile"
                    read antwort?"Diesen Eintrag loeschen (j/n) ?"
                    if [[ "$antwort" = "j" ]]
                    then   grep -v "^$zeile$" $adrbuch >$zwidat
                           mv $zwidat $adrbuch
                    fi
               done
        else   echo "\007Muster '$muster' nicht gefunden" >&2
        fi
        read muster?"Muster fuer die zu loeschenden Eintraege: "
   done
}


#.... Funktion aendern .............................
#        aendert Eintraege im Adressbuch.
#..................................................
function aendern
{
   typeset tmpdat="/tmp/loesch.$$"
   typeset zwidat="/tmp/zwischdat.$$"
   typeset edidat="/tmp/edidat.$$"
   typeset editor=${EDITOR:-vi}
   typeset muster

   trap 'rm -r $tmpdat 2>/dev/null
         rm -r $zwidat 2>/dev/null
         rm -r $edidat 2>/dev/null' EXIT INT QUIT
```

```
        read muster?"Muster fuer die zu aendernden Eintraege: "
        while [[ -n "$muster" ]]
        do    grep "$muster" $adrbuch >$tmpdat
              if [[ -s $tmpdat ]]
              then  open 3< $tmpdat
                    while read -u3 -r zeile
                    do  ausgabe "$zeile"
                        read antwort?"Diesen Eintrag aendern (j/n) ?"
                        if [[ "$antwort" = "j" ]]
                        then  echo -n "$zeile" |
                                  tr "@" "\012" >$edidat
                              echo -n "\007Aenderungen mit dem " >&2
                              echo "Editor $editor durchfuehren" >&2
                              read dummy?"Weiter mit Return....."
                              $editor $edidat
                              grep -v "^$zeile$" $adrbuch >$zwidat
                              tr "\012" "@" < $edidat >>$zwidat
                              echo >> $zwidat # fehlendes Neuezeile-
                                              # Zeichen anhaengen
                              sort -o $zwidat $zwidat
                              mv $zwidat $adrbuch
                        fi
                    done
              else  echo "\007Muster '$muster' nicht gefunden" >&2
              fi
              read muster?"Muster fuer die zu aendernden Eintraege: "
        done
}

#.... Funktion listealle ........................
#       gibt alle Eintraege des Adressbuchs aus.
#................................................
function listealle
{
  integer einmal=0  # fuer die Ausgabe der Adressabtrennung
  typeset zeile
  typeset tel="$1"  # $1 leer --> Addressen, sonst
                    #             Telefonnummern
  typeset -L20 name zusatz leer=" "
  typeset -L20 strasse ort
  typeset -R30 telnr
  open 3< $adrbuch
  { echo "\n————————————————————————————————————"
  IFS="@"
  while read -u3 -r zeile
  do  set - $zeile
      name="$1"
```

```
            if [[ -z "$tel" ]]
            then   if ((einmal))
                   then
                        echo "  -  -  -  -  -  -  -  -  -  -"
                   fi
                   einmal=1
                   zusatz="$2"
                   strasse="$3"
                   ort="$4"
                   echo "$name$zusatz\n$leer$strasse\n$leer$ort"
            else
                   telnr="$5"
                   echo "$name$telnr"
            fi
      done
      echo "_____";} |
         pg -e
}

#.... main ...........................................
#.....................................................
if [[ ! -f "$adrbuch" ]]
then   echo "Adressbuch '$adrbuch' existiert nicht" >&2
       read antwort?"Soll eines erstellt werden (j/n) ?"
       if [[ "$antwort" != "j" ]]
       then   exit 1
       fi
       >$adrbuch ||
          { echo -n "\007Anlegen von Adressbuch '$adrbuch' " >&2
            echo "nicht moeglich" >&2
            exit 1
          }
fi

if (( $# != 0 ))
then   for i
       do suche "$i"
       done
       exit 0
fi

PS3="Ihre Wahl ? "
select i in "Adresse suchen" \
            "Adresse hinzufuegen" \
            "Adresse loeschen" \
            "Adresse veraendern" \
            "Alle Adressen auflisten" \
```

```
                "Alle Telefonnummern auflisten" \
                "Adress-Verwaltung beenden"
do
    case "$REPLY" in
      1) suche;;
      2) add;;
      3) loesch;;
      4) aendern;;
      5) listealle;;
      6) listealle "x";;
      7) exit 0;;
      *) echo "\007Falsche Auswahl" >&2;;
    esac
done
```
$ **cx adr**⏎
$ **adr**⏎
Adressbuch '/user1/egon/adressbuch' existiert nicht
Soll eines erstellt werden (j/n) ?**j**⏎
1) Adresse suchen
2) Adresse hinzufuegen
3) Adresse loeschen
4) Adresse veraendern
5) Alle Adressen auflisten
6) Alle Telefonnummern auflisten
7) Adress-Verwaltung beenden
Ihre Wahl ? **2**⏎
Name/Firmaname: **Mueller Toni**⏎
Zusaetzliche Bezeichnungen: **Malerbetrieb**⏎
Strasse: **Talstr. 176**⏎
Wohnort: **8520 Erlangen**⏎
Telefonnummer: **09131/1234567**⏎
Name/Firmaname: **Aller Gunther**⏎
Zusaetzliche Bezeichnungen: **SW-Buero**⏎
Strasse: **Eckenweg 123**⏎
Wohnort: **8500 Nuernberg**⏎
Telefonnummer: **0911/8765432**⏎
Name/Firmaname: ⏎
Ihre Wahl ? ⏎
1) Adresse suchen
2) Adresse hinzufuegen
3) Adresse loeschen
4) Adresse veraendern
5) Alle Adressen auflisten
6) Alle Telefonnummern auflisten
7) Adress-Verwaltung beenden
Ihre Wahl ? **6**⏎

```
Aller Gunther                    0911/8765432
Mueller Toni                     09131/1234567

Ihre Wahl ? 2⏎
Name/Firmaname: Beller Franziska⏎
Zusaetzliche Bezeichnungen: SW-Beratung⏎
Strasse: Bergstr. 444⏎
Wohnort: 8700 Wuerzburg⏎
Telefonnummer: 0977/152556⏎
Name/Firmaname: Stuermer Sophie⏎
Zusaetzliche Bezeichnungen: SW-Entwicklung⏎
Strasse: Zeppelinstr. 16⏎
Wohnort: 8722 Gressthal⏎
Telefonnummer: 09726/1234⏎
Name/Firmaname: ⏎
Ihre Wahl ? ⏎
1) Adresse suchen
2) Adresse hinzufuegen
3) Adresse loeschen
4) Adresse veraendern
5) Alle Adressen auflisten
6) Alle Telefonnummern auflisten
7) Adress-Verwaltung beenden
Ihre Wahl ? 5⏎


Aller Gunther        SW-Buero
                     Eckenweg 123
                     8500 Nuernberg
 _  _  _  _  _  _  _  _  _
Beller Franziska     SW-Beratung
                     Bergstr. 444
                     8700 Wuerzburg
 _  _  _  _  _  _  _  _  _
Mueller Toni         Malerbetrieb
                     Talstr. 176
                     8520 Erlangen
 _  _  _  _  _  _  _  _  _
Stuermer Sophie      SW-Entwicklung
                     Zeppelinstr. 16
                     8722 Gressthal

Ihre Wahl ? 2⏎
Name/Firmaname: ⏎
Ihre Wahl ? ⏎
1) Adresse suchen
```

2) Adresse hinzufuegen
3) Adresse loeschen
4) Adresse veraendern
5) Alle Adressen auflisten
6) Alle Telefonnummern auflisten
7) Adress-Verwaltung beenden
Ihre Wahl ? **1**⏎
Muster für die zu suchenden Eintraege: **091**⏎

```
+-----------------------------------+
| Aller Gunther                     |
| SW-Buero                          |
| Eckenweg 123                      |
| 8500 Nuernberg                    |
| 0911/8765432                      |
+-----------------------------------+


+-----------------------------------+
| Mueller Toni                      |
| Malerbetrieb                      |
| Talstr. 176                       |
| 8520 Erlangen                     |
| 09131/1234567                     |
+-----------------------------------+
```

Muster für die zu suchenden Eintraege: ⏎
Ihre Wahl ? ⏎
1) Adresse suchen
2) Adresse hinzufuegen
3) Adresse loeschen
4) Adresse veraendern
5) Alle Adressen auflisten
6) Alle Telefonnummern auflisten
7) Adress-Verwaltung beenden
Ihre Wahl ? **7**⏎
$ **adr Stuerm**⏎

```
+-----------------------------------+
| Stuermer Sophie                   |
| SW-Entwicklung                    |
| Zeppelinstr. 16                   |
| 8722 Gressthal                    |
| 09726/1234                        |
+-----------------------------------+
```

```
$ adr 09131⏎
```

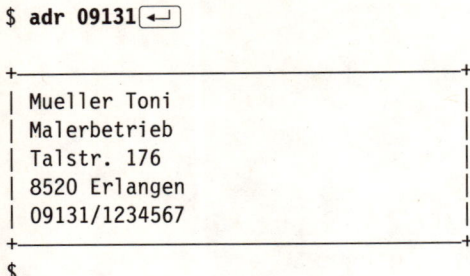

```
$
```

5.29 Unterschiede zwischen Bourne-Shell und ksh-Versionen

Dieses Kapitel faßt die wichtigsten Unterschiede zusammen, die zwischen

- der ursprünglichen Bourne-Shell,
- der Bourne-Shell, die mit System V Release 3 freigegeben wurde,
- der **ksh**-Version vom 3.6.1986 und
- der **ksh**-Version vom 16.11.1988

bestehen.

5.29.1 ksh-Konstrukte, die nicht in der ursprünglichen Bourne-Shell vorhanden sind

- Kommentar-Kommando # (dafür mußte Kommando : verwendet werden)
- Metazeichen [!..] für Dateinamen-Expandierung
- : (Doppelpunkt) bei den speziellen Variablenausdrücken
- Ein-/Ausgabeumlenkung bei built in-Kommandos
- Shell-Funktionen
- **test** und **echo** waren keine built in-Kommandos

5.29.2 ksh-Konstrukte, die nicht in der System V Bourne-Shell vorhanden sind

Die folgenden Konstrukte sind in der **ksh**-Version vom 16.11.1988 vorhanden, aber nicht in der Bourne-Shell, die mit System V Release 3 freigegeben wurde:

- Variablen-Attribute
  Arrays
  eingebaute Arithmetik
  Aliase
  Tilde-Mechanismus
  Ko-Prozesse

- Operatoren **((..))** **|&** **>|** **<>**

- Schlüsselwörter **function**, **time**, **select**, **[[** und **]]**

- die speziellen Variablen-Ausdrücke
  ${variable#pattern}, ${variable##pattern}, ${variable%pattern},
  ${variable%%pattern} und ${#variable}.

- Positionsparameter größer als 9 (${10}, ${11}, ..)

- die Kommandosubstitution $(kdoliste).

- Dateinamen-Expandierung mit *(pattern), ?(pattern), +(pattern), @(pattern) und !(pattern).

- die Variablen **_**, **ENV**, **ERRNO**, **FCEDIT**, **FPATH**, **HISTFILE**, **HISTSIZE**, **LINENO**, **OLDPWD**, **PPID**, **PS3**, **PS4**, **PWD**, **RANDOM**, **REPLY**, **SECONDS** und **TMOUT**.

- die built in-Kommandos **alias**, **bg**, **fc**, **fg**, **jobs**, **let**, **print**, **typeset**, **unalias** und **whence**

- **test**-Operatoren **-nt**, **-ot**, **-ef**, **-O**, **-G** und **-S**.

- **cd -** und der Aufruf von **cd** mit zwei Argumenten.

- Zuweisung von Werten bei den built in-Kommandos **readonly** und **export**.

- Symbolische Namen für Signale.

- Namen für Optionen und **set -o** optname.

5.29.3 Unterschiede zwischen der ksh und der System V Bourne-Shell

Im folgenden werden die wesentlichen Unterschiede zwischen der **ksh**-Version vom 16.11.1988 und der Bourne-Shell von System V Release 3 aufgezeigt. Die Bourne-Shell von System V Release 3 wird dabei mit **sh** bezeichnet. Auf die Unterschiede der einzelnen built in-Kommandos wird dabei nicht eingegangen. Diese sind im Anhang bei den jeweiligen built in-Kommandos angegeben.

Zeichen ^

sh	Alternative Angabe für das Pipeline-Zeichen |.
ksh	keine Sonderbedeutung.

Variable IFS

sh darin enthaltene Trennzeichen gelten für alle Wörter; z.B. würde
IFS=i; print
folgenden Aufruf ergeben:
pr nt

ksh darin enthaltene Trennzeichen gelten nur für **read**, **set** und für das Resultat aus Parameter- und Kommandosubstitution.

Modifizieren der Umgebungsvariablen

sh modifizierte Variablen müssen explizit für den Export markiert werden, damit deren Wert an einen Sohnprozeß vererbt wird.

ksh der Wert von modifizierten Variablen wird automatisch an Sohnprozesse vererbt.

time

sh kein Schlüsselwort. Auch können mit **time** keine Zeitmessungen für built in-Kommandos oder Funktionen durchgeführt werden.

ksh Schlüsselwort. **time x | y** mißt die von dieser Pipeline benötigte CPU-Zeit; in der **sh** würde nur die Zeit für **x** gemessen.

select und function

sh	keine Schlüsselwörter.
ksh	Schlüsselwörter.

for, while, until mit E/A-Umlenkung

sh werden in einer eigenen Prozeß-Umgebung ausgeführt.

ksh werden in der momentanen Prozeß-Umgebung ausgeführt. Zuweisungen, welche innerhalb dieser Schleifen vorgenommen wurden, gelten auch noch nach Beendigung der Schleife.

Funktionen

sh
- Alle Variablen einer Funktion sind global.
- Fehler in einer Funktion bewirken das Ausführungsende des aufrufenden Skripts.
- Positionsparameter **0** wird durch einen Funktionsaufruf nicht neu gesetzt.
- Signal-Handler einer Funktion sind global.
- Funktionen und Variablen dürfen keine gleichen Namen besitzen.

ksh
- Funktionslokale Variablen sind möglich.
- Fehler in einer Funktion bewirken nur das Ausführungsende der betreffenden Funktion und nicht des aufrufenden Skripts.
- Positionsparameter **0** wird beim Funktionsaufruf mit dem Funktionsnamen besetzt.
- Signal-Handler, die in einer Funktion installiert werden, sind lokal.
- Funktionen und Variablen dürfen gleiche Namen besitzen; beim Löschen mit **unset** muß dann **-f** angegeben werden, wenn die Funktion entfernt werden soll.

Tilde-Expandierung für Wörter, die mit ~ beginnen

sh   nicht möglich.
ksh   möglich.

((..)) anstelle eines Kommandonamens

sh   bedeutet geschachtelte Kommandoklammerung mit (..)
ksh   arithmetischer Ausdruck.

Zwei aufeinanderfolgende IFS-Trennzeichen (nicht Leer- oder Tabulatorzeichen)

sh   werden als ein Trennzeichen gewertet.
ksh   werden als leeres Argument gewertet.

Vergleichsoperatoren bei test (-gt, -lt, -ne, ...)

sh   Operanden müssen Konstanten sein
ksh   Operanden können beliebige arithmetische Ausdrücke sein.

hash

sh	built in-Kommando.
ksh	vordefiniertes Alias; bis auf die Option **-r** weitgehend ähnlich zum built in-Kommando **hash** der **sh**. Um **hash -r** in **ksh** nachzubilden, muß **PATH=$PATH** eingegeben werden.

set -- ohne Argumente

sh	keine Auswirkung.
ksh	löscht die Positionsparameter.

Fehler bei Ausführung eines built in-Kommandos

sh	bewirkt immer den Abbruch des entsprechenden Skripts.
ksh	bewirkt bis auf wenige Ausnahmen nicht den Abbruch des Skripts.

Kommandosubstitution mit $(..)

sh	nicht möglich.
ksh	möglich.

reale UID nicht gleich der effektiven UID bzw.
reale GID nicht gleich der effektiven GID

sh	keine Änderungen durch **sh**.
ksh	setzt die effektive UID bzw. GID zurück auf die reale UID bzw. GID, wenn die Option **privileged** nicht eingeschaltet ist.

5.29.4 Neuheiten der ksh-Version vom 16.11.1988 gegenüber früheren ksh-Versionen

Neue Möglichkeiten bei Dateinamen-Expandierung

?(*pattern*[l *pattern*]...)	deckt kein oder ein Vorkommen der angegebenen *pattern* ab.
*(*pattern*[l *pattern*]...)	deckt kein, ein oder mehrere Vorkommen der angegebenen *pattern* ab.
+(*pattern*[l *pattern*]...)	deckt ein oder mehrere Vorkommen der angegebenen *pattern* ab.

@(*pattern*[| *pattern*]...)   deckt genau ein Vorkommen der angegebenen *pattern* ab.

!(*pattern*[| *pattern*]...)   deckt die Strings ab, die durch keines der angegebenen *pattern* abgedeckt werden

Neue Alternative zum Kommando test

Das Kommando **[[..]]** macht das built in-Kommando **test** (bzw. **[..]**) überflüßig. Die dabei neu eingeführten Operatoren **&&** und **||** ersetzen die Operatoren **-a** und **-o**.

Für den in **[[..]]** angegebenen Text wird keine Aufteilung in einzelne Wörter und auch keine Dateinamen-Expandierung durchgeführt. Bei den Operatoren **=** und **!=** darf als rechter Operand ein pattern angegeben werden. Zum Vergleich zweier Strings dürfen auch die Operatoren **<** und **>** verwendet werden.

Neue arithmetische Operatoren

Die neuen arithmetischen Operatoren **|**, **&**, **||**, **&&**, **^**, **<<**, **>>** und **~** dürfen in jedem beliebigen arithmetischen Ausdruck verwendet werden.

Auch sind die aus C bekannten zusammengesetzten Operatoren **+=**, **-=**, ... neu in dieser **ksh**-Version hinzugekommen.

Für alle arithmetischen Operatoren gelten dabei die gleichen Prioritätsregeln wie in C.

Neue Shell-Variablen

ERRNO	wird nach jedem fehlerhaften Systemaufruf auf die entsprechende Fehlernummer gesetzt.
FPATH	enthält Directories, welche nach Funktionsdefinitionen zu durchsuchen sind. Mit der Deklaration **typeset -fu** *funktionsname* wird festgelegt, daß *funktionsname* in den **FPATH**-Directories zu suchen ist. Ein vordefiniertes Alias **autoload='typeset -fu'** wurde ebenso neu hinzugefügt.
LINENO	wird auf die Zeilennummer des aktuellen Kommandos in einem Shell-Skript gesetzt.
PS4	enthält den Promptstring, der beim Debuggen (Option **-x**) auszugeben ist.
OPTARG	wird vom Kommando **getopts** gesetzt (**getopts** ist in der System V-Shell auch vorhanden)
OPTIND	wird vom Kommando **getopts** gesetzt.

Änderungen bei Shell-Variablen

Die Attribute für Variablen, die für den Export markiert sind, werden bei neuen **ksh**-Aufrufen übernommen. So wird zum Beispiel eine zum Export markierte Variable, die zusätzlich noch das readonly-Attribut gesetzt hat, bei jedem neuen Aufruf einer **ksh** auch dort nur lesbar sein.
Die Shell-Variable **IFS** wird immer nach dem Lesen der Environment-Datei auf ihren voreingestellten Wert zurückgesetzt, selbst wenn sie exportiert wurde.

Neuheiten und Änderungen bei den built in-Editoren

- Suchen mit ^*string* deckt nur *strings* ab, die am Anfang einer Zeile stehen; dies gilt für **emacs** und **vi**.

- Die **vi**-Direktive \ bewirkt, daß das momentane Cursor-Wort so weit expandiert wird, wie es einen eindeutigen Pfadnamen abdeckt.

- Die **emacs**-Direktive *ESC ESC* entspricht der **vi**-Direktive \.

- Die **vi**-Direktive | ist neu hinzugekommen.

- Vor der **vi**-Direktive **r** kann eine Zahl *n* angegeben werden, um *n* Zeichen ab Cursorposition zu ersetzen.

Änderungen bei built in-Kommandos

- Die Escape-Sequenz \a (Klingelton) ist nun bei dem built in-Kommando **print** bzw. **echo** erlaubt.

- Neue Optionen bei **test**, **[..]** und **[[..]]** sind **-O**, **-G** und **-S**.

- Es können Array-Variablen mit
  set -A *name wert*
  Werte zugewiesen werden.

- Das neu hinzugekommene Signal **DEBUG** wird nach jeder Ausführung eines Kommandos geschickt.

- **typeset -p** ist nicht mehr möglich.

- Neu hinzugekommen ist das built in-Kommando **getopts**.

Neue Optionen für built in-Kommandos

Optionen	Bedeutung
set	Option **nolog** Option **noclobber** Option **-p** bedeutet nun **privileged** **set -o bgnice** ist die Voreinstellung
typeset	Neu ist die Deklarations-Möglichkeit **typeset -fu** *funktionsname* Damit wird festgelegt, daß *funktionsname* in den **FPATH**-Directories zu suchen ist. Ein vordefiniertes Alias **autoload='typeset -fu'** wurde ebenso neu hinzugefügt.

Änderungen bei Ko-Prozessen

Es ist nun möglich, Dateideskriptoren für einen Ko-Prozeß (Job gefolgt von |&) auf numerierte Datei-Deskriptoren umzulenken. Um den lesenden Deskriptor umzulenken, muß **exec** *n*<&p, und um den schreibenden Deskriptor umzulenken, muß **exec** *n*>&p angegeben werden; *n* ist dabei die Nummer des entsprechenden Dateideskriptors. Nach einer solchen Umlenkung ist es dann möglich, einen Dateideskriptor zu schließen oder die Eingabe bzw. Ausgabe eines anderen Kommandos dort hineinzuleiten.

Änderungen bei der Job-Kontrolle

Neu ist, daß mit %?*string* ein Job angesprochen werden kann, bei dem *string* in seiner Kommandozeile vorkommt. Beim built in-Kommando **wait** können nicht nur PIDs, sondern auch Job-Kennungen angegeben werden.

Sonstige Neuheiten und Änderungen

- Variablen-Zuweisungen werden nun von links nach rechts ausgewertet.

- Jedem pattern in einer **case**-Anweisung kann nun eine öffnende Klammer vorangestellt werden. Diese (muß sogar angegeben werden, wenn sich die betreffende **case**-Anweisung innerhalb einer Kommandosubstitution $(..) befindet.

- Der Umlenkungs-Operator <> löscht nicht mehr zuerst den vollständigen Inhalt der entsprechenden Datei, bevor er diese zum Lesen und Schreiben eröffnet.

- Aliase werden nun auch innerhalb von anderen Aliase substituiert, z.B. würde für
  alias car=auto auto=wagen
  der Aufruf **car** zum Aufruf **wagen** führen.
  Jedoch werden Aliase nicht rekursiv substituiert; somit sind Alias-Definitionen wie **alias ls='ls -CF'** möglich.

- ~+ und ~- werden nun nach **$PWD** und **$OLDPWD** expandiert. Vorher wurden sie bereits zum Zeitpunkt des Lesens durch das momentane und das vorherige working directory ersetzt. Dies führte zu unerwarteten Ergebnissen, v.a.D. innerhalb von Skripts und Funktionen.

- Für ~ wird keine Tilde-Expandierung mehr durchgeführt, wenn sie nach einem : (Doppelpunkt) angegeben ist.

- Werden bei den built in-Kommandos **alias**, **export**, **readonly** und **typeset** als Argumente Variablen-Zuweisungen angegeben, so wird für diese Zuweisungen Tilde-Expandierung, aber keine Wort-Zerteilung und auch keine Parameter-Substitution durchgeführt.

- Wenn das letzte Element einer Pipeline ein built in-Kommando, ein Programmiersprach-Kommando oder aber eine Funktion ist, dann wird es in der momentan aktiven Shell ausgeführt. Zuvor wurde es in einer eigenen Subshell ausgeführt. Alle anderen Elemente einer Pipeline werden wie zuvor in einer eigenen Subshell ausgeführt.
  Um die alte Arbeitsweise nachzubilden, müßte die Kommandoklammerung (..) verwendet werden.

5.29.5 Überflüßige Konstrukte

Aus Kompatibiltätsgründen bietet die **ksh** noch die folgenden Konstrukte an. Sie sollten allerdings nicht mehr benutzt werden, da sie durch neue Konstrukte überflüßig geworden sind, und eventuell in neuen **ksh**-Versionen entfernt werden. Im nachfolgenden wird in Klammern danach angegeben, welche Konstrukte anstelle der alten verwendet werden sollten:

- Optionen **-k** und **-t** bei **set** (keine)
- **echo** (**print**)
- **test** und [..] ([[..]])
- Kommandosubstitution `kdoliste` (**$**(*kdoliste*))
- *funktionsname*() (**function** *funktionsname*)

5.30 Literaturhinweis

Als Vorlage zu diesem Kapitel diente das Buch der beiden **ksh**-Entwickler Morris I. Bolsky und David G. Korn:

Morris I. Bolsky und David G. Korn: *The KornShell, Command and Programming Language*, (Prentice Hall, Englewood Cliffs, New Jersey, 1989).

Kapitel 6
Die C-Shell

Quid prosunt multa cubicula ? In uno iacetis.
(Wozu die vielen Schlafzimmer ? Ihr könnt ja doch nur in einem schlafen.)
Seneca

Die C-Shell wurde auf der starken BSD-UNIX Linie[1] entwickelt. Im Gegensatz zur Korn-Shell ist die C-Shell nicht aufwärtskompatibel zur Bourne-Shell. Die C-Shell, welche heute auf UNIX System V schon standardmäßig als Alternative zur Bourne-Shell mitgeliefert wird, verfügt über viele nützliche und hilfreiche Mechanismen, die in der Bourne-Shell doch schmerzlich vermißt werden:

- **History-Mechanismus**

- **Alias-Mechanismus**

- **Job-Kontrolle**
  In der C-Shell ist es möglich, Jobs (Programme) zu stoppen, und ihre Ausführung vom Vorder- in den Hintergrund bzw. umgekehrt zu verlegen.

- **Tilde-Expandierung**
  Auf das home directory eines beliebigen Benutzers kann durch die Angabe ~*loginname* zugegriffen werden, ohne daß dazu der Pfadname dieses Directorys bekannt sein muß.

- **Eingebaute Arithmetik für ganze Zahlen**

- **Arrays**

- **Automatisches Erkennen von Bourne-Shellskripts**. Da Bourne-Shellskripts nahezu auf allen UNIX-Systemen vorhanden sind, wurde die C-Shell so konzipiert, daß sie Bourne-Skripts als solche erkennen kann, um sie dann von der Bourne-Shell ausführen zu lassen. Damit die C-Shell Bourne-Skripts erkennen kann, wurden folgende Konvention getroffen: In allen **csh**-Skripts muß als erstes Zeichen das Kommentar-Zeichen **#** angegeben sein. Ist dies nicht der Fall,

---

[1] BSD = **B**erkeley **S**ystem **D**istribution

so nimmt die C-Shell an, daß es sich um ein Bourne-Skript handelt und läßt es von der Bourne-Shell ausführen.

Trotz dieser Vorzüge ist damit zu rechnen, daß die C-Shell in den nächsten Jahren durch das immer stärkere Aufkommen der Korn-Shell etwas in den Hintergrund gedrängt wird, da sie nicht den Vorteil der Aufwärts-Kompatibilität zur Bourne-Shell bietet.

Die Beschreibung der C-Shell konzentriert sich hier im wesentlichen auf die Syntax, da die grundlegenden Shell-Konzepte bereits ausführlich in den vorherigen Kapiteln behandelt wurden.

6.1 Starten und Beenden der C-Shell

Welche Shell als Login-Shell nach dem Anmelden zu starten ist, kann der Systemadministrator durch einen Eintrag in der entsprechenden Benutzerzeile in der Datei */etc/passwd* festlegen[2]. Ist die C-Shell nicht die Login-Shell, so kann sie mit ihrem Programmnamen

csh

aufgerufen werden. Erhält man in diesem Fall die Meldung

csh: not found

muß nach ihr gesucht werden. Üblicherweise befindet sich das **csh**-Programm in */bin*. Andere Unterbringungs-Möglichkeiten könnten */usr/bin*, */usr/lbin*, */usr/local* oder */usr/add-on* sein. Jedenfalls sollte das entsprechende Directory in der Variablen **path**[3] mit aufgenommen werden, damit die C-Shell von nun ab nur mit ihrem Programmnamen **csh** und nicht nur mit ihrem absoluten Pfadnamen aufgerufen werden kann.

Wird die C-Shell als Login-Shell gestartet, so führt sie zunächst die beiden Dateien *.cshrc* und *.login* aus, wenn diese im home directory vorhanden sind. Wird **csh** nicht als Login-Shell, sondern explizit aufgerufen oder über einen Skript-Aufruf gestartet, so werden nur die Kommandos aus *.cshrc* (im home directory) ausgeführt.

Danach meldet sich die **csh** mit ihrem Primär-Promptstring "% "[4], um anzuzeigen, daß sie für die Entgegennahme von Kommandos bereit ist.

---

2 siehe Kapitel 2
3 vordefinierte Variablen der **csh** werden im Unterschied zur Bourne-Shell klein geschrieben.
4 Im Falle des Superusers ist der Primär-Promptstring auf "# " voreingestellt.

Die C-Shell

Mit dem Befehl

`set prompt = "text`

kann ein eigener Primär-Promptstring festgelegt werden.

Die **csh** kann auf drei verschiedene Arten verlassen werden:

```
EOF (Ctrl-D)
exit
logout
```

logout beendet die **csh** jedoch nur, wenn es eine Login-Shell ist.

Um ein versehentliches Beenden der **csh** durch *EOF* zu unterbinden, muß die **csh**-Variable **ignoreeof** gesetzt werden. Ist diese Variable gesetzt, dann kann die **csh** nur noch mit den Kommandos **exit** oder **logout** verlassen werden.

Wird eine **csh** beendet, die eine Login-Shell ist, so werden vor der Beendigung von **csh** noch die Kommandos aus der Datei *.logout* ausgeführt. So ist es möglich, noch anfallende Aufräumarbeiten vor dem Ende der Login-Sitzung automatisch durchführen zu lassen. Andere Anwendungsfälle sind z.B. Ende-Zeitpunkt einer UNIX-Sitzung festhalten oder Termin-Erinnerungen für die nächste UNIX-Sitzung eintragen lassen.

Für die nachfolgenden Beispiele wird das Directory */user1/egon/cshueb* benutzt:

```
% mkdir cshueb⏎
% cd cshueb⏎
% pwd⏎
/user1/egon/cshueb
%
```

6.2 Metazeichen

In der C-Shell existieren weitgehend dieselben Metazeichen wie in der Bourne-Shell. Allerdings sind auch neue Metazeichen hinzugekommen.

Die nachfolgenden Tabellen enthalten nicht nur eine vollständige Übersicht dieser Metazeichen, sondern geben auch bereits eine Kurzbeschreibung ihrer Sonderbedeutung.

Die folgenden Metazeichen entsprechen weitgehend denen der Bourne-Shell:

Metazeichen	Bedeutung
>*datei*	Standardausgabe in *datei* umlenken.
>>*datei*	Standardausgabe am Ende von *datei* anfügen.
<*datei*	Standardeingabe auf *datei* umlenken.
<<*wort*	Hier-Dokument (engl.: *here document*): Standardeingabe besteht aus den nächsten Eingabezeilen bis zur ersten Zeile, die nur *wort* enthält.
kdo1 | *kdo2*	Standardausgabe von *kdo1* über eine Pipe in die Standardeingabe von *kdo2* weiterleiten.
*	steht für "kein, ein oder mehrere Zeichen".
?	steht für "ein beliebiges Zeichen".
[...]	steht für "eines der in [...] angegebenen Zeichen"; Bereichsangaben wie 0-9 oder a-z sind innerhalb von [...] erlaubt; in **csh** ist [!...] nicht erlaubt.
kdo1;*kdo2*	Semikolon trennt mehrere Kommandos in einer Kommandozeile; nach Beendigung von *kdo1* wird *kdo2* ausgeführt.
kdo&	*kdo* im Hintergrund (parallel) ablaufen lassen; in diesem Fall wartet die Shell nicht auf die Beendigung von *kdo*.
\`*kdo*\`	Kommandosubstitution: führt *kdo* aus und ersetzt dann in der Kommandozeile \`*kdo*\` durch die Standardausgabe von *kdo*.
(*kdo*)	*kdo* in einer Subshell ausführen; in **csh** ist { *kdo*;} nicht erlaubt.
$0, $1,.., $9	Werte der Positionsparameter für ein Shell-Skript.
$*var*	Wert der Shell-Variablen *var*.
${*var*}*text*	Wert der Shell-Variablen *var* mit nachfolgendem *text* zu einer Zeichenkette zusammenfügen.
c	Sonderbedeutung des nachfolgenden Metazeichens *c* ausschalten.
'...'	Sonderbedeutung aller in '...' angegebenen Zeichen (außer Apostroph ') wird ausgeschaltet.
"..."	Sonderbedeutung aller in "..." angegebenen Zeichen, außer $ und \`...\` wird ausgeschaltet.
#	leitet Kommentar ein; Rest der Zeile wird von der **csh** ignoriert; Kommentare sind in der **csh** nur in Skripts erlaubt.

Die C-Shell

Metazeichen	Bedeutung
kdo1 **&&** *kdo2*	*kdo2* wird nur dann ausgeführt, wenn Ausführung von *kdo1* erfolgreich verlief.
kdo1 **||** *kdo2*	*kdo2* wird nur dann ausgeführt, wenn Ausführung von *kdo1* nicht erfolgreich verlief.
Neuezeile-Zeichen	übergibt eine Kommandozeile an die Shell zur Abarbeitung.
Leerzeichen	
Tabulatorzeichen	Trennzeichen für Wörter (sonst keine Sonderbedeutung).

Tabelle - Zur Bourne-Shell identische Metazeichen der C-Shell

Neu gegenüber der Bourne-Shell sind die folgenden Metazeichen:

Metazeichen	Bedeutung
>! *datei*	wie bei **>** wird die Standardausgabe in *datei* umgelenkt. Im Unterschied zu **>** wird jedoch der alte Inhalt von *datei* in jedem Fall überschrieben, selbst wenn die Variable **noclobber** gesetzt ist.
>& *datei*	lenkt sowohl die Standardausgabe als auch die Standardfehlerausgabe in die angegebene *datei* um.
>&! *datei*	wie **>&**, nur daß eine bereits existierende *datei* auch dann überschrieben wird, wenn **noclobber** gesetzt ist.
>>! *datei*	wie bei **>>** wird die Standardausgabe ans Ende von *datei* umgelenkt. Während jedoch bei **>>**, wenn die entsprechende *datei* nicht existiert und **noclobber** gesetzt ist, eine Fehlermeldung ausgegeben wird, wird bei **>>!** in jedem Fall (ohne Fehlermeldung) in die *datei* geschrieben.
>>& *datei*	lenkt sowohl die Standardausgabe als auch die Standardfehlerausgabe an das Ende von Datei *datei* um.
>>&! *datei*	wie **>>&**, nur daß auch dann in *datei* geschrieben wird, wenn *datei* noch nicht existiert und **noclobber** gesetzt ist.
${10}, ${11}, ..	Zugriff auf die Werte der Positionsparameter 10, 11, ...
{*pattern1***,***pattern2***,..}**	deckt jeden String ab, der durch eines der angegebenen Pattern *pattern1*, *pattern2*, .. abgedeckt wird.

Metazeichen	Bedeutung
~	Tilde-Expandierung: ~*loginname* wird durch das home directory des Benutzers *loginname* ersetzt und ~ bzw. ~/.. wird zu **$home** bzw. **$home/..** expandiert.
kdo1 | & *kdo2*	Standardausgabe und Standardfehlerausgabe von *kdo1* werden über eine Pipe in die Standardeingabe von *kdo2* geleitet.
(*ausdruck***)**	Klammerung eines Ausdrucks ist bei den built in-Kommandos **exit**, **if** und **while** notwendig.
!	leitet History-Substitutionen ein.
^	Metazeichen für History-Substitution.
:	muß vor Modifikatoren angegeben werden.

Tabelle - Neue Metazeichen der C-Shell

6.3 Einfache Kommandos, Pipelines und Listen

Listen werden aus einer oder mehreren Pipelines gebildet.

Pipelines wiederum setzen sich aus einem oder mehreren einfachen Kommandos zusammen.

Ein *einfaches Kommandos* ist eine Folge von Wörtern, wobei das erste Wort den Namen des Kommandos angibt, das auszuführen ist.

6.3.1 Einfache Kommandos und exit-Werte

Ein *einfaches Kommando* ist eine Folge von Wörtern, die durch Leer- und/oder Tabulatorzeichen voneinander getrennt sind. Das erste Wort gibt den Namen des auszuführenden Kommandos an.

Der Rückgabewert eines Kommandos wird als sein *exit-Status* bezeichnet. Der exit-Status eines Kommandos zeigt immer den Erfolgsgrad der Kommandoausführung an:

Rückgabewert	Bedeutung
0	zeigt an, daß das Kommando erfolgreich ausgeführt wurde.
verschieden von 0	zeigt an, daß das Kommando nicht erfolgreich ausgeführt wurde Der exit-Status liefert in diesem Fall noch zusätzlich die Information, ob das Kommando <u>normal</u> (z.B. Datei nicht vorhanden) oder <u>abnormal</u> (z.B. bei Division durch 0 oder bei Abbruch durch den Benutzer) beendet wurde. Wurde ein Programm abnormal beendet, so wird auf den eigentlichen exit-Status noch 0200 (oktal)[5] aufaddiert.

Mit **echo $status** kann der exit-Status des zuletzt ausgeführten Kommandos ausgegeben werden.

Beispiele
```
% cd /abc↵
/abc: No such file or directory
% echo $status↵
1
% cd↵
% echo $status↵
0
% cd cshueb↵
% echo $status↵
0
%
```

6.3.2 Pipelines

Eine *Pipeline* ist eine Folge von einem oder mehreren einfachen Kommandos, welche mit | oder |& voneinander getrennt sind. Das Pipesymbol | bewirkt, daß die Standardausgabe des links vom Pipesymbol | angegebenen Kommandos direkt in die Standardeingabe des rechts davon stehenden Kommandos weitergeleitet wird. Wird das Pipesymbol |& angegeben, so wird nicht nur die Standardausgabe, sondern auch die Standardfehlerausgabe in die Standardeingabe des rechts davon stehenden Kommandos weitergeleitet.

Der exit-Status einer Pipeline ist der exit-Status des zuletzt in der Pipeline angegebenen Kommandos.

---

[5] dezimal: 128

6.3.3 Listen

Eine *Liste* ist eine Folge von ein oder mehreren Pipelines, welche durch die Zeichen

;, &, && oder ||

voneinander getrennt sind. & und ; dürfen dabei auch am Ende einer solchen Liste angegeben sein.

Diese Trennzeichen haben dabei folgende Bedeutung:

Trennzeichen	Bedeutung
;	bewirkt, daß die in der Liste angegebenen Pipelines streng nacheinander ausgeführt werden.
&	bewirkt, daß die davor angegebene Pipeline[6] im Hintergrund (asynchron) ausgeführt wird.
&&	bewirkt, daß die danach angegebenen Pipelines nur dann ausgeführt werden, wenn die vorherigen Pipelines erfolgreich (exit-Status = 0) ausgeführt werden konnten.
||	bewirkt, daß die danach angegebenen Pipelines nur dann ausgeführt werden, wenn die vorherigen Pipelines nicht erfolgreich (exit-Status verschieden von 0) ausgeführt werden konnten.

Die Vorrangregeln der hier angegebenen Trennzeichen von Pipelines in einer Liste sind: (; gleich &) < (&& gleich ||)

Hinweis

Um eine Liste als einfaches Kommando behandeln zu können, muß diese mit **(..)** geklammert werden:

```
% ls /bin/e*; ls /bin/f* | wc -1 ⏎
/bin/echo
/bin/ed
/bin/env
/bin/expr
       4
% ( ls /bin/e*; ls /bin/f* )  | wc -1 ⏎
       8
%
```

---

[6] Eine Pipeline kann auch nur aus einem Kommando bestehen.

6.4 Kommentare

Wie in der Bourne-Shell gilt: Wenn ein Wort mit # beginnt, dann werden dieses Wort und alle nachfolgenden Zeichen dieser Zeile von der **csh** als Kommentar interpretiert und als solcher von ihr ignoriert.

Anders als in der Bourne-Shell ist die Angabe von Kommentaren in der Kommandozeile einer interaktiven **csh** nicht erlaubt.

Zudem hat das Metazeichen # in der **csh** eine weitere Sonderbedeutung, wenn es an erster Stelle eines Shell-Skripts angegeben ist. In diesem Fall wird das betreffende Shell-Skript von der **csh** ausgeführt. Ist als erstes Zeichen in einem Skript nicht # angegeben, so nimmt die **csh** an, daß es sich um ein Bourne-Shellskript handelt und läßt es von der Bourne-Shell ausführen:

```
% pwd⏎
/user1/egon/cshueb
% set path = ( /bin /usr/bin . )⏎     [path-Variable für csh setzen]
% cat typ⏎
type $1 # sh-builtin: Typ von $1 bestimmen
% chmod u+x typ⏎
% type shift⏎
type: Command not found.          [type ist kein der csh bekanntes Kommando]
% typ shift⏎                      [typ wird von Bourne-Shell ausgeführt]
shift is a shell builtin          [type ist sh-Kommando]
% cat typ2⏎
#  csh-Skript
type $1 # sh-builtin: Typ von $1 bestimmen
% chmod u+x typ2⏎
% typ2 shift⏎                              [typ2 wird von csh ausgeführt]
type: Command not found.          [type ist kein der csh bekanntes Kommando]
%
```

6.5 Shell-Skripts (Shell-Prozeduren)

Kommandos können nicht nur interaktiv eingegeben, sondern auch in eine Datei geschrieben werden und diese Datei kann dann der **csh** zur Abarbeitung der darin angegebenen Kommandos vorgelegt werden.

Solche Kommandodateien werden auch unter der C-Shell als *Shell-Skripts* (oder *Shell-Prozeduren*) bezeichnet.

Es existieren mehrere Möglichkeiten, solche Shell-Skripts zu starten:

1. **csh** *skript-name*
   Wird ein Shell-Skript mit **csh** aufgerufen, so wird eine neue Subshell[7] gestartet, die das angegebene Shell-Skript ausführt.

2. *skript-name*
   Bei dieser Aufrufform muß allerdings die Datei, in welcher das Shell-Skript gespeichert ist, ausführbar sein, was beim Aufruf mit **csh** nicht erforderlich ist. Falls die entsprechende Shell-Skript-Datei nicht ausführbar ist, so muß sie zuerst mit dem Kommando **chmod** dazu gemacht werden. Wie beim Aufruf mit **csh** wird auch hier eine eigene Subshell gestartet, welche die Ausführung des aufgerufenen Shell-Skripts übernimmt.

Hinweis

Als Dateinamen für csh-Skripts sollten keine Namen von Unix-Kommandos gewählt werden.

Neben den beiden Aufrufformen, die zuvor angegeben wurden, könnte ein **csh**-Skript auch mit

`csh <skript-name`

zur Ausführung gebracht werden. In diesem Fall ist für die Dauer der Skript-Ausführung die Standardeingabe nicht mehr auf das Terminal eingestellt, sondern in die Skript-Datei umgelenkt.

6.6 Kommandosubstitution

Kommandos, deren Standardausgabe von der **csh** als Teil der Kommandozeile zu verwenden ist, müssen mit "Gegen-Apostrophen" (engl.: *backquotes* oder *accents graves*):

`` `kommandos` ``

geklammert werden.

Alle Metazeichen innerhalb einer Kommandosubstitution behalten ihre Sonderbedeutung.

Hinweis

Normalerweise werden Leer-, Tabulator- und Neuzeile-Zeichen als Wort-Trennzeichen für die Ausgabe der *kommandos* verwendet. Wird jedoch die Kommandosubstitution mit ".." geklammert, dann wird nur das Neuzeile-Zeichen als Wort-

---

[7] Sohnprozeß zur aktuellen Shell

Trennzeichen verwendet; Leer- und Tabulatorzeichen gehören dann zu einem Wort und bleiben erhalten:

```
% wc 'ls -C'⏎
     1       7      33 typ
     2       9      46 typ2
     3      16      79 total
% wc "'ls -C'"⏎
wc: cannot open typ    typ2  ["typ   typ2" zählt hierbei als ein Wort]
%
```

Da das letzte Neuezeile-Zeichen bei der Kommandosubstitution immer entfernt wird, ist es möglich, Kommandosubstitution als Teil eines Worts zu verwenden:

```
% echo 'pwd'-Directory⏎
/user1/egon/cshueb-Directory
% echo 'pwd'/t*⏎
/user1/egon/cshueb/typ /user1/egon/cshueb/typ2
%
```

6.7 Shell-Parameter

Die C-Shell kennt zwei Arten von Parametern:

Positionsparameter

Ihr Name wird als Ziffer 0, 1, 2,..., 9 angegeben. Wie später gezeigt wird, ist in der **csh** auch ein Zugriff auf die Positionsparameter **10**, **11**, usw. mit der Angabe **${10}**, **${11}**, usw. möglich.

Shell-Variablen

Ihr Name ist bis auf wenige Ausnahmen ein Bezeichner (siehe Kapitel 3). Durch das Voranstellen von $ vor einem Parameternamen dessen Wert angesprochen:

$*parameter* entspricht: Wert von *parameter*

6.7.1 Positionsparameter

Positionsparameter stellen die an ein **csh**-Skript übergebenen Argumente zur Verfügung, wobei das 1. Argument dem Parameter 1, das 2. Argument dem Parameter 2, usw. zugewiesen wird. Dem Parameter 0 wird der Name des aufgerufenen **csh**-Skripts zugewiesen.

Auf die Werte der einzelnen Parameternamen kann wieder durch Voranstellen des $-Zeichens zugegriffen werden.

Beispiel
```
% pwd⏎
/user1/egon/cshueb
% cat ausgab⏎
#! /bin/csh
echo Das erste Argument ist $1
echo Das zweite Argument ist $2
echo Das Skriptname ist $0
% chmod u+x ausgab⏎
% ausgab hans fritz franz⏎
Das erste Argument ist hans
Das zweite Argument ist fritz
Das Skriptname ist ausgab
$
```

Allerdings ist in der **csh** der Zugriff auf Positionsparameter nicht nur mit **$1**, **$2**, usw., sondern auch mit **$argv[1]**, **$argv[2]**, usw. möglich.

Mit dem built in-Kommando **shift** können die Werte der Positionsparameter um eine Position (nach links) verschoben werden. Das Verschieben um mehrere Positionen wie in der Bourne-Shell ist in der **csh** nicht möglich.

6.7.2 Shell-Variablen (Schlüsselwort-Parameter)

Der Name einer C-Shell-Variablen ist bis auf wenige Ausnahmen in Form eines Bezeichners (siehe auch Kapitel 3) anzugeben. Manche **csh**-Versionen begrenzen die Länge eines Variablennamens auf 20, andere wiederum lassen längere Namen zu.

Die Werte von Variablen werden als Strings gespeichert. Es ist jedoch möglich, solche Strings als Zahlen oder als logische Werte interpretieren zu lassen.

csh-Variablen können auf drei verschiedene Arten definiert werden:

1. **set** *variablenname* [= *wert*] [*variablenname* [= *wert*]]....[8]
   Der Gültigkeitsbereich der Variablen *variablenname(n)* ist dabei auf die lokale **csh** begrenzt.

2. **setenv** *variablenname wert*
   Der Gültigkeitsbereich der Variablen *variablenname* ist dabei global. Das heißt, daß diese Variable an Subshells exportiert wird.

---

[8] Vor und hinter dem Gleichheitszeichen dürfen hier Trennzeichen angegeben sein.

3. **@** *variablenname* = *ausdruck* [*variablenname* = *ausdruck*]....
   Der numerische Ausdruck *ausdruck* wird ausgewertet und das Ergebnis der Variablen *variablenname* als Wert zugewiesen. Der Gültigkeitsbereich der Variablen *variablenname(n)* ist dabei auf die lokale **csh** begrenzt.

Im nachfolgenden wird wieder unterschieden zwischen

- vom Benutzer frei wählbaren und
- von der **csh** vordefinierten Variablennamen.

Frei wählbare Variablennamen

Für die Wahl von benutzerdefinierten Variablennamen gelten die Regeln für Bezeichner.

Anders als in der Bourne-Shell wird beim Zugriff auf eine nicht definierte Shell-Variable nicht die leere Zeichenkette geliefert, sondern ein Fehlermeldung ausgegeben. Um zu überprüfen, ob eine Variable definiert ist oder nicht, steht der Ausdruck

$?variablenname

zur Verfügung. Dieser Ausdruck liefert den Wert 1, wenn die Variable *variablenname* momentan definiert ist, und ansonsten den Wert 0.

Beispiel

```
% echo $?zeit⏎
0
% echo $zeit⏎
zeit: Undefined variable.
% set zeit = fruehling⏎
% echo $?zeit⏎
1
%
```

Mit dem Aufruf von **set** ohne Argumente können alle in der momentanen Shell-Umgebung lokal definierten Shell-Variablen angezeigt werden:

```
% set⏎
argv    ()
cwd     /user1/egon/cshueb[9]
home    /user1/egon
path    (/bin /usr/bin .)
prompt  %
shell   /bin/csh
status  0
```

---

[9] Auf manchen **csh**-Versionen wird diese Variable nicht angeboten.

```
term    wyse60
zeit    fruehling
%
```

Wie in der Bourne-Shell, so gilt auch in der C-Shell:

- Soll einer Shell-Variablen eine Zeichenkette zugewiesen werden, in der die Bedeutung aller Metazeichen, wie z.B. **$**, Leerzeichen, usw. auszuschalten ist, dann ist diese Zeichenkette mit '..' zu klammern.

- Die Definition einer Shell-Variablen kann mit dem built in-Kommando **unset** wieder aufgehoben werden.

Arrays

Die C-Shell läßt auch die Definition von eindimensionalen Arrays zu. Jedoch muß die Länge des entsprechenden Arrays bereits bei der Definition festgelegt werden. Dies geschieht dadurch, daß allen einzelnen Elementen bereits bei der Definition Werte zugewiesen werden, wobei auch die leere Zeichenkette zugewiesen werden kann, wenn "Lücken" im Array benötigt werden. Ein Array wird wie folgt definiert:

set *arrayname* = (*wert1 wert2 ... wertn*)

Nach dieser Definition hat *arrayname*[1] als Wert *wert1*, *arrayname*[2] als Wert *wert2*, usw.

Soll auf den Wert eines Array-Elements zugegriffen werden, so muß dies mit

$*arrayname*[*index*]

erfolgen.

Soll zugleich auf mehrere Array-Elemente zugegriffen werden, so ist dies mit einer Bereichsangabe möglich:

$*arrayname*[*index1-index2*]

Soll der Wert eines Array-Elements geändert werden, so kann dies mit

set *arrayname*[*index*] = *wert*

erreicht werden.

Der Ausdruck

$#*arrayname*

liefert die Anzahl der Elemente des Arrays *arrayname*.

Die Angabe

$*arrayname*

Die C-Shell

beziehungsweise

$*arrayname*[*]

bewirkt, daß hierfür alle Array-Elemente (mit Leerzeichen getrennt) eingesetzt werden.

Ein Zugriff auf ein Element außerhalb des Arrays resultiert in einer Fehlermeldung.

Beispiel
```
% echo $?zahl⏎
0
% set zahl = ( one two three four five six )⏎
% echo $?zahl⏎
1
% echo $zahl[3]⏎
three
% set zahl[4] = vier⏎
% echo $zahl[2-4]⏎
two three vier
% echo $zahl[7]⏎
Subscript out of range.
% set zahl[7] = seven⏎
set: Subscript out of range.
% echo $#zahl⏎
6
% echo $zahl⏎
one two three vier five six
% echo $zahl[*]⏎
one two three vier five six
% echo $zahl[$#zahl]⏎
six
% set zahlx = "one two three four five"⏎
% echo $#zahlx⏎
1               [Nur ein Array-Element]
% echo $zahlx⏎
one two three four five
% echo $zahlx[1]⏎
one two three four five
% unset zahl zahlx⏎
% echo $?zahl⏎
0
% echo $zahl⏎
zahl: Undefined variable.
%
```

Anders als in der Bourne-Shell findet bei der Zuweisung eines Werts an eine Shell-Variable Dateinamen-Expandierung statt:

```
% ls /bin/a*↵
/bin/acctcom
/bin/adb
/bin/ar
/bin/as
/bin/asm
% set anfanga = /bin/a*↵
% echo $anfanga↵
/bin/acctcom /bin/adb /bin/ar /bin/as /bin/asm
% set↵
anfanga  (/bin/acctcom /bin/adb /bin/ar /bin/as /bin/asm)
argv     ()
cwd      /user1/egon/cshueb
home     /user1/egon
path     (/bin /usr/bin .)
prompt   %
shell    /bin/csh
status   0
term     wyse60
zeit     fruehling
%
```

Vordefinierte Shell-Variablen

Wie die Bourne-Shell, so bietet auch die C-Shell eine Reihe von Variablen an, deren Namen von ihr bereits fest vorgegeben sind. Bei diesen vordefinierten Variablen wird wieder unterschieden zwischen

- vom Benutzer veränderbaren Shell-Variablen

- Variablen, die ständig von der C-Shell automatisch gesetzt werden (auch automatische Variablen genannt).

Vordefinierte, aber änderbare Shell-Variablen

Im Gegensatz zu den vordefinierten Variablen der Bourne- und der Korn-Shell, sind die vordefinierten Variablen der C-Shell klein geschrieben:

Name	Bedeutung
cdpath	enthält die Suchdirectories für das built in-Kommando **cd** (entspricht der Bourne-Shellvariablen **CDPATH**). keine Voreinstellung.
echo	Wenn diese Variable gesetzt ist, dann wird jede Kommandozeile vor ihrer Ausführung nochmals angezeigt. Während bei nicht built in-Kommandos alle Substitutionen und Expandierungen vor dieser Ausgabe durchgeführt werden, werden bei built in-Kommandos diese Expandierungen und Substitutionen erst nach der Ausgabe vorgenommen. Die Option **-x** bewirkt ein implizites Setzen dieser Option. Voreinstellung: nicht gesetzt.
histchars	Durch die Zuweisung einer zwei Zeichen langen Zeichenkette können die beiden History-Metazeichen ! und ^ durch andere ersetzt werden. Das in diesem String als erstes angegebene Zeichen ersetzt dann ! und das zweite Zeichen ersetzt ^ (siehe auch Kapitel 6.14). Voreinstellung: **histchars="!^"**
history	Der Inhalt dieser Variablen legt fest, wieviele der zuletzt eingegebenen Kommandos im History-Puffer aufzuheben sind, um sie eventuell später wieder zu verwenden. Voreinstellung: Das zuletzt eingegebene Kommando wird immer aufgehoben.
home	enthält das home directory des Benutzers. Bei Verwendung des Tilde-Mechanismus wird für ~ der Wert von **home ($home)** eingesetzt. Voreinstellung: wird mit dem Wert der Variablen **HOME** aus der Standardumgebung besetzt. **HOME** seinerseits wird beim Anmelden auf einen vom Systemadministrator (in */etc/passwd*) festgelegten Pfadnamen gesetzt.
ignoreeof	Wenn diese Variable gesetzt ist, so kann eine interaktive **csh** nur mit **exit** oder **logout**, aber nicht mit *EOF* (*Ctrl-D*) verlassen werden; wird meist gesetzt, um ein versehentliches Beenden einer interaktiven **csh** mit *Ctrl-D* zu verhindern. Voreinstellung: nicht gesetzt.

Name	Bedeutung
mail	enthält die Pfadnamen von mailbox-Dateien. Im Abstand eines bestimmten Zeitintervalls überprüft die **csh**, ob neue mail in einer der angegebenen mailbox-Dateien angekommen ist. Wenn ja, so meldet sie dies mit "*You have new mail.*" oder, wenn mehrere mailbox-Dateien existieren, mit "*New mail in dateiname*". Wenn das erste Wort des **mail**-Werts (**$mail[1]**) eine Zahl ist, so legt diese das Zeitintervall für die mail-Überprüfung in Sekunden fest. Voreinstellung für das Zeitintervall ist: 600 (10 Minuten). Voreinstellung für **mail**: Falls **mail** nicht gesetzt ist, so legt die Variable **MAIL** aus der Standardumgebung den Pfadnamen der mailbox-Datei fest.
noclobber	Wenn diese Variable gesetzt ist, so ist ein versehentliches Überschreiben einer existierenden Datei mit einfacher Ausgabeumlenkung > bzw. >& nicht möglich. Um ein Überschreiben in diesem Fall zu erzwingen, müßte >! bzw. >&! verwendet werden. Zudem gilt, wenn **noclobber** gesetzt ist, daß die Verwendung von >> bzw. >>& auf eine nicht existierende Datei nicht möglich ist. In diesem Fall müßte >>! bzw. >>&! verwendet werden. Voreinstellung: nicht gesetzt.
noglob	Wenn diese Variable gesetzt ist, so wird die Dateinamen-Expandierung ausgeschaltet: Metazeichen wie * ? [..] {..} werden als einfache Zeichen ohne Sonderbedeutung behandelt. Voreinstellung: nicht gesetzt.
nonomatch	Wenn diese Variable nicht gesetzt ist, so wertet die **csh** das Vorkommen eines Metazeichens für Dateinamen-Expandierung (* ? [..] {..}), das keinen Dateinamen abdeckt, als Fehler und meldet dies mit "No match". Durch das Setzen dieser Variable kann dies verhindert werden. Voreinstellung: nicht gesetzt.
notify	Wenn diese Variable gesetzt ist, so wird die Beendigung von anderen gleichzeitig ablaufenden Jobs (Hintergrund-Jobs) sofort gemeldet, und nicht erst bei der nächsten Prompt-Ausgabe. Voreinstellung: nicht gesetzt. Auf manchen csh-Versionen wird diese Variable nicht angeboten.
path	enthält die Suchdirectories für Programme. Voreinstellung: wird mit den Werten der Variablen **PATH** aus der Standardumgebung besetzt.

Name	Bedeutung
prompt	legt den Primär-Promptstring für die **csh** fest. Kommt im Promptstring ein ! vor, so wird dieses Ausrufezeichen bei der Ausgabe des Promptstrings durch die Kommandonummer (*event number*) ersetzt. Diese Kommandonummer wird mit jeder vollständig eingegebenen Kommandozeile um 1 weitergezählt. Die Sonderbedeutung von ! im Promptstring kann mit Quoting \! ausgeschaltet werden. Voreinstellung: "% " (beim Superuser: "# ")
savehist[10]	legt die Anzahl der Kommandos fest, welche die **csh** bei ihrer Beendigung in der Datei *.history* (im home directory) aufheben soll. Beim nächsten Starten der **csh** kann dann der History-Puffer aus dieser Datei sofort geladen werden und somit eine History-Liste über eine Sitzung hinweg gerettet werden. keine Voreinstellung.
shell	enthält den Pfadnamen der Shell. Voreinstellung: meist **/bin/csh**.
term	enthält die Terminal-Bezeichnung. Voreinstellung: wird mit dem Wert der Variablen **TERM** aus der Standardumgebung besetzt.
time	wenn diese Variable gesetzt ist, so wird eine automatische Zeitmessung eingeschaltet. Die in **time** angegebene Zahl legt dabei eine Zeitmarke in CPU-Sekunden fest. Wird bei der Ausführung eines Kommandos diese Zeitmarke überschritten, so werden nach Beendigung des Kommandos drei Zeit-Werte: *user sys elapsed* und zusätzlich noch eine Prozentzahl ausgegeben, welche das Verhältnis von (*user + sys*) : *elapsed* anzeigt. Voreinstellung: nicht gesetzt.
verbose	Wenn diese Variable gesetzt ist, so wird nach jeder History-Substitution das substituierte Kommando angezeigt, bevor es ausgeführt wird. Mit der Option **-v** wird diese Variable automatisch gesetzt. Voreinstellung: nicht gesetzt.

Tabelle - Vordefinierte, aber änderbare csh-Variablen

Die momentanen Werte aller Shell-Variablen können mit dem Kommando **set** (ohne Angabe von Argumenten) am Bildschirm ausgegeben werden; dabei werden

---

[10] Auf manchen **csh**-Versionen wird diese Variable nicht angeboten.

jedoch boole'sche Variablen (wie **ignoreeof**, **echo**, usw.) nur angezeigt, wenn sie gesetzt sind.

Automatische Variablen

Die folgenden vordefinierten Variablen werden ständig neu von der **csh** gesetzt. Auf die Werte dieser automatischen Parameter kann wieder durch Voranstellen von $ zugegriffen werden:

Name	Bedeutung
$	Prozeßnummer (PID) der aktuellen Shell.
*	Alle Positionsparameter als ein String: "$*" entspricht "$1 $2 $3 ...".

Den nachfolgenden automatischen Variablen kann der Benutzer zwar explizit Werte zuweisen, allerdings macht dies nur selten Sinn. Zum Beispiel enthält die Variable **cwd** immer das momentane working directory. Wenn der Benutzer nun den Wert von **cwd** ändert, so bewirkt dies keinen Wechsel des working directorys; zudem wird beim nächsten **cd**-Aufruf **cwd** wieder neu auf das entsprechende working directory gesetzt.

Name	Bedeutung

argv	In diesem Array werden die Positionsparameter gespeichert:
	$argv[0] (nicht definiert.
	$0 dagegen enthält den Skript-Namen.)
	$argv[1] entspricht $1
	   : :
	$argv[9] entspricht $9
	$argv[10] entspricht ${10}
	$argv[11] entspricht ${11}
	   : :
	
	$argv[*] entspricht $*
	$argv entspricht $*
	$#argv Anzahl der Positionsparameter

child	Die Prozeßnummer (PID) des zuletzt im Hintergrund gestarteten Kommandos (entspricht dem ! in der Bourne-Shell).

Name	Bedeutung
cwd [11]	enthält den Pfadnamen des momentanen working directorys.
status	Exit-Status des zuletzt im Vordergrund ausgeführten Kommandos (entspricht dem ? in der Bourne-Shell).

Tabelle - Automatische csh-Variablen

Beispiele

```
% set↵
argv    ()
cwd     /user1/egon/cshueb
home    /user1/egon
path    (/bin /usr/bin /user1/egon/bin /etc .)
prompt  %
shell   /bin/csh
status  0
term    wyse60
% ls /bin/w*↵
/bin/wc
/bin/who
/bin/write
% set echo↵
% ls /bin/w*↵
ls /bin/wc /bin/who /bin/write
/bin/wc
/bin/who
/bin/write
% set noclobber↵
set noclobber
% cat >> text1↵
text1: No such file or directory
% cat > ausgab↵
ausgab: File exists.
% cat >>!  text1↵             [Nach ! mindestens ein Leerzeichen angeben]
cat
Ein bisschen↵
Text↵
Ctrl-D
% echo "Hallo, egon" > text1↵
text1: File exists.
```

---

[11] Auf manchen **csh**-Versionen wird diese Variable nicht angeboten.

```
% echo "Hallo, egon" >!  text1⏎        [Nach ! mindestens ein Leerzeichen angeben]
echo Hallo, egon
% cat text1⏎
cat text1
Hallo, egon
% unset echo⏎
unset echo
% cat text1⏎
Hallo, egon
% set prompt = "! >> "⏎          [Nach ! ein Leerzeichen angeben]
60>> set time = 5⏎
61>> find / -name "*.c"⏎
......
......
2.2u 17.2s 0:32 60%
62>> ls⏎
ausgab
text1
typ
typ2
63>> ls x*⏎
No match.
64>> set nonomatch⏎
65>> ls x*⏎
x* not found
66>> unset nonomatch⏎
67>> set argv = ( a b c d e )⏎
68>> echo $?argv⏎
1
69>> echo $#argv⏎
5
70>> echo $*⏎
a b c d e
71>> echo $argv[2-4]⏎
b c d
72>> echo $argv[$#argv]⏎
e
73>> echo $3⏎
c
74>> echo $argv[3]⏎
c
75>> set prompt ="% "⏎
%
```

Hinweis

Die Zugriffsarten **$n** und **$argv[n]** weisen einen kleinen Unterschied auf. Während ein Zugriff mit **$argv[n]** auf einen nicht existierenden Positionsparameter in einem Fehler resultiert, wird bei $n nur ein leerer String geliefert.

Die Angabe **$argv[n-]** resultiert nicht in einem Fehler, selbst wenn weniger als *n* Positionsparameter vorhanden sind. Dasselbe gilt für die Angabe **$argv[m-n]**, wenn weniger als *m*, aber mindestens *n* Positionsparameter existieren.

Beispiele

```
% set argv = ( eins zwei drei vier )⏎
% echo $5⏎
% echo $argv[5]⏎
Subscript out of range.
% echo $argv[2-]⏎
zwei drei vier
% echo $argv[6-7]⏎
Subscript out of range.
% echo $argv[10-4]⏎
%
```

6.7.3 Parametersubstitution

Die einfachste Zugriffsmöglichkeit auf den Wert einer Variablen ist

$*variable*

Die **csh** ersetzt diesen Ausdruck dabei durch alle Worte des Wertes von *variable* (das kann auch eine mit **setenv** definierte Environment-Variable sein); die einzelnen Worte werden dabei durch Leerzeichen getrennt.

Daneben bietet die **csh** auch spezielle Zugriffsmöglichkeiten auf die Werte von Variablen:

Weitere Zugriffsmöglichkeit auf den Wert einer Variablen

${*variable*}

ist identisch zur Angabe $*variable*.

Ein Variablenname muß immer dann in {..} angegeben werden, wenn

- dem Variablennamen ein Buchstabe, eine Ziffer oder ein Unterstrich folgt.

- auf Positionsparameter mit mehr als einer Ziffer (größer als 9) zuzugreifen ist:
  ```
  % set argv = ( a b c d e f g h i j k l m n )⏎
  % echo ${12}⏎
  l
  %
  ```

Die nachfolgenden Zugriffsformen dürfen für lokale Shell-Variablen, aber nicht für Environment-Variablen, welche mit **setenv** definiert wurden, verwendet werden.

Zugriff auf ein Array-Element

$variable[index]
${variable[index]}

Der kleinste Index eines Arrays ist immer 1.

Für *index* kann folgendes angegeben werden:

index	Bedeutung
eine Zahl *n*	wählt das *n*.te Array-Element aus.
m-n	wählt die Array-Elemente *m* bis *n* aus.
-n	entspricht **1-***n*
m-	entspricht *m*-**$#***variable*
*	wählt alle Array-Elemente aus.

Beispiele

```
% set woche = ( so mo di mi do fr sa )⏎
% echo $woche[2]⏎
mo
% echo $woche[*]⏎
so mo di mi do fr sa
% echo $woche[3-]⏎
di mi do fr sa
% echo $woche[-4]⏎
so mo di mi
%
```

Hinweis

Die Ausgabe eines leeren Bereichs resultiert nur dann nicht in einem Fehler, wenn das zweite Argument weggelassen wird oder aber im erlaubten Bereich liegt.

```
% echo $woche[7-4] ⏎
% echo $woche[19-] ⏎
% echo $woche[5-8] ⏎
Subscript out of range.
%
```

Anzahl der Elemente eines Arrays

$#variabl**e**

oder

${#variable**}**

liefert die Anzahl der Elemente des Arrays *variable*.

```
% echo $#woche ⏎
7
%
```

Skriptname

$0

Einzelne Positionsparameter

$n
${n**}**

entspricht **$argv[**n**]** bzw. **${argv[**n**]}**

Alle Positionsparameter

$*

entspricht **$argv[*]**

Abfrage, ob Variable gesetzt

${?variable**}**
$?variable

liefert 1, wenn *variable* gesetzt ist, und 0, wenn nicht.

Abfrage, ob Positionsparameter 0 gesetzt

$?0

liefert 1, wenn **$0** gesetzt ist, und 0, wenn nicht.

Lesen einer Zeile von der Standardeingabe
$<[12]

Hierfür wird eine von der Standardeingabe gelesene Zeile eingesetzt. Mit dieser Konstruktion ist es also möglich, eine Zeile von der Standardeingabe zu lesen.

Beispiel
```
% cat eingabe↵
#!/bin/csh    # um sicherzustellen, dass von csh ausgefuehrt
echo "Gib eine Zeile ein:"
set zeile = $<    # wenn $< nicht vorhanden, dann
                  #   set zeile = 'line'
echo "Deine Eingabe ——$zeile——"
echo "Deine Eingabe umfasst $#zeile Woerter"
echo "Das 2.Wort ist ——$zeile[2]——"
% chmod u+x eingabe↵
% eingabe↵
Gib eine Zeile ein:
Eine kleine Zeile↵
Deine Eingabe ——Eine kleine Zeile——
Deine Eingabe umfasst 3 Woerter
Das 2.Wort ist ——kleine——
%
```

Modifikatoren

Die nachfolgenden Modifikatoren können bei einer Parametersubstitution nach einem : (Doppelpunkt) angegeben werden und haben dann die beschriebenen Auswirkungen:

Modifikator	Auswirkung
:h	(*h*ead) liefert den Pfadnamen des entsprechenden Worts.
:t	(*t*ail) liefert den Basisnamen des entsprechenden Worts (Gegenstück zu :h).
:r	(*r*emove) schneidet vom entsprechenden Wort eine vorhandene Endung *.xxx* ab.
:e	(*e*xtension) liefert vom entsprechenden Wort eine eventuell vorhandene Endung *.xxx*.

---

[12] Auf manchen **csh**-Versionen wird dies nicht angeboten.

Die C-Shell

Modifikator	Auswirkung
:q	(quote) für das entsprechende Wort wird Quoting vorgenommen, so daß keine weiteren Substitutionen oder Dateinamen-Expandierungen stattfinden.
:x	wie :q, nur daß der entsprechende Wert in mehrere Worte aufgeteilt wird. Trennzeichen sind dabei Leer-, Tabulator- und Neuezeile-Zeichen.
:gh	(global head) :h auf alle Werte eines Arrays anwenden.
:gt	(global tail) :t auf alle Werte eines Arrays anwenden.
:gr	(global read) :r auf alle Werte eines Arrays anwenden.
:ge	(global extension) :e auf alle Werte eines Arrays anwenden.

Tabelle - Modifikation in der csh

Wenn die Klammerung {..} verwendet wird, so müssen die Modifikatoren innerhalb der geschweiften Klammern angegeben werden.

Die Modifikatoren dürfen bei den folgenden Konstruktionen nicht angegeben werden:

$?variable bzw **${?variable}**
$?0
$$
$<

Die Modifikatoren haben bei mit **setenv** definierten Environment-Variablen keine Auswirkung.

Beispiele

```
% set a = /usr/bin/vi⏎
% echo $a⏎
/usr/bin/vi
% echo $a:t⏎
vi
% echo $a:h⏎
/usr/bin
% set v = /usr/bin/vi*⏎
% echo $v⏎
/usr/bin/vi /usr/bin/view
% echo $v:h⏎
/usr/bin /usr/bin/view    [Modifikator :h wirkt nur auf das 1.Wort]
% echo $v:t⏎
```

```
vi /usr/bin/view        [Modifikator :t wirkt nur auf das 1.Wort]
% echo $v:gh⏎
/usr/bin /usr/bin
% echo $v:gt⏎
vi view
% set a = "*"⏎
% echo $a⏎
ausgab eingabe text1 typ typ2
% echo $a:q⏎
*
% set a = *⏎         [Dateinamen-Exp. findet bereits hier statt]
% echo $a:q⏎
ausgab eingabe text1 typ typ2
% echo $a:x⏎
ausgab eingabe text1 typ typ2
% set y = ($a:q)⏎
% echo $y⏎
ausgab eingabe text1 typ typ2
% echo $#y⏎
5
% set y = $a:x⏎
% echo $y⏎
ausgab
% echo $#y⏎
1
%
```

6.8 Expandierung von Dateinamen auf der Kommandozeile

Beim Aufruf eines Kommandos oder Shell-Skripts wird jedes Wort der Kommandozeile von der **csh** daraufhin untersucht, ob eines der Zeichen *, ?, [oder { darin vorkommt oder ob es mit ~ (engl. *tilde*) beginnt. Wird ein solches Wort gefunden, so betrachtet die **csh** dieses als ein sogenanntes *pattern*, welches eine Vielzahl von Dateinamen abdecken kann.

Jedes in der Kommandozeile gefundene pattern wird dann von der **csh** expandiert, d.h. durch alle Dateinamen ersetzt[13], die es abdeckt.

Zur Expandierung von Dateinamen stehen die folgenden Metazeichen zur Verfügung:

---

[13] alphabetisch sortiert.

Die C-Shell

Metazeichen	Bedeutung
*	steht für *"eine beliebige Zeichenfolge"* (auch die leere).
?	steht für *"ein beliebiges einzelnes Zeichen"*.
[...]	steht für *"eines der in [...] angegebenen Zeichen"*. Bei der Angabe von Zeichen innerhalb von [...] sind auch Bereichsangaben wie *[A-Z]* oder *[0-9]* erlaubt. Hinweis: In der **csh** ist die Angabe [!...] nicht vorhanden.
{wort$_1$,wort$_2$,..}	Jedes der in {..} mit Komma getrennten Worte wird eingesetzt. z.B. würde *prog.{c,o,txt}* die Dateien *prog.c, prog.o* und *prog.txt* und *{add1,subst}.c* die Dateien *add1.c* und *subst.c* abdecken.
~	*(Tilde)* Hierfür setzt die **csh** den Pfadnamen des home directorys ein, wenn ~ als einziges Zeichen eines Worts vorkommt oder am Anfang eines Wortes steht und ihm / folgt.
~*loginname*	*(Tilde)* Hierfür setzt die **csh** den Pfadnamen des home directorys des Benutzers *loginname* ein, wenn diese Konstruktion am Anfang eines Worts steht.

Tabelle - csh-Metazeichen für Dateinamen-Expandierung

Hinweis

Durch Setzen der Variablen **noglob** kann die Dateinamen-Expandierung ausgeschaltet werden.

Für eine Liste von Kommandowörtern (pattern) ist es ein Fehler, wenn kein einziges der angegebenen pattern mindestens einen Dateinamen abdeckt. Es ist jedoch nicht gefordert, daß jedes angegebene pattern Dateinamen abdecken muß; es wäre also kein Fehler, wenn bereits durch ein angegebenes pattern Dateinamen abgedeckt würden, auch wenn die restlichen pattern keine Dateinamen abdecken. Dies gilt jedoch nur für die Metazeichen *, ? und [. Die Metazeichen ~ und { werden von der **csh** als Kürzel betrachtet.

Ausnahmen zu obigen Regeln:

Einige Zeichenfolgen in Dateinamen werden nur dann abgedeckt, wenn sie explizit im entsprechenden pattern angegeben wurden:

```
. (Punkt) am Anfang eines Dateinamens
/.
/
```

Beispiele

```
% pwd⏎
/user1/egon/cshueb
% echo {ein,aus}gab*⏎
eingabe ausgab
% echo ~⏎
/user1/egon
% echo ~emil⏎
/user1/emil
% echo ~/c*⏎
/user1/egon/cshueb
% ls b* c*⏎
No match.
% ls a* b* c*⏎
ausgab
% ls /bin/{ca,pg,pa}*⏎
/bin/cat
/bin/passwd
% cd ~emil⏎
% pwd⏎
/user1/emil
% cd ~/cshueb⏎
% pwd⏎
/user1/egon/cshueb
% set noglob⏎
% echo ~⏎
~
% cd ~⏎
~: No such file or directory
% pwd⏎
/user1/egon/cshueb
% ls a*⏎
a* not found
% unset noglob⏎
% echo a{x,u}*⏎
ausgab
% echo a{x,y}*⏎
echo: No match.
% echo {}*⏎
ausgab eingabe text1 typ typ2
% echo {ai}*⏎
echo: No match.
% echo ~xx ~egon⏎
Unknown user: xx.
```

Die C-Shell

```
% echo {a,b} {c,d}⏎
a b c d
%
```

6.9 Quoting

Mit dem Quoting-Mechanismus kann die Sonderbedeutung von Metazeichen ausgeschaltet werden.

Die **csh** kennt folgende Quoting-Arten:

1. Voranstellen von \

2. Klammerung mit '..'

3. Klammerung mit ".."

6.9.1 Voranstellen von \

Hier gelten die folgenden Regeln:

- Wird einem der Metazeichen ein \ vorangestellt, so verliert dieses Metazeichen seine Sonderbedeutung. Wird ein \ vor einem Neuezeile-Zeichen angegeben, so wird dieses Zeichenpaar von der **csh** entfernt. Wenn sich also eine Kommandozeile über mehr als eine Zeile erstrecken soll, so kann \ als Fortsetzungszeichen verwendet werden.

- Ein \ vor einem Nicht-Metazeichen hat keinerlei Auswirkung, sondern wird lediglich entfernt.

- In einem Kommentar und innerhalb von '..' bzw. ".." hat \ keine Sonderbedeutung.

- Innerhalb der Kommandosubstitution (`kdos`) schaltet \ nur die Sonderbedeutung der Metazeichen $, ` und \ aus.

6.9.2 Klammerung mit '..'

Alle Metazeichen zwischen zwei einzelnen Apostrophen[14] (außer ein weiterer Apostroph) verlieren ihre Sonderbedeutung.

---

14 Nicht zu verwechseln mit den Gegen-Apostrophen der Kommandosubstitution `..`

6.9.3 Klammerung mit ".."

Bei einer Klammerung mit ".." verlieren die meisten, aber nicht alle Metazeichen ihre besondere Bedeutung: innerhalb von ".." behalten nur die Metazeichen

" ` $

ihre Sonderbedeutung.

Im Unterschied zur Apostrophen-Klammerung schaltet diese Form der Klammerung also folgendes nicht aus:

- Parametersubstitution ($*variable*: Zugriff auf den Wert von *variable*)
- Kommandosubstitution (`` `kdos` ``)

Hinweis

Die Erkennung von built in-Kommandos[15] durch die **csh** kann durch Quoting unterbunden werden; für andere Kommandos gilt dies nicht:

```
% \p\w\d⏎      [pwd ist in der csh kein built in-Kommando]
/user1/egon/cshueb
% "pwd"⏎
/user1/egon/cshueb
% 'pwd'⏎
/user1/egon/cshueb
% "cd" /bin⏎   [cd ist ein built in-Kommando der csh]
cd: Command not found.
% \p"wd"⏎
/user1/egon/cshueb
% 'ls'⏎
ausgab
eingabe
text1
typ
typ2
% set a = Hallo⏎
% echo "$a"⏎
Hallo
% echo "\$a"⏎
\Hallo
%
```

Die Erkennung von **alias**-Namen (siehe auch Kapitel 6.15) kann ebenfalls mit Quoting unterbunden werden:

---

[15] In Kapitel 6.19 sind alle built in-Kommandos der **csh** zusammengefasst.

Die C-Shell   563

```
% alias ll "ls -CF"⏎
% ll⏎
ausgab*    eingabe*   text1     typ*      typ2*
% "ll"⏎
ll: Command not found.
%
```

6.10 Ein- und Ausgabeumlenkung

Die üblichen Voreinstellungen sind dabei:

Standardeingabe: Dialogstation (Tastatur)
Standardausgabe: Dialogstation (Bildschirm)
Standardfehlerausgabe: Dialogstation (Bildschirm)

Jedem dieser drei Ein-/Ausgabekanäle ist wieder ein Dateideskriptor zugeordnet:

Standardeingabe (**stdin**):   0
Standardausgabe (**stdout**):   1
Standardfehlerausgabe (**stderr**): 2

Anderen Dateien, welche innerhalb eines Programms oder Kommandos explizit eröffnet werden, werden die Dateideskriptoren 3, 4, 5, 6, usw. zugeordnet.

Diese Ein-/Ausgabekanäle können auch in der **csh** in Dateien umgelenkt werden:

<*datei*

lenkt die Standardeingabe (von der Dialogstation) in die Datei *datei* um.

> *datei*
>! *datei*

lenkt die Standardausgabe (von der Dialogstation) in die Datei *datei* um.

Existiert *datei* noch nicht, so wird sie neu angelegt. Wenn *datei* bereits existiert, so wird sie in jedem Fall überschrieben, wenn die Variable **noclobber** nicht gesetzt ist; ist dagegen **noclobber** gesetzt, so meldet die **csh** bei > *datei* einen Fehler[16]. Bei der Angabe >! *datei* wird allerdings auch wenn **noclobber** gesetzt ist, der alte Inhalt von *datei* überschrieben.

>& *datei*
>&! *datei*

---

[16] außer es handelt sich um eine gerätespezifische Datei.

lenkt sowohl die Standardausgabe als auch die Standardfehlerausgabe in die angegebene *datei* um.

Existiert *datei* noch nicht, so wird sie neu angelegt; >&! *datei* muß hierbei verwendet werden, wenn *datei* bereits existiert und in jedem Fall zu überschreiben ist, auch wenn **noclobber** gesetzt ist.

>> *datei*
>>! *datei*

lenkt die Standardausgabe (von der Dialogstation) in die Datei *datei* um; allerdings wird hierbei der alte Inhalt einer eventuell schon existierenden Datei *datei* nicht überschrieben, sondern werden die neuen Ausgabedaten an das Ende von *datei* geschrieben.

Wenn *datei* noch nicht existiert, so meldet die **csh** bei >> *datei* einen Fehler, wenn die Variable **noclobber** gesetzt ist. Bei der Angabe >>! *datei* wird allerdings auch wenn **noclobber** gesetzt ist, eine neue *datei* angelegt.

>>& *datei*
>>&! *datei*

lenkt sowohl die Standardausgabe als auch die Standardfehlerausgabe an das Ende der Datei *datei* um.

Existiert *datei* noch nicht, so wird sie neu angelegt; >>&! *datei* muß hierbei verwendet werden, wenn *datei* noch nicht existiert und in jedem Fall anzulegen ist, auch wenn **noclobber** gesetzt ist.

<<*wort*

Hier-Dokument (engl. *here document*): Die Eingabe an die **csh** wird Zeile für Zeile gelesen, bis eine Zeile gefunden wird, welche genau mit *wort* übereinstimmt, oder bis ein **EOF** gelesen wird.

Für *wort* wird keine Parametersubstitution, keine Kommandosubstitution und keine Dateinamen-Expandierung durchgeführt.

Abhängig davon, ob Quoting im *wort* verwendet wird oder nicht, wird die Sonderbedeutung der Metazeichen für die Eingabezeilen ausgeschaltet oder nicht:

Quoting in wort
In den folgenden Eingabezeilen wird die Sonderbedeutung der Metazeichen ausgeschaltet.

Beispiel

```
% cat <<"ENDE"↵
Dies ist ein Hier-Dokument↵
$home ist das home directory↵
"ENDE"↵
Dies ist ein Hier-Dokument
$home ist das home directory
%
```

Kein Quoting in wort

Für die folgenden Eingabezeilen gelten die Regeln:

1. Parameter- und Kommandosubstitution findet statt.
2. \ muß verwendet werden, um die Sonderbedeutung der Zeichen \ sowie $ und ` auszuschalten.

Beispiel

```
% cat <<ENDE↵
Dies ist ein Hier-Dokument↵
$home ist das home directory↵
ENDE↵
Dies ist ein Hier-Dokument
/user1/egon ist das home directory
%
```

Hinweis

Weitere Angaben nach *wort* sind möglich:

```
% cat <<ENDE | tr '[a-z]' '[A-Z]'↵
Dies ist ein Hier-Dokument↵
$home ist das home directory↵
ENDE↵
DIES IST EIN HIER-DOKUMENT
/USER1/EGON IST DAS HOME DIRECTORY
$
```

Hinweis

1. Um die Standardausgabe und die Standardfehlerausgabe getrennt in unterschiedliche Dateien umzulenken, muß ein kleiner Trick angewendet werden, der darin besteht, daß die Standardausgabe mit > in einer Subshell und die Standardfehlerausgabe mit >& in der gerade aktiven Shell umgelenkt wird:

(*kommando* >*ausdatei*) >& *fehldatei*

Beispiel

```
% cat lsax⏎
ls a*
ls x*
% chmod u+x lsax⏎
% lsax⏎
ausgab                                  [Standardausgabe]
x* not found                            [Standardfehlerausgabe]
% ( lsax >stdaus ) >& stdfehl⏎
% cat stdaus⏎
ausgab
% cat stdfehl⏎
x* not found
%
```

2. Im Gegensatz zur Bourne-Shell wird bei im Hintergrund gestarteten Kommandos die Standardeingabe nicht auf /dev/null umgelenkt, sondern wird der entsprechende Hintergrund-Prozeß angehalten, wenn er von der Standardeingabe zu lesen versucht. Mit dem Kommando **fg** (siehe auch Kapitel 6.18) kann dieser Prozeß dann in den Vordergrund gebracht werden, um ihn mit der entsprechenden Eingabe zu versorgen.

3. Die Standardfehlerausgabe eines Kommandos kann zusammen mit der Standardausgabe mit I& in eine Pipe umgelenkt werden.

4. Vor und nach den Umlenkungsanweisungen können beliebig viele Leer- und Tabulatorzeichen angegeben sein.

5. Die Umlenkungs-Konstruktionen werden bereits vor dem Aufruf des entsprechenden Programms von der **csh** ausgewertet, so daß das aufgerufene Programm davon keinerlei Notiz nimmt. Nachdem die **csh** die geforderten Umleitungen vorgenommen hat, werden die Umlenkungsangaben nicht mehr benötigt und deshalb von der **csh** aus der Kommandozeile entfernt. Somit werden Umlenkungsanweisungen niemals einem Programm oder Skript als Argumente übergeben.

6. Umlenkungsanweisungen können in einem einfachen Kommando an beliebiger Stelle angegeben werden. Üblicherweise werden die Umlenkungen am Ende eines Kommandos angegeben.

7. Parameter- und Kommandosubstitution werden immer durchgeführt, bevor die entsprechenden Umlenkungen von der **csh** vorgenommen werden.

8. Für die bei der Ein-/Ausgabeumlenkung angegebene Datei findet nur dann eine Dateinamen-Expandierung statt, wenn diese nur eine Datei liefert, ansonsten meldet die **csh** einen Fehler.

Die C-Shell

6.11 Ausdrücke

Ausdrücke werden zum einen bei den built in-Kommandos **if**, **while** und **exit** und zum anderen bei arithmetischen Berechnungen mit dem built in-Kommando **@** benötigt[17].

Anders als die Bourne-Shell verfügt die **csh** über eine eigene Arithmetik, so daß keine zeitaufwendigen Aufrufe der nicht built in-Kommandos **expr** bzw. **bc** mehr notwendig sind, um mathematische Berechnungen durchführen zu lassen.

Die **csh** verwendet am jeweiligen System bei allen Berechnungen die größtmögliche interne Darstellungsform für ganze Zahlen (z.B. 2, 4 oder 8 Bytes). Die **csh** prüft dabei niemals auf einen eventuellen *Overflow*.

Wie in der Programmiersprache C wird der Wert eines arithmetischen Ausdrucks als TRUE gewertet, wenn er verschieden von 0, und als FALSE, wenn er 0 ist.

6.11.1 Operatoren

Für Ausdrücke können folgende von C her bekannten Operatoren verwendet werden:

Operator	Bedeutung
-	Minuszeichen
~	Bitweise Negation (Einerkomplement)
*	Multiplikation
/	Division
%	Modulofunktion
+	Addition
-	Subtraktion
<<	Links-Shift
>>	Rechts-Shift
<	kleiner
>	größer
<=	kleiner gleich
>=	größer gleich
==	Vergleich von Strings auf Gleichheit
!=	Vergleich von Strings auf Ungleichheit

---

[17] siehe Kapitel 6.13 und Kapitel 6.19

Operator	Bedeutung
=~	Vergleich von Strings auf Gleichheit (als rechter Operand ist pattern erlaubt - nicht auf allen csh-Versionen verfügbar.)
!~ [18]	Vergleich von Strings auf Ungleichheit (als rechter Operand ist pattern erlaubt)
&	bitweises AND
^	bitweises XOR
|	bitweises OR

Tabelle - Operatoren für csh-Ausdrucke

Die Operatoren ==, !=, =~ und !~ führen einen Stringvergleich durch. Die Operatoren =~ und !~ entsprechen weitgehend den Operatoren == und !~, nur daß sie als rechten Operanden auch ein pattern (siehe Kapitel 6.8) zulassen ; dabei prüft die **csh** dann, ob dieses pattern den linken Operanden abdeckt (=~) oder nicht abdeckt (!~).

Zusätzlich können noch die folgenden Ausdrücke angegeben werden:

Ausdruck	liefert TRUE, wenn
-d *datei*	*datei* ein Directory (**d**irectory) ist.
-e *datei*	*datei* existiert (**e**xistence).
-f *datei*	*datei* eine normale Datei (**f**ile) ist.
-o *datei*	*datei* dem Benutzer gehört (**o**wnership).
-r *datei*	*datei* gelesen (**r**ead) werden darf.
-w *datei*	*datei* beschrieben (**w**rite) werden darf.
-x *datei*	*datei* ausführbar (**e**xecute) ist.
-z *datei*	*datei* leer ist (**z**ero).

Für die angegebene *datei* wird dabei Kommandosubstitution und Dateinamen-Expandierung durchgeführt.

Alle Ausdrücke können mit den nachfolgenden Operatoren zu neuen Ausdrücken verknüpft werden:

---

[18] nicht auf allen **csh**-Versionen verfügbar.

Die C-Shell

Ausdruck	Bedeutung
! *ausdr*	Logischer Negationsoperator
ausdr1 && *ausdr2*	AND-Operator
ausdr1 || *ausdr2*	OR-Operator
(*ausdr*)	Klammerung eines Ausdrucks: Mit Klammerung ist es möglich, eine andere als die durch die Prioritäten vorgegebene Auswertung zu erzwingen.

Die folgende Tabelle zeigt die **Prioritätsreihenfolge** (höchste zuerst). Alle in einer Zeile angegebenen Operatoren besitzen dabei die gleiche Priorität:

```
( )
-       (Minuszeichen)
!   ~
*   /   %
+   -
<<  >>
<=  >=  <   >
==  !=  =~  !~
&
^
|
&&
||
```

Alle Operatoren mit gleicher Priorität werden von links nach rechts abgearbeitet.

Hinweis

Die einzelnen Operanden und Operatoren eines Ausdrucks müssen durch Leerzeichen getrennt werden; dies gilt jedoch nicht für die Operatoren &, |, <, >, (,).

Bei der Auswertung eines Ausdrucks werden bei manchen **csh**-Versionen Zahlen, die mit einer **0** beginnen, als Oktalzahlen interpretiert. Die Ergebnisse selbst werden jedoch immer im Dezimalsystem geliefert.

Fehlt ein Operand oder ist als Operand ein leerer String angegeben, so setzt die **csh** hierfür den Wert **0** ein.

Gegenüber der Bourne-Shell hat die **csh** den Vorteil, daß Metazeichen wie *, (, |, usw. in Ausdrücken nicht mit Quoting auszuschalten sind, was sicherlich der besseren Lesbarkeit dient.

Wird der exit-Status eines Kommandos, das auszuführen ist, als Ausdruck benötigt, so ist das entsprechende Kommando bzw. die betreffende Kommandoliste mit

{..} zu klammern. { *kdoliste* } liefert 1, wenn die Ausführung von *kdoliste* erfolgreich (exit-Status 0) war, ansonsten liefert diese Konstruktion 1:

```
% pwd⏎
/user1/egon/cshueb
% grep hans *⏎
% echo $status⏎
1
% @ var = ( { grep hans * } )⏎
% echo $var⏎
0
% grep erste *⏎
ausgab:echo Das erste Argument ist $1
% echo $status⏎
0
% @ var = ( { grep erste * } ) >& /dev/null⏎
% echo $var⏎
1
%
```

6.11.2 Das built in-Kommando @

Mit dem built in-Kommando @ ist es möglich, arithmetische Auswertungen durchzuführen und das Ergebnis dann Variablen bzw. Array-Elementen zuzuweisen. @ kann auf 3 verschiedene Arten aufgerufen werden:

Kommando	Wirkung
@	gibt die Werte aller momentan definierten Shellvariablen aus.
@ *variable* = *ausdruck*[19]	setzt die *variable* mit dem Ergebnis, das die Auswertung von *ausdruck* liefert.
@ *variable*[*index*] = *ausdruck*[20]	setzt das Array-Element *variable*[*index*] mit dem Ergebnis, das die Auswertung von *ausdruck* liefert. Hierbei ist zu beachten, daß *variable*[*index*] bereits existieren muß, also zuvor mit **set** oder **setenv** deklariert werden muß.

---

[19] Die Leerzeichen vor und nach dem Zuweisungsoperator = sind nicht notwendig.
[20] Die Leerzeichen vor und nach dem Zuweisungsoperator = sind nicht notwendig.

Für = können hierbei auch die von C her bekannten zusammengesetzten Operatoren +=, -=, *=, /=, %= und ^= verwendet werden. Auch ist die Verwendung der Postfix-Operatoren ++ (Inkrementieren) und -- (Dekrementieren) erlaubt:

@ *variable*++ bzw. @ *variable*--

@ *variable*[*index*]++ bzw. @ *variable*[*index*]--

In *ausdruck* können die im vorherigen Kapitel vorgestellten Operatoren verwendet werden. Dabei ist lediglich zu beachten, daß bei Verwendung eines der Operatoren <, >, & oder | der *ausdruck* oder zumindest der entsprechende Teilausdruck mit (..) zu klammern ist.

Beispiele
```
% @ a = 5
% @ a++
% echo $a
6
% @ b=$a * 20
% echo $b
120
% @ x[2] = 10
x: Undefined variable.
% set x = ( a b c d e f g h i j k l m )
% @ x[2] =10
% echo $x
a 10 c d e f g h i j k l m
% @ x[2] += 25
% echo $x[2]
35
% @ x[3] += 10
@: Expression syntax.
%
```

Die beiden nachfolgenden **csh**-Skripts testen die zuvor vorgestellten Operatoren:

```
% cat optest
#! /bin/csh
#
# optest - csh-Skript zum Testen der Ausdrucks-Operatoren
#
#————————————————————————————
#
echo -n "Gib eine Zahl ein: "
set a = $<     # evtl.:    set a = 'line'
echo -n "Gib noch eine Zahl ein: "
set b = $<     # evtl.:    set b = 'line'
```

```
@ z = -$a ; echo "-$a = $z"
@ z = (~ $a) ; echo "~ $a = $z"
@ z = $a * $b ; echo "$a * $b = $z"
@ z = $a / $b ; echo "$a / $b = $z"
@ z = $a % $b ; echo "$a % $b = $z"
@ z = $a + $b ; echo "$a + $b = $z"
@ z = $a - $b ; echo "$a - $b = $z"
@ z = ($a << $b) ; echo "$a << $b = $z"
@ z = ($a >> $b) ; echo "$a >> $b = $z"
@ z = ($a < $b) ; echo "$a < $b = $z"
@ z = ($a > $b) ; echo "$a > $b = $z"
@ z = $a == $b ; echo "$a == $b = $z"
@ z = $a != $b ; echo "$a != $b = $z"
@ z = ($a & $b) ; echo "$a & $b = $z"
@ z = ($a ^ $b) ; echo "$a ^ $b = $z"
@ z = ($a | $b) ; echo "$a | $b = $z"
@ z = ($a && $b) ; echo "$a && $b = $z"
@ z = ($a || $b) ; echo "$a || $b = $z"
% chmod u+x optest ⏎
% optest ⏎
Gib eine Zahl ein: 25 ⏎
Gib noch eine Zahl ein: 12 ⏎
-25 = -25
~ 25 = -26
25 * 12 = 300
25 / 12 = 2
25 % 12 = 1
25 + 12 = 37
25 - 12 = 13
25 << 12 = 102400
25 >> 12 = 0
25 < 12 = 0
25 > 12 = 1
25 == 12 = 0
25 != 12 = 1
25 & 12 = 8
25 ^ 12 = 21
25 | 12 = 29
25 && 12 = 1
25 || 12 = 1
%
```

Das nachfolgende **csh**-Skript *zoptest* macht bereits von der einfachen **if**-Abfrage Gebrauch:

if (*ausdruck*) *kommando*

Die C-Shell

573

Falls die Auswertung von *ausdruck* TRUE ergibt, wird das angegebene *kommando* ausgeführt, und sonst nicht. *kommando* muß dabei in der gleichen Zeile wie **if** (*ausdruck*) angegeben sein (siehe auch Kpaitel 6.13.1):

```
% cat zoptest⏎
#! /bin/csh
#
# zoptest - csh-Skript zum Testen der String-Operatoren
#
#————————————————————————————————————————
#
echo -n "Gib einen String ein: "
set a = $<    # evtl. angeben: set a = 'line'
echo -n "Gib noch einen String ein: "
set b = $<    # evtl. angeben: set b = 'line'

if ($a == $b) echo "String '$a' ist gleich String '$b'"
if ($a != $b) echo "String '$a' ist nicht gleich String '$b'"
if ($a =~ $b) echo "String '$a' ist gleich String '$b'"
if ($a !~ $b) echo "String '$a' ist nicht gleich String '$b'"
if ($a =~ *[aeiou]*) echo "String '$a' enthaelt einen Vokal"
if ($b !~ *[aeiou]*) echo "String '$b' enthaelt keinen Vokal"
if ($a =~ *$b*) echo "String '$b' ist in '$a' enthalten"
% chmod u+x zoptest⏎
% zoptest⏎
Gib einen String ein: Berlin⏎
Gib noch einen String ein: DHH⏎
String 'Berlin' ist nicht gleich String 'DHH'
String 'Berlin' ist nicht gleich String 'DHH'
String 'Berlin' enthaelt einen Vokal
String 'DHH' enthaelt keinen Vokal
% zoptest⏎
Gib einen String ein: Peterchen⏎
Gib noch einen String ein: Peter⏎
String 'Peterchen' ist nicht gleich String 'Peter'
String 'Peterchen' ist nicht gleich String 'Peter'
String 'Peterchen' enthaelt einen Vokal
String 'Peter' ist in 'Peterchen' enthalten
%
```

Das nachfolgende Shell-Skript *fiba* macht bereits von der später beschriebenen **while**-Schleife (siehe Kapitel 6.13.3) Gebrauch. Es berechnet dabei wieder einmal die Fibonacci-Zahlen (bis 1000):

```
% pwd⏎
/user1/egon/cshueb
% cat fiba⏎
```

```
#!/bin/csh
set   x=1   y=1

while ($x <= 1000)
   echo $x
   @ z = $x + $y
   set   x=$y   y=$z
end
```
% **chmod u+x fiba**⏎
% **fiba**⏎
1
1
2
3
5
8
13
21
34
55
89
144
233
377
610
987
%

6.12 Kommandoklammerung mit (..)

Mit (..) geklammerte Kommandos werden in einer Subshell ausgeführt.

Beispiel
% **pwd**⏎
/user1/egon/cshueb
% **(cd /usr; pwd); pwd**⏎
/usr
/user1/egon/cshueb
% **pwd**⏎
/user1/egon/cshueb
%

6.13 Kommandos zur Ablaufsteuerung

Die nachfolgend vorgestellten Kommandos werden in der originalen **csh**-Literatur als built in-Kommandos aufgeführt. Entsprechend den anderen Shell-Kapiteln werden sie hier jedoch als Kommandos zur Ablaufsteuerung klassifiziert.

Im Unterschied zur Bourne- und Korn-Shell können die hier vorgestellten Kommandos nicht Element einer Pipeline oder Liste sein, und sie können auch nicht im Hintergrund gestartet werden[21].

Im Gegensatz zur Bourne-Shell müssen hier die Bedingungen bei **if**, **foreach**, **while** und **switch** wie in C mit **(..)** geklammert werden.

6.13.1 if-Anweisung

Die **if**-Anweisung kann auf drei verschiedene Arten benutzt werden:

1. `if (`*ausdruck*`)   `*kommando*

2. `if (`*ausdruck*`) then`
      kdos
   `endif`

3. `if (`*ausdruck*`) then`
      then_kdos
   `else`
      else_kdos
   `endif`

Wenn die Auswertung von *ausdruck* TRUE liefert, wird das angegebene *kommando* ausgeführt, ansonsten wird es nicht ausgeführt.

Die vollständige **if**-Anweisung muß in einer Zeile angegeben sein. Soll z.B. *kommando* in einer eigenen Zeile stehen, so muß das Fortsetzungszeichen \ verwendet werden:

`if (`*ausdruck*`) \`
   kommando

Für *kommando* muß ein einfaches Kommando angegeben sein. Es darf also keine Pipeline, Kommandoliste oder geklammerte Kommandoliste dafür angegeben werden.

Vorsicht: Eventuell für *kommando* angegebene Ein-/Ausgabeumlenkungen werden auch dann von der **csh** ausgeführt, wenn *ausdruck* FALSE liefert und somit *kommando* überhaupt nicht ausgeführt wird.

---

[21] Manche **csh**-Versionen haben jedoch diese Schwäche inzwischen beseitigt.

Beispiel

```
% cat wcdat⏎
#! /bin/csh
#
#    wcdat - zaehlt alle Dateien in den als
#            Argumente angegebenen Directorybaeumen.
#            Sind keine Directories angegeben, so
#            wird das working directory angenommen.
#
set tmpdatei = "/tmp/wcdat.$$"

if ($#argv == 0) set argv = (.)

(find $argv -print > $tmpdatei) >& /dev/null
echo "Die Directorybaeume"
echo "   $argv"
echo "enthalten 'cat $tmpdatei | wc -l' Dateien"
/bin/rm -f $tmpdatei
% chmod u+x wcdat⏎
% wcdat /bin /usr/bin⏎
Die Directorybaeume
   /bin /usr/bin
enthalten      396 Dateien
% wcdat⏎
Die Directorybaeume
   .
enthalten       14 Dateien
%
```

2. **if** (*ausdruck*) **then**
       kdos
    endif

Wenn die Auswertung von *ausdruck* TRUE liefert, werden die angegebenen *kdos* ausgeführt, ansonsten werden sie nicht ausgeführt.

3. **if** (*ausdruck*) **then**
       then_kdos
    else
       else_kdos
    endif

Wenn die Auswertung von *ausdruck* TRUE liefert, werden die *then_kdos* ausgeführt, ansonsten werden die *else_kdos* ausgeführt.

Das Schlüsselwort **if** muß entweder als erstes Wort einer Zeile oder nach **else** angegeben sein.

Die C-Shell

Das Schlüsselwort **then** muß dabei in der gleichen Zeile wie **if** (*ausdruck*) stehen.

Die Schlüsselwörter **else** und **endif** müssen als erstes Wort einer Zeile angegeben sein.

Es sind auch beliebige **else-if**-Kaskaden möglich:

```
if (ausdruck) then
   then_kdos1
else if (ausdruck) then
   then_kdos2
else if (ausdruck) then
   ....
else
   else_kdos
endif
```

Beispiel

Das nachfolgende **csh**-Skript *copy* simuliert das MS-DOS-Kommando **copy**:

```
% cat copy⏎
#! /bin/csh
#
#    copy  - simuliert das MS-DOS Kommando copy
#
#       Syntax:
#           copy   quell-datei(en)   [ziel-datei/directory]
#
if ( $#argv == 0 ) then
   echo "copy : falsche Anzahl von Argumenten"
   echo "usage: copy   quell-datei(en)   [ziel-datei/directory]"
   exit (1)
else if ($#argv == 1) then
   cp $1 .
else if ($#argv == 2) then
   if (-f $2) then
      echo "$2 wuerde durch diesen Aufruf:"
      echo "    copy $1 $2    ueberschrieben"
      echo -n "Ist dies beabsichtigt ? (j/n) : "
      if ($< !~ [jJ]*) then
         cp $argv .
      else
         cp $1 $2
      endif
   else
      cp $1 $2
   endif
```

```
else if (-f $argv[$#argv]) then
   cp $argv .
else
   cp $argv
endif
% chmod u+x copy⏎
%
```

6.13.2 switch-Anweisung

```
switch (wort)
   case pattern₁:
         kdos₁
         breaksw
   case pattern₂:
         kdos₂
         breaksw
      :
      :
[  default:
         kdosₙ]
endsw
```

Die **csh** führt zuerst für das angegebene *wort* Parametersubstitution, Kommandosubstitution und Dateinamen-Expandierung durch. Den daraus resultierenden String vergleicht sie dann nacheinander mit den bei **case** angegebenen *pattern*. Findet sie ein übereinstimmendes *pattern*, so führt sie die nachfolgenden *kdos* aus, bis sie **breaksw** liest; **breaksw** bewirkt das Verlassen der **switch**-Anweisung. Wird eine zu einer **case**-Marke angegebene Kommandofolge nicht mit einem **breaksw** beendet, so wird die Ausführung - wie in C - mit der Kommandofolge der nächsten **case**-Marke fortgesetzt.

Paßt keines der angegebenen *pattern*, so werden, wenn die **default**-Marke vorhanden ist, die danach angegebenen Kommandos ausgeführt, oder eben die **switch**-Anweisung ohne jegliche weitere Aktion verlassen.

In den *pattern* können die Metazeichen *****, **?** und **[..]** der Dateinamen-Expandierung verwendet werden.

Die Schlüsselwörter **switch**, **case**, **endsw** und **default** müssen als erstes Wort einer Zeile angegeben sein.

Beispiele

```
% cat loesch⏎
#! /bin/csh
#
#    loesch  - loescht die angegebenen Dateien, macht aber
#              zuvor eine Sicherheitskopie von diesen im
#              Directory $home/.muell. Von dort koennten
#              somit versehentlich geloeschte Dateien
#              wieder geholt werden.
#
#       Syntax:
#           loesch [-l] [-r] [datei(en)]
#              -l   Auflisten aller Dateien aus dem
#                   Muelleimer ($home/.muell)
#              -r   Muelleimer leeren; alle Dateien von
#                   $home/.muell nun wirklich loeschen.
#           Sind datei(en) angeben, so werden diese
#           zwar geloescht, aber im Muelleimer
#           ($home/.muell) aufgehoben
#

set muelleimer = $home/.muell

if ( ! -d $muelleimer ) mkdir $muelleimer

if ( $#argv == 0 ) set argv = ( -l )

switch ($1)
   case -[lL]*:
      echo "Folgende Dateien sind im Muelleimer:"
      ls -al $muelleimer | pg
      exit (0)
   case -[rR]*:
      echo "Der Muelleimer mit folgenden Dateien:"
      echo $muelleimer/*
      echo "wird geleert."
      /bin/rm -rf $muelleimer/*
      exit (0)
   default:
      mv $argv $muelleimer
      breaksw
endsw
% chmod u+x loesch⏎
% cat hexziff⏎
#! /bin/csh
#
```

```
if ( $#argv == 0 ) then
   echo "usage: hexziff ziffer"
   exit(1)
endif

switch ($argv[1])
   case [0-9]:
      echo $1
      breaksw
   case [aA]:
      echo 10
      breaksw
   case [bB]:
      echo 11
      breaksw
   case [cC]:
      echo 12
      breaksw
   case [dD]:
      echo 13
      breaksw
   case [eE]:
      echo 14
      breaksw
   case [fF]:
      echo 15
      breaksw
   default:
      echo "Keine erlaubte Hexadezimalziffer"
      breaksw
endsw
```
% **chmod u+x hexziff**⏎
% **hexziff**⏎
usage: hexziff ziffer
% **hexziff C**⏎
12
% **hexziff X**⏎
Keine erlaubte Hexadezimalziffer
%

Auch bei der **switch**-Anweisung der **csh** wird das angegebene *wort* der Reihe nach mit den **case**-pattern verglichen. Deswegen sollte die **default:**-Marke immer als letztes angegeben sein:

% **cat hexziff2**⏎
```
#! /bin/csh
#
```

```
if ( $#argv == 0 ) then
   echo "usage: hexziff2 ziffer"
   exit(1)
endif

switch ($argv[1])
   default:
      echo "Keine erlaubte Hexadezimalziffer"
      breaksw
   case [0-9]:
      echo $1
      breaksw
   case [aA]:
      echo 10
      breaksw
   case [bB]:
      echo 11
      breaksw
   case [cC]:
      echo 12
      breaksw
   case [dD]:
      echo 13
      breaksw
   case [eE]:
      echo 14
      breaksw
   case [fF]:
      echo 15
      breaksw
endsw
% chmod u+x hexziff2⏎
% hexziff2 C⏎
Keine erlaubte Hexadezimalziffer
%
```

6.13.3 while-Schleife

while (*ausdruck*)
   kdos
end

Solange die Auswertung von *ausdruck* TRUE liefert, werden die *kdos* in der **while**-Schleife ausgeführt.

Die Schlüsselwörter **while** und **end** müssen als erstes Wort einer Zeile angegeben sein.

Wird die **while**-Schleife interaktiv eingegeben, so zeigt die **csh**, solange nicht das abschließende **end** eingegeben wurde, mit der Ausgabe des Prompts **?** an, daß die **while**-Schleife noch nicht abgeschlossen ist.

Hinweis

Das built in-Kommando **break** bewirkt, daß die **while**-Schleife verlassen wird. Das built in-Kommando **continue** bewirkt, daß die Ausführung der *kdos* abgebrochen wird, und unmittelbar wieder mit der Ausführung des nächsten **while**-Schleifendurchlaufs begonnen wird.

Beispiele

Mit den nachfolgenden Kommandozeilen wird allen momentan angemeldeten Benutzern die in der Datei *meldung* enthaltene Nachricht geschickt:

```
% cat meldung
Ich starte jetzt fuer eine halbe Stunde
ein sehr rechenintensives Programm.

Ich waere Ihnen sehr dankbar, wenn sie
keine grossen Jobs in dieser Zeit ablaufen
lassen wuerden, damit mein Programm umso
schneller fertig wird.

Vielen Dank
   — egon
% set argv = 'who | cut -d" " -f1'
% while ( $#argv )
? write $1 < meldung
? shift
? end
Ich starte jetzt fuer eine halbe Stunde
ein sehr rechenintensives Programm.

Ich waere Ihnen sehr dankbar, wenn sie
keine grossen Jobs in dieser Zeit ablaufen
lassen wuerden, damit mein Programm umso
schneller fertig wird.

Vielen Dank
   — egon
EOT
%
```

Das nachfolgende Shell-Skript *userda* prüft alle 5 Minuten, ob sich ein Benutzer angemeldet hat. Dieses Skript sollte im Hintergrund gestartet, um ein Weiterarbeiten während seines Ablaufs zu ermöglichen:

```
% cat userda↵
#! /bin/csh
#
#   userda - prueft alle 5 Minuten, ob sich der
#            Benutzer $1 angemeldet hat.
#            Erst, wenn sich $1 angemeldet hat,
#            wird while-Schleife verlassen und
#            entspr. Meldung ausgegeben.
#
if ( $#argv == 0 ) then
    echo "usage: userda benutzer"
    exit(1)
endif

while ( ! { (who |& grep $1 >& /dev/null) } )
    sleep 300
end
echo "$1 hat sich angemeldet"
% chmod u+x userda↵
%
```

6.13.4 repeat-Schleife

repeat *n kommando*

Das angegebene *kommando* wird *n* mal ausgeführt. Eventuell angegebene Ein-/Ausgabeumlenkungen werden dabei nur einmal vorgenommen, und zwar sogar dann, wenn für *n* der Wert **0** angegeben wurde.

Die vollständige **repeat**-Anweisung muß in einer Zeile angegeben sein. Soll z.B. *kommando* in einer eigenen Zeile stehen, so muß das Fortsetzungszeichen \ verwendet werden:

repeat *n* \
   kommando

Für *kommando* muß ein einfaches Kommando angegeben sein. Es darf also keine Pipeline, Kommandoliste oder geklammerte Kommandoliste dafür angegeben werden.

Beispiel

Folgender Aufruf kopiert den Inhalt der Datei *datei* fünfmal in eine andere Datei *fuenfdatei*:

```
repeat 5 cat datei >>fuenfdatei
```

6.13.5 foreach-Schleife

```
foreach variable (wortliste)
    kdos
end
```

variable wird nacheinander mit den einzelnen Worten der angegebenen *wortliste* besetzt und jedesmal werden die *kdos* ausgeführt.

Die Schlüsselwörter **foreach** und **end** müssen als erstes Wort einer Zeile angegeben sein.

Wird die **foreach**-Schleife interaktiv eingegeben, so zeigt die **csh**, solange nicht das abschließende **end** eingegeben wurde, mit der Ausgabe des Prompts ? an, daß die **foreach**-Schleife noch nicht abgeschlossen ist.

Hinweis

Das built in-Kommando **break** bewirkt, daß die **foreach**-Schleife verlassen wird. Das built in-Kommando **continue** bewirkt, daß die Ausführung der *kdos* abgebrochen wird, und unmittelbar wieder mit der Ausführung des nächsten **foreach**-Schleifendurchlaufs begonnen wird.

Beispiele

Mit den nachfolgenden Aufrufzeilen wird eine Auswertung der am jeweiligen System verwendeten Login-Shells vorgenommen:

```
% foreach i ('sh$' 'csh$' 'ksh$' '-v sh$')⏎
? echo -n "$i   "⏎
? grep -c $i /etc/passwd⏎
? end⏎
sh$    231
csh$   128
ksh$   46
-v sh$ 162         [keine Shell angegeben ⟶ sh]
%
```

Das nachfolgende **csh**-Skript *tree* gibt Directorybäume in graphischer Darstellung aus:

```
% cat tree⏎
#! /bin/csh -f
```

```
#
#   tree - gibt zu einem Directorybaum dessen
#         Baumstruktur aus
#
if ( $#argv == 0) then
   echo "usage: tree directory"
   exit(1)
endif

if ( $?einrueck == 0 ) setenv einrueck " "
set vorher = "$einrueck"
cd $1
echo "$einrueck 'pwd'"
setenv einrueck "$einrueck    "
foreach datei ( 'ls' )
   if ( -d $datei ) csh -f $home/cshueb/tree $datei
end
setenv einrueck "$vorher"
% chmod u+x tree⏎
% tree /usr⏎
  /usr
      /usr/adm
          /usr/adm/acct
              /usr/adm/acct/fiscal
              /usr/adm/acct/nite
              /usr/adm/acct/sum
          /usr/adm/sa
          /usr/adm/streams
      /usr/bin
      /usr/egon
      /usr/games
          /usr/games/doc
          /usr/games/lib
              /usr/games/lib/UTlib
              /usr/games/lib/Ularn
              /usr/games/lib/gin
              /usr/games/lib/quiz.k
              /usr/games/lib/wanderer
      /usr/include
::::::::::::::::::::::::
::::::::::::::::::::::::
```

```
    /usr/preserve
    /usr/pub
    /usr/spool
        /usr/spool/mail
            /usr/spool/mail/:saved
        /usr/spool/uucp
            /usr/spool/uucp/sosco
        /usr/spool/uucplogins
            /usr/spool/uucplogins/nuucp
        /usr/spool/uucppublic
    /usr/sys
        /usr/sys/io
        /usr/sys/mdep
    /usr/tmp
%
```

Das nachfolgende **csh**-Skript *namkill* erlaubt das symbolische Löschen von Prozessen über Namen (nicht wie bei **kill** über die PID):

```
% cat namkill⏎
#! /bin/csh
#
#   namkill - Symbolisches Beenden von Prozessen
#
#  Von der durch ps -ef bewirkten Ausgabe werden mit
#  fgrep alle Zeilen herausgefiltert, in welchen die
#  angegebenen Namen enthalten sind.
#  Die Ausgabe von fgrep wird durch ein zweites
#  fgrep gefiltert, damit namkill selbst nicht beendet
#  wird.
#  Das zweite Feld bei der ps -ef -Ausgabe ist dabei die
#  PID, welches mit einem awk-Aufruf extrahiert wird.
#  awk wird zwar erst im naechsten Buch vorgestellt; doch
#  sollte dieser Aufruf hier selbsterklaerend sein.
#
foreach name($argv)
    set p = 'ps -ef | fgrep $name | fgrep -v $0 | awk '{ print $2 }''
    foreach pid($p)
        kill -9 $pid
    end
end
% chmod u+x namkill⏎
%
```

6.13.6 goto-Anweisung

goto *wort*

bewirkt einen Sprung auf die mit *wort* ausgewählte Marke. Für *wort* wird Parametersubstitution, Kommandosubstitution und Dateinamen-Expandierung durchgeführt.

Diese Marke muß wie in C mit

marke:

angegeben sein.

Beispiel

```
% cat wzaehl⏎
#! /bin/csh
#
#    wzaehl - zaehlt die Woerter eines Eingabetextes.
#            Zu Testzwecken wird dabei die
#            Eingabezeile mit der Anzahl der darin
#            enthaltenen Woerter nochmals ausgegeben.
#            Abbruch-Kriterium ist dabei eine
#            Leerzeile.
#
set noglob
start:
  set zeile = 'line'
  if ( $#zeile == 0 ) goto ende
  @ sum += $#zeile
  echo "$zeile ($#zeile)"
  goto start

ende:
  echo "Der Eingabetext enthaelt $sum Woerter"
% chmod u+x zaehl⏎
% wzaehl <ausgab⏎
#!/bin/csh (1)
echo Das erste Argument ist $1 (6)
echo Das zweite Argument ist $2 (6)
echo Der Skriptname ist $0 (5)
Der Eingabetext enthaelt 18 Woerter
%
```

6.14 Der History-Mechanismus

Die **csh** ermöglicht es, früher eingegebene Kommandozeilen ganz oder Teile davon wieder zu verwenden. Dabei ist es sogar möglich, über bestimmte Konstruktionen solche früheren Kommandozeile abändern zu lassen, bevor sie wieder zur Ausführung gebracht werden. Dazu bietet die **csh** den sogenannten History-Mechanismus an.

6.14.1 Allgemeines

Die **csh** merkt sich immer das zuletzt eingegebene Kommando. Soll nicht nur die letzte Kommandozeile, sondern auch noch die davor eingegebenen Kommandozeilen im Kommandopuffer aufgehoben werden, so muß die Shell-Variable **history** entsprechend gesetzt werden, z.B.

```
set history = 20
```

Das Setzen dieser Shell-Variablen sollte in der Datei *.cshrc* (im home directory) erfolgen, damit sie bei jedem Anmelden bzw. Starten einer neuen Subshell automatisch gesetzt wird.

Um sich die Kommandos aus dem History-Puffer anzeigen zu lassen, steht das built in-Kommando **history** zur Verfügung. **history** kann auf drei verschiedene Arten aufgerufen werden:

1. **history** listet alle im History-Puffer aufgehobenen Kommandos auf.
2. **history** n[22] listet von den aufgehobenen Kommandozeilen nur die letzten n auf.
3. **history -r** [n][23] listet die aufgehobenen Kommandozeilen in umgekehrter Reihenfolge auf. Ist n angegeben, so werden von den aufgehobenen Kommandozeilen nur die letzten n in umgekehrter Reihenfolge ausgegeben.

In der **csh** werden die einzelnen Kommandozeilen als *events*[24] bezeichnet und fortlaufend numeriert. Bei der Ausgabe mit **history** werden die Nummern der einzelnen Kommandozeilen (*event numbers*) mit ausgegeben. Um sich immer die aktuelle event number der momentanen Kommandozeile anzeigen zu lassen, muß das Zeichen ! im Wert der Shell-Variablen **prompt** angegeben werden.

---

[22] auf manchen **csh**-Versionen nicht verfügbar.
[23] auf manchen **csh**-Versionen nicht verfügbar.
[24] zu deutsch: Ereignisse

6.14.2 History-Substitutionen

Soll auf eine zuvor eingegebene Kommandozeile wieder zugegriffen werden, so muß das Ausrufezeichen ! angegeben werden.

Nach dem Ausrufezeichen kann nun folgendes angegeben werden:

Angabe	Bedeutung
!*n*	Hierfür wird die Kommandozeile mit der event number *n* in der aktuellen Kommandozeile eingesetzt; z.B. würde für **!12** die Kommandozeile mit event number 12 eingesetzt.
!-*n*	Hierfür wird die *n*.te vorherige Kommandozeile in der aktuellen Kommandozeile eingesetzt; wenn z.B. die aktuelle Zeile die event number 123 hätte, so würde für **!-4** die Kommandozeile mit der event number 119 eingesetzt.
!!	Hierfür wird die unmittelbar zuvor eingegebene Kommandozeile in der aktuellen Kommandozeile eingesetzt; !! entspricht also **!-1**.
!*string*	Es wird rückwärts in den aufgehobenen Kommandozeilen nach einer Zeile gesucht, die mit *string* beginnt. Wird eine solche gefunden, dann wird sie hierfür eingesetzt.
!?*string*?	Es wird rückwärts in den aufgehobenen Kommandozeilen nach einer Zeile gesucht, die *string* enthält. Wird eine solche gefunden, dann wird diese hierfür eingesetzt.
!#[25]	Hierfür wird die bisher eingegebene aktuelle Zeile eingesetzt. Mit dieser Aufrufform ist es möglich, auf zuvor (weiter links) eingegebene Wörter wieder zuzugreifen, ohne diese erneut eingeben zu müssen. Dies ist vor allen Dingen bei langen Wörtern von Vorteil.

Bei allen diesen Konstruktionen wird eine Kommandozeile nur dann gefunden, wenn sie sich noch im Kommandopuffer befindet, also maximal **$history** Zeilen zuvor eingegeben wurde.

Die Sonderbedeutung von ! kann mit einem vorangestellten \ ausgeschaltet werden. Das Ausrufezeichen verliert allerdings auch dann seine Sonderbedeutung für den History-Mechanismus, wenn ihm ein Leerzeichen, Tabulatorzeichen, Neuezeile-Zeichen, = oder (folgt.

Nun ist es jedoch auch möglich, daß man nicht die ganze Kommandozeile, sondern nur Teile davon einsetzen läßt. Dazu muß die folgende Konstruktion verwendet werden:

---

[25] wird nicht auf allen **csh**-Versionen angeboten.

!angabe[:auswahl][:modifikator(en)]

Für *!angabe* muß eine der 6 zuvor beschriebenen Formen verwendet werden.

Für *auswahl* kann dabei folgendes angegeben werden:

auswahl	Wortauswahl in der Kommandozeile
n	*n*.tes Wort. Dabei ist zu beachten, daß **0** das erste Wort, **1** das zweite Wort, **2** das dritte Wort, usw. auswählt.
^	erstes Argument (nicht Kommandoname).
$	letztes Argument.
%	das durch die zuvor angegebene Konstruktion **?***string***?** ausgewählte Wort.
m-n	*m* bis *n*.tes Wort. Die Wortzählung beginnt wieder bei 0.
-n	entspricht **0-***n*.
m-	*m* bis vorletztes Wort.
*	entspricht **^-$**.
*n**	entspricht *n***-$**.

Der Doppelpunkt **:** vor *auswahl* kann weggelassen werden, wenn *auswahl* mit **^**, **$**, *****, **-** oder **%** beginnt.

Die über die Angabe von *auswahl* ausgewählten Wörter könnten durch Angabe von *modifikatoren* noch modifiziert werden. Als *modifikatoren* sind dabei möglich:

Modifikator	Auswirkung
h	(**h**ead) liefert den Pfadnamen des Worts.
t	(**t**ail) liefert den Basisnamen des Worts (Gegenstück zu **h**).
r	(**r**emove) schneidet vom Wort eine vorhandene Endung **.***xxx* ab.
e	(**e**xtension) liefert eine evtl. vorhandene Endung **.***xxx* des Wortes.

Modifikator	Auswirkung
s/*alt*/*neu*/	(*substitute*) ersetzt den durch *alt* abgedeckten Text durch *neu*. Für *alt* dürfen die bei **ed** zugelassenen regulären Ausdrücke[26] verwendet werden. Wird das Zeichen **&** in *neu* angegeben, so wird hierfür der durch *alt* abgedeckte Text eingesetzt. Wird für *neu* kein Text angegeben, so wird dafür das *neu* aus einem vorherigen s/*alt*/*neu*/ oder aus einer vorherigen Angabe !?*string*? genommen. Statt / darf jedes beliebige Trennzeichen verwendet werden, solange es nicht in *alt* oder *neu* vorkommt. Wenn nach s/*alt*/*neu*/ sofort ein Neuezeile-Zeichen angegeben wird, so darf das letzte / auch weggelassen werden. Um die Bedeutung von Sonderzeichen wie **&** oder / in *alt* oder *neu* auszuschalten, muß diesen ein \ vorangestellt werden.
&	wiederholt die letzte mit s/*alt*/*neu*/ angegebene Substitution.
g	(**g**lobal) Modifikator wird nicht nur auf das erste Wort, sondern auf alle ausgewählten Wörter angewendet. **g** ist dabei vor dem Modifikator (**h**, **r**, **e**, **s**, **t**, **&**) anzugeben.
p	(**p**rint) die neu entstandene Kommandozeile wird nur angezeigt, aber nicht ausgeführt.
q	(**q**uote) für die Kommandozeile wird Quoting vorgenommen, so daß keine weiteren Substitutionen oder Dateinamen-Expandierungen stattfinden.
x	wie **q**, nur daß der entsprechende Wert in mehrere Worte aufgeteilt wird. Trennzeichen sind dabei Leer-, Tabulator- und Neuezeile-Zeichen.

Nur wenn **g** als erster Modifikator angegeben ist, werden die Modifikationen für alle Wörter durchgeführt, ansonsten werden sie nur für das erste Wort vorgenommen.

Wird keine *angabe* gemacht, so bezieht sich die Konstruktion immer auf die vorherige Zeile, z.B. entspricht !$ der Konstruktion !!:$. Dies gilt jedoch auf manchen **csh**-Versionen nur, wenn nicht bereits durch eine zuvor in dieser Zeile angegebene Konstruktion eine andere Zeile ausgewählt wurde, z.B. liefert !35:^ !$ das erste und letzte Argument der Kommandozeile mit event number 35.

Die spezielle Angabe ^*alt*^*neu*^ ersetzt in der vorherigen Kommandozeile den durch *alt* abgedeckten Text durch den Text *neu*. So ist eine einfache Korrektur von Tippfehlern möglich, ohne daß die vollständige Form:

---

[26] siehe erstes Buch "UNIX-Grundlagen" dieser Buchreihe.

!!:s/*alt*/*neu*/

angegeben werden muß.

Nachdem die History-Substitutionen durchgeführt wurden, wird die Kommandozeile vor ihrer Ausführung angezeigt.

Beispiele

```
% set history = 30
% set prompt="! % "
12 % echo eins zwei drei vier add.c subtr.pas
eins zwei drei vier add.c subtr.pas
13 % echo !!:2-3
echo zwei drei
zwei drei
14 % !!
echo zwei drei
zwei drei
15 % find /usr -name stdio.h -print
/usr/include/stdio.h
16 % !12:0 !12:4-6
echo vier add.c subtr.pas
vier add.c subtr.pas
17 % !!:r
echo vier add subtr.pas
vier add subtr.pas
18 % !find:s/stdio/ctype
find /usr -name ctype.h -print
/usr/include/ctype.h
19 % echo Hallo Franz, wie gehts Franz
Hallo Franz, wie gehts Franz
20 % !!:s/Franz/Emil
echo Hallo Emil, wie gehts Franz
Hallo Emil, wie gehts Franz
21 % !19:gs/Franz/Fritz
echo Hallo Fritz, wie gehts Fritz
Hallo Fritz, wie gehts Fritz
22 % cyt add.c
cyt: command not found.
23 % ^y^a
cat add.c
main()
{
   int a, b;
   printf("Gib 2 Zahlen ein: );
   scanf(%d %d", &a, &b);
   printf("Summe ist : %d\n", a+b); }
```

```
24 % cc add.c⏎
add.c
add.c (4) : error ...: newline in constant
add.c (5) : error ...: syntax error .....
add.c (6) : error ...: newline in constant
25 % ed add.c⏎
118
P⏎
*,n⏎
1       main()
2       {
3          int a, b;
4          printf("Gib 2 Zahlen ein: );
5          scanf(%d %d", &a, &b);
6          printf("Summe ist : %d\n", a+b);
7       }
*4s/)/")⏎
   printf("Gib 2 Zahlen ein: ");
*w⏎
119
*q⏎
26 % !cc⏎
cc add.c
add.c
add.c (5) : error ...: syntax error .....
add.c (5) : error ...: 'd' y. undefined
add.c (5) : error ...: newline in constant
   .......
27 % !ed⏎
ed add.c
119
P⏎
*,n⏎
1       main()
2       {
3          int a, b;
4          printf("Gib 2 Zahlen ein: ");
5          scanf(%d %d", &a, &b);
6          printf("Summe ist : %d\n", a+b);
7       }
*5s/(/("⏎
   scanf("%d %d", &a, &b);
*w⏎
120
*q⏎
28 % !cc -o add⏎
cc add.c -o add
```

```
                  add.c
        29 % file !!^ !!$⏎
        file add.c add
        add.c:      c program text
        add:        ...executable not stripped
        30 % ls !!*⏎
        ls add.c add
        add
        add.c
        31 % echo ——————————— Ueberschrift !#:1⏎
        echo ——————————— Ueberschrift ———————————
                    ——————— Ueberschrift ———————
        32 % echo !$⏎
        echo ———————————
                    ———————
        33 % history⏎
        .......
            11    set prompt ="! % "
            12    echo eins zwei drei vier add.c subtr.pas
            13    echo zwei drei
            14    echo zwei drei
            15    find /usr -name stdio.h -print
            16    echo vier add.c subtr.pas
            17    echo vier add subtr.pas
            18    find /usr -name ctype.h -print
            19    echo Hallo Franz, wie gehts Franz
            20    echo Hallo Emil, wie gehts Franz
            21    echo Hallo Fritz, wie gehts Fritz
            22    cyt add.c
            23    cat add.c
            24    cc add.c
            25    ed add.c
            26    cc add.c
            27    ed add.c
            28    cc add.c -o add
            29    file add.c add
            30    ls add.c add
            31    echo ——————————— Ueberschrift ———————————
            32    echo ———————————
            33    history
        34 %
```

Hinweis

Die *angabe* kann auch mit {..} geklammert werden. Wenn z.B. eine der vorherigen Zeile mit folgenden Inhalt:

```
echo Hallo emil
```

wieder auszuführen ist, allerdings mit

```
echo Hallo emilia
```

dann würde die Angabe **!eia** nach einer Zeile suchen, die mit **eia** anfängt. In diesem Fall wäre dann **!{e}ia** anzugeben.

Kommandos innerhalb von **while**-, **foreach**- oder **if**-Kommandos, welche beim Promptzeichen **?** eingegeben werden, werden nicht im History-Puffer aufgehoben.

6.15 Der Alias-Mechanismus

Mit dem Alias-Mechanismus der **csh** ist es möglich, an einen ganzen oder auch unvollständigen Kommandoaufruf einen Kurznamen, auch *Alias* genannt, zu vergeben. Der Alias-Mechanismus kann also dazu verwendet werden, um Kürzel für Kommandos einzuführen oder Kommandos mit default-Argumenten zu versorgen oder neue, kurze Kommandonamen für ganze Kommandozeilen einzuführen, in denen Pipelines und Ein-/Ausgabeumlenkungen vorkommen.

6.15.1 Das built in-Kommando alias

Mit dem built in-Kommando **alias** können entweder Aliase neu definiert oder aber momentan definierte Aliase angezeigt werden. **alias** kann auf drei verschiedene Arten aufgerufen werden:

alias
gibt alle momentan definierten Aliase aus.

alias *name*
gibt den Wert des Alias *name* aus, wenn ein solches existiert.

alias *name wortliste*
definiert ein Alias *name*: Dem Alias *name* wird der Wert *wortliste* zugewiesen. Für jedes einzelne Wort von *wortliste* wird dabei Parametersubstitution, Kommandosubstitution und Dateinamen-Expandierung durchgeführt.

Als Aliasname darf weder *alias* noch *unalias* gewählt werden.

Wenn ein Alias-Text immer dann zu expandieren ist, wenn auf das entsprechende Alias zugegriffen wird, so muß der Alias-Text mit '..' geklammert werden, ansonsten wird für den Alias-Text bereits bei der Definition Dateinamen-Expandierung, Parametersubstitution und Kommandosubstitution durchgeführt, was nicht immer erwünscht ist.

Ebenso muß ein Alias-Text mit '..' geklammert werden, wenn in ihm **csh**-Metazeichen wie **;**, **>**, usw. vorkommen.

Beispiele
```
% alias dir 'ls -l'⏎
% alias type cat⏎
% alias h history⏎
% alias ll ls -CF⏎
% alias⏎
dir       ls -l
h         history
ll        (ls -CF)
type      cat
% alias dir⏎
ls -l
% alias dd⏎
% set x = 1⏎
% alias  druck1  'echo  $x'⏎
% alias  druck2  echo  $x⏎
% set x = 5⏎
% druck1⏎
5
% druck2⏎
1
%
```

6.15.2 Alias-Substitution

Für jedes einfache Kommando prüft die **csh** das erste Wort (Kommandoname), um dieses eventuell als Alias zu klassifizieren. Wenn keinerlei Quoting in diesem Wort vorkommt und das Wort ein erlaubter Alias-Name ist, dann setzt die **csh** für das Alias, falls definiert, den entsprechenden Alias-Text ein.

Beispiel
```
% alias drucke echo⏎
% alias text 'Hallo egon'⏎
% drucke text⏎
text
% alias gross "tr '[a-z]' '[A-Z]'"⏎
% cat ausgab | gross⏎
!#/BIN/CSH
ECHO DAS ERSTE ARGUMENT IST $1
ECHO DAS ZWEITE ARGUMENT IST $2
ECHO DER SKRIPTNAME IST $0
%
```

Die so entstandene neue Kommadozeile wird von der **csh** erneut von Beginn an gelesen. Kommen im Alias-Text History-Konstruktionen vor, so beziehen sie sich auf die ursprünglich gegebene Zeile, bevor Alias-Substitution durchgeführt wurde.

Beispiel

```
% alias usuch 'grep \!^ /etc/passwd'⏎
% usuch emil⏎
emil:zgusa63kszuaw78:201:50:Emil Lerner:/user1/emil:/bin/sh
% set echo⏎
% usuch emil⏎
grep emil /etc/passwd
emil:zgusa63kszuaw78:201:50:Emil Lerner:/user1/emil:/bin/sh
% unset echo⏎
unset echo
%
```

Der Aufruf von

usuch emil

resultiert in folgender Kommandozeile

grep !^ /etc/passwd

Diese Zeile wird von der **csh** erneut gelesen, wobei nun für **!^** das erste Argument aus der ursprünglichen Kommandozeile (**emil**) eingesetzt wird, so daß schließlich folgende, endgültige Kommandozeile entsteht:

grep emil /etc/passwd

Falls nach einer Alias-Substitution ein weiteres Alias (als erstes Wort) entsteht, so beginnt die Alias-Substitution für dieses Wort erneut:

```
% alias liste dir⏎
% alias dir ls -CF⏎
% liste [a-e]*⏎
add*     add.c     ausgab*     copy*     eingabe*
% set echo⏎
% !li⏎
liste [a-e]*
ls -CF add add.c ausgab copy eingabe
add*     add.c     ausgab*     copy*     eingabe*
% unset echo⏎
unset echo
%
```

Nach der 1. Alias-Substitution für

liste [a–e]*⏎

ergab sich folgende Kommandozeile

dir [a–e]*⏎

was zu einer erneuten Alias-Substitution führte, so daß schließlich folgende, endgültige Kommandozeile entstand:

ls –CF [a–e]*⏎

Kommt in einem Alias-Text der Alias-Name selbst nochmals vor, so wird dieser nicht erneut substituiert, um eine endlose Alias-Substitution zu unterbinden:

```
% alias ls ls –CF⏎
% ls t*⏎
text1     tree*    typ*     typ2*
%
```

Diese Vorgehensweise der **csh** ermöglicht es, Alias-Namen von Kommandos zu verwenden, um ihre default-Einstellung zu ändern, wie z.B.

```
% alias rm rm –i⏎
% rm t*⏎
text1: ? ⏎
tree: ? ⏎
typ: ? ⏎
typ2: ? ⏎
% alias cd 'cd \!^;pwd'⏎
% cd /usr⏎
/usr
% cd ~/cshueb⏎
/user1/egon/cshueb
%
```

6.15.3 Löschen eines Alias

Mit dem built in-Kommando **unalias** können zuvor definierte Aliase gelöscht werden:

unalias *pattern* ...

Es werden dabei alle Aliase, die durch die angegebenen *pattern* abgedeckt werden, gelöscht. In pattern sind dabei die Metazeichen *****, **?** und **[..]** erlaubt. Mit dem Aufruf

unalias *

werden z.B. alle Aliase gelöscht. Falls die angegebenen *pattern* keinen einzigen Aliasnamen abdecken, so ist dies kein Fehler.

6.16 Fehlersuche in csh-Skripts

Die **csh** bietet folgende Optionen zum Debuggen von Skripts an:

Optionen	Bedeutung
-n (n*oexec*)	Kommandos werden nur gelesen und auf Syntaxfehler untersucht, aber nicht ausgeführt. Diese Option kann für eine syntaktische Überprüfung von **csh**-Skripts verwendet werden.
-v (*verbose*)	bewirkt, daß die Shell-Variable **verbose** gesetzt wird, so daß nach jeder History-Substitution die neu entstandene Kommandozeile vor ihrer Ausführung angezeigt wird.
-V (V*erbose*)	entspricht der Option **-v**, nur daß die Shell-Variable **verbose** bereits vor der Ausführung von *.cshrc* gesetzt wird.
-x (x*trace*)	bewirkt, daß die Shell-Variable **echo** gesetzt wird, so daß jede Kommandozeile vor ihrer Ausführung nochmals ausgegeben wird. Während jedoch bei nicht built in-Kommandos alle Substitutionen und Expandierungen vor dieser Ausgabe bereits durchgeführt sind, werden bei built in-Kommandos diese Expandierungen und Substitutionen erst nach der Ausgabe vorgenommen.
-X (X*trace*)	entspricht der Option **-x**, nur daß die Shell-Variable **echo** bereits vor der Ausführung von *.cshrc* gesetzt wird.

Diese Optionen können beim Aufruf eines **csh**-Skripts gesetzt werden:

csh [−nvVxX] *skript*

In diesem Fall gelten die gesetzten Optionen nur für die Dauer der Skript-Ausführung.

Das Setzen der Optionen **-V** und **-X** kann auch indirekt mit

set verbose oder
set echo

in der gerade aktiven **csh** bzw. im entsprechenden **csh**-Skript erreicht werden.

6.17 Signalbehandlung in der csh

In der **csh** ist die Signalbehandlung nicht so komfortabel wie in der Bourne-Shell. Es können nämlich in der **csh** nur die folgenden Signale abgefangen werden:

Signal	Beschreibung
intr	Interrupt-Signal, welches durch Drücken der *DEL-* oder *BREAK-*Taste (*Ctrl-***c**) erzeugt wird.
hangup	wird beim Beenden einer Verbindung (z.B. Auflegen des Telefonhörers) erzeugt.
terminate	ist das voreingestellte Signal für das built in-Kommando **kill**.

Die Signalnummern für diese Signale sind systemabhängig. Mögliche Signalnummern für diese Signale können in Kapitel 4.12.2 nachgeschlagen werden.

Zum Abfangen der obigen Signale steht das built in-Kommando **onintr** zur Verfügung, welches auf drei verschiedene Arten aufgerufen werden kann:

onintr stellt die default-Signalbehandlung der **csh** wieder ein, welche beim Eintreffen der obigen Signale das Beenden des entsprechenden Shell-Skripts bedeutet.

onintr - bewirkt, daß die obigen Signale ignoriert werden.

onintr *marke* bewirkt, daß beim Auftreten der oben angegebenen Signale in der aktuellen **csh** oder in Sohnprozessen (zu dieser **csh**) die Marke *marke* angesprungen wird.

Bei Hintergrund-Jobs werden alle Unterbrechungs- und Beendigungs-Signale ignoriert, unabhängig davon, was mit **onintr** als Signalbehandlung eingestellt wurde.

Beispiel

```
% cat delfang⏎
#!/bin/csh
#    zaehlt von 1 bis $1 hoch.
#    Ist $1 nicht angegeben, so wird 1000 dafuer
#    angenommen.
#
#    Wird waehrend der Berechnung eine Unterbrechungstaste
#    gedrueckt, so wird die bis dahin berechnete Zahl
#    ausgegeben.
```

Die C-Shell

```
onintr sighandler

if ($#argv == 0) set argv = 1000
set x=1

weiter:
   while ($x <= $argv[1])
      @ x = $x + 1
   end
   echo $x
   exit 0

sighandler:
   onintr
   echo $x
   onintr sighandler
   goto weiter
% chmod u+x delfang⏎
% delfang⏎
[DEL]235            [eventuell muß DEL auch mehrmals gedrückt werden]
[DEL]461
[DEL]769
1001
%
```

Hinweis

Die mit **onintr** installierten Signalhandler werden an Subshells vererbt.

Während des Lesens von *.logout* durch die Login-Shell sind Unterbrechungs-Signale verboten.

Das *quit*-Signal (*Ctrl-*) kann normalerweise in der **csh** nicht abgefangen werden.

Typische Anwendungen:

Wenn für einen bestimmten kritischen Abschnitt in einem **csh**-Skript Unterbrechungen nicht gestattet werden sollen, so muß dieser Abschnitt wie folgt geklammert werden:

```
onintr -       # Interrupts ignorieren
......
......         # kritischer, nicht unterbrechbarer Abschnitt
......
onintr         # Interrupts wieder zulassen
```

Löschen von temporären Dateien beim Beenden eines **csh**-Skripts durch Interrupts:

```
set tmpdatei = /tmp/....$$
set exit_wert = 1
onintr sighandler
   .....
   .....    # eigentliches csh-Skript
   .....
onintr -
set exit_wert = 0

sighandler:
   /bin/rm -f $tmpdatei >/dev/null
   exit $exit_wert
```

6.18 Job-Kontrolle in der csh

Jede Pipeline[27], die man ausführen läßt, wird als Job bezeichnet. Manche **csh**-Versionen, jedoch nicht alle, verfügen anders als die Bourne-Shell über eine eigene Job-Kontrolle, mit der es möglich ist, Jobs anzuhalten und wieder fortzusetzen, oder die Ausführung von Jobs vom Hintergrund in den Vordergrund zu verlagern bzw. umgekehrt.

6.18.1 Allgemeines

Bei jedem Start eines Hintergrund-Jobs gibt die **csh** dessen Jobnummer mit [..] geklammert, gefolgt von den PIDs der zu diesem Jobs gehörigen Prozesse aus.

Wenn die Ausführung eines Hintergrund-Jobs beendet ist, so meldet dies die **csh** vor der Ausgabe des nächsten Prompts. Aus der Meldung erkennt man, ob der Job normal beendet wurde (*Done*) oder nicht (*Killed, Illegal Instruction*, usw.).

Beispiel
```
% find /user1 -print | wc -l &⏎
[1] 1378 1379
% pwd⏎
/user1/egon/cshueb
    3567          [Anzahl von Dateien im Directorybaum /user1]
% pwd⏎
/user1/egon/cshueb
[1]   Done                    find /user1 -print | wc -l
%
```

---

[27] Als Erinnerung: Eine Pipeline kann aus nur einem Kommando bestehen.

Soll die Meldung über die Beendigung eines Hintergrund-Jobs sofort und nicht erst vor der Ausgabe des nächsten Prompts erfolgen, so muß die Shellvariable **notify** gesetzt werden.

Beispiel
```
% ls /bin | wc -1 &↵
[1] 1422 1423
    145
% pwd↵
/user1/egon/cshueb
[1]    Done              ls /bin | wc -1
% set notify↵
% ls /bin | wc -1 &↵
[1] 1428 1429
    145
[1]    Done              ls /bin | wc -1
%
```

Die einzelnen Jobs können über die PID, die Jobnummer oder den Jobnamen angesprochen werden. Dazu stehen die built in-Kommandos **wait**, **kill**, **fg**, **bg**, **stop**, **suspend** und **notify** zur Verfügung. Um einen Job über seine Jobnummer oder seinen Namen anzusprechen, gibt es folgende Notationen:

Angabe	ausgewählter Job
%*jobnr*	Job mit Jobnummer *jobnr*
%*string*	Job, dessen Name mit *string* beginnt; *string* kann dabei die Metazeichen der Dateinamen-Expandierung enthalten.
%?*string*	Job, dessen Name *string* enthält; *string* kann dabei die Metazeichen der Dateinamen-Expandierung enthalten.
%+ oder %%	aktueller Job
%-	vorheriger aktueller Job

Jobs werden eingeteilt in Vordergrund-Jobs, Hintergrund-Jobs und suspendierte (angehaltene) Jobs. Nur ein Job kann zu einem Zeitpunkt im Vordergrund arbeiten, aber es können mehrere Jobs gleichzeitig im Hintergrund ablaufen oder suspendiert sein.

Mit dem built in-Kommando **jobs** können die gerade im Hintergrund ablaufenden und angehaltenen Jobs mit ihrem derzeitigen Status angezeigt werden.

Der Job, der gerade im Vordergrund abgearbeitet wird, kann mit der *Suspend*-Taste (meist *Ctrl*-**z**)[28] angehalten werden. Die **csh** meldet dann mit der Ausgabe "*Stopped*", daß der entsprechende Job angehalten wurde und zeigt mit der Ausgabe des Prompts an, daß sie nun wieder für die Entgegennahme von Kommandos bereit ist. Das Suspendieren (Anhalten) von Vordergrund-Prozessen ist immer dann notwendig, wenn eine momentane Aktivität kurz unterbrochen werden muß, um andere Kommandos ausführen zu lassen. Nachdem die anderen Kommandos ausgeführt wurden, kann der angehaltene Job mit dem built in-Kommando **fg** wieder in den Vordergrund gebracht werden.

Beispiel
```
% mail emil⏎
Hallo Emil⏎
⏎
Ich habe ein csh-Skript fuer Fibonacci-Zahlen⏎
Der Name ist:⏎
[Ctrl-z]
Stopped          [Meldung, dass mail-Programm angehalten]
% ls ~/cshueb/f*⏎
/user1/egon/cshueb/fiba
% fg⏎                   [setzt Ausführung von mail fort]
mail emil       [Meldung, dass nun Ausführung von mail fortgesetzt wird]
/user1/egon/cshueb/fiba⏎
.⏎
%
```

Vordergrund-Jobs können auch mit der *suspend*-Taste angehalten werden, um ihre Ausführung mit dem built in-Kommando **bg** im Hintergrund fortsetzen zu lassen. Dies ist besonders dann nützlich, wenn ein Vordergrund-Job länger für die Ausführung benötigt als erwartet. So muß er nicht vollständig abgebrochen werden, sondern kann mit seiner Ausführung am unterbrochenen Punkt fortfahren.

Beispiel
```
% find / -print | wc -l⏎     [Alle Dateien des Dateisystems zählen]
[Ctrl-z]
Stopped
% bg⏎
[1] find / -print | wc -l &
%
```

Die *suspend*-Taste (*Ctrl*-**z**) sollte nur als erstes Zeichen einer Zeile eingegeben werden, da der ganze zuvor eingetippte Text in diesem Fall weggeworfen wird. Das gleiche gilt im übrigen auch für *intr* und *quit*.

---

[28] Kann auch mit **stty** eingestellt werden, z.B. **stty susp '^z'**

Die C-Shell

Ein Hintergrund-Job kann mit dem built in-Kommando **stop** angehalten werden.

Ein Hintergrund-Job wird immer dann automatisch angehalten, wenn er versucht, vom Terminal zu lesen. Die **csh** meldet dies mit

[*jobnr*] `Stopped (tty input)`   *jobname*

Mit dem Kommando

`stty tostop`

kann zusätzlich noch festgelegt werden, daß Hintergrund-Jobs auch dann anzuhalten sind, wenn sie versuchen, auf das Terminal zu schreiben. Die **csh** meldet dies mit

[*jobnr*] `Stopped (tty output)`   *jobname*

So können störende Ausgaben von Hintergrund-Jobs unterbunden werden.

Erst wenn die betreffenden Hintergrund-Jobs mit **fg** in den Vordergrund gebracht werden, können sie dann ihre Ein- bzw. Ausgaben durchführen.

Im nachfolgenden werden nun noch die für die Job-Kontrolle benötigten built in-Kommandos genauer vorgestellt.

6.18.2 Informationen zu Hintergrund-Jobs und angehaltenen Jobs (jobs)

`jobs` [–1]

Mit dem built in-Kommando **jobs** können Informationen zu allen momentan vorhandenen Hintergrund-Jobs und angehaltenen Jobs ausgegeben werden.

Die **csh** gibt dabei zu jedem einzelnen Job eine Zeile aus, in der folgende Information enthalten ist:

[*Jobnummer*]	\multicolumn{2}{l}{mit einem + vor bzw. nach dem aktuellen Job und einem - (Minuszeichen) vor bzw. nach dem vorherigen aktuellen Job.}
Status	*Running*	befindet sich in der Ausführung
	Stopped	ist momentan angehalten
	Done	wurde normal beendet
	Terminated	wurde abgebrochen
Kommandozeile	\multicolumn{2}{l}{gibt die Kommandozeile wieder, die beim Start des Jobs angegeben wurde.}

Optionen

Option	Bedeutung
-l	nach der Jobnummer wird zusätzlich noch die PID des Jobs ausgegeben.

Da das Kommando **jobs** nur Jobs ausgibt, die in der aktuellen **csh** gestartet wurden, kennt es keine Hintergrund-Jobs aus anderen Login-Sitzungen. Um Informationen über diese zu erhalten, müßte das Kommando **ps** verwendet werden.

Beispiele

```
% jobs -l ⏎
+[4]   1329   Running       cc -c mult.c &
-[3]   1452   Stopped       mail emil
 [2]   1632   Done          find / -name "*.h" | wc -l &
%
```

6.18.3 Signale an Jobs schicken (kill)

kill [-*signal*] *job(s)*   (1)

oder

kill -l   (2)

Mit dem Kommando **kill** wird den angegebenen *job(s)* (Hintergrund-Jobs oder angehaltene Jobs) das Signal *signal* geschickt. Es bewirkt den Abbruch der entsprechenden *job(s)*, wenn es von ihnen nicht ignoriert oder abgefangen wird.

Für *job(s)* können auch PIDs von Prozessen angegeben werden.

Für *signal* kann entweder eine Signalnummer oder ein Signalname angegeben werden. Als Signalname sind dabei die in der Header-Datei */usr/include/sys/signal.h* definierten Namen ohne das Präfix "SIG" zu verwenden.

Ist -*signal* nicht angegeben, dann wird das Signal **TERM** geschickt.

Falls einem angehaltenen Job das Signal **TERM** oder **HUP** geschickt wird, so sendet die **ksh** diesem Job zuvor das Signal **CONT**.

Die **csh** meldet die durch **kill** bedingte Beendigung eines Jobs mit

[*jobnr*] Terminated   *jobname*

Um Hintergrund-Jobs anzuhalten, steht das built in-Kommando **stop** zur Verfügung (siehe auch Kapitel 6.18.7). Dieses Kommando könnte auch mit:

```
kill -STOP ...
```

nachgebildet werden.

Um sich alle auf dem jeweiligen System verfügbaren Signalnummern und Signalnamen anzeigen zu lassen, steht die zweite Aufrufform (2) zur Verfügung:

```
kill -l
```

Beispiel

```
% find / -name "*.c" -print | wc -l &⏎
[1] 1422 1423
% kill %1⏎
[1] Terminated           find / -name "*.c" -print | wc -l
%
```

6.18.4 Ausführung von angehaltenen Jobs im Hintergrund fortsetzen (bg)

bg [*job(s)*]

Das built in-Kommando **bg** bewirkt, daß die Ausführung der angehaltenen *job(s)* im Hintergrund fortgesetzt wird. Werden keine *job(s)* beim Aufruf angegeben, so wird die Ausführung des aktuellen Jobs (zuletzt angehaltener Job) im Hintergrund fortgesetzt. Der aktuelle Job kann auch mit dem Kommando **jobs** ermittelt werden.

6.18.5 Ausführung von angehaltenen Jobs und Hintergrund-Jobs im Vordergrund fortsetzen (fg)

fg [*job(s)*]

Das built in-Kommando **fg** bewirkt, daß die Ausführung der angegebenen *job(s)* (Hintergrund-Jobs und angehaltene Jobs) der Reihe nach im Vordergrund fortgesetzt wird. Werden keine *job(s)* beim Aufruf angegeben, so wird die Ausführung des aktuellen Jobs (zuletzt angehaltener Job oder zuletzt im Hintergrund gestarteter Job) im Vordergrund fortgesetzt. Der aktuelle Job kann auch mit dem Kommando **jobs** ermittelt werden.

Hinweis

Auf manchen csh-Versionen kann **fg** auch weggelassen und nur *job(s)* angegeben werden.

6.18.6 Auf die Beendigung von Jobs warten (wait)

wait

Das built in-Kommando **wait** veranlasst die **csh**, auf die Beendigung aller Hintergrund-Prozesse zu warten.

Wenn die **csh** interaktiv ist, so kann ein Interrupt ein **wait** unterbrechen; in diesem Fall gibt die **csh** alle Job-Namen mit Job-Nummern aus, die noch nicht beendet sind.

Beispiel

```
% date; slep 10 &; wait; date⏎
1492
Tue Jul 30 15:08:06 MESZ 1991
Tue Jul 30 15:08:16 MESZ 1991
% date; sleep 10 &; date⏎
Tue Jul 30 15:09:17 MESZ 1991
1582
Tue Jul 30 15:09:17 MESZ 1991
%
```

6.18.7 Anhalten von Hintergrund-Jobs (stop)

stop [*job(s)*]

Das built in-Kommando **stop** bewirkt, daß die Ausführung der angegebenen Hintergrund-*job(s)* angehalten wird. Werden keine *job(s)* beim Aufruf angegeben, so wird die Ausführung des aktuellen Jobs (zuletzt im Hintergrund gestarteter Job) angehalten. Der aktuelle Job kann auch mit dem Kommando **jobs** ermittelt werden.

Der Aufruf von

stop *job(s)*

ist identisch zu

kill −STOP *job(s)*

Beispiel

```
% find / −name "*.c" −print | wc −l &⏎
[1] 1422 1423
% stop %1⏎
[1]  Stopped (signal)      find / −name "*.c" −print | wc −l
%
```

Hinweis

Wenn die Ausführung eines angehaltenen Jobs wieder fortgesetzt wird, dann gibt die **csh** das Directory aus, in dem der Job gestartet wurde. Dies kann irreführend sein, da der betreffende Job eventuell bereits intern einen Directorywechsel vorgenommen hat.

Built in-Kommandos können nicht angehalten werden. Auch ist das Anhalten ganzer Kommandolisten nich möglich. Wenn z.B. die Kommandoliste *a;b;c* aufgerufen wurde, und der Job *b* wird angehalten, dann fährt die **csh** sofort mit der Ausführung von Job *c* fort. Dies ist besonders für Aliase wichtig, die ganze Kommandolisten als Werte besitzen. Das hier erwähnte Problem kann mit Kommandoklammerung (...) gelöst werden. Wenn z.B. *(a;b;c)* aufgerufen wurde, dann wird jeweils die ganze Subshell angehalten.

6.18.8 Die Kommandos notify und suspend

`notify [job(s)]`

Das built in-Kommando **notify** bewirkt, daß die **csh** sofort eine Meldung ausgibt, wenn die Ausführung der angegebenen *job(s)* beendet ist. Normalerweise meldet die **csh** die Beendigung von Hintergrund-Jobs erst vor der Ausgabe des nächsten Prompts. Werden keine *job(s)* beim Aufruf angegeben, so bezieht sich **notify** auf den aktuellen Job (zuletzt im Hintergrund gestarteter Job oder angehaltener Job). Der aktuelle Job kann auch mit dem Kommando **jobs** ermittelt werden.

Hinweis

Wenn die Shell-Variable **notify** gesetzt ist, wird die Beendigung jedes Hintergrund-Jobs sofort gemeldet.

Manche **csh**-Versionen bieten noch das built in-Kommando

`suspend`

an. **suspend** hält die aktuelle **csh** an und wird meist verwendet, wenn am gleichen Terminal mit dem Kommando **su** (*switch user*) auf eine andere Benutzerkennung ohne Verlassen der aktuellen **csh** umgeschaltet wurde. Mit **suspend** kann man diese neue Sitzung kurzzeitig unterbrechen, um zwischenzeitlich in der aktuellen **csh** zu arbeiten.

6.18.9 Beispiele zur Job-Kontrolle der csh

Im nachfolgenden wird ein **csh**-Skript vorgestellt, welches das Acht-Damen-Problem löst. Beim Acht-Damen-Problem gilt es, 8 Damen so auf einem Schachbrett zu positionieren, daß keine der Damen eine andere bedroht. Das zugehörige **csh**-Skript gibt alle Lösungen aus. Dabei ist anzumerken, daß solche Probleme norma-

lerweise in einer Programmiersprache gelöst werden, da Shell-Skripts für derartige
Aufgabenstellungen viel zu langsam sind. Die Lösung als **csh**-Skript wurde aus
zwei Gründen hier vorgenommen. Zum einen sollten die vielseitigen Fähigkeiten
der **csh** aufgezeigt werden, zum anderen wurde ein zeitaufwendiges **csh**-Skript
benötigt, um die Möglichkeiten der Job-Kontrolle vorzustellen.

```
% cat achtdame⏎
#!/bin/csh
#     achtdame - loest das Acht-Damen-Problem mit Backtracking
#                Skript sehr zeitaufwendig.

if ($#argv == 0) then
    set spalte = ( 0 0 0 0 0 0 0 0 )
    set spaltfrei = ( 1 1 1 1 1 1 1 1 )
    set aufwaertsfrei = ( 0 1 1 1 1 1 1 1 1 1 1 1 1 1 1 1 )
    set abwaertsfrei = ( 0 1 1 1 1 1 1 1 1 1 1 1 1 1 1 1 )
    set zeile = 0
    echo "0" >.lsg
else
    set spalte = ($argv[1])
    set spaltfrei = ($argv[2])
    set aufwaertsfrei = ($argv[3])
    set abwaertsfrei = ($argv[4])
    set zeile = $argv[5]
endif

@ zeile++
@ s = 1
while ($s <= 8)
    @ z = $zeile + $s
    @ zx = $zeile + 8 - $s
    if ($spaltfrei[$s] && $aufwaertsfrei[$z] && $abwaertsfrei[$zx])
    then
        set spalte[$zeile] = $s
        set spaltfrei[$s] = 0
        set aufwaertsfrei[$z] = 0
        set abwaertsfrei[$zx] = 0
        if ( $zeile == 8 ) then
            set lsg = 'cat .lsg'
            @ lsg++
            echo "$lsg" >.lsg
            echo "${lsg}.Loesung:"
            echo " "
            @ i = 1
            while ($i <= 8)
                echo "|—|—|—|—|—|—|—|—|"
                @ j = 1
```

```
            while ($j <= 8)
               if ($spalte[$j] == $i) then
                  echo "| X \c"
               else
                  echo "|   \c"
               endif
               @ j++
            end
            echo "|"
            @ i++
         end
         echo "|—|—|—|—|—|—|—|—|"
         echo "\n\n\nWeiter mit Return-Taste ......"
         set xx = 'line'    # oder: set xx = $<
      else
         # Rekursiver Aufruf des Skripts
         # Option -f legt fest: .cshrc nicht lesen
         csh -f $0 "$spalte" \
                   "$spaltfrei" \
                   "$aufwaertsfrei" \
                   "$abwaertsfrei" \
                   "$zeile"
      endif
      set spaltfrei[$s] = 1
      set aufwaertsfrei[$z] = 1
      set abwaertsfrei[$zx] = 1
   endif
   @ s++
end
@ zeile—

exit 0
% chmod u+x achtdame[↵]
% achtdame[↵]
[Ctrl-z]
Stopped                                  [Meldung, dass achtdame angehalten]
% jobs -l[↵]
+[1]   1329    Stopped achtdame
% stty tostop[↵]                         [Hintergrund-Jobs bei Ausgabe anhalten]
% bg %acht[↵]
[1] achtdame
% ls c*[↵]                               [Weiterarbeiten im Vordergrund]
copy
+ [1] Stopped (tty output)    achtdame
% fg %1[↵]
achtdame                                 [Meldung, achtdame wieder ausgeführt]
1.Loesung:
```

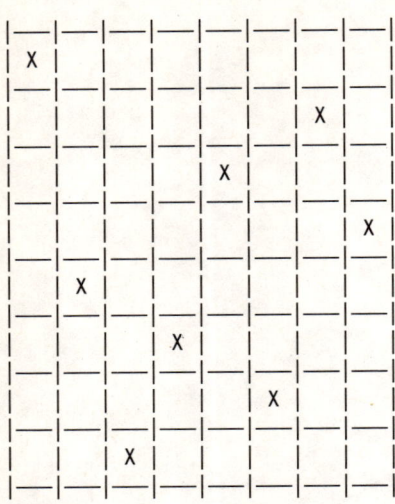

```
Weiter mit Return-Taste ......
⏎
[Ctrl-z]
Stopped                              [Meldung, dass achtdame angehalten]
% bg %?dame ⏎
[1] achtdame
% ls a* ⏎                            [Weiterarbeiten im Vordergrund]
achtdame
add
add.c
ausgab
+ [1] Stopped (tty output)    achtdame
% fg ⏎
achtdame                             [Meldung, achtdame wird wieder ausgeführt]
```

Die C-Shell

2.Loesung:

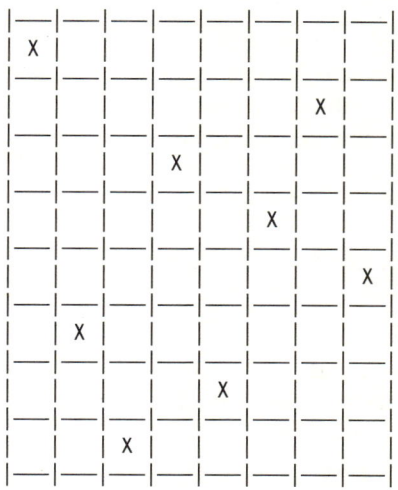

```
Weiter mit Return-Taste ......
[↵]
[Ctrl-z]
Stopped                                 [Meldung, dass achtdame angehalten]
% bg %1[↵]
[1] achtdame
% jobs -l[↵]
+[1]   1329    Running     achtdame
% kill -KILL %1[↵]
[1] Terminated              achtdame
%
```

6.19 Built in-Kommandos der C-Shell

Die built in-Kommandos sind Teile des Programms **csh**. Deswegen muß die **csh** keinen neuen Prozeß starten, um sie ablaufen zu lassen, was zur Folge hat, daß diese Kommandos auch "schneller starten" als die anderen (nicht built in-) Kommandos. Wenn jedoch built in-Kommandos als Komponenten in einer Pipe angegeben sind, so werden bis auf das letzte Kommando alle anderen Kommandos der Pipe in einer Subshell ausgeführt.

Zunächst werden in diesem Kapitel noch einige nicht behandelte built in-Kommandos der **csh** ausführlich besprochen, bevor dann am Ende eine Zusammenfassung aller built in-Kommandos der **csh** gegeben wird.

In der offiziellen Dokumentation zur **csh** werden die Kommandos zur Ablaufsteuerung (**if**, **switch**, **while**, usw.) als built in-Kommandos bezeichnet, was hier aus Konsistenzgründen zu den zuvor vorgestellten Shells nicht getan wird.

6.19.1 Der Directory-Stack (dirs, pushd und popd)

Die **csh** bietet einen sogenannten *Directory Stack* an, in dem Pfadnamen von Directories gespeichert werden. Der oberste Pfadname dieses Directory-Stacks legt immer das working directory fest.

Wird zu einem neuen working directory nicht mit **cd**, sondern mit dem Kommando **pushd** gewechselt, so wird das neue working directory das oberste Element des Directory-Stacks und das vorherige working directory wird als zweites Element im Directory-Stack festgehalten.

Der momentane Inhalt des Directory-Stacks kann mit dem Kommando **dirs** ausgegeben werden, wobei das oberste Stack-Element (working directory) als erstes ausgegeben wird.

Mit dem Kommando **popd** ist es möglich, ohne Angabe des Pfads zu einem früheren working directory, welches sich im Directory-Stack befindet, zu wechseln.

Grundsätzlich gilt, daß der Inhalt des Directory-Stacks immer dann ausgegeben wird, wenn mehr als ein Eintrag darin enthalten ist oder wenn dieser sich ändert.

Die einzelnen built in-Kommandos haben dabei folgende Syntax:

dirs [-l]

gibt den momentanen Inhalt des Directory-Stacks (in einer Zeile) aus. Das oberste Stack-Element, welches immer das working directory ist, wird dabei als erstes (links) ausgegeben. Bei der Ausgabe wird dabei für das home directory die Kurzform ~ (Tilde) verwendet, wenn nicht die Option **-l** angegeben ist.

pushd
pushd *pfadname*
pushd *+n*

Wird **pushd** ohne Argumente aufgerufen, so vertauscht es die beiden obersten Directory-Pfade des Stacks.

Wird ein *pfadname* angegeben, so wird dieser *pfadname* das neue working directory und an oberster Stelle des Stacks hinterlegt, so daß sich der Pfadname des alten working directorys dann an zweiter Stelle des Directory-Stacks befindet.

Die C-Shell

Wird +*n* angegeben, so rotiert der Directory-Stack so , daß das *n*.te Element (Pfadname) das oberste Stack-Element wird. Die Stack-Elemente sind dabei von 0 (oberstes Stack-Element) beginnend aufsteigend durchnumeriert.

popd [+*n*]

Wenn kein Argument angegeben ist, so wird der Pfad des an oberster Stelle stehenden Directorys des Directory-Stacks gelöscht. Das an zweiter Stelle stehende Directory wird zum neuen working directory.

Wird +*n* angegeben, so wird der *n*.te Pfad aus dem Directory-Stack entfernt. Die Stack-Elemente sind dabei wieder von 0 (oberstes Stack-Element) beginnend aufsteigend durchnumeriert.

Beispiele

```
% pwd↵
/user1/egon/cshueb
% dirs↵          [Gib momentanen Inhalt des Dir.-Stacks (mit Kurzform) aus]
~/cshueb
% dirs -l↵       [Gib momentanen Inhalt des Dir.-Stacks (ohne Kurzform) aus]
/user1/egon/cshueb
% pushd /usr/include↵         [Wechsle zu /usr/include und hinterlege es im Stack]
/usr/include ~/cshueb
% pushd /bin↵    [Wechsle zu /bin und hinterlege es im Dir.-Stack]
/bin /usr/include ~/cshueb
% pushd↵         [Vertausche die beiden obersten Stack-Elemente]
/usr/include /bin ~/cshueb
% pwd↵
/usr/include
% pushd /usr/bin↵    [Wechsle zu /usr/bin und hinterlege es im Dir.-Stack]
/usr/bin /usr/include /bin ~/cshueb
% pushd +2↵      [Rotiere Stack, so daß 3.Element oberstes Stack-Element wird]
/bin ~/cshueb /usr/bin /usr/include
% pwd↵
/bin
% popd↵          [Entferne oberstes Stack-Element und mache 2.Element zum work.dir]
~/cshueb /usr/bin /usr/include
% pwd↵
/user1/egon/cshueb
% pushd +2↵      [Rotiere Stack, so daß 3.Element oberstes Stack-Element wird]
/usr/include ~/cshueb /usr/bin
% pushd +3↵
pushd: Directory stack not that deep.
% pwd↵
/usr/include
% pushd +2↵      [Rotiere Stack, so daß 3.Element oberstes Stack-Element wird]
```

```
/usr/bin /usr/include ~/cshueb
% pushd /bin⏎        [Wechsle zu /bin und hinterlege es im Dir.-Stack]
/bin /usr/bin /usr/include ~/cshueb
% popd⏎              [Entferne oberstes Stack-Element und mache 2.Element zum work.dir]
/usr/bin /usr/include ~/cshueb
% popd +1⏎           [Lösche 2.Element aus Dir.-Stack]
/usr/bin ~/cshueb
% popd⏎              [Entferne oberstes Stack-Element und mache 2.Element zum work.dir]
~/cshueb
% pwd⏎
/user1/egon/cshueb
%
```

Hinweis

Auf manchen **csh**-Versionen sind die built in-Kommandos **pushd** und **popd** als Aliase realisiert.

Manche **csh**-Versionen bieten zusätzlich noch die beiden Aliase (built in-Kommandos) **swapd** und **flipd** an:

swapd

vertauscht die beiden Directory-Pfade, die an zweiter und dritter Stelle des Stacks stehen.

flipd

entspricht dem Aufruf von **pushd** ohne Argumente, was ein Vertauschen der beiden obersten Pfade des Directory-Stacks durchführt. Es wird also ständig zwischen diesen beiden Directories hin und her gewechselt.

6.19.2 Ausgeben von Text (echo und glob)

Die **csh** kennt zwei built in-Kommandos, um Text auszugeben:

echo [-n] [*argument(e)*]

echo gibt die *argument(e)*, nachdem für diese Parametersubstitution, Kommandosubstitution und Dateinamen-Expandierung durchgeführt wurde, auf die Standardausgabe aus. Bei der Ausgabe werden alle Argumente durch ein Leerzeichen voneinander getrennt, und diese gesamte Ausgabe wird dann mit einem Neuezeile-Zeichen abgeschlossen.

Ist die Option **-n** angegeben, so wird die Ausgabe nicht mit einem Neuezeile-Zeichen abgeschlossen.

Auf manchen **csh**-Versionen läßt das **echo**-Kommando folgende C-ähnliche Notationen zu:

\c gibt die angegebenen *argument(e)* bis zu diesem Zeichen aus, und unterdrückt den üblichen Zeilenvorschub durch das Kommando **echo**. Eventuell danach angegebene Argumente werden nicht ausgegeben.

\n Neuezeile-Zeichen.

Der Befehl

glob [*argument(e)*]

entspricht weitgehend dem Kommando **echo**, nur daß die oben angegebenen Escape-Sequenzen ihre Sonderbedeutung verlieren und die einzelnen *argument(e)* bei der Ausgabe nicht durch Leerzeichen getrennt, sondern wie in C mit **\0** abgeschlossen werden; auch wird die Ausgabe nicht mit einem Neuezeile-Zeichen abgeschlossen. **glob** wird oft in C-Programmen benutzt, um eine Dateinamen-Expandierung durch die **csh** vornehmen zu lassen.

Beispiele
```
% pwd⏎
/user1/egon/cshueb
% echo a*⏎
achtdame add add.c ausgab
% glob a*⏎
achtdameaddadd.causgab% ⏎
% glob a* | od -cb⏎
0000000   a   c   h   t   d   a   m   e  \0   a   d   d  \0   a   d   d
        141 143 150 164 144 141 155 145 000 141 144 144 000 141 144 144
0000020   .   c  \0   a   u   s   g   a   b  \0
        056 143 000 141 165 163 147 141 142 000
0000031
%
```

6.19.3 Der Hashing-Mechanismus (hashstat, rehash und unhash)

Die **csh** arbeitet eine eingegebene Kommandozeile in folgender Reihenfolge (siehe Kapitel 6.20) ab:

1. History-Substitution

2. Alias- Substitution

3. Parameter-Substitution

4. Kommandosubstitution und Dateinamen-Expandierung

Das erste Wort legt nach diesen Ersetzungen dann den Namen des aufzurufenden Programms fest. Handelt es sich dabei um ein Kommando zur Ablaufsteuerung (**if**, **while**, usw.) oder um ein built in-Kommando, so führt die **csh** den betreffenden Programmteil aus, andernfalls durchsucht sie ihre interne Hashing-Tabelle nach dem als erstes Wort angegebenen Programmnamen (Kommandonamen).

Um ein ständiges, zeitaufwendiges Suchen in den **path**-Directories beim Aufruf eines nicht built in-Kommandos zu vermeiden, unterhält die **csh** ähnlich zur Bourne-Shell eine interne Hashing-Tabelle, in der sie die Pfadnamen aller Kommandos der **path**-Directories speichert. Im Unterschied zur Bourne-Shell wird diese hashing-Tabelle jedoch nicht bei jedem Aufruf eines Kommandos ständig erweitert, sondern bereits am Beginn der UNIX-Sitzung vollständig erstellt.

Die **csh** bietet nun drei built in-Kommandos an, um Informationen aus der Hashing-Tabelle abzufragen bzw. diese zu manipulieren:

hashstat[29]

gibt eine Statistik aus, die über den Erfolgsgrad der internen Hashing-Tabelle informiert. Diese Statistik zeigt an, wieviele aufgerufene Kommandos auch wirklich gefunden wurden und wieviele nicht; dazu wird noch eine Prozentzahl angegeben.

rehash

bewirkt, daß die interne Hashing-Tabelle zunächst gelöscht und dann wieder neu aufgebaut wird. **rehash** muß immer dann aufgerufen werden, wenn während einer UNIX-Sitzung neue Programme in den **path**-Directories angelegt wurden. Da in der **csh** anders als in der Bourne-Shell die Hashing-Tabelle bereits am Anfang der Sitzung aufgebaut wurde, würden diese Programme niemals in der veralteten Hashing-Tabelle gefunden, außer sie werden mit dem absoluten Pfadnamen aufgerufen.

unhash

schaltet die Verwendung der Hashing-Tabelle zum Lokalisieren von Kommandos aus.

Beispiele

```
% pwd⏎
/user1/egon/cshueb
% echo $path⏎
/bin /usr/bin .
% fiba⏎              [fiba im work. dir. wird gefunden]
1
1
2
:
:
```

---

[29] nicht auf allen **csh**-Versionen verfügbar.

```
610
987
% set path = (/bin /usr/bin $home .)⏎
% mv fiba ..⏎             [Verlagere fiba nach parent dir. (home dir.)]
% fiba⏎                   [Nun wird fiba nicht gefunden, obwohl $home]
fiba: Command not found.  [in path-Directories vorhanden]
% rehash⏎                 [Baue Hashing-Tabelle neu auf]
% fiba⏎                   [Nun wird fiba wieder gefunden]
1
1
2
:
:
610
987
% pwd⏎
/user1/egon/cshueb
% mv ../fiba .⏎           [fiba wieder nach /user1/egon/cshueb verlagern]
%
```

Hinweis

Wenn das working directory in der Shell-Variablen **path** vorkommt, so sucht die **csh** immer im working directory und verläßt sich dabei nicht auf die Hashing-Tabelle. So würde z.B. ein erneuter Aufruf von **fiba** im obigen Beispiel **fiba** auffinden, auch wenn die Hashing-Tabelle nicht mit **rehash** aktualisiert wurde.

6.19.4 Setzen und Löschen von Environment-Variablen (setenv und unsetenv)

Shell-Variablen, welche mit **set** definiert werden, werden normalerweise nicht in das Environment von Sohnprozessen exportiert. Die Ausnahmen dabei sind die Shell-Variablen **term** und **path**. Um ein Exportieren von Shell-Variablen zu erreichen, müssen diese mit dem built in-Kommando **setenv**, welches in etwa dem **export** der Korn-Shell entspricht, definiert werden. So definierte Shell-Variablen können mit **unsetenv** auch wieder aus dem Environment gelöscht werden:

setenv *variablenname wert*

definiert eine Environment-Variable *variablenname* mit dem angegebenen *wert*.

unsetenv *pattern*

löscht alle Environment-Variablen, welche durch das angegebene *pattern* abgedeckt werden. Im *pattern* sind dabei die Metazeichen *, ? und [..] der Dateinamen-Expandierung erlaubt. Es ist kein Fehler, wenn die angegebenen *pattern* keinen einzigen Namen einer Environment-Variablen abdecken.

Hinweis

Um sich alle momentan definierten Environment-Variablen anzeigen zu lassen, steht das nicht built in-Kommando **env** bzw. **printenv** zur Verfügung.

Beispiele

```
% set x = 100⏎
% echo $x⏎
100
% csh⏎
% echo $x⏎
x: Undefined variable.
% exit⏎
% setenv y 100⏎
% echo $y⏎
100
% csh⏎
% echo $y⏎           [Nun ist y in Subshell bekannt]
100
% env⏎
HOME=/user1/egon
PATH=/bin:/usr/bin:/user1/egon:
LOGNAME=egon
TERM=vt100
SHELL=/bin/csh
MAIL=/usr/mail/egon
y=100
% exit⏎
% set path = (/bin /usr/bin .)⏎
% env⏎           [Das Ändern von path hat sich auch auf die Env.-Var. PATH
ausgewirkt]
HOME=/user1/egon
PATH=/bin:/usr/bin:
LOGNAME=egon
TERM=vt100
SHELL=/bin/csh
MAIL=/usr/mail/egon
y=100
%
```

6.19.5 Werte von Arrays verschieben (shift)

Um die Positionsparameter nach links zu verschieben steht das built in-Kommando **shift** zur Verfügung:

shift [*variable*]

Die C-Shell

Wird **shift** ohne Argument aufgerufen, so werden die Elemente von **argv** um eine Position nach links geschoben, so daß der Wert **$argv[2]** dem Positionsparameter **argv[1]**, der Wert **$argv[3]** dem Positionsparameter **argv[2]**, usw. zugewiesen wird.

Wird *variable* angegeben, so werden die einzelnen Elemente dieser *variable* um eine Position nach links geschoben.

Wenn **argv** bzw. die angegebene *variable* keinen Wert mehr besitzen, so wertet **shift** dies als Fehler.

Beispiele

```
% set argv = (eins zwei drei vier fuenf)↵
% echo $argv↵
eins zwei drei vier fuenf
% echo $#argv↵
5
% shift↵
% echo $argv↵
zwei drei vier fuenf
% shift↵
% echo $argv↵
drei vier fuenf
% echo $*↵
drei vier fuenf
% echo $#argv↵
3
% set zahl = (one two three four five six)↵
% echo $#zahl↵
6
% shift zahl↵
% echo $zahl↵
two three four five six
% echo $#zahl↵
5
% shift zahl↵
% echo $zahl↵
three four five six
% echo $#zahl↵
4
% set y = ""↵
% echo $#y↵
1
% shift y↵
% echo $#y↵
0
% shift y↵
```

```
shift: No more words.
% echo $#y⏎
0
% echo $?y⏎
1                       [y ist zwar leer, aber noch definiert]
%
```

6.19.6 Das Punkt-Kommando der csh (source)

source ist das Gegenstück der **csh** zum Punkt-Kommando der Bourne-Shell:

source *dateiname*

source liest die Kommandos der angegebenen Datei *dateiname* und führt sie in der aktuellen **csh** aus. **source** wird häufig verwendet, wenn der Inhalt der Dateien *.login* und *.cshrc* verändert wurde. Um diese Änderungen der aktuellen **csh** bekannt zu machen, ohne daß sich der betreffende Benutzer ab- und wieder anmeldet, kann

source $home/.login

beziehungsweise

source $home/.cshrc.

aufgerufen werden.

Beispiel

```
% echo $name⏎
name: Undefined variable.
% echo set name = Emil >namdat⏎
% source namdat⏎
% echo $name⏎
Emil
%
```

Hinweis

In mit **source** gelesenen Dateien können wieder **source**-Aufrufe stehen, so daß ein geschachteltes Lesen von Kommandodateien möglich ist.

Die mit **source** gelesenen Kommandos werden nicht im History-Puffer gespeichert.

6.19.7 Priorität von Kommandos herabsetzen (nice)

Mit dem built in-Kommando **nice** ist es möglich, die Priorität von Kommandos bei ihrer Ausführung herabzusetzen, so daß sie langsamer ablaufen, da sie sich bei der

Die C-Shell

Verteilung der CPU-Zeit freiwillig hinten anstellen, was natürlich für die anderen Prozesse, die ebenfalls um CPU-Zeit konkurrieren, von Vorteil ist:

nice [*+n*] [*kommando*]

Wird **nice** ohne Argumente aufgerufen, so wird der *nice*-Wert auf 4 gesetzt.

Wird nur *+n* angegeben, so wird der *nice*-Wert auf die Zahl *n* gesetzt.

Wird **nice** mit einem *kommando* aufgerufen, so wird nur dieses *kommando* mit *nice*-Wert 4 bzw. *nice*-Wert *n*, wenn *+n* angegeben ist, ausgeführt.

Hinweis

Je größer der *nice*-Wert ist, um so niedriger ist die Priorität, so daß die entsprechenden Kommandos um so langsamer ausgeführt werden.

Nur der Superuser kann Kommandos mit einem negativen *nice*-Wert (*-n*) ausführen lassen.

6.19.8 Zeitmessungen für Kommandos (time)

time gibt an, wieviel Zeit von der **csh** bzw. von einem einzelnen Kommando verbraucht wurde:

time [*kommando*]

Wird **time** ohne Argument aufgerufen, so gibt es die von der aktuellen **csh** und allen ihren Sohnprozessen bis zum jetzigen Zeitpunkt verbrauchte Zeit aus.

Wird ein *kommando* angegeben, so gibt **time** nach der Ausführung des Kommandos die von diesem *kommando* verbrauchte Zeit aus.

Die verbrauchte Zeit wird dabei durch 3 Zeitwerte und eine Prozentzahl angezeigt:

user   sys   elapsed   prozentzahl

Die Prozentzahl drückt dabei das Verhältnis von (*user+sys*) : *elapsed* aus.

Beispiele

```
% time↵
0.6u 2.5s 28:16 0%
% time fiba↵
1
1
2
3
:
:
610
```

```
987
0.9u 0.4s 0.01 126%
$ time sleep 10⏎
0.0u 0.1s 0:10 1%
%
```

6.19.9 An- und Abmelden mit login und logout

Diese beiden built in-Kommandos haben folgende Syntax:

login [*loginname*]³⁰

login beendet die Login-Shell und startet die Login-Prozedur für eine neue UNIX-Sitzung; wird ein *loginname* angegeben, so wird sofort nach dem Paßwort des entsprechenden Benutzers gefragt.

logout beendet eine Login-Shell, wobei zuvor noch die Datei *.logout* (im home directory) ausgeführt wird.

Hinweis

Wenn die Shell-Variable **ignoreeof** gesetzt ist, so kann eine interaktive **csh** nur mit den built in-Kommandos **exit** und **logout**, aber nicht mit *Ctrl-D* beendet werden.

6.19.10 Limits für Systemressourcen (limit und unlimit)

Mit den built in-Kommandos **limit** und **unlimit** können Obergrenzen für Systemressourcen (wie z.B. CPU-Zeit, Dateigröße, usw.) festgelegt und auch wieder aufgehoben werden:

limit [*resource*] [*maximum*]³¹

legt ein Limit (*maximum*) für die angegebene *resource* fest. Dieses Limit darf vom aktuellen Prozeß und allen seinen Sohnprozessen nicht überschritten werden.

Ist kein *maximum* angegeben, so wird das momentan festgelegte Limit für *resource* ausgegeben oder für alle Ressourcen, wenn *resource* nicht angegeben ist.

---

[30] nicht auf allen **csh**-Versionen verfügbar.
[31] nicht auf allen **csh**-Versionen verfügbar.

Für *resource* kann dabei folgendes angegeben werden:

resource	Bedeutung
cputime	CPU-Zeit in Sekunden
filesize	Dateigröße in Bytes
datasize	Größe des Datensegments in Bytes
stacksize	Größe des Stacksegments in Bytes
coredumpsize	*coredump*-Größe in Bytes

Für *maximum* kann eine Gleitpunkt-Zahl oder eine ganze Zahl angegeben werden.

Am Ende dieser Zahl kann bei **filesize**, **datasize**, **stacksize** und **coredumpsize** einer der folgenden Buchstaben angegeben werden:

k Zahl gibt Kilobytes an
m Zahl gibt Megabytes an

Bei **cputime** kann am Ende dieser Zahl einer der folgenden Buchstaben angegeben werden:

m Zahl gibt Minuten an
h Zahl gibt Stunden an

Außerdem kann bei **cputime** statt einer Zahl auch *mm:ss* angegeben werden, wobei *mm* die Minuten- und *ss* die Sekundenzahl festlegt.

unlimit [*resource*][32]

hebt das für *resource* festgelegte Limit wieder auf. Ist *resource* nicht angegeben, so werden die Limits für alle System-Ressourcen entfernt.

Beispiele

```
% limit⏎
cputime         unlimited
filesize        unlimited
datasize        44964 kbytes
stacksize       22482 kbytes
coredumpsize    unlimited
% limit coredumpsize 512k⏎
% limit⏎
```

---

[32] nicht auf allen **csh**-Versionen verfügbar.

```
cputime         unlimited
filesize        unlimited
datasize        44964 kbytes
stacksize       22482 kbytes
coredumpsize    512k
%
```

6.19.11 Zusammenfassung der built in-Kommandos

Hier werden nun alle built in-Kommandos der **csh** nochmals zusammengefasst. Dabei wird eine kurze Beschreibung gegeben. Eine vollständige Beschreibung der jeweiligen built in-Kommandos kann im Anhang nachgeschlagen werden.

Die **csh** verfügt über folgende built in-Kommandos:

Kommmando	Wirkung
#	Kommentar-Kommando
alias [*name*] [*wortliste*]	Definieren bzw. Anzeigen von Aliasen
bg [*job(s)*]	Ausführung von angehaltenen *job(s)* im Hintergrund fortsetzen
break	Verlassen einer umschließenden **while**- oder **foreach**-Schleife
cd [*directory*]	Wechseln in ein anderes working directory
chdir [*directory*]	
continue	Abbrechen eines **while**- oder **foreach**-Schleifendurchlaufs
dirs [-l]	Ausgeben des Directory-Stacks
echo [**-n**] [*argument(e)*]	Ausgeben der angegebenen *argument(e)* auf die Standardausgabe
eval *argument(e)*	Ausführen von *argument(e)* als Kommandos
exec *argument(e)*	Überlagern der **csh** mit einem Kommando
exit [(*ausdr*)]	Beenden der momentan aktiven **csh**
fg [*job(s)*]	Ausführung von angehaltenen Jobs oder Hintergrund-Jobs im Vordergrund fortsetzen
glob [*argument(e)*]	Ausgeben der angegebenen *argument(e)* auf die Standardausgabe
hashstat	Ausgeben einer Statistik, die über den Erfolgsgrad der internen Hashing-Tabelle informiert.
history [-r] [*n*]	Anzeigen der Kommandos im History-Puffer

Kommmando	Wirkung
jobs [-l]	Ausgeben von Informationen zu angehaltenen Jobs und Hintergrund-Jobs
kill [-*signal*] *job(s)*	Signale an Jobs schicken bzw.
kill -l	verfügbare Signale auflisten
limit [*resource*] [*maximum*]	Festlegen bzw. Anzeigen von Limits für Systemressourcen
login [*loginname*]	Starten der Login-Prozedur
logout	Verlassen einer Login-Shell
newgrp [*gruppenname*]	Wechseln der Gruppenzugehörigkeit
nice [+*n*] [*kommando*]	Kommandos mit niedriger Priorität ausführen lassen
nohup [*kommando*]	Ignorieren von *nohup*-Signalen
notify [*job(s)*]	Sofortiges Informieren bei Beendigung von Hintergrund-Jobs
onintr [-] [*marke*]	Abfangen von Signalen
popd [+*n*]	Wechseln zu einem Directory des Directory-Stacks bzw. Entfernen eines Directorys aus dem Directory-Stack
pushd	Hinzufügen eines Directorys zum Directory-Stack
pushd *pfadname*	bzw. Vertauschen oder Rotieren der Directories im
pushd +*n*	Directory-Stack
rehash	Interne Hashing-Tabelle neu erstellen lassen
set	Setzen/Anzeigen von Variablen bzw. Zuweisen von Werten/Wortlisten an Variablen:
set	gibt alle momentan definierten Shell-Variablen mit ihren Werten aus.
set *variablenname*=	weist der Variablen *variablenname* den Nullstring zu
set *variablenname*=(*wert*)	weist der Variablen *variablenname* den Wert *wert* zu.
set *variablenname*=(*wortliste*)	weist dem Array *variablenname* die Werte von *wortliste* zu; dabei wird der erste Wert *variablenname*[1], der zweite *variablenname*[2], usw. zugewiesen.
set *variablenname*[*index*]=*wert*	weist dem Array-Element *variablenname*[*index*] den Wert *wert* zu; dabei muß *variablenname*[*index*] bereits existieren.

Kommmando	Wirkung
setenv *variablenname wert*	Definieren von Environment-Variablen
shift [*variable*]	Verschieben der Werte von Positionsparametern oder Variablen
source *dateiname*	Lesen und Ausführen der Kommandos aus *dateiname* in der aktuellen **csh**
stop [*job(s)*]	Anhalten von Hintergrund-Jobs
suspend	Anhalten der aktuellen csh
time [*kommando*]	Ausgeben der von der aktuellen **csh** bzw. von einem Kommando gebrauchten CPU-Zeit
umask [*3-stellige-oktalzahl*]	Setzen bzw. Anzeigen der Dateikreierungs-Maske
unalias *pattern ...*	Löschen von Aliasen
unhash	Verwendung der internen Hashing-Tabelle durch die **csh** ausschalten.
unlimit [*resource*]	Beseitigen von Limits für Systemressourcen
unset *pattern ...*	Löschen von Shell-Variablen
unsetenv *pattern ...*	Löschen von Environment-Variablen
wait	Warten auf die Beendigung von Hintergrund-Jobs
@(1)	Auswerten von arithmetischen Ausdrücken:
@ *variable* = *ausdruck*[33] **(2)**	(1) gibt die Werte aller momentan definierten Shellvariablen aus.
@ *variable*[*index*] = *ausdruck*[34] **(3)**	(2) setzt die *variable* mit dem Ergebnis, das die Auswertung von *ausdruck* liefert. (3) setzt das Array-Element *variable*[*index*] mit dem Ergebnis, das die Auswertung von *ausdruck* liefert. Hierbei ist zu beachten, daß *variable*[*index*] bereits existieren muß, also bereits zuvor mit **set** oder **setenv** deklariert sein muß.

6.20 Die Abarbeitung von Kommandozeilen

Die Abarbeitung von Kommandozeilen wird in folgender Reihenfolge vorgenommen:

1. Entfernen von allen *Neuezeile-Zeichen*

2. History-Substitution

---

[33] Die Leerzeichen vor und nach dem Zuweisungsoperator = sind nicht notwendig.
[34] Die Leerzeichen vor und nach dem Zuweisungsoperator = sind nicht notwendig.

Die C-Shell

3. Speichern der Kommandozeile im History-Puffer

4. Alias-Substitution

5. Parameter-Substitution

6. Kommando-Substitution

7. Dateinamen-Expandierung (einschließlich Tilde-Expandierung)

8. Ein- und Ausgabeumlenkungen

9. Kommandoausführung

Beispiele

```
% set history = 10↵
% alias h history↵
% alias gibaus drucke↵
% alias drucke echo↵
% set b = 'b*'↵
% set echo↵
% h↵
history
1  set history = 10
2  alias h history
3  alias gibaus drucke
4  alias drucke echo
5  set b = 'b*'
6  set echo
7  h
% !3:1 a*   \↵
$b  'echo c*'  ~↵
gibaus a* $b 'echo c*' ~
echo a* b* 'echo c*' ~
echo c*
achtdame add add.c ausgab copy /user1/egon
% h↵
history
1  set history = 10
2  alias h history
3  alias gibaus drucke
4  alias drucke echo
5  set b = 'b*'
6  set echo
7  h
8  gibaus a* $b 'echo c*' ~
9  h
%
```

Bei der Kommandoausführung wird zunächst geprüft, ob es sich beim ersten Wort um ein built in-Kommando handelt. Wenn dies zutrifft, so wird der entsprechende Programmteil der **csh** ausgeführt.

Handelt es sich um kein built in-Kommando, so verwendet die **csh**, wenn die Optionen **-c** oder **-t** nicht gesetzt sind, ihre interne Hashing-Tabelle, um den absoluten Pfadnamen zu diesem Kommando zu bestimmen. Falls in der Shell-Variablen **path** Directory-Pfade angegeben sind, die nicht mit / beginnen, so umgeht die **csh** dafür den Hashing-Mechanismus und sucht in diesen Directories nach dem Kommandonamen.

Falls mit **unhash** dieser interne Hashing-Mechanismus ausgeschaltet ist oder die Optionen **-c** oder **-t** gesetzt sind, so durchsucht die **csh** die in **path** angegebenen Directories nach dem Kommandonamen.

6.21 Aufrufsyntax der csh

Die mögliche Aufrufsyntax für die **csh** ist:

csh [**-cefinstvVxX**] [*argument(e)*]

Die Optionen bedeuten dabei folgendes:

Optionen	Wirkung
-c *text*	(*command*) *text* legt die auszuführenden Kommandos fest. Sind weitere Argumente angegeben, so werden diese in **argv** hinterlegt.
-e	(*exit*) **csh** verlassen, wenn ein Kommando nicht erfolgreich ausgeführt werden kann.
-f	Datei **$home**/.*cshrc* beim Start der **csh** nicht ausführen; dies bewirkt, daß die **csh** schneller startet.
-i	(*interactive*) als interaktive **csh** starten; eine **csh** wird immer automatisch als interaktive **csh** gestartet, wenn die Ein- und Ausgaben auf das Terminal eingestellt sind.
-n	(*noexec*) Kommandos werden nur gelesen und auf Syntaxfehler untersucht, aber nicht ausgeführt. Diese Option kann für eine syntaktische Überprüfung von **csh**-Skripts verwendet werden.

Optionen	Wirkung

-s [*argument(e)*] bewirkt, daß eine interaktive Subshell gestartet wird, die Kommandos von der Standardeingabe liest. Wenn *argument(e)* angegeben sind, dann werden diese der Subshell als Positionsparameter übergeben. Diese Option wird automatisch eingeschaltet, wenn die Option **-c** nicht angegeben ist. Falls die Option **-c** angegeben ist, so wird die Option **-s** ignoriert.
Beispiel:
```
% pwd↵
/user1/egon/cshueb
% csh -s egon 'pwd'↵
% echo "Hallo, $1"↵
Hallo, egon↵
% echo $argv[2]↵
/user1/egon/cshueb
% exit↵
%
```

-t Nur eine Kommandozeile lesen und ausführen; \ kann verwendet werden, um die Sonderbedeutung des Neuezeile-Zeichens (Kommando ausführen) auszuschalten.

-v (*verbose*) bewirkt, daß die Shell-Variable **verbose** gesetzt wird, so daß nach jeder History-Substitution die neu entstandene Kommandozeile vor ihrer Ausführung angezeigt wird.

-V (*Verbose*) entspricht der Option **-v**, nur daß die Shell-Variable **verbose** bereits vor der Ausführung von *.cshrc* gesetzt wird.

-x (*xtrace*) bewirkt, daß die Shell-Variable **echo** gesetzt wird, so daß jede Kommandozeile vor ihrer Ausführung nochmals ausgegeben wird. Während jedoch bei nicht built in-Kommandos alle Substitutionen und Expandierungen vor dieser Ausgabe bereits durchgeführt sind, werden bei built in-Kommandos diese Expandierungen und Substitutionen erst nach der Ausgabe vorgenommen.

-X (*Xtrace*) entspricht der Option **-x**, nur daß die Shell-Variable **echo** bereits vor der Ausführung von *.cshrc* gesetzt wird.

Die meisten dieser Optionen können auch beim Aufruf eines **csh**-Skripts gesetzt werden:

`csh [optionen] skript`

In diesem Fall gelten die gesetzten Optionen nur für die Dauer der Skript-Ausführung.

Bei jedem Start einer **csh** werden die Dateien */etc/cshrc* und **$home/**.*cshrc* gelesen und ausgeführt, wenn sie existieren.

Die Login-Prozedur ruft die **csh** mit

exec −csh

auf. Das Minuszeichen - bewirkt, daß in diesem Fall eine Login-Shell gestartet wird. Eine Login-Shell unterscheidet sich von einer normalen Shell nur in den folgenden Punkten:

- Es können außer Optionen keine Argumente angegeben werden.
- Nach dem Lesen und Ausführen der Kommandos in den beiden Dateien */etc/cshrc* und **$home/**.*cshrc* werden als nächstes die Kommandos aus der Datei **$home/**.*login* gelesen und ausgeführt, wenn diese Datei existiert.

6.22 Einrichten einer persönlichen Arbeitsumgebung

Da die **csh** nicht wie die Bourne-Shell das Kommando **export** anbietet, um mit **set** definierte Variablen an Subshells zu exportieren, muß sie eine Möglichkeit anbieten, um auch ein Environment für eine Subshell aufzubauen. Dies erfolgt in drei Schritten:

1. Gewisse Shell-Variablen werden aus dem globalen Environment zur Verfügung gestellt. Dies sind meist die Shell-Variablen **home** und **shell**.

2. Die Variable **path** wird mit den am jeweiligen System voreingestellten Directories gesetzt.

3. Bei jedem Aufruf einer neuen **csh** werden zuerst die Kommandos aus der vom Systemverwalter geschriebenen Datei */etc/cshrc* und dann die Kommandos aus der Datei *.cshrc* im home directory des speziellen Benutzers ausgeführt.

Handelt es sich beim Aufruf einer **csh** um eine Login-Shell, so werden zusätzlich noch die Kommandos aus der Datei **$home/**.*login* gelesen und ausgeführt, wenn diese Datei existiert.

Beim Abmelden einer Login-Shell werden vor dem endgültigen Verlassen der **csh** noch die Kommandos aus der Datei **$home/**.*logout* gelesen und ausgeführt, wenn diese Datei existiert.

Im nachfolgenden wird anhand von Beispielen gezeigt, wie diese Dateien aussehen könnten. Bis auf die Datei */etc/cshrc*, welche vom Systemverwalter erstellt wird, handelt es sich im folgenden nur um Vorschläge, die jeder Benutzer seinen eigenen Bedürfnissen anpassen kann.

6.22.1 Die Datei /etc/cshrc

Der Inhalt der Datei */etc/cshrc* kann Informationen über Maschinen-Eigenschaften und über Voreinstellungen für alle Benutzer geben. Ein Beispiel für das Aussehen einer solchen Datei */etc/cshrc* könnte sein:

```
% cat /etc/cshrc↵
#
#
#     Kommentare
#
#

umask 022           # Setzen der Datei-Kreierungsmaske

   # Gib Message Of The Day aus
echo "" # Zeilenvorschub
if ( -r /etc/motd ) cat /etc/motd

   # Allgemeine Terminaleinstellungen
stty erase '^h' echoe

   # MAIL-Variable setzen und Briefkasten pruefen
if ( $?MAIL == 0 ) setenv MAIL /usr/mail/$LOGNAME
if ( ( -z $MAIL  || -e $MAIL ) && \
   !( -z $MAIL && -e $MAIL ) )   \
       echo "\nYou have mail"

   # Neuigkeiten vom schwarzen Brett ausgeben
if ( $LOGNAME != root && -x /usr/bin/news ) news -n
%
```

6.22.2 Die Datei .cshrc

Da die Datei **$home/**.*cshrc* bei jedem Start einer neuen **csh** (außer bei Option **-f**) automatisch gelesen und ausgeführt wird, sollte sie nicht zuviele Kommandos enthalten, da dies sich sonst negativ auf die Startzeit von **csh**-Skripts auswirkt. Deswegen ist es auch empfehlenswert, nur built in-Kommandos in *.cshrc* aufzurufen, damit während der Ausführung von *.cshrc* nicht neue Prozesse kreiert werden.

Üblicherweise werden in **$home/**.*cshrc* nur Aliase und Shell-Variablen wie z.B. **history**, **noclobber**, usw. definiert:

```
% cat ~/.cshrc↵
#
#  Beispiel fuer das Aussehen der Datei $home/.cshrc
#
```

```
# Nuetzliche Alias-Definitionen
alias h history
alias rm rm -i
alias ll ls -CF

  # Prompt setzen und Alias cd definieren
set prompt="! 'pwd'>> "
alias cd 'chdir \!*; set prompt="! 'pwd'>> "'

  # Vordefinierte Shellvariablen setzen
set path = (/bin /usr/bin $home/bin /etc .)
set term = ansi
set cdpath = (. .. $home ~/cshueb ~/bin)
set time=20
set history=20
set mailcheck=0
set ignoreeof

tput init
%
```

6.22.3 Die Datei .login

Wird eine Login-Shell gestartet, so werden nach den Dateien *letc/cshrc* und **$home**/*.cshrc* noch die Kommandos aus **$home**/*.login* gelesen und ausgeführt.

Typische Aktionen in *.login* sind z.B.:

- Durchführen von einmaligen Terminal-Einstellungen mit **stty**
- Konfigurieren des **vi** über die Variable **EXINIT**
- Setzen von nützlichen globalen Variablen mit **setenv**
- Festlegen von Aktionen, die immer am Anfang einer UNIX-Sitzung durchzuführen sind, wie z.B. Ausgabe des letzten Anmeldezeitpunkts, Ausgabe des heutigen Datums mit Uhrzeit, usw.
- Abgeben von **cron**- und **at**-Aufträgen, wie z.B. Einbau eines automatischen Erinnerungs-Services.

Ein Beispiel für das mögliche Aussehen von *.login* wäre:

```
% cat ~/.login⏎
#
#    Beispiel fuer das Aussehen der Datei $home/.login
#

  # Definition von nuetzlichen Environment-Variablen
```

Die C-Shell

```
setenv hu $home/cshueb
setenv hb $home/bin

    # Definition der mail-Variablen
set mail=/usr/mail/'logname'
        # Auf manchen Systemen:
        # set mail=/usr/spool/mail/'logname'

    # Konfigurieren des vi
setenv EXINIT = "set nu aw ws smd"

    # Setzen der Ctrl-Tasten fuer intr und kill
stty intr '^c'  kill '^u'

    # Ausgabe des heutigen Datums
echo "**** Heute ist 'date' ****"

    # Erinnerungs-Service
/usr/bin/calendar

    # Wechseln zum letzten work. dir. der letzten Sitzung
if ( -f ~/.csh_zuletzt ) then
   set workdir = 'tail -1 ~/.csh_zuletzt'
endif
if ( "$workdir" != "" ) then
   cd $workdir
endif
%
```

Wird der Inhalt von *.login* während einer UNIX-Sitzung geändert, so ist damit nicht auch automatisch die entsprechende **csh**-Umgebung geändert. Dazu muß die **csh** zunächst den Inhalt von *.login* wieder neu lesen. Am einfachsten erreicht man dies unter Verwendung des built in-Kommandos **source**:

source ~/.login

6.22.4 Die Datei .logout

Die Datei *.logout* kann für cleanup-Arbeiten verwendet werden, die bei jedem Verlassen einer **csh** durchzuführen sind, wie z.B. Löschen aller Dateien in einem lokalen *tmp*-Directory. Eine andere Verwendung von *.logout* ist das Retten von Information über UNIX-Sitzungen hinweg. So könnte z.B. ein Benutzer mit

history > ~/.csh_history

den History-Puffer in einer Datei hinterlegen und diese Kommandos beim erneuten Anmelden wieder verwenden.

Im nachfolgenden Beispiel für *.logout* wird der absolute Pfadname des momentanen working directorys in der Datei ~/.csh_zuletzt gesichert, um bei einem erneuten Anmelden dieses wieder zum ersten working directory zu machen, so daß dem Benutzer ein sofortiges Weiterarbeiten in diesem Directory ermöglicht wird. (siehe auch vorheriges Kapitel bei *.login*):

```
% cat ~/.logout⏎
#
#  Beispiel fuer das Aussehen der Datei $home/.logout
#
  # Speichern der working directory
echo 'pwd' >~/.csh_zuletzt
%
```

6.23 Erweiterungen in manchen csh-Versionen

Manche **csh**-Versionen bieten noch zusätzliche Funktionalität an:

Vordefinierte Shell-Variable cdspell

Wenn die Variable **cdspell** gesetzt ist, so versucht die **csh**, Tippfehler beim Aufruf von **cd** mit einem nicht existierenden Directory zu erkennen und bessert diese selbst aus. Dazu fragt sie mit der Ausgabe eines existierenden und ähnlich lautenden Pfadnamens nach, ob eventuell zu diesem Directory gewechselt werden soll. Bei Eingabe von **n**⏎ findet dieser Directorywechsel nicht statt; jede andere Eingabe bewirkt den Wechsel zu diesem von der **csh** vorgeschlagenen Directory:

```
11 /user1/egon/cshueb>> cd /us/bin⏎
cd /usr/bin? ⏎
ok
12 /usr/bin>> cd ~/chsueb⏎
cd /user1/egon/cshueb? y⏎
ok
13 /user1/egon/cshueb>>
```

Scratch-Dateien

Ältere **csh**-Versionen unter BSD-UNIX erlaubten das Anlegen von sogenannten *Scratch*-Dateien. Das sind temporäre Dateien, welche vom System nach ein paar Tagen oder bei Speicherplatzmangel automatisch gelöscht werden. *scratch*-Dateien sind dadurch gekennzeichnet, daß ihr Name mit einem # beginnt, z.B. wird mit dem Aufruf

```
banner Happy Birthday > #geburtstag
```

eine *Scratch*-Datei *#geburtstag* angelegt.

Die C-Shell 637

Das besondere Alias *shell*

Wenn ein Alias **shell** existiert, so wird dessen Alias-Text beim Aufruf eines Shell-Skripts substituiert, so daß der Aufruf mit diesem Alias-Text stattfindet. Deswegen sollte das erste Wort des Alias-Textes der absolute Pfadname der entsprechenden Shell sein, z.B. **/bin/csh** oder **$shell**:

```
29 /user1/egon/cshueb>> echo $shell⏎
/bin/csh
30 /user1/egon/cshueb>> alias shell $shell -x⏎    [-x bei Skript-Aufruf]
31 /user1/egon/cshueb>> cat ausgab⏎
#! /bin/csh
echo Das erste Argument ist $1
echo Das zweite Argument ist $2
echo Der Skriptname ist $0
32 /user1/egon/cshueb>> ausgab eins zwei drei⏎
echo Das erste Argument ist eins
Das erste Argument ist eins
echo Das zweite Argument ist zwei
Das zweite Argument ist zwei
echo Der Skriptname ist ausgab
Der Skriptname ist ausgab
32 /user1/egon/cshueb>>
```

6.24 Anwendungsbeispiel

Hier werden die Konstrukte der **csh** anhand von zwei umfangreicheren **csh**-Skripts nochmals wiederholt und im praktischen Einsatz gezeigt.

Die beiden nachfolgenden **csh**-Skripts *wahl* und *wahl_info* sollen Umfragen zu beliebigen Themen automatisieren. Beim Aufruf des Skripts *wahl* wird zuerst eine Liste der momentan aktuellen Themen (z.B. Mittagessen, Betriebsausflug, usw.) ausgegeben.

Nach der Auswahl des Themas werden dem Benutzer, falls die Wahl zu diesem speziellen Thema noch nicht abgeschlossen ist und sein Stimmlimit noch nicht erschöpft ist, die Wahlmöglichkeiten angezeigt, z.B. für ein gemeinsames Mittagessen:

```
Schwarzer Loewe
Steakhaus
Knoedel-Willi
Wildschorsch
Rauchfang
El Sombrero
Goldner Drachen
```

Nach der entsprechenden Auswahl muß der Benutzer seine Wahl nochmals bestätigen, bevor diese dann festgehalten wird.

Der momentane Wahlstand kann mit dem **csh**-Skript *wahl_info* erfragt werden.

Diese beiden **csh**-Skripts setzen im Directory, in dem sie sich befinden, gewisse Dateien bzw. Subdirectories voraus. Wenn sich z.B. die beiden Skripts im Directory */user1/egon/umfrage* befinden, so erwarten sie in diesem Directory eine Datei *.wahlthemen*, in der alle zur Verfügung stehenden Themen aufgelistet sind. Zu jedem einzelnen Thema erwarten diese beiden Skripts ein Subdirectory, dessen Namen am Ende jeder Zeile in *.wahlthemen* nach einem Doppelpunkt angegeben ist; z.B. könnte *.wahlthemen* folgenden Inhalt haben:

```
Gemeinsames Mittagessen fuer Abteilung   :mittagessen
Betriebsausflug                          :ausflug
Einarbeitung des halben Silvestertages   :silvester
```

In diesen Subdirectories, wie z.B. *mittagessen*, erwartet *wahl* eine Datei *.auswahl*, welche die Wahlmöglichkeiten zum betreffenden Thema beinhaltet, wie z.B.:

```
Schwarzer Loewe
Steakhaus
Knoedel Willi
Wildschorsch
Rauchfang
El Sombrero
Goldener Drachen
```

Über das Vorhandensein von bestimmten Dateien in den Subdirectories kann der Wahlmodus für das entsprechende Thema festgelegt werden:

- Existiert eine Datei *.geheim*, so handelt es sich um eine geheime, ansonsten um eine nicht geheime Wahl.

- Existiert eine Datei *.geschlossen*, so ist die Wahl bereits abgeschlossen; Existiert diese Datei nicht, so können noch Stimmen abgegeben werden.

- Existiert eine Datei *.stimmzahl*, so legt die darin enthaltene Zahl die erlaubten Wahlstimmen jedes Benutzers fest; Existiert diese Datei nicht, so hat jeder Benutzer nur eine Stimme.

Auch legt das Skript *wahl* in diesen Subdirectories eigene Dateien an, um sich den Wahlstand zu merken:

- In *.gewaehlt* wird bei jeder Stimmabgabe der Name des entsprechenden Benutzers am Ende angehängt.

- In *.wahlurne* werden die abgegebenen Stimmen gesammelt.

Die C-Shell 639

Im nachfolgenden werden die notwendigen Aktionen des Wahlleiters gezeigt, wenn er die Wahl für den Themenkomplex "Mittagessen" ermöglichen möchte:

```
21 /user1/egon/umfrage>> cat .wahlthemen⏎     [muß erst erstellt werden]
Gemeinsames Mittagessen fuer Abteilung   :mittagessen
Betriebsausflug                          :ausflug
Einarbeitung des halben Silvestertages   :silvester
22 /user1/egon/umfrage>> mkdir mittagessen⏎
23 /user1/egon/umfrage>> cd mittagessen⏎
24 /user1/egon/umfrage/mittagessen>> cat .auswahl⏎    [muß erst erstellt werden]
Schwarzer Loewe
Steakhaus
Knoedel Willi
Wildschorsch
Rauchfang
El Sombrero
Goldener Drachen
25 /user1/egon/umfrage/mittagessen>> cat >.stimmzahl⏎
3⏎           [Jeder Wähler hat 3 Stimmen]
Ctrl-D
26 /user1/egon/umfrage/mittagessen>> cd ..⏎
27 /user1/egon/umfrage>>
```

Nun zu den beiden **csh**-Skripts *wahl* und *wahl_info*:

```
28 /user1/egon/umfrage>> cat wahl⏎
#!/bin/csh -f
#
#    wahl - Skript, welches Abstimmungen jeglicher Art
#           automatisiert.
#

set dir = $0
set dir = $dir:h
if ("$dir" == "$0") set dir = "."

set themen_datei = $dir/.wahlthemen

if (-e $themen_datei) then
   @ themen_zahl = 'cat $themen_datei | wc -l'
else
   @ themen_zahl = 0
endif

switch ($themen_zahl)
   case 0:
       echo "Es steht zur Zeit kein Thema zur Wahl"
       exit 1
```

```
    case 1: echo "Es steht zur Zeit nur ein Thema zur Wahl"
        echo " "; echo " "
        echo "_____"
        nl -ba $themen_datei
        echo "_____"
        breaksw
    default:
        echo " "; echo " "
        echo "Zur Wahl stehen folgende Themen:"
        echo "_____"
        nl -ba $themen_datei
        echo "_____"
        set thema_wahl = ""
        while ("$thema_wahl" == "")
            echo -n "Bitte waehlen Sie die entsprechende Nummer: "
            set thema_wahl = $<
            @ nr = $themen_zahl + 1 - $thema_wahl
            if ( $nr > 0 ) then
                set nonomatch
                set thema_zeile = 'tail -$nr $themen_datei | line'
                set thema_wahl = 'echo $thema_zeile | cut -d":" -f2'
                set thema_wahl = ($dir/$thema_wahl)
                set thema_zeile = 'echo $thema_zeile | cut -d":" -f1'
            else
                echo " "; echo " "
                echo "Erlaubte Themen sind:"
                echo "_____"
                nl -ba $themen_datei
                echo "_____"
                set thema_wahl = ""
            endif
        end
    set thema = $thema_wahl:t
endsw

if (! -e $dir/$thema ) then
    echo "Wahldirectory --- $thema --- nicht vorhanden"
    exit (1)
endif

cd $dir/$thema

if (-e .geschlossen) then
    echo
    echo "Wahl fuer"
    echo "    --- $thema_zeile ---"
    echo "bereits abgeschlossen."
```

```
        echo "Rufen Sie —— wahl_info —— auf, um Wahlergebnisse zu erfahren"
        exit 0
endif

if (-e .geheim) then
    echo
    echo "Wahl fuer"
    echo "    —— $thema_zeile ——"
    echo "ist eine geheime Wahl."
    set ist_geheim = 1
else
    set ist_geheim = 0
endif

if (-e .stimmzahl) then
    set stimm_zahl = ('cat .stimmzahl')
else
    set stimm_zahl = 1
endif

set waehler = 'logname'
touch .gewaehlt
set wieoft_gewaehlt = \
    ('fgrep $waehler .gewaehlt | wc -l ')
if ($wieoft_gewaehlt >= $stimm_zahl) then
    echo "Tut mir leid, aber sie haben schon"
    echo "alle Ihre Stimmen ($stimm_zahl) zu"
    echo "    —— $thema_zeile ——"
    echo "bereits abgegeben"
    exit 0
endif

set auswahl = .auswahl
if (-e $auswahl) then
    @ auswahl_zahl = 'cat $auswahl | wc -l'
else
    @ auswahl_zahl = 0
endif

switch ($auswahl_zahl)
    case 0:
        echo "Es ist zur Zeit keinerlei Wahl moeglich"
        exit 1
    case 1: echo "Es steht zur Zeit nur eine Auswahl zur Verfuegung"
        nl -ba $auswahl
        breaksw
    default:
```

```
          echo " "; echo " "
          echo "Folgende Wahlmoeglichkeiten besitzen Sie:"
          echo "_____"
          nl -ba $auswahl
          echo "_____"
          set wahl = ""
          while ("$wahl" == "")
             echo -n "Bitte waehlen Sie die entsprechende Nummer: "
             set wahl = $<
             @ nr = $auswahl_zahl + 1 - $wahl
             if ( $nr > 0 ) then
                set nonomatch
                set wahl_zeile = 'tail -$nr $auswahl | line'
                set wahl = 'echo $wahl_zeile | cut -d":" -f2'
                set wahl_zeile = 'echo $wahl_zeile | cut -d":" -f1'
                echo "Sie haben"
                echo "      ---- $wahl_zeile ----"
                echo " gewaehlt."
                echo -n "Ist das richtig (j /n ) ? "
                if ($< !~ [jJ]*) set wahl = ""
             else
                echo " "; echo " "
                echo "Folgende Wahlmoeglichkeiten besitzen Sie:"
                echo "_____"
                nl -ba $auswahl
                echo "_____"
                set wahl = ""
             endif
          end
endsw

echo $waehler >>! .gewaehlt

if ($ist_geheim == 1) then
   echo "'date' | $wahl" >>! .wahlurne
   echo "Vielen Dank. Ihre Stimme wurde geheim festgehalten"
else
   echo "'date' | $wahl | $waehler" >>! .wahlurne
   echo "Vielen Dank. Ihre Stimme wurde festgehalten"
endif
29 /user1/egon/umfrage>> **chmod +x wahl**⏎
30 /user1/egon/umfrage>> **cat wahl_info**⏎
#!/bin/csh -f
#
#    wahl_info - Skript, welches Informationen zum Stand von
#                laufenden bzw. abgeschlossenen Abstimmungen
#                liefert.
```

```
set dir = $0
set dir = $dir:h
if ("$dir" == "$0") set dir = "."

set themen_datei = $dir/.wahlthemen

if (-e $themen_datei) then
   @ themen_zahl = 'cat $themen_datei | wc -l'
else
   @ themen_zahl = 0
endif

switch ($themen_zahl)
   case 0:
      echo "Es steht zur Zeit kein Thema zur Wahl"
      exit 1
   case 1: echo "Es steht zur Zeit nur ein Thema zur Wahl"
      echo " "; echo " "
      echo "―――――――――――――――――――――――――――――――――――――――"
      nl -ba $themen_datei
      echo "―――――――――――――――――――――――――――――――――――――――"
      breaksw
   default:
      echo " "; echo " "
      echo "Zur Wahl stehen folgende Themen:"
      echo "―――――――――――――――――――――――――――――――――――――――"
      nl -ba $themen_datei
      echo "―――――――――――――――――――――――――――――――――――――――"
      set thema_wahl = ""
      while ("$thema_wahl" == "")
         echo -n "Bitte waehlen Sie die entsprechende Nummer: "
         set thema_wahl = $<
         @ nr = $themen_zahl + 1 - $thema_wahl
         if ( $nr > 0 ) then
            set nonomatch
            set thema_zeile = 'tail -$nr $themen_datei | line'
            set thema_wahl = 'echo $thema_zeile | cut -d":" -f2'
            set thema_wahl = ($dir/$thema_wahl)
            set thema_zeile = 'echo $thema_zeile | cut -d":" -f1'
         else
            echo " "; echo " "
            echo "Erlaubte Themen sind:"
            echo "―――――――――――――――――――――――――――――――――――――――"
            nl -ba $themen_datei
            echo "―――――――――――――――――――――――――――――――――――――――"
            set thema_wahl = ""
         endif
```

```
         end
   set thema = $thema_wahl:t
endsw

if (! -e $dir/$thema ) then
   echo "Wahldirectory —— $thema —— nicht vorhanden"
   exit (1)
endif

cd $dir/$thema

echo " "
echo "Wahl fuer"
echo "     —— $thema_zeile ——"
if (-e .geschlossen) then
   echo "bereits abgeschlossen."
else
   echo "noch im Gange."
endif

if (-e .wahlurne) then
   echo " "
   echo "Wahlstand am 'date'"
   echo "―――――――――――――――――――――――"
   cut -d"|" -f2 .wahlurne | sort | uniq -c | sort -rn
   echo "―――――――――――――――――――――――"; echo " "
else
   echo "Keine Wahlurne vorhanden"
   exit (1)
endif

if (! -e .geheim) then
   echo "Die einzelnen Waehler gaben folgende Stimme ab:"
   echo "―――――――――――――――――――――――"
   cut -d"|" -f2- .wahlurne | sort | uniq -c
   echo "―――――――――――――――――――――――"
endif
31 /user1/egon/umfrage>> **chmod +x wahl_info**⏎
32 /user1/egon/umfrage>>
```

Im nachfolgenden werden Beispiele für den Ablauf der beiden **csh**-Skripts *wahl* und *wahl_info* gegeben:

32 /user1/egon/umfrage>> **wahl**⏎

Zur Wahl stehen folgende Themen:
―――

```
    1   Gemeinsames Mittagessen fuer Abteilung    :mittagessen
    2   Betriebsausflug                           :ausflug
    3   Einarbeitung des halben Silvestertages    :silvester
```

Bitte waehlen Sie die entsprechende Nummer: **1**⏎

Folgende Wahlmoeglichkeiten besitzen Sie:

```
    1   Schwarzer Loewe
    2   Steakhaus
    3   Knoedel Willi
    4   Wildschorsch
    5   Rauchfang
    6   El Sombrero
    7   Goldener Drachen
```

Bitte waehlen Sie die entsprechende Nummer: **3**⏎

Sie haben
    —— Knoedel Willi ——
gewaehlt.
Ist das richtig (j /n) ? **j**⏎
Vielen Dank. Ihre Stimme wurde festgehalten
33 /user1/egon/umfrage>> **wahl_info**⏎

Zur Wahl stehen folgende Themen:

```
    1   Gemeinsames Mittagessen fuer Abteilung    :mittagessen
    2   Betriebsausflug                           :ausflug
    3   Einarbeitung des halben Silvestertages    :silvester
```

Bitte waehlen Sie die entsprechende Nummer: **1**⏎

Wahl fuer
    —— Gemeinsames Mittagessen fuer Abteilung ——
noch im Gange.

Wahlstand am Thu Jul 25 09:14:12 EDT 1991

```
    3   Wildschorsch
    2   Goldener Drachen
    1   Knoedel Willi
```

Die einzelnen Waehler gaben folgende Stimme ab:

```
2   Goldener Drachen | emil
1   Knoedel Willi    | egon
2   Wildschorsch     | egon
1   Wildschorsch     | emil
```

34 /user1/egon/umfrage>>

Kapitel 7
Die beiden Tischrechner dc und bc

Non statim pusillum est si quid maximo minus est.
(Wenn etwas kleiner ist als das Größte, so ist es darum noch lange nicht unbedeutend)
Seneca

Die beiden Kommandos **dc** und **bc** simulieren einen Rechner, der arithmetische Berechnungen mit beliebiger Genauigkeit durchführen kann. So sind sie z.B. in der Lage, zwei Zahlen mit jeweils 500 Ziffern zu multiplizieren und das Ergebnis (eine tausendstellige Zahl) innerhalb von 10 Sekunden auszugeben.

Während **dc** die zu berechnenden arithmetischen Ausdrücke in der doch ungewohnten Postfix-Schreibweise (auch umgekehrte polnische Notation genannt) entgegennimmt, arbeitet **bc** mit der allgemein üblichen Infix-Schreibweise.

```
$ bc⏎
14 + 9⏎
23
[Ctrl-D]
$ dc⏎
14 9 +⏎        [Ergebnis wird an oberster Stelle eines Stacks gespeichert]
p⏎             [print: Gib oberstes Stack-Element aus]
23
[Ctrl-D]
$
```

Bei **bc** handelt es sich also um einen wesentlich leichter bedienbaren Rechner. Allerdings verwendet **bc** den Rechner **dc**, um die eigentlichen Berechnungen durchführen zu lassen. Dazu wandelt **bc** die ihm übergebenen Ausdrücke in die **dc**-Notation um, um sie dann von **dc** berechnen zu lassen. **bc** ist also ein Präprozessor, oder anders ausgedrückt, eine verbesserte Benutzeroberfläche zum Rechner **dc**.

7.1 Der Tischrechner dc

dc (*desk calculator*) ist ein Tischrechner, der arithmetische Berechnungen mit beliebiger Genauigkeit durchführt. Normalerweise arbeitet er im Zehnersystem, allerdings kann sowohl für die Eingabe als auch für die Ausgabe von Zahlen ein anderes Zahlensystem gewählt werden.

dc arbeitet als Stack-Maschine. Dies bedeutet, daß die zu berechnenden Ausdrücke in Postfix-Schreibweise (umgekehrte polnische Notation) einzugeben sind.

Die Aufrufsyntax für **dc** ist:

dc [*datei*]

Wenn *datei* angegeben ist, so liest **dc** zunächst diese *datei*, bevor er dann weitere Eingaben von der Standardeingabe liest. Ist *datei* nicht angegeben, so liest **dc** von Beginn an von der Standardeingabe.

dc beendet sich, wenn es **EOF** (*Ctrl-D*) oder eines der Zeichen **q** oder **Q** von der Standardeingabe liest.

dc-Eingaben

dc kennt folgende Eingabe-Möglichkeiten:

arithmetische Berechnungen

zahl   Der Wert von *zahl* wird an oberster Stelle des Stacks gespeichert. Die erlaubte Syntax für *zahl* ist dabei:

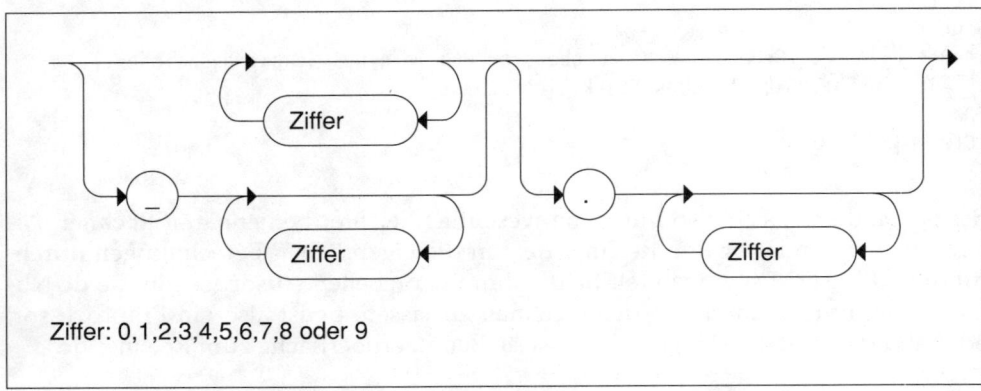

Bild 7.1 - Syntaxdiagramm für erlaubte Zahlen in dc

Aus dem Syntaxdiagramm wird folgendes deutlich:

- eine negative Zahl muß als erstes Zeichen einen Unterstrich _ (nicht Minuszeichen) enthalten.
- es können reelle Zahlen eingegeben werden, indem der Dezimalpunkt verwendet wird.

Für die beiden obersten Stack-Werte wird bei

+ Addition

- Substraktion

/ Division

* Multiplikation

% Modulo-Berechnung

^ Potenzierung

durchgeführt. Nach dieser Berechnung werden diese beiden obersten Stack-Werte entfernt und dann das Ergebnis der Berechnung an oberster Stelle des Stacks gespeichert. Als Exponent (bei ^) dürfen nur ganze Zahlen angegeben werden.

- v der oberste Stack-Wert wird durch seine Quadratwurzel ersetzt. Für die Quadratwurzel werden dabei so viele Nachkommastellen berechnet, wie in der ursprünglichen Zahl vorhanden sind. Das heißt z.B., daß für die Quadratwurzel einer ganzen Zahl keine Nachkommastellen berechnet werden.

Beispiele

```
$ dc[↵]
4.2 5 +[↵]     (1)
6*p[↵]  (2)
55.2
[Ctrl-D]
$
```

Erklärung:

Bei (1) ergeben sich folgende Aktionen im Stack:

```
+-----+   (oberstes
|  5  |   Stack-Element)
+-----+       ----->         +-----+   (oberstes
| 4.2 |         +            | 9.2 |   Stack-Element)
+-----+                      +-----+
```

Mit (2) ergeben sich dann folgende Aktionen im Stack:

```
+------+     (oberstes
|  6   |     Stack-Element)
+------+         ------>          +------+    (oberstes
|  9.2 |            *             | 55.2 |    Stack-Element; wird mit p
+------+                          +------+    ausgegeben)
```

```
$ dc↵
4 5 6+*p↵
44
4 5+6*p↵
54
[Ctrl-D]
$ dc↵
3.3 4^p↵
118.5
3 3^3^p↵
19683              [Ergebnis von: 27 hoch 3]
3 3 3^^p↵
7625597484987      [Ergebnis von: 3 hoch 27]
[Ctrl-D]
$ dc↵
2.34vp↵
1.52
200vp↵
14                 [keine Berücksichtigung der Nachkommastellen]
200.0vp↵
14.1               [Berechnung einer Stelle nach dem Komma]
200.000000vp↵
14.142135          [Berechnung auf 6 Stellen nach dem Komma]
$
```

Push-, Pop- und Duplizier-Operationen

Kommando	Wirkung
s*r*	(*store*) Das oberste Stack-Element wird entfernt (pop-Operation) und im Register *r* gespeichert. Für *r* kann dabei ein beliebiges Zeichen angegeben werden. Wird für s das große **S** angegeben, so wird *r* als ein Stack (nicht Register) interpretiert, und das oberste Element des Haupt-Stacks wird an oberster Stelle dieses Stacks *r* gespeichert. Jedes beliebige Zeichen ist erlaubt, sogar ein Leerzeichen oder Neuezeile-Zeichen.

Kommando	Wirkung
lr	(load) Der Wert des Registers r wird an oberster Stelle des Stacks gespeichert (push-Operation). Der Inhalt des Registers r wird durch die Operation nicht verändert. Alle Register sind mit 0 initialisiert. Wird für l das große L angegeben, so wird für r ein Stack angenommen, dessen oberstes Element auf den Haupt-Stack verlagert wird.
d	(duplicate) Der oberste Wert des Stacks wird dupliziert.

Beispiele

```
$ dc ⏎
4 5*6 7*+p ⏎       [ (4*5) + (6*7) ]
62
[Ctrl-D]
$ dc ⏎
4 5* ⏎
sa ⏎            [Speichere 20 im Register a]
6 7* ⏎                  [Stack beinhaltet nun einen Wert: 42 ]
la ⏎            [Stack enthält nun von oben nach unten: 20  42 ]
*p ⏎
840             [20 * 42]
[Ctrl-D]
$ dc ⏎
4 20 ⏎
Sa ⏎
Sa ⏎            [Der Stack a enthält nun von oben nach unten: 4  20; Hauptstack
ist leer ]
6 7* ⏎                  [Hauptstack beinhaltet nun einen Wert: 42 ]
La ⏎
La ⏎            [Hauptstack enthält nun von oben nach unten: 20  4  42 ]
* ⏎             [Hauptstack enthält nun von oben nach unten: 80  42 ]
+ ⏎             [Hauptstack enthält nun nur noch einen Wert: 122 ]
p ⏎
122
[Ctrl-D]
$
```

Die zuletzt gegebenen Anweisungen hätte man auch alle in einer Zeile angeben können:

```
$ dc⏎
4 20SaSa6 7*LaLa*+p⏎
122
[Ctrl-D]
$

$ dc⏎
3 5*d⏎          [Stack enthält zweimal den gleichen Wert: 15  15 ]
+p⏎
30
[Ctrl-D]
$
```

Eingabebasis, Ausgabebasis und Skalierungsfaktor

dc arbeitet normalerweise im Zehnersystem (Basis=10), allerdings kann er auch in anderen Zahlensystemen arbeiten. Da **dc** zwischen der Zahlen-Eingabe und -Ausgabe unterscheidet, ist es dem Benutzer möglich, sowohl für die Eingabe als auch für die Ausgabe ein eigenes Zahlensystem festzulegen. Deshalb kann **dc** auch sehr einfach für Zahlenkonvertierungen eingesetzt werden.

Daneben bietet **dc** auch noch die Möglichkeit, einen Skalierungsfaktor festzulegen. Der Skalierungsfaktor gibt an, wieviele Nachkommastellen **dc** bei seinen Berechnungen berücksichtigen soll.

Kommando	Wirkung
i	(*input base*) Der oberste Wert des Stacks wird entfernt und als neue Eingabe-Basis für **dc** verwendet.
I	(*Input base*) Die momentane Eingabe-Basis wird an oberster Stelle des Stacks gespeichert.
o	(*output base*) Der oberste Wert des Stacks wird entfernt und als neue Ausgabe-Basis für **dc** verwendet.
O	(*Output base*) Die momentane Ausgabe-Basis wird an oberster Stelle des Stacks gespeichert.
k	Der oberste Wert des Stacks wird entfernt und als nicht-negativer Skalierungsfaktor verwendet. Die Voreinstellung für den Skalierungsfaktor ist 0.
K	Der momentane Skalierungsfaktor wird an oberster Stelle des Stacks gespeichert.
X	(*eXchange*) Die an oberster Stelle des Stacks stehende Zahl wird durch ihren Skalierungsfaktor ersetzt.

Beispiele

```
$ dc⏎
132⏎
2o⏎                         [Ausgabe-Basis ab jetzt 2 (Dualsystem)]
p⏎                          [Gib obersten Stack-Wert (132) dual aus]
10000100
14.1⏎
p⏎                          [Gib obersten Stack-Wert (14.1) dual aus]
1110.000
16o⏎                        [Ausgabe-Basis ab jetzt 16 (Hexadezimalsystem)]
p⏎                          [Gib obersten Stack-Wert (14.1) hexadezimal aus]
E.1
[Ctrl-D]
$

$ dc⏎
1 3/⏎                       [Dividiere 1 durch 3]
p⏎
0                           [Faktor auf 0 (Nachkommastellen) voreingestellt]
10k⏎                        [Skalierungsfaktor ab jetzt 10 (Nachkommastellen)]
p⏎
0                           [Berechnung schon durchgeführt; Nach-Skalierung unmöglich]
1 3/⏎                       [Berechne 1/3 neu]
p⏎
0.3333333333
[Ctrl-D]
$

$ dc⏎
2i⏎                         [Eingabe-Basis ab jetzt 2 (Dualsystem)]
110110.0000000101011⏎
p⏎
54.004638671875
1010 1010^⏎                 [entspricht dezimal: 10 hoch 10]
p⏎
1000000000
[Ctrl-D]
$
```

dc-Programme

Es ist möglich, ganze **dc**-Programme in Form eines Strings anzugeben. Solche Strings können an oberster Stelle des Stacks oder in einem Register gespeichert und dann zur Ausführung gebracht werden.

Kommando	Wirkung
[*string*]	Der in eckigen Klammern angegebene *string* wird an oberster Stelle des Stacks gespeichert.
x	(*execute*) Das oberste Stack-Element wird als ein String von **dc**-Kommandos interpretiert, die ausgeführt werden.
<*r* >*r* =*r*	Die zwei obersten Stack-Elemente werden verglichen. Trifft die angegebene Bedingung (<, > bzw. =) zu, so werden die in Register *r* als String gespeicherten **dc**-Kommandos ausgeführt. Soll die angegebene Bedingung negiert werden, so ist dem jeweiligen Vergleichsoperator ein ! voranzustellen: !<*r* !>*r* !=*r*.

Beispiele

```
$ dc⏎
[lbp2+sb1b20>a]sa⏎
1sb 1ax⏎   [Die beiden Zeilen bewirken Ausgabe der ungeraden Zahlen von 1 - 19]
1
3
5
7
9
11
13
15
17
19
[la1+dsa*pla10>y]sy⏎
0sa1⏎
1yx⏎    Die drei Zeilen bewirken die Ausgabe aller Fakultäten zwischen 1 und 10]
1
2
6
24
120
720
5040
40320
362880
3628800
[Ctrl-D]
$
```

Ausgaben

Kommando	Wirkung
p	(**p**rint) Der oberste Wert des Stacks wird ausgegeben, aber nicht verändert.
P	(**P**rint) Der oberste Wert des Stacks wird als String (**dc**-Programm) interpretiert, vom Stack entfernt und ausgegeben.
f	Alle Werte des Stacks werden ausgegeben.

Beispiele

```
$ dc⏎
7 6 5 4 3 2 1⏎
f⏎
1
2
3
4
5
6
7
*⏎
f⏎
2
3
4
5
6
7
***⏎
f⏎
120
6
7
sa⏎
f⏎
6
7
*⏎
f⏎
42
la⏎
f⏎
```

```
120
42
*[↵]
f[↵]
5040
$
```

Verlassen von dc

Kommando	Wirkung
q	(q*uit*) Verlassen von **dc**. Wenn gerade ein String von **dc**-Kommandos ausgeführt wird, so werden zwei Rekursions-Ebenen bei dieser String-Ausführung verlassen.
Q	(Q*uit*) Verlassen von **dc**. Wenn gerade ein String von **dc**-Kommandos ausgeführt wird, so wird der momentan oberste Stack-Wert entfernt. Dieser Wert legt dabei die Anzahl von Rekursions-Ebenen fest, die bei dieser String-Ausführung zu verlassen sind.

Sonstiges

Kommando	Wirkung
z	Die Stack-Größe wird an oberster Stelle des Stacks gespeichert.
Z	Das oberste Stack-Element wird durch seine Länge ersetzt.
c	(c*lear*) Der gesamte Stack wird geleert.
!	Der Rest der Zeile wird als UNIX-Kommando interpretiert und von der Shell zur Ausführung gebracht.
?	Eine Eingabezeile wird von der Dialogstation gelesen.
:;	werden von **bc** für Array-Operationen verwendet. :*x* entfernt das oberste Stack-Element und verwendet es als Index für das Array *x*. Das nächste Element des Stacks wird dann bei diesem Index im Array *x* abgespeichert. Ein Index muß dabei größer oder gleich 0, aber kleiner als 2048 sein. ;*x* lädt einen Wert aus dem Array *x* in den Hauptstack. Der oberste Stack-Wert legt dabei den Index für den aus dem Array *x* zu ladenden Wert fest.

Beispiel

```
$ cat qsum.dc⏎
!echo "Gib Wert ein"
?
sa
la
Z
!echo "Ziffern-Zahl:"
p
c
[la10%+la10/dsa0<y]sy
0lyx
!echo "Quersumme:"
p
!echo "Verlasse Programm mit EOF (Ctrl-D) oder Eingabe von q"
$ dc qsum.dc⏎
Gib Wert ein
!
12345678901234567890⏎
Ziffern-Zahl:
!
20
Quersumme:
!
90
Verlasse Programm mit EOF (Ctrl-D) oder Eingabe von q
!
q⏎
$
```

dc-Fehlermeldungen

x is unimplemented, wenn *x* eine Oktal-Zahl ist.

stack empty, wenn für eine geforderte Operation nicht genügend Stack-Elemente vorhanden sind.

Out of space, wenn nicht genügend Speicherplatz vorhanden ist (z.B. eine Zahl mit zuvielen Ziffern).

Out of headers, wenn mit zuvielen Zahlen gleichzeitig gearbeitet wird.

Out of pushdown, wenn der Stack voll ist.

Nesting Depth, wenn die maximal zugelassene Schachtelungstiefe bei Kommando-Ausführungen überschritten wird.

7.2 Der Tischrechner bc

bc ist - wie **dc** - ein Tischrechner, der arithmetische Berechnungen mit beliebiger Genauigkeit durchführt.

Bei **bc** handelt es sich um einen Compiler, der **bc**-Eingaben in eine dem Rechner **dc** verständliche Sprache übersetzt, um sie dann von ihm berechnen zu lassen. Während die Syntax für die von **dc** definierte Sprache äußerst umständlich und ungewohnt ist, lehnt sich die Syntax der **bc**-Sprache an die Programmiersprache C an. So kennt **bc** beispielsweise Ablaufstrukturen (wie **if**-Anweisung oder **while**-Schleife) und läßt die Definition von Funktionen zu, die dann an späterer Stelle aufgerufen werden können. Auch nimmt **bc** die Eingabe von arithmetischen Ausdrücken in der üblichen Infix-Schreibweise und nicht wie **dc** in der ungewohnten Postfix-Notation entgegen. **bc**-Programme sind deshalb auch um vieles lesbarer und verständlicher als vergleichbare **dc**-Programme.

Aufrufsyntax für bc

Die Aufrufsyntax für den Rechner **bc** ist:

bc [–c] [–l] [*datei(en)*]

Wenn *datei(en)* angegeben sind, so liest **bc** zunächst den Inhalt dieser Dateien, bevor er weitere Eingaben von der Standardeingabe liest.

Sind keine *datei(en)* angegeben, so liest **bc** von Beginn an von der Standardeingabe.

bc beendet sich, wenn er **EOF** (*Ctrl-D*) oder **quit** von der Standardeingabe liest.

bc ist eigentlich ein Präprozessor für den Rechner **dc**, welchen er automatisch aufruft, nachdem er die **bc**-Anweisungen in die **dc**-Notation umgeformt hat.

Als Optionen sind erlaubt:

Optionen	Bedeutung
-c	(*compile only*) Die für **dc** bestimmte Ausgabe wird nicht zur Ausführung an **dc** weitergeleitet, sondern auf die Standardausgabe geschrieben.
-l	(*library*) Aus einer mathematischen Bibliothek werden bestimmte Funktionen (wie z.B. Sinus- oder Logarithmus-Funktion) geladen, die dann nachfolgend aufgerufen werden können.

Einfache Rechnungen mit ganzen Zahlen

Die einfachste Anweisung an **bc** ist die Eingabe eines ganzzahligen arithmetischen Ausdrucks:

```
$ bc⏎
34+19⏎
53
1234*81728⏎
100852352
[Ctrl-D]
$
```

Es können folgende Operatoren verwendet werden:

- \+   Addition
- \-   Subtraktion
- *   Multiplikation
- /   Division
- %   Modulo-Berechnung
- ^   Potenzierung

Eine Division von zwei ganzen Zahlen liefert wieder eine ganze Zahl; eventuell entstandene Nachkommastellen werden dabei abgeschnitten. Eine Division durch 0 resultiert immer in einer Fehlermeldung:

```
$ bc⏎
2^3⏎
8
9/5⏎
1
7/0⏎
divide by 0
0
quit⏎
$
```

Negative Zahlen werden wie üblich durch Voranstellen eines Minuszeichens gekennzeichnet:

```
$ bc⏎
14+-5⏎
9
[Ctrl-D]
$
```

Die Prioritäten der Operatoren (in absteigender Reihenfolge[1]) sind:

```
( )      (1)
^        (2)
* % /    (3)
+ -      (4)
```

Klammerung muß immer dann verwendet werden, wenn eine andere Auswertungs-Reihenfolge erwünscht ist, als durch die Prioritäten vorgegeben ist. Während bei gleicher Priorität die Operatoren (3) und (4) "von links nach rechts" ausgewertet werden, werden Potenz-Operatoren "von rechts nach links" ausgewertet:

```
$ bc↵
2^3^4↵     [entspricht: 2^(3^4) = 2^81; Auswertung erfolgt von rechts nach links]
2417851639229258349412352
2^(3^4)↵
2417851639229258349412352
(2^3)^4↵   [entspricht: 8^4)]
4096
8+4*5↵
28
(8+4)*5↵
60
8*5/4↵     [entspricht: (8*5)/4; Auswertung erfolgt von links nach rechts]
10
[Ctrl-D]
$
```

bc bietet 26 interne Speicher-Register an. Die Namen dieser Register sind die Kleinbuchstaben $a,b,c,..,z$[2]. Der Wert eines Ausdrucks kann in einem solchen Register (Variable) gespeichert werden, indem der Ausdruck mit dem Zuweisungsoperator = einer Register-Variablen zugewiesen wird.

Wird ein Ausdruck (bestehend aus Zahlen-Konstanten und Register-Variablen) ohne den Zuweisungsoperator angegeben, so wird das Ergebnis der Ausdrucks-Auswertung ausgegeben:

```
$ bc↵
b=4↵
b↵
4
b=b+17↵
b↵
21
```

---

[1] Operatoren in einer Zeile besitzen gleiche Prioritäten.
[2] keine Umlaute oder ß.

```
[Ctrl-D]
$
```

Der Inhalt von Variablen kann auch unter Verwendung der von C her bekannten Postfix- und Präfixoperatoren ++ und -- um 1 inkrementiert bzw. dekrementiert werden.

Präfix-Schreibweise:

++x Auf den Wert von x wird 1 addiert; der Wert des Ausdrucks ist der inkrementierte Wert.

--x Vom Wert von x wird 1 subtrahiert; der Wert des Ausdrucks ist der dekrementierte Wert.

Postfix-Schreibweise:

x++   Auf den Wert von x wird 1 addiert; der Wert des Ausdrucks ist der alte Wert von x.

x--   Vom Wert von x wird 1 subtrahiert; der Wert des Ausdrucks ist der alte Wert von x.

```
$ bc↵
a=5↵
a++↵       [Ergebnis des Ausdrucks ist 5; erst nach der Ausgabe wird inkrementiert]
5
a↵
6
b=a++↵
b↵
6
a↵
7
c=5↵
b= ++c↵    [zwischen = und ++ muß mindestens ein Leerzeichen angegeben sein]
b↵
6
c↵
6
[Ctrl-D]
$
```

Um die Anzahl der Ziffern einer ganzen Zahl zu bestimmen, steht die built in-Funktion **length** zur Verfügung:

```
$ bc↵
length(1234567890)↵
```

```
10
a=25632 ⏎
b=4789994 ⏎
l=length(a*b) ⏎
l ⏎
12
a*b ⏎
122777126208
[Ctrl-D]
$
```

Die Quadratwurzel einer Zahl kann mit der built in-Funktion **sqrt** berechnet werden. Für eine ganze Zahl liefert **sqrt** als Ergebnis wieder eine ganze Zahl (Nachkommateil wird abgeschnitten), wenn dies nicht mit der built in-Variablen **scale** (siehe unten) anders festgelegt wird:

```
$ bc ⏎
sqrt(15) ⏎
3
a=sqrt(1243) ⏎
a ⏎
35
sqrt(sqrt(15)+a) ⏎
6
[Ctrl-D]
$
```

Rechnungen mit reellen Zahlen

Das Syntaxdiagramm aus Bild 7.1 legt fest, wie reelle Zahlen angegeben werden dürfen:

Als Operatoren für reelle Zahlen sind dabei wieder die zuvor bei den ganzen Zahlen vorgestellten Operatoren zugelassen. Für den Potenzoperator gilt lediglich die Einschränkung, daß die Potenz ganzzahlig sein muß. Auch gelten die zuvor angegebenen Prioritäten.

Anders als in C kann die Postfix- und Präfix-Notation für die beiden Operatoren ++ und -- auch auf reelle Variablen angewendet werden.

```
$ bc ⏎
5.83^4 ⏎
1155.24
2.3%1.1 ⏎
0.1
p=3.1415 ⏎
r=4.2 ⏎
```

```
f=r^2*p⏎
u=2*r*p⏎
f⏎
55.2904
u⏎
26.3886
u++⏎
26.3886
u⏎
27.3886
—f⏎
54.2904
f⏎
54.2904
[Ctrl-D]
$
```

Folgende Funktionen stehen für reelle Zahlen zur Verfügung[3]:

Funktion	Beschreibung
sqrt(A)	liefert die Quadratwurzel von A. Die Nachkommastellen des Ergebnisses werden dabei entweder durch A oder durch den Wert der built in-Variablen **scale** (siehe unten) festgelegt, je nachdem, was mehr Nachkommastellen liefert.
length(A)	liefert die Gesamtzahl der signifikanten Ziffern von A.
scale(A)	liefert die Anzahl der Nachkommastellen von A.

```
$ bc⏎
sqrt(4.567)⏎
2.137
sqrt(4.56700000)⏎
2.13705404
a=sqrt(12.345139)⏎
a⏎
3.513564
length(a)⏎
7
scale(a)⏎
6
[Ctrl-D]
$
```

---

[3] A steht dabei für einen Ausdruck, dessen Berechnung eine reelle Zahl liefert.

Skalierungsfaktor

Der Skalierungsfaktor legt fest, wieviele Nachkommastellen bei der Berechnung von reellen Ausdrücken zu berücksichtigen sind. Über die built in-Variable **scale** kann der Skalierungsfaktor festgelegt werden. Der Wert von **scale** muß im Bereich 0..99 liegen. Es sind also maximal 99 Nachkommastellen erlaubt. **scale** kann dabei wie jede andere Variable verwendet werden. Die Voreinstellung für **scale** ist 0.

```
$ bc↵
scale↵
0
1/3↵
0
scale=scale+10↵
1/3↵
.3333333333
++scale↵
11
1/3↵
.33333333333
scale=2↵
2/3↵
.66
[Ctrl-D]
$
```

Wenn reelle Ausdrücke mit einem Operator verknüpft werden, so gelten folgende Regeln für den Skalierungsfaktor des Ergebnisses:

Operation	Ergebnis

$a+b$, $a-b$	Der größte Skalierungsfaktor der beiden Operanden a und b legt den Skalierungsfaktor für das Ergebnis fest:
	`$ bc↵`
	`2.7+3↵`
	`5.7`
	`2.2+6.1234567890↵`
	`8.3234567890`
	`a=23.5-12.2345456↵`
	`b=5.1↵`
	`a+b↵`
	`16.3654544`
	`quit↵`
	`$`

Operation	Ergebnis
$a*b$	Für den Skalierungsfaktor des Ergebnisses gelten zunächst folgende Einschränkungen: - niemals kleiner als der größte Skalierungsfaktor der beiden Operanden a und b, und - niemals größer als die Summe der Skalierungsfaktoren der beiden Operanden a und b. Unter Berücksichtigung dieser Einschränkungen wird - wenn möglich der Skalierungsfaktor des Ergebnisses durch die built in-Variable **scale** festgelegt, so daß gilt (s^x ist dabei der Skalierungsfaktor für den Operanden x): `min(s_a+s_b, max(scale,s_a,s_b))` $ **bc**⏎ **3.4*4.23**⏎ 14.38 [Skalierungsfaktor von s_b (4.23)] **scale=4**⏎ **3.4*4.23**⏎ 14.382 [Skalierungsfaktor: s_a+s_b] **3.456*4.23**⏎ 14.6188 [Skalierungsfaktor: **scale**] **scale=90**⏎ **3.456*4.23**⏎ 14.61888 [Skalierungsfaktor: s_a+s_b] **quit**⏎ $
a/b	Der Skalierungsfaktor für das Ergebnis wird durch die built in-Variable **scale** festgelegt: $ **bc**⏎ **3.4/4.23**⏎ 0 **scale=1**⏎ **3.4/4.23**⏎ 0.8 **scale=10**⏎ **3.4/4.23**⏎ 0.8037825059 **3/4**⏎ 0.7500000000 **quit**⏎ $

Operation	Ergebnis
$a\%b$	entspricht der Rechnung: $a - a/b*b$. Der Skalierungsfaktor für das Ergebnis ist: $\max(\text{\textbf{scale}}+s_b,\ \max(s_a,s_b))$

```
$ bc↵
2.3%1.1↵
0.1
2.300%1.1↵
0.100                       [Skalierungsfaktor: s_a]
2.3%1.100↵
0.100                       [Skalierungsfaktor: s_b]
scale=5↵
2.3%1.1↵
.000010                     [Skalierungsfaktor: scale+s_b ⟶ (5+1=6)]
a=2.3↵
b=1.1↵
a%b↵
.000010                     [Skalierungsfaktor: scale+s_b ⟶ (5+1=6)]
x=a/b↵                      [a%b nach obiger Formel nachgerechnet]
x↵
2.09090
x*b↵
2.29999
a-x*b↵
.00001
2.333%1.1↵
.000010                     [Skalierungsfaktor: scale+s_b ⟶ (5+1=6)]
2.3%1.100↵
.00001000                   [Skalierungsfaktor: scale+s_b ⟶ (5+3=8)]
2.333333333%1.1↵
.000002333                  [Skalierungsfaktor: s_b ⟶ 9]
[Ctrl-D]
$
```

Operation	Ergebnis
a^b	Der Skalierungsfaktor für das Ergebnis wird dabei so bestimmt, als wenn die geforderten Multiplikationen bzw. Divisionen (bei negativer Potenz) nacheinander ausgeführt würden: min(s_a*b, max(**scale**,s_a)) $ **bc**⏎ **2.1^5**⏎ 40.8 **2.15^5**⏎ 45.94 **2.15^-5**⏎ 0 [findet Division statt; somit wird Wert von scale (=0) genommen] **2.15^0**⏎ 1 **scale=20**⏎ **2.15^5**⏎ 45.9401384375 **2.15^-5**⏎ .02176745726094112839 **[Ctrl-D]** $
sqrt(a)	Der Skalierungsfaktor für das Ergebnis ist: max(s_a, **scale**) $ **bc**⏎ **sqrt(2)**⏎ 1 **sqrt(2.0)**⏎ 1.4 **sqrt(2.1234)**⏎ 1.4571 **scale=10**⏎ **sqrt(2)**⏎ 1.4142135623 **sqrt(2.1234)**⏎ 1.4571890748 **quit**⏎ $[4]

---

[4] b ist der Absolutwert der angegebenen Potenz.

Bei allen internen Berechnungen werden die nicht geforderten Nachkommastellen abgeschnitten. Das heißt, daß niemals eine Rundung stattfindet.

Zahlenkonvertierungen und Rechnen in anderen Zahlensystemen

Der Rechner **bc** arbeitet normalerweise im Zehnersystem (Basis=10). Er kann aber auch in anderen Zahlensystemen arbeiten. Um ihn auf andere Zahlensysteme umzuschalten, stehen die beiden built in-Variablen **ibase** und **obase** zur Verfügung:

ibase (i*nput* **base**) legt die Basis für die Eingabe fest.
obase (o*utput* **base**) legt die Basis für die Ausgabe fest.

```
$ bc⏎
obase⏎
10
ibase⏎
10
ibase=2⏎
1101101⏎
109        [1101101 (Dual) entspricht 109 im Zehnersystem]
1100+1010⏎
22         [Ergebnis von 1100+1010 (Dual) entspricht 22 im Zehnersystem]
1100*1010⏎
120        [Ergebnis von 1100*1010 (Dual) entspricht 120 im Zehnersystem]
quit⏎
$
```

Vorsicht ist geboten, wenn die Eingabebasis verändert wurde und später dann eine neue Ein- oder Ausgabebasis eingestellt werden soll. In diesem Fall muß die neue Basis als entsprechende Zahlendarstellung in der gerade gültigen Eingabebasis eingegeben werden:

```
$ bc⏎
ibase=8⏎
1772⏎
1018       [1772 (Oktal) entspricht 1018 im Zehnersystem]
ibase=10⏎
1772⏎
1018       [Eingabebasis immer noch 8 (nicht 10)]
ibase=12⏎  [Nun wird die Eingabebasis auf 10 gesetzt]
1772⏎
1772
ibase=16⏎
AFFE*2⏎
90108
```

```
ibase=A⏎      [Eingabebasis auf 10 zurückstellen]
ibase⏎
10
12*11⏎
132
obase=2⏎
ibase=2⏎
1100*1010⏎
1111000
111^100⏎
100101100001
quit⏎
$
```

Es ist zwar erlaubt, **ibase** negative Zahlen oder sehr große ganze Zahlen zuzuweisen, aber dies bewirkt keine Veränderung der Eingabebasis. **ibase** sollten sinnvollerweise nur Werte aus dem Bereich 2..16 zugewiesen werden.

Im Gegensatz zur Eingabebasis gibt es für die Ausgabebasis keine Begrenzung. So sind z.B. sehr große Ausgabebasen erlaubt, was für manche Anwendungsfälle sogar sinnvoll sein kann. Wenn beispielsweise **obase** der Wert 1000 zugewiesen wird, so werden die Zahlen in Dreier-Gruppen ausgegeben.

```
$ bc⏎
obase=16⏎
2000⏎
7D0
obase=1000⏎
a=6243.40*(12+1.5)⏎
a⏎
 084 285.900
a/4⏎
 021 071
12^12⏎
 008 916 100 448 256
quit⏎
$
```

Bei der Ausgabe sehr großer Zahlen wird nach 70 Zeichen eine neue Zeile begonnen; dabei wird am Ende der vorherigen Zeile das Fortsetzungszeichen \ ausgegeben.

Während bei der Ausgabebasis 10 die Ausgabe sehr schnell erfolgt, kann bei anderen Ausgabebasen die Ausgabe von sehr großen Zahlen doch etwas Zeit in Anspruch nehmen. So kann z.B. die Ausgabe einer 500-stelligen Zahl im Dualsystem einige Sekunden dauern.

```
$ bc⏎
24567894^57⏎
178226381455017358568327768674012448561630651662347671529562087195317\
57016700773025387091080073677382307755216844705720877544747972323606\
8252061128620275351443423093374524315952545479409512479468064705526965\
877521068331509277328421360844432302936641607369073334439602050476610\
67777493549288625303110621310950979612186818700855859594947353117159\
15601244089357848155721915153250475226549942944740543846022658818205\
64
obase=2⏎
4.1^4^5⏎
```
```
10110010011000111001101101010001001110101010100100110101101011001110\
11001001010001101001111011001100111001111000000000111000111000100000\
00001011000100000111111011101000110010110111100010001101101011010101\
00011111111101011001101111001000010100011011111110010100001000110000\
11010100011101011011010110100001101111111111111110101100001110010110\
11011110110011000010011100100100011110001111010011010011110000110\
00110011110011011011001000100001101100110010011010111001011010000\
1100110101110010011101010000000101000000101110010010101000001100001\
001010000011110101101100110101011100110110111011101110111000011\
1111000111010110010010111100011010111010111010011110000011001011100\
0010111010001100100110110011011110011011001010110010111000001111110\
010101111010010011001101001011111110110011101101011011011111110100\
00010000000011101000100001110001010011001000111000001101011101100001\
11011110111011011001110111011000101010001101011001101000011001011010\
11011011111110000000010110010110000100001010111101100011000010000\
001110001110110100000111001010101000001011011111100111000111111100101\
0010100010010001110000100100000011100001110001100111000001100010100101\
101110000010011100110000001100001110011001111100010100110001001101\
10111011100110011111000110010111111011100010010010011101010001\
1001010000010011000111101111001101111011011010001010101101101100001\
1111101010110111100100010010000111011110010011010101000001001000100\
110110010110110000111000111010100001000110100101001110011011010101\
11100001100000100010101111001110010100110000110100001100001101001\
01111000101010001111001110010110010000000100111010000101100010010101\
010101011101011100100001101100010100100011110001111011100100101011111\
010000000111100001111010100010011001100111111101111110101110011101\
11001100000101101110000111010000000000110010100110001001111000000100\
00100110010010001010000110110011011000011010100100110000111010100\
011110101011101110010100010010011000100110111110011101011000010101000\
10010010000101000100100100111001010110000100001111100011.010
```
```
quit⏎
$
```

Da intern die Berechnungen immer im Zehnersystem (pro Ziffer ein Byte) durchgeführt werden, ist folgendes zu beachten:

- Die Werte von **ibase** und **obase** haben keinerlei Auswirkungen auf die internen Berechnungen, sondern lediglich auf die Ein- und Ausgabe.

- Der Wert von **scale** bezieht sich immer auf die Nachkommastellen von Zahlen im Zehnersystem, selbst wenn **ibase** oder **obase** nicht auf 10 gesetzt sind. Dies kann dazu führen, daß im entsprechenden Zahlensystem Zahlen mit mehr oder weniger Nachkommastellen ausgegeben bzw. nach der Eingabe gespeichert werden, als mit **scale** festgelegt wurde.

```
$ bc⏎
scale=5⏎
a=1/3⏎
a⏎
0.33333
obase=2⏎
a⏎
.0101010101010101
scale=10⏎
obase=10⏎
a=1/4096⏎
a⏎
.0002441406
obase=16⏎       [Ausgabebasis nun 16]
a⏎
.000FFFFF
quit⏎
$
```

Ausgeben von Text

Um einen Text auszugeben, muß dieser mit ".." geklammert werden:

```
$ bc⏎
"2 hoch 3 = "⏎
2 hoch 3 = 2^3⏎
8
quit⏎
$
```

Funktionen

bc läßt die Definition von Funktionen zu, die dann an späterer Stelle aufgerufen werden können. Als Name für eine Funktion muß ein Kleinbuchstabe[5] gewählt werden. Funktionen dürfen gleiche Namen wie Variablen besitzen. Somit können

---

[5] keine Umlaute und kein ß.

zusätzlich zu den 26 möglichen Variablen noch 26 verschiedene Funktionen definiert werden.

Es ist folgende Syntax für Funktionsdefinitionen[6] einzuhalten:

```
define funktionsname([parameterliste]) {
   [auto  var1, var2, ..]
   anweisung1
   anweisung2
   :
   :
}
```

Im nachfolgenden wird eine Funktion mit Namen m und zwei formalen Parametern x und y definiert. Mit der **auto**-Zeile wird eine funktionslokale Variable z vereinbart, der dann im Funktionskörper das Ergebnis von $x*y$ zugewiesen wird, bevor dann dieser Wert von z mit der **return**-Anweisung zurückgegeben wird.
Ein Aufruf einer Funktion erfolgt mit der Angabe von *funktionsname*, gefolgt von einer geklammerten Liste von aktuellen Parametern, die mit Komma voneinander zu trennen sind:

```
$ bc⏎
define m(x,y) {⏎
   auto z⏎
   z=x*y⏎
   return(z)⏎
}⏎
m(4,7)⏎
28
a=m(4.2,2^4)⏎
a⏎
67.2
a=m(4.2,m(4,3))⏎
a⏎
50.4
quit⏎
$
```

Eine Funktion wird beendet, wenn bei ihrer Ausführung entweder das Ende der Funktion erreicht wird, oder eine **return**-Anweisung ausgeführt wird. Die **return**-Anweisung kann auf zwei verschiedene Arten aufgerufen werden:

return   (Rückgabewert: 0)
return(*a*)   (Rückgabewert: Wert des angegebenen Ausdrucks *a*)

---

[6] [ ] bedeutet dabei, daß die entsprechende Angabe optional ist.

Funktionslokale Variablen können mit der **auto**-Anweisung vereinbart werden. Eine **auto**-Anweisung muß dabei die erste Anweisung in einer Funktionsdefinition sein. Solche funktionslokalen Variablen werden automatisch bei Eintritt in die Funktion auf 0 gesetzt, und ihre Lebensdauer ist nur auf die Ausführungsdauer der Funktion begrenzt. Das heißt, daß solche Variablen nach einer Funktionsausführung nicht mehr zur Verfügung stehen.

Funktionslokale Variablen können gleiche Namen wie globale Variablen besitzen, die außerhalb der Funktion verwendet werden. In diesem Fall handelt es sich dann trotz des gleichen Namens um zwei verschiedene Variablen. Die Funktions-Parameter werden genauso wie **auto**-Variablen behandelt; der einzige Unterschied ist, daß sie bei Funktionseintritt nicht mit 0 , sondern mit dem Wert des entsprechenden aktuellen Parameters initialisiert werden.

```
$ bc⏎
define k(r) {⏎
  auto p, u, f⏎
  p = 3.1415⏎
  u = 2*r*p⏎
  f = r^2*p⏎
  u⏎
  f⏎
}⏎
x=7.2⏎
k(x)⏎
45.2376
162.7297
0                [Rückgabewert der Funktion]
u=4.9⏎
k(u)⏎
30.7867
75.3960
0                [Rückgabewert der Funktion]
u⏎
4.9              [Wert des globalen u wurde durch Funktionsaufruf nicht verändert]
[Ctrl-D]
$
```

Funktionen können auch rekursiv aufgerufen werden[7]:

```
$ bc⏎
define f(x) {⏎
  if (x > 0) return(x*f(x-1))⏎
  return(1)⏎
```

---

[7] Im nachfolgenden Beispiel wird von der **if**-Anweisung Gebrauch gemacht. Obwohl diese erst an späterer Stelle besprochen wird, sollte sie hier jedoch keine Verständnis-Schwierigkeiten bereiten, da sie weitgehend der **if**-Anweisung in C entspricht.

```
}⏎
f(5)⏎
120
f(10)⏎
3628800
f(0)⏎
1
[Ctrl-D]
$
```

[berechnet Fakultät von x]

Funktionen können auch ohne Parameter definiert und aufgerufen werden:

```
$ bc⏎
define s() {⏎
  p=3.1415⏎    [Da p und m nicht mit auto als funktionslokal deklariert wurden,]
  m=100000⏎    [ beziehen sich diese Zuweisungen auf die globalen Variablen p und m]
}⏎
s()⏎
0              [Rückgabewert der Funktion]
m⏎
100000
p⏎
3.1415
quit⏎
$
```

Wenn Funktionen mit einer falschen Parameteranzahl aufgerufen werden, so kann dies zu unvorhersehbaren Ergebnissen führen:

```
$ bc⏎
define a(x,y) {⏎
  return(x+y)⏎
}⏎
z=a()⏎
save: args
171 is unimplemented
save: args
stack empty
L?
L?
save:args
z⏎
0
z=a(2,3,4)⏎
z⏎
7
```

```
[Ctrl-D]
$
```

Arrays

In **bc** müssen Arrays nicht wie in höheren Programmiersprachen explizit deklariert werden, sondern werden automatisch durch Zugriff auf ein Array-Element angelegt. Der Zugriff auf ein Array-Element erfolgt durch Angabe des Arraynamens (Kleinbuchstabe[8]), gefolgt von [*ausdruck*]. Der Wert von *ausdruck* legt dabei den Array-Index (auch Subscript genannt) fest. Der Index muß immer im Bereich 0..2047 liegen:

```
$ bc⏎
a[1]=1⏎
a[2]=2⏎
a[4]=16⏎
a[3]=9⏎
a[2]⏎
2
a[4]⏎
16
a[0]⏎
00000
[Ctrl-D]
$
```

Aus dem Beispiel wird deutlich, daß nicht explizit gesetzte Array-Elemente automatisch mit dem Wert 0 initialisiert sind.

In **bc** sind nur eindimensionale Arrays erlaubt. Arrays können gleiche Namen wie Variablen oder Funktionen besitzen, ohne daß dies zu Problemen führt.

Ist der Wert eines angegebenen Index eine reelle Zahl, so wird deren Nachkommateil abgeschnitten, bevor dann der Zugriff auf das entsprechende Array-Element erfolgt.

```
$ bc⏎
a=4⏎
a[5]=15.23⏎
a⏎
4
a[5]⏎
15.23
a[2.1]=30⏎
a[2.9]⏎
```

---

[8] keine Umlaute und kein ß.

```
30
a[2]⏎
30
[Ctrl-D]
$
```

Array-Elemente können nicht nur in Ausdrücken, sondern auch als aktuelle Parameter bei Funktionsaufrufen oder in **return**-Anweisungen angegeben werden.

```
$ bc⏎
define a(x,y) {⏎
  return(x+y)⏎
}⏎
a[1]=12.3⏎
a[2]=-5⏎
a[3]=14⏎
a(a[1],a[3])⏎
26.3
quit⏎
$
```

Ein Arrayname kann als Parameter bei einer Funktionsdefinition angegeben werden oder mit **auto** deklariert werden. Dabei ist der Arrayname gefolgt von einem leeren Klammernpaar [] anzugeben. Wird ein Array als Parameter angegeben, so wird beim Aufruf dieser Funktion der Inhalt des als aktueller Parameter angegebenen Arrays vollständig für diese Funktion kopiert. In beiden Fällen handelt es sich dann um funktionslokale Arrays.

```
$ bc⏎
define m(a[],i,j) {⏎
  s=a[i]+a[j]⏎
  return(s)⏎
}⏎
b[1]=10⏎
b[2]=20⏎
b[3]=30⏎
b[4]=40⏎
x=m(b[],2,3)⏎
x⏎
50
define n(i,j) {⏎
  b[1]=1⏎
  b[2]=2⏎
  b[3]=3⏎
  b[4]=4⏎
  b[1]=b[i]+b[j]⏎
  return(b[1])⏎
}⏎
```

```
x=n(2,3)⏎
x⏎
5
b[1]⏎
5        [Inhalt des globalen Arrays b durch Funktionsaufruf verändert]
define o(i,j) {⏎
   auto b[]⏎
  b[1]=100⏎
  b[2]=200⏎
  b[3]=300⏎
  b[4]=400⏎
  b[1]=b[i]+b[j]⏎
  return(b[1])⏎
}⏎
x=n(2,3)⏎
x⏎
500
b[1]⏎
5        [Inhalt des globalen Arrays b durch Funktionsaufruf nicht verändert]
quit⏎
$
```

Kommentare

bc erlaubt auch die Angabe von Kommentaren. Kommentare müssen dabei wie in C mit /* .. */ geklammert sein.

if-, while- und for-Anweisung

Diese Anweisungen entsprechen weitgehend den entsprechenden C-Anweisungen:

if (*bedingung*) *anweisung*

oder

if (*bedingung*) { *anweisung$_1$*; *anweisung$_2$*; ... }
while (*bedingung*) *anweisung*

oder

while (*bedingung*) { *anweisung$_1$*; *anweisung$_2$*; ... }
for (*ausdruck$_1$*;*bedingung*;*ausdruck$_2$*) *anweisung*

oder

for (*ausdruck$_1$*;*bedingung*;*ausdruck$_2$*) { *anweisung$_1$*; *anweisung$_2$*; ... }

Eine Bedingung kann mit einem der folgenden Vergleichsoperatoren gebildet werden[9]:

a < b	a kleiner b
a > b	a größer b
a <= b	a kleiner als oder gleich b
a >= b	a größer als oder gleich b
a == b	a gleich b
a != b	a ungleich b

```
$ cat math.bc⏎
/*―― Fakultaet ――*/
define f(n) {
  auto i,f
  f=1
  for (i=1 ; i<=n ; i++) f=f*i
  return(f)
}

/*―― Binominal-Koeffizient ――*/
define b(m,n) {
  auto x
  x=1
  x=f(m)/(f(n)*f(m-n))
  return(x)
}

/*―― Primzahlen bis n (nach Sieb des Eratosthenes) ――*/
define p(n) {
  auto p[], i, j
  if (n>2047) {
    "zu grosses n (maximal 2047)"
    return(0)
  }
  for (i=2 ; i<=n ; i++) p[i]=i
  for (i=2 ; i<=sqrt(n) ; i++) {
    if (p[i] != 0) {
      for (j=2*i ; j<=n ; j=j+i) p[j]=0
    }
  }
  for (i=2 ; i<=n ; i++) if (p[i] != 0) p[i]
}
$ bc math.bc⏎
```

---

[9] a und b stehen dabei für beliebige Audrücke.

```
f(0) ⏎
1
f(20) ⏎
2432902008176640000
f(5) ⏎
120
b(49,6) ⏎
13983816
b(10,2) ⏎
45
x=p(9999) ⏎
zu grosses n (maximal 2047)x=p(60) ⏎
2
3
5
7
11
13
17
19
23
29
31
37
41
43
47
53
59
quit ⏎
$
```

Bibliotheksfunktionen

Mit dem Aufruf

bc −l

werden aus einer mathematischen Bibliothek (*/usr/lib/lib.b*) bestimmte Funktionen geladen, die dann aufgerufen werden können. Folgende Funktionen werden dabei zur Verfügung gestellt:

s(x)   Sinus von x
c(x)   Cosinus von x
a(x)   Arcustangens von x
l(x)   natürlicher Logarithmus von x

e(x) e^x
j(n,x)   Bessel-Funktion

Durch das Laden der Bibliotheksfunktionen wird **scale** auf 20 gesetzt. Neben den hier aufgezählten Funktionen werden oft (abhängig vom jeweiligen System) noch weitere nützliche mathematische Funktionen geladen.

```
$ bc -1 ⏎
for (i=1 ; i<=10 ; i++) e(i) ⏎
2.71828182845904523536
7.38905609893065022723
20.08553692318766774092
54.59815003314423907811
148.41315910257660342111
403.42879349273512260838
1096.63315842845859926372
2980.95798704172827474359
8103.08392757538400770999
22026.46579480671651695790
l(100) ⏎
4.60517018598809136803
s(2)+c(3) ⏎
-.08069506977476376188
quit ⏎
$
```

Zusammengesetzte Zuweisungsoperatoren

Ähnlich wie in C können Zuweisungen wie

x = x+y

zu

x =+ y

zusammengefasst werden. Allerdings handelt es sich dabei um die alte C-Schreibweise (=+), welche im neuen C in anderer Reihenfolge (+=) anzugeben ist.

bc kennt folgende zusammengesetzte Zuweisungsoperatoren:

x =+ y   entspricht: x = x + y
x =- y   entspricht: x = x - y
x =* y   entspricht: x = x * y
x =/ y   entspricht: x = x / y
x =% y   entspricht: x = x % y
x =^ y   entspricht: x = x ^ y

In manchen dieser Konstruktionen sind Leerzeichen von Wichtigkeit. So gilt z.B.

x=-y   entspricht: x = x - y
x= -y   entspricht: x = -y (x wird der negative Wert von y zugewiesen)

Weitere Hinweise

- Üblicherweise wird in einer Zeile nur eine Anweisung angegeben. Allerdings ist es erlaubt, mehrere Anweisungen mit Semikolon getrennt in einer Zeile anzugeben.

- Wird eine Zuweisung geklammert angegeben, so wird diese ganze Anweisung als Ausdruck interpretiert. So weist z.B.

    (a=13-5)

    nicht nur *a* den Wert *8* zu, sondern gibt diesen Wert auch wie bei einem einfachen Ausdruck aus.

- Wird ein Array-Index in Form einer Zuweisung angegeben, so wird auch diese Zuweisung als Ausdruck interpretiert.

    ```
    $ bc ⏎
    define f(n) { ⏎
       auto i ⏎
       i=0 ⏎
       while (i<=n) a[i=i+1]=i*i ⏎
    } ⏎
    f(10) ⏎
    0
    a[2] ⏎
    1
    a[10] ⏎
    81
    a[5] ⏎
    16
    quit ⏎
    $
    ```

- Mehrfachzuweisungen sind erlaubt:
    x=y=z
    ist identisch zu
    x=(y=z)
    Es wird also zuerst der Wert von *z* der Variablen *y* zugewiesen, und dieser Wert dann auch noch der Variablen *x* zugewiesen.

Anhang A
Kommandoreferenz

Im nachfolgenden werden alle neu in diesem Band hinzugekommenen Kommandos, built in-Kommandos und vordefinierten Aliase alphabetisch aufgelistet. Dabei wird jedes vorgestellte Kommando durch kursiv gedruckte Buchstaben klassifiziert:

- *b* built in-Kommando der Bourne-Shell
- *c* built in-Kommando der C-Shell
- *k* built in-Kommando der Korn-Shell
- *ka* vordefiniertes Alias der Korn-Shell
- *p* externes Kommando (Programm), welches sich in einem der Directories */bin* oder */usr/bin* befindet.

#
Kommentar-Kommando *b, k, c*

Syntax

#.....

Beschreibung

Beginnt ein Wort mit #, dann werden dieses Wort und alle nachfolgenden Zeichen dieser Zeile von der Shell als Kommentar interpretiert und als solcher von ihr ignoriert.

csh-Besonderheiten

Die Angabe von Kommentaren in der Kommandozeile einer interaktiven **csh** ist nicht erlaubt.

Das Metazeichen # hat in der **csh** eine weitere Sonderbedeutung, wenn es an erster Stelle eines Shell-Skripts angegeben ist. In diesem Fall wird das betreffende Shell-Skript von der **csh** ausgeführt. Ist als erstes Zeichen in einem Skript nicht # angegeben, so nimmt die **csh** an, daß es sich um ein Bourne-Shellskript handelt und läßt es von der Bourne-Shell ausführen.

Hinweis

Die Angabe von Kommentaren macht bei einer interaktiven Eingabe wenig Sinn. Shell-Skripts dagegen sollten immer (wie Programme in höheren Programmiersprachen) gut kommentiert sein.

:

Null-Kommando *b, k*

Syntax

: [*argument(e)*]

Beschreibung

Das Null-Kommando : liefert ohne weitere Aktionen den exit-Status 0 (erfolgreich).

Es unterscheidet sich jedoch in zwei wesentlichen Punkten vom Kommentar-Kommando #:

1. Obwohl das Null-Kommando selbst keine Aktion ausführt, so wird doch die angegebene Kommandozeile durch die Shell ausgewertet. Das Null-Kommando ignoriert deshalb zwar das durch die Auswertung der angegebenen Argumente gelieferte Ergebnis, kann aber nicht Parametersubstitution, Kommandosubstitution oder Dateinamen-Expandierung für die Argumente durch die Shell unterbinden.

2. Beim Null-Kommando wird nicht bedingungslos der Rest der Kommandozeile ignoriert, sondern nur der Text bis zum nächsten Kommando. Dies ist dann von Wichtigkeit, wenn in der gleichen Zeile nach dem Null-Kommando (mit einem Semikolon abgetrennt) ein weiteres Kommando angegeben ist, oder aber die Zeile mit einem Fortsetzungszeichen \ endet, da die Shell-Metazeichen beim Null-Kommando ihre Sonderbedeutung behalten.

Typische Anwendungen

Das Null-Kommando wird häufig verwendet, um einem Kommando einen Kommentar voranzustellen:

```
$ : Ausgabe des Login-Namens und des work. dir. ;   logname; pwd⏎
egon
/user1/egon/shellueb
$
```

Das Null-Kommando wird auch oft verwendet, um in Shell-Skripts Endlos-Schleifen zu realisieren:

```
while :                    # entspricht der Angabe:   while true
do
   .......
   if bedingung
   then
        break
   fi
   .......
done
```

Da das Null-Kommando als exit-Wert immer 0 liefert, wird die while-Bedingung immer erfüllt sein; eine solche Endlos-Schleife wird üblicherweise beim Eintreten einer bestimmten Bedingung mit dem Kommando break abgebrochen.

Mit dem Null-Kommando kann ein leerer **then**-Zweig in einer **if**-Anweisung realisiert werden, wie z.B.:

```
if [ $# -le 2 ]
then                                    # nach then muß immer mind. ein Kommando
   :                                    # angegeben sein; sonst Syntaxfehler
else
   echo "Hoechstens 2 Argumente erlaubt" >&2
   echo "usage: ...." >&2
   exit 1
fi
```

•

Punkt-Kommando *b, k*

Syntax

sh: .*kdodatei*
ksh: . *kdodatei* [*argument(e)*]

Beschreibung

Das Punkt-Kommando bewirkt, daß die momentan aktive Shell (nicht eine Subshell) die Kommandos in *kdodatei* liest und ausführt.

Der exit-Status des Punkt-Kommandos ist der exit-Status des zuletzt aus *kdodatei* ausgeführten Kommandos.

ksh-Besonderheiten

In der **ksh** können beim Punkt-Kommando *argument(e)* angegeben werden; diese ersetzen dann für die Dauer des Punkt-Kommandos die momentanen Positionsparameter.

Da die **ksh** zuerst die ganze *kdodatei* liest, bevor sie die darin enthaltenen Kommandos ausführt, hat das Setzen bzw. Löschen von Aliasen oder die Verwendung von **set -k** in der *kdodatei* keinerlei Auswirkung auf die Kommandos in *kdodatei*.

Typische Anwendungen

Das Punkt-Kommando wird häufig verwendet, um in der momentan aktiven Shell neue Shell-Variablen zu definieren oder bereits existierende zu verändern. Auch wird es verwendet, um Funktionen aus Funktionsdefinitions-Dateien einer Shell bekannt zu machen.

Eine andere typische Anwendung für das Punkt-Kommando ist, nach einer Änderung von *.profile* diese Datei (ohne explizites Abmelden und erneutes Anmelden) lesen zu lassen:

```
. .profile
```

Hinweise

Die Shell verwendet die in **PATH** vorgegebenen Directories, um die angegebene *kdodatei* zu lokalisieren.

Da *kdodatei* nur gelesen und nicht ausgeführt wird, muß diese nicht ausführbar sein.

@
Zuweisen von arithmetischen Werten an csh-Variablen *c*

Syntax
@
@ *variable* = *ausdruck*
@ *variable*[*index*] = *ausdruck*

Die Leerzeichen vor und nach dem Zuweisungsoperator = sind nicht notwendig.

Beschreibung

Mit dem built in-Kommando **@** ist es möglich, arithmetische Auswertungen durchzuführen und das Ergebnis dann Variablen bzw. Array-Elementen zuzuweisen:

@

gibt die Werte aller momentan definierten Shell-Variablen aus.

@ variable = ausdruck

setzt *variable* mit dem Ergebnis, das die Auswertung von *ausdruck* liefert.

@ variable[index] = ausdruck

setzt das Array-Element *variable*[*index*] mit dem Ergebnis, das die Auswertung von *ausdruck* liefert. Hierbei ist zu beachten, daß *variable*[*index*] bereits existieren muß, also zuvor mit **set** oder **setenv** deklariert werden muß.

Für = können hierbei auch die von C her bekannten Operatoren +=, -=, *=, /=, %= und ^= verwendet werden. Auch ist die Verwendung der Postfix-Operatoren ++ (Inkrementieren) und -- (Dekrementieren) erlaubt:

@ variable++ bzw. **@ variable--**
@ variable[index]++ bzw. **@ variable[index]--**

In *ausdruck* können die bei **csh** vorgestellten Operatoren verwendet werden. Dabei ist lediglich zu beachten, daß bei Verwendung eines der Operatoren <, >, & oder | der *ausdruck* oder zumindest der entsprechende Teilausdruck mit **(..)** zu klammern ist.

Beispiele
```
% @ a = 5 ⏎
% @ a++ ⏎
% echo $a ⏎
6
% @ b=$a * 20 ⏎
% echo $b ⏎
```

```
120
% @ x[2] = 10⏎
x: Undefined variable.
% set x = ( a b c d e f g h i j k l m )⏎
% @ x[2] =10⏎
% echo $x⏎
a 10 c d e f g h i j k l m
% @ x[2] += 25⏎
% echo $x[2]⏎
35
% @ x[3] += 10⏎
@: Expression syntax.
%
```

alias

Definieren bzw. Ausgeben von Aliasen *k, c*

Syntax

ksh: alias [**-tx**] [*name*[=*wert*]][1]
csh: alias [*name*] [*wert*]

Beschreibung

ksh: Sind keine Argumente der Form *name*[=*wert*] angegeben, so gibt die **ksh** eine Liste der momentan definierten Aliase auf die Standardausgabe aus. Ist **-t** und/oder **-x** angegeben, dann werden nur die Aliase mit den entsprechenden Attributen (siehe unten) angezeigt.

Wird *name=wert* angegeben, so wird ein Alias *name* mit dem angegebenen *wert* definiert. *wert* kann ein beliebiger Text sein.

- **csh**: hier gibt **alias** alle momentan definierten Aliase aus.

- **alias** *name* gibt den Wert des Alias *name* aus, wenn ein solches existiert.

alias *name wortliste* definiert ein Alias *name*, welchem die *wortliste* zugewiesen wird. Für die Worte aus *wortliste* wird Parametersubstitution, Kommando-substitution und Dateinamen-Expandierung durchgeführt.

Optionen (ksh)

-t   (**t***racked*) Markieren als Tracked Alias bzw. Auflisten aller Tracked Aliase.

---

[1] vor und nach dem Gleichheitszeichen darf kein Trennzeichen (wie z.B. Leerzeichen) angegeben sein.

-x (*export*) Markieren zum Export bzw. Auflisten der zum Export markierten Aliase.

Wird nur *name* (ohne die Zuweisung von *wert*) angegeben, so wird unterschieden:

- keine Angabe von **-t** oder **-x**: *name* und *wert* des Alias *name* wird angezeigt.

- Angabe von **-x**: Alias *name* wird für den Export markiert.

- Angabe von **-t**: Alias *name* wird mit **-t** markiert. Zusätzlich wird noch der Wert dieses Alias auf den absoluten Pfadnamen des entsprechenden Programms *name* gesetzt; dazu werden die Directories in der Variablen **PATH** durchsucht. (siehe unten: Tracked Aliase)

Alias-Substitution

ksh: Handelt es sich beim ersten Wort eines einfachen Kommandos um ein Alias, das nicht mit **-t** markiert ist, dann setzt die **ksh** hierfür den entsprechenden Alias-Wert ein. Kommt im Alias-Text der Alias-Name selbst nochmals vor, so wird dieser nicht erneut substituiert. Kommt im Alias-Text dagegen ein anderer Alias-Name vor, so wird auf **ksh**-Versionen nach dem 3.6.1986 auch dieser substituiert.

Nur wenn ein Alias-Text mit einem Leer- oder Tabulatorzeichen endet, wird auch noch für das nachfolgende Wort Alias-Substitution durchgeführt.

csh: Handelt es sich beim ersten Wort eines einfachen Kommandos um ein Alias, dann setzt die **csh** hierfür den entsprechenden Alias-Wert ein. Die so entstandene neue Kommadozeile wird von der **csh** erneut von Beginn an gelesen.

Falls nach einer Alias-Substitution ein weiteres Alias (als erstes Wort) entsteht, so beginnt die Alias-Substitution für dieses Wort erneut.

Kommen im Alias-Text History-Konstruktionen vor, so beziehen sie sich auf die ursprünglich gegebene Zeile, bevor Alias-Substitution durchgeführt wurde.

Kommt in einem Alias-Text der Alias-Name selbst nochmals vor, so wird dieser nicht erneut substituiert.

Tracked Aliase (ksh)

Wird ein Kommando, das kein built in-Kommando und keine definierte Funktion ist, zum erstenmal aufgerufen, dann durchsucht die **ksh** die in **PATH** gegebenen Directories nach diesem Kommandonamen. Um beim nächsten Aufruf des gleichen Kommandos diesen zeitaufwendigen Suchvorgang nicht wiederholen zu müssen, definiert die **ksh** ein *Tracked Alias* für dieses Kommando, welchem sie den absoluten Pfadnamen des Kommandos als Wert zuweist.

Jedesmal, wenn die **PATH**-Variable neu gesetzt wird, werden die Werte aller Tracked Aliase gelöscht; die Aliase selbst bleiben jedoch bestehen und besitzen weiterhin das *tracked*-Attribut.

Das Kommando-Tracking kann in der **ksh** vom Benutzer ein- und ausgeschaltet werden. Die Voreinstellung ist, daß Kommando-Tracking nicht eingeschaltet ist. Mit

```
set -o trackall
```

kann das Kommando-Tracking ein- und mit

```
set +o trackall
```

ausgeschaltet werden.

Mit dem Aufruf

```
alias -t
```

können alle momentan definierten Tracked Aliase angezeigt werden.

Ein Tracked Alias kann auch ohne expliziten Aufruf kreiert werden:

```
alias -t   kdoname(n)
```

Vordefinierte Aliase (ksh)

```
autoload='typeset -fu'
echo='print - +'[2]
false='let 0'
functions='typeset -f'
hash='alias -t'
history='fc -l'
integer='typeset -i'
nohup='nohup '
r='fc -e -'
true=:
type='whence -v'
```

Funktionen und Aliase (ksh)

Um ein built in-Kommando durch eine Funktion zu ersetzen, muß ein Alias mit dem Namen des zu ersetzenden built in-Kommandos definiert werden; als Alias-Wert ist dabei der entsprechende Funktionsname anzugeben. Bei der Definition der betreffenden Funktion ist dann nur noch darauf zu achten, daß der Aufruf des wirklichen built in-Kommandos (falls benötigt) mit Quoting angegeben wird, um eine Alias-Substitution für diesen Namen zu unterbinden.

---

[2] Auf manchen **ksh**-Versionen ist **echo** ein built in-Kommando.

Beispiel

```
alias cd=_cd
function _cd
{   \cd "$@"   # Quoting, um rekursiven Aufruf der Funktion cd zu vermeiden
    print "Directorywechsel: $OLDPWD ---> $PWD"
}
```

Hinweise

Wenn ein Alias-Text immer dann zu expandieren ist, wenn auf das entsprechende Alias zugegriffen wird, so muß der Alias-Text mit '..' geklammert werden, ansonsten wird für den Alias-Text bereits bei der Definition Dateinamen-Expandierung, Parametersubstitution und Kommandosubstitution durchgeführt, was nicht immer erwünscht ist.

Mit dem built in-Kommando **unalias** können zuvor definierte Aliase gelöscht werden.

ksh: Aliase mit Namen der Form *_buchstabe* (z.B. **_a**, **_b**, usw.) definieren Makros für die beiden built in-Editoren **vi** und **emacs**.

autoload

Deklarieren von autoload-Funktionen *ka*

Beschreibung

Vordefiniertes Alias: **autoload='typeset -fu '**

bc

Tischrechner mit beliebiger Genauigkeit *p*

Syntax

bc [-c] [-l] [*datei(en)*]

Beschreibung

Bei **bc** handelt es sich um einen Compiler, der **bc**-Eingaben in eine dem Rechner **dc** verständliche Sprache übersetzt, um sie dann von ihm berechnen zu lassen.

Sind *datei(en)* angegeben, so liest **bc** zunächst deren Inhalt, bevor er weitere Eingaben von der Standardeingabe liest.

Sind keine *datei(en)* angegeben, so liest **bc** von Beginn an von der Standardeingabe. **bc** beendet sich, wenn er **EOF** (*Ctrl-D*) oder **quit** von der Standardeingabe liest.

Optionen

-c (*compile only*) Die für **dc** bestimmte Ausgabe wird nicht zur Ausführung an **dc** weitergeleitet, sondern auf die Standardausgabe geschrieben.

-l (*library*) Aus einer mathematischen Bibliothek werden bestimmte Funktionen geladen, die dann nachfolgend aufgerufen werden können (siehe Bibliotheksfunktionen).

bc-Eingaben

Schlüsselwörter

```
ibase    obase    scale
define   auto     return
if       for      while
break    sqrt     length
quit
```

Variablen

bc bietet 26 interne Speicher-Register an. Die Namen dieser Register sind die Kleinbuchstaben *a,b,c,..,z* (keine Umlaute oder ß). Der Wert eines Ausdrucks kann in einem solchen Register (Variable) gespeichert werden, indem der entsprechende arithmetische Ausdruck mit dem Zuweisungsoperator = zugewiesen wird.

Wird ein Ausdruck (bestehend aus Zahlen, Variablen und Operatoren) ohne den Zuweisungsoperator angegeben, so wird das Ergebnis der Auswertung ausgegeben:

```
$ bc ↵
b=4 ↵
b ↵
4
b+101 ↵
105
```

```
b[↵]
4
[Ctrl-D]      [bc beenden]
$
```

Der Inhalt von Variablen kann auch unter Verwendung der von C her bekannten Postfix- und Präfixoperatoren ++ und -- um 1 inkrementiert bzw. dekrementiert werden.

Ausdrücke

In einem arithmetischem Ausdruck können ganze und reelle Zahlen verwendet werden. Als reelle Zahlen sind beliebig lange Zahlen mit optionalem Dezimalpunkt erlaubt.

Erlaubte Operatoren in arithmetischen Ausdrücken sind:

+ Addition

- Subtraktion

* Multiplikation

/ Division

% Modulo-Berechnung

^ Potenzierung

Eine Division von zwei ganzen Zahlen liefert wieder eine ganze Zahl; eventuell entstandene Nachkommastellen werden dabei abgeschnitten.

Für den Potenzoperator gilt die Einschränkung, daß die Potenz ganzzahlig sein muß.

Eine Division durch 0 resultiert immer in einer Fehlermeldung.

Die Prioritäten der Operatoren (in absteigender Reihenfolge[3]) sind:

```
( )         (1)
^           (2)
* % /       (3)
+ -         (4)
```

Während bei gleicher Priorität die Operatoren (3) und (4) "von links nach rechts" ausgewertet werden, werden Potenz-Operatoren "von rechts nach links" ausgewertet.

---

[3] Operatoren in einer Zeile besitzen gleiche Prioritäten.

Folgende built in-Funktionen stehen für arithmetische Ausdrücke zur Verfügung[4]:

Funktion	Beschreibung
length(A)	liefert die Gesamtzahl der signifikanten Ziffern von A.
scale(A)	liefert die Anzahl der Nachkommastellen von A.
sqrt(A)	liefert die Quadratwurzel aus A; Für einen ganzzahligen Ausdruck A liefert **sqrt** als Ergebnis wieder eine ganze Zahl (Nachkommateil wird abgeschnitten), wenn dies nicht mit der built in-Variablen **scale** (siehe unten) anders festgelegt wird.

Skalierungsfaktor

Der Skalierungsfaktor legt fest, wieviele Nachkommastellen bei der Berechnung von reellen Ausdrücken zu berücksichtigen sind.

Über die built in-Variable **scale** kann der Skalierungsfaktor festgelegt werden. Der Wert von **scale** muß im Bereich 0..99 liegen. Es sind also maximal 99 Nachkommastellen erlaubt. **scale** kann dabei wie jede andere Variable verwendet werden. Die Voreinstellung für **scale** ist 0.

Bei allen internen Berechnungen werden die nicht geforderten Nachkommastellen abgeschnitten. Das heißt, daß niemals eine Rundung stattfindet.

Zahlenkonvertierungen und Rechnen in anderen Zahlensystemen

Der Rechner **bc** arbeitet normalerweise im Zehnersystem (Basis=10). Um ihn auf andere Zahlensysteme umzuschalten, müssen die beiden built in-Variablen **ibase** (Eingabebasis) und **obase** (Ausgabebasis) entsprechend gesetzt werden.

Funktionen

bc läßt die Definition von Funktionen zu, die dann an späterer Stelle aufgerufen werden können. Als Name für eine Funktion muß ein Kleinbuchstabe (keine Umlaute und kein ß) gewählt werden. Funktionen dürfen gleiche Namen wie Variablen besitzen. Somit können zusätzlich zu den 26 möglichen Variablen noch 26 verschiedene Funktionen definiert werden:

---

[4] A steht dabei für einen arithmetischen Ausdruck.

```
define funktionsname([parameterliste]) {
   [auto   var1, var2, ..]
   anweisung1
   anweisung2
     :
     :
}
```

Ein Aufruf einer Funktion erfolgt mit der Angabe von *funktionsname*, gefolgt von einer geklammerten Liste von aktuellen Parametern, die mit Komma voneinander zu trennen sind.

Eine Funktion wird beendet, wenn bei ihrer Ausführung entweder das Ende der Funktion erreicht wird, oder eine **return**-Anweisung ausgeführt wird:

return   (Rückgabewert: 0)
return(*a*)   (Rückgabewert: Wert des angegebenen Ausdrucks *a*)

Funktionslokale Variablen können mit der **auto**-Anweisung vereinbart werden. Eine **auto**-Anweisung muß dabei die erste Anweisung in einer Funktionsdefinition sein. Solche funktionslokalen Variablen werden automatisch bei Eintritt in die Funktion auf 0 gesetzt, und ihre Lebensdauer ist nur auf die Ausführungsdauer der Funktion begrenzt.

Die Funktions-Parameter werden genauso wie **auto**-Variablen behandelt; der einzige Unterschied ist, daß sie bei Funktionseintritt nicht mit 0, sondern mit dem Wert des entsprechenden aktuellen Parameters initialisiert werden.

Funktionen können auch rekursiv aufgerufen werden.

Funktionen können auch ohne Angabe von Parametern definiert und aufgerufen werden.

Arrays

In **bc** werden Arrays automatisch beim Zugriff auf ein Array-Element angelegt; der Zugriff auf ein Array-Element erfolgt dabei durch Angabe des Arraynamens (Kleinbuchstabe), gefolgt von **[***ausdruck***]**. Der Wert von *ausdruck* legt dabei den Array-Index (auch Subscript genannt) fest. Der Index muß immer im Bereich 0..2047 liegen:

In **bc** sind nur eindimensionale Arrays erlaubt. Arrays können gleiche Namen wie Variablen oder Funktionen besitzen, ohne daß dies zu Problemen führt.

Array-Elemente können nicht nur in Ausdrücken, sondern auch als aktuelle Parameter bei Funktionsaufrufen oder in **return**-Anweisungen angegeben werden.

Ein Arrayname kann als Parameter bei einer Funktionsdefinition angegeben werden oder mit **auto** deklariert werden. Dabei ist der Arrayname gefolgt von einem leeren Klammernpaar [] anzugeben. Wird ein Array als Parameter angegeben, so wird beim Aufruf dieser Funktion der Inhalt des als aktueller Parameter angegebenen Arrays vollständig für diese Funktion kopiert. In beiden Fällen handelt es sich dann um funktionslokale Arrays.

Die Anweisungen if, while, for und break

Diese Anweisungen entsprechen weitgehend den entsprechenden C-Anweisungen:

`if (bedingung) anweisung`

oder

`if (bedingung) { anweisung`$_1$`; anweisung`$_2$`; ... }`

`while (bedingung) anweisung`

oder

`while (bedingung) { anweisung`$_1$`; anweisung`$_2$`; ... }`

`for (ausdruck`$_1$`;bedingung;ausdruck`$_2$`) anweisung`

oder

`for (ausdruck`$_1$`;bedingung;ausdruck`$_2$`) { anweisung`$_1$`; anweisung`$_2$`; ... }`[5]

break bewirkt die sofortige Beendigung der direkt umschließenden **for**- oder **while**-Schleife.

Eine Bedingung kann mit einem der folgenden Vergleichsoperatoren gebildet werden (a und b stehen dabei für beliebige Audrücke):

a < b	a kleiner b
a > b	a größer b
a <= b	a kleiner als oder gleich b
a >= b	a größer als oder gleich b
a == b	a gleich b
a != b	a ungleich b

---

[5] Anders als in C müssen bei der for-Schleife immer alle drei Ausdrücke (*ausdruck*$_1$;*bedingung*; *ausdruck*$_2$) angegeben sein.

Kommentare

bc erlaubt auch die Angabe von Kommentaren. Kommentare müssen dabei wie in C mit /* .. */ geklammert sein.

Ausgeben von Text

Um einen Text auszugeben, muß dieser mit ".." geklammert werden.

Bibliotheksfunktionen

Mit dem Aufruf

bc −l

werden aus einer mathematischen Bibliothek (*/usr/lib/lib.b*) bestimmte Funktionen geladen, die dann aufgerufen werden können:

Funktion	Art
s(x)	Sinus von x
c(x)	Cosinus von x
a(x)	Arcustangens von x
l(x)	natürlicher Logarithmus von x
e(x)	e^x

j(n,x)   Bessel-Funktion

Durch das Laden der Bibliotheksfunktionen wird **scale** auf 20 gesetzt.

Zusammengesetzte Zuweisungsoperatoren

Ähnlich wie in C können Zuweisungen wie

x = x+y

zu

x =+ y

zusammengefasst werden. Allerdings handelt es sich dabei um die alte C-Schreibweise (=+), welche im neuen C in anderer Reihenfolge (+=) anzugeben ist.

bc kennt folgende zusammengesetzte Zuweisungsoperatoren:

x =+ y	entspricht: x = x + y
x =- y	entspricht: x = x - y
x =* y	entspricht: x = x * y
x =/ y	entspricht: x = x / y
x =% y	entspricht: x = x % y
x =^ y	entspricht: x = x ^ y

Verlassen von bc mit quit

quit beendet den Rechner **bc**. Da **quit** nicht als ausführbare Anweisung behandelt wird, sollte **quit** weder in einer Funktionsdefinition noch in einer **if**-, **for**- oder **while**-Anweisung angegeben werden.

Typische Anwendung

bc wird verwendet, wenn Berechnungen für sehr große Zahlen oder mit sehr großer Genauigkeit durchzuführen sind.

Auch wird **bc** eingesetzt, wenn es gilt, schnell und einfach Zahlenkonvertierungen durchzuführen.

bc wird oft auch in Shell-Skripts aufgerufen, um arithmetische Berechnungen durchführen zu lassen. Dies gilt v.a.D. für die Bourne-Shell, welche über kein eigenes built in-Kommando für arithmetische Berechnungen verfügt; **bc** wird dabei oft dem Kommando **expr**, das doch recht umständliche und schwer lesbare Konstruktionen nach sich zieht, vorgezogen.

bg
Ausführung von angehaltenen Jobs im Hintergrund fortsetzen k, c

Syntax

bg [*job(s)*]

bg bewirkt, daß die Ausführung der angehaltenen *job(s)* im Hintergrund fortgesetzt wird. Werden keine *job(s)* beim Aufruf angegeben, so wird die Ausführung des aktuellen Jobs (zuletzt angehaltener Job) im Hintergrund fortgesetzt.

Die einzelnen Jobs können über die PID, die Jobnummer oder den Jobnamen angesprochen werden. Um einen Job über seine Jobnummer oder seinen Namen anzusprechen, gibt es folgende Notationen:

%jobnr	Job mit Jobnummer *jobnr*
%string	Job, dessen Name mit *string* beginnt
%?string	Job, dessen Name *string* enthält
%+ oder %%	aktueller Job
%-	vorheriger aktueller Job

Hinweise

bg ist nur auf solchen Systemen ein built in-Kommando, die über Job-Kontrolle verfügen.

Mit dem built in-Kommando **jobs** können die gerade im Hintergrund ablaufenden Jobs und deren momentaner Status angezeigt werden.

Ein Vordergrund-Job kann mit der *Susp*-Taste (meist *Ctrl*-**z**) angehalten werden, um ihn dann eventuell mit **bg** in den Hintergrund zu verlagern.

Ein Hintergrund-Job wird immer dann automatisch angehalten, wenn er versucht, vom Terminal zu lesen. Mit **stty tostop** kann zusätzlich festgelegt werden, daß Hintergrund-Jobs auch dann anzuhalten sind, wenn sie versuchen, auf das Terminal zu schreiben. Die Ausführung solcher Jobs wird erst dann wieder fortgesetzt, wenn diese in den Vordergrund verlagert werden.

break

Verlassen einer Schleife *b, k, c*

Syntax

sh, ksh: break [*n*]
csh: break

sh, ksh: Das **break**-Kommando bewirkt ein unmittelbares Verlassen der umschließenden **for**-, **while**- bzw. **until**-Schleife. Wird eine Zahl *n* angegeben, so werden *n* umgebende Schleifen verlassen, ansonsten nur die direkt umgebende Schleife.

ksh-Besonderheit
In der **ksh** kann **break** auch verwendet werden, um eine **select**-Anweisung, welche in der Bourne-Shell nicht vorhanden ist, zu verlassen.

csh: Das **break**-Kommando bewirkt ein unmittelbares Verlassen der umschließenden **while**- bzw. **foreach**-Schleife.

Da die restlichen Kommandos in einer **break**-Zeile noch vor dem Verlassen der entsprechenden Schleife ausgeführt werden, können mehrere **break** gegeben werden: **break; break; ...**, wenn mehrere Schleifenebenen zugleich zu verlassen sind.

Typische Anwendungen

In der Shell-Programmierung werden oft Endlos-Schleifen (wie z.B. **while true**) verwendet, welche dann bei Eintreten einer bestimmten Bedingung mit **break** verlassen werden.

Hinweis

Normalerweise wird die Ausführung eines **break**-Kommandos von einer bestimmten Bedingung abhängig gemacht; diese Bedingung wird üblicherweise mit einer **case**- oder **if**-Anweisung abgeprüft.

cd

In anderes working directory wechseln *b, k, c*

Syntax

sh, csh: **cd** [*directory*]   (1)
ksh:cd   [*directory*]   (1)
        cd *altstring neustring*   (2)

Das Kommando **cd** bewirkt einen Wechsel in ein anderes working directory.

Bei der mit (1) gekennzeichneten Aufrufform ist für die Angabe von *directory* folgendes erlaubt:

directory	Wirkung
nicht angegeben	Wechsel zum home directory, welches über die Shell-Variable **HOME** bzw. **home** (in der **csh**) festgelegt ist.
/*pfadname*	Wechsel zum Directory /*pfadname*; die Shell-Variable **CDPATH** bzw. **cdpath** (in der **csh**) wird hierbei nicht benutzt.
pfadname, der nicht mit / beginnt	Wenn **CDPATH** bzw. **cdpath** (in der **csh**) gesetzt ist und *pfadname* beginnt nicht mit ./ oder ../, dann sucht die Shell in den von **CDPATH** bzw. **cdpath** (in der **csh**) festgelegten Directories nach einem Subdirectory *pfadname*.

Kommandoreferenz

directory	Wirkung
pfadname, der nicht mit / beginnt	Wird ein solches gefunden, dann wird es das neue working directory; in diesem Fall wird auch noch der Pfadname des neuen working directorys ausgegeben.
	Ist dagegen **CDPATH** bzw. **cdpath** (in der **csh**) nicht gesetzt oder beginnt der *pfadname* mit *./* oder *../*, so wird *pfadname* (relativ zum working directory) das neue working directory.
existiert nicht oder fehlende Rechte	Die Shell meldet einen Fehler.

Der exit-Status von **cd** ist bei allen Aufrufformen 0, wenn ein Directory-Wechsel erfolgreich durchgeführt werden konnte, ansonsten verschieden von 0.

ksh-Besonderheiten

Nur in der **ksh** kann bei der mit (1) gekennzeichneten Aufrufform für *directory* auch - (Minuszeichen) angegeben werden. Die **ksh** macht dann das vorherige working directory wieder zum working directory und gibt dann den Pfadnamen dieses neuen working directorys aus. **cd -** entspricht also (bis auf die Ausgabe des neuen working directorys)

`cd $OLDPWD.`

Nur in der **ksh** kann das Kommando **cd** auch noch mit

`cd altstring neustring`

aufgerufen werden. Diese Aufrufform bewirkt, daß im Pfadnamen des momentanen working directorys (**$PWD**) der String *altstring* durch *neustring* ersetzt wird; danach versucht **cd**, diesen durch Ersetzung entstandenen Pfadnamen zum neuen working directory zu machen. Ist dies möglich, dann wird der Pfadname des neuen working directorys ausgegeben.

cd bewirkt unter anderem, daß die automatischen Variablen **PWD** (mit Pfadnamen des neuen working directorys) und **OLDPWD** (mit Pfadnamen des vorherigen working directorys) gesetzt werden.

Hinweise

Das Kommando **cd** kann in der **ksh** nicht ausgeführt werden, wenn die Option **restricted** gesetzt ist.

In der **csh** existiert auch noch das Kommando **chdir**, welches vollständig dem Kommando **cd** entspricht.

chdir
In anderes working directory wechseln *c*

Syntax

chdir [*directory*]

siehe **cd**.

continue
Starten des nächsten Schleifendurchlaufs *b, k, c*

Syntax

sh, ksh: **continue** [*n*]
csh: **continue**

sh, ksh: Das Kommando **continue** bewirkt den unmittelbaren Abbruch des Schleifendurchlaufs (nicht den Abbruch der ganzen Schleife wie **break**). **continue** leitet also unverzüglich den nächsten Schleifendurchlauf innerhalb einer **while**-, **until**- oder **for**-Schleife ein. Die optionale Angabe einer Zahl *n* legt die Anzahl von Schachtelungstiefen fest, welche verlassen werden sollen, um mit einem neuen Durchlauf der Schleife auf dieser so ermittelten Ebene zu beginnen. Ist kein *n* angegeben, so wird der nächste Durchlauf der direkt umgebenden Schleife gestartet.

ksh-Besonderheit

In der **ksh** kann **continue** auch verwendet werden, um eine **select**-Anweisung, welche in der Bourne-Shell nicht vorhanden ist, sofort zu wiederholen.

csh: Der Befehl **continue** leitet unverzüglich den nächsten Schleifendurchlauf innerhalb einer **while**- oder **foreach**-Schleife ein.

Da die restlichen Kommandos in einer **continue**-Zeile noch vor dem Neustart des nächsten Schleifendurchlaufs ausgeführt werden, können mehrere **continue** gegeben werden: **continue; continue; ...**, wenn ein nächster Schleifendurchlauf für eine weiter außen liegende Schleife zu starten ist.

Kommandoreferenz 703

Hinweis

Die Ausführung eines **continue**-Kommandos wird meist von einer Bedingung abhängig gemacht; diese Bedingung wird üblicherweise mit einer **case**- oder **if**-Anweisung abgeprüft.

csh

Die C-Shell *p*

Syntax

csh [**-cefinstvVxX**] [*argument(e)*]

Bei jedem Start einer **csh** werden die Dateien */etc/cshrc* und **$home/**.*cshrc* gelesen und ausgeführt.

Die Login-Prozedur ruft die **csh** mit **exec -csh** auf. Das Minuszeichen - bewirkt, daß in diesem Fall eine Login-Shell gestartet wird. Eine Login-Shell unterscheidet sich von einer normalen Shell in folgenden Punkten:

- Es können außer Optionen keine Argumente angegeben werden.
- Nach dem Ausführen von */etc/cshrc* und **$home/**.*cshrc* werden zusätzlich noch die Kommandos aus der Datei **$home/**.*login* ausgeführt.

Optionen

Option	Bedeutung
-c *text*	(**c**ommand) *text* legt dabei die auszuführenden Kommandos fest. Sind weitere Argumente angegeben, so werden diese in **argv** hinterlegt.
-e	(**e**xit) **csh** verlassen, wenn ein Kommando nicht erfolgreich ausgeführt werden kann.
-f	Datei **$home/**.*cshrc* beim Start der **csh** nicht ausführen.
-i	(**i**nteractive) als interaktive **csh** starten.
-n	(**n**oexec) Kommandos nur lesen und auf Syntaxfehler untersuchen, aber nicht ausführen.

Option	Bedeutung
-s [*argument(e)*]	eine interaktive Subshell starten, die Kommandos von der Standardeingabe liest. Eventuell angegebene *argument(e)* werden der Subshell als Positionsparameter übergeben. Ist **-c** nicht angegeben, wird **-s** automatisch eingeschaltet, ansonsten wird **-s** ignoriert.
-t	Nur eine Kommandozeile lesen und ausführen.
-v	(*verbose*) setzt die Shell-Variable **verbose**.
-V	(**V***erbose*) setzt **verbose** schon vor Ausführung von *.cshrc*
-x	(**x***trace*) setzt die Shell-Variable **echo**.
-X	(**X***trace*) setzt **echo** bereits vor Ausführung von *.cshrc*.

Die meisten dieser Optionen können auch beim Aufruf eines **csh**-Skripts gesetzt werden (**csh** [*optionen*] *skript*). In diesem Fall gelten die gesetzten Optionen nur für die Dauer der Skript-Ausführung.

Metazeichen

Die folgenden Metazeichen entsprechen weitgehend denen der Bourne-Shell:

Metazeichen	Bedeutung
>*datei*	Standardausgabe in *datei* umlenken.
>>*datei*	Standardausgabe am Ende von *datei* anfügen.
<*datei*	Standardeingabe auf *datei* umlenken.
<<*wort*	Hier-Dokument (engl.: *here document*): Standardeingabe besteht aus den nächsten Eingabezeilen bis zur ersten Zeile, die nur *wort* enthält.
kdo1|*kdo2*	Standardausgabe von *kdo1* über eine Pipe in die Standardeingabe von *kdo2* weiterleiten.
*	steht für "kein, ein oder mehrere Zeichen".
?	steht für "ein beliebiges Zeichen".
[...]	steht für "eines der in [...] angegebenen Zeichen"; Bereichsangaben wie 0-9 oder a-z sind innerhalb von [...] erlaubt; in **csh** ist [!...] nicht erlaubt.
kdo1;*kdo2*	Semikolon trennt mehrere Kommandos in einer Kommandozeile; nach Beendigung von *kdo1* wird *kdo2* ausgeführt.

Metazeichen	Bedeutung
kdo&	*kdo* im Hintergund (parallel) ablaufen lassen; in diesem Fall wartet die Shell nicht auf die Beendigung von *kdo*.
`` `kdo` ``	Kommandosubstitution: führt *kdo* aus und ersetzt dann in der Kommandozeile `` `kdo` `` durch die Ausgabe von *kdo*.
(*kdo*)	*kdo* in einer Subshell ausführen; in **csh** ist { *kdo*;} nicht erlaubt.
$0, $1,.., $9	Werte der Positionsparameter 1, 2, ..., 9.
$*var*	Wert der Shell-Variablen *var*.
${*var*}*text*	Wert der Shell-Variablen *var* mit nachfolgendem *text* zu einer Zeichenkette zusammenfügen.
c	Sonderbedeutung des Metazeichens *c* ausschalten.
'...'	Sonderbedeutung aller in '...' angegebenen Zeichen (außer Apostroph ') ausschalten.
"..."	Sonderbedeutung aller in "..." angegebenen Zeichen, außer $ und `` `...` `` wird ausschalten.
#	leitet Kommentar ein; Rest der Zeile wird von der **csh** ignoriert; Kommentare sind in der **csh** nur in Skripts erlaubt.
kdo1&&*kdo2*	*kdo2* wird nur dann ausgeführt, wenn *kdo1* erfolgreich war.
kdo1||*kdo2*	*kdo2* wird nur dann ausgeführt, wenn *kdo1* nicht erfolgreich war.
Neuezeile-Zeichen	übergibt eine Kommandozeile an die Shell zur Abarbeitung.
Leerzeichen Tabulatorzeichen	Trennzeichen für Wörter (sonst keine Sonderbedeutung).

Tabelle - Zur Bourne-Shell identische Metazeichen der csh

Neu gegenüber der Bourne-Shell sind die in der Tabelle auf der folgenden Seite aufgeführten Metazeichen:

Metazeichen	Bedeutung
>! *datei*	wie >, nur daß eine bereits existierende *datei* auch überschrieben wird, wenn **noclobber** gesetzt ist.
>& *datei*	Standardausgabe und Standardfehlerausgabe in *datei* umlenken.
>&! *datei*	wie >&, nur daß eine bereits existierende *datei* auch dann überschrieben wird, wenn **noclobber** gesetzt ist.
>>! *datei*	wie >>, nur daß auch in *datei* geschrieben wird, wenn *datei* noch nicht existiert und **noclobber** gesetzt ist.
>>& *datei*	Standardausgabe und Standardfehlerausgabe an das Ende von Datei *datei* umlenken.
>>&! *datei*	wie >>&, nur daß auch in *datei* geschrieben wird, wenn *datei* noch nicht existiert und **noclobber** gesetzt ist.
${10}, ${11}, ..	Werte der Positionsparameter 10, 11, ...
{*pattern1,pattern2,..*}	deckt jeden String ab, der durch eines der angegebenen *pattern1*, *pattern2*, .. abgedeckt wird.
~	Tilde-Expandierung: ~*loginname* wird durch das home directory des Benutzers *loginname* ersetzt und ~ bzw. ~/.. wird zu $home bzw. $home/.. expandiert.
kdo1 | & *kdo2*	Standardausgabe und Standardfehlerausgabe von *kdo1* werden über eine Pipe in die Standardeingabe von *kdo2* geleitet.
(*ausdruck*)	Klammerung eines Ausdrucks ist bei den built in-Kommandos **exit**, **if** und **while** notwendig.
!	leitet History-Substitutionen ein.
^	Metazeichen für History-Substitution.
:	muß vor Modifikatoren angegeben werden.

Tabelle - Neue Metazeichen der C-Shell

Einfache Kommandos und exit-Werte

Die Definition für einfache Kommandos entspricht der Definition, wie sie für die Bourne-Shell gegegeben wurde. Das gleiche gilt für den exit-Status von Kommandos (siehe **sh**).

Mit **echo $status** kann der exit-Status des zuletzt ausgeführten Kommandos ausgegeben werden.

Pipelines

Eine *Pipeline* ist eine Folge von einem oder mehreren einfachen Kommandos, welche mit | oder |& voneinander getrennt sind.

Der exit-Status einer Pipeline ist der exit-Status des zuletzt in der Pipeline angegebenen Kommandos.

Listen

Eine *Liste* ist eine Folge von ein oder mehreren Pipelines, welche durch die Metazeichen ;,& ,&& oder || voneinander getrennt sind. & und ; dürfen dabei auch am Ende einer solchen Liste angegeben sein.

Die Vorrangregeln der hier angegebenen Trennzeichen von Pipelines in einer Liste sind: (; gleich &) < (&& gleich ||)

Um eine Liste als einfaches Kommando behandeln zu können, muß diese mit ( ) geklammert werden.

Kommentar

Beginnt ein Wort mit #, dann werden dieses Wort und alle nachfolgenden Zeichen dieser Zeile von der **csh** als Kommentar interpretiert und als solcher von ihr ignoriert.

Anders als in der Bourne-Shell ist die Angabe von Kommentaren in der Kommandozeile einer interaktiven **csh** nicht erlaubt.

Das Metazeichen # hat in der **csh** eine Sonderbedeutung, wenn es an erster Stelle eines Shell-Skripts angegeben ist. In diesem Fall wird das betreffende Shell-Skript von der **csh** ausgeführt. Ist als erstes Zeichen in einem Skript nicht # angegeben, so nimmt die **csh** an, daß es sich um ein Bourne-Shellskript handelt und läßt es von der Bourne-Shell ausführen.

Shell-Skripts

Kommandos können nicht nur interaktiv eingegeben, sondern auch in eine Datei geschrieben werden; diese Datei kann dann der **csh** zur Abarbeitung der darin angegebenen Kommandos vorgelegt werden. Solche Kommandodateien werden als *Shell-Skripts* (oder *Shell-Prozeduren*) bezeichnet.

Es existieren zwei Möglichkeiten, Shell-Skripts zu starten:

1. **csh** *skript-name*

2. *skript-name* (ohne **csh**)
   Bei dieser Aufrufform muß allerdings die Datei, in welcher das Shell-Skript gespeichert ist, ausführbar sein, was beim Aufruf mit **csh** nicht erforderlich ist.

Bei beiden Aufrufformen wird eine neue Subshell gestartet, die das aufgerufene Shell-Skript ausführt.

Kommandosubstitution

Kommandos, deren Standardausgabe von der **csh** als Teil der Kommandozeile zu verwenden ist, müssen mit "Gegen-Apostrophen" (engl.: *backquotes* oder *accents graves*):

`` `kommandos` ``

geklammert werden.

Alle Metazeichen innerhalb einer Kommandosubstitution behalten ihre Sonderbedeutung.

Normalerweise werden Leer-, Tabulator- und Neuezeile-Zeichen als Wort-Trennzeichen für die Ausgabe der *kommandos* verwendet. Wird jedoch die Kommandosubstitution mit ".." geklammert, dann wird nur das Neuezeile-Zeichen als Wort-Trennzeichen verwendet; Leer- und Tabulatorzeichen gehören dann zu einem Wort und bleiben erhalten.

Shell-Parameter

Die **csh** kennt zwei Arten von Parametern:

Positionsparameter

Ihr Name wird als Ziffer 0, 1, 2,..., 9 angegeben. In der **csh** ist auch ein Zugriff auf die Positionsparameter **10**, **11**, usw. mit der Angabe **${10}**, **${11}**, usw. möglich. Positionsparameter stellen die an ein **csh**-Skript übergebenen Argumente zur Verfügung, wobei das 1.Argument dem Parameter **1**, das 2.Argument dem Parameter **2**, usw. zugewiesen wird. Dem Parameter **0** wird der Name des aufgerufenen **csh**-Skripts zugewiesen.

Der Zugriff auf Positionsparameter ist nicht nur mit **$1**, **$2**, usw., sondern auch mit **$argv[1]**, **$argv[2]**, usw. möglich.

Mit dem built in-Kommando **shift** können die Werte der Positionsparameter um eine Position (nach vorne) verschoben werden.

Shell-Variablen (Schlüsselwort-Parameter)

Der Name einer C-Shell-Variablen ist bis auf wenige Ausnahmen in Form eines Bezeichners anzugeben.

Die Werte von Variablen werden als Strings gespeichert. Jedoch ist es möglich, solche Strings als Zahlen oder als logische Werte interpretieren zu lassen.

csh-Variablen können auf drei verschiedene Arten definiert werden:

set *variablenname* [= *wert*] [*variablenname* [= *wert*]]....[6]

Der Gültigkeitsbereich der Variablen *variablenname(n)* ist dabei auf die lokale **csh** begrenzt.

setenv *variablenname wert*

Der Gültigkeitsbereich der Variablen *variablenname* ist dabei global. Das heißt, daß diese Variable an Subshells exportiert wird.

@ *variablenname* = *ausdruck* [*variablenname* = *ausdruck*]....

Der numerische Ausdruck *ausdruck* wird ausgewertet und das Ergebnis der Variablen *variablenname* als Wert zugewiesen. Der Gültigkeitsbereich der Variablen *variablenname(n)* ist dabei auf die lokale **csh** begrenzt.

Frei wählbare Variablennamen

Bezüglich der Wahl von benutzerdefinierten Variablennamen gelten die Regeln für Bezeichner.

Beim Zugriff auf eine nicht definierte Shell-Variable wird eine Fehlermeldung ausgegeben. Um zu überprüfen, ob eine Variable definiert ist oder nicht, steht der Ausdruck

$?*variablenname*

zur Verfügung, welcher 1 liefert, wenn die Variable *variablenname* momentan definiert ist, und sonst 0.

Arrays

Die **csh** läßt die Definition von eindimensionalen Arrays zu. Die Länge des entsprechenden Arrays muß jedoch bereits bei der Definition festgelegt werden; dies geschieht dadurch, daß allen einzelnen Elementen bereits bei der Definition Werte zugewiesen werden, wobei auch die leere Zeichenkette zugewiesen werden kann, wenn "Lücken" im Array benötigt werden. Ein Array wird wie folgt definiert:

set *arrayname* = (*wert1 wert2 ... wertn*)

Nach dieser Definition hat *arrayname*[1] als Wert *wert1*, *arrayname*[2] als Wert *wert2*, usw.

Auf den Wert eines Array-Elements kann mit $*arrayname*[*index*] zugegriffen werden.

Soll zugleich auf mehrere Array-Elemente zugegriffen werden, so ist dies mit einer Bereichsangabe möglich: $*arrayname*[*index1-index2*]

---

[6] Vor und hinter dem Gleichheitszeichen dürfen hier Trennzeichen angegeben sein.

Soll der Wert eines Array-Elements geändert werden, so kann dies mit

set *arrayname*[*index*] = *wert*

erreicht werden.

Der Ausdruck $#*arrayname* liefert die Anzahl der Elemente des Arrays *arrayname*.

Die Angabe

$*arrayname*

beziehungsweise

$*arrayname*[*]

bewirkt, daß hierfür alle Array-Elemente (mit Leerzeichen getrennt) eingesetzt werden.

Ein Zugriff auf ein Element außerhalb eines Arrays resultiert in einer Fehlermeldung.

Vordefinierte Shell-Variablen

Die **csh** bietet Variablen an, deren Namen von ihr bereits vorgegeben sind:

Vordefinierte, aber änderbare Shell-Variablen

Name	Bedeutung
cdpath	enthält die Suchdirectories für das Kommando **cd**. keine Voreinstellung.
echo	wenn definiert, dann wird jede Kommandozeile vor ihrer Ausführung nochmals angezeigt. Bei nicht built in-Kommandos haben dabei bereits alle Substitutionen und Expandierungen stattgefunden; bei built in-Kommandos dagegen noch nicht. Voreinstellung: nicht gesetzt.
histchars	definiert die History-Metazeichen. Das erste Zeichen ersetzt ! und das zweite Zeichen ersetzt ^. Voreinstellung: **histchars="!^"**.
history	legt fest, wieviele der zuletzt eingegebenen Kommandos im History-Puffer aufzuheben sind. Voreinstellung: **history=1**.
home	enthält das home directory des Benutzers. Voreinstellung: wird mit dem Wert der Variablen **HOME** aus der Standardumgebung besetzt.

Name	Bedeutung
ignoreeof	wenn definiert, so kann eine interaktive **csh** nur mit **exit** oder **logout**, aber nicht mit *EOF* (*Ctrl-D*) verlassen werden. Voreinstellung: nicht gesetzt.
mail	enthält die Pfadnamen von mailbox-Dateien. Wenn das erste Wort des **mail**-Werts (**$mail[1]**) eine Zahl ist, so legt diese das Zeitintervall für die mail-Überprüfung in Sekunden fest. Voreinstellung für das Zeitintervall ist: 600. Voreinstellung für **mail**: Falls **mail** nicht gesetzt ist, so legt die Variable **MAIL** aus der Standardumgebung den Pfadnamen der mailbox-Datei fest.
noclobber	wenn definiert, so ist ein Überschreiben einer existierenden Datei mit > bzw. >& nicht möglich, sondern nur mit >! bzw. >&!. Zudem gilt, wenn **noclobber** definiert ist, daß die Verwendung von >> bzw. >>& auf eine nicht existierende Datei nicht erfolgreich ist; in diesem Fall müßte >>! bzw. >>&! verwendet werden. Voreinstellung: nicht gesetzt.
noglob	wenn definiert, so wird die Dateinamen-Expandierung ausgeschaltet. Voreinstellung: nicht gesetzt.
nonomatch	wenn nicht definiert, so wertet die **csh** ein Metazeichen für Dateinamen-Expandierung (* ? [..] {..}), das keinen Dateinamen abdeckt, als Fehler und meldet dies mit "No match". Voreinstellung: nicht gesetzt.
notify [7]	wenn definiert, so wird die Beendigung von Hintergrund-Jobs sofort gemeldet, und nicht erst bei der nächsten Prompt-Ausgabe. Voreinstellung: nicht gesetzt.
path	enthält die Suchdirectories für Programme. Voreinstellung: wird mit den Werten der Variablen **PATH** aus der Standardumgebung besetzt.
prompt	legt den Primär-Promptstring für die **csh** fest. Das Zeichen ! im Promptstring wird bei der Ausgabe des Promptstrings durch die Kommandonummer (*event number*) ersetzt. Voreinstellung: "% " (beim Superuser: "# ")

---

[7] Auf manchen **csh**-Versionen wird diese Variable nicht angeboten.

Name	Bedeutung
savehist	legt die Anzahl der Kommandos fest, welche die **csh** bei ihrer Beendigung in der Datei *.history* (im home directory) aufheben soll. keine Voreinstellung. Auf manchen **csh**-Versionen wird diese Variable nicht angeboten.
shell	enthält den Pfadnamen der Shell. Voreinstellung: meist **/bin/csh**.
term	enthält die Terminal-Bezeichnung. Voreinstellung: wird mit dem Wert der Variablen **TERM** aus der Standardumgebung besetzt.
time	die in **time** angegebene Zahl legt eine Zeitmarke in CPU-Sekunden fest. Wird bei der Ausführung eines Kommandos diese Zeitmarke überschritten, so werden nach Beendigung des Kommandos drei Zeit-Werte: *user sys elapsed* und zusätzlich noch eine Prozentzahl ausgegeben, welche das Verhältnis von (*user + sys*) : *elapsed* anzeigt. Voreinstellung: nicht gesetzt.
verbose	wenn definiert, so wird nach jeder History-Substitution das entsprechend erzeugte Kommando angezeigt, bevor es ausgeführt wird. Voreinstellung: nicht gesetzt.

Tabelle - Vordefinierte, aber änderbare csh-Variablen

Die momentanen Werte aller Shell-Variablen können mit dem Kommando **set** (ohne Angabe von Argumenten) am Bildschirm ausgegeben werden; Boole'sche Variablen (wie **ignoreeof**, **echo**, usw.) werden dabei nur angezeigt, wenn sie gesetzt sind.

Automatische Variablen

Automatische Variablen werden ständig neu von der **csh** gesetzt:

Name	Bedeutung
$	Prozeßnummer (PID) der aktuellen Shell.
*	Alle Positionsparameter als ein String: "$*" entspricht "$1 $2 $3 ...".

Name	Bedeutung
argv	Array, welches die Positionsparameter enthält: **$argv[0]** (nicht definiert. **$0** dagegen enthält den Skript-Namen.) **$argv[1]** entspricht **$1** : : **$argv[9]** entspricht **$9** **$argv[10]** entspricht **${10}** **$argv[11]** entspricht **${11}** : : **$argv[*]** entspricht **$*** **$argv** entspricht **$*** **$#argv** Anzahl der Positionsparameter.
child	Prozeßnummer (PID) des letzten Hintergrund-Kommandos.
cwd [8]	enthält den Pfadnamen des working directorys.
status	Exit-Status des letzten Vordergrund-Kommandos.

Tabelle - Automatische csh-Variablen

Die Zugriffsarten **$n** und **$argv[n]** weisen einen kleinen Unterschied auf: Während ein Zugriff mit **$argv[n]** auf einen nicht existierenden Positionsparameter in einem Fehler resultiert, wird bei **$n** nur ein leerer String geliefert.

Die Angabe **$argv[n-]** resultiert nicht in einem Fehler, selbst wenn weniger als *n* Positionsparameter vorhanden sind. Dasselbe gilt für die Angabe **$argv[m-n]**, wenn weniger als *m*, aber mindestens *n* Positionsparameter existieren.

Parametersubstitution

Die einfachste Zugriffsmöglichkeit auf den Wert einer Variablen ist

$variable

Die **csh** ersetzt diesen Ausdruck dabei durch alle Worte des Wertes von *variable* (das kann auch eine mit **setenv** definierte Environment-Variable sein); die einzelnen Worte werden dabei durch Leerzeichen getrennt.

---

[8] Auf manchen **csh**-Versionen wird diese Variable nicht angeboten.

Weitere Zugriffsmöglichkeiten auf den Wert einer Variablen

Angabe	Bedeutung
${variable}	entspricht $variable. Diese Angabe muß immer dann verwendet werden, wenn entweder dem Variablennamen ein Buchstabe, eine Ziffer oder ein Unterstrich folgt, oder auf Positionsparameter mit mehr als einer Ziffer (größer als 9) zuzugreifen ist.
$variable[index] ${variable[index]}	Zugriff auf ein Array-Element. Der kleinste Index eines Arrays ist immer 1. Für *index* kann angegeben werden: eine Zahl *n* *n*.tes Array-Element *m-n* Array-Elemente *m* bis *n* *-n* entspricht **1**-*n* *m-* entspricht *m*-**$#***variable* * alle Array-Elemente Die Angabe eines leeren Bereichs resultiert nur dann nicht in einem Fehler, wenn der zweite Index weggelassen wird oder aber im erlaubten Bereich liegt.
$#variable ${#variable}	Anzahl der Elemente des Arrays *variable*.
$0	Skriptname
$n ${n}	entspricht **$argv[n]** bzw. **${argv[n]}**
$*	entspricht **$argv[*]**
${?variable} $?variable	liefert 1, wenn *variable* gesetzt ist, und 0, wenn nicht.
$?0	liefert 1, wenn **$0** gesetzt ist, und 0, wenn nicht.
$< [9]	Hierfür wird eine von der Standardeingabe gelesene Zeile eingesetzt. Mit dieser Konstruktion ist es also möglich, eine Zeile von der Standardeingabe zu lesen.

Tabelle - Zugriffsmöglichkeiten auf den Wert einer csh-Variablen

---

[9] Auf manchen **csh**-Versionen wird dies nicht angeboten; dort ist dann die Konstruktion `line` dafür zu verwenden.

Außer ${variable} dürfen die in Tabelle A.5 angegeben Zugriffsformen nur für lokale Shell-Variablen, aber nicht für Environment-Variablen, welche mit **setenv** definiert wurden, verwendet werden.

Modifikatoren

Die nachfolgenden Modifikatoren können bei einer Parametersubstitution nach einem : (Doppelpunkt) angegeben werden und haben dann die beschriebenen Auswirkungen:

Modifikator	Auswirkung
:h	(head) liefert den Pfadnamen des Variablenwerts.
:t	(tail) liefert den Basisnamen des Variablenwerts (Gegenstück zu :h).
:r	(remove) schneidet vom Variablenwert eine vorhandene Endung .xxx ab.
:e	(extension) liefert vom Variablenwert eine eventuell vorhandene Endung .xxx.
:q	(quote) für den Variablenwert wird Quoting vorgenommen, so daß keine weiteren Substitutionen oder Dateinamen-Expandierungen stattfinden.
:x	wie :q, nur daß der Variablenwert in mehrere Worte aufgeteilt wird. Trennzeichen sind dabei Leer-, Tabulator- und Neuezeile-Zeichen.
:gh	(global head) :h auf alle Werte eines Arrays anwenden.
:gt	(global tail) :t auf alle Werte eines Arrays anwenden.
:gr	(global read) :r auf alle Werte eines Arrays anwenden.
:ge	(global extension) :e auf alle Werte eines Arrays anwenden.

Tabelle - Erlaubte Modifikatoren bei Parametersubstitution in der csh

Wird die Klammerung { } verwendet, so müssen die Modifikatoren innerhalb der geschweiften Klammern angegeben werden.

Die Modifikatoren dürfen bei den folgenden Konstruktionen nicht angegeben werden:

$?*variable* bzw **${?*variable*}**
$?0
$$
$<

Die Modifikatoren haben bei mit **setenv** definierten Environment-Variablen keine Auswirkung.

Dateinamen-Expandierung

Beim Aufruf eines Kommandos oder Shell-Skripts wird jedes Wort der Kommandozeile von der **csh** daraufhin untersucht, ob eines der Zeichen *, ?, [oder { darin vorkommt oder ob es mit ~ (engl. *tilde*) beginnt. Wird ein solches Wort gefunden, so betrachtet die **csh** dieses als ein sogenanntes *pattern*, welches eine Vielzahl von Dateinamen abdecken kann.

Jedes in der Kommandozeile gefundene pattern wird dann von der **csh** expandiert, d.h. durch alle Dateinamen ersetzt[10], die es abdeckt.

Metazeichen	Bedeutung
*	steht für "*eine beliebige Zeichenfolge*" (auch die leere)
?	steht für "*ein beliebiges einzelnes Zeichen*"
[...]	steht für "*eines der in [...] angegebenen Zeichen*". Bei der Angabe von Zeichen innerhalb von [...] sind auch Bereichsangaben wie *[A-Z]* oder *[0-9]* erlaubt. Hinweis: In der **csh** ist anders als in der Bourne-Shell die Angabe [!...] nicht vorhanden.
{$wort_1,wort_2,..$}	Jedes der in {..} mit Komma getrennten Worte wird eingesetzt; z.B. würde *prog.{c,o,txt}* die Dateien *prog.c*, *prog.o* und *prog.txt* und *{add1,subst}.c* die Dateien *add1.c* und *subst.c* abdecken.
~	(*Tilde*) Hierfür setzt die **csh** den Pfadnamen des home directorys ein, wenn ~ als einziges Zeichen eines Worts vorkommt oder am Anfang eines Wortes steht und ihm / folgt.
~*loginname*	(*Tilde*) Hierfür setzt die **csh** den Pfadnamen des home directorys des Benutzers *loginname* ein, wenn diese Konstruktion am Anfang eines Worts steht.

Tabelle - csh-Metazeichen für Dateinamen-Expandierung

Einige Zeichenfolgen in Dateinamen werden nur dann abgedeckt, wenn sie explizit im entsprechenden pattern angegeben wurden:

---

[10] alphabetisch sortiert.

Kommandoreferenz   **717**

. (Punkt) am Anfang eines Dateinamens
/.
/

Quoting

Mit dem Quoting-Mechanismus kann die Sonderbedeutung von Metazeichen ausgeschaltet werden.

Die **csh** kennt die folgenden Quoting-Arten:

**Voranstellen von **

Hier gelten die folgenden Regeln:

- Wird einem der Metazeichen ein \\ vorangestellt, so verliert dieses Metazeichen seine Sonderbedeutung. Wird ein \\ vor einem Neuezeile-Zeichen angegeben, so wird dieses Zeichenpaar von der **csh** entfernt.

- Ein \\ vor einem Nicht-Metazeichen hat keinerlei Auswirkung, sondern wird lediglich entfernt.

- In Kommentaren und innerhalb von '..' bzw. "..'' hat \\ keine Sonderbedeutung.

- Innerhalb der Kommandosubstitution (`kdos`) schaltet \\ nur die Sonderbedeutung der Metazeichen $, ` und \\ aus.

Klammerung mit '..'

Alle Metazeichen zwischen zwei einzelnen Apostrophen (außer ein weiterer Apostroph) verlieren ihre Sonderbedeutung.

Klammerung mit "..''

Innerhalb von "..'' behalten nur die Metazeichen '', ` (Kommandosubstitution) und $ (Parametersubstitution) ihre Sonderbedeutung.

Hinweis

Die Erkennung von built in-Kommandos durch die **csh** kann durch Quoting unterbunden werden; für andere Kommandos gilt dies nicht.

Die Erkennung von **alias**-Namen kann mit Quoting unterbunden werden.

csh-Ausdrücke

Ausdrücke werden zum einen bei den built in-Kommandos **if**, **while** und **exit** und zum anderen bei arithmetischen Berechnungen mit dem built in-Kommando @ benötigt.

Die **csh** verfügt über eine eigene Arithmetik und verwendet dabei am jeweiligen System die größtmögliche interne Darstellungsform für ganze Zahlen (z.B. 2, 4 oder 8 Bytes); sie prüft niemals auf einen eventuellen *Overflow*.

Wie in der Programmiersprache C wird der Wert eines arithmetischen Ausdrucks als TRUE gewertet, wenn er verschieden von 0, und als FALSE, wenn er 0 ist.

Operatoren

Für Ausdrücke können folgende Operatoren verwendet werden:

Operator	Bedeutung
-	Minuszeichen
~	Bitweise Negation (Einerkomplement)
*	Multiplikation
/	Division
%	Modulofunktion
+	Addition
-	Subtraktion
<<	Links-Shift
>>	Rechts-Shift
<	kleiner
>	größer
<=	kleiner gleich
>=	größer gleich
==	Vergleich von Strings auf Gleichheit
!=	Vergleich von Strings auf Ungleichheit
=~ [11]	Vergleich von Strings auf Gleichheit (als rechter Operand ist ein pattern erlaubt)
!~ [12]	Vergleich von Strings auf Ungleichheit (als rechter Operand ist ein pattern erlaubt)
&	bitweises AND
^	bitweises XOR
|	bitweises OR

Tabelle - Arithmetische Operatoren und String-Operatoren der csh

---

[11] nicht auf allen **csh**-Versionen verfügbar.
[12] nicht auf allen **csh**-Versionen verfügbar.

Die Operatoren ==, !=, =~ und !~ führen einen Stringvergleich durch. Die Operatoren =~ und !~ entsprechen weitgehend den Operatoren == und !=, nur daß sie als rechten Operanden auch ein pattern zulassen; dabei prüft die **csh** dann, ob dieses pattern den linken Operanden abdeckt (=~) oder nicht abdeckt (!~).

Zusätzlich können noch die folgenden Ausdrücke angegeben werden:

Ausdruck	liefert TRUE, wenn
-d *datei*	*datei* ein Directory (**d**irectory) ist.
-e *datei*	*datei* existiert (**e**xistence).
-f *datei*	*datei* eine normale Datei (**f**ile) ist.
-o *datei*	*datei* dem Benutzer gehört (**o**wnership).
-r *datei*	*datei* gelesen (**r**ead) werden darf.
-w *datei*	*datei* beschrieben (**w**rite) werden darf.
-x *datei*	*datei* ausführbar (**ex**ecute) ist.
-z *datei*	*datei* leer ist (**z**ero).

Für die angegebene *datei* wird dabei Kommandosubstitution und Dateinamen-Expandierung durchgeführt.

Alle Ausdrücke können mit den nachfolgenden Operatoren zu neuen Ausdrücken verknüpft werden:

Operator	Bedeutung
!	Logischer Negationsoperator
&&	AND-Operator
||	OR-Operator
( )	Klammern

Die folgende Aufstellung zeigt die **Prioritätsreihenfolge** (höchste zuerst). Alle in einer Zeile angegebenen Operatoren besitzen dabei die gleiche Priorität:

```
( )
 -       (Minuszeichen)
 !   ~
 *   /   %
 +   -
<<  >>
<=  >=  <  >
```

```
==   !=   =~   !~
&
^
|
&&
||
```

Alle Operatoren mit gleicher Priorität werden von links nach rechts abgearbeitet. Mit Klammerung ist es möglich, eine andere als die durch die Prioritäten vorgegebene Auswertung zu erzwingen.

Hinweis

Metazeichen wie *, (, |, usw. in Ausdrücken müssen nicht mit Quoting ausgeschaltet werden.

Die einzelnen Operanden und Operatoren eines Ausdrucks müssen durch Leerzeichen getrennt werden; dies gilt jedoch nicht für die Operatoren &, |, <, >, (,).

Bei der Auswertung eines Ausdrucks werden bei manchen **csh**-Versionen Zahlen, die mit einer **0** beginnen, als Oktalzahlen interpretiert. Die Ergebnisse selbst werden jedoch immer im Dezimalsystem geliefert.

Fehlt ein Operand oder ist als Operand ein leerer String angegeben, so setzt die **csh** hierfür den Wert **0** ein.

Wird der exit-Status eines Kommandos, das auszuführen ist, als Ausdruck benötigt, so ist das entsprechende Kommando bzw. die betreffende Kommandoliste mit **{..}** zu klammern. { *kdoliste* } liefert 1, wenn die Ausführung von *kdoliste* erfolgreich (exit-Status 0) war, ansonsten liefert diese Konstruktion 1.

Kommandoklammerung

Mit **(..)** geklammerte Kommandos werden in einer Subshell ausgeführt.

Kommandos zur Ablaufsteuerung

if-Anweisung

Die **if**-Anweisung kann auf drei verschiedene Arten benutzt werden:

if (*ausdruck*)   *kommando*

Wenn die Auswertung von *ausdruck* TRUE liefert, wird das angegebene *kommando*, welches sich in der gleichen Zeile befinden muß, ausgeführt, ansonsten wird es nicht ausgeführt.

kommando muß ein einfaches Kommando sein; es darf also keine Pipeline, Kommandoliste oder geklammerte Kommandoliste dafür angegeben werden.

```
if (ausdruck) then
   kdos
endif
```

Wenn die Auswertung von *ausdruck* TRUE liefert, werden die *kdos* ausgeführt, ansonsten werden sie nicht ausgeführt.

```
if (ausdruck) then
   then_kdos
else
   else_kdos
endif
```

Wenn die Auswertung von *ausdruck* TRUE liefert, werden die *then_kdos* ausgeführt, ansonsten werden die *else_kdos* ausgeführt.

Hinweis

Das Schlüsselwort **if** muß entweder als erstes Wort einer Zeile oder nach **else** angegeben sein. Das Schlüsselwort **then** muß in der gleichen Zeile wie **if** (*ausdruck*) stehen. Die Schlüsselwörter **else** und **endif** müssen als erstes Wort einer Zeile angegeben sein.

switch-Anweisung
```
switch (wort)
   case pattern₁:
          kdos₁
          breaksw
   case pattern₂:
          kdos₂
          breaksw
     :
     :
[  default:
          kdosₙ]
endsw
```

Die **csh** führt zuerst für das angegebene *wort* Parametersubstitution, Kommandosubstitution und Dateinamen-Expandierung durch. Den daraus resultierenden String vergleicht sie dann der Reihe nach mit den bei **case** angegebenen *pattern*. Findet sie ein übereinstimmendes *pattern*, so führt sie die nachfolgenden *kdos* aus, bis sie **breaksw** liest; **breaksw** veranlaßt das Verlassen der **switch**-Anweisung. Wird eine zu einer **case**-Marke angegebene Kommandofolge nicht mit einem **breaksw** beendet, so wird die Ausführung mit der Kommandofolge der nächsten **case**-Marke fortgesetzt.

Paßt keines der angegebenen *pattern*, so werden, wenn die **default**-Marke vorhanden ist, die danach angegebenen Kommandos ausgeführt, oder eben die **switch**-Anweisung ohne jegliche weitere Aktion verlassen.

In den *pattern* können die Metazeichen *, ? und [..] der Dateinamen-Expandierung verwendet werden.

Die Schlüsselwörter **switch**, **case**, **endsw** und **default** müssen als erstes Wort einer Zeile angegeben sein.

while-Schleife
```
while (ausdruck)
    kdos
end
```

Solange die Auswertung von *ausdruck* TRUE liefert, werden die *kdos* in der **while**-Schleife ausgeführt.

Die Schlüsselwörter **while** und **end** müssen als erstes Wort einer Zeile angegeben sein.

Wird die **while**-Schleife interaktiv eingegeben, so zeigt die **csh**, solange nicht das abschließende **end** eingegeben wurde, mit der Ausgabe des Prompts **?** an, daß die **while**-Schleife noch nicht abgeschlossen ist.

repeat-Schleife
```
repeat n kommando
```

Das angegebene *kommando*, welches sich in der gleichen Zeile wie **repeat** befinden muß, wird *n* mal ausgeführt. Eventuell angegebene Ein-/Ausgabeumlenkungen werden dabei nur einmal vorgenommen und zwar sogar dann, wenn für *n* der Wert **0** angegeben wurde.

Für *kommando* muß ein einfaches Kommando angegeben sein. Es darf also keine Pipeline, Kommandoliste oder geklammerte Kommandoliste dafür angegeben werden.

foreach-Schleife
```
foreach variable (wortliste)
    kdos
end
```

variable wird nacheinander mit den einzelnen Worten der angegebenen *wortliste* besetzt und jedesmal werden die *kdos* ausgeführt.

Die Schlüsselwörter **foreach** und **end** müssen als erstes Wort einer Zeile angegeben sein.

Wird die **foreach**-Schleife interaktiv eingegeben, so zeigt die **csh**, solange nicht das abschließende **end** eingegeben wurde, mit der Ausgabe des Prompts ? an, daß die **foreach**-Schleife noch nicht abgeschlossen ist.

goto-Anweisung

`goto wort`

bewirkt einen Sprung auf die mit *wort* ausgewählte Marke. Diese Marke muß mit

`marke:`

angegeben sein. Für *wort* wird Parametersubstitution, Kommandosubstitution und Dateinamen-Expandierung durchgeführt.

History-Mechanismus

Die **csh** merkt sich immer das zuletzt eingegebene Kommando. Soll nicht nur die letzte Kommandozeile, sondern auch noch die davor eingegebenen Kommandozeilen im Kommandopuffer aufgehoben werden, so muß die Shell-Variable **history** entsprechend gesetzt werden, z.B.   **set history = 20**

Um sich die Kommandos aus dem History-Puffer anzeigen zu lassen, steht das built in-Kommando **history** zur Verfügung.

History-Substitutionen

Soll auf eine zuvor eingegebene Kommandozeile wieder zugegriffen werden, so muß das Ausrufezeichen ! angegeben werden.

Dabei kann nun folgendes angegeben werden:

Angabe	Aus History-Puffer wird in die aktuelle Kommandozeile eingesetzt
!*n*	Kommandozeile mit der event number *n*.
!-*n*	*n*.te vorherige Kommandozeile.
!!	unmittelbar zuvor eingegebene Kommandozeile; !! entspricht also !-1.
!*string*	Letzte Kommandozeile, die mit *string* beginnt.
!?*string*?	Letzte Kommandozeile, die *string* enthält.
!# [13]	bisher eingegebene aktuelle Zeile. Mit dieser Aufrufform ist es möglich, auf zuvor (weiter links) eingegebene Wörter wieder zuzugreifen, ohne diese erneut eingeben zu müssen.

---

[13] wird nicht auf allen **csh**-Versionen angeboten.

! verliert seine Sonderbedeutung, wenn vor ihm ein \ steht oder ihm ein Leerzeichen, Tabulatorzeichen, Neuezeile-Zeichen, = oder **(** folgt.

Es ist auch möglich, daß man nicht die ganze Kommandozeile, sondern nur Teile davon einsetzen läßt:

!*angabe*[:*auswahl*][:*modifikator(en)*]

Für !*angabe* muß eine der 6 zuvor beschriebenen Formen verwendet werden.

Für *auswahl* kann folgendes angegeben werden:

auswahl	Wortauswahl in entsprechender Kommandozeile
n	*n*.tes Wort; **0** ist das erste Wort, **1** das zweite Wort, **2** das dritte Wort, usw.
^	erstes Argument (nicht Kommandoname).
$	letztes Argument.
%	das durch eine zuvor angegebene Konstruktion **?***string***?** ausgewählte Wort.
m-n	*m* bis *n*.tes Wort; Wortzählung beginnt wieder bei 0.
-n	entspricht **0-***n*.
m-	*m* bis vorletztes Wort.
*	entspricht **^-$**.
*n**	entspricht *n***-$**.

Der Doppelpunkt **:** vor *auswahl* kann weggelassen werden, wenn *auswahl* mit **^**, **$**, ***, -** oder **%** beginnt.

Die über die Angabe von *auswahl* ausgewählten Wörter könnten durch Angabe von *modifikatoren* noch modifiziert werden:

Modifikator	Auswirkung
h	(**h***ead*) liefert den Pfadnamen des Worts.
t	(**t***ail*) liefert den Basisnamen des Worts (Gegenstück zu **h**).
r	(**r***emove*) schneidet vom Wort eine vorhandene Endung . *xxx* ab.
e	(**e***xtension*) liefert vom Wort nur eine eventuell vorhandene Endung . *xxx*.

Modifikator	Auswirkung
s/*alt*/*neu*/	(**s**ubstitute) ersetzt den durch *alt* abgedeckten Text durch *neu*. Für *alt* dürfen die bei **ed** zugelassenen regulären Ausdrücke verwendet werden. Wird das Zeichen **&** in *neu* angegeben, so wird hierfür der durch *alt* abgedeckte Text eingesetzt. Wird für *neu* keinerlei Text angegeben, so wird dafür das *neu* aus einem vorherigen s/*alt*/*neu*/ oder aus einer vorherigen Angabe !?*string*? genommen. Statt / darf jedes beliebige Trennzeichen verwendet werden, solange es nicht in *alt* oder *neu* vorkommt. Wenn nach s/*alt*/*neu*/ sofort ein Neuezeile-Zeichen angegeben wird, so darf das letzte / auch weggelassen werden. Um die Bedeutung von Sonderzeichen wie **&** oder / in *alt* oder *neu* auszuschalten, muß diesen ein \ vorangestellt werden.
&	wiederholt die letzte mit s/*alt*/*neu*/ angegebene Substitution.
g	(**g**lobal) Modifikator wird nicht nur auf das erste Wort, sondern auf alle ausgewählten Wörter angewendet. **g** ist dabei vor dem Modifikator (**h**, **r**, **e**, **s**, **t**, **&**) anzugeben.
p	(**p**rint) die neu entstandene Kommandozeile wird nur angezeigt, aber nicht ausgeführt.
q	(**q**uote) für die Kommandozeile wird Quoting vorgenommen, so daß keine weiteren Substitutionen oder Dateinamen-Expandierungen stattfinden.
x	wie **q**, nur daß der entsprechende Wert in mehrere Worte aufgeteilt wird. Trennzeichen sind dabei Leer-, Tabulator- und Neuezeile-Zeichen.

Nur wenn **g** als erster Modifikator angegeben ist, werden die Modifikationen für alle Wörter durchgeführt, ansonsten werden sie nur für das erste Wort vorgenommen.

Die spezielle Angabe ^*alt*^*neu*^ ersetzt in der vorherigen Kommandozeile den durch *alt* abgedeckten Text durch den Text *neu*.

Alias-Mechanismus

siehe **alias**.

Signalbehandlung in der csh

In der **csh** können die folgenden Signale abgefangen werden:

intr	Interrupt-Signal, welches durch Drücken der *DEL*- oder *BREAK*-Taste (*Ctrl*-**c**) erzeugt wird.
hangup	wird beim Beenden einer Verbindung erzeugt.
terminate	ist das voreingestellte Signal für das built in-Kommando **kill**.

Die Signalnummern für diese Signale sind systemabhängig. Die Nummern und Namen zu allen verfügbaren Signalen können mit **kill -l** abgefragt werden.

Zum Abfangen der obigen Signale steht das built in-Kommando **onintr** zur Verfügung:

onintr	stellt die default-Signalbehandlung der **csh** wieder ein.
onintr -	bewirkt, daß die obigen Signale ignoriert werden.
onintr *marke*	bewirkt, daß beim Auftreten der oben angegebenen Signale in der aktuellen **csh** die Marke *marke* angesprungen wird.

Job-Kontrolle in der csh

Manche **csh**-Versionen verfügen über eine eigene Job-Kontrolle.

Die einzelnen Jobs können über die PID, die Jobnummer oder den Jobnamen angesprochen werden. Um einen Job über seine Jobnummer oder seinen Namen anzusprechen, gibt es folgende Notationen:

Angabe	ausgewählter Job
%*jobnr*	Job mit Jobnummer *jobnr*
%*string*	Job, dessen Name mit *string* beginnt; *string* kann dabei Metazeichen der Dateinamen-Expandierung enthalten.
%?*string*	Job, dessen Name *string* enthält; *string* kann dabei Metazeichen der Dateinamen-Expandierung enthalten.
%+ oder %%	aktueller Job
%-	vorheriger aktueller Job

Der Job, der gerade im Vordergrund abgearbeitet wird, kann mit der *Suspend*-Taste (meist *Ctrl*-**z**)[14] angehalten werden.

---

[14] Kann auch mit **stty** eingestellt werden, z.B. **stty susp '^z'**

Kommandoreferenz

Ein Hintergrund-Job wird immer dann automatisch angehalten, wenn er versucht, vom Terminal zu lesen. Mit

stty tostop

kann zusätzlich noch festgelegt werden, daß Hintergrund-Jobs auch dann anzuhalten sind, wenn sie versuchen, auf das Terminal zu schreiben.

Für die Job-Kontrolle stehen die built in-Kommandos **jobs**, **kill**, **bg**, **fg**, **wait**, **stop**, **suspend** und **notify** zur Verfügung.

Built in-Kommandos der C-Shell

Die **csh** verfügt über folgende built in-Kommandos:

Kommando	Wirkung
#	Kommentar-Kommando.
alias	Definieren bzw. Anzeigen von Aliasen.
bg	Ausführung von angehaltenen *job(s)* im Hintergrund fortsetzen.
break	Verlassen einer **while**- oder **foreach**-Schleife.
cd bzw. **chdir**	Wechseln in ein anderes working directory.
continue	Abbrechen eines **while**- oder **foreach**-Schleifendurchlaufs.
dirs	Ausgeben des Directory-Stacks.
echo	Ausgeben von Text.
eval	Ausführen der Argumente als Kommandos.
exec	Überlagern der **csh** mit einem Kommando.
exit	Beenden der momentan aktiven **csh**.
fg	Ausführung von angehaltenen Jobs oder Hintergrund-Jobs im Vordergrund fortsetzen.
glob	Ausgeben von Text.
hashstat	Ausgeben einer Statistik über den Erfolgsgrad der internen Hashing-Tabelle.
history	Ausgeben von Kommandos aus dem History-Puffer.
jobs	Ausgeben von Informationen zu angehaltenen Jobs und Hintergrund-Jobs.
kill	Signale an Jobs schicken bzw. verfügbare Signale auflisten.
limit	Festlegen bzw. Anzeigen von Limits für Systemressourcen.
login	Login-Shell beenden und Login-Prozedur für eine neue UNIX-Sitzung starten.

Kommando	Wirkung
logout	Login-Shell beenden.
newgrp	Wechseln der Gruppenzugehörigkeit.
nice	Kommandos mit niedrigerer Priorität ausführen lassen.
nohup	Ignorieren von *nohup*-Signalen.
notify	Sofortiges Informieren bei Beendigung von Hintergrund-Jobs.
onintr	Abfangen von Unterbrechungs-Signalen.
popd	Wechseln zu einem Directory des Directory-Stacks bzw. Entfernen eines Directorys aus dem Directory-Stack.
pushd	Hinzufügen eines Directorys zum Directory-Stack bzw. Vertauschen oder Rotieren der Directories im Directory-Stack.
rehash	Interne Hashing-Tabelle neu erstellen.
set	Setzen/Anzeigen von Variablen bzw. Zuweisen von Werten/Wortlisten an Variablen.
setenv	Definieren von Environment-Variablen.
shift	Verschieben der Werte von Positionsparametern oder eines Arrays.
source	Punkt-Kommando der **csh**: Lesen und Ausführen der Kommandos aus einer Datei in der aktuellen **csh**.
stop	Ausführung von Hintergrund-*job(s)* anhalten.
suspend	Aktuelle **csh** anhalten.
time	Ausgeben der von der aktuellen **csh** bzw. von einem Kommando gebrauchten CPU-Zeit.
umask	Setzen bzw. Anzeigen der Dateikreierungs-Maske.
unalias	Löschen von Aliasen.
unhash	Verwendung der internen Hashing-Tabelle ausschalten.
unlimit	Beseitigen von Limits für Systemressourcen.
unset	Löschen von Shell-Variablen.
unsetenv	Löschen von Environment-Variablen.
wait	Warten auf die Beendigung von Hintergrund-Jobs.
@	Auswerten von arithmetischen Ausdrücken.

Tabelle - Built in-Kommandos der csh

Abarbeitung von Kommandozeilen

Die Abarbeitung von Kommandozeilen wird in folgender Reihenfolge vorgenommen:

1. Entfernen von allen *Neuezeile-Zeichen*.
2. History-Substitution.
3. Speichern der Kommandozeile im History-Puffer.
4. Alias-Substitution.
5. Parameter-Substitution.
6. Kommando-Substitution.
7. Dateinamen-Expandierung (einschließlich Tilde-Expandierung).
8. Ein- und Ausgabeumlenkungen.
9. Kommandoausführung.

Bei der Kommandoausführung wird zunächst geprüft, ob es sich beim ersten Wort um ein built in-Kommando handelt. Wenn dies zutrifft, so wird der entsprechende Programmteil der **csh** ausgeführt.

Handelt es sich um kein built in-Kommando, so verwendet die **csh**, wenn die Optionen **-c** oder **-t** nicht gesetzt sind, ihre interne Hashing-Tabelle, um den absoluten Pfadnamen zu diesem Kommando zu bestimmen. Falls in der Shell-Variablen **path** Directory-Pfade angegeben sind, die nicht mit / beginnen, so umgeht die **csh** dafür den Hashing-Mechanismus und sucht in diesen Directories nach dem Kommandonamen.

Falls mit **unhash** dieser interne Hashing-Mechanismus ausgeschaltet ist oder die Optionen **-c** oder **-t** gesetzt sind, so durchsucht die **csh** die in **path** angegebenen Directories nach dem Kommandonamen.

dc
Tischrechner mit beliebiger Genauigkeit p

Syntax

dc [*datei*]

dc (**d**esk **c**alculator) ist ein Tischrechner, der arithmetische Berechnungen mit beliebiger Genauigkeit durchführt.

dc arbeitet als Stack-Maschine. Dies bedeutet, daß die zu berechnenden Ausdrücke in Postfix-Schreibweise (umgekehrte polnische Notation) einzugeben sind.

Ist eine *datei* angegeben, so liest **dc** zunächst diese *datei*, bevor er weitere Eingaben von der Standardeingabe liest. Ist keine *datei* angegeben, so liest **dc** von Beginn an von der Standardeingabe.

dc beendet sich, wenn es **EOF** (*Ctrl-D*) oder eines der Zeichen **q** oder **Q** von der Standardeingabe liest.

dc-Eingaben
arithmetische Berechnungen

Operation	Durchführung
zahl	Der Wert von *zahl* wird an oberster Stelle des Stacks gespeichert. Für *zahl* können beliebig lange ganze oder reelle Zahlen angegeben werden.
+ - / * % ^	Für die beiden obersten Stack-Werte wird bei + Addition - Substraktion / Division * Multiplikation % Modulo-Berechnung ^ Potenzierung durchgeführt. Nach dieser Berechnung werden diese beiden obersten Stack-Werte entfernt und dann das Ergebnis der Berechnung an oberster Stelle des Stacks gespeichert. Als Exponent (bei ^) darf nur eine ganze Zahl angegeben werden.
v	der oberste Stack-Wert wird durch seine Quadratwurzel ersetzt. Für die Quadratwurzel werden dabei so viele Nachkommastellen berechnet, wie in der ursprünglichen Zahl vorhanden sind. Das heißt z.B., daß für die Quadratwurzel einer ganzen Zahl keine Nachkommastellen berechnet werden.

Push-, Pop- und Duplizier-Operationen

Operation	Durchführung
s*r*	(*store*) Das oberste Stack-Element wird entfernt (pop-Operation) und im Register *r* gespeichert. Für *r* kann dabei ein beliebiges Zeichen[15] angegeben werden. Wird für **s** das große **S** angegeben, so wird *r* als ein Stack (nicht Register) interpretiert, und das oberste Element des Haupt-Stacks wird an oberster Stelle dieses Stacks *r* gespeichert.
l*r*	(*load*) Der Wert des Registers *r* wird an oberster Stelle des Stacks gespeichert (push-Operation). Der Inhalt des Registers *r* wird durch die Operation nicht verändert. Alle Register sind mit 0 initialisiert. Wird für **l** das große **L** angegeben, so wird für *r* ein Stack angenommen, dessen oberstes Element auf den Haupt-Stack verlagert wird.
d	(*duplicate*) Der oberste Wert des Stacks wird dupliziert.

Eingabebasis, Ausgabebasis und Skalierungsfaktor

dc arbeitet normalerweise im Zehnersystem (Basis=10), allerdings kann er auch in anderen Zahlensystemen arbeiten. Daneben existiert noch ein Skalierungsfaktor, mit dem festgelegt werden kann, wieviele Nachkommastellen **dc** bei seinen Berechnungen berücksichtigen soll.

Operation	Durchführung
i	(*input base*) Der oberste Wert des Stacks wird entfernt und als neue Eingabe-Basis für **dc** verwendet.
I	(*Input base*) Die momentane Eingabe-Basis wird an oberster Stelle des Stacks gespeichert.
o	(*output base*) Der oberste Wert des Stacks wird entfernt und als neue Ausgabe-Basis für **dc** verwendet.
O	(*Output base*) Die momentane Ausgabe-Basis wird an oberster Stelle des Stacks gespeichert.

---

[15] Jedes beliebige Zeichen ist erlaubt, sogar ein Leerzeichen oder Neuezeile-Zeichen.

Operation	Durchführung
k	Der oberste Wert des Stacks wird entfernt und als nicht-negativer Skalierungsfaktor verwendet. Die Voreinstellung für den Skalierungsfaktor ist 0.
K	Der momentane Skalierungsfaktor wird an oberster Stelle des Stacks gespeichert.
X	(e**X**change) Die an oberster Stelle des Stacks stehende Zahl wird durch ihren Skalierungsfaktor ersetzt.

dc-Programme

Es ist möglich, ganze **dc**-Programme in Form eines Strings anzugeben. Solche Strings können an oberster Stelle des Stacks oder in einem Register gespeichert und dann zur Ausführung gebracht werden.

Operation	Durchführung
[*string*]	Der in eckigen Klammern angegebene *string* wird an oberster Stelle des Stacks gespeichert.
x	(*execute*) Das oberste Stack-Element wird als ein String von **dc**-Kommandos interpretiert, die ausgeführt werden.
<*r* >*r* =*r*	Die zwei obersten Stack-Elemente werden verglichen. Trifft die angegebene Bedingung (<, > bzw. =) zu, so werden die in Register *r* als String gespeicherten **dc**-Kommandos ausgeführt. Soll die angegebene Bedingung negiert werden, so ist dem jeweiligen Vergleichsoperator ein ! voranzustellen: !<*r* !>*r* !=*r*.

Ausgaben

Operation	Durchführung
p	(**p**rint) Oberster Wert des Stacks wird ausgegeben.
P	(**P**rint) Oberster Wert des Stacks wird als String (**dc**-Programm) interpretiert, vom Stack entfernt und ausgegeben.
f	Alle Werte des Stacks werden ausgegeben.

Verlassen von dc

Operation	Durchführung
q	(**q**uit) Verlassen von **dc**. Wenn gerade ein String von **dc**-Kommandos ausgeführt wird, so werden zwei Rekursions-Ebenen bei dieser String-Ausführung verlassen.
Q	(**Q**uit) Verlassen von **dc**. Wenn gerade ein String von **dc**-Kommandos ausgeführt wird, so wird der momentan oberste Stack-Wert entfernt. Dieser Wert legt dabei die Anzahl von Rekursions-Ebenen fest, die bei dieser String-Ausführung zu verlassen sind.

Sonstiges

Operation	Durchführung
z	Stack-Größe wird an oberster Stelle des Stacks gespeichert.
Z	oberstes Stack-Element wird durch seine Länge ersetzt.
c	(*clear*) gesamter Stack wird geleert.
!	Rest der Zeile wird als UNIX-Kommando interpretiert und von der Shell zur Ausführung gebracht.
?	Eine Eingabezeile wird von der Dialogstation gelesen.
;:	werden von **bc** für Array-Operationen verwendet.

Hinweis

Während **dc** die zu berechnenden arithmetische Ausdrücke in der doch ungewohnten Postfix-Schreibweise (auch umgekehrte polnische Notation genannt) entgegennimmt, arbeitet der Rechner **bc** mit der allgemein üblichen Infix-Schreibweise. **bc** wandelt dabei die ihm übergebenen Ausdrücke in die **dc**-Notation um, um sie dann von **dc** berechnen zu lassen.

dirs
Ausgeben des Directory-Stacks *c*

Syntax
dirs [-l]

dirs gibt den momentanen Inhalt des Directory-Stacks (in einer Zeile) aus. Das oberste Stack-Element, welches immer das working directory ist, wird dabei als erstes (links) ausgegeben. Bei der Ausgabe wird dabei für das home directory die Kurzform ~ (Tilde) verwendet, wenn nicht die Option **-l** angegeben ist.

echo
Ausgeben von Text *b, k, ka, c*

Syntax
sh: **echo** [*argument(e)*]
ksh, csh: **echo** [**-n**] [*argument(e)*]

echo gibt die *argument(e)*, nachdem für sie Parametersubstitution, Kommandosubstitution und Dateinamen-Expandierung durchgeführt wurde, auf die Standardausgabe aus. Die Argumente werden dabei durch Leerzeichen getrennt, und die gesamte Ausgabe wird mit einem Neuezeile-Zeichen abgeschlossen.

ksh- und csh-Besonderheit
Ist Option **-n** angegeben, so wird die Ausgabe nicht mit Neuezeile-Zeichen abgeschlossen.

ksh-Besonderheit
Auf manchen **ksh**-Versionen ist **echo** kein built in-Kommando, sondern ein vordefiniertes Alias: **echo='print - '**

Spezielle Notationen (sh und ksh)
Das **echo**-Kommando der Bourne- und Korn-Shell läßt bestimmte C-ähnliche Notationen zu:

\b	Backspace.
\c	*argument(e)* bis zu diesem Zeichen ausgeben und Zeilenvorschub unterdrücken.
\f	Seitenvorschub (*form feed*).

\n	Neuezeile-Zeichen.
\r	*Carriage-Return.*
\t	Tabulatorzeichen.
\v	Vertikales Tabulatorzeichen.
\\	Backslash.
\0*n*	das der Oktalzahl *n* entsprechende ASCII-Zeichen ausgeben.

Spezielle Notationen (csh)

Das **echo**-Kommando der C-Shell läßt nur die beiden C-ähnlichen Notationen \c und \n zu.

env

Modifizieren der Shell-Umgebung (environment) *p*

Syntax

env [-] [*variable=wert*] .... [*kommando* [*argument(e)*]]

env ermöglicht es, die Umgebung einer Shell zu modifizieren, und dann die angegebene Kommandozeile (*kommando argument(e)*) mit dieser veränderten Umgebung auszuführen: Die Zuweisungen *variable=wert* modifizieren dabei zuerst die vererbte Umgebung, bevor das entsprechende Kommando ausgeführt wird.

Ist die Option - angegeben, so wird die geerbte Umgebung vollständig ignoriert, so daß das Kommando genau mit der auf der Kommandozeile festgelegten Umgebung ausgeführt wird.

Wird **env** ohne die Angabe von *kommando argument(e)* aufgerufen, so wird die Umgebung ausgegeben.

Typische Anwendung

env wird häufig ohne Argumente aufgerufen, um alle in einer Umgebung vorhandenen Shell-Variablen mit deren Werten auszugeben.

eval

Argumente als Kommandos ausführen *b, k, c*

Syntax

eval [*argument(e)*]

eval bewirkt, daß eine Kommandozeile zweimal von der Shell gelesen wird, bevor sie diese ausführt.

Die Shell liest die bei **eval** angegebenen *argument(e)* und führt diese dann als Kommandos aus. So werden die angegebenen *argument(e)* zweimal ausgewertet, d.h. es wird zweimal Parametersubstitution, Kommandosubstitution und Dateinamen-Expandierung durchgeführt.

Typische Anwendung

eval wird meist in Shell-Skripts verwendet, die dynamisch während ihrer Ausführung Kommandozeilen aufbauen.

Hinweise

Werden mehrere **eval**-Kommandos hintereinander angegeben, so wird die jeweilige Kommandozeile entsprechend oft gelesen und ausgewertet; so bewirkt z.B.

```
eval eval argument1 argument2 ....
```

das dreimalige Lesen und Auswerten der angegebenen Argumente.

Mit **eval** kann erreicht werden, daß Parametersubstitution auch für die linke Seite einer Zuweisung durchgeführt wird:

```
$ a=x; b=5 ↵
$ eval $a=$b ↵
$ echo $x ↵
5
$
```

Mit **eval** können in einer Shell Zeiger-Variablen nachgebildet werden:

```
$ zahl1=1000 ↵
$ zahl2=50 ↵
$ zgr_zahl=zahl1 ↵
$ eval echo \$$zgr_zahl ↵
1000
$ zgr_zahl=zahl2 ↵
$ eval echo '$'$zgr_zahl ↵
50
$
```

Beispiele

```
$ set a b c d↵
$ echo eval '$'$#↵           [Zugriff auf Wert des letzten Positionsparameter]
d
$ ls | wc -l↵
    135
$ eval ls | wc -l↵  [Ausgabe wie oben, da Kdozeile zwar zweimal gelesen wird,]
    135                      [aber immer die gleiche bleibt]
$ list=ls↵
$ zaehle='| wc -l'↵
$ $list $zaehle↵  [Fehler, da nach einmaligem Lesen nur Parametersubst.
stattfand]
|: No such file or directory    [und somit der Inhalt von zaehle als Argumente an]
wc: No such file or directory   [ls uebergeben wird]
-l: No such file or directory
$ eval $list $zaehle↵
    135
$
```

exec
Überlagern der Shell mit einem Kommando *b, k, c*

Syntax
sh, ksh: **exec** [*argument(e)*]
csh: **exec** *argument(e)*

exec bewirkt, daß das Code-, Daten- und Stacksegment der aktuellen Shell durch ein anderes Programm ersetzt wird.

Das über die angegebenen *argument(e)* festgelegte Kommando wird hierbei anstelle des Shellprogramms ausgeführt, ohne daß hierfür eine Subshell (Sohnprozeß) kreiert wird. Die Shell wird somit durch das über *argument(e)* spezifizierte Kommando überlagert, was dazu führt, daß mit Beendigung des Kommandos auch die aktuelle Shell beendet wird.

sh- und ksh-Besonderheiten
Sind beim **exec**-Aufruf keine *argument(e)* angegeben, sondern nur Umlenkungsanweisungen, so werden diese für die aktuelle Shell ausgewertet. Dies kann verwendet werden, um Dateien zum Lesen bzw. Schreiben zu eröffnen oder um Dateien zu schließen. Als Filedeskriptoren können dabei die Ziffern 0 bis 9 verwendet werden:

exec >*ausdatei*   Alle Ausgaben (auf die Standardausgabe) der momentan aktiven Shell werden von nun ab in die Datei *ausdatei* geschrieben.

exec 2>*melddatei*   Alle Meldungen (auf die Standardfehlerausgabe) der momentan aktiven Shell werden von nun ab in die Datei *melddatei* geschrieben.

exec <*eindatei*   Von nun ab ist keine interaktive Eingabe an die Shell mehr möglich, da sie alle Eingaben aus der Datei *eindatei* liest.

Auf die Dialogstation kann die entsprechende Ausgabe bzw. Eingabe wieder eingestellt werden, indem **exec** mit der entsprechenden Umlenkungsanweisung wieder aufgerufen wird, und als Datei */dev/tty* (Gerätedatei für die Dialogstation) angegeben wird.

Weitere Beispiele

exec 3<zaehle.txt

eröffnet die Datei *zaehle.txt* zum Lesen und legt 3 als Filedeskriptor für diese Datei fest:

```
$ exec 3<zaehle.txt↵
$ read zeile <&3↵
$ echo $zeile↵
/etc/magic          [erste Zeile aus zaehle.txt]
$ read –u3 zeile↵  [Angabe von –u3 ist nur in der ksh möglich]
$ echo $zeile↵
/etc/passwd         [zweite Zeile aus zaehle.txt]
$
```

Der Befehl

exec 3<&–

schließt die Datei mit Filedeskriptor 3.

exec 4<>einaus   (nur in **ksh** möglich)

eröffnet die Datei *einaus* zum Lesen und Schreiben; als Filedeskriptor für diese Datei wird 4 festgelegt.

exec 3<&5

eröffnet den Filedeskriptor 3 als eine Kopie von Filedeskriptor 5.

exec 3<>/dev/tty   (nur in **ksh** möglich)

eröffnet */dev/tty* (Dialogstation) mit dem Filedeskriptor 3 zum Lesen und Schreiben:

```
$ exec 3<>/dev/tty⏎
$ echo "Hallo" >&3⏎
Hallo
$ read -u3 zeil⏎
Das ist eine Zeile⏎
$ echo $zeil⏎
Das ist eine Zeile
$
```

Typische Anwendungen

exec kann verwendet werden, um die aktuelle Shell durch eine andere Shell (wie z.B. die C-Shell */bin/csh*) zu ersetzen:

exec /bin/csh

Das heißt, daß von nun ab in der C-Shell gearbeitet wird, die nicht als eigener Sohnprozeß gestartet wird, sondern die neue interaktive Shell ist. Wenn also die C-Shell (mit **exit**) beendet wird, so ist damit auch diese UNIX-Sitzung beendet, falls es sich dabei um die Login-Shell handelte. Würde diese Zeile in der Datei *.profile* eingetragen, so würde der Benutzer nach dem Anmelden immer in der C-Shell arbeiten, obwohl die Bourne-Shell als Login-Shell für ihn in */etc/passwd* eingetragen ist.

exit

Beenden einer Shell *b, k, c*

Syntax

sh, ksh: **exit** [*n*]
csh: **exit** [(*ausdruck*)]

exit bewirkt, daß die momentan aktive Shell beendet wird:

- Wird **exit** auf interaktiver Shell-Ebene gegeben, so wird diese interaktive Shell beendet

- Wird bei der Abarbeitung eines Shell-Skripts das Kommando **exit** ausgeführt, so wird dieses Shell-Skript beendet.

sh- und ksh-Besonderheit

Eine angegebene Zahl *n* legt dabei den exit-Status fest. Ist keine Zahl *n* angegeben wird, dann wird als exit-Status der exit-Status des zuletzt von der Shell ausgeführten Kommandos zurückgegeben.

csh-Besonderheit

Ist (*ausdruck*) nicht angegeben, so beendet sich die aktive **csh** mit dem momentanen Wert der Shell-Variablen **status** als exit-Status, ansonsten beendet sie sich mit dem Wert, den die Auswertung des Ausdrucks *ausdruck* liefert, als exit-Status.

Hinweis

Ein **EOF** hat eine ähnliche Wirkung wie **exit**:

- In einem Shell-Skript bewirkt das Erkennen des Dateiendes das Beenden der Shell-Skript-Ausführung.
- Auf interaktiver Ebene bewirkt die Eingabe des **EOF**-Zeichens (*Ctrl-D*) am Zeilenanfang, daß die momentane Shell beendet wird. Dies gilt in der **ksh** und **csh** jedoch nur, wenn **ignoreeof** nicht gesetzt ist.

export

Exportieren von Shell-Variablen *b, k*

Syntax

sh: **export** [*variable(n)*]
ksh: **export** [*variable*[=*wert*]] ....

export bewirkt, daß die angegebenen *variable(n)* an alle Subshells, Sub-Subshells, usw. der momentan aktiven Shell vererbt werden.

Wird in einer solchen Subshell eine **export**ierte Variable modifiziert, hat dies keinerlei Auswirkungen auf den Wert dieser Variablen in der Vater-Shell, da eine solche Änderung nur in der lokalen Umgebung der jeweiligen Subshell vorgenommen wird.

Wird **export** ohne Angabe von Argumenten aufgerufen, dann werden alle momentan **export**ierten Namen aufgelistet.

ksh-Besonderheiten

Mit **export** können den *variable(n)* zugleich auch Werte zugewiesen werden.

export ist weitgehend identisch zu **typeset -x**, nur daß **export** in einer Funktion keine lokalen, sondern globale Variablen definiert.

Hinweise

Die bei **export** angegebenen *variable(n)* können bereits definiert sein oder aber auch erst später definiert werden.

Während in der Bourne-Shell grundsätzlich keine Funktionsnamen exportiert werden können, ist dies in der **ksh** mit **typeset -fx** möglich.

Während der Aufruf von **export** ohne Angabe von Argumenten (in der Bourne-Shell) nur die in der momentan aktiven Shell **export**ierten Variablen anzeigt, können alle - auch die von Vater-Shells - exportierten Variablen mit dem Kommando **env** angezeigt werden.

Der Aufruf **set -a** bewirkt nahezu das gleiche wie das Kommando **export**, nur daß die Variablen, die ab diesem Zeitpunkt neu angelegt oder verändert werden, exportiert werden.

expr

Auswerten von arithmetischen und sonstigen Ausdrücken *p*

Syntax

expr *argument(e)*

expr ermöglicht es, einfache arithmetische Berechnungen durchzuführen. Die *argument(e)* stellen dabei den auszuwertenden Ausdruck dar. **expr** wertet diesen Ausdruck aus und schreibt das Ergebnis auf die Standardausgabe.

Als *argument* kann angegeben werden:

- eine Zeichenkette
- eine ganze Zahl
- ein Operator (siehe unten)
- eine Konstruktion, welche ganze Zahl oder Zeichenkette liefert, wie z.B. $*variable* Kommandosubstitution

Für die einzelnen *argument(e)* ist folgendes zu beachten:

- Sie sind durch Leer- und/oder Tabulatorzeichen zu trennen.
- Metazeichen sind mit Quoting auszuschalten.
- Ganzzahligen Argumenten kann ein Minuszeichen vorangestellt werden, um deren Wert zu negieren.
- Für ganze Zahlen wird intern Zweier-Komplement (32 Bit) verwendet.
- Liefert die Berechnung des angegebenen Ausdrucks Null, so liefert **expr** den arithmetischen Wert 0 und nicht die leere Zeichenkette.

■ Wird **expr** mit nur einem Argument (kein Operator) aufgerufen, so wird dieses Argument ausgewertet und das Ergebnis dieser Auswertung ausgegeben.

Operatoren

Wenn bei den nachfolgenden Vergleichsoperatoren die angegebene Bedingung erfüllt ist, so wird als Vergleichsergebnis (entsprechend C-Konvention) der Wert 1 und ansonsten der Wert 0 geliefert.

Die nachfolgende Tabelle zeigt alle Operatoren, die **expr** kennt:

Operator	Bedeutung
op1 : op2	Operator : überprüft, ob der für Operanden op2 angegebene reguläre Ausdruck den Operanden op1 abdeckt. Wenn ja, so liefert Operator : die Anzahl der abgedeckten Zeichen und sonst 0. Soll nicht die Anzahl der durch op2 abgedeckten Zeichen in op1, sondern der abgedeckte Teil selbst ausgegeben werden, so ist der entsprechende reguläre Ausdruck in op2 mit \(..\) zu klammern. Als reguläre Ausdrücke sind dabei fast alle regulären Ausdrücke von **ed** zugelassen; nur ^ hat hier nicht seine **ed**-Sonderbedeutung für Zeilenbeginn, da der für op2 angegebene reguläre Ausdruck immer vom op1-Anfang an verglichen wird.
op1 * op2	Multiplikationsoperator.
op1 / op2	ganzzahliger Divisionsoperator.
op1 % op2	Modulooperator.
op1 + op2	Additionsoperator.
op1 - op2	Subtraktionsoperator.
op1 = op2	prüft, ob op1 gleich op2 ist.
op1 \> op2	prüft, ob op1 größer als op2 ist.
op1 \>= op2	prüft, ob op1 größer als oder gleich op2 ist.
op1 \< op2	prüft, ob op1 kleiner als op2 ist.
op1 \<= op2	prüft, ob op1 kleiner als oder gleich op2 ist.
op1 != op2	prüft, ob op1 ungleich op2 ist.

Operator	Bedeutung
op1 \& *op2*	liefert als Ergebnis *op1*, wenn keiner der beiden Operanden *op1* oder *op2* der Wert 0 oder die leere Zeichenkette ist, ansonsten wird als Ergebnis 0 geliefert.
op1 | *op2*	liefert als Ergebnis *op1*, wenn der Operand *op1* nicht der Wert 0 oder die leere Zeichenkette ist, ansonsten wird als Ergebnis *op2* geliefert.

Tabelle - Operatoren des Kommandos expr

Prioritätsreihenfolge der Operatoren (höchste Priorität zuerst)

```
:
\*      /       %
+       -
=       \>      \>=     \<      \<=     !=
\&
\|
```

Beispiele

```
$ expr "Hallo"⏎
Hallo
$ expr 4+5⏎        [kein Trennzeichen zw. 4, + und 5; als ein String interpretiert]
4+5               [wird als ein String ausgegeben]
$ expr 4 + 5 \* 3⏎
19
$ expr 'expr 4 + 5' \* 3⏎
27
$
```

zaehl=`expr $zaehl + 1`
addiert 1 auf die Shell-Variable *zaehl*.

zeich_zahl=`expr "$NAME" : '.*'`
weist *zeich_zahl* die Anzahl der in *NAME* enthaltenen Zeichen zu.

expr `pwd` = $HOME/shellueb
gibt 1 aus, wenn */user1/egon/shellueb* das working directory ist, ansonsten 0.

Hinweise

Neben der Ausgabe des Ergebnisses liefert **expr** auch einen exit-Status:

0 Auswertung liefert weder 0 noch leere Zeichenkette.

1 Auswertung liefert entweder 0 oder leere Zeichenkette.

2 ein unerlaubter Ausdruck wurde angegeben.

Da **expr** Operatoren und Operanden nur durch ihre Darstellung unterscheidet, ist die Angabe von Operatoren-Zeichen, die von **expr** als Operanden zu behandeln sind, nicht so einfach möglich:

```
$ var=+↵
$ expr $var = '+'↵          [entspricht: expr + = +; dies ist ein Fehler]
expr: syntax error
$
```

expr werden hier drei Operatoren ohne Operanden übergeben. Mit Hilfe eines kleinen Tricks kann jedoch dieses Problem umgangen werden: Den als Operanden zu behandelnden Operatoren-Zeichen wird ein anderes Zeichen vorangestellt, so daß **expr** hierfür keinen Operator sieht, und somit die gewünschte Auswertung vornimmt:

```
$ expr a$var = a'+'↵ [daraus wird: expr a+ = a+]
1
$
```

false

Liefern eines exit-Status verschieden von 0 ohne jegliche Aktion *p, ka*

Syntax

false

false führt nichts aus, sondern liefert lediglich einen exit-Status verschieden von 0 (nicht erfolgreich).

Typische Anwendung

false wird oft verwendet, um eine Endlosschleife zu realisieren:

```
until false
do
  :
done
```

Solche Endlosschleifen werden beim Eintreten einer bestimmten Bedingung mit **break** beendet.

Auch wird **false** während der Testphase von Shell-Skripts anstelle von den wirklichen Bedingungen in **if**-Anweisungen verwendet, um **else**-Programmteile auszutesten.

ksh-Besonderheit
false ist in der Korn-Shell ein vordefiniertes Alias: **false='let 0'**

Hinweis
Das Kommando **true**, welches ebenfalls nichts ausführt, aber immer den exit-Status 0 (erfolgreich) liefert, ist das Gegenstück zum Kommando **false**.

fc
Erneutes Ausführen bzw. Editieren zuvor eingegebener Kommandozeilen *k*

Syntax
fc -e - [*alt=neu*] [*kommando*] (1)
fc [**-e** *editor*] [**-nlr**] [*von* [*bis*]] (2)

Die **ksh** merkt sich die eingegebenen Kommandos in einer History-Datei. Das built in-Kommando **fc** (*fix command*) und die beiden built in-Editoren **vi** und **emacs** (siehe auch **ksh**) ermöglichen es, Kommandos aus der History-Datei zu holen und zu editieren.

fc bietet zwei verschiedene Aufrufformen an, da es für zwei unterschiedliche Anwendungsfälle benutzt werden kann:

Erneute Ausführung einer früheren Kommandozeile
Die Aufrufform

fc -e - [*alt=neu*] [*kommando*]

wird verwendet, wenn eine zuvor eingegebene Kommandozeile unverändert oder leicht abgeändert erneut auszuführen ist. Die **ksh** gibt dabei die entsprechende Kommandozeile vor der Ausführung nochmals aus.

Ist *alt=neu* angegeben, so wird in der entsprechenden Kommandozeile vor der Ausführung der String *alt* durch *neu* ersetzt.

kommando legt die auszuführende Kommandozeile fest. Für *kommando* kann dabei folgendes angegeben werden:

Angabe	Wirkung
positive Zahl	legt Nummer der Zeile aus der History-Datei fest.
negative Zahl	wird von momentaner Kommandonummer subtrahiert.
string	wählt aus den vorherigen Kommandozeilen die letzte aus, welche mit *string* beginnt.
keine Angabe	vorherige Kommandozeile

Anstelle des obigen Aufrufs kann auch das vordefinierte Alias **r**[16] benutzt werden; auch dabei dürfen die Argumente *alt=neu* und *kommando* angegeben werden.

Der exit-Status dieser Aufrufform ist der exit-Status des Kommandos, welches durch **fc** zur Ausführung gebracht wurde.

Editieren bzw. Auflisten der Kommandozeilen aus der History-Datei
Die Aufrufform

fc [**–e** *editor*] [**–nlr**] [*von* [*bis*]]

wird verwendet, wenn

- der Inhalt der History-Datei aufzulisten ist:
  fc -l oder alternativ
  history (vordefiniertes Alias: **history='fc -l'**)

- zuvor eingegebene Kommandozeilen vor ihrer Ausführung editiert werden sollen.

Im zweiten Fall darf die Option **-l** nicht angegeben werden. Die mit diesem Aufruf ausgewählten Kommandozeilen aus der History-Datei werden in eine temporäre Datei geschrieben, für welche dann ein Editor aufgerufen wird. Als Editor wird dabei der nach **-e** angegebene *editor* verwendet. Fehlt diese Angabe, so wird der Editor verwendet, der in der Variablen **FCEDIT** angegeben ist. Wurde diese Variable nicht explizit vom Benutzer gesetzt, so gilt ihre Voreinstellung:

FCEDIT=/bin/ed.

Nachdem die Editorsitzung beendet ist, liest die **ksh** die so editierten Kommandozeilen aus der temporären Datei, listet sie auf und führt sie dann nacheinander aus.

von und *bis* legen bei diesem Aufruf den Bereich der zu editierenden Kommandozeilen aus der History-Datei fest. Für *von* und *bis* kann dabei folgendes angegeben werden:

---

[16] **r** ist vordefiniert als: **r='fc -e -'**.

Kommandoreferenz

Angabe	Wirkung
positive Zahl	legt die Nummer der Zeile aus der History-Datei fest.
negative Zahl	wird von momentaner Kommandonummer subtrahiert.
string	wählt aus den vorherigen Kommandozeilen die letzte aus, welche mit *string* beginnt.
bis nicht angegeben	für *bis* wird der Wert von *von* genommen.
von und *bis* nicht angegeb.	es werden die folgenden default-Werte verwendet: *von* **-16**, wenn Option **-l** angegeben ist, ansonsten **-1** *bis* **-1**

Optionen

Die einzelnen Optionen haben folgende Auswirkungen:

- **-l** (**l**ist) Anzeigen von Kommandos aus der History-Datei.
- **-n** (**n**o *number*) Bei Ausgabe der Kommandozeilen aus der History-Datei die Kommandonummer nicht anzeigen.
- **-r** (**r**everse) Reihenfolge der Kommandos aus der History-Datei umdrehen.

Der exit-Status dieser Aufrufform ist 1 (nicht erfolgreich), wenn ungültige Argumente beim Aufruf angegeben wurden, ansonsten wird unterschieden: Ist die Option **-l** angegeben, so ist der exit-Status 0 (erfolgreich), andernfalls ist der exit-Status der exit-Wert des letzten von **fc** zur Ausführung gebrachten Kommandos.

Hinweise

Die **ksh** öffnet die History-Datei, wenn sie eine Funktionsdefinition liest oder nachdem die Environment-Datei gelesen wurde, je nachdem, was zuerst eintrifft.

Der Name für die History-Datei wird über die Shell-Variable **HISTFILE**[17] festgelegt.

Über die Shell-Variable **HISTSIZE**[18] kann festgelegt werden, wieviele Kommandozeilen maximal in der History-Datei aufzuheben sind.

---

[17] Voreinstellung: **HISTFILE=$HOME/.sh_history**.
[18] Voreinstellung: **HISTSIZE=128**.

Falls die Option **nolog** nicht gesetzt ist, werden auch Funktionsdefinitionen in der History-Datei mit aufgenommen.

fg
Ausführung angehaltener Jobs oder Hintergrundjobs im Vordergrund fortsetzen *k, c*

Syntax
fg [*job(s)*]

fg bewirkt, daß die Ausführung der angehaltenen *job(s)* bzw. der Hintergrund-*job(s)* der Reihe nach im Vordergrund fortgesetzt wird. Werden keine *job(s)* beim Aufruf angegeben, so wird die Ausführung des aktuellen Jobs (zuletzt angehaltener Job oder zuletzt im Hintergrund gestarteter Job) im Vordergrund fortgesetzt. Der aktuelle Job kann auch mit dem Kommando **jobs** ermittelt werden.

Die einzelnen Jobs können über die PID, die Jobnummer oder den Jobnamen angesprochen werden. Um einen Job über seine Jobnummer oder seinen Namen anzusprechen, gibt es folgende Notationen:

%*jobnr*	Job mit Jobnummer *jobnr*
%*string*	Job, dessen Name mit *string* beginnt
%?*string*	Job, dessen Name *string* enthält
%+ oder %%	aktueller Job
%-	vorheriger aktueller Job

ksh-Besonderheit
Der exit-Status von **fg** ist 0, wenn die Option **monitor** gesetzt ist, ansonsten ist er 1.

Hinweise
fg ist nur auf solchen Systemen ein built in-Kommando, die über Job-Kontrolle verfügen.

Mit dem built in-Kommando **jobs** können alle zur Zeit vorhandenen Jobs (Hintergrund-Jobs und angehaltene Jobs) und deren momentaner Status angezeigt werden.

functions

Auflisten aller momentan definierten Funktionen *ka*

Vordefiniertes Alias: **functions='typeset -f '**

getopts

Auswerten der Kommandozeilen-Optionen eines Shell-Skripts *b, k*

Syntax

getopts *optstring name* [*argument(e)*]

Das Kommando **getopts** wird in Shell-Skripts verwendet, um Kommandozeilen zu lesen und die dort angegebenen Optionen auszuwerten.

Jeder Aufruf von **getopts** in einem Shell-Skript liefert die nächste Option aus der Kommandozeile und weist diese der Shell-Variablen *name* zu; zudem wird der Index (Positionsparameter-Nummer) des nächsten zu bearbeitenden Arguments in der Shell-Variablen **OPTIND** abgelegt. **OPTIND** ist beim Aufruf des entsprechenden Shell-Skripts zunächst immer auf 1 gesetzt.

Mit *optstring* werden die für das entsprechende Skript zugelassenen Optionen festgelegt. Ist nach einer Option ein Argument oder eine Argumentengruppe verlangt, so muß nach dieser Option ein Doppelpunkt in *optstring* angegeben werden: so würde z.B. die Angabe **ab:le:** für *optstring* bedeuten, daß **-a**, **-b**, **-l** und **-e** gültige Optionen sind, wobei hinter den beiden Optionen **-b** und **-e** ein weiteres Argument anzugeben ist.

Wird beim Abarbeiten der Kommandozeile eine Option gefunden, welche ein zusätzliches Argument erfordert, dann wird das entsprechende Argument der Shell-Variablen **OPTARG** zugewiesen.

Wird eine ungültige Option in der Kommandozeile gefunden, dann wird der Shell-Variablen *name* das Zeichen **?** zugewiesen.

Wenn **getopts** keine weiteren Optionen in einer Kommandozeile findet oder das spezielle Argument **--** [19] liest, dann liefert dieses Kommando einen von 0 verschiedenen exit-Status. Diese Konvention bringt es mit sich, daß **getopts** sehr oft als **while**-Bedingung eingesetzt wird.

---

[19] **--** kann in der Kommandozeile angegeben werden, um das Ende der angegebenen Optionen anzuzeigen.

Normalerweise liest **getopts** den Inhalt der Positionsparameter **$1**, **$2**, ... eines Shell-Skripts. Werden jedoch beim Aufruf von **getopts** zusätzliche *argument(e)* angegeben, so liest **getopts** diese anstelle von den Positionsparametern.

ksh-Besonderheiten

Neu in der **ksh** ist: Falls eine Option mit + beginnt, so wird auch dieses + nach *name* übernommen, was für Optionen, die mit - (Minus) beginnen, nicht gilt. Ebenso neu ist: Beginnt *optstring* mit einem : (Doppelpunkt), dann wird

- beim Auftreten einer nicht in *optstring* angegebenen Option diese unerlaubte Option in **OPTARG** gespeichert und *name* auf **?** gesetzt.
- falls zu einer Option das geforderte Argument fehlt, *name* auf : gesetzt.

Beispiel in der ksh:
```
while getopts :xyz: option
do    case $option in
        x)   xopt=1;;
       +x)   xopt=0;;
        y)   yopt=1;;
       +y)   yopt=0;;
        z)   zopt=$OPTARG;;
        :)   print -u2 "$0: $OPTARG erfordert einen Wert"
             exit 2;;
       \?)   print -u2 "$0: unbekannte Option: $OPTARG"
             print -u2 "$0: [-x -y -z arg] datei(en)"
             exit 3;;
      esac
done
shift OPTIND -1
```

Hinweis

Dieses Kommando ist neu ab System V.3

Mit System V.3 wurden gewisse Syntaxregeln aufgestellt, die alle neu hinzukommenden Kommandos einhalten müssen (Regeln 3-10 beziehen sich dabei auf die Optionen):

1. Kommandonamen müssen zwischen 2 und 9 Zeichen lang sein.

2. Kommandonamen dürfen nur Kleinbuchstaben[20] und Ziffern enthalten.

3. Optionen müssen immer genau ein Zeichen lang sein.

---

[20] keine Umlaute oder ß

4. Allen Optionen muß ein - (Minuszeichen) vorangestellt werden.

5. Optionen ohne Argumente können hinter einem - (Minuszeichen) gruppiert angegeben werden.

6. Das erste Argument zu einer Option muß mit Leer- und/oder Tabulatorzeichen von der Option getrennt angegeben werden (z.B. ist **-o** *datei* erlaubt, aber nicht -**o***datei*).

7. Argumente zu Optionen dürfen nicht optional sein.

8. Argumente in einer Argumentgruppe zu einer Option müssen
   - entweder durch Kommas (z.B. **-o** *xxx,z,yy*)
   - der mit Leer- und/oder Tabulatorzeichen voneinander getrennt sein; in diesem Fall ist Quoting zu verwenden (z.B. **-o** *"xxx z yy"*)

9. Alle Optionen müssen vor eventuell anderen auf der Kommandozeile vorhandenen Argumenten angegeben sein.

10. -- (doppeltes Minuszeichen) kann verwendet werden, um das Ende der Optionen-Angabe explizit anzuzeigen.

11. Der relativen Reihenfolge der Angabe von Optionen zueinander sollte keinerlei Bedeutung zugemessen werden.

12. Der relativen Reihenfolge der Angabe von anderen Argumenten kann sehr wohl vom jeweiligen Kommando eine Bedeutung zugemessen werden.

13. - (Minuszeichen) alleine mit führenden bzw. nachfolgenden Leer- und/oder Tabulatorzeichen sollte nur verwendet werden, um damit die Standardeingabe zu spezifizieren.

Tabelle - Syntaxregeln für Kommandos ab System V.3

Das explizite Verändern der Shell-Variablen **OPTIND** kann zu unvorhersehbaren Ergebnissen führen.

Das Kommando **getopts** ist ein neues Kommando seit System V.3. Frühere UNIX-Versionen bieten das vergleichbare Kommando **getopt** an, welches zwar auch noch in System V.3 angeboten wird, aber sehr wahrscheinlich in zukünftigen UNIX-Freigaben entfernt wird.

Der von der Shell-Variablen **OPTIND** bereitgestellte Index bezieht sich auf die Positionsparameter und nicht auf die Anzahl von bisher gelesenen Optionen:

(1) `mll -a -l -x datei`
(2) `mll -al -x datei`

Nachdem bei (1) die Option **-a** verarbeitet wurde, wird **OPTIND** auf 2 gesetzt, da sich die nächste Option **-l** in **$2** befindet.

Nachdem jedoch bei (2) **-a** verarbeitet wurde, wird **OPTIND** auf 1 gesetzt, da sich die nächste Option **-l** immer noch in **$1** befindet.

Beispiel

Ein Shell-Skript sei für die Optionen **-a -b -l** ausgelegt, wobei hinter der Option **-b** ein weiteres Argument bzw. eine Argumentengruppe anzugeben ist. Der folgende Ausschnitt aus diesem Shell-Skript zeigt, wie diese Optionen abgearbeitet werden:

```
........
FEHLMELD="$0: -$option ist nicht erlaubt und wird ignoriert"
OPTIONA=0
OPTIONB=0
OPTIONL=0
while getopts ab:l option
do
   case $option in
     a) OPTIONA=1;;
     b) OPTIONB=1; ARGB=$OPTARG;;
     l) OPTIONL=1;;
    \?) echo $FEHLMELD
        exit 2;;
   esac
done
shift 'expr $OPTIND - 1'
........
```

Das obige Skript akzeptiert z.B. folgende Kommandozeilen:

```
skriptname   -a -l -b "xxx y zz" ...
skriptname   -a -l -b "xxx y zz" — ...
skriptname   -al -b xxx,y,zz ...
skriptname   -al -b "xxx y zz" ...
skriptname   -b xxx,y,zz -l -a ...
```

Natürlich sind auch Aufrufe erlaubt, bei denen keine oder nicht alle Optionen angegeben sind.

glob
Ausgeben von Text c

Syntax
glob [*argument(e)*]

glob entspricht weitgehend dem Kommando **echo**, indem es die *argument(e)*, nachdem für diese Parametersubstitution, Kommandosubstitution und Dateinamen-Expandierung durchgeführt wurde, auf die Standardausgabe ausgibt. Im Unterschied zu **echo** verlieren jedoch die Escape-Sequenzen ihre Sonderbedeutung und die einzelnen *argument(e)* werden bei der Ausgabe nicht durch Leerzeichen getrennt, sondern wie in C mit **\0** abgeschlossen; auch wird die Ausgabe nicht mit einem Neuezeile-Zeichen abgeschlossen.

Beispiele
```
% pwd ⏎
/user1/egon/cshueb
% echo a* ⏎
achtdame add add.c ausgab
% glob a* ⏎
achtdameaddadd.causgab% ⏎
% glob a* | od -cb ⏎
0000000    a   c   h   t   d   a   m   e  \0   a   d   d  \0   a   d   d
         141 143 150 164 144 141 155 145 000 141 144 144 000 141 144 144
0000020    .   c  \0   a   u   s   g   a   b  \0
         056 143 000 141 165 163 147 141 142 000
0000031
%
```

Typische Anwendung
glob wird oft in C-Programmen benutzt, um eine Dateinamen-Expandierung durch die **csh** vornehmen zu lassen.

hash

Abfragen bzw. Ändern der Shell-internen hashing-Tabelle *b, ka*

Syntax

hash [-r] [*name(n)*]

Wird ein Kommando, das kein built in-Kommando und keine definierte Funktion der Shell ist, nur unter Angabe des eigentlichen Kommandonamens (ohne Pfadspezifikationen, d.h. ohne Verwendung von /) aufgerufen, so werden die in **PATH** angegebenen Directories nach diesem Kommando durchsucht. Um diesen zeitaufwendigen Suchvorgang bei einem erneuten Aufruf zu vermeiden, unterhält die Bourne-Shell eine sogenannte hashing-Tabelle, in welcher für jedes aufgerufene Kommando dessen Pfadname festgehalten wird. Der Inhalt dieser internen hashing-Tabelle kann mit dem Kommando **hash** abgefragt oder auch verändert werden.

Wird **hash** ohne Argumente aufgerufen, so werden alle momentan in der hashing-Tabelle vorhandenen Kommandos mit ihrem zugehörigen Pfadnamen ausgegeben.

Falls *name(n)* (Kommandonamen) beim Aufruf von **hash** angegeben werden, dann werden diese, ohne daß sie ausgeführt werden, in die Tabelle eingetragen.

ksh-Besonderheit

hash ist in der Korn-Shell ein vordefiniertes Alias: **hash='alias -t '**

Option

-r   (**r**emove) Shell-interne Tabelle wird vollständig geleert.

Hinweise

Das **hash**-Kommando der Bourne-Shell gibt drei Spalten aus:

- hits gibt an, wie oft ein Kommando aufgerufen wurde.
- cost zeigt den Aufwand für das Auffinden eines Kommandos an.
- *command* gibt den Pfadnamen des Kommandos an.

Ein Verändern der **PATH**-Variablen bewirkt immer, daß die hashing-Tabelle geleert wird.

hashstat
Statistik über Erfolgsgrad der internen hashing-Tabelle *c*

Syntax
hashstat

Um ein ständiges zeitaufwendiges Suchen in den **path**-Directories beim Aufruf eines nicht built in-Kommandos zu vermeiden, unterhält die **csh** ähnlich zur Bourne-Shell eine interne Hashing-Tabelle, in der sie die Pfadnamen aller Kommandos der **path**-Directories speichert. Im Unterschied zur Bourne-Shell wird diese Hashing-Tabelle jedoch nicht bei jedem Aufruf eines Kommandos ständig erweitert, sondern bereits am Beginn der UNIX-Sitzung vollständig erstellt.

hashstat gibt eine Statistik aus, die über den Erfolgsgrad der internen Hashing-Tabelle informiert. Diese Statistik zeigt an, wieviele aufgerufene Kommandos auch wirklich gefunden wurden und wieviele nicht; dazu wird noch eine Prozentzahl angegeben.

Hinweis
hashstat ist nicht auf allen **csh**-Versionen verfügbar.

history
Zeilen aus der History-Datei bzw. aus dem History-Puffer auflisten *ka, c*

ksh: Vordefiniertes Alias: **history='fc -l '**

csh: **history**
history *n*
history -r [*n*]

Die **csh** merkt sich immer das zuletzt eingegebene Kommando. Sollen mehr Kommandozeilen im History-Puffer aufgehoben werden, so muß die Shell-Variable **history** entsprechend gesetzt werden, z.B.

```
set history = 20
```

Um sich die Kommandos aus dem History-Puffer anzeigen zu lassen, steht das built in-Kommando **history** zur Verfügung:

history   listet alle im History-Puffer aufgehobenen Kommandos auf.
history *n*   listet von den Kommandozeilen aus dem History-Puffer nur die letzten *n* auf.

history -r [*n*]　listet alle bzw. die letzten *n* Kommandozeilen aus dem History-Puffer in umgekehrter Reihenfolge auf.

In der **csh** werden die einzelnen Kommandozeilen als *events* bezeichnet und fortlaufend numeriert. Bei der Ausgabe mit **history** werden die Nummern der einzelnen Kommandozeilen (*event numbers*) mit ausgegeben.

Hinweise

Die Aufrufformen

```
history n
history -r [n]
```

sind auf manchen **csh**-Versionen nicht verfügbar.

Um sich immer die aktuelle event number der momentanen Kommandozeile anzeigen zu lassen, muß das Zeichen ! im Wert der Shell-Variablen **prompt** angegeben werden.

integer

Deklarieren von Integer-Variablen *k*a

Vordefiniertes Alias: **integer='typeset -i '**

jobs

Ausgeben von Informationen zu momentan vorhandenen Jobs *k, c*

Syntax

ksh:　　**jobs** [-lp] [*job(s)*]
csh:　　**jobs** [-l]

Mit **jobs** können Informationen zu den angegebenen *job(s)* oder allen momentan vorhandenen Jobs (wenn *job(s)* nicht angegeben ist) abgefragt werden. Die **ksh** und die **csh** geben dabei zu jedem einzelnen Job eine Zeile aus, in der folgende Information enthalten ist:

Kommandoreferenz

[*Jobnummer*]		mit einem + vor bzw. nach dem aktuellen Job und einem - (Minuszeichen) vor bzw. nach dem vorherigen aktuellen Job.
Status	*Running*	befindet sich in der Ausführung
	Stopped	ist momentan angehalten
	Done	wurde normal beendet
	Terminated	wurde abgebrochen
(*Nummer*) nach *Done*		*Nummer* gibt dabei den exit-Status des beendeten Jobs an; wird jedoch nur angezeigt, wenn der exit-Status verschieden von 0 ist.

Die einzelnen Jobs können über die PID, die Jobnummer oder den Jobnamen angesprochen werden. Um einen Job über seine Jobnummer oder seinen Namen anzusprechen, gibt es folgende Notationen:

%*jobnr*	Job mit Jobnummer *jobnr*
%*string*	Job, dessen Name mit *string* beginnt
%?*string*	Job, dessen Name *string* enthält
%+ oder %%	aktueller Job
%-	vorheriger aktueller Job

Optionen

-l	nach Jobnummer wird noch PID des Jobs ausgegeben.
-p	(nur in **ksh**) nur die PIDs der Jobs werden ausgegeben.

kill

Signale an andere Jobs schicken *k, c, p*
Auflisten der am System vorhandenen Signale *k, c*

Syntax

kill [-*signal*] *job(s)* (1)
kill -l (2)

Mit **kill** wird den angegebenen *job(s)* das Signal *signal* geschickt. Es kann von diesen ignoriert oder mit einem installierten Signalhandler abgefangen werden, andernfalls werden diese *job(s)* abgebrochen.

Für *signal* kann eine Signalnummer oder ein Signalname angegeben werden. Ist -*signal* nicht angegeben, wird das Signal **TERM** geschickt.

Um sich alle am jeweiligen System verfügbaren Signalnummern und Signalnamen anzeigen zu lassen, steht die zweite Aufrufform (2) zur Verfügung:

kill -l

1)	HUP	15)	TERM
2)	INT	16)	USR1
3)	QUIT	17)	USR2
4)	ILL	18)	CHLD
5)	TRAP	19)	PWR
6)	IOT	20)	WINCH
7)	EMT	21)	bad trap
8)	FPE	22)	POLL
9)	KILL	23)	STOP
10)	BUS	24)	TSTP
11)	SEGV	25)	CONT
12)	SYS	26)	TTIN
13)	PIPE	27)	TTOU
14)	ALRM		

Während der exit-Status des Aufrufs (1) immer die Anzahl von Prozessen ist, welchen **kill** nicht erfolgreich ein Signal schicken konnte, ist der exit-Status des Aufrufs (2) immer 0 (erfolgreich).

Hinweise

kill ist in der Bourne-Shell kein built in-Kommando.

Hintergrund-Jobs können mit **kill -STOP ...** angehalten werden. In der **ksh** empfiehlt es sich, ein Alias der Form **alias stop='kill -STOP'** zu definieren.

ksh

Die Korn-Shell *p*

Syntax

ksh [**"aefhikmnoprtuvx-**] [**"o** *optname*]... [*argument(e)*] [21]

ksh [**"aefhikmnoprtuvx-**] [**"o** *optname*]... [**-c** *argument*]

ksh [**"aefhikmnoprtuvx-**] [**"o** *optname*]... [**-s**] [*argument(e)*]

---

[21] [**"o** *optname*] kann bei einem **ksh**-Aufruf öfters angegeben werden

Da die Korn-Shell eine Obermenge der Bourne-Shell ist, werden hier nur die Neuheiten und Unterschiede zur Bourne-Shell vertieft vorgestellt. Ist eine genauere Beschreibung erwünscht, so muß beim Kommando **sh** nachgeschlagen werden.

Optionen

Alle beim built in-Kommando **set** erlaubten Optionen können auch beim direkten Aufruf der **ksh** angegeben werden (siehe Kommando **set**). Diese Optionen gelten dann für die Subshell, die durch **ksh** kreiert wird. Zusätzlich können bei einem **ksh**-Aufruf noch die folgenden Optionen angegeben werden:

Option	Bedeutung
-c *argument*	Die als *argument* angegebene Kommandoliste wird gelesen und ausgeführt.
-s [*argument(e)*]	bewirkt den Start einer interaktiven Subshell. Sind *argument(e)* angegeben, werden diese der Subshell als Positionsparameter übergeben. Ist **-c** angegeben, wird **-s** ignoriert, andernfalls wird **-s** automatisch eingeschaltet.
-i	bewirkt den Start einer interaktiven Subshell, für die folgendes gilt: - Signal **TERM** wird in dieser Shell ignoriert. - Signal **INT** bewirkt Abbruch des momentan ausgeführten Kommandos, aber nicht der Shell.
-r	Shell wird als *"restricted KornShell"* (eingeschränkte Shell) gestartet.

Die **ksh** schaltet einige Optionen automatisch ein:

Option	wird automatisch eingeschaltet, wenn
interactive	außer Optionen keine anderen Argumente angegeben sind.
trackall	**ksh** nicht interaktiv ist.
monitor	Option **interactive** eingeschaltet ist und das jeweilige System über eine Job-Kontrolle verfügt.
emacs,gmacs,vi	wenn eine der beiden Variablen **EDITOR** und **VISUAL** den entsprechenden Editor-Namen enthält.
bgnice	**ksh**-Version nach 3.6.1986 freigegeben wurde.

Option	wird automatisch eingeschaltet, wenn
restricted	die Variable **SHELL** oder der Dateiname der aufgerufenen **ksh** ein "r" enthält.
protected	die effektive UID des Prozesses nicht gleich der realen UID bzw. die effektive GID nicht gleich der realen GID des Prozesses ist.

Metazeichen

In **ksh** existieren die selben Metazeichen wie in der Bourne-Shell (siehe **sh**). Es gibt aber noch zusätzliche Metazeichen[22]:

Metazeichen	Bedeutung
kdo >| datei	wie bei > wird die Standardausgabe in *datei* umgelenkt. Im Unterschied zu > wird jedoch *datei* auch überschrieben, wenn **noclobber** gesetzt ist.
kdo <> datei	*datei* zum Lesen und Schreiben eröffnen.
$(*kdos*)	Neue, alternative Form der Kommandosubstitution.
${10}, ${11}, ..	Werte der Positionsparameter **10, 11**, ...
?(*pattern*)	deckt kein oder ein Vorkommen von *pattern* ab.
*(*pattern*)	deckt kein, ein oder mehrere Vorkommen von *pattern* ab.
+(*pattern*)	deckt ein oder mehrere Vorkommen von *pattern* ab.
@(*pattern*)	deckt genau ein Vorkommen von *pattern* ab.
!(*pattern*)	deckt Strings ab, die nicht von *pattern* abgedeckt werden.
~	Tilde-Expandierung für Worte, die mit ~ beginnen. Auf das home directory eines beliebigen Benutzers kann mit ~*loginname* zugegriffen werden. **cd ~-** (Tilde und Minus) bewirkt einen Wechsel zum vorherigen working directory.
((*ausdr*))	arithmetische Auswertung von *ausdr*.

---

[22] Alle von den hier vorgestellten neuen Metazeichen sind nur in **ksh**-Versionen verfügbar, die nach dem 16.11.1988 freigegeben wurden.

Metazeichen	Bedeutung
kdo |&	Die **ksh** führt wie bei **&** das Kommando *kdo* als Ko-Prozeß im Hintergrund (parallel) aus und wartet nicht auf die Beendigung von *kdo*. Anders als beim Metazeichen **&** wird hier zusätzlich eine "Zweiwege-Pipe" zwischen diesen beiden Prozessen eingerichtet, über die diese miteinander kommunizieren können. Dazu müssen sie **print -p** bzw. **read -p** verwenden.

Tabelle - Neue Metazeichen der ksh

Einfache Kommandos und exit-Werte

Die Definition für *einfache Kommandos* entspricht der Definition für die Bourne-Shell gegeben wurde. Selbiges gilt für den exit-Status von Kommandos (siehe **sh**).

Pipelines

Eine *Pipeline* ist in der Korn-Shell genauso definiert wie für die Bourne-Shell (siehe **sh**).

Listen

Eine *Liste* ist eine Folge von ein oder mehreren Pipelines, welche durch die Metazeichen ; ,& ,&& oder || voneinander getrennt sind.

Am Ende einer Liste dürfen allerdings nicht nur wie in der Bourne-Shell die Metazeichen **&** und **;**, sondern auch das neue Metazeichen **|&** angegeben werden.

Die Vorrangregeln der hier angegebenen Trennzeichen von Pipelines in einer Liste sind: (; gleich & gleich |&) < (&& gleich ||)

Wird eines der Symbole |, && oder || an letzter Steller einer Zeile angegeben, so nimmt die **ksh** in diesem Fall an, daß die Kommandozeile noch nicht vollständig ist, und fordert den Benutzer durch Ausgabe des Sekundär-Promptstrings "> " zur weiteren Eingabe auf.

Kommentar

Beginnt ein Wort mit dem Metazeichen **#**, dann werden dieses Wort und alle nachfolgenden Zeichen dieser Zeile von der **ksh** als Kommentar interpretiert und als solcher von ihr ignoriert.

Shell-Skripts

Kommandos können nicht nur interaktiv eingegeben, sondern auch in eine Datei geschrieben werden; diese Datei kann dann der **ksh** zur Abarbeitung der darin angegebenen Kommandos vorgelegt werden. Solche Kommandodateien werden als *Shell-Skripts* (oder *Shell-Prozeduren*) bezeichnet.

Es existieren zwei Möglichkeiten, ksh-Skripts zu starten:

1. **ksh** *skript-name*
2. *skript-name* (ohne **ksh**)
   Bei dieser Aufrufform muß die Datei, in welcher das Shell-Skript gespeichert ist, ausführbar sein.

Bei beiden Aufrufformen wird eine neue Subshell gestartet, die das aufgerufene Shell-Skript ausführt.

Kommandosubstitution

Kommandos, deren Ausgabe von der **ksh** als Teil der Kommandozeile zu verwenden ist, müssen mit "Gegen-Apostrophen" (engl.: *backquotes* oder *accents graves*) geklammert werden: `kommandos`.

Alle Metazeichen behalten innerhalb einer Kommandosubstitution ihre Sonderbedeutung.

Eine Schachtelung von Kommandosubstitutionen ist mit der Angabe von \`..\` (bzw. \\\`..\\\`, usw.) möglich.

Zu `cat datei` existiert eine äquivalente, aber schnellere Variante `< datei`.

Bei einer Kommandosubstitution von built in-Kommandos, die keine Ein- oder Ausgabeumlenkung verwenden, wird keine neue Subshell gestartet.

Die **ksh** bietet noch eine andere Variante von Kommandosubstitution an: **$(***kommandos***)**.

Bei dieser neuen Kommandosubstituion gelten keine besonderen Quoting-Regeln. Auch bei dieser Kommandosubstitution ist Schachtelung möglich.

Zu **$(cat** *datei***)** existiert eine äquivalente, aber schnellere Angabe **$(<***datei***)**.

Werden innerhalb von **$(..)** runde Klammern verwendet, so ist deren Sonderbedeutung durch Voranstellen von \ auszuschalten.

Shell-Parameter

Die **ksh** kennt zwei Arten von Parametern:

Positionsparameter

Positionsparameter beinhalten die an ein Shell-Skript übergebenen Argumente, wobei das 1.Argument dem Parameter **1**, das 2.Argument dem Parameter **2**, usw. zugewiesen wird. Dem Parameter **0** wird der Name des aufgerufenen Shell-Skripts zugewiesen.

Auf die Werte der einzelnen Parameternamen kann durch Voranstellen des $-Zeichens zugegriffen werden.

In der **ksh** ist auch ein Zugriff auf die Positionsparameter **10**, **11**, usw. mit der Angabe **${10}**, **${11}**, usw. möglich.

Mit dem built in-Kommando **set** können den Positionsparametern explizit Werte zugewiesen werden. Die beim Aufruf von **set** angegebenen Argumente werden dabei in der Reihenfolge ihrer Angabe den Positionsparametern zugewiesen.
Der Positionsparameter 0 wird durch **set** nicht neu gesetzt, sondern behält weiterhin als Wert den Namen der Shell "ksh" bzw. des aufgerufenen Shell-Skripts.
Bei den zu **set** angegebenen Argumenten findet Dateinamen-Expandierung statt.

Spezielle **set**-Aufrufe sind:

set --	alle Positionsparameter löschen
set -s	alle Positionsparameter nach ASCII sortieren

Mit dem Kommando **shift** können die Werte der Positionsparameter (nach vorne) verschoben werden.

Shell-Variablen (Schlüsselwort-Parameter)

Der Name einer **ksh**-Variablen ist

- entweder als Bezeichner (siehe auch **sh**)
  Es gibt dabei keine Beschränkung bezüglich der Länge eines Bezeichners und Groß- und Kleinbuchstaben werden unterschieden.

- oder mit einem der Zeichen * @ # ? - $!

anzugeben.

Frei wählbare Variablennamen

Bezüglich der Wahl von benutzerdefinierten Variablennamen gelten die Regeln für Bezeichner (siehe **sh**).

Mit

variablenname=wert [*variablenname=wert*]....

kann einer Shell-Variablen ein Wert zugewiesen werden; vor und nach dem Gleichheitszeichen darf dabei kein Trennzeichen angegeben sein.

Bezeichner-Variablen haben nicht nur einen Wert, sondern können zusätzlich noch ein oder mehrere Attribute besitzen. Die gleichzeitige Zuweisung von Werten und Attributen an Bezeichner-Variablen kann mit dem neuen built in-Kommando **typeset** vorgenommen werden.

Für frei wählbare Shell-Variablen gilt:

- Der Wert einer nicht explizit vom Benutzer gesetzten Variablen ist die leere Zeichenkette.
- Bei einer Zuweisung an eine Variable findet keine Dateinamen-Expandierung statt.
- Mit dem Kommando **unset** kann eine Shell-Variable gelöscht werden.
- Mit **read** *variable(n)* wird eine Zeile von der Standardeingabe gelesen, wobei die einzelnen Wörter der Eingabezeile nacheinander den angegebenen Shell-Variablen *variable(n)* zugewiesen werden.

Arrays

Die **ksh** läßt eindimensionale Arrays mit bis zu 512 Elementen[23] zu. Einem Element eines Arrays kann mit

arrayname[*index*]=*wert*

ein Wert zugewiesen werden.

Als *index* ist dabei jeder mögliche arithmetische Ausdruck[24] zugelassen, der einen Wert aus dem Bereich 0 bis 511 liefert.

Der Zugriff auf den Wert eines Array-Elements erfolgt mit

${*arrayname*[*index*]}

Werden die Klammern {} weggelassen:

$*arrayname*[*index*]

so wird der Wert $*arrayname* mit dem String konkateniert, der durch die Dateinamen-Expandierung von [*index*] geliefert wird.

---

[23] implementations-abhängiger Wert.
[24] siehe unten: Arithmetische Auswertungen

Arrays müssen nicht deklariert werden, sondern werden beim ersten Zugriff auf ein Element automatisch von der **ksh** angelegt. Soll jedoch die Größe eines Arrays explizit festgelegt werden, so kann **typeset** verwendet werden.

Wird ein Arrayname alleine ohne Angabe von [*index*] verwendet:

arrayname

so entspricht dies der Angabe

arrayname [0]

Die Angabe

${*arrayname* [*]}

beziehungsweise

${*arrayname* [@]}

liefert alle Array-Elemente (mit Leerzeichen getrennt).

Die Angabe

${#*arrayname* [*]}

beziehungsweise

${#*arrayname* [@]}

liefert die Anzahl der Elemente im Array *arrayname*. Arrays können nicht exportiert werden.

Vordefinierte Shell-Variablen

Die **ksh** bietet eine Reihe von Variablen an, deren Namen von ihr bereits fest vorgegeben sind.

Vordefinierte, aber änderbare Shell-Variablen

Name	Bedeutung
CDPATH	enthält Suchdirectories für **cd**. keine Voreinstellung.
COLUMNS	legt die Weite des Editor-Fensters für die built in-Editoren der **ksh** und für die Ausgaben von **select**-Listen fest. Voreinstellung: **COLUMNS=80**.
EDITOR	legt den einzuschaltenden built in-Editor fest, wenn Variable **VISUAL** nicht gesetzt ist. Voreinstellung: **EDITOR=/bin/ed**.
ENV	enthält Pfadnamen der Environment-Datei. keine Voreinstellung.
FCEDIT	enthält Pfadnamen des built in-Editors, der beim Kommando **fc** zu verwenden ist. Voreinstellung: **FCEDIT=/bin/ed**.

Name	Bedeutung
FPATH	enthält Directories von Funktionsdefinitions-Dateien. keine Voreinstellung.
HISTFILE	enthält Pfadnamen der History-Datei. Voreinstellung: **HISTFILE=$HOME/.sh_history**.
HISTSIZE	legt fest, wieviele Kommandos in History-Datei aufzuheben sind. Voreinstellung: **HISTSIZE=128**.
HOME	enthält home directory des Benutzers. Voreinstellung: wird beim Anmelden auf einen in /etc/passwd festgelegten Pfadnamen gesetzt.
IFS	(*Internal Field Separators*) enthält Wort-Trennzeichen, welche für **read**, **set** und für das Resultat aus Parameter- und Kommandosubstitution gelten. Voreinstellung: Leerzeichen, Tabulatorzeichen und Neuezeile-Zeichen.
LINES	legt die bei **select** auszugebende Zeilenzahl fest. Voreinstellung: **LINES=24**
MAIL	enthält den Pfadnamen der mailbox-Datei.
MAILCHECK	legt die Zeitperiode (in Sekunden) fest, in der ständig auf Ankunft neuer mail zu prüfen ist. Voreinstellung: **MAILCHECK=600**
MAILPATH	enthält Pfadnamen von mailbox-Dateien. Die zu einem Pfadnamen gehörige Meldung kann, mit ? abgegrenzt, nach diesem angegeben werden. keine Voreinstellung.
PATH	enthält Suchdirectories für Programme. Voreinstellung: **PATH=/bin:/usr/bin:**
PS1	enthält Primär-Promptstring. Promptstring kann dabei dynamisch festgelegt werden. Für ! wird entsprechende Kommandonummer ausgegeben. Voreinstellung: **PS1="$ "** (beim Superuser: **PS1="# "**)
PS2	enthält den Sekundär-Promptstring. Voreinstellung: **PS2="> "**.
PS3	enthält den Promptstring für die Auswahl beim Kommando **select**. Voreinstellung: **PS3="#? "**.
PS4	enthält Debugging-Promptstring für Shell-Skripts. Voreinstellung: **PS4="+ "**.
SHACCT	legt Datei fest, in die Abrechnungsinformation zu schreiben ist. keine Voreinstellung.
SHELL	enthält Pfadnamen der Shell. Voreinstellung: wird beim Anmelden auf einen in /etc/passwd festgelegten Pfadnamen gesetzt.

Kommandoreferenz

Name	Bedeutung
TERM	spezifiziert das Terminal, an dem der Benutzer gerade arbeitet. keine Voreinstellung.
TMOUT	legt eine Zeitperiode (in Sekunden) fest, in der immer ein Kommando einzugeben ist. Voreinstellung: **TMOUT=0** (unendliche Zeit)
VISUAL	legt den einzuschaltenden built in-Editor fest. keine Voreinstellung.
TZ	legt die Zeitzone fest.

Tabelle - Vordefinierte, aber änderbare ksh-Variablen

Die momentanen Werte aller Shell-Variablen können mit dem Kommando **set** (ohne Angabe von Argumenten) ausgegeben werden.

Automatische Variablen

Die folgenden vordefinierten Variablen können niemals explizit durch den Benutzer gesetzt werden; sie werden ständig neu von der **ksh** gesetzt:

Name	Bedeutung (enthält)
#	Anzahl der gesetzten Positionsparameter.
-	(Minuszeichen) Momentan gesetzte **ksh**-Optionen.
?	Exit-Status des letzten Vordergrund-Kommandos.
$	PID der aktuellen **ksh**.
!	PID des letzten Hintergrund-Kommandos.
*	Alle Positionsparameter als <u>ein</u> String: **"$*"** entspricht **"$1 $2 $3 ..."** Als Trennzeichen für die einzelnen Parameter **$1**, **$2**, usw. wird dabei das erste in **IFS** angegebene Zeichen verwendet.
@	Alle Positionsparameter als <u>einzelne</u> Strings: **"$@"** entspricht **"$1" "$2" "$3" ..."**

Tabelle - Automatische ksh-Variablen, die nicht änderbar sind

Den nachfolgenden automatischen Variablen kann der Benutzer explizit Werte zuweisen.

Name	Bedeutung
_	(Unterstrich) hat mehrere Funktionen: ■ letztes Argument des vorherigen Kommandos. ■ Pfadname der mailbox beim Auswerten von **MAIL** ■ Bei **ksh**-Versionen nach dem 3.6.1986 wird der Unterstrich beim Aufruf eines Shell-Skripts mit dem Pfadnamen des Skripts gesetzt.
ERRNO	enthält immer die Fehlernummer des letzten fehlerhaften Systemaufrufs. Mit der Zuweisung von 0 kann **ERRNO** wieder zurückgesetzt werden.
LINENO	enthält die momentane Zeilennummer in einem Skript oder in einer Funktion.
OLDPWD	enthält das vorherige working directory.
OPTARG	enthält das zu einer Option angegebene Argument, wenn **getopts** eine solche Option liest.
OPTIND	enthält die Argument-Nummer der nächsten auszuwertenden Option (siehe **getopts**).
PPID	enthält PID der Vatershell (*Parent Process* **ID**).
PWD	enthält working directory.
RANDOM	enthält bei jedem Zugriff eine neue Zufallszahl zwischen 0 und 32767.
REPLY	enthält die eingegebenen Zeichen, wenn bei **select** oder bei **read** keine Argumente angegeben sind.
SECONDS	enthält die seit dem **ksh**-Aufruf verstrichenen Sekunden.

Tabelle - Automatische ksh-Variablen, die änderbar sind

Parameter-Substitution

Die einfachste Zugriffsmöglichkeit auf den Wert einer Variable ist

$variable

Kommandoreferenz

Weitere Zugriffsmöglichkeiten auf den Wert einer Variablen

Angabe	Bedeutung
${variable}	liefert wie $variable den Wert von variable. Diese Angabe muß verwendet werden, wenn dem Variablennamen ein Buchstabe, eine Ziffer oder ein Unterstrich folgt, oder wenn ein Zugriff auf ein Array-Element erfolgen soll: ${arrayname[index]}, oder wenn auf Positionsparameter mit mehr als einer Ziffer (größer als 9) zuzugreifen ist.
${variable:-wort} ${variable-wort}	Verwendung des default-Werts wort, wenn variable nicht gesetzt ist (siehe auch **sh**).
${variable:=wort} ${variable=wort}	Zuweisung des default-Werts wort an variable, wenn variable nicht gesetzt ist (siehe auch **sh**).
${variable:?wort} ${variable?wort}	Fehlermeldung wort, wenn variable Nullwert hat oder nicht gesetzt ist (siehe auch **sh**).
${variable:+wort} ${variable+wort}	Verwendung eines alternativen Werts (siehe auch **sh**).
${#variable}	liefert die Länge des Strings, der in variable gespeichert ist. Wird für variable * oder @ angegeben, so wird die Anzahl der Positionsparameter geliefert.
${#variable[*]} ${#variable[@]}	liefert die Anzahl der Elemente des Arrays variable.
${variable#pattern}	liefert den Wert von variable ohne den <u>kleinstmöglichen</u> durch pattern abgedeckten linken Teilstring oder, wenn keine Abdeckung durch pattern vorliegt, den vollständigen Wert von variable.
${variable##pattern}	liefert den Wert von variable ohne den <u>größtmöglichen</u> durch pattern abgedeckten linken Teilstring oder, wenn keine Abdeckung durch pattern vorliegt, den vollständigen Wert von variable.
${variable%pattern}	liefert den Wert von variable ohne den **kleinstmöglichen** durch pattern abgedeckten rechten Teilstring oder, wenn keine Abdeckung durch pattern vorliegt, den vollständigen Wert von variable.
${variable%%pattern}	liefert den Wert von variable ohne den **größtmöglichen** durch pattern abgedeckten rechten Teilstring oder, wenn keine Abdeckung durch pattern vorliegt, den vollständigen Wert von variable.

Tabelle - Spezielle Zugriffsmöglichkeiten auf Parameter in der ksh

Dateinamen-Expandierung

Beim Aufruf eines Kommandos oder Shell-Skripts wird jedes Wort der Kommandozeile von der **ksh** daraufhin untersucht, ob eines der Zeichen *, ?, [, +, @ oder ! darin vorkommt. Wird ein solches Wort gefunden, so betrachtet die Shell dieses als ein sogenanntes *pattern*, welches eine Vielzahl von Dateinamen abdecken kann.

Jedes in der Kommandozeile gefundene pattern wird dann von der **ksh** expandiert, d.h. durch alle Dateinamen ersetzt[25], die es abdeckt. Deckt ein pattern keinen Dateinamen ab, so wird es nicht expandiert.

Metazeichen	Bedeutung
*	steht für "*eine beliebige Zeichenfolge*" (auch die leere)
?	steht für "*ein beliebiges einzelnes Zeichen*"
[...]	steht für "*eines der in [...] angegebenen Zeichen*". Bereichsangaben sind innerhalb von [...] erlaubt.
[!...]	steht für "*ein Zeichen, welches <u>nicht</u> in [!...] angegeben ist*". Bereichsangaben sind innerhalb von [!...] erlaubt.
?(*pattern*[| *pattern*]...)	deckt kein oder ein Vorkommen der angegebenen *pattern* ab.
*(*pattern*[| *pattern*]...)	deckt kein, ein oder mehrere Vorkommen der angegebenen *pattern* ab.
+(*pattern*[| *pattern*]...)	deckt ein oder mehrere Vorkommen der angegebenen *pattern* ab.
@(*pattern*[| *pattern*]...)	deckt genau ein Vorkommen der angegebenen *pattern* ab.
!(*pattern*[| *pattern*]...)	deckt die Strings ab, die durch keines der angegebenen *pattern* abgedeckt werden.

Tabelle - ksh-Metazeichen für Dateinamen-Expandierung

Einige Zeichenfolgen in Dateinamen werden nur expandiert, wenn sie explizit im entsprechenden pattern angegeben sind:

. (Punkt) am Anfang eines Dateinamens, /. und /

Die Dateinamen-Expandierung kann auch ausgeschaltet werden, indem entweder beim **ksh**-Aufruf die Option **-f** angegeben wird oder aber diese Option mit dem built in-Kommando **set** (**set -f** oder **set -o noglob**) eingeschaltet wird.

---

[25] alphabetisch sortiert.

Quoting

Mit Quoting kann die Sonderbedeutung von Metazeichen ausgeschaltet werden. Die **ksh** kennt folgende Quoting-Arten:

- Voranstellen von \: siehe **sh**
- Klammerung mit '..': siehe **sh**
- Klammerung mit ".."

Bei einer Klammerung mit ".." behalten nur die Metazeichen \ " ' $ ihre Sonderbedeutung. Somit wird bei dieser Quoting-Art folgendes nicht ausgeschaltet:

- das Quoting mit \
- Parametersubstitution ($*variable*)
- alte Kommandosubstitution (`` `kdos` ``)
- neue Kommandosubstitution (**$(***kdos***)**)

\ muß innerhalb von ".." verwendet werden, um die Sonderbedeutung der 4 Metazeichen \ " ` $ auszuschalten.

Hinweis

Während built in-Kommandos auch bei Quoting weiterhin von der **ksh** erkannt werden, gilt dies nicht für **ksh**-Schlüsselwörter (**for**, **if**, usw.). Auch die Erkennung von **alias**-Namen kann mit Quoting unterbunden werden.

Zusammenfassung der Quoting-Regeln

Quoting	Metazeichen						
	\ $	*?[+!@	`	"	'	"
\	-	-	-	-	-	-	-
".."	x	x	-	x	+	-	v
'..'	-	-	-	-	-	+	v
`..`	x	x	x	+	x	x	x

Hierbei bedeutet:

-   Sonderbedeutung ausgeschaltet
- x   behält seine Sonderbedeutung

+ beendet entsprechendes Quoting bzw. Kommandosubstitution

v Sonderbedeutung (Kommandoabschluß) ausgeschaltet, aber Bedeutung "Zeilenvorschub" bleibt erhalten

Ein- und Ausgabeumlenkung

Angabe	Bedeutung
<*datei*	Standardeingabe in *datei* umlenken.
>*datei*	
>|*datei*	Standardausgabe in *datei* umlenken.
	Existiert *datei* noch nicht, so wird sie neu angelegt. Ist **noclobber** gesetzt und eine existierende *datei* ist zu überschreiben, muß >| verwendet werden
	Die Eingabe >*datei* bzw. >|*datei* ohne Angabe eines Kommandos erzeugt eine leere Datei mit Namen *datei*.
>>*datei*	Standardausgabe an das Ende von *datei* umlenken.
<<*wort*	Hier-Dokument (engl. *here document*): Die Eingabe an die **ksh** wird Zeile für Zeile gelesen, bis eine Zeile gefunden wird, welche genau mit *wort* übereinstimmt, oder bis ein **EOF** gelesen wird.
	Parametersubstitution, Kommandosubstitution und Dateinamen-Expandierung werden für *wort* nicht durchgeführt.
	Quoting im *wort*
	In den folgenden Eingabezeilen wird die Sonderbedeutung der Metazeichen ausgeschaltet.
	Kein Quoting im *wort*
	Für die folgenden Eingabezeilen gilt: 1. Parameter- und Kommandosubstitution findet statt. 2. *Neuezeile-Zeichen*-Kombinationen werden ignoriert. 3. \\ muß verwendet werden, um die Sonderbedeutung der Zeichen \\ $ und ` auszuschalten.
<<-*wort*	identisch zu <<*wort*, außer daß in den nachfolgenden Eingabezeilen alle führenden Tabulatorzeichen ignoriert werden.
<& *fd*	verwendet die Datei, welche mit dem Dateideskriptor *fd* (Ziffer) verbunden ist, als Standardeingabe.
	In **ksh**-Versionen, die nach dem 3.6.1986 freigegeben wurden, kann für *fd* auch der Buchstabe **p** angegeben werden, um die Standardausgabe eines Ko-Prozesses, der mit |& im Hintergrund gestartet wurde, direkt an die Standardeingabe weiterzuleiten.

Kommandoreferenz

Angabe	Bedeutung
>& *fd*	verwendet die Datei, welche mit dem Dateideskriptor *fd* verbunden ist, als Standardausgabe. In **ksh**-Versionen, die nach dem 3.6.1986 freigegeben wurden, kann für *fd* auch der Buchstabe **p** angegeben werden, um die Standardausgabe direkt an die Standardeingabe eines Ko-Prozesses, der mit |& im Hintergrund gestartet wurde, weiterzuleiten.
<>*datei*	*datei* zum Lesen und Schreiben eröffnen.
<&-	Standardeingabe schließen.
>&-	Standardausgabe schließen.

Tabelle - Ein-/Ausgabeumlenkung in der ksh

Bei all diesen Notationen kann zusätzlich vor dem entsprechenden Umlenkungszeichen noch ein Dateideskriptor (Zahl) angegeben werden, der den umzulenkenden "Datenstrom" (wie z.B. 2 für Standardfehlerausgabe) festlegt.

Hinweis

1. Unter Verwendung von **exec** ohne Angabe von Argumenten, sondern nur von Umlenkungsanweisungen, ist es möglich, Dateien zu öffnen und zu schließen. Als Filedeskriptoren können dabei die Ziffern 0 bis 9 verwendet werden:

exec 3<>/dev/tty

eröffnet /dev/tty (Dialogstation) mit dem Filedeskriptor 3 zum Lesen und Schreiben:

```
$ exec 3<>/dev/tty↵
$ echo "Hallo" >&3↵
Hallo
$ read -u3 zeil↵
Das ist eine Zeile↵
$ echo $zeil↵
Das ist eine Zeile
$
```

Der Befehl

exec 3<&–

schließt die Datei mit Filedeskriptor 3.

exec 4<>einaus

eröffnet die Datei *einaus* zum Lesen und Schreiben; als Filedeskriptor für diese Datei wird 4 festgelegt.

exec 3<&5

eröffnet den Filedeskriptor 3 als eine Kopie von Filedeskriptor 5.

2. Weitere Hinweise hierzu können bei **sh** nachgeschlagen werden.

Überprüfen von Bedingungen

Zum Überprüfen von Bedingungen bietet auch die **ksh** das built in-Kommando **test** an, das bis auf einige Erweiterungen identisch zum **test**-Kommando der Bourne-Shell ist (siehe **test**).

ksh-Versionen, die nach dem 3.6.1986 freigegeben wurden, bieten noch ein weiteres Kommando **[[..]]** zum Prüfen von Bedingungen an, welches das built in-Kommando **test** überflüßig macht:

[[*ausdr* **]]**

Der angegebene Ausdruck *ausdr* wird dabei ausgewertet. Ist die über *ausdr* angegebene Bedingung erfüllt, so liefert **[[..]]** (wie **test**) den exit-Status 0 (wahr oder erfolgreich), ansonsten einen von 0 verschiedenen Wert (falsch oder nicht erfolgreich).

Für *ausdr* können dabei alle bei **test** vorgestellten Ausdrücke angegeben werden, wobei folgende Unterschiede gelten:

- Bei den Verknüpfungen von Ausdrücken ist
  - anstelle von **-a** der Operator **&&**und
  - anstelle von **-o** der Operator **| |**
  zu verwenden.

- Bei **-t** *fd* kann der Fildeskriptor *fd* nicht weggelassen werden.

- Anstelle der beiden **test**-Ausdrücke
  zkt1 = *zkt2*
  und
  zkt1 != *zkt2*
  können folgende Ausdrucksformen angegeben werden:
  zkt1 = *pattern* wahr, wenn *pattern*[26] den String *zkt1* abdeckt
  zkt1 != *pattern* wahr, wenn *pattern* nicht den String *zkt1* abdeckt
  zkt1 < *zkt2* wahr, wenn *zkt1* < *zkt2* (nach ASCII-Code) ist
  zkt1 > *zkt2* wahr, wenn *zkt1* < *zkt2* (nach ASCII-Code) ist

---

[26] siehe Dateinamen-Expandierung.

Hinweis

Beim Kommando [[..]] müssen - wie bei **test** - die einzelnen Operanden und Operatoren mit Leer- oder Tabulatorzeichen voneinander getrennt werden.

Bei dem in [[..]] angegebenen Ausdruck findet keine Dateinamen-Expandierung statt.

Die **ksh** bestimmt die in [[..]] angegebenen Operatoren, bevor sie Parameter- und Kommandosubstitution für die einzelnen Wörter durchführt, so daß Wörter, die zu einem String substituiert werden, der mit einem Minuszeichen - beginnt, nicht mehr falsch als Operatoren interpretiert werden.

Innerhalb von [[..]] müssen die Klammern nicht mehr wie bei **test** mit Quoting ausgeschaltet werden.

Arithmetische Auswertungen

Die **ksh** verfügt über eine eigene Arithmetik und verwendet dabei am jeweiligen System die größtmögliche interne Darstellungsform für ganze Zahlen (z.B. 2, 4 oder 8 Bytes). Sie prüft dabei niemals auf einen eventuellen *Overflow* ab.

Konstanten

Eine Konstante hat die Form

[*basis#*]*zahl*

basis muß eine Zahl zwischen 2 und 36 sein, und legt die Basis des Zahlensystems fest; Voreinstellung ist die Basis 10.

zahl muß eine nicht-negative ganze Zahl sein. Bei einer Basis, die größer als 10 ist, sind Groß- oder Kleinbuchstaben zu verwenden, um eine Ziffer größer als 9 darzustellen, z.B. **16#e** oder **16#E** stellt 14 im Hexadezimalsystem dar. Ein eventuell vorhandener Nachkommateil wird abgeschnitten.

Variablen

Bei Integer-Variablen verwendet die **ksh** den Wert der Variablen, ansonsten nimmt die **ksh** an, daß der Wert ein arithmetischer Ausdruck ist, und versucht, diesen auszuwerten. Wenn z.B. Variable **a** den Wert **b+1**, Variable **b** den Wert **c+2** und Variable **c** den Wert **5** besitzt, dann liefert die Auswertung des Ausdrucks **2*a** den Wert **16**.

Für eine Variable, die als Wert den Null-String besitzt, liefert eine Auswertung den Wert 0.

Arithmetischer Ausdruck

Wie in C wird der Wert eines arithmetischen Ausdrucks als TRUE gewertet, wenn er verschieden von 0, und als FALSE, wenn er 0 ist.

Operatoren
Für Ausdrücke können folgende Operatoren verwendet werden:

Operator	Bedeutung
-*ausdr*	Minuszeichen
!*ausdr*	Logische Negation
~*ausdr*	Bitweise Negation (Einer-Komplement)
ausdr1*ausdr2	Multiplikation
ausdr1/*ausdr2*	Division
ausdr1%*ausdr2*	Modulofunktion
ausdr1+*ausdr2*	Addition
ausdr1-*ausdr2*	Subtraktion
ausdr1<=*ausdr2*	kleiner gleich
ausdr1>=*ausdr2*	größer gleich
ausdr1<*ausdr2*	kleiner
ausdr1>*ausdr2*	größer
ausdr1==*ausdr2*	gleich
ausdr1!=*ausdr2*	ungleich
var=*ausdr*	Zuweisung von *ausdr* an Variable *var*.
ausdr1<<*ausdr2*	Links-Shift
ausdr1>>*ausdr2*	Rechts-Shift
ausdr1&*ausdr2*	bitweises AND
ausdr1^*ausdr2*	bitweises XOR
ausdr1|*ausdr2*	bitweises OR
ausdr1&&*ausdr2*	logisches AND
ausdr1||*ausdr2*	logisches OR
var*=*ausdr*	entspricht: *var*=*var**ausdr
var/=*ausdr*	entspricht: *var*=*var*/*ausdr*
var%=*ausdr*	entspricht: *var*=*var*%*ausdr*
var+=*ausdr*	entspricht: *var*=*var*+*ausdr*
var-=*ausdr*	entspricht: *var*=*var*-*ausdr*
var<<=*ausdr*	entspricht: *var*=*var*<<*ausdr*

Operator	Bedeutung
var>>=*ausdr*	entspricht: *var=var*>>*ausdr*
var&=*ausdr*	entspricht: *var=var*&*ausdr*
var^=*ausdr*	entspricht: *var=var*^*ausdr*
var | =*ausdr*	entspricht: *var=var* | *ausdr*

Tabelle - Arithmetische Operatoren der ksh

Die folgende Tabelle zeigt die voreingestellte **Prioritätsreihenfolge** (höchste zuerst). Alle in einer Zeile angegebenen Operatoren besitzen dabei die gleiche Priorität:

```
( )
 -      (Minuszeichen)
 !  ~
 *  /  %
 +  -
 <<  >>
 <=  >=  <  >
 ==  !=
 &
 ^
 |
 &&
 ||
 =  *=  /=  %=  +=  -=  <<=  >>=  &=  ^=  |=
```

Außer die Zuweisungsoperatoren (in der letzten Tabellenzeile) werden alle Operatoren mit gleicher Priorität von links nach rechts abgearbeitet.

Mit Klammerung ist es möglich, eine andere als die durch die Prioritäten vorgegebene Auswertungsreihenfolge zu erzwingen.

Hinweis

Operatoren, welche Metazeichen in der **ksh** sind, müssen mit Quoting ausgeschaltet werden.

Arithmetische Ausdrücke können verwendet werden:

- als Array-Index; z.B. **x[4*(i+1)]=7**
- als Argument beim built in-Kommando **shift**; z.B. **shift $#-2**

- als Operanden bei den arithmetischen Vergleichsoperatoren von **test**, **[..]** und **[[..]]**
- als Limit-Angabe beim built in-Kommando **ulimit**
- auf der rechten Seite einer Zuweisung an eine Integer-Variable; z.B.

```
$ typeset -i d⏎
$ d=7+(2*3*4*5) ⏎
$ print $d⏎
127
$
```

- für jedes Argument beim Aufruf des built in-Kommandos **let** oder innerhalb von **((..))**.

let und ((..))

Die Aufrufsyntax für **let** ist:

let *argument(e)*

Jedes *argument* ist dabei ein auszuwertender Ausdruck (siehe **let**).

Ist nur ein Ausdruck auszuwerten, so kann anstelle von **let** das Kommando

((*ausdr*))

verwendet werden, welches dem Aufruf

let "*ausdr*

entspricht, so daß bei Verwendung von Leer-, Tabulator- oder sonstigen Metazeichen in *ausdr* diese nicht mit Quoting auszuschalten sind.

((..)) wird meist bei der Bedingungs-Angabe der Kommandos **if**, **while** und **until** benutzt. Eine andere Verwendung von **((..))** ist das Rechnen mit Variablen, die zwar arithmetische Ausdrücke als Werte beinhalten, aber nicht explizit als Integer-Variablen deklariert wurden.

Kommandoklammerung

Die **ksh** kennt die gleichen Arten von Kommandoklammerung wie die Bourne-Shell:

runde Klammern: **(***kdoliste***)**

Diese Klammerung bewirkt, daß für alle in *kdoliste* angegebenen Kommandos eine Subshell gestartet wird (siehe **sh**).

Auch in der **ksh** sind geschachtelte Klammerungen erlaubt. Allerdings müssen anders als in der Bourne-Shell eventuell nacheinander angegebene öffnende Klammern mit Leer-, Tabulator- oder Neuezeile-Zeichen voneinander getrennt werden, um sie vom **ksh**-Kommando **((..))** zu unterscheiden.

geschweifte Klammern: { *kdoliste*;}

Die angegebene *kdoliste* wird nicht von einer neuen Subshell, sondern von der momentan aktiven Shell ausgeführt (siehe **sh**).

Schlüsselwörter

```
if       then     else     elif     fi     case     esac     for     while
until    do       done     {        }
select   i  n     function time     [[     ]]
```

Die **ksh** erkennt diese Schlüsselwörter nur, wenn sie nicht durch Quoting ausgeschaltet und folgendermaßen angegeben sind:

- als erstes Wort in einer Zeile oder

- nach einem der Operatoren **; | || & && |& ( )** oder

- als erstes Wort nach einem Schlüsselwort, außer nach **case, for, in, select, [[**

Das Schlüsselwort **in** wird auch als zweites Wort nach **case, for** oder **select** erkannt.

Kommandos zur Ablaufsteuerung

if-Anweisung
```
if if_kdoliste1
then
   then_kdoliste1
[ elif if_kdoliste2 ]
  then
     then_kdoliste2 ]
:
:
[ else
     else_kdoliste ]
fi
```

entspricht dem **if**-Kommando der Bourne-Shell (siehe **sh**).

case-Anweisung
```
case wort in
   pattern1) kdoliste1;;
   pattern2) kdoliste2;;
   :
   :
   pattern_n) kdoliste_n;;
esac
```

entspricht weitgehend dem **case**-Kommando der Bourne-Shell (siehe **sh**).

Die Ausnahme dabei ist: Es können die neu in der **ksh** hinzugekommenen pattern verwendet werden und vor jeder pattern-Angabe kann eine runde Klammer **(** angegeben werden.

Wird in **$(..)** eine **case**-Anweisung verwendet, so ist vor jeder pattern-Angabe eine öffnende Klammer anzugeben, um sicherzustellen, daß gleich viele öffnende wie schließende Klammern in **$(..)** vorhanden sind.

In **ksh**-Versionen, die vor dem 3.6.1986 freigegeben wurden, ist keine **case**-Anweisung in **$(..)** erlaubt.

while-Schleife
```
while kdoliste1
do
   kdoliste2
done
```

entspricht dem **while**-Kommando der Bourne-Shell (siehe **sh**).

until-Schleife
```
until kdoliste1
do
   kdoliste2
done
```

entspricht dem **until**-Kommando der Bourne-Shell (siehe **sh**).

for-Schleife
```
for laufvariable [ in wort1 ... wortn ]
do
    kdoliste
done
```

entspricht dem **for**-Kommando der Bourne-Shell (siehe **sh**).

`[[ ausdr ]]`

Dieses Kommando wertet den angegebenen *ausdr* aus. Ist die über *ausdr* angegebene Bedingung erfüllt, so liefert **[[..]]** den exit-Status 0 (wahr), ansonsten einen von 0 verschiedenen Wert (falsch); siehe "Überprüfen von Bedingungen".

select-Kommando
select *variable* [**in** *wort1* ... *wortn*]
do
    kdoliste
done

select wurde eigens zur Bearbeitung von Menüs eingeführt.

select gibt zunächst alle Auswahlmöglichkeiten (*wort1...wortn*) auf die Standardfehlerausgabe aus; ist **in** *wort1 ... wortn* nicht angegeben, so legen die Positionsparameter die Auswahlmöglichkeiten fest. Jedem Menüpunkt wird bei der Ausgabe automatisch eine Zahl vorangestellt; z.B. würde

select i in Suchen Ersetzen Sortieren Verlassen
do *kdoliste*
done

zu folgender Menü-Ausgabe führen:

1) Suchen
2) Ersetzen
3) Sortieren
4) Verlassen
#?

Nach der Ausgabe des Menüs gibt **select** den Inhalt von **PS3** als Prompt aus. **PS3** kann dabei mit einer entsprechenden Eingabe-Aufforderung belegt werden. Die Voreinstellung ist: **PS3="#? "**.

Wählt der Benutzer einen Menüpunkt über eine Zahl aus, so besetzt **select** die *variable* mit dem *wort*, das dieser Zahl im Menü zugeordnet ist.

Gibt der Benutzer als Antwort eine leere Zeile ein, dann zeigt **select** sofort wieder das Menü mit Prompt **PS3** an; in diesem Fall wird *kdoliste* nicht ausgeführt.

Wird eine nicht erlaubte Menüauswahl getroffen, so besetzt **select** die *variable* mit dem Nullwert. Die wirkliche Benutzer-Eingabe (Zahl) wird in **REPLY** gespeichert.

select wird nur verlassen, wenn es bei der Ausführung von *kdoliste* auf ein **break**-, **return**- oder **exit**-Kommando trifft, oder es aber **EOF** (*CTRL-D*) liest.

Für die angegebenen *worte* führt die **ksh** Parametersubstitution, Kommandosubstitution und Dateinamen-Expandierung durch.

```
time pipeline
```

Die **ksh** führt die angegebene *pipeline* aus, und gibt danach auf die Standardfehlerausgabe drei Zeilen aus, welche die gebrauchte Zeit (in Minuten und Sekunden) anzeigen:

real	vergangene Uhrzeit (*elapsed time*)
user	gebrauchte CPU-Zeit im Benutzermodus
sys	gebrauchte CPU-Zeit im Systemmodus

Der exit-Status des **time**-Kommandos ist der exit-Status der *pipeline*.

Werden beim Aufruf des **time**-Kommandos Ein- und Ausgabeumlenkungen angegeben, so beziehen sich diese auf die *pipeline* und nicht auf die Ein- oder Ausgaben des **time**-Kommandos.

Funktionen

Die Syntax für eine Funktionsdefinition ist dabei zunächst wie in der Bourne-Shell:

```
funktionsname() { kdoliste; }
```

Eine alternative Angabe für Funktionsdefinitionen in der **ksh** ist:

```
function funktionsname { kdoliste; }
```

Der Aufruf von *funktionsname* bewirkt dann die Ausführung der zugeordneten *kdoliste*.

Eigenschaften von Funktionen in der **ksh** sind:

- Bei Funktionsaufrufen können Argumente angegeben werden, welche dann der entsprechenden Funktion in Form von Positionsparametern zur Verfügung gestellt werden. Anders als in der Bourne-Shell wird **$0** bei Funktionsaufrufen mit dem Funktionsnamen besetzt.

- Für die Wahl eines Funktionsnamens gelten die gleichen Regeln wie für die Wahl von Datei- und Variablennamen.

- Gleiche Funktions- und Shellvariablen-Namen sind erlaubt.

- eim Aufruf von Shell-Funktionen werden diese in der aktuellen Shell ausgeführt.

- Funktionen sind nur in der Shell bekannt, in der sie definiert wurden. Soll eine Funktion auch an Subshells exportiert werden, so muß noch der entsprechende Funktionsname mit **typeset -xf** in der *Environment*-Datei definiert werden.

- In der **ksh** ist es möglich, funktionslokale Variablen zu deklarieren; dazu muß die entsprechende Variable innerhalb der Funktion mit **typeset** definiert werden. **ksh**-Funktionen können auch rekursiv aufgerufen werden.

- Ein- und Ausgabeumlenkung ist sowohl bei der Definition als auch beim Aufruf einer Shell-Funktion erlaubt. **return** bewirkt das Verlassen einer Funktion.

- Built in-Kommandos können nicht durch eine Funktionsdefinition ersetzt werden, andere Kommandos dagegen sehr wohl. Über einen kleinen Trick kann diese Einschränkung jedoch umgangen werden (siehe **alias**).

- Die in der gerade aktiven **ksh** definierten Funktionen können mit **typeset -f** oder mit dem vordefinierten Alias **functions** angezeigt werden.

- Mit **unset -f** *funktionsname* kann die Definition einer Funktion wieder gelöscht werden.

- Beim Aufruf von Funktionen werden diese immer als solche erkannt, selbst, wenn Quoting verwendet wird.

Hinweis

Auf **ksh**-Versionen, die vor dem 3.6.1986 freigegeben wurden, waren alle Signalbehandlungs-Routinen (außer für **EXIT**), die mit **trap** eingerichtet wurden, sowohl für die Funktion als auch für die entsprechende Shell aktiv.

Auf **ksh**-Versionen nach dem 3.6.1986 können für Funktionen und die aktuelle Shell unterschiedliche Signal-Handler installiert werden. Ein innerhalb der Funktion mit **trap** installierter Signal-Handler gilt deshalb nur für die Dauer der Funktionsausführung. Nach der Rückkehr aus der Funktion werden automatisch wieder die Signal-Handler der aktuellen **ksh** aktiviert.

Autoload Funktionen

Eine Funktion, die erst dann definiert wird, wenn sie das erstemal aufgerufen wird, wird als *autoload-Funktion* bezeichnet.

Auf **ksh**-Versionen, die nach dem 3.6.1986 freigegeben wurden, können autoload-Funktionen mit dem vordefinierten Alias **autoload** oder mit **typeset -fu** deklariert werden.

Beim ersten Aufruf einer **autoload**-Funktion durchsucht die **ksh** die in der Shell-Variablen **FPATH** enthaltenen Directories, um nach einem Dateinamen zu suchen, der der Name dieser Funktion ist. Findet die **ksh** eine gleichnamige Datei, so liest sie zunächst den Inhalt dieser Datei (in der aktiven Shell) und führt dann die entsprechende Funktion aus.

Auf **ksh**-Versionen, die am 3.6.1986 oder früher freigegeben wurden, wird der **autoload**-Mechanismus nicht eigens angeboten; dieser kann aber mit der Definition eines Alias, dessen Name der Name einer Funktion ist, nachgebildet werden.

Der Alias-Mechanismus

siehe **alias**.

Tilde-Expandierung

Nachdem die **ksh** die Alias-Substitution durchgeführt hat, prüft sie jedes Wort in der Kommandozeile, ob es eventuell mit ~ (engl. *tilde*) beginnt. Ist ein solches Wort vorhanden, dann führt sie für dieses Wort vom Anfang bis zum nächsten Vorkommen von / bzw. bis zum Ende *Tilde-Expandierung* durch:

Text	Tilde-Expandierung (wird ersetzt durch)
~	$HOME
~+	$PWD
~-	$OLDPWD
~*loginname*	$dHOME vom Benutzer *loginname*
~*anderer-text*	keine Ersetzung

Bei Variablenzuweisungen führt die **ksh** Tilde-Expandierung durch, wenn ~ am Anfang des entsprechenden Werts (unmittelbar nach dem Gleichheitszeichen) angegeben ist. **ksh**-Versionen vom 3.6.1986 und frühere führten Tilde-Expandierungen sogar nach jedem : (Doppelpunkt) in einem Wert einer Variablenzuweisung durch.

Der History-Mechanismus

Die **ksh** merkt sich die eingegebenen Kommandos in einer History-Datei. Das built in-Kommando **fc** und die beiden built in-Editoren **vi** und **emacs** ermöglichen es, Kommandos aus der History-Datei zu holen und zu editieren.

Um sich die Kommandos aus der History-Datei anzeigen zu lassen, steht das vordefinierte Alias **history** zur Verfügung.

Falls die Option **nolog** nicht gesetzt ist, dann werden auch Funktionsdefinitionen in der History-Datei mit aufgenommen.

Die **ksh** öffnet die History-Datei, wenn sie eine Funktionsdefinition liest oder nachdem die Environment-Datei gelesen wurde, je nachdem, was zuerst zutrifft.

Der Name für die History-Datei wird über die Shell-Variable **HISTFILE** (Voreinstellung: **HISTFILE=$HOME/.sh_history**) festgelegt.

Über die Shell-Variable **HISTSIZE** (Voreinstellung: **HISTSIZE=128**) kann festgelegt werden, wieviele der letzten Kommandozeilen maximal in der History-Datei aufzuheben sind.

Das built in-Kommando fc

Das built in-Kommando **fc** dient folgenden Zwecken:

- Erneute Ausführung einer zuvor eingegebenen Kommandozeile:
  fc -e - [*alt=neu*] [*kommando*]

- Editieren bzw. Auflisten der Kommandozeilen aus der History-Datei:
  fc [**-e** *editor*] [**-nlr**] [*von* [*bis*]]

siehe **fc**.

Built in-Editoren

Die beiden built in-Editoren **vi** und **emacs**, die das Editieren der momentanen oder zuvor eingegebener Kommandozeilen (aus der History-Datei) ermöglichen, sind zeilenorientiert. Das bedeutet, daß bis auf wenige Ausnahmen immer nur eine Zeile zu einem Zeitpunkt editiert werden kann.

Einschalten während einer ksh-Sitzung

Es existieren drei verschiedene Möglichkeiten, während einer Sitzung einen Editor einzuschalten:

set -o vi	bzw.	**set -o emacs**
VISUAL=/.../vi	bzw.	**VISUAL=/.../emacs**
EDITOR=/.../vi	bzw.	**EDITOR=/.../emacs**

Bei **VISUAL** und **EDITOR** sind die absoluten Pfadnamen der entsprechenden Editoren anzugeben. Falls die beiden Variablen **VISUAL** und **EDITOR** gleichzeitig gesetzt sind, so hat **VISUAL** die höhere Priorität.

Automatisches Einschalten bei jedem Anmelden

Eine der obigen Zeilen muß in der Datei *.profile* oder in der Environment-Datei angegeben werden.

Ausschalten der built in-Editoren

set +o vi	schaltet den built in-Editor **vi** aus; danach ist kein built in-Editor mehr eingeschaltet.
set -o emacs	schaltet den built in-Editor **vi** aus und den built in-Editor **emacs** ein.

Built in-Editor emacs

emacs wird in zwei Versionen angeboten: **emacs** und **gmacs**. Der einzige Unterschied zwischen diesen beiden Versionen ist, daß bei *Ctrl*-t folgendes gilt:

emacs	vertauscht Zeichen an Cursorposition mit nächstem
gmacs	vertauscht beide Zeichen links vom Cursor

Cursorpositionierung

Kommando	Wirkung
Ctrl-f	ein Zeichen nach rechts
Ctrl-b	ein Zeichen nach links
Ctrl-a	an Zeilenanfang
Ctrl-e	ans Zeilenende
Ctrl-]c	nach rechts auf Zeichen *c*
*ESC*f	hinter das Cursor-Wort
*ESC*b	auf Anfang des Cursor-Worts
ESC n Ctrl-f	*n* Zeichen nach rechts
ESC n Ctrl-b	*n* Zeichen nach links
ESC n Ctrl-]c	nach rechts auf *n*.tes Vorkommen von *c*
*ESC n ESC*f	nach rechts hinter das *n*.te Wort
*ESC n ESC*b	nach links auf Anfang des *n*.ten Worts

Löschen

Kommando	Wirkung
Erase	Zeichen links vom Cursor löschen; *Erase* ist meist # oder *Ctrl*-h oder die *Backspace*-Taste.
Kill	ganze Zeile löschen; *Kill* ist meist @ oder *Ctrl*-x.
Ctrl-k	Ab Cursor bis Zeilenende löschen
Ctrl-d	Zeichen an Cursorposition löschen
*ESC*d	Ab Cursor bis Wortende löschen

Kommando	Wirkung
*ESC Ctrl-*h	
ESC Ctrl-?	
ESC Backspace	
ESC Del	
*ESC*h	Ab Cursor (nach links) bis Wortanfang löschen
*Ctrl-*w	Ab Cursor bis zu einer Marke löschen
*ESC n*Erase	*n* Zeichen links vom Cursor löschen
*ESC n*Ctrl-k	Ab Cursor (ausschließlich) bis Spalte *n* bzw. ab Spalte *n* bis Cursor (ausschließlich) löschen
*ESC n*Ctrl-d	*n* Zeichen ab Cursor (nach rechts) löschen
*ESC n*ESCd	ab Cursor (nach rechts) *n* Wörter löschen

Markieren und Kopieren

Kommando	Wirkung
ESC Leertaste	Cursorposition markieren
*Ctrl-*x*Ctrl-*x	Cursorposition markieren und Cursor an zuvor markierter Stelle positionieren
*ESC*p	Text von Cursor bis Marke in Puffer sichern
*Ctrl-*y	Pufferinhalt an Cursorposition kopieren

Sonstige emacs-Direktiven

Kommando	Wirkung
*Ctrl-*t	**emacs**: Zeichen an Cursorposition mit nächstem vertauschen **gmacs**: Beide Zeichen vor Cursor vertauschen
*Ctrl-*c	Zeichen an Cursorposition in Großbuchstaben umwandeln und Cursor nach rechts bewegen
*ESC*c	Bis Wortende alle Klein- in Großbuchstaben umwandeln und Cursor auf Anfang des nächsten Worts positionieren
*ESC*l	Bis Wortende alle Groß- in Kleinbuchstaben umwandeln und Cursor auf Anfang des nächsten Worts positionieren

Kommando	Wirkung
Ctrl-l	Kommandozeile erneut anzeigen
Ctrl-j	
Ctrl-m	
⏎	Kommandozeile ausführen
ESC=	Pfadnamen auflisten, welche bei Expandierung des Cursor-Worts (durch Anhängen von *) abgedeckt würden
ESC ESC	fehlende Zeichen an Cursor-Wort anhängen, um es zu einem Pfadnamen einer existierenden Datei zu vervollständigen
ESC*	Dateinamen-Expandierung für Cursor-Wort (durch Anhängen von *) durchführen
Ctrl-u	nachfolgende **emacs**-Direktive 4 mal ausführen
\	Ausschalten der nachfolgenden **emacs**-Direktive
Ctrl-v	**ksh**-Version ausgeben
ESC *buchstabe*	Alias-Text zu _*buchstabe* einfügen bzw. die darin enthaltenen **emacs**-Direktiven ausführen
ESC .	
ESC _	letztes Wort der vorherigen Kommandozeile einfügen
ESC *n*Ctrl-c	*n* Zeichen ab Cursorposition in Großbuchstaben umwandeln und *n* Zeichen weiter positionieren
ESC *n*ESCc	Bis zum Ende des *n*.ten Worts alle Klein- in Großbuchstaben umwandeln und auf Anfang des *n*+1.ten Worts positionieren
ESC *n*ESCl	Bis zum Ende des *n*.ten Worts alle Groß- in Kleinbuchstaben umwandeln und auf Anfang des *n*+1.ten Worts positionieren

Kommandozeilen aus der History-Datei holen

Kommando	Wirkung
Ctrl-p	vorherige Kommandozeile aus History-Datei holen
ESC<	älteste (erste) Zeile aus History-Datei holen
ESC>	letzte Zeile aus History-Datei holen
Ctrl-n	auf nächste History-Zeile weiterschalten
Ctrl-r[*string*]⏎	History-Datei nach dem ersten Vorkommen einer Kommandozeile

Kommando	Wirkung
*ESC*0*Ctrl*-**r**[*string*]⏎	durchsuchen, die *string* enthält. Wenn angegeben ist: *string* und *ESC*0: Vorwärts suchen nur *string*: Rückwärts suchen nur *ESC*0: Vorwärts suchen ab der Position der vorherigen Suche weder *string* noch *ESC*0: nächste Kommandozeile (rückwärts) holen, die den zuletzt angegebenen *string* enthält
Ctrl-**r**^*string*⏎ , *ESC*0*Ctrl*-**r**^*string*⏎	wie vorherige Direktive, nur daß *string* nur dann eine Zeile abdeckt, wenn er am Zeilenanfang steht
Ctrl-**o**	Aktuelle Zeile an **ksh** zur Verarbeitung übergeben und nächste History-Zeile holen; wird für das Editieren mehrzeiliger Kommandos benötigt.
ESC n*Ctrl*-**p**	*n*.te vorherige History-Zeile holen
ESC n*Ctrl*-**n**	Um *n* History-Zeilen weiterschalten

Built in-Editor vi

Der built in-Editor **vi** kennt zwei Arbeitszustände

- Eingabemodus
- Kommandomodus

Anders als der wirkliche **vi** befindet sich der built in-Editor immer zu Beginn im Eingabemodus. Vom Eingabemodus in den Kommandomodus kann mit *ESC* umgeschaltet werden.

Im nachfolgenden wird folgende Notation benutzt:

vi-WORT	ist eine Folge von Buchstaben, Ziffern und/oder Interpunktionszeichen, welche durch Neuezeile-Zeichen, Tabulatorzeichen oder Leerzeichen abgegrenzt ist. Interpunktionszeichen gelten nur dann als eigene *vi-WORTE*, wenn davor und danach Leer- oder Tabulatorzeichen angegeben sind. So zählt z.B. eine zusammenhängende Folge von Interpunktionszeichen als ein *vi-WORT*.
vi-wort	ist eine Folge von Buchstaben und/oder Ziffern, welche durch Neuezeile-Zeichen, Leerzeichen, Tabulatorzeichen oder ein Interpunktionszeichen abgegrenzt ist.

Eingabemodus

Im Eingabemodus stehen neben der normalen Text-Eingabe folgende Editiermöglichkeiten zur Verfügung:

Erase	Zeichen links vom Cursor löschen; *Erase* ist meist **#** oder *Ctrl*-**h** oder die *Backspace*-Taste
Kill	ganze Zeile löschen; *Kill* ist meist **@** oder *Ctrl*-**x**
Ctrl-**v**	nachfolgendes **vi**-Kommando ausschalten und als einfachen Text interpretieren
\	nachfolgendes *Erase* oder *Kill* ausschalten
EOF	(**e**nd **o**f **f**ile) wird nur als erstes Zeichen einer Zeile erkannt; die Voreinstellung für *EOF* ist *Ctrl*-**d**
Ctrl-**w**	vorheriges *vi-wort* löschen

Die nachfolgenden **vi**-Kommandos können nur im Kommandomodus eingegeben werden. Mit *ESC* kann vom Eingabemodus in den Kommandomodus umgeschaltet werden.

Cursorpositionierung (Kommandomodus)

Kommando	Wirkung
l	
Leerzeichen	ein Zeichen nach rechts
w	nach rechts auf Anfang des nächsten *vi-worts*
W	nach rechts auf Anfang des nächsten *vi-WORTS*
e	nach rechts auf Ende des nächsten *vi-worts*
E	nach rechts auf Ende des nächsten *vi-WORTS*
h	ein Zeichen nach links
b	auf Anfang des *vi-worts* (links vom Cursor)
B	auf Anfang des *vi-WORTS* (links vom Cursor)
^	auf erstes Zeichen der Zeile, das kein Leer- oder Tabulatorzeichen ist
0	
|	auf erstes Zeichen der Zeile
$	auf letztes Zeichen der Zeile
f*c*	nach rechts auf Zeichen *c*
F*c*	nach links auf Zeichen *c*
t*c*	nach rechts vor Zeichen *c*

T*c*	nach links nach Zeichen *c*
;	zuletzt gegebenes **f, F, t** oder **T** wiederholen
,	zuletzt gegebenes **f, F, t** oder **T** in umgekehrter Richtung wiederholen
*n*l	
*n*Leerzeichen	*n* Zeichen nach rechts
*n*w	nach rechts auf Anfang des *n*.ten nächsten *vi-worts*
*n*W	nach rechts auf Anfang des *n*.ten nächsten *vi-WORTS*
*n*e	nach rechts auf Ende des *n*.ten nächsten *vi-worts*
*n*E	nach rechts auf Ende des *n*.ten nächsten *vi-WORTS*
*n*h	*n* Zeichen nach links
*n*b	auf Anfang des *n*.ten *vi-worts* (links vom Cursor)
*n*B	auf Anfang des *n*.ten *vi-WORTS* (links vom Cursor)
n |	auf *n*.te bzw. letzte Zeichen der Zeile
*n*f*c*	nach rechts auf *n*.tes Vorkommen von *c*
*n*F*c*	nach links auf *n*.tes Vorkommen von *c*
*n*t*c*	nach rechts vor *n*.tes Vorkommen von *c*
*n*T*c*	nach links nach *n*.tes Vorkommen von *c*
n;	zuletzt gegebenes **f, F, t** oder **T** *n*-mal wiederholen
n,	zuletzt gegebenes **f, F, t** oder **T** *n*-mal in umgekehrter Richtung wiederholen

Einfügen, Ändern und Ersetzen (Kommandomodus)

Bis auf das Kommando **r** (*replace*) schalten die nachfolgenden Kommandos den built in-Editor **vi** in den Eingabemodus um.

Um vom Eingabemodus in den Kommandomodus zurückzukehren, muß *ESC* eingegeben werden. Eine andere Möglichkeit ist die Eingabe von "; in diesem Fall wird die Kommandozeile sofort zur Ausführung an die **ksh** übergeben.

Kommando	Wirkung
a	rechts vom Cursor Text einfügen
A	am Zeilenende Text einfügen
i	links vom Cursor Text einfügen
I	am Zeilenanfang (vor ersten Zeichen, das kein Leer- oder Tabulatorzeichen ist) Text einfügen

Kommando	Wirkung
R	auf Überschreiben schalten
c*p*	von Cursor bis zur Position *p* ersetzen. *p* muß Cursorpositionierungs-Kommando sein
cc	
S	ganze Zeile löschen und in Eingabemodus schalten
C	ab Cursor Rest der Zeile löschen und in Eingabemodus umschalten
r*c*	Zeichen an Cursorposition durch *c* ersetzen
_	(Unterstrich) Letztes Wort der vorherigen Kommandozeile nach Cursor einfügen und in den Eingabemodus schalten
c*n p*	
*n*c*p*	legt *n* Bereiche zum Ändern fest
*n*r*c*	ab Cursor *n* Zeichen durch das Zeichen *c* ersetzen
*n*_	(Unterstrich) *n*.tes *vi-WORT* der vorherigen Kommandozeile nach Cursor einfügen und in Eingabemodus schalten

Löschen (Kommandomodus)

Kommando	Wirkung
x	Zeichen an Cursorposition löschen
X	Zeichen links vom Cursor löschen
d*p*	von Cursor bis zur Position *p* löschen. *p* muß Cursorpositionierungs-Kommando sein. Der gelöschte Text wird in einem Puffer gesichert.
dd	ganze Zeile löschen
D	ab Cursor Rest der Zeile löschen
*n*x	*n* Zeichen ab Cursor löschen
*n*X	*n* Zeichen links vom Cursor löschen
d*n p*	
*n*d*p*	*n* Bereiche löschen

Kopieren (Kommandomodus)

Kommando	Wirkung
y*p*	Text von Cursor bis zur Position *p* in Puffer kopieren. *p* muß Cursorpositionierungs-Kommando sein.
yy	ganze Zeile in Puffer kopieren
Y	ab Cursor Rest der Zeile in den Puffer kopieren
p	Pufferinhalt rechts vom Cursor einkopieren
P	Pufferinhalt links vom Cursor einkopieren
y*n* p	
*n*y*p*	*n* Bereiche in Puffer kopieren
*n*p	Pufferinhalt rechts vom Cursor *n*-mal einkopieren
*n*P	Pufferinhalt links vom Cursor *n*-mal einkopieren

Rückgängig machen (Kommandomodus)

Kommando	Wirkung
u	die letzte durch ein Editor-Kommando bewirkte Text-Änderung rückgängig machen
U	alle durch Editor-Kommandos vorgenommenen Text-Änderungen rückgängig machen

Sonstige Kommandos (Kommandomodus)

Kommando	Wirkung
⏎	momentane Zeile an die **ksh** zur Verarbeitung übergeben; ⏎ kann sowohl im Eingabemodus als auch im Kommandomodus eingegeben werden
Ctrl-l	Cursor in nächste Zeile bewegen und dort Kommandozeile erneut anzeigen
#	momentane Kommandozeile als Kommentar in History-Datei eintragen
=	Pfadnamen auflisten, die aus Expandierung (bei Anhängen von *) des Cursor-Wortes resultieren würden

Kommando	Wirkung
\	fehlende Zeichen an Cursor-*WORT* anhängen, um es zu einem Pfadnamen einer existierenden Datei zu vervollständigen
*	bewirkt, daß ein * an das Cursor-*WORT* angehängt wird, bevor Dateinamen-Expandierung für dieses Wort versucht wird
@*buchstabe*	Alias-Text zu _*buchstabe* einfügen bzw. die darin enthaltenen **vi**-Direktiven ausführen
~	Zeichen an Cursorposition von Klein- in Großbuchstaben umwandeln bzw. umgekehrt
.	Letztes Änderungskommando wiederholen
v	ruft den wirklichen Editor **vi** mit **fc -e ${VISUAL:-${EDITOR:-vi}}** auf. In der zu editierenden Datei befindet sich dabei die momentane Kommandozeile. Nach Verlassen von **vi** führt die **ksh** diese Kommandozeile aus
n~	ab Cursorposition *n* Zeichen von Klein- in Großbuchstaben umwandeln bzw. umgekehrt
n.	Letztes Änderungskommando *n* mal wiederholen
*n***v**	ruft den wirklichen Editor **vi** mit **fc -e ${VISUAL:-${EDITOR:-vi}}** *n* auf. In der zu editierenden Datei befindet sich dabei die *n*.te Kommandozeile aus der History-Datei. Nach Verlassen von **vi** führt die **ksh** diese Kommandozeile aus

Kommandozeilen aus der History-Datei holen (Kommandomodus)

Ein **ksh**-Kommando kann sich über mehrere Zeilen erstrecken. Bei einem mehrzeiligen Kommando werden die Neuezeile-Zeichen (außer dem letzten) als ^J angezeigt.

Kommando	Wirkung
k	
-	vorherige Kommandozeile aus der History-Datei holen.
j	
+	nächste (nachfolgende) Kommandozeile aus der History-Datei holen

Kommando	Wirkung
G	älteste (erste) Kommandozeile aus der History-Datei holen
/string⏎	in History-Datei rückwärts nach *string* suchen. Wird eine solche Zeile gefunden, so wird diese geholt. Ist kein *string* angegeben, wird nach dem *string* aus dem letzten Suchkommando gesucht
/^string⏎	dasselbe wie /*string*", außer daß *string* nur gefunden wird, wenn er am Anfang einer Zeile steht
?string⏎	dasselbe wie /*string*", außer daß in der History-Datei vorwärts gesucht wird
?^string⏎	dasselbe wie ?*string*", außer daß *string* nur gefunden wird, wenn er am Anfang einer Zeile steht
n	letztes Suchkommando (/ oder ?) wiederholen
N	letztes Suchkommando (/ oder ?) mit umgekehrter Suchrichtung wiederholen
*n*k	
n-	*n*.te vorherige Kommandozeile aus der History-Datei holen
*n*j	
n+	*n*.te nachfolgende Kommandozeile aus der History-Datei holen
*n*G	*n*.te Kommandozeile aus der History-Datei holen

Signalbehandlung in der ksh

siehe **trap**.

Job-Kontrolle in der Korn-Shell

Um die Job-Kontrolle der **ksh** zu aktivieren, muß die Option **monitor** gesetzt werden. Dies ist allerdings systemabhängig:

- Auf Systemen mit einer vollständigen Job-Kontrolle wird **monitor** automatisch gesetzt, wenn eine interaktive **ksh** gestartet wird.
- Auf anderen Systemen muß explizit **set -o monitor** aufgerufen werden; dieser Aufruf wird üblicherweise in der Environment-Datei angegeben.

Die einzelnen Jobs können über die PID, die Jobnummer oder den Jobnamen angesprochen werden. Um einen Job über seine Jobnummer oder seinen Namen anzusprechen, gibt es folgende Notationen:

Angabe	ausgewählter Job
%jobnr	Job mit Jobnummer *jobnr*
%string	Job, dessen Name mit *string* beginnt
%?string	Job, dessen Name *string* enthält
%+ oder %%	momentaner Job
%-	vorheriger aktueller Job

Der Job, der gerade im Vordergrund abgearbeitet wird, kann mit der *Susp*-Taste (meist *Ctrl*-**z**)[27] angehalten werden. Jedoch können niemals Funktionen oder Kommandos zur Ablaufsteuerung angehalten werden.

Ein Hintergrund-Job wird immer dann automatisch angehalten, wenn er versucht, von der Dialogstation zu lesen.

Mit **stty tostop** kann zusätzlich noch festgelegt werden, daß Hintergrund-Jobs auch dann anzuhalten sind, wenn sie versuchen, auf die Dialogstation zu schreiben.

Für die Job-Kontrolle stehen die built in-Kommandos **jobs**, **kill**, **bg**, **fg** und **wait** zur Verfügung.

Built in-Kommandos

Die **ksh** verfügt über folgende built in-Kommandos:

Kommando	Wirkung
#	Kommentar-Kommando.
:	Null-Kommando.
.	Punkt-Kommando.
alias	Definieren bzw. Anzeigen von Aliasen.
bg	Ausführung von angehaltenen *job(s)* im Hintergrund fortsetzen.
break	Verlassen einer umschließenden **for**-, **while**-, **until**- oder **select**-Schleife.
cd	Wechseln in anderes working directory.

---

[27] Kann auch mit **stty** eingestellt werden, z.B. **stty susp '^z'**

Kommando	Wirkung
continue	Abbrechen eines **for**-, **while**-, **until**- oder **select**-Schleifendurchlaufs.
echo	Ausgeben von Text[28].
eval	Ausführen der Argumente als Kommandos.
exec	Überlagern der **ksh** mit einem Kommando bzw. Ein-/Ausgabe der aktiven **ksh** umlenken.
exit	Beenden der momentan aktiven **ksh**.
export	Exportieren von Shell-Variablen.
fc	Erneutes Ausführen bzw. Auflisten zuvor eingegebener Kommandozeilen.
fg	Ausführung von angehaltenen Jobs oder Hintergrund-Jobs im Vordergrund fortsetzen.
getopts	Auswerten der Optionen in einem Shell-Skript.
jobs	Ausgeben von Informationen zu Jobs.
kill	Signale an Jobs schicken bzw. verfügbare Signale auflisten.
let	Auswerten von arithmetischen Ausdrücken.
newgrp	Wechseln der Gruppenzugehörigkeit.
print	Ausgeben von Text.
pwd	Ausgeben des working directorys.
read	Lesen einer Eingabezeile von der Standardeingabe.
readonly	Shell-Variablen als "nur lesbar" kennzeichnen.
return	Verlassen einer Funktion bzw. der **ksh**.
set	Ein- bzw. Ausschalten von **ksh**-Optionen oder Setzen bzw. Löschen von Positionsparametern.
shift	Verschieben der Werte von Positionsparametern.
test	Auswerten eines Ausdrucks. Anstelle von **test** *ausdr* kann auch **[** *ausdr* **]** angegeben werden.
times	Anzeigen der bisher von der aktuellen **ksh** verbrauchten CPU-Zeit (Benutzer- und Systemzeit).
trap	Installieren bzw. Auflisten von Signalhandlern.
typeset	Ein-/Ausschalten bzw. Anzeigen von Attributen für Variablen oder für Funktionen.

---

[28] Auf manchen Systemen ist **echo** kein built in-Kommando, sondern ein vordefiniertes Alias für '**print -**'.

Kommando	Wirkung
ulimit	Festlegen bzw. Auflisten von Limits für Systemressourcen.
umask	Setzen bzw. Anzeigen der Dateikreierungs-Maske.
unalias	Löschen von Aliasen.
unset	Löschen von Shell-Variablen oder Shell-Funktionen.
wait	Warten auf die Beendigung von Jobs.
whence	Lokalisieren bzw. Klassifizieren eines Kommandos.

Tabelle - Built in-Kommandos der ksh

Abarbeitung von Kommandozeilen

1. Schritt: Lesen von Kommandos
1.1 Zerlegen der Kommandozeile in einzelne Token
1.2 Festlegen des Kommandotyps
1.3 Lesen von einfachen Kommandos
1.4 Alias-Substitution
1.5 Tilde-Expandierung

2. Schritt: Expandieren der Kommandozeile
2.1 Kommandosubstitution
2.2 Parametersubstitution
2.3 Zerlegen der Kommandozeile (aus 2.1 und 2.2) in einzelne Worte
2.4 Dateinamen-Expandierung
2.5 Entfernen von Quoting

3. Schritt: Ausführen eines Kommandos
3.1 Kein Kommandoname angegeben (Variablenzuweisung oder nur Ein-/Ausgabeumlenkungen angegeben)
3.2 Kommandoname beginnt mit /
3.3 Reserviertes Wort
3.4 Built in-Kommando
3.5 Funktion
3.6 Tracked Aliase
3.7 Programm

let
((..))

Auswerten von arithmetischen Ausdrücken *k*

Syntax

let *argument(e)*

Jedes *argument* ist dabei ein auszuwertender Ausdruck; deshalb müssen Leer- und Tabulatorzeichen in einem arithmetischen Ausdruck mit Quoting ausgeschaltet werden. Operatoren, welche Metazeichen für die **ksh** sind, sind ebenfalls mit Quoting auszuschalten.

Welche Ausdrücke als *argument(e)* erlaubt sind, können bei **ksh** (Unterpunkt "Arithmetische Auswertungen") nachgeschlagen werden.

Der Rückgabewert von **let** ist 0 (erfolgreich), wenn die Auswertung des letzten Ausdrucks einen Wert verschieden von 0 liefert, andernfalls ist der Rückgabewert 1 (nicht erfolgreich).

Ist nur ein Ausdruck auszuwerten, so kann anstelle von **let** das Kommando

((*ausdr***))**

verwendet werden, welches dem Aufruf

let *"ausdr"*

entspricht, so daß bei Verwendung von Leer-, Tabulator- oder sonstigen Metazeichen in *ausdr* diese nicht mit Quoting auszuschalten sind.

Beispiele

```
$ cat fiba⏎
integer ende=${1:-1000} x=1 y=1 z

while ((x<=ende))
do
   print $x
   let z=x+y x=y y=z
done
$ chmod u+x fiba⏎
$ fiba 50⏎
```

```
1
1
2
3
5
8
13
21
34
$
```

Typische Anwendungen

((..)) wird meist bei der Bedingungs-Angabe der Kommandos **if**, **while** und **until** benutzt.

Eine andere Verwendung von **((..))** ist das Rechnen mit Variablen, die zwar arithmetische Ausdrücke als Werte beinhalten, aber nicht explizit als Integer-Variablen deklariert wurden.

Hinweis

Mit dem Vorhandensein des built in-Kommandos **let** ist die Verwendung der nicht built in- (und damit langsameren) Kommandos **expr** und **bc** in der Korn-Shell nicht mehr notwendig.

limit

Festlegen bzw. Ausgeben von Limits für Systemressourcen c

Syntax

limit [*resource*] [*maximum*]

limit legt ein Limit (*maximum*) für die angegebene *resource* fest. Dieses Limit darf vom aktuellen Prozeß und allen seinen Sohnprozessen nicht überschritten werden.

Ist kein *maximum* angegeben, so wird das momentan festgelegte Limit für *resource* oder für alle Ressourcen, wenn *resource* fehlt, ausgegeben. Für *resource* kann dabei angegeben werden:

cputime	CPU-Zeit in Sekunden
filesize	Dateigröße in Bytes
datasize	Größe des Datensegments in Bytes
stacksize	Größe des Stacksegments in Bytes

coredumpsize *coredump*-Größe in Bytes

Für *maximum* kann eine Gleitpunkt-Zahl oder eine ganze Zahl angegeben werden. Am Ende dieser Zahl kann bei **filesize, datasize, stacksize** und **coredumpsize** der Buchstabe **k** (für Kilobytes) oder der Buchstabe **m** (für Megabytes) angegeben werden.

Bei **cputime** kann am Ende dieser Zahl der Buchstabe **m** (für Minuten) oder der Buchstabe **h** (für Stunden) angegeben werden.

Außerdem kann bei **cputime** statt einer Zahl auch *mm:ss* angegeben werden, wobei *mm* die Minuten- und *ss* die Sekundenzahl festlegt.

Hinweis

limit ist nicht auf allen **csh**-Versionen verfügbar.

login
Starten der Login-Prozedur *c*

Syntax

login [*loginname*]

login beendet die Login-Shell und startet die Login-Prozedur für eine neue UNIX-Sitzung; wird ein *loginname* angegeben, so wird sofort nach dem Paßwort des entsprechenden Benutzers gefragt.

Hinweis

login ist nicht auf allen **csh**-Versionen verfügbar.

logout
Verlassen einer interaktiven C-Shell *c*

Syntax

logout

logout beendet eine Login-Shell, wobei zuvor noch die Datei *.logout* (im home directory) ausgeführt wird.

Hinweis

Wenn die Shell-Variable **ignoreeof** gesetzt ist, so kann eine interaktive **csh** nur mit den built in-Kommandos **exit** und **logout**, aber nicht mit *Ctrl-D* beendet werden.

newgrp
Ändern der Gruppenzugehörigkeit *b, k, c*

Syntax

newgrp [-] [*gruppenname*]

Jeder Benutzer ist vom Systemverwalter einer bestimmten Gruppe zugeteilt. Die Datei */etc/group* enthält eine Liste aller Gruppennamen, die GID und die Mitglieder jeder Gruppe. Dabei ist es möglich, daß ein Benutzer mehr als einer Gruppe angehört. Die Datei */etc/passwd* legt dann fest, welcher Gruppe ein solcher Benutzer beim Anmelden zugeordnet wird. Mit dem Kommando **newgrp** ist es nun einem solchen Benutzer möglich, während einer UNIX-Sitzung in eine andere Gruppe, in der er ebenfalls Mitglied ist, überzuwechseln. Wird **newgrp** ohne die Angabe eines Arguments aufgerufen, so wechselt der entsprechende Benutzer in die Gruppe, der er in der Datei */etc/passwd* zugeordnet ist; so kann die Auswirkung eines früher gegebenen **newgrp**-Kommandos wieder rückgängig gemacht werden.

Option

Wird die Option - angegeben, so werden beim Gruppenwechsel die Shell-Variablen so zurückgesetzt, als ob der entsprechende Benutzer sich gerade angemeldet hätte.

Hinweis

Zum Export markierte Shell-Variablen behalten ihre Werte auch nach einem Gruppenwechsel. Nicht-exportierte Shell-Variablen werden dagegen auf ihre default-Werte gesetzt oder, falls sie keine vordefinierten Shell-Variablen sind, gar nicht zur Verfügung gestellt.

nice
Kommandos mit niedrigerer Priorität ablaufen lassen *p, c*

Syntax

nice [+*n*] [*kommando*]

Mit **nice** ist es möglich, die Priorität von Kommandos bei ihrer Ausführung herabzusetzen, so daß sie langsamer ablaufen.

Wird **nice** ohne Argumente aufgerufen, so wird der *nice*-Wert auf 4 gesetzt.

Wird nur +*n* angegeben, so wird der *nice*-Wert auf die Zahl *n* gesetzt.

Wird **nice** mit einem *kommando* aufgerufen, so wird nur dieses *kommando* mit *nice*-Wert 4 bzw. *nice*-Wert *n* ausgeführt.

Hinweise

Je größer der *nice*-Wert ist, um so niedriger ist die Priorität, so daß die entsprechenden Kommandos um so langsamer ausgeführt werden.

Nur der Superuser kann Kommandos mit einem negativen *nice*-Wert (-*n*) ausführen lassen.

nohup

Jobs nach dem Beenden einer Shell weiterlaufen lassen *p, ka, c*

Syntax

nohup *kommando* [*argument(e)*]

Soll ein Job auch nach Beendigung der Shell, in der er gestartet wurde, weiterlaufen, so ist er mit dem Kommando **nohup** zu starten.

Wenn bei **nohup** die Ausgabe nicht explizit umgelenkt wurde, so wird sowohl die Standardausgabe als auch die Standardfehlerausgabe in die Datei *nohup.out* des working directorys geschrieben. Ist dies wegen fehlender Zugriffsrechte nicht möglich, so werden die Ausgaben des betreffenden Jobs in die Datei *nohup.out* des home directorys geschrieben.

ksh-Besonderheit

nohup ist in der Korn-Shell ein vordefiniertes Alias: **nohup='nohup '**

Hinweise (csh)

Wird **nohup** in einem **csh**-Skript ohne ein Argument aufgerufen, so werden für die Dauer der Skript-Ausführung *hangup*-Signale von diesem Skript ignoriert.

In der **csh** werden *hangup*-Signale von Hintergrund-Jobs immer ignoriert.

notify
Sofortiges Informieren bei Status-Änderungen von Hintergrund-Jobs c

Syntax

notify [*job(s)*]

notify bewirkt, daß die **csh** sofort eine Meldung ausgibt, wenn sich der Status der angegebenen *job(s)* ändert. Normalerweise meldet die **csh** die Status-Änderung von Hintergrund-Jobs erst vor der Ausgabe des nächsten Prompts.

Werden keine *job(s)* beim Aufruf angegeben, so bezieht sich **notify** auf den aktuellen Job (zuletzt im Hintergrund gestarteter Job oder angehaltener Job).

Die einzelnen Jobs können über die PID, die Jobnummer oder den Jobnamen angesprochen werden. Um einen Job über seine Jobnummer oder seinen Namen anzusprechen, gibt es folgende Notationen:

%*jobnr*	Job mit Jobnummer *jobnr*
%*string*	Job, dessen Name mit *string* beginnt
%?*string*	Job, dessen Name *string* enthält
%+ oder %%	aktueller Job
%-	vorheriger aktueller Job

Hinweise

notify ist nicht auf allen **csh**-Versionen verfügbar.

Mit dem built in-Kommando **jobs** können die gerade im Hintergrund ablaufenden Jobs und deren momentaner Status angezeigt werden.

Wenn die Shell-Variable **notify** gesetzt ist, wird die Beendigung jedes Hintergrund-Jobs sofort gemeldet.

onintr
Installieren von Signal-Handlern c

Syntax

onintr
onintr -
onintr *marke*

onintr ermöglicht das Abfangen von Interrupt-Signalen:

onintr	stellt die default-Signalbehandlung ein, welche bei Interrupt-Signalen das Beenden des **csh**-Skripts bedeutet.
onintr -	bewirkt, daß Interrupt-Signale ignoriert werden.
onintr *marke*	bewirkt, daß beim Auftreten von Interrupt-Signalen *marke* angesprungen wird.

Hinweise

Bei Hintergrund-Jobs werden alle Interrupt-Signale ignoriert, unabhängig davon, was mit **onintr** festgelegt wurde.

Die mit **onintr** installierten Signalhandler werden an Subshells vererbt.

Das *quit*-Signal (*Ctrl-*) kann in der **csh** nicht abgefangen werden.

Typische Anwendungen

Sollen für einen bestimmten kritischen Abschnitt in einem **csh**-Skript Unterbrechungen nicht gestattet sein, so muß dieser Abschnitt wie folgt geklammert werden:

```
onintr -        # Interrupts ignorieren
......
......          # kritischer, nicht unterbrechbarer Abschnitt
......
onintr          # Interrupts wieder zulassen
```

Löschen von temporären Dateien beim Beenden eines **csh**-Skripts:

```
set tmpdatei = /tmp/....$$
set exit_wert = 1
onintr sighandler
   .....
   .....        # eigentliches csh-Skript
   .....
onintr -
set exit_wert = 0

sighandler:
   /bin/rm -f $tmpdatei >/dev/null
   exit $exit_wert
```

popd
Wechseln zu einem Directory des Directory-Stacks
Entfernen eines Directorys aus dem Directory-Stack *c*

Syntax
popd [+*n*]

Wird **popd** ohne Argument aufgerufen, so wird das an zweit oberster Stelle des Directory-Stacks stehende Directory zum neuen working directory; der an oberster Stelle des Directory-Stacks stehende Pfad wird dabei entfernt.

Wird +*n* angegeben, so wird der *n*.te Pfad aus dem Directory-Stack entfernt. Die Stack-Elemente sind dabei wieder von 0 (oberstes Stack-Element) beginnend aufsteigend durchnumeriert.

Hinweise
Wird zu einem neuen working directory nicht mit **cd**, sondern mit dem Kommando **pushd** gewechselt, so wird das neue working directory das oberste Element des Directory-Stacks und das vorherige working directory wird als zweites Element im Directory-Stack festgehalten.

Der momentane Inhalt des Directory-Stacks kann mit dem Kommando **dirs** ausgegeben werden, wobei das oberste Stack-Element (working directory) als erstes ausgegeben wird.

Auf manchen **csh**-Versionen ist das built in-Kommandos **popd** als Alias realisiert.

print
Ausgeben auf die Standardausgabe *k*

Syntax
print [-**Rnprsu**[*n*]] [*argument(e)*]

print gibt die *argument(e)*, nachdem für sie Parametersubstitution, Kommandosubstitution und Dateinamen-Expandierung durchgeführt wurde, auf die Standardausgabe aus. Die Argumente werden dabei durch Leerzeichen getrennt ausgegeben, und die gesamte Ausgabe wird mit einem Zeilenvorschub abgeschlossen.

Das **print**-Kommando läßt bestimmte C-ähnliche Notationen zu:

Angabe	Wirkung
\a	Zeichen für akustisches Terminalsignal (ist nur auf **ksh**-Versionen verfügbar, die nach dem 3.6.1986 freigegeben wurde).
\b	Backspace.
\c	*argument(e)* bis zu diesem Zeichen ausgeben und Zeilenvorschub unterdrücken.
\f	Seitenvorschub (*form feed*).
\n	Neuezeile-Zeichen.
\r	*Carriage-Return*.
\t	Tabulatorzeichen.
\v	Vertikales Tabulatorzeichen
\\	Backslash.
\0*n*	das der Oktalzahl *n* entsprechende ASCII-Zeichen ausgegeben.

Optionen

Option	Bedeutung
-	alle nach dem Minuszeichen - angegebenen Wörter werden als Argumente interpretiert, auch wenn sie mit - (Minus) beginnen.
-R	schaltet die Bedeutung der oben angegebenen speziellen Notationen aus und bewirkt, daß alle nach **-R** angegebenen Wörter (außer **-n**) als Argumente interpretiert werden, auch wenn diese mit einem - (Minus) beginnen.
-n	keinen Zeilenvorschub nach der Ausgabe der *argument(e)*.
-p	leitet die Ausgabe der *argument(e)* direkt an den Ko-Prozeß weiter.
-r	schaltet die Bedeutung der oben angegebenen speziellen Notationen aus.
-s	schreibt *argument(e)* in die History-Datei.
-u[*n*]	schreibt *argument(e)* in Datei mit dem Filedeskriptor *n*. *n* muß dabei 1, 2 oder ein mit **exec** eingerichteter Filedeskriptor sein. Die Option **-u** hat dieselbe Wirkung wie ein Umlenken der Standardausgabe von **print**; jedoch wird bei **-u** die entsprechende Datei nicht automatisch geöffnet oder geschlossen. Voreinstellung für *n* ist 1.

Der exit-Status des **print**-Kommandos ist immer 0 (erfolgreich).

Hinweis

Auch das in der Bourne-Shell verfügbare Kommando **echo** kann in der Korn-Shell verwendet werden. Allerdings ist **echo** auf manchen **ksh**-Versionen kein built in-Kommando, sondern ein vordefiniertes Alias: **echo='print -'**

pushd

Hinzufügen eines Directorys zum Directory-Stack
Vertauschen oder Rotieren der Directories im Directory-Stack c

Syntax

pushd
pushd *pfadname*
pushd *+n*

Wird **pushd** ohne Argumente aufgerufen, so vertauscht es die beiden obersten Pfadnamen des Directory-Stacks.

Wird *pfadname* angegeben, so wird dieser *pfadname* das neue working directory und an oberster Stelle des Stacks hinterlegt, so daß sich der Pfadname des alten working directorys dann an zweit oberster Stelle des Directory-Stacks befindet.

Wird *+n* angegeben, so rotiert der Directory-Stack so, daß das *n*.te Element (Pfadname) das oberste Stack-Element wird. Die Stack-Elemente sind dabei von 0 (oberstes Stack-Element) beginnend aufsteigend durchnumeriert.

Hinweise

Mit dem Kommando **popd** ist es möglich, ohne Angabe des Pfads zu einem früheren working directory, welches sich im Directory-Stack befindet, zu wechseln.

Der momentane Inhalt des Directory-Stacks kann mit dem Kommando **dirs** ausgegeben werden, wobei das oberste Stack-Element (working directory) als erstes ausgegeben wird.

Auf manchen **csh**-Versionen ist das built in-Kommandos **pushd** als Alias realisiert.

pwd

Ausgeben des working directorys *b, k, p*

Syntax

pwd

pwd gibt den Namen des working directorys aus.

Hinweis

Vor System V.2 war **pwd** kein built in-Kommando.

r

Wiederholen eines zuvor gegebenen Kommandos *ka*

Vordefiniertes Alias: **r='fc -e - '**

read

Lesen einer Zeile von der Standardeingabe *b, k*

Syntax

sh: **read** [*variable(n)*]
ksh: **read** [**-prsu**[*n*]] [*variable(n)*]

read liest eine Zeile[29] von der Standardeingabe. Das erste Wort der Eingabezeile wird dann der zuerst angegebenen *variable*, das zweite der zweiten *variable*, usw. zugewiesen. Zur Ermittlung von Wortgrenzen werden die Zeichen aus der Shell-Variablen **IFS** verwendet.

Sind mehr Worte als *variable(n)* angegeben, dann werden alle restlichen Worte der zuletzt angegebenen *variable* zugewiesen.

Sind mehr *variable(n)* angegeben, als Worte in einer Eingabezeile vorhanden sind, so wird den zuviel angegebenen Variablen der Nullwert (leerer String) zugewiesen.

---

[29] Eine Eingabezeile kann sich dabei über mehrere Zeilen erstrecken, wenn als letztes Zeichen einer Teilzeile das Zeichen \ vor dem Neuezeile-Zeichen angegeben wird.

Wird **read** in der Bourne-Shell ohne Argumente aufgerufen, dann liest es zwar die ganze Eingabezeile, speichert den gelesenen Text aber nirgends ab.

read liefert nur dann einen von 0 verschiedenen exit-Status (nicht erfolgreich), wenn **EOF** gelesen wird.

ksh-Besonderheiten

Wird **read** ohne Angabe von *variable(n)* aufgerufen, so wird die vollständige Eingabezeile in der Variablen **REPLY** gespeichert.

Die erste Variable kann in der Form

variable?prompt

angegeben werden. In diesem Fall wird der *prompt*-String vor dem Einlesen der Eingabezeile auf die Standardfehlerausgabe ausgegeben.

Ist ein built in-Editor eingeschaltet, so können entsprechende Editor-Direktiven bei der Eingabe der Zeile verwendet werden.

Optionen (ksh)

Option	Wirkung
-p	liest die Eingabezeile vom Ko-Prozeß. Ein Lesen von **EOF** bewirkt dabei, daß die Verbindung zum Ko-Prozeß abgebrochen wird.
-r	schaltet die Sonderbedeutung von \ als Zeilen-Fortsetzungszeichen aus.
-s	die Eingabezeile wird als Kommando in der History-Datei festgehalten.
-u[*n*]	bewirkt ein Lesen von der Datei mit Filedeskriptor *n*; Voreinstellung für *n* ist 0 (Standardeingabe).

Hinweise

Bei der Eingabe für **read** können Metazeichen der Shell durch Voranstellen von \ ausgeschaltet werden. Der Backslash wird jedoch entfernt, bevor die Worte den angegebenen *variable(n)* zugewiesen werden.

Beispiele

```
$ cat einles⏎
echo "Wie heisst du ? (Nachname Vorname)"
read nachnam vornam
echo "Du heisst also $vornam $nachnam"
```

```
$ chmod u+x einles↵
$ einles↵
Wie heisst du ? (Nachname Vorname)
Haller Sascha↵
Du heisst also Sascha Haller
$
```

read -r (nur in **ksh** möglich)
liest eine Zeile in die Variable **REPLY**

read -rs (nur in **ksh** möglich)
liest eine Zeile in die Variable **REPLY** und speichert diese Zeile zusätzlich in der History-Datei.

read -r zeile (nur in **ksh** möglich)
liest eine Zeile in die Variable **zeile**.

read -r zeile?"Gib ein:" (nur in **ksh** möglich)
liest eine Zeile in die Variable **zeile**; hierbei wird vor der Eingabe die Aufforderung *Gib ein:* ausgegeben.

read -u3 text (nur in **ksh** möglich)
liest aus der Datei mit Filedeskriptor 3 eine Zeile in die Variable **text**.

Konsistenzprüfung für Eingaben in der Bourne-Shell:
```
while
    echo "Bitte geben Sie j oder n ein: \c"
    read x
    case $x in
        [jJnN]*) false;;
              *) true;;
    esac
do
    echo "Falsche Eingabe"
done
```

Konsistenzprüfung für Eingaben in der Korn-Shell:
```
function pruef
{   typeset -L1 -l antwort # Konsistenzpruefg. fuer Eingaben
    while read antwort?"Bitte geben Sie j oder n ein: "
        case $antwort in
            [jn]) false;;
               *) true;;
        esac
```

```
    do
      echo "Falsche Eingabe"
    done
    echo "Eingabe ok"
}
```

Typische Anwendungen

read wird üblicherweise für interaktive Eingaben an Skripts verwendet.

read kann auch verwendet werden, um überlange Kommandozeilen zu umgehen, welche aus der Kommandosubstitution und Dateinamen-Expandierung resultieren können:

```
$ grep -sn getchar 'find /usr/include -print'⏎
/bin/grep: arg list too long⏎
$ find /usr/include -print | while read datei⏎
> do⏎
>    grep -sn getchar $datei ""⏎    [mit "" grep zur Ausgabe des Namens zwingen]
> done⏎
/usr/include/stdio.h:77:#define getchar()    getc(stdin)
$/
```

readonly

Kennzeichnen von Shell-Variablen als "nur lesbar" *k, b*

Syntax

sh: **readonly** [*variable(n)*]
ksh: **readonly** [*variable*[=*wert*]] ....

readonly markiert die angegebenen *variable(n)* als "nur lesbar", was bedeutet, daß die Inhalte dieser *variable(n)* danach nicht mehr verändert werden können. Wird **readonly** ohne Angabe von *variable(n)* aufgerufen, so werden alle Shell-Variablen ausgegeben, die momentan als "nur lesbar" markiert sind.

ksh-Besonderheiten

Das **readonly** der **ksh** erlaubt es, Variablen auch zugleich einen Wert zuzuweisen.

Die **ksh** selbst kann *readonly*-Variablen trotzdem noch Werte zuweisen. Wenn z.B. die automatische Variable **PWD** als *readonly* gekennzeichnet wird, so kann zwar der Benutzer dieser Variablen keinen Wert mehr zuweisen, die **ksh** aber sehr wohl.

readonly entspricht weitgehend **typeset -r**, außer daß mit **readonly** keine lokalen Variablen in einer Funktion definiert werden können.

Auf der **ksh**-Version vom 3.6.1986 und früheren Versionen wird das *readonly*-Attribut bei einem neuen **ksh**-Aufruf nicht vererbt.

Hinweis

Die angegebenen *variable(n)* können zum Zeitpunkt des Aufrufs von **readonly** bereits definiert sein oder aber auch erst später mit einer Zuweisung definiert werden.

rehash

Interne Hashing-Tabelle neu erstellen lassen *c*

Syntax

rehash

Um ein ständiges zeitaufwendiges Suchen in den **path**-Directories beim Aufruf eines nicht built in-Kommandos zu vermeiden, unterhält die **csh** eine interne Hashing-Tabelle, in der sie die Pfadnamen aller Kommandos der **path**-Directories speichert.

rehash bewirkt, daß die interne Hashing-Tabelle zunächst gelöscht und dann wieder neu aufgebaut wird.

Typische Anwendungen

rehash muß immer dann aufgerufen werden, wenn während einer UNIX-Sitzung neue Programme in den **path**-Directories angelegt wurden. Da in der **csh** anders als in der Bourne-Shell die Hashing-Tabelle bereits am Anfang der Sitzung aufgebaut wurde, würden diese Programme niemals in der veralteten Hashing-Tabelle gefunden, außer sie werden mit dem absoluten Pfadnamen aufgerufen.

return

Verlassen einer Funktion *b, k*

Syntax

return [*n*]

return bewirkt, daß eine Shell-Funktion mit dem Rückgabewert *n* verlassen wird. Ist *n* nicht angegeben, dann wird als Rückgabewert der exit-Status des zuletzt in dieser Funktion ausgeführten Kommandos verwendet.

ksh-Besonderheiten

Wird **return** außerhalb einer Funktion aufgerufen, so entspricht dies einem Aufruf des built in-Kommandos **exit**.

Hinweise

return wurde mit System V.2 eingeführt.

rsh

Die eingeschränkte Shell p

Syntax

rsh [-aefhiknrtuvx] [*argument(e)*]
rsh [-aefhiknrtuvx] [-c *argument*]
rsh [-aefhiknrtuvx] [-s] [*argument(e)*]

rsh hat die gleiche Aufrufsyntax und die gleichen Optionen wie **sh** (siehe **sh**). Die **rsh** läßt jedoch folgendes nicht zu:

- Verwendung von **cd**.
- Verändern der Shell-Variablen **PATH**.
- Angabe von Pfadnamen, welche / enthalten.
- Verwendung der Ausgabe-Umlenkungen > und >>.

Typische Anwendungen

Oft befinden sich unter den Benutzern einer großen Rechenanlage auch solche, welchen nicht der volle Zugang zu allen Daten und Kommandos in einem System erlaubt sein soll (z.B. Werkstudenten, Mitarbeitern aus Fremdfirmen usw.). Für solche Benutzer wurde die eingeschränkte Shell **rsh** (*restricted shell*) erfunden.

rsh wird meist durch einen entsprechenden Eintrag in */etc/passwd* als Login-Shell für solche "zweitklassigen Benutzer" gestartet. Nach dem Anmelden werden die Kommandos aus den Dateien */etc/profile*, */etc/rsh* und *.profile* (im home directory des entsprechenden Benutzers) ausgeführt. Erst danach werden die für **rsh** vorgegebenen Einschränkungen wirksam.

Die Einschränkungen ermöglichen es dem Systemadministrator, dem entsprechenden Benutzer eine Shellumgebung einzurichten, in der er nur Zugriff auf eine begrenzte Menge von Kommandos hat. Beispielsweise könnte der Systemverwalter ein Directory */usr/rbin* anlegen, welches nur Links auf die gestatteten Kommandos enthält. Dem Benutzer von **rsh** würde er dann anstelle von */usr/bin* das Directory

/usr/rbin in die **PATH**-Variable schreiben. Die Datei .profile für einen solchen Benutzer würde dann vom Systemadministrator erstellt und könnte z.B. wie folgt aussehen:

```
$ cat .profile⏎
PATH=/usr/rbin
SHELL=/bin/rsh
export PATH SHELL
cd /user1/rsh/rudi
$
```

Hinweise

Der Start von **rsh** kann auf verschiedene Arten erfolgen:

1. Als Login-Shell durch einen entsprechenden Eintrag in /etc/passwd.
2. Beim Aufruf einer Shell enthält **SHELL** einen Pfadnamen, dessen Basisname rsh ist.
3. Durch direkten Aufruf von **rsh**.
4. Das Programm **sh** wird mit der Option **-r** aufgerufen.

Einem Benutzer von **rsh** sollte niemals Zugriff auf ein anderes Shell-Programm (**sh**, **csh**, usw.), einen Compiler oder das Kommando **chmod** gewährt werden, da ein erfahrener UNIX-Anwender mit Hilfe dieser Kommandos eventuell die vorgegebenen Restriktionen umgehen könnte.

Zum Editor **ed** existiert auch eine eingeschränkte Version **red** (restricted ed). **red** entspricht dem **ed**, nur daß ein Wechseln in eine andere Shell nicht möglich ist und nur Dateien im working directory editiert werden können.

Es kann vorkommen, daß manche **rsh**-Benutzer Kommandos benötigen, welche für die Dauer ihrer Ausführung diese Einschränkung umgehen[30]. Für diesen Fall ist es üblich, dem Benutzer diese Kommandos in Form von Shell-Skripts zur Verfügung zu stellen. Zur Ausführung eines Shell-Skripts ruft nämlich **rsh** die normale Shell **sh** auf, welche keine Einschränkungen kennt. Um bei einer solchen Vorgehensweise zu verhindern, daß ein Benutzer sich über eigene Shell-Skripts Zugang zur normalen Shell-Welt verschafft, sollte dieser im working directory weder Schreib- noch Ausführrechte besitzen.

---

[30] Beispiele für solche Kommandos sind **env**, **cp** oder **ln**.

set

Setzen von Optionen bzw. von Positionsparametern für die aktuelle Shell *b, k*
Anzeigen von Variablen bzw. Zuweisen von Werten an Variablen *c*

Syntax

sh: set [*optionen*] [*argument(e)*]
ksh: set ["**aefhkmnopstuvx-**] ["**o** *optname*]... ["**A** *name*] [*argument(e)*]
csh: set [*variablenname*[=*wert*]]
      set *variablenname*=(*wortliste*)
      set *variablenname*[*index*]=*wert*

(sh)

Mit **set** ist es möglich, während des Arbeitens in einer Bourne-Shell, neue Optionen ein- bzw. auszuschalten. **set** kann sehr vielseitig verwendet werden:

1. Wird **set** ohne Angabe von *optionen* oder *argument(e)* aufgerufen, dann zeigt es die Namen und Werte aller momentan definierten Shell-Variablen und die Namen und Definitionen aller gerade definierten Funktionen an.

2. Wird **set** mit Angabe von *argument(e)* aufgerufen, so weist es diese Argumente der Reihe nach den Positionsparametern **$1**, **$2** usw. zu. Angegebene Optionen zählen dabei nicht als Argumente.

3. **set** kann auch verwendet werden, um Optionen in der gerade aktiven Shell zu setzen oder wieder zu löschen. Die unten genannten Optionen können auch nur für die Ausführungsdauer eines Shell-Skripts gesetzt werden; dazu müßten die gewünschten Optionen mit **set** innerhalb des Shell-Skripts gesetzt werden.

Optionen (sh)

Ein - (Minuszeichen) vor einer Option schaltet diese ein und ein + (Pluszeichen) davor schaltet sie aus. **set** kennt folgende Optionen

Optionen	Bedeutung
-a	Shell-Variablen, die verändert oder neu angelegt werden, für den Export markieren.
-e	(*exit*) Shell verlassen, wenn ein Kommando nicht erfolgreich ausgeführt werden kann.
-f	(*filename expansion*) Dateinamen-Expandierung (Metazeichen * ? [ ) ausschalten.

Optionen	Bedeutung
-h	(<u>h</u>ash) Kommandos in einer Funktion schon bei der Definition und nicht erst bei der Ausführung lokalisieren und in interne hashing-Tabelle eintragen.
-k	(<u>k</u>eywords) <u>Alle</u> Shell-Variablen an die Umgebung (*environment*) eines Kommandos übergeben. Normalerweise werden Shell-Variablen nur dann an aufgerufene Kommandos übergeben, wenn sie beim Aufruf vor dem Kommandonamen angegeben sind.
-n	(<u>n</u>o execution) Kommandos nur lesen und auf Syntaxfehler untersuchen, aber nicht ausführen.
-t	(<u>t</u>erminate) Nur eine Kommandozeile lesen und ausführen.
-u	(<u>u</u>nset) Zugriff auf nicht gesetzte Shell-Variablen als Fehler werten.
-v	(<u>v</u>erbose) Alle Shell-Eingabezeilen vor ihrer Ausführung - so wie sie gelesen werden - ausgeben.
-x	(e<u>x</u>ecute) Kommandos und ihre Argumente unmittelbar vor Ausführung ausgeben.
--	(doppeltes Minuszeichen) hat keine Auswirkung auf die Optionen; ist nützlich, um $1 auf - zu setzen(**set** -- -).

Tabelle - set-Optionen in der sh

Der automatische Parameter **$-** enthält die gerade gesetzten Optionen.

(ksh)

Das built in-Kommando **set** der **ksh** kann verwendet werden zum:

- Einschalten von Optionen: *-option* oder **-o** *optname*
- Ausschalten von Optionen: *+option* oder **+o** *optname*
- Setzen der Positionsparameter mit der Angabe von *argument(e)*
- Zuweisen von Werten an ein Array: **set "A** *name argument(e)*
- Sortieren der Positionsparameter oder der *argument(e)*: **set -s** ...
- Löschen der Positionsparameter: **set --**
- Auflisten aller definierten Shell-Variablen: **set**
- Auflisten des Zustands aller Optionen (ein- oder ausgeschaltet): **set -o**

Optionen (ksh)

Das **set** der **ksh** kennt folgende Optionen

Optionen	Bedeutung
-a	(**allexport**) Shell-Variablen, die verändert oder neu angelegt werden, für den Export markieren.
-e	(**errexit**) Shell verlassen, wenn ein Kommando nicht erfolgreich ausgeführt werden kann.
-f	(**noglob**) Dateinamen-Expandierung (Metazeichen * ? [) ausschalten.
-h	(**trackall**) Für jedes aufgerufene Kommando wird automatisch ein Tracked Alias erstellt.
-k	(**keyword**) Alle Shell-Variablen an die Umgebung (*environment*) eines Kommandos übergeben. Normalerweise werden Variablen-Zuweisungen nur dann an aufgerufene Kommandos übergeben, wenn sie beim Aufruf vor dem Kommandonamen angegeben sind.
-m	(**monitor**) Beendigung eines Hintergrund-Jobs wird immer mit exit-Status gemeldet.
-n	(**noexec**) Kommandos nur lesen und auf Syntaxfehler untersuchen, aber nicht ausführen.
-o *optname*	Für *optname* kann dabei folgendes angegeben werden:

	allexport	entspricht **-a**
	bgnice	Hintergrund-Jobs mit niedriger Priorität ausführen
	errexit	entspricht **-e**
	emacs	built in-Editor **emacs** einschalten
	gmacs	built in-Editor **gmacs** einschalten
	ignoreeof	Eine interaktive **ksh** kann nur mit **exit** (nicht mit *Ctrl*-**d**) verlassen werden.
	keyword	entspricht **-k**
	markdirs	An alle Directory-Namen, welche aus Dateinamen-Expandierung resultieren, wird ein Slash / angehängt.
	monitor	entspricht **-m**
	noclobber	Überschreiben von existierenden Dateien ist nur mit >| möglich.
	noexec	entspricht **-n**
	noglob	entspricht **-f**

Optionen	Bedeutung	
-o *optname*	**nolog**	Funktionsdefinitionen werden nicht in der History-Datei gespeichert.
	nounset	entspricht **-u**
	privileged	entspricht **-p** (**ksh**-Version nach 3.6.1986)
	protected	entspricht **-p** (**ksh**-Version vom 3.6.1986)
	trackall	entspricht **-h**
	verbose	entspricht **-v**
	vi	built in-Editor **vi** einschalten
	viraw	Jedes eingegebene Zeichen wird so interpretiert, als ob es im **vi**-Modus eingegeben wurde.
	xtrace	entspricht **-x**
-p	Option, welche Interpretation des setuid- bzw. setgid-Rechts regelt.	
-s	Positionsparameter bzw. angegebene *argument(e)* sortieren. Beim Aufruf einer **ksh** hat diese Option jedoch eine andere Bedeutung (siehe **ksh**).	
-t	Nach Ausführung eines Kommandos entsprechende **ksh** beenden.	
-u	(**nounset**) Zugriff auf nicht gesetzte Shell-Variable als Fehler werten.	
-v	(**verbose**) Alle Shell-Eingabezeilen vor ihrer Ausführung - so wie sie gelesen werden - ausgeben.	
-x	(**xtrace**) Jedes einfache Kommando unmittelbar vor seiner Ausführung (nach Parametersubstitution, Kommandosubstitution und die Dateinamen-Expandierung) auf der Standardfehlerausgabe anzeigen.	
-	(Minuszeichen) zunächst die beiden Optionen **-x** und **-v** ausschalten und Rest der Kommandozeile als normale Argumente interpretieren, selbst wenn sie mit **-** (Minus) beginnen.	
--	(doppeltes Minuszeichen) hat keine Auswirkung auf die Optionen. Wenn nach **--** keine weiteren Argumente angegeben sind, so werden die Positionsparameter gelöscht.	

Tabelle - set-Optionen in der ksh

Die Optionenangabe gilt immer dann als abgeschlossen, wenn ein Argument nicht mit + oder - beginnt oder ein einfaches bzw. doppeltes Minuszeichen vorkommt.

Optionen, die immer automatisch einzuschalten sind, sollten in *$HOME/.profile* oder in der Environment-Datei gesetzt werden.

Der automatische Parameter **$-** enthält alle momentan gesetzten **ksh**-Optionen.

Mit der Angabe

±A *name*

werden dem Array *name* die *argument(e)* als Werte zugewiesen. Ist dabei noch die Option **-s** angegeben, werden diese Werte sortiert.

Ist der Inhalt des Arrays *name* vor Zuweisung zu löschen, muß **-A** *name* und ansonsten **+A** *name* angegeben werden.

(csh)

In der **csh** kann **set** auf 5 verschiedene Arten aufgerufen werden:

Aufruf	Wirkung
set	gibt alle momentan definierten Shell-Variablen mit ihren Werten aus.
set *variablenname*	weist der Variablen *variablenname* den Nullstring zu.
set *variablenname=wert*	weist der Variablen *variablenname* den Wert *wert* zu.
set *variablenname=(wortliste)*	weist dem Array *variablenname* die Werte von *wortliste* zu; dabei wird das erste Wort *variablenname*[1], das zweite *variablenname*[2], usw. zugewiesen.
set *variablenname[index]=wert*	weist dem Array-Element *variablenname*[*index*] den Wert *wert* zu; dabei muß *variablenname*[*index*] bereits existieren.

Außer bei den ersten beiden Aufrufformen wird immer Kommandosubstitution, Parametersubstitution und Dateinamen-Expandierung für den rechten Teil der Zuweisung durchgeführt.

Auch ist es möglich, mehrere Aufrufformen in einem **set**-Kommando zu verwenden, wie z.B. **set a=(a*) b=15 x[3]=7**

Hinweise (sh und ksh)

Werden bei einem Skript- oder **set**-Aufruf mehr als 9 Argumente angegeben, so kann in der **sh** auf die "überhängenden Argumente" (10.Argument, 11.Argument, usw.) zunächst nicht zugegriffen werden. Ein Zugriff auf diese ist hier nur über einen vorherigen Aufruf von **shift** möglich.

Bei den zu **set** angegebenen Argumenten findet Dateinamen-Expandierung statt.

Um bei einem Funktionsaufruf in der **ksh** die Dateinamen-Expandierung für die Argumente auszuschalten, ist folgendes empfehlenswert:

```
alias funktionsname='set -o noglob; _funktionsname'
function _funktionsname
{
    trap 'set +o noglob' EXIT
    ........
}
```

setenv
Definieren von Environment-Variablen *c*

Syntax

setenv *variablenname wert*

setenv definiert eine Environment-Variable *variablenname* mit dem angegebenen *wert*.

Shell-Variablen, welche mit **set** definiert werden, werden normalerweise nicht in das Environment von Sohnprozessen exportiert. Die Ausnahmen dabei sind die Shell-Variablen **term** und **path**. Um ein Exportieren von Shell-Variablen zu erreichen, müssen diese mit dem built in-Kommando **setenv** definiert werden.

Hinweis

Mit dem built in-Kommando **unsetenv** können Environment-Variablen wieder gelöscht werden.

Um sich alle momentan definierten Environment-Variablen anzeigen zu lassen, steht das nicht built in-Kommando **env** bzw. **printenv** zur Verfügung.

sh
Die Bourne-Shell *p*

Syntax
sh [**-aefhiknrtuvx**] [*argument(e)*]
sh [**-aefhiknrtuvx**] [**-c** *argument*]
sh [**-aefhiknrtuvx**] [**-s**] [*argument(e)*]

Die Login-Prozedur ruft die Bourne-Shell mit **exec -sh** auf. Das Minuszeichen - bewirkt, daß eine Login-Shell gestartet wird. Bei einer Login-Shell werden immer zuerst die Kommandos aus der Datei */etc/profile* und dann die aus **$HOME**/.*profile* ausgeführt.

Wird **sh** mit der Angabe von *argument(e)*, aber ohne die Optionen **-c** und **-s**, aufgerufen, dann wird das erste Argument als eine Programmdatei interpretiert, welche entweder ein UNIX-Kommando, ein ausführbares Benutzerprogramm oder ein Shell-Skript sein kann; die restlichen *argument(e)* werden diesem Programm als Argumente übergeben.

Wird **sh** ohne *argument(e)* aufgerufen, dann wird eine Subshell gestartet, welche Kommandos interaktiv von der Standardeingabe liest. Eine solche Subshell kann immer mit dem Kommando **exit** oder der Eingabe von **EOF** (*Ctrl-D*) verlassen werden, was dann eine Rückkehr in die Vater-Shell bewirkt.

Optionen
Alle beim built in-Kommando **set** verfügbaren Optionen können auch beim direkten Aufruf von **sh** angegeben werden (siehe **set**). Diese Optionen gelten dann für die Subshell, die durch **sh** kreiert wird. Zusätzlich können bei einem **sh**-Aufruf noch die folgenden Optionen angegeben werden:

Optionen	Bedeutung
-c *argument*	Die als *argument* angegebene Kommandoliste wird gelesen und ausgeführt.
-s [*argument(e)*]	bewirkt den Start einer interaktiven Subshell. Sind *argument(e)* angegeben, werden diese der Subshell als Positionsparameter übergeben. Ist **-c** angegeben, wird **-s** ignoriert, andernfalls wird **-s** automatisch eingeschaltet.

Optionen	Bedeutung
-i	bewirkt den Start einer interaktiven Subshell, in der das *terminate*-Signal, das *intr*-Signal und das *quit*-Signal ignoriert werden.
-r	Shell wird als "*restricted Shell*" (eingeschränkte Shell) aufgerufen.

Metazeichen

Die Metazeichen der Bourne-Shell sind:

Metazeichen	Bedeutung
kdo>datei	Standardausgabe von *kdo* in *datei* umlenken.
kdo>>datei	Standardausgabe von *kdo* am Ende von *datei* anfügen.
kdo<datei	Standardeingabe von *kdo* auf *datei* umlenken.
kdo<<wort	Hier-Dokument (engl.: *here document*): Standardeingabe für *kdo* besteht aus den nächsten Zeilen bis zur ersten Zeile, die nur *wort* enthält.
kdo1|kdo2	Standardausgabe von *kdo1* über eine Pipe in die Standardeingabe von *kdo2* weiterleiten.
*	steht für "kein, ein oder mehrere Zeichen".
?	steht für "ein beliebiges Zeichen".
[...]	steht für "eines der in [...] angegebenen Zeichen"; Bereichsangaben wie 0-9 oder a-z sind innerhalb von [...] erlaubt.
[!...]	steht für "eines der nicht in [!...] angegebenen Zeichen"; Bereichsangaben wie 0-9 oder a-z sind innerhalb von [!...] erlaubt.
kdo1;kdo2	Semikolon trennt mehrere Kommandos in einer Kommandozeile; nach Beendigung von *kdo1* wird *kdo2* ausgeführt.
kdo&	*kdo* im Hintergrund (parallel) ablaufen lassen; in diesem Fall wartet die Shell nicht auf die Beendigung von *kdo*.
\`*kdo*\`	Kommandosubstitution: führt *kdo* aus und ersetzt dann in der Kommandozeile \`*kdo*\` durch die Ausgabe von *kdo*.
(*kdo*)	*kdo* in einer Subshell ausführen.

Metazeichen	Bedeutung
{ kdo; }[31]	kdo in der aktuellen Shell (nicht in einer Subshell) ausführen.
$0, $1,.., $9	Werte der Positionsparameter für ein Shell-Skript bzw. eine Shell-Funktion.
$var	Wert der Shell-Variablen var.
${var}text	Wert der Shell-Variablen var mit nachfolgendem text zu einer Zeichenkette zusammenfügen.
\c	Sonderbedeutung des Metazeichens c ausschalten.
'...'	Sonderbedeutung aller Zeichen in '...' (außer Apostroph ') ausschalten.
"..."	Sonderbedeutung aller Zeichen in "..." (außer $ ` \) ausschalten.
#	leitet Kommentar ein; Rest der Zeile wird von der Shell ignoriert.
var=wert	Zuweisung von wert an die Shell-Variable var.
kdo1&&kdo2	kdo2 wird nur dann ausgeführt, wenn Ausführung von kdo1 erfolgreich verlief.
kdo1 || kdo2	kdo2 wird nur dann ausgeführt, wenn Ausführung von kdo1 nicht erfolgreich verlief.
Neuezeile-Zeichen	übergibt eine Kommandozeile an die Shell zur Abarbeitung.
Leerzeichen Tabulatorzeichen	Trennzeichen für Wörter (sonst keine Sonderbedeutung).

Tabelle - Metazeichen der sh

Einfache Kommandos und exit-Werte

Ein *einfaches Kommando* ist eine Folge von Wörtern, die durch Leer- und/oder Tabulatorzeichen voneinander getrennt sind. Das erste Wort gibt den Namen des auszuführenden Kommandos an. Bis auf wenige Ausnahmen (wie z.B. Wertzuweisungen an Variablen) werden die restlichen Wörter dem aufgerufenen Kommando als Argumente übergeben:

kommandoname   argument1   argument2   ......
         |
 argument0

---

[31] { und } sind eigentlich keine Metazeichen, sondern Schlüsselwörter der Shell.

Der Rückgabewert eines Kommandos wird als sein *exit-Status* bezeichnet. Der exit-Status zeigt immer den Erfolgsgrad der Kommandoausführung an:

0 Kommando wurde erfolgreich ausgeführt.

verschieden von 0 Ausführung des Kommandos war nicht erfolgreich. Der exit-Status liefert in diesem Fall noch zusätzlich die Information, ob das Kommando normal (z.B. Datei nicht vorhanden) oder abnormal (z.B. bei Division durch 0 oder bei Abbruch durch den Benutzer) beendet wurde. Wurde ein Programm abnormal beendet, so wird auf den eigentlichen exit-Status noch 0200 (oktal) aufaddiert.

Pipelines

Eine *Pipeline* ist eine Folge von einem oder mehreren Kommandos, welche mit | voneinander getrennt sind. Das Pipesymbol | bewirkt, daß die Standardausgabe des links vom Pipesymbol | angegebenen Kommandos direkt in die Standardeingabe des rechts davon stehenden Kommandos weitergeleitet wird.

Eine Pipe wird vom System über einen internen Puffer realisiert. Das linke Kommando schreibt in den Puffer, während zu gleicher Zeit das rechte Kommando aus dem Puffer liest. Kommandos, die über eine Pipe verknüpft sind, laufen parallel (als eigene Prozesse) ab und die Shell wartet auf die Beendigung des letzten Kommandos, bevor sie mit der Abarbeitung der nächsten Kommandozeile fortfährt.

Der exit-Status einer Pipeline ist der exit-Status des zuletzt in der Pipeline angegebenen Kommandos.

Listen

Eine *Liste* ist eine Sequenz von einer oder mehreren Pipelines, welche durch die Metazeichen ; , & , && oder || voneinander getrennt sind. & und ; dürfen dabei auch am Ende einer solchen Liste angegeben sein.

Die Vorrangregeln der hier angegebenen Trennzeichen von Pipelines in einer Liste sind: (; gleich &) < (&& gleich ||)

Wird eines der Symbole |, && oder || als letztes Zeichen einer Zeile (vor Neuezeile-Zeichen) angegeben, so bedeutet dies für die Shell, daß die Kommandozeile noch nicht abgeschlossen ist, und sie fordert den Benutzer durch Ausgabe des Sekundär-Promptzeichens > zur weiteren Eingabe auf.

Kommentar

Beginnt ein Wort mit #, so werden dieses Wort und alle nachfolgenden Zeichen dieser Zeile von der Shell als Kommentar interpretiert und von ihr ignoriert.

Shell-Skripts

Kommandos können nicht nur interaktiv eingegeben, sondern auch in eine Datei geschrieben werden; diese Datei kann dann der **sh** zur Abarbeitung der darin angegebenen Kommandos vorgelegt werden. Solche Kommandodateien werden als *Shell-Skripts* (oder *Shell-Prozeduren*) bezeichnet. Es existieren zwei Möglichkeiten, Shell-Skripts zu starten:

1. **sh** *skript-name*

2. *skript-name* (ohne **sh**)
   Bei dieser Aufrufform muß allerdings die Datei, in welcher das Shell-Skript gespeichert ist, ausführbar sein, was beim Aufruf mit **sh** nicht erforderlich ist.

Bei beiden Aufrufformen wird eine neue Subshell gestartet, die das angegebene Shell-Skript ausführt.

Kommandosubstitution

Kommandos, deren Standardausgabe von der Shell als Teil der Kommandozeile zu verwenden ist, müssen mit "Gegen-Apostrophen": \`*kommandos*\` geklammert werden.

Alle Metazeichen behalten innerhalb einer Kommandosubstitution ihre Sonderbedeutung.

Die Sonderbedeutung des Metazeichens \` kann durch Voranstellen von \ ausgeschaltet werden.

Eine Schachtelung von Kommandosubstitutionen ist mit der Angabe von \\`...\\` möglich.

Die Wirkung der Kommandosubstitution \`**cat datei**\` kann auch durch die Angabe \`**< datei**\` erreicht werden, wobei die zweite Form eine wesentlich schnellere Variante darstellt.

Shell-Parameter

Die Shell kennt zwei Arten von Parametern:

Positionsparameter

Positionsparameter stellen die an ein Shell-Skript übergebenen Argumente zur Verfügung, wobei das 1.Argument dem Parameter 1, das 2.Argument dem Parameter 2, usw. zugewiesen wird. Dem Parameter 0 wird der Name des aufgerufenen Shell-Skripts zugewiesen.

Auf die Werte der einzelnen Parameternamen kann durch Voranstellen des $-Zeichens zugegriffen werden.

Mit dem built in-Kommando **set** können den Positionsparametern auch explizit Werte zugewiesen werden. Die beim Aufruf von **set** angegebenen Argumente werden dabei in der Reihenfolge ihrer Angabe den Positionsparametern zugewiesen. Der Positionsparameter 0 wird durch den **set**-Aufruf nicht neu gesetzt, sondern behält weiterhin als Wert den Namen der Shell "-sh" bzw. des aufgerufenen Shell-Skripts.

Werden bei einem Skript- oder **set**-Aufruf mehr als 9 Argumente angegeben, so sind die restlichen zwar noch vorhanden, aber auf diese Argumente (10.Argument, 11.Argument, usw.) kann zunächst nicht über die Positionsparameter zugegriffen werden. Dazu müßte zuvor das built in-Kommando **shift** verwendet werden.

Shell-Variablen (Schlüsselwort-Parameter)
Der Name einer Shell-Variablen ist

- entweder als Bezeichner: erstes Zeichen muß ein Buchstabe oder _ (Unterstrich) sein. Alle weiteren Zeichen dürfen Buchstaben, Unterstriche oder Ziffern sein.

- oder mit einem der Zeichen * @ # - ? $!

anzugeben.

Frei wählbare Variablennamen
Bezüglich der Wahl von benutzerdefinierten Variablennamen gelten die Regeln für Bezeichner (siehe oben). Mit

`variablenname=wert [variablenname=wert].....`

kann einer Shell-Variablen ein Wert zugewiesen werden; vor und nach dem Gleichheitszeichen darf dabei kein Trennzeichen angegeben sein.

Für frei wählbare Shell-Variablen gilt:

- Der Wert einer nicht explizit vom Benutzer gesetzten Variablen ist die leere Zeichenkette.

- Bei einer Zuweisung an eine Variable findet keine Dateinamen-Expandierung statt.

- Mit dem Kommando **unset** kann eine Shell-Variable gelöscht werden.

- Mit **read** *variable(n)* wird eine Zeile von der Standardeingabe gelesen, wobei die einzelnen Wörter der Eingabezeile nacheinander den angegebenen *variable(n)* zugewiesen werden.

Vordefinierte Shell-Variablen

Name	Bedeutung
CDPATH	enthält Suchdirectories für **cd**. keine Voreinstellung.
HOME	enthält home directory des Benutzers. Voreinstellung: wird beim Anmelden auf einen in */etc/passwd* festgelegten Pfadnamen gesetzt.
IFS	(*Internal Field Separators*) enthält die Wort-Trennzeichen. Voreinstellung ist: Leerzeichen, Tabulatorzeichen und Neuezeile-Zeichen.
LOGNAME	enthält Login-Namen des Benutzers.
MAIL	enthält den Pfadnamen der mailbox-Datei.
MAILCHECK	legt das Zeitintervall (in Sekunden) fest, in dem ständig auf Ankunft neuer mail zu prüfen ist. Voreinstellung: **MAILCHECK=600**.
MAILPATH	enthält Pfadnamen von mailbox-Dateien. Die einzelnen mailbox-Pfadnamen sind bei der Angabe mit **:** zu trennen. Die zu einem Pfadnamen gehörige Meldung kann, mit % abgetrennt, nach diesem angegeben werden.
PATH	enthält Suchdirectories für Programme. Die einzelnen Directories sind dabei in der gewünschten Such-Reihenfolge anzugeben und mit **:** voneinander zu trennen. Ein leeres Directory steht dabei für das working directory. Voreinstellung: **PATH=:/bin:/usr/bin**
PS1	enthält Primär-Promptstring. Voreinstellung: **PS1="$ "** (beim Superuser: **PS1="# "**).
PS2	enthält Sekundär-Promptstring. Voreinstellung: **PS2="> "**.
SHACCT	legt Datei fest, in die Abrechnungsinformation zu schreiben ist. keine Voreinstellung.
SHELL	enthält Pfadname der Shell. Voreinstellung: wird beim Anmelden auf einen in */etc/passwd* festgelegten Pfadnamen gesetzt.
TERM	spezifiziert das Terminal, an dem der Benutzer momentan arbeitet. keine Voreinstellung.
TZ	legt Zeitzone fest.

Tabelle - Vordefinierte sh-Variablen

Die momentanen Werte aller Shell-Variablen können mit dem Kommando **set** (ohne Angabe von Argumenten) am Bildschirm ausgegeben werden.

Kommandoreferenz

Automatische Variablen

Die folgenden vordefinierten Variablen werden ständig neu von der Shell gesetzt.

Name	Bedeutung
#	Anzahl der gesetzten Positionsparameter.
–	Momentan gesetzte Shell-Optionen.
?	Exit-Status des letzten Vordergrund-Kommandos.
$	PID der aktuellen Shell.
!	PID des letzten Hintergrund-Kommandos.
*	Alle Positionsparameter als ein String: "$*" entspricht "$1 $2 $3 ..."
@	Alle Positionsparameter als einzelne Strings: "$@" entspricht "$1" "$2" "$3" ..."

Tabelle - Automatische sh-Variablen

Parameter-Substitution

Die einfachste Zugriffsmöglichkeit auf den Wert einer Variablen ist

$variable

Spezielle Zugriffsarten

Angabe	Ergebnis des Ausdrucks
${*variable*}	liefert wie $*variable* den Wert von *variable*. Diese Angabe muß verwendet werden, wenn dem Variablennamen direkt ein Buchstabe, eine Ziffer oder ein Unterstrich folgt.
${*variable*:-*wort*}	if **variable** (mit Nicht-Nullwert) gesetzt then **$variable** else **wort** fi
${*variable*:=*wort*}	if **variable** nicht gesetzt ist oder aber Nullwert enthält then **variable=wort** fi **$variable**

Angabe	Ergebnis des Ausdrucks

${variable:?wort}	if **variable** (mit Nicht–Nullwert) gesetzt
	then **$variable**
	else
	  if **wort** angegeben
	  then **wort** ausgeben
	  else "parameter null or not set" ausgeben
	  fi
	  Shell–Skript verlassen
	fi

${variable:+wort}	if **variable** (mit Nicht–Nullwert) gesetzt then **wort** else Nullwert fi

Tabelle - Spezielle Zugriffsmöglichkeiten auf Variablen in der sh

Fehlt in den obigen Ausdrücken der Doppelpunkt (:), so ändert sich lediglich die erste Abfrage dahingehend, daß nur geprüft wird, ob diese Variable bereits definiert ist oder nicht. Eine Variable gilt auch dann als definiert, wenn ihr explizit der Nullwert zugewiesen wurde.

In all diesen angegebenen Variablenausdrücken kann *wort* eine einfache Zeichenkette (String) oder ein Ausdruck sein, welcher nach seiner Auswertung eine Zeichenkette liefert.

Dateinamen-Expandierung

Beim Aufruf eines Kommandos oder Shell-Skripts wird jedes Wort der Kommandozeile von der Shell daraufhin untersucht, ob eines der Zeichen *****, **?** oder **[** darin vorkommt. Wird ein solches Wort gefunden, so betrachtet die Shell dieses als ein sogenanntes *pattern*, welches eine Vielzahl von Dateinamen abdecken kann.

Jedes in der Kommandozeile gefundene pattern wird dann von der Shell expandiert, d.h. durch alle Dateinamen ersetzt[32], die es abdeckt. Deckt ein pattern keinen Dateinamen ab, so wird es nicht expandiert.

---

[32] alphabetisch sortiert.

Metazeichen	Bedeutung
*	steht für "*eine beliebige Zeichenfolge*" (auch die leere)
?	steht für "*ein beliebiges einzelnes Zeichen*"
[...]	steht für "*eines der in [...] angegebenen Zeichen*"
[!...]	steht für "*ein Zeichen, welches <u>nicht</u> in [!...] angegeben ist*"

Tabelle - sh-Metazeichen für Dateinamen-Expandierung

Folgende Zeichenfolgen in Dateinamen werden nur dann abgedeckt, wenn sie explizit im entsprechenden pattern angegeben wurden:

. (Punkt) am Anfang eines Dateinamens

/.

/

Die Dateinamen-Expandierung kann auch ausgeschaltet werden, indem entweder beim Shell-Aufruf die Option **-f** angegeben wird oder aber diese Option mit **set -f** eingeschaltet wird.

Quoting

Um die Sonderbedeutung von Shell-Metazeichen auszuschalten, steht der Quoting-Mechanismus zur Verfügung. Es existieren verschiedene Möglichkeiten des Quotings:

**Voranstellen von **

Wird einem der Metazeichen ein \\ vorangestellt, so verliert dieses Metazeichen seine Sonderbedeutung.

Wenn sich eine Kommandozeile über mehr als eine Zeile erstrecken soll, so kann \\ als Fortsetzungszeichen verwendet werden.

Klammerung mit '..'

Alle Metazeichen zwischen zwei einzelnen Apostrophen (außer ein weiterer Apostroph) verlieren ihre Sonderbedeutung (auch das Quoting-Zeichen \\).

Zwar kann auch mit dieser Quoting-Art die Sonderbedeutung des Neuezeile-Zeichens (Abschluß einer Kommandozeile) ausgeschaltet werden; allerdings wird anders als bei \\⏎ der so erzeugte Zeilenvorschub nicht von der Shell entfernt.

Um die Sonderbedeutung eines einfachen Apostrophs innerhalb einer mit '..' geklammerten Zeichenkette auszuschalten, muß dieser mit Anführungszeichen geklammert werden: '..'"'"..'

Klammerung mit ".."

Bei einer Klammerung mit ".." behalten nur die Metazeichen \ " ` $ ihre Sonderbedeutung. Somit wird folgendes nicht ausgeschaltet:

- Quoting mit \
- Parametersubstitution ($*variable*)
- Kommandosubstitution (`kdo`)

Da auch \ innerhalb von ".." seine Sonderbedeutung behält, kann es verwendet werden, um die Sonderbedeutung der 4 Zeichen \ " ` $ innerhalb von ".." auszuschalten.

Hinweis

Während built in-Kommandos auch bei Quoting weiterhin von der **sh** erkannt werden, gilt dies nicht für die **sh**-Schlüsselwörter zur Ablaufsteuerung (**for**, **if**, usw.).

Zusammenfassung der Quoting-Regeln

Quoting	Metazeichen						
	\ $	*?[	`	"	'	"	
\	-	-	-	-	-	-	-
".."	x	x	-	x	+	-	v
'..'	-	-	-	-	-	+	v
`..`	x	x	x	+	x	x	x

Hierbei bedeutet:

- \- Sonderbedeutung ausgeschaltet
- x behält seine Sonderbedeutung
- \+ beendet Quoting bzw. Kommandosubstitution
- v Sonderbedeutung (Kommandoabschluß) ausgeschaltet, aber Bedeutung "Zeilenvorschub" bleibt erhalten

Ein- und Ausgabeumlenkung

Angabe	Bedeutung
<*datei*	Standardeingabe in *datei* umlenken.
>*datei*	Standardausgabe in *datei* umlenken. Die Eingabe >*datei* ohne Angabe eines Kommandos erzeugt eine leere Datei mit Namen *datei*.
>>*datei*	Standardausgabe an das Ende von *datei* umlenken.
<<*wort*	Hier-Dokument (engl. *here document*): Nachdem Parameter- und Kommandosubstitution für *wort* durchgeführt ist, wird die Eingabe an die Shell Zeile für Zeile gelesen, bis eine Zeile gefunden wird, welche genau mit *wort* übereinstimmt, oder bis ein **EOF** gelesen wird. **Quoting im** *wort* In den folgenden Eingabezeilen wird die Sonderbedeutung der Metazeichen ausgeschaltet. **Kein Quoting im** *wort* Für die folgenden Eingabezeilen gilt: 1. Parameter- und Kommandosubstitution findet statt. 2. *Neuezeile-Zeichen*-Kombinationen werden ignoriert. 3. \ muß verwendet werden, um die Sonderbedeutung der Zeichen \ $ und ` auszuschalten.
<<-*wort*	identisch zu <<*wort*, nur daß in den nachfolgenden Eingabezeilen alle führenden Tabulatorzeichen ignoriert werden.
<& *fd*	Datei, welche mit Dateideskriptor *fd* verbunden ist, als Standardeingabe verwenden.
>& *fd*	Datei, welche mit Dateideskriptor *fd* verbunden ist, als Standardausgabe verwenden.
<&-	Standardeingabe schließen.
>&-	Standardausgabe schließen.

Tabelle - Ein-/Ausgabeumlenkung in der sh

Bei all diesen Notationen kann zusätzlich vor dem entsprechenden Umlenkungszeichen noch ein Dateideskriptor (Zahl) angegeben werden, der den umzulenkenden "Datenstrom" (wie z.B. 2 für Standardfehlerausgabe) festlegt.

Hinweise

1. Vor und nach den Umlenkungsanweisungen können beliebig viele Leer- und Tabulatorzeichen angegeben sein.

2. Die Reihenfolge der Umlenkungsanweisungen ist signifikant: Die Shell wertet immer von links nach rechts aus.

3. Die Umlenkungs-Konstruktionen werden bereits vor dem Aufruf des entsprechenden Programms von der Shell ausgewertet, so daß sie diesem niemals als Argumente übergeben werden.

4. Umlenkungsanweisungen können in einer Kommandozeile an beliebiger Stelle angegeben werden.

5. Parameter- und Kommandosubstitution werden immer zuerst durchgeführt, bevor die entsprechenden Umlenkungen von der Shell vorgenommen werden.

6. Im Hintergrund gestartete Kommandos verwenden, wenn keine Umlenkungsanweisungen angegeben sind, die Voreinstellungen für die Standardausgabe und Standardfehlerausgabe: die Dialogstation. Dagegen ist die Standardeingabe bei Hintergrund-Jobs in die leere Datei **/dev/null** umgelenkt.

7. Für die bei Ausgabeumlenkung angegebene Datei findet keine Dateinamen-Expandierung statt.

8. Wenn sich ein angegebenes Kommando aus mehreren einfachen Kommandos zusammensetzt, so wertet die Shell zuerst die Umlenkungsanweisungen für das gesamte Kommando aus, bevor sie die Umlenkungsangaben für die einzelnen Pipelines und einfachen Kommandos auswertet.

9. Eine Subshell erbt die Dateideskriptoren der Vater-Shell.

Kommandoklammerung

Die Shell kennt zwei Arten von Kommandoklammerung:

runde Klammern: (*kdoliste*)

kdoliste wird in einer Subshell ausgeführt.

Angaben wie **&** oder Umlenkungsanweisungen beziehen sich immer nur auf das jeweilige Teilkommando.

Der exit-Status der ganzen in (..) angegebenen *kdoliste* ist der exit-Status des letzten Kommandos dieser *kdoliste*.

Geschachtelte Klammerungen sind erlaubt.

geschweifte Klammern: { *kdoliste*;}

kdoliste wird in der momentan aktiven Shell ausgeführt.

Die Hauptanwendung der {..}-Klammerung liegt darin, daß ein Benutzer hiermit die für gewisse Shell-Konstruktionen wie Pipe- oder Umlenkungsangaben voreingestellte Reihenfolge der Abarbeitung bestimmen kann.

Bei der Klammerung mit {..} sind zwei Syntaxregeln zu beachten:
1. Letztes Zeichen in {..} muß ; oder Neuezeile-Zeichen sein.
2. Vor und nach { ist ein Trennzeichen anzugeben.

Der exit-Status der ganzen in {..} angegebenen *kdoliste* ist der exit-Status des letzten Kommandos dieser *kdoliste*.

Geschachtelte Klammerungen sind erlaubt.

Kommandos zur Ablaufsteuerung

if-Anweisung

Die **if**-Anweisung kann auf drei verschiedene Arten verwendet werden:

```
if if_kdoliste
then
    then_kdoliste
fi
```

Wenn der exit-Status von *if_kdoliste* (des letzten Kommandos) gleich 0 (erfolgreich) ist, wird *then_kdoliste* ausgeführt, ansonsten werden diese Kommandos übersprungen.

```
if if_kdoliste
then
    then_kdoliste
else
    else_kdoliste
fi
```

Wenn der exit-Status von *if_kdoliste* (des letzten Kommandos) gleich 0 (erfolgreich) ist, wird *then_kdoliste*, ansonsten *else_kdoliste* ausgeführt.

```
if if_kdoliste1
then
    then_kdoliste1
elif if_kdoliste2
then
    then_kdoliste2
:
:
[ else
    else_kdoliste ]
fi
```

Wenn der exit-Status von *if_kdoliste1* (des letzten Kommandos) gleich 0 (erfolgreich) ist, wird *then_kdoliste1*, ansonsten *if_kdoliste2* ausgeführt. Kann *if_kdoliste2* erfolgreich ausgeführt werden, wird *then_kdoliste2* ausgeführt, ansonsten wird die nächste **elif**-Kommandoliste (falls vorhanden) ausgeführt, usw.; Wenn hier das letzte Kommando erfolgreich war, dann wird entsprechende *then_kdoliste* ausgeführt usw.

Falls die letzte angegebene **elif**-Kommandoliste nicht erfolgreich durchgeführt werden konnte, dann wird - wenn angegeben - die *else_kdoliste* ausgeführt, und sonst - beim Fehlen eines **else**-Teils - wird mit der Kommandoausführung hinter dem Schlüsselwort **fi** fortgefahren.

Hinweis

Der exit-Status eines **if**-Kommandos ist der exit-Status des letzten ausgeführten Kommandos (im **then**- bzw. **else**-Teil). Wenn keine Kommandos aus einem **then**- oder **else**-Teil ausgeführt wurden, dann ist der exit-Status 0 (entspricht erfolgreichem Ablauf des **if**-Kommandos).

case-Anweisung

```
case wort in
   pattern1) kdoliste1;;
   pattern2) kdoliste2;;
   :
   :
   patternn) kdolisten;;
esac
```

wort wird dabei in der angegebenen Reihenfolge zunächst mit *pattern1*, dann mit *pattern2*, usw. verglichen, bis eine Übereinstimmung gefunden wird. Bei einer Übereinstimmung wird dann die zugehörige *kdoliste* ausgeführt und danach mit dem nächsten Kommando nach dem Schlüsselwort **esac** fortgefahren.

Die einzelnen *pattern* sind als Zeichenketten anzugeben, in welchen die Metazeichen * ? [ ] der Dateinamen-Expandierung enthalten sein dürfen.

Das Zeichen | kann verwendet werden, um mehrere alternative pattern für eine *kdoliste* anzugeben.

Hinweise

1. Der exit-Status eines **case**-Kommandos ist der exit-Status der letzten ausgeführten Anweisung oder 0, wenn keine der angebotenen Alternativen ausgewählt wurde.

2. Die angegebenen pattern werden in der Reihenfolge der Angabe daraufhin überprüft, ob sie das vorgegebene *wort* abdecken. Deswegen sollten niemals die "default"-Angaben (wie z.B. *) als erste pattern angegeben werden.
3. Für *wort* wird neben Dateinamen-Expandierung auch Kommando- und Parametersubstitution durchgeführt.

while-Schleife
```
while kdoliste1
do
    kdoliste2
done
```

Zuerst werden die Kommandos aus *kdoliste1* ausgeführt. Wenn der exit-Status dieser Kommandoliste (des letzten Kommando) gleich 0 (erfolgreich) ist, dann werden die Kommandos aus *kdoliste2* ausgeführt. Dieser Ablauf wird wiederholt, bis die Ausführung von *kdoliste1* einen exit-Status verschieden von 0 (nicht erfolgreich) liefert. In diesem Fall wird die Abarbeitung hinter der **done**-Anweisung fortgesetzt.

Hinweis

Wurde der Schleifenkörper (*kdoliste2*) ausgeführt, dann ist der exit-Status des gesamten "Schleifen-Kommandos" der exit-Status des zuletzt ausgeführten Kommandos aus *kdoliste2*.
Wurde der Schleifenkörper (*kdoliste2*) nicht ausgeführt, ist der exit-Status gleich 0.

until-Schleife
```
until kdoliste1
do
    kdoliste2
done
```

Die **until**-Schleife stellt die Umkehrung zur **while**-Schleife dar: Der Schleifenrumpf (*kdoliste2*) wird solange ausgeführt wie *kdoliste1* einen exit-Wert verschieden von 0 (Ausführung des letzten Kommandos aus *kdoliste1* war nicht erfolgreich) liefert.

Hinweis

Wurde der Schleifenkörper (*kdoliste2*) ausgeführt, dann ist der exit-Status des gesamten "Schleifen-Kommandos" der exit-Status des zuletzt ausgeführten Kommandos aus *kdoliste2*.
Wurde der Schleifenkörper (*kdoliste2*) nicht ausgeführt, ist der exit-Status gleich 0.

for-Schleife

for *laufvariable*
do
    kdoliste
done

kdoliste wird wiederholt ausgeführt, wobei *laufvariable* nacheinander die Werte der Positionsparameter **$1**, ...,**$n** zugewiesen werden.

for *laufvariable* **in** *wort1* ... *wortn*
do
    kdoliste
done

kdoliste wird wiederholt ausgeführt, wobei *laufvariable* nacheinander die Werte *wort1*, *wort2* ... bis *wortn* annimmt.

Hinweis

Wurde der Schleifenkörper (*kdoliste*) ausgeführt, dann ist der exit-Status des gesamten "Schleifen-Kommandos" der exit-Status des zuletzt ausgeführten Kommandos aus *kdoliste*.

Wurde der Schleifenkörper (*kdoliste*) nicht ausgeführt, dann ist der exit-Status gleich 0.

Allgemeines zu den Kommandos if, case, while, until und for

1. Eine **while**-, **until**- oder **for**-Schleife kann mit **break** abgebrochen werden.

2. Der Aufruf von **continue** bewirkt die unmittelbare Ausführung des nächsten Schleifendurchlaufs von **while**, **until** oder **for**.

3. Es ist möglich, Ein-/Ausgabeumlenkungen für ein ganzes Kommando (**if**, **case**, **while**, **until** oder **for**) anzugeben, indem nach dem abschließenden Schlüsselwort (**fi**, **esac** oder **done**) die entsprechenden Umlenkungsanweisungen angegeben werden.
   Soll ein bestimmtes eingebettetes Kommando nicht mit dieser "Gesamt-Ein-/Ausgabeumlenkung" gekoppelt werden, so kann dort explizit eine andere Umlenkungsvorgabe angegeben werden. So kann z.B. die Ausgabe eines **echo**-Kommandos immer auf das Terminal erfolgen, indem echo "..." >/dev/tty angegeben wird.

4. Da Programmiersprach-Kommandos als ein Kommando gelten, können diese auch durch Angabe von **&** nach **done**, **esac** oder **fi** als ganzes im Hintergrund ablaufen.

5. Die gesamte Ausgabe eines "Programmiersprach-Kommandos" (**if**, **case**, **while**, **until** oder **for**) kann über eine Pipe in die Standardeingabe eines anderen

Kommandos hineingeleitet werden. Ebenso kann die gesamte Eingabe für ein "Programmiersprach-Kommando" aus einer Pipe gelesen werden.

6. Normalerweise wird für die Kommandos **if**, **case**, **while**, **until** und **for** keine eigene Subshell gestartet. Somit sind die Werte von Variablen, die innerhalb eines solchen Kommandos gesetzt werden, auch außerhalb dieses Kommandos bekannt. Wird dagegen für eines dieser Kommandos Ein-/Ausgabeumlenkung verwendet, so werden diese in einer eigenen Subshell ausgeführt. In diesem Fall sind Veränderungen von Variablen, die innerhalb eines solchen Kommandos vorgenommen wurden, außerhalb nicht verfügbar.
Ebenso wird eine eigene Subshell aufgerufen, wenn eines dieser Kommandos in einer Pipe-Konstruktion angegeben wird.

7. Die folgenden Wörter werden von der Shell nur dann als Schlüsselwörter erkannt, wenn sie das erste Wort eines Kommandos sind und ihre Sonderbedeutung nicht durch Quoting ausgeschaltet ist:

```
if    then    else    elif    fi
case  esac
for   while   until   do      done    in
{ }
```

Dies bedeutet, daß diese Schlüsselwörter entweder als erstes Wort einer neuen Zeile oder aber als erstes Wort hinter einem Semikolon anzugeben sind.
Eine Ausnahme ist das Schlüsselwort **do** bei einer **for**-Schleife ohne **in**-Angabe; in diesem Falle kann nämlich **do** unmittelbar nach der Laufvariable angegeben werden.

Eine andere Ausnahme ist **in**, welches auch als zweites Wort nach **case** oder **for** als Schlüsselwort erkannt wird.

Funktionen

Seit UNIX-System V.2 erlaubt die Bourne-Shell die Definition von Funktionen:

funktionsname() { *kdoliste*; }

Der Aufruf von *funktionsname* bewirkt dann die Ausführung der zugeordneten *kdoliste*.

Bei Funktionsaufrufen können Argumente angegeben werden, welche dann der entsprechenden Funktion in Form von Positionsparametern übergeben werden.

Eigenschaften von Shell-Funktionen

- Für die Wahl eines Funktionsnamens gelten die gleichen Regeln wie für die Wahl von Datei- und Variablennamen.
- Gleiche Funktions- und Variablen-Namen sind nicht erlaubt.

- Shell-Funktionen sind nur in der Shell bekannt, in der sie definiert wurden, denn sie können nicht an Subshells exportiert werden.
- Beim Aufruf von Shell-Funktionen werden diese in der aktuellen Shell ausgeführt. Somit können sie verwendet werden, um Shell-Variablen in der momentan aktiven Shell zu verändern.
- Shell-Funktionen können auch rekursiv aufgerufen werden.
- Ein- und Ausgabeumlenkung ist sowohl bei der Definition als auch beim Aufruf einer Shell-Funktion erlaubt.
- Built in-Kommandos können nicht durch eine Funktionsdefinition ersetzt werden, andere Kommandos dagegen sehr wohl.
- Die in der gerade aktiven Shell definierten Shell-Funktionen können mit **set** (ohne Angabe von Argumenten) angezeigt werden.
- Mit **unset** *funktionsname* kann die Definition einer Shell-Funktion wieder aufgehoben werden.
- **return** bewirkt das Verlassen einer Funktion.
- Beim Aufruf von Funktionen werden diese immer als solche erkannt, selbst, wenn Quoting verwendet wird.

Signalbehandlung in der Shell
siehe **trap**.

Built in- Kommandos
Die Bourne-Shell verfügt über folgende built in-Kommandos:

Kommando	Wirkung
#	Kommentar-Kommando.
:	Null-Kommando.
.	Punkt-Kommando.
break	Verlassen einer **for**-, **while**- bzw. **until**-Schleife.
cd	Wechseln in ein anderes working directory.
continue	Abbrechen eines **for**-, **while**- bzw. **until**-Schleifendurchlaufs.
echo	Ausgeben von Text.
eval	Ausführen der Argumente als Kommandos.

Kommandoreferenz

Kommando	Wirkung
exec	Überlagern der Shell mit einem Kommando bzw. Ein-/Ausgaben der aktuellen Shell umlenken
exit	Beenden der momentan aktiven Shell.
export	Exportieren von Shell-Variablen.
getopts	Auswerten der Optionen in einem Shell-Skript.
hash	Abfragen bzw. Ändern der internen hashing-Tabelle.
newgrp	Wechseln der Gruppenzugehörigkeit.
pwd	Ausgeben des working directorys.
read	Lesen einer Eingabezeile von der Standardeingabe.
readonly	Shell-Variablen als "nur lesbar" kennzeichnen.
return	Verlassen einer Funktion.
set	Setzen von Optionen für die aktuelle Shell bzw. Zuweisen von Werten an die Positionsparameter.
shift	Verschieben der Werte von Positionsparametern.
test	Auswerten eines Ausdrucks. Anstelle von **test** *ausdr* kann auch [*ausdr*] verwendet werden.
times	Anzeigen der von der Shell verbrauchten CPU-Zeit.
trap	Installieren bzw. Auflisten von Signalhandlern.
type	Lokalisieren bzw. Klassifizieren eines Kommandos.
ulimit	Festlegen bzw. Ausgeben eines Limits für Dateigrößen.
umask	Setzen bzw. Anzeigen der Dateikreierungs-Maske.
unset	Löschen von Shell-Variablen oder Shell-Funktionen.
wait	Warten auf die Beendigung von Subshells.

Tabelle - Built in-Kommandos der sh

Abarbeitung von Kommandozeilen

Die Shell arbeitet Kommandozeilen in folgender Reihenfolge ab:

1. Entfernen aller *Neuezeile-Zeichen*.

2. Parametersubstitution und Auswerten von Variablenzuweisungen.

3. Kommandosubstitution.

4. Zerlegen der Kommandozeile (aus 1-3)in einzelne Worte.

5. Auswerten der Ein-/Ausgabe-Umlenkungen.

6. Dateinamen-Expandierung.

7. Lokalisieren des entsprechenden Kommandos:

7.1 Built in-Kommando: Shell führt entsprechenden Programmteil aus

7.2 Funktion: Shell führt die entsprechende Funktion aus

7.3 Programmdatei: Shell startet einen neuen Prozeß

exit-Status

Die Shell liefert einen exit-Status verschieden von 0 (nicht erfogreich), wenn sie einen Fehler, wie z.B. einen Syntaxfehler entdeckt. Wenn dieser Fehler in einem Shell-Skript auftritt, so wird dessen Ausführung beendet. Eine Shell, die sich normal beendet (z.B. mit **exit**) liefert als exit-Status den exit-Status des letzten Kommandos.

shift

Verschieben der Werte von Positionsparametern *b, k*
Verschieben der Werte von Positionsparametern oder Arrays *c*

Syntax

sh, ksh: shift [*n*]
csh: shift [*variable*]

sh und ksh:

shift verschiebt die Werte der Positionsparameter um *n* Positionen nach vorne (links). Ist kein *n* angegeben, wird 1 als Wert für *n* genommen: So bewirkt also ein **shift** ohne Argumente, daß **$2** dem Positionsparameter **1**, **$3** dem Positionsparameter **2**, usw. zugewiesen wird. Ein **shift 4** bewirkt dann, daß **$5** dem Positionsparameter **1**, **$6** dem Positionsparameter **2**, usw. zugewiesen wird.

csh:

Wird **shift** ohne Argument aufgerufen, so werden die Elemente von **argv** um eine Position nach links geschoben, so daß **$argv[2]** dem Positionsparameter **argv[1]**, **$argv[3]** dem Positionsparameter **argv[2]**, usw. zugewiesen wird.

Ist *variable* angegeben, so werden die einzelnen Worte von *variable* um eine Position nach links geschoben.

Hinweise

sh und ksh:

n muß ein arithmetischer Ausdruck sein, der als Ergebnis 0 oder eine positive ganze Zahl liefert.

Werden in der Bourne-Shell bei einem Skript- oder **set**-Aufruf mehr als 9 Argumente angegeben, so sind die restlichen Argumente (nach dem neunten) noch vorhanden, aber auf diese (10.Argument, 11.Argument, usw.) kann zunächst nicht zugegriffen werden. Unter Verwendung von **shift** ist ein Zugriff auf diese "überhängenden" Argumente möglich.

csh:

Ist **argv** bzw. die angegebene *variable* nicht gesetzt, so ist dies ein Fehler.

shl
Job-Kontrolle mit dem Shell-Layer *p*

Syntax

shl

Mit System V.2 wurde das Kommando **shl** eingeführt, welches eine einfache Job-Kontrolle ermöglicht.

Während UNIX-System V das gleichzeitige Ablaufen mehrerer Hintergrund-Jobs erlaubt, läßt es dagegen nur eine interaktive Shell im Vordergrund zu. Mit dem Kommando **shl** ist es möglich, mehrere interaktive Shells (auch *layers* genannt) gleichzeitig ablaufen zu lassen. Dabei kann zu einem Zeitpunkt immer nur ein Layer aktiv (interaktiv) sein. Es ist jedoch möglich, zwischen den verschiedenen Layern hin- und herzuschalten.

Layers und virtuelle Terminals

Eine normale interaktive Shell ist immer einem bestimmten physikalisch vorhandenen Terminal zugeordnet.

Ein Layer ist eine Shell, welche einem "virtuellen Terminal" zugeordnet ist. Für jede existierende Dialogstation sind maximal bis zu 7 Layer zugelassen. Wird ein Layer zum aktiven Layer (engl. *current layer*) gemacht, so wird das diesem Layer zugehörige virtuelle Terminal dem wirklichen Terminal zugeordnet. Nicht aktive Layer, die Eingaben erwarten, werden bis zu ihrer erneuten Aktivierung blockiert. Ausgaben von nicht aktiven Layers werden dagegen nicht blockiert, außer diese Ausgaben wurden explizit mit **stty loblk** oder **block** blockiert.

Layer-Manager

Nach dem Aufruf von **shl** befindet sich der Benutzer im **shl**-Kommandomodus (auch Layer-Manager genannt); dies wird durch den Prompt >>> angezeigt. Nun können **shl**-Kommandos eingegeben werden.

Vom momentan aktiven Layer kann mit der **swtch**-Taste (*CTRL*-z) zum Layer-Manager zurückgekehrt werden (kann mit **stty** auch einer anderen Tastenkombination zugeordnet werden).

shl-Kommandos

Die meisten der **shl**-Kommandos erlauben die Angabe von Layer-Namen. Ein Layer-Name ist dabei eine Zeichenkette, in der kein Leer-, Tabulator- oder Neuezeile-Zeichen vorkommt. Werden bei einem **shl**-Kommando mehrere Layer-Namen angegeben, so sind diese mit Leer- oder Tabulator-Zeichen voneinander zu trennen. Bei Layer-Namen sind nur die ersten 8 Zeichen signifikant.

Die Namen *(1), (2), .., (7)* sind dabei reserviert. Dies sind die voreingestellten Layer-Namen, wenn beim Anlegen neuer Layer nicht eigene Layer-Namen angegeben werden. Obwohl die Klammern zum Namen gehören, können diese Layer auch mit der Kurzform *1, 2, .., 7* angesprochen werden.

Kommando	Beschreibung
create [*name*]	kreiert einen Layer mit dem Namen *name* und macht ihn zum aktiven Layer. Ist kein *name* angegeben, so wird für diesen neuen Layer einer der Namen *(1), (2), .., (7)* gewählt
block *name* [*name(n)*]	blockiert die Ausgaben der Layer *name(n)*.
delete *name* [*name(n)*]	löscht die Layer *name(n)*.
help oder **?**	gibt alle **shl**-Kommandos mit ihrer Aufrufsyntax aus.
layers [-l] [*name(n)*]	gibt zu jedem der Layer *name(n)* den Layer-Namen und die Prozeß-Gruppennummer aus. Die Option **-l** erzeugt eine **ps**-ähnliche Ausgabe. Sind keine *name(n)* angegeben, so wird für alle Layer eine entsprechende Information ausgegeben.
resume [*name*]	macht den Layer *name* zum aktiven Layer. Ist kein *name* angegeben, so wird der Layer aktiviert, der zuvor aktiv war.
toggle	macht den Layer, der vor dem letzten aktiven Layer aktiv war, zum aktiven Layer.

Kommando	Beschreibung
unblock *name* [*name(n)*]	hebt die Ausgabe-Blockierung für die Layer *name(n)* auf.
quit	bewirkt das Verlassen von **shl**.
name	macht Layer *name* zum aktiven Layer.

Tabelle - shl-Kommandos

source
Punkt-Kommando der csh *c*

Syntax
source *dateiname*

source ist das Gegenstück der **csh** zum Punkt-Kommando der Bourne-Shell. **source** liest die Kommandos in der Datei *dateiname* und führt sie in der aktuellen **csh** aus.

Typische Anwendungen
source wird häufig verwendet, wenn der Inhalt der Dateien *.login* und *.cshrc* verändert wurde, um dann diese Änderungen der aktuellen **csh** bekannt zu machen:

source $home/.login

beziehungsweise

source $home/.cshrc.

Eine andere Verwendung von **source** liegt darin, Dateien mit nützlichen Alias-Definitionen lesen zu lassen, um diese der momentan aktiven **csh** bekannt zu machen.

Hinweise
In mit **source** gelesenen Dateien können wieder **source**-Aufrufe stehen, so daß ein geschachteltes Lesen von Kommandodateien möglich ist.

Die mit **source** gelesenen Kommandos werden nicht im History-Puffer gespeichert.

stop
Anhalten von Hintergrund-Jobs *c*

Syntax
stop [*job(s)*]

stop bewirkt, daß die Ausführung der angegebenen Hintergrund-*job(s)* angehalten wird. Werden keine *job(s)* beim Aufruf angegeben, so wird die Ausführung des aktuellen Jobs (zuletzt im Hintergrund gestarteter Job) angehalten.

Die einzelnen Jobs können über die PID, die Jobnummer oder den Jobnamen angesprochen werden. Um einen Job über seine Jobnummer oder seinen Namen anzusprechen, gibt es folgende Notationen:

%*jobnr*	Job mit Jobnummer *jobnr*
%*string*	Job, dessen Name mit *string* beginnt
%?*string*	Job, dessen Name *string* enthält
%+ oder %%	aktueller Job
%-	vorheriger aktueller Job

Hinweise
stop ist nur auf solchen Systemen ein built in-Kommando, die über Job-Kontrolle verfügen.

Der Aufruf von

`stop job(s)`

ist identisch zu

`kill -STOP job(s)`

Built in-Kommandos und Kommandos zur Ablaufsteuerung wie **if**, **while**, usw. können nicht angehalten werden. Auch ist das Anhalten ganzer Kommandolisten nicht möglich. Wenn z.B. die Kommandoliste *a;b;c* aufgerufen wurde, und der Job *b* wird angehalten, dann fährt die **csh** sofort mit der Ausführung von Job *c* fort. Dies ist besonders für Aliase wichtig, die ganze Kommandolisten als Werte besitzen.
Das hier erwähnte Problem kann mit Kommandoklammerung (...) gelöst werden. Wenn z.B. *(a;b;c)* aufgerufen wurde, dann kann nur die ganze Subshell als ein Job angehalten werden.

Mit dem built in-Kommando **jobs** können die gerade im Hintergrund ablaufenden Jobs und deren momentaner Status angezeigt werden.

suspend
Anhalten der aktuellen csh *c*

Syntax
suspend

suspend hält die aktuelle **csh** an.

Typische Anwendung
suspend wird meist verwendet, wenn am gleichen Terminal mit dem Kommando **su** (*switch user*) auf eine andere Benutzerkennung ohne Verlassen der aktuellen **csh** umgeschaltet wurde. Mit **suspend** kann dann diese neue Sitzung kurzzeitig unterbrochen werden, um zwischenzeitlich in der ursprünglichen **csh** zu arbeiten.

Hinweis
suspend wird nicht auf allen **csh**-Versionen angeboten.

test
Auswerten von Ausdrücken *b, k*

Syntax
test *ausdr*

oder die alternative Angabe

[*ausdr* **]** [33]

test wertet den angegebenen Ausdruck *ausdr* aus. Ist die über *ausdr* angegebene Bedingung erfüllt, so liefert **test** bzw. **[..]** den exit-Status 0 (wahr oder erfolgreich), ansonsten einen von 0 verschiedenen Wert (falsch oder nicht erfolgreich). Sind keine Argumente angegeben, dann liefert **test** einen exit-Status verschieden von 0 (falsch).

---

[33] die Klammern **[ ]** sind hier Bestandteil des Kommandos und spezifizieren nicht wie sonst eine optionale Angabe; nach **[** und vor **]** muß mindestens ein Leer- oder Tabulatorzeichen angegeben sein.

Ausdrücke

Es können die folgenden Ausdrücke für *ausdr* angegeben werden:

Ausdruck	liefert wahr (exit-Status 0), wenn
-r *datei*	*datei* existiert und gelesen (**r**ead) werden darf.
-w *datei*	*datei* existiert und beschrieben (**w**rite) werden darf.
-x *datei*	*datei* existiert und ausführbar (e**x**ecute) ist.
-f *datei*	*datei* existiert und eine normale Datei (**f**ile) ist.
-d *datei*	*datei* existiert und ein Directory (**d**irectory) ist.
-c *datei*	*datei* existiert und eine "zeichenspezifische Gerätedatei" (**c**haracter) ist.
-b *datei*	*datei* existiert und eine "blockspezif. Gerätedatei" (**b**lock) ist.
-p *datei*	*datei* existiert und eine named **p**ipe ist.
-u *datei*	*datei* existiert und das set-**u**ser-id Bit gesetzt ist.
-g *datei*	*datei* existiert und das set-**g**roup-id Bit gesetzt ist.
-k *datei*	*datei* existiert und das stic**k**y-Bit gesetzt ist.
-s *datei*	*datei* existiert und nicht leer (**s**pace) ist.
-t [*fd*]	die geöffnete Datei, deren Filedeskriptor *fd* ist, der Dialogstation (**t**erminal) zugeordnet ist. Ist *fd* nicht angegeben, so wird hierfür der Filedeskriptor 1 angenommen.
-z *zkt*	die Länge der Zeichenkette *zkt* gleich 0 (**z**ero) ist.
-n *zkt*	die Länge der Zeichenkette *zkt* nicht gleich 0 (**n**ot zero) ist.
zkt1 = *zkt2*	die Zeichenketten *zkt1* und *zkt2* identisch sind.
zkt1 != *zkt2*	die Zeichenketten *zkt1* und *zkt2* verschieden sind.
zkt	*zkt* nicht die leere Zeichenkette ist.
n1 **-eq** *n2*	die ganzen Zahlen *n1* und *n2* gleich (**eq**ual) sind.
n1 **-ne** *n2*	die ganzen Zahlen *n1* und *n2* nicht gleich (**n**ot **e**qual) sind.
n1 **-gt** *n2*	die ganze Zahl *n1* größer als (**g**reater **t**han) die ganze Zahl *n2* ist.
n1 **-ge** *n2*	die ganze Zahl *n1* größer oder gleich (**g**reater **e**qual) der ganzen Zahl *n2* ist.
n1 **-lt** *n2*	die ganze Zahl *n1* kleiner als (**l**ess **t**han) die ganze Zahl *n2* ist.
n1 **-le** *n2*	die ganze Zahl *n1* kleiner oder gleich (**l**ess **e**qual) der ganzen Zahl *n2* ist.

Alle diese Ausdrücke können mit den folgenden **Operatoren** zu neuen Ausdrücken verknüpft werden:

Ausdruck	Bedeutung
! *ausdr*	Negationsoperator.
ausdr1 **-a** *ausdr2*	AND-Operator.
ausdr1 **-o** *ausdr2*	OR-Operator.
(*ausdr*)	Klammerung eines Ausdrucks.

Die voreingestellte **Prioritätsreihenfolge** (höchste zuerst) ist:

( )   !   -a   -o

ksh-Besonderheiten

Zusätzlich können in der **ksh** noch folgende Ausdrücke angegeben werden:

Ausdruck	liefert wahr (exit-Status 0), wenn
-L *datei*	*datei* existiert und ein symbolischer Link (**L**ink) ist.
-O *datei*	*datei* existiert und der *datei*-Eigentümer der effektiven UID entspricht (**O**wner).
-G *datei*	*datei* existiert und die *datei*-Gruppe der effektiven GID entspricht (**G**roup).
-S *datei*	*datei* existiert und eine spezielle Datei vom *socket*-Typ ist (**S**ocket).
-o *option*	die angegebene *option* eingeschaltet ist (**o**ption).
dat1 **-nt** *dat2*	die Datei *dat1* neuer als Datei *dat2* ist (**n**ewer **t**han).
dat1 **-ot** *dat2*	die Datei *dat1* älter als Datei *dat2* ist (**o**lder **t**han).
dat1 **-ef** *dat2*	die Datei *dat1* nur ein anderer Name für die Datei *dat2* ist (**e**qual **f**ile).

Hinweis

- Die Ausdrücke **-o** *option*, **-O** *datei*, **-G** *datei* und **-S** *datei* sind nur auf **ksh**-Versionen verfügbar, die nach dem 3.6.1986 freigegeben wurden.

- Auf **ksh**-Versionen, die nach dem 3.6.1986 freigegeben wurden, wird der Filedeskriptor *n* geprüft, wenn in den obigen Ausdrücken für *datei* der Pfadname **/dev/fd/***n* angegeben ist.

- **ksh**-Versionen, die nach dem 3.6.1986 freigegeben wurden, bieten noch ein weiteres Kommando **[[..]]** zum Prüfen von Bedingungen an, welches das built in-Kommando **test** überflüssig macht.

Typische Anwendung

test wird meist als **while-**, **until-** oder **if**-Bedingung in Shell-Skripts verwendet, um Zugriffsrechte von Dateien zu untersuchen oder um den Inhalt von Shell-Variablen abzuprüfen.

Hinweise

1. Jeder Operator und Ausdruck ist **test** als eigenes Argument zu übergeben, was bedeutet, daß die Operatoren und Ausdrücke durch Leer- oder Tabulatorzeichen voneinander getrennt anzugeben sind.

2. Da die Shell ihre eigene Interpretation für Klammern besitzt, ist für diese Quoting zu verwenden:

   ```
   test ! \( -r terminkal -a -w terminkal \)
   ```

   Der gesamte Ausdruck könnte auch in Apostrophe oder Anführungszeichen geklammert werden:

   ```
   test ! '( -r terminkal -a -w terminkal )'
   test ! "( -r terminkal -a -w terminkal )"
   ```

3. Wenn eine Datei mit **-r**, **-w** oder **-x** auf Lesbarkeit, Beschreibbarkeit oder Ausführbarkeit geprüft wird und das entsprechende Zugriffsrecht-Bit nicht für den Eigentümer gesetzt ist, dann liefert **test** einen exit-Statuswert verschieden von 0 (falsch), selbst wenn das entsprechende Bit für *group* oder *others* gesetzt ist.

4. Die Operatoren **=** und **!=** haben eine höhere Priorität als die Operatoren **-r** bis **-n** (in der obigen Tabelle).

5. Da die Operatoren **=** und **!=** immer Argumente benötigen, können sie nicht bei den Operatoren **-r** bis **-n** benutzt werden.

6. Wenn mehr als ein Argument nach den Operatoren **-r** bis **-n** angegeben ist, so wird nur das erste Argument ausgewertet und die restlichen werden ignoriert, außer wenn das zweite Argument einer der Operatoren **-a** oder **-o** ist.

time

Zeitmessungen für Kommandos *c*

Syntax

time [*kommando*]

Wird **time** ohne Argument aufgerufen, so gibt es die von der aktuellen **csh** und allen ihren Sohnprozessen bis zum jetzigen Zeitpunkt verbrauchte Zeit aus.

Wird ein *kommando* angegeben, so gibt **time** nach der Ausführung des Kommandos die von diesem *kommando* verbrauchte Zeit aus.

Die verbrauchte Zeit wird dabei durch 3 Zeitwerte und eine Prozentzahl angezeigt:

user   sys   elapsed   prozentzahl

Die Prozentzahl drückt dabei das Verhältnis von (*user+sys*) : *elapsed* aus.

times
Anzeigen der bisher von der aktuellen Shell verbrauchten CPU-Zeit *b, k*

Syntax
times

times zeigt die bisher verbrauchte CPU-Zeit der momentan aktiven Shell an; es werden dabei zwei Zeiten ausgegeben:

1. Zeit   (user) gebrauchte CPU-Zeit im Benutzermodus
2. Zeit   (sys) gebrauchte CPU-Zeit im Systemmodus

Der exit-Status des Kommandos **times** ist immer 0 (erfolgreich).

ksh-Besonderheit
In der **ksh** gibt **times** zusätzlich noch die verbrauchte CPU-Zeit aller Sohnprozesse aus, die von dieser **ksh** gestartet wurden.

Es werden dabei zwei Zeilen auf die Standardausgabe geschrieben:

1. Zeile: **ksh**-Zeiten
2. Zeile: Zeiten der Sohnprozesse

Typische Anwendung
times wird oft verwendet, um die von einem Shell-Skript oder einem UNIX-Kommando gebrauchte Ablaufzeit zu messen.

trap
Installieren von Signal-Handlern *b, k*

Syntax

sh: **trap** [*argument*] [*signalnummer(n)*]
ksh: **trap** [*argument*] [*signal(e)*]

Das Abfangen von Signalen in einer Shell, insbesondere innerhalb von Shell-Skripts, ist mit dem Kommando **trap** möglich.

trap legt die Reaktion der Shell für asynchron eintreffende Signale fest. Trifft ein Signal ein, das in der Liste *signalnummer(n)* bzw. *signal(e)* angegeben ist, dann führt die Shell die als *argument* angegebenen Kommandos aus und danach setzt sie ihre Ausführung an der Stelle fort[34], an der die durch das Signal bedingte Unterbrechung stattfand.

Als Signalbehandlung ist dabei möglich:

1. Es kann für *argument* eine Liste von Kommandos angegeben werden ('*kdoliste*'), die bei Eintreffen eines der mit *signalnummer(n)* bzw. *signal(e)* spezifizierten Signale auszuführen ist.

2. Ignorieren der Signale *signalnummer(n)* bzw. *signal(e)*, indem für *argument* eine leere Zeichenkette (z.B. "" oder '') angegeben wird.

3. Wird kein *argument* angegeben, so wird für die Signale *signalnummer(n)* bzw. *signal(e)* wieder die vom System voreingestellte Signalbehandlung festgelegt.

Werden beim Aufruf von **trap** kein *argument* und keine *signalnummer(n)* bzw. *signal(e)* angegeben, dann gibt **trap** die Signalnummern bzw. Signalnamen aus, für die momentan mithilfe eines **trap**-Kommandos eine benutzerspezifische Signalbehandlung eingestellt wurde.

Signalnummern

Die möglichen Signale sind durch ganzzahlige Nummern gekennzeichnet. Die Zuordnung von Signalnummern an Signale ist systemabhängig. Eine mögliche Zuordnung wäre:

---

[34] wenn bei den für *argument* angegebenen Kommandos nicht **exit** vorkommt.

Signalnummer	Beschreibung
0	*terminate*: wird beim Verlassen einer Shell erzeugt.
1	*hangup*: wird beim Beenden einer Verbindung erzeugt.
2	*intr*: Interrupt-Signal, welches durch Drücken der *DEL*- oder *BREAK*-Taste erzeugt wird.
3 *	*quit*: wird durch Eingabe von *CTRL-* erzeugt.
4 *	*illegal instruction (not reset when caught)*: wird bei illegalem Maschinenbefehl erzeugt.
5 *	*trace trap (not reset when caught)*: wird erzeugt, wenn beim Debuggen eines Programms auf einen Haltepunkt (*Breakpoint*) gelaufen wird.
6 *	*abort*: wird von der Systemfunktion *abort* erzeugt.
7 *	*EMT-instruction*: wird bei der Ausführung eines EMT-Befehls (auf manchen Maschinen ohne Gleitpunkt-Rechnung) erzeugt.
8 *	*floating point exception*: wird beim Auftreten eines Gleitpunktfehlers erzeugt (z.B. Division durch 0).
9	*kill (cannot be caught or ignored)*: bewirkt die sofortige Beendigung eines Prozesses und kann nicht abgefangen werden.
10 *	*bus error*: wird bei einem Fehler auf dem Systembus erzeugt.
11 *	*segmentation violation*: wird beim Zugriff auf unerlaubte Adressen erzeugt.
12 *	*bad argument to system call*: wird bei Übergabe eines unerlaubten Arguments an einen Systemaufruf erzeugt.
13	*write on a pipe with no one to read it*: wird beim Schreibversuch in eine gebrochene Pipe erzeugt.
14	*alarm clock*: wird nach Ablauf der durch einen **alarm**-Aufruf vorgegebenen Zeitdauer erzeugt.
15	*software termination signal from kill*: voreingestelltes Signal beim Aufruf des Kommandos **kill**.
16	*user defined signal 1*: freie Signalnummer.
17	*user defined signal 2*: freie Signalnummer.

Tabelle - Signalnummern

Die mit * gekennzeichneten Signale bewirken - wenn sie nicht explizit abgefangen werden - nicht nur die Beendigung des jeweiligen Prozesses, sondern zusätzlich noch einen Speicherabzug; ein solcher Speicherabzug wird auch *core image* genannt und wird in die Datei *core* des working directorys geschrieben.

ksh-Besonderheiten

Neu in der **ksh** ist, daß die Signale nicht nur über ihre Nummern, sondern auch über symbolische Namen angesprochen werden können. Die symbolischen Namen der am häufigsten verwendeten Signale sind:

Signal	Bedeutung
HUP	*hangup*.
INT	*intr*.
QUIT	*quit*.
TERM	*terminate*.
KILL	*kill*.
EXIT	*exit*: wird beim Verlassen einer Funktion oder einer **ksh** erzeugt.
ERR	*error*: wird immer dann geschickt, wenn ein Kommando einen exit-Status verschieden von 0 (nicht erfolgreich) liefert.
DEBUG	*debugging*: wird nach jeder Ausführung eines Kommandos erzeugt.

Die Signalnummern können von System zu System verschieden sein. Um sich zu allen verfügbaren Signalen deren Nummern und Namen ausgeben zu lassen, kann **kill -l** aufgerufen werden:

```
 1) HUP              15) TERM
 2) INT              16) USR1
 3) QUIT             17) USR2
 4) ILL              18) CHLD
 5) TRAP             19) PWR
 6) IOT              20) WINCH
 7) EMT              21) bad trap
 8) FPE              22) POLL
 9) KILL             23) STOP
10) BUS              24) TSTP
11) SEGV             25) CONT
12) SYS              26) TTIN
13) PIPE             27) TTOU
14) ALRM
```

Treten mehrere Signale zur gleichen Zeit auf, dann arbeitet die **ksh** diese in der folgenden Reihenfolge ab:

1. **DEBUG**
2. **ERR**
3. andere Signale in der Reihenfolge, wie sie durch die Signalnummern vorgegeben ist.
4. **EXIT** (immer als letztes)

Typische Anwendung

Sehr oft wird **trap** verwendet, um im Falle des Abbruchs eines Shell-Skripts noch Aufräumarbeiten (*cleanup*) durchzuführen, wie z.B. das Entfernen von temporären Dateien.

trap wird auch verwendet, um für die Ausführungsdauer von bestimmten Kommandos keinen Abbruch zu zulassen.

Hinweise

Die bei **trap** als *argument* angegebene Kommandoliste wird zweimal gelesen: das erstemal bei der Ausführung des **trap**-Kommandos und das zweitemal, wenn die Kommandoliste bedingt durch das Eintreffen eines Signals aufgerufen wird. Deshalb empfiehlt es sich, die für *argument* angegebene Kommandoliste mit '..' zu klammern, um Parametersubstitution, Kommandosubstitution oder Dateinamen-Expandierung beim erstmaligen Lesen auszuschalten.

Bei Programmen, die im Hintergrund gestartet werden, werden zwar die Signale *intr* und *quit* ignoriert, aber nicht die Signale *hangup* und *terminate*. Deshalb kann mit **trap** das Kommando **nohup** nachgebildet werden.

Die Liste der möglichen Signalnummern ist systemabhängig und kann in der Datei */usr/include/sys/signal.h* nachgeschlagen werden.

Ist ein leeres Argument bei **trap** angegeben, so werden die entsprechenden Signale ignoriert:

```
trap ''   0 1 2     # Signale 0, 1 und 2 ignorieren
```

Wird ein Signal ignoriert, so ignorieren auch alle Subshells dieses Signal. Wird jedoch eine bestimmte Signalbehandlung (nicht leere Kommandoliste) für ein Signal festgelegt, so wird diese Signalbehandlung nicht an Subshells weiter vererbt; diese behalten dann weiter die voreingestellte Signal-Behandlung. Das Signal für *segmentation violation* kann nicht abgefangen werden.

Beispiele

Auflisten aller benutzerspezifischen Signalhandler

trap

Die Kommandos aus der Datei *.logout* werden unmittelbar vor dem Verlassen der **ksh** ausgeführt.

trap '$HOME/.logout' EXIT (nur in **ksh** möglich)

Die Signalbehandlung für die Signale **INT**, **QUIT** und **EXIT** wird auf die vom System voreingestellte Signalbehandlung zurückgesetzt.

trap − INT QUIT EXIT (nur in **ksh** möglich)

gleiche Auswirkung wie der vorherige Aufruf.

trap INT QUIT EXIT (nur in **ksh** möglich

true
Liefern des exit-Status 0 ohne jegliche Aktion *p, ka*

Syntax
true

Das Kommando **true** führt nichts aus, sondern liefert lediglich den exit-Status 0 (immer erfolgreich).

ksh-Besonderheit
true ist in der Korn-Shell ein vordefiniertes Alias: **true=':'**

Typische Anwendung
Das Kommando **true** wird oft verwendet, um Endlosschleifen zu realisieren:

```
while true
do
   :
done
```

Solche Endlosschleifen werden beim Eintreten einer bestimmten Bedingung mit **break** beendet.

Auch wird **true** während der Testphase eines Shell-Skripts anstelle von wirklichen Bedingungen in **if**-, **while**- oder **until**-Anweisungen verwendet, um den zugehörigen Programmteil auszutesten.

Hinweis

Das Kommando **false**, welches ebenfalls nichts ausführt, aber immer einen von 0 verschiedenen exit-Status (nicht erfolgreich) liefert, ist das Gegenstück zum Kommando **true**.

type

Anzeigen, welches Programm bei Kommando-Aufruf ausgeführt wird *b, ka*

Syntax

type [*kdo_name(n)*]

sh:

type gibt aus, welche Programme ausgeführt werden, wenn die angegebenen *kdo_name(n)* aufgerufen werden.

type gibt für jeden einzelnen *kdo_namen* eine der folgenden Informationen aus:

- absoluten Pfadnamen (eventuell mit dem Hinweis, daß dieses Kommando bereits in der internen hashing-Tabelle eingetragen wurde).
- built in-Kommando
- Funktion mit zugehöriger Funktionsdefinition

ksh:

type ist in der Korn-Shell ein vordefiniertes Alias: **type='whence -v'**

Beispiele

```
$ type pwd
pwd is a shell builtin
$ type rm
rm is /bin/rm
$ type ls
ls is hashed (/bin/ls)
$ type type
type is a shell builtin
$
```

typeset
Ein-/Ausschalten bzw. Anzeigen von Attributen für Variablen oder für
Funktionen k

Syntax
```
typeset   ±f[tux]   [name(n)]                           (1)
typeset   [±HLRZilrtux[n]]   [variable[=wert]] ...      (2)
```

Jeder **ksh**-Variablen oder Funktion können ein oder mehrere Attribute zugeordnet werden. Wird das Attribut einer Variablen geändert, so wird auch deren Wert dem neuen Attribut angepasst.

1. Aufrufform:
```
typeset   ±f[tux]   [name(n)]
```

Optionen (1)
Mit dieser Aufrufform können Funktionsnamen mit ihren Werten angezeigt werden oder Funktionsattribute gesetzt werden:

- **t** Option **xtrace** für die Funktionen *name(n)* ein- bzw. ausschalten.
- **u** Die *name(n)* werden als Funktionsnamen vereinbart, obwohl diese noch nicht als Funktionen definiert sind. Solche Funktionen werden *autoload*-Funktionen genannt.
- **x** Die Funktionen *name(n)* werden an Subshells exportiert.

Um die entsprechenden Optionen einzuschalten, muß **-f**, und um sie auszuschalten, muß **+f** angegeben werden.

Zum Anzeigen

- bestimmter Funktionen müssen deren *name(n)* ohne eine der obigen Optionen angegeben werden.
- aller momentan definierten Funktionen dürfen weder Optionen noch *name(n)* angegeben sein: **typeset -f** oder **functions** (vordefiniertes Alias)
- aller Funktionen mit einem bestimmten Attribut muß die entsprechende Option, aber keine *name(n)* angegeben sein.

Zum Anzeigen von Funktionen mit zugehöriger Funktionsdefinition muß **-f** verwendet werden. Um sich nur die Funktionsnamen (ohne Funktionsdefinition) anzeigen zu lassen, ist **+f** anzugeben.

2. Aufrufform:

`typeset [±HLRZilrtux[n]] [variable[=wert]] ...`

Mit dieser Aufrufform können Variablen Werte zugewiesen, Variablenattribute gesetzt oder die momentan definierten Variablen mit ihren Attributen angezeigt werden.

Wird **typeset** alleine ohne Argumente aufgerufen, so werden alle momentan definierten Variablen mit ihren Attributen angezeigt.

Werden beim Aufruf von **typeset** nur Optionen (keine *variable(n)*) angegeben, so werden alle Variablen, welche die mit den Optionen spezifizierten Attribute besitzen, aufgelistet: Ist vor den Optionen - (Minus) angegeben, so werden die betreffenden Variablen mit ihren derzeitigen Werten ausgegeben. Ist vor den Optionen ein + (Plus) angegeben, so werden nur die entsprechenden Variablennamen ausgegeben.

Enthält ein **typeset**-Aufruf zumindest eine *variable*, dann werden allen angegebenen *variable(n)* die über die Optionen spezifizierten Attribute zugeteilt. Ein - (Minus) vor einer Option schaltet dabei diese ein und ein + (Plus) davor schaltet sie aus.

Mit **typeset** sind auch Variablenzuweisungen möglich; dabei sind mehrere Zuweisungen mit einem **typeset**-Aufruf möglich. Die Angabe von Optionen schaltet dabei wieder die entsprechenden Attribute für die *variable(n)* ein (-) bzw. aus (+).

Ein **typeset** in einer Funktion definiert eine funktionslokale *variable*.

Optionen (2)

Die Optionen der zweiten Aufrufform sind:

Optionen	Bedeutung
-u	(**u**ppercase) alle Klein- in Großbuchstaben umwandeln.
-l	(**l**owercase) alle Groß- in Kleinbuchstaben umwandeln.
-i[n]	(**i**nteger) Integer-Variable. Eventuell angegebene ganze Zahl *n* legt Basis des Zahlensystems fest, andernfalls ist die Basis 10. Anstelle von **typeset -i** kann auch **integer** angegeben werden.
-LZ[n]	(*strip Leading Zeros*) entspricht weitgehend der Option **-L**[n], nur daß führende Nullen entfernt werden.

Optionen	Bedeutung
-L[*n*]	(**L***eft justified*) linksbündig justieren; eventuell führende Leerzeichen werden entfernt. Eventuell angegebene ganze Zahl *n* (ungleich 0) legt die Anzahl der auszugebenden Zeichen fest, ansonsten wird die Zeichenzahl durch die erste Zuweisung festgelegt. Enthält ein Wert weniger Zeichen als festgelegt, so wird rechts mit Leerzeichen aufgefüllt. Enthält ein Wert mehr Zeichen, so wird rechts abgeschnitten.
-R[*n*]	(**R***ight justified*) rechtsbündig justieren; Leerzeichen am Ende werden entfernt. Eventuell angegebene ganze Zahl *n* (ungleich 0) legt die Anzahl der auszugebenden Zeichen fest, ansonsten wird die Zeichenzahl durch die erste Zuweisung festgelegt. Enthält ein Wert weniger Zeichen als festgelegt, so wird links mit Leerzeichen aufgefüllt. Enthält ein Wert mehr Zeichen, so wird links abgeschnitten.
-Z[*n*] oder **-RZ**[*n*]	(**R***ight* **Z***ero filled*) entspricht weitgehend der Option **-R**[*n*], nur daß der Wert bei der Ausgabe links mit führenden Nullen aufgefüllt wird, wenn das erste Zeichen eine Ziffer ist; ansonsten wird der Wert mit entsprechend viel führenden Leerzeichen ausgegeben.
-r	(**r***eadonly*) als "nur lesbar" markieren.
-x	(*e***x***port*) für den Export an Subshells markieren.
-H	(**H***ost operating system pathname mapping*) nur bei Nicht-UNIX-Systemen anwendbar.
-t	(**t***agged*) für benutzereigene Zwecke markieren. Dieses Attribut wird von der **ksh** nicht benutzt.

Hinweis

typeset kann auch verwendet werden, um Arrays mit einer festen Anzahl von Elementen zu definieren. So legt z.B. die Deklaration

typeset x[100]

ein Array mit 101 Elementen (Indizes von 0 bis 100) fest.

Liegt keine solche Deklaration für ein Array vor, so wird beim ersten Zugriff auf ein Array-Element ein Array mit der maximalen Größe von 512 Elementen (systemabhängig) angelegt.

ulimit

Festlegen einer maximalen Größe für Dateien *b*
Festlegen von Limits für Systemressourcen *k*

Syntax

sh: **ulimit** [*n*]
ksh: **ulimit** [**-acdfmpst**] [*n*]

Die hier angegebenen Optionen werden nicht von allen **ksh**-Versionen angeboten.

sh: Der Befehl **ulimit** legt ein Limit für die maximale Größe (*n* Blöcke) von Dateien fest, welche von der aktuellen Shell oder ihren Sohnprozessen erstellt werden dürfen.

Ist *n* nicht angegeben, so wird das momentan festgelegte Limit ausgegeben. Jeder Benutzer kann sein ihm zugestandenes Limit herabsetzen. Erhöhen dieses Limits ist jedoch nur dem Superuser vorbehalten.

ksh:

Mit **ulimit** ist es möglich, Limits für Systemressourcen festzulegen oder sich die momentan gesetzten Limits dafür anzeigen zu lassen. Die Limits gelten dabei für die aktuelle **ksh** und für jeden ihrer Sohnprozesse.

Ist *n* angegeben, so wird damit ein Limit für die entsprechende Systemressource festgelegt. Für *n* kann ein beliebiger arithmetischer Ausdruck oder **unlimited** (unbegrenzt) angegeben werden.

Ist *n* nicht angegeben, so wird das momentan festgelegte Limit für die Systemressource ausgegeben.

Wie groß maximal ein Limit-Wert festgesetzt werden kann, ist von System zu System verschieden. Zudem ist es auch nicht auf jedem System möglich, alle nachfolgend angegebenen Optionen zu benutzen:

Option	Bedeutung
-a	(**a**ll) Alle momentan gültigen Limits anzeigen
-c	(**c**ore) Limit für *core dumps* auf *n* Blöcke festlegen
-d	(**d**ata segment) Limit für Datensegment auf *n* Kilobytes festlegen
-f	(**f**ile) Limit für Dateien, die beschrieben werden, auf *n* Blöcke festlegen

Option	Bedeutung
-m	(**m**emory) Limit für den physikalischen Hauptspeicher, der von diesem Prozeß oder seinen Sohnprozeßen benutzt werden darf, auf n Kilobytes festlegen
-p	(**p**ipe) Limit für eine Pipe auf n Bytes festlegen
-s	(**s**tack segment) Limit für das Stacksegment auf n Kilobytes festlegen
-t	(**t**ime) Limit für die CPU-Zeit auf n Sekunden festlegen

Ist keine Option angegeben, so entspricht dies der Angabe von **-f**.

Hinweis

Für zu lesende Dateien gibt es keine Größenbegrenzung.

umask

Setzen bzw. Ausgeben der Dateikreierungs-Maske b, k, c

Syntax

umask [*3-stellige-oktalzahl*]

Die Dateikreierungs-Maske ist ein 9-Bit-Wert, welcher die Zugriffsrechte festlegt, die beim Anlegen neuer Dateien nicht zu gewähren sind.

umask setzt die Dateikreierungs-Maske auf den Wert *3-stellige-oktalzahl*. Wird **umask** ohne Argument aufgerufen, so gibt es den Wert der momentanen Dateikreierungs-Maske aus.

Die Dateikreierungs-Maske hat nur Auswirkungen auf die Zugriffsrechte neu anzulegender Dateien. Die Zugriffsrechte bereits existierender Dateien bleiben vom Verändern der Dateikreierungs-Maske unbeeinflußt.

Der exit-Status von **umask** ist immer 0 (erfolgreich).

Beispiel

umask 022
häufig vergebene Dateikreierungs-Maske: der Gruppe und der Welt werden für alle neuen Dateien Schreibrechte verweigert.

Hinweise

Die Dateikreierungs-Maske hat keine Auswirkungen auf Kommandos wie **cp** oder **mv**, welche immer die Zugriffsrechte der Originaldatei mitkopieren.

Üblicherweise wird **umask** in der Datei *.profile* aufgerufen, um bereits am Beginn jeder UNIX-Sitzung festzulegen, welche Zugriffsrechte niemals beim Neuanlegen neuer Dateien zu vergeben sind.

unalias

Löschen von Aliasen *k, c*

Syntax

ksh: **unalias** *name(n)*
csh: **unalias** *pattern* ...

Mit **unalias** können zuvor definierte Aliase gelöscht werden.

ksh: Der exit-Status von **unalias** ist 0 (erfolgreich), wenn alle angegebenen *name(n)* Aliase sind, ansonsten ist der exit-Status die Anzahl von Namen, die keine Aliase sind.

csh: unalias löscht alle Aliase, deren Namen durch die angegebenen *pattern* abgedeckt werden. In *pattern* sind dabei die Metazeichen *****, **?** und **[..]** der Dateinamen-Expandierung erlaubt; so würde z.B. der Aufruf **unalias *** alle momentan definierten Aliase löschen. Falls die angegebenen *pattern* keinen einzigen Aliasnamen abdecken, so ist dies kein Fehler.

unhash

Verwendung der internen Hashing-Tabelle ausschalten *c*

Syntax

unhash

Um ein ständiges zeitaufwendiges Suchen in den **path**-Directories beim Aufruf eines nicht built in-Kommandos zu vermeiden, unterhält die **csh** ähnlich zur Bourne-Shell eine interne Hashing-Tabelle, in der sie die Pfadnamen aller Kommandos der **path**-Directories speichert. Im Unterschied zur Bourne-Shell wird diese Hashing-Tabelle jedoch nicht bei jedem Aufruf eines Kommandos ständig erweitert, sondern bereits am Beginn der UNIX-Sitzung vollständig erstellt.

unhash schaltet die Verwendung der Hashing-Tabelle zum Lokalisieren von Kommandos aus.

unlimit

Limits für Systemressourcen entfernen *c*

Syntax

unlimit [*resource*]

unlimit hebt das für *resource* festgelegte Limit wieder auf. Ist *resource* nicht angegeben, so werden die Limits für alle System-Ressourcen entfernt.

Für *resource* kann dabei folgendes angegeben werden:

cputime	CPU-Zeit in Sekunden
filesize	Dateigröße in Bytes
datasize	Größe des Datensegments in Bytes
stacksize	Größe des Stacksegments in Bytes
coredumpsize	*coredump*-Größe in Bytes

Hinweise

unlimit ist nicht auf allen **csh**-Versionen verfügbar.

Mit dem built in-Kommando **limit** kann ein Limit für Systemressourcen festgelegt werden.

unset

Entfernen von Shell-Variablen oder Shell-Funktionen *b, k*
Löschen von Shell-Variablen *c*

Syntax

sh:	**unset** *name(n)*
ksh:	**unset** [-f] *name(n)*
csh:	**unset** *pattern* ...

sh: Hier löscht **unset** die mit *name(n)* spezifizierten Shell-Variablen und Funktionen aus der Umgebung der aktuellen Shell.

unset kann nicht auf die vordefinierten Shell-Variablen **PATH**, **PS1**, **PS2**, **MAILCHECK** und **IFS** angewendet werden.

ksh: Ist **-f** angegeben, so werden die Funktionen *name(n)* und ihre zugehörigen Definitionen gelöscht. Ist **-f** nicht angegeben, so werden die Variablen *name(n)* gelöscht. Falls ein Array-*name* angegeben wird, so wird das vollständige Array mit allen seinen Elementen gelöscht. *readonly*-Variablen können mit **unset** nicht gelöscht werden.

Wird eine der folgenden vordefinierten Variablen mit **unset** gelöscht, so hebt die **ksh** deren Sonderbeutung auf, sogar wenn sie später wieder definiert werden:

ERRNO
LINENO
MAILCHECK
OPTARG
OPTIND
RANDOM
SECONDS
TMOUT.

Der exit-Status von **unset** ist die Anzahl der angegebenen *name(n)*, die keine Funktionen bzw. Variablen waren.

csh: Hier löscht **unset** alle Shell-Variablen, deren Namen durch die angegebenen *pattern* abgedeckt sind. In *pattern* sind dabei die Metazeichen *, ? und [..] der Dateinamen-Expandierung erlaubt; mit **unset** * werden z.B. alle momentan definierten Shell-Variablen gelöscht. Falls die angegebenen *pattern* keine einzige Shell-Variable abdecken, so ist dies kein Fehler.

unsetenv
Löschen von Environment-Variablen c

Syntax

unsetenv *pattern* ...

unsetenv löscht alle Environment-Variablen, welche durch das angegebene *pattern* abgedeckt werden. In *pattern* sind dabei die Metazeichen *, ? und [..] der Dateinamen-Expandierung erlaubt.

Hinweise

Es ist kein Fehler, wenn die angegebenen *pattern* keinen einzigen Namen einer Environment-Variablen abdecken.

Um sich alle momentan definierten Environment-Variablen anzeigen zu lassen, steht das nicht built in-Kommando **env** bzw. **printenv** zur Verfügung.

wait
Auf die Beendigung von Subshells (Sohnprozessen) warten *b, k, c*

Syntax

sh: **wait** [*n*]
ksh: **wait** [*job(s)*]
csh: **wait**

sh: wait veranlaßt die aktuelle Shell, auf die Beendigung des Sohnprozeßes mit der Prozeßnummer (PID) *n* zu warten; nach dessen Beendigung liefert **wait** den exit-Status dieses Sohnprozeßes.

Ist *n* nicht angegeben, so wird die Beendigung aller Sohnprozesse der betreffenden Shell abgewartet.

ksh: wait veranlaßt die **ksh**, auf die Beendigung der angegebenen *job(s)* zu warten.

Sind keine *job(s)* angegeben, so wird auf die Beendigung aller Sohnprozesse der momentan aktiven **ksh** gewartet.

Die einzelnen Jobs können über die PID, die Jobnummer oder den Jobnamen angesprochen werden. Um einen Job über seine Jobnummer oder seinen Namen anzusprechen, gibt es folgende Notationen:

Angabe	Ausgewählter Job
%*jobnr*	Job mit Jobnummer *jobnr*
%*string*	Job, dessen Name mit *string* beginnt
%?*string*	Job, dessen Name *string* enthält
%+ oder %%	aktueller Job
%-	vorheriger aktueller Job

Für *job(s)* können auch die PIDs von Prozessen angegeben werden, um auf deren Beendigung zu warten[35].

Der exit-Status von **wait** ist der exit-Status des letzten Prozesses, auf den gewartet wurde.

csh: Der Befehl **wait** veranlaßt die **csh**, auf die Beendigung aller Hintergrund-Prozesse zu warten.

Wenn die **csh** interaktiv ist, so kann ein Interrupt ein **wait** unterbrechen; in diesem Fall gibt die **csh** alle Job-Namen mit Job-Nummern aus, die noch nicht beendet sind.

Typische Anwendung

wait wird oft in Shell-Skripts verwendet, wenn diese Hintergrund-Jobs starten und die Weiterarbeit nur bei Beendigung dieser Hintergrund-Prozesse möglich ist.

Beispiele

`wait %3` (nur in **ksh** möglich)
Auf die Beendigung des Jobs mit der Jobnummer 3 warten.

`wait 1462`
Auf die Beendigung des Prozesses mit der PID 1462 warten.

`wait $!`
Auf die Beendigung des letzten Hintergrund-Prozesses warten.

Hinweise

Da die Shell auf die Beendigung von Vordergrund-Prozessen immer wartet, bevor sie das nächste Kommando ausführt, macht die Anwendung von **wait** nur Sinn im Zusammenhang mit Hindergrund-Prozessen.

whence

Lokalisieren bzw. Klassifizieren eines Kommandos *k*

Syntax

whence [**-v**] *name(n)*

---

[35] In der **ksh**-Version vom 3.6.1986 und früheren Versionen können für *job(s)* sogar nur PIDs angegeben werden.

whence, welches dem built in-Kommando **type** der Bourne-Shell ähnlich ist, ermöglicht es, den absoluten Pfadnamen oder den Typ eines Kommandos zu ermitteln.

Ist Option **-v** nicht angegeben, so wird zu allen *name(n)* deren absoluter Pfadname ausgegeben.

Ist Option **-v** angegeben, so wird zu jeden angegebenen *name(n)* noch dessen Typ ausgegeben:

- Schlüsselwort (*keyword*)
- Alias (*alias*)
- Exportiertes Alias (*exported alias*)
- Built in-Kommando (*builtin*)
- Undefinierte Funktion (*undefined function*)
- Funktion (*function*)
- Mit **-t** markiertes Alias (*tracked alias*)
- Programm (*program*)
- nicht gefunden (*not found*)

Der exit-Status von **whence** ist 0, wenn alle angebenen *name(n)* existieren, ansonsten verschieden von 0.

Hinweis

type ist ein vordefiniertes Alias:

```
type='whence -v'
```

Beispiele

```
$ whence -v who funk pwd ←⏎
who is a tracked alias for /bin/who
funk not found
pwd is a shell builtin
$
```

xargs
Konstruieren von geeigneten Kommandozeilen *p*

Syntax

xargs [*optionen*] [*kommando* [*argument(e)*]]

xargs erstellt aus *argument(e)* und den nachfolgenden Eingaben (von *stdin*) eine Kommandozeile der folgenden Form:

kommando argument(e) stdin-argument(e)

und bringt diese dann zur Ausführung.

Die Argumente, welche von der Standardeingabe gelesen werden (*stdin-argument(e)*), müssen durch Leer-, Tabulator- oder Neuezeile-Zeichen voneinander getrennt sein. Leerzeilen werden dabei ignoriert. Soll ein Leer- oder Tabulatorzeichen Teil eines Arguments sein, so ist Quoting zu verwenden.

Ist kein *kommando* angegeben, so wird hierfür **/bin/echo** angenommen.

Konstruktion der Argumenten-Liste

- Jede Argumentenliste für *kommando* wird mit Ausnahme der Option **-i** wie folgt gebildet: *argument(e) stdin-argument(e)*

- Ist keine der Optionen **-i**, **-l** und **-n** angegeben, dann werden an die vorgegebenen *argument(e)* soviele *stdin-argument(e)* angehängt, wie in einem internen Puffer untergebracht werden können. Danach wird *kommando* mit dieser dynamisch aufgebauten Kommandoliste ausgeführt. Dieser Prozeß wird wiederholt, bis keine Argumente mehr in der Standardeingabe vorhanden sind. So wird ein "Überlaufen" einer Kommandozeile verhindert.

Optionen

Manche der nachfolgenden Optionen heben sich gegenseitig auf, wie z.B. **-l** und **-n**. Sind solche Optionen gleichzeitig angegeben, so schaltet die zuletzt gegebene Option die zuvor gegebene aus.

Option	Bedeutung
-l*n*	(**l***ines*) jeweils *n* (nicht leere) Zeilen (von Standardeingabe) werden als *stdin-argument(e)* an die vorgegebenen *argument(e)* angehängt und dann wird *kommando* ausgeführt. Wird **EOF** aus der Standardeingabe gelesen, so wird *kommando* mit den bis dahin gelesenen Argumenten aufgerufen. Neuezeile-, Leer- und Tabulator-Zeichen am Ende einer Eingabe-Zeile gelten als Fortsetzungszeichen. Ist keine Zahl *n* angegeben, so wird 1 angenommen.
-i*ers*	(**i***nsert mode*) *kommando* wird für jede aus der Standardeingabe gelesene Zeile ausgeführt. Die ganze Zeile wird dabei als ein Argument interpretiert, welches jedes Vorkommen von *ers* in den vorgegebenen *argument(e)* ersetzt. Bis zu 5 der vorgegebenen *argument(e)* dürfen *ers* ein- oder mehrmal enthalten. Leer- und Tabulatorzeichen am Anfang jeder Zeile werden ignoriert. So erzeugte Argumente dürfen nicht länger als 255 Zeichen sein. Ist kein *ers* angegeben, so wird {} dafür angenommen.
-n*n*	(**n***umber*) Bis zu *n* Argumente werden aus der Standardeingabe gelesen und damit wird *kommando* aufgerufen. Wird die gesamte Argumenten-Liste jedoch länger, als mit **-s***laenge* festgelegt wurde, so werden weniger Argumente aus der Standardeingabe genommen. Ist noch die Option **-x** angegeben, so dürfen *n* Argumente niemals die *laenge*-Begrenzung überschreiten, da sonst **xargs** abgebrochen wird.
-t	(**t***race mode*) Das *kommando* und die konstruierte Argumenten-Liste werden vor der Ausführung ausgegeben. Mit dieser Option können die durch **xargs** erzeugten Aufrufe mitprotokolliert werden.
-p	(**p***rompt mode*) Vor jeder Ausführung von *kommando* wird nachgefragt, ob die von **xargs** erzeugte Kommandozeile auszuführen ist. Eine Antwort, die mit **y** beginnt, bewirkt die Ausführung der Kommandozeile; antwortet der Benutzer mit **EOF** (*CTRl-D*), so wird **xargs** beendet. Bei jeder anderen Antwort wird die Bearbeitung von **xargs** ohne die Ausführung dieser Kommandozeile fortgesetzt.
-x	(*exit*) **xargs** wird abgebrochen, wenn eine Argumenten-Liste länger als *laenge* ist (siehe Option **-s**). Die Option **-x** wird durch die Optionen **-i** und **-l** automatisch eingeschaltet. Ist keine der Optionen **-i**, **-l** oder **-n** angegeben, so darf die gesamte Länge aller Argumente nicht größer als *laenge* sein.

Option	Bedeutung
-s*laenge*	(*size*) Die maximale Länge jeder einzelnen Argumenten-Liste wird auf *laenge* Zeichen festgelegt; *laenge* muß dabei eine positive ganze Zahl 470 sein. Ist **-s** nicht angegeben, so wird für *laenge* 470 angenommen. Für die Länge der Liste ist der Kommandoname und ein Trennzeichen je Argument mitzuzählen.
-e*eofstr*	(**e***of-String*) *eofstr* legt dabei einen logischen EOF-String fest. Dies bedeutet, daß **xargs** solange von der Standardeingabe liest, bis entweder **EOF** (*CTRL-D*) oder aber *eofstr* gelesen wird. Ist **-e***eofstr* nicht oder aber nur **-e** (ohne *eofstr*) angegeben, so wird als logischer EOF-String der Unterstrich (_) angenommen.

Typische Anwendung

xargs wird verwendet, um Aufrufe, die zu überlangen Kommandozeilen führen, so umzuformen, daß sie von der Shell oder vom jeweiligen Kommando verarbeitet werden können. Zudem kann die Verwendung von **xargs** zu erheblichen Laufzeit-Verbesserungen führen, da **xargs** die mögliche Länge einer Kommandozeile optimal ausnützt und nicht unbedingt für jedes Argument einen neuen Prozeß startet.

Hinweise

xargs beendet sich, wenn die Ausführung von *kommando* den Rückgabewert -1 liefert oder aber *kommando* nicht ausgeführt werden kann. Wenn es sich bei *kommando* um ein Shell-Skript handelt, so sollte dieses das **exit**-Kommando verwenden, um zu verhindern, daß dieses Skript zufällig -1 liefert.

Beispiele

Das folgende Kommando verlagert alle Dateien des Directorys */user1/egon* nach */user1/emil* und gibt vor Ausführung jedes **mv**-Kommandos die vollständige Kommandozeile auf die Standardfehlerausgabe aus:

```
ls /user1/egon | xargs -i -t mv /user1/egon/{} /user1/emil/{}
```

Das nachfolgende Kommando sucht in allen Dateien des Directorybaums */usr/include* nach dem String "getchar":

```
find /usr/include -print | xargs grep -sn getchar
```

Die folgende Kommandozeile würde zu einer einzeiligen (nicht dreizeiligen) Ausgabe in die Datei *logdatei* führen:

```
(logname; date; echo $0 $*) | xargs >>logdatei
```

Anhang B
Gegenüberstellung der drei Shells: sh, ksh und csh

Die nachfolgende Tabelle stellt die drei in diesem Buch vorgestellten Shells einander gegenüber, indem sie zeigt, welche der wichtigsten Konstrukte in den jeweiligen Shells angeboten werden:

	sh	ksh	csh
Alias-Mechanismus		x	x
Arrays		x	x
Ausführung von *.logout*			x
Autoload-Funktionen		x	
CDPATH bzw. cdpath	x	x	x
Directory-Stack			x
Exportieren von Aliasen		x	
Erzeugen von Zufallszahlen		x	
Formatierte Variablen		x	
Funktionen	x	x	
Funktionslokale Variablen		x	
History-Mechanismus		x	x
Integer-Arithmetik		x	x
Interaktives Editieren von Kommandozeilen		x	
Job-Kontrolle		#	#
Kommando select		x	
Kommandosubstitution	x	x	x
Kommando-Tracking	x	x	x
Ko-Prozesse		x	
Metazeichen [!..]	x	x	
Noclobber, Ignoreeof		x	x
Pfadnamen-Expandierung		x	
Signalnamen		x	x
String-Operatoren		x	
Tilde-Expandierung		x	x
Variabler Prompt-String		x	x

Legende:

x   in der jeweiligen Shell vorhanden
auf manchen Shell-Versionen vorhanden

Index

!(...) 326
".." 24, 52, 86, 90
".." (csh) 534
24, 33, 217, 240
(csh) 534, 539, 626
(ksh) 291
#! shell-pfadname 291
$ 24, 45
$ (csh) 534, 541
$ (ksh) 296
$#variable (csh) 555
$(...) 285, 293
$< (csh) 556
$?variable (csh) 543, 555
${#variable[*]} (ksh) 320
${#variable[@]} (ksh) 320
${#variable} (csh) 555
${#variable} (ksh) 319
${..} 24
${..} (csh) 534
${?variable} (csh) 555
${10},${11},.. 285, 535
${variable
   +wort} 70
   +wort} (ksh) 319
   -wort} 66
   -wort} (ksh) 319
   =wort} 68
   =wort} (ksh) 319
   ?wort} 69
   ?wort} (ksh) 319
${variable##pattern} (ksh) 321
${variable#pattern} (ksh) 321
${variable%%pattern} (ksh) 323
${variable%pattern} (ksh) 322
${variable:
   +wort} 70
   +wort} (ksh) 319
   -wort} (ksh) 319
   =wort} 66
   =wort} (ksh) 319
   ?wort} 68

?wort} (ksh) 319
${variable} 64
${variable} (csh) 553
${variable} (ksh) 318
& 24, 31, 153, 156, 160, 163, 174
& (csh) 534, 538
&& 24, 31, 144
&& (csh) 535, 538
&& (ksh) 361
'..' 24, 52, 86, 87
'..' (csh) 534
((..)) 285, 354
(..) 24, 123
(..) (csh) 534, 574
(..) (ksh) 358
* 24, 82, 242
* (csh) 534, 559
* (ksh) 324
*(...) 325
+(...) 325
. (Punkt) 184, 240, 255
. (Punkt) (ksh) 461
.cshrc (csh) 532, 633
.login (csh) 532, 634
.logout (csh) 533, 635
.profile 74, 139, 184, 216, 225, 247, 253, 259
.profile (ksh) 284, 486
/dev/null 106
/dev/null (ksh) 335
/etc/cshrc (csh) 633
/etc/profile 247, 253, 259
/etc/rsh 259
: 217, 240
< 23, 98
< (csh) 534, 563
< (ksh) 331
<& 105
<& (ksh) 333
<&- 106
<&- (ksh) 335
<< 23, 102
<< (csh) 534, 564

<< (ksh) 332
<<- 105
<> (ksh) 285, 335
= 24
> 23, 99, 259
> (csh) 534, 563
> (ksh) 331
>! (csh) 535, 563
>& 105, 110
>& (csh) 535, 564
>& (ksh) 333
>&! (csh) 535, 564
>&- 106
>&- (ksh) 335
>> 23, 101, 259
>> (csh) 534, 564
>>! (csh) 535, 564
>>& (csh) 535, 564
>>&! (csh) 535, 564
>| (ksh) 285, 331
? 24, 82, 242
? (csh) 534, 559
? (ksh) 324
?(...) 325
@ (csh) 543, 570, 628
@(...) 325
[ausdr] 112
[!...] 24, 83
[!...] (ksh) 324
[!..] 242
[...] 24, 83
[...] (csh) 534, 559
[...] (ksh) 324
[..] 242
[..] (ksh) 344
[[..]] 347, 366
\ 24, 33, 86, 241
\ (csh) 534
_from (ksh-Funktion) 394, 491
_pot (ksh-Funktion) 492
`..` 24, 41
`..` (csh) 534, 540
`..` (ksh) 292
{...} (csh) 535, 559
{..} 24, 127
{..} (ksh) 358
| 24, 29, 288
| (csh) 534, 537
|& (csh) 536, 537
|& (ksh) 285, 289
|| 25, 31

|| (csh) 535, 538
|| (ksh) 361
~ (csh) 536, 559
~ (ksh) 285, 395, 466

A

Abarbeitung der Kommandozeile 241
Abarbeitung der Kommandozeile (csh) 628
Abarbeitung der Kommandozeile (ksh) 464
Abc (Skript) 93
Abc2 (Skript) 93
Abfangen von Signalen 211
Abfangen von Signalen (ksh) 435
Ablaufgeschwindigkeit (ksh) 495
Abrechnungs-Information 61
Abrechnungs-Information (ksh) 305
Achtdame (csh-Skript) 610
Adr (ksh-Skript) 511
Adress (Skript) 54
Alias
  -Mechanismus 282, 385
  -Mechanismus (csh) 595
  -Substitution 388
  -Substitution (csh) 596
  autoload (ksh) 392
  echo (ksh) 392, 461
  false (ksh) 392
  functions (ksh) 382, 392
  Funktion 392
  hash (ksh) 392
  history (ksh) 392
  integer (ksh) 392
  Löschen 388
  Löschen (csh) 598
  nohup (ksh) 392
  r (ksh) 392
  Tracked 389
  true (ksh) 392
  type (ksh) 392
  vordefiniert 463
  vordefiniert (ksh) 392
Alias (csh) 595, 626
Alias (ksh) 385, 461
Alias-Substitution (ksh) 466
Allgemeines zur Bourne-Shell 23
Allgemeines zur UNIX-Shell 17
Ampel1 (Skript) 142
Ampel2 (Skript) 147

Anfang (Skript) 48
Anlegen einer leeren Datei 101
Anweisung
    case- 146
    case- (ksh) 362
    for- (bc) 677
    for- (ksh) 365
    foreach- (csh) 584
    goto- (csh) 587
    if- 134, 144
    if- (bc) 677
    if- (csh) 575
    if- (ksh) 361
    repeat- (csh) 583
    select- (ksh) 366
    switch- (csh) 578
    Umlenkungs- 97
    Umlenkungs- (csh) 563
    Umlenkungs- (ksh) 330
    until- 159
    until- (ksh) 364
    while- 152
    while- (bc) 677
    while- (csh) 581
    while- (ksh) 363
Anwendung
    Hier-Dokument 104
Anzahl von Positionsparametern 62
Anzahl von Positionsparametern (csh) 550
Anzahl von Positionsparametern (ksh) 307
Arcustangens (bc) 679
Argaus (Skript) 92
Argu_pid (Skript) 62
Argument
    Shell-Skript 45
Argumente
    als Kommandos ausführen 219, 240
    als Kommandos ausführen (csh) 626
    als Kommandos ausführen (ksh) 461
    ausgeben (Skript) 46, 165
Arithmetische Ausdrücke
    Bourne-Shell 116
    csh 567
    ksh 349, 350
Array 317
    Element (csh) 554
    Elementanzahl (csh) 555
    Elementanzahl (ksh) 320
    Index(csh) 554

Array (bc) 675
Array (csh) 544
Array (ksh) 299
At 255, 634
Attribut
    Shell-Variable 296
Attribute
    Variablen 311
Aufgaben der Shell 17
Aufrufsyntax der csh 630
Aufrufsyntax der ksh 476
Aufrufsyntax der Shell 247
Ausdruck
    arithmetisch (csh) 567
    arithmetisch (ksh) 349, 350
    Auswerten 111
    Auswerten (ksh) 344
    Variablen- 64
    Variablen- (ksh) 318
Ausführen von Kommandos (ksh) 472
Ausführung
    bedingte 24, 25, 134, 144, 146
    bedingte (csh) 535, 575, 578
    bedingte (ksh) 361, 362
Ausgab (Skript) 46
Ausgabe
    -Umlenkung 97
    -Umlenkung (csh) 563
    -Umlenkung (ksh) 330
Ausgabe (dc) 654
Ausgabebasis
    bc 668
    dc 652
Ausgeben von exportierten Shell-Variablen 79
Ausschalten des Neuezeile-Zeichens 87
Auswahl
    select- (ksh) 366
Auswerten
    arithmetisch 116
    arithmetisch (csh) 567
    arithmetisch (ksh) 349, 350
Auswerten von Ausdrücken 111
Auswerten von Ausdrücken (ksh) 344
Auto (bc) 672
Autoload (ksh-Alias) 392
Autoload-Funktion 383
Autoload-Funktionen (ksh) 491
Automatische Parameter 62
Automatische Parameter (csh) 550
Automatische Parameter (ksh) 306

Index

Automatische Shell-Variable
! 62
! (ksh) 307
62
(ksh) 307
$ 62
$ (csh) 550
$ (ksh) 307
* 62
* (csh) 550
* (ksh) 307
- (ksh) 307
? 62
? (ksh) 307
@ 62
@ (ksh) 307
_ (ksh) 308
argv (csh) 550
Beispiel 62
child (csh) 550
csh 550
cwd (csh) 551
ERRNO (ksh) 308
LINENO (ksh) 308
OLDPWD (ksh) 309
OPTARG (ksh) 309
OPTIND (ksh) 309
PPID (ksh) 309
PWD (ksh) 309
RANDOM (ksh) 309
REPLY (ksh) 309
SECONDS (ksh) 309
status (csh) 551

B

Basename 122
Basisname1 (Skript) 121
Basisname2 (Skript) 122
Baum (Skript) 187
Baumgrep (Skript) 269
Bc 124, 267, 647, 658
   -Register 660
   -Variable 660
   Arcustangens 679
   Arrays 675
   Aufrufsyntax 658
   Ausgabebasis 668
   auto 672
   benutzerdefinierte Funktionen 671
   Bessel-Funktion 679
   Bibliotheksfunktionen 679
   Binominal-Koeffizient 678
   Cosinus 679
   Datei math.bc 678
   e-Funktion 679
   Eingabebasis 668
   Fakultät berechnen 678
   for-Anweisung 677
   Funktion length 661, 663
   Funktion scale 663
   Funktion sqrt 662, 663
   Funktionsdefinition 671
   Ganzahlige Berechnungen 659
   if-Anweisung 677
   Kommentare 677
   Mehrfachzuweisung 681
   Nachkommastellen 664
   Operatoren 659
   Primzahlen berechnen 678
   Priorität der Operatoren 660
   reelle Zahlen 662
   return 672
   Sinus 679
   Skalierungsfaktor 664
   Text ausgeben 671
   Variable ibase 668
   Variable obase 668
   Verlassen 658
   while-Anweisung 677
   Zahlen-Konvertierung 668
   Zuweisungsoperatoren 680
Bedingte Ausführung 24, 25, 134, 144, 146
Bedingte Ausführung (csh) 535, 575, 578
Bedingte Ausführung (ksh) 361, 362
Bedingungen
   Überprüfen (ksh) 344
Beenden der csh 532
Begriffe der Shell 21
Benutzer
   ausgeben (Skript) 229
   Information (Skript) 198
   Prozesse auflisten (Skript) 215
Bessel-Funktion (bc) 679
Bezeichner 21
Bg (csh) 607, 626
Bg (ksh) 442, 461
Bibliotheksfunktionen (bc) 679
Bildschirm sperren (Skript) 212
Bildsperr (Skript) 212
Binominal-Koeffizient (bc) 678
Bname (ksh-Skript) 382

Index

Bourne-Shell 18
   Allgemeines 23
   Kommentarzeichen 33
   Metazeichen 23
   Skript 35
   Unterschiede zu ksh 520
Break 155, 163, 174, 240
Break (csh) 582, 584, 626
Break (ksh) 364, 365, 461
Breakpoint (ksh-Funktion) 493
Brkzaehl (Skript) 212
Built in
   Editor (ksh) 302, 403
   Editor ein/ausschalten (ksh) 404
   Editor emacs (ksh) 405
   Editor vi (ksh) 415
Built in-Kommando 244
   # (Kommentar) 217, 240
   # (Kommentar) (csh) 626
   ((..)) 354
   . (Punkt) 184, 240, 255
   . (Punkt) (ksh) 461
   : (Null) 217, 240
   @ (csh) 543, 570, 628
   [ausdr] 112
   [..] (ksh) 344
   alias (csh) 595, 626
   alias (ksh) 385, 461
   bg (csh) 607, 626
   bg (ksh) 442, 461
   break 155, 163, 174, 240
   break (csh) 582, 584, 626
   break (ksh) 364, 365, 461
   cd 240
   cd (csh) 626
   cd (ksh) 446, 461
   chdir (csh) 626
   continue 174, 240
   continue (csh) 582, 584, 626
   continue (ksh) 364, 365, 461
   dirs (csh) 614, 626
   echo 240
   echo (csh) 616, 626
   echo (ksh) 461
   eval 219, 240
   eval (csh) 626
   eval (ksh) 461
   exec 101, 109, 180, 224, 240, 247
   exec (csh) 626
   exec (ksh) 462
   exit 240

exit (csh) 626
exit (ksh) 462
export 76, 79, 179, 240
fc (ksh) 398, 462
fg (csh) 607, 626
fg (ksh) 443, 462
getopts 225, 240
getopts (ksh) 462
glob (csh) 617, 626
hash 233, 240
hashstat (csh) 618, 626
history (csh) 626
jobs (csh) 605, 627
jobs (ksh) 439, 462
kill (csh) 606, 627
kill (ksh) 441, 462
let (ksh) 354, 462
limit (csh) 624, 627
login (csh) 624, 627
logout (csh) 624, 627
newgrp 240
newgrp (csh) 627
newgrp (ksh) 462
nice (csh) 622, 627
nohup (csh) 627
notify (csh) 609, 627
onintr (csh) 600, 627
popd (csh) 615, 627
print (ksh) 285, 341, 462
pushd (csh) 614, 627
pwd 240
pwd (ksh) 462
Quoting 93
read 54, 240
read (ksh) 285, 339, 462
readonly 238, 240
readonly (ksh) 462
rehash (csh) 618, 627
return 192, 240
return (ksh) 381, 462
set 46, 192, 235, 240
set (csh) 542, 627
set (ksh) 297, 449, 462
setenv (csh) 542, 619, 628
shift 49, 227, 240
shift (csh) 542, 620, 628
shift (ksh) 297, 462
source (csh) 622, 628, 635
stop (csh) 608, 628
suspend (csh) 609, 628

Built in-Kommando (Forts.)
  test 112, 241
  test (ksh) 344, 463
  time (csh) 623, 628
  times 239, 241
  times (ksh) 459, 463
  trap 211, 241
  trap (ksh) 435, 463
  type 191, 241
  typeset (ksh) 311, 382, 463
  ulimit 239, 241
  ulimit (ksh) 460, 463
  umask 241
  umask (csh) 628
  umask (ksh) 463
  unalias (csh) 598, 628
  unalias (ksh) 388, 463
  unhash (csh) 618, 628
  unlimit (csh) 625, 628
  unset 53, 79, 192, 241
  unset (csh) 628
  unset (ksh) 383, 463
  unsetenv (csh) 619, 628
  wait 157, 241
  wait (csh) 608, 628
  wait (ksh) 442, 463
  whence (ksh) 448, 463
Built in-Kommandos 217
Builtin
  Editor (ksh) 306

C

C-Shell 19, 531
  Neuheiten 531
Case-Anweisung 146
  Dateinamen-Expandierung 146
  exit-Status 152
  exit-Status (ksh) 363
  Pipeline 177
  Umlenkung 176
Case-Anweisung (ksh) 362
Cat (ksh-Skript) 500
Catd (Skript) 141
Catd2 (Skript) 146
Cc2 (Skript) 144
Cd 240, 259
  Such-Directories 58
  Such-Directories (csh) 547
  Such-Directories (ksh) 301
Cd (csh) 626

Cd (ksh) 446, 461
Cdir (Funktion) 183
CDPATH 58
Cdpath (csh) 547
CDPATH (ksh) 301
Cdspell (csh) 636
Chdir (csh) 626
Cmod1 (Skript) 170
Cmod2 (Skript) 170
COLUMNS (ksh) 302, 403
Compi (Skript) 135
Continue 174, 240
Continue (csh) 582, 584, 626
Continue (ksh) 364, 365, 461
Copy (csh-Skript) 577
Copy (Skript) 142
Core 210
Core image 210
Cosinus (bc) 679
Countdow2 (Skript) 49
Countdown (Skript) 47
Cpdir (Skript) 137
Cph (ksh-Skript) 293
Cph (Skript) 44
CPU-Zeit
  ermitteln 239, 241
  ermitteln (ksh) 463
Cron 255, 634
Csh 630
  -Parameter 541
  als Login-Shell 532
  Array 544
  Beenden 532
  Kommentar 539
  Metazeichen 533
  Neuheiten 531
  Positionsparameter 535
  Skript 539
  Starten 532

D

Datanal (ksh-Skript) 369
Datei
  .cshrc (csh) 633
  .login (csh) 634
  .logout (csh) 635
  .profile 74, 139, 184, 216, 225, 247, 253, 259
  .profile (ksh) 284, 486
  /dev/null 106

Datei (Forts.)
/dev/null (ksh) 335
/etc/cshrc (csh) 633
/etc/passwd 19
/etc/profile 247, 253, 259
/etc/rsh 259
Analyse (ksh-Skript) 369
Ankunft abwarten und dann kopieren (Skript) 156
Anlegen 84, 101
auf Existenz prüfen (Skript) 135
Environment- (ksh) 284, 302, 488
ersten Worte ausgeben (Skript) 48
Funktionsdefinitionen (ksh) 302, 384
Funktionsdefinitions- 184, 255
History (ksh) 302
History- 483
Historygröße (ksh) 303
Kreierungsmaske 241
Kreierungsmaske (ksh) 463
Lesen und Schreiben (ksh) 335
mailbox- 58
mailbox- (csh) 548
mailbox- (ksh) 303
Maximale Größe festlegen 239, 241
Paßwort- 19
Scratch- (csh) 636
Synchronsisations- 162
temporäre 105, 215
zum Lesen und Schreiben eröffnen (ksh) 285
Dateideskriptor 97
Standardausgabe umlenken 105
Standardausgabe umlenken (ksh) 333
Standardeingabe umlenken 105
Standardeingabe umlenken (ksh) 333
Subshell 109
Umlenken 106
Dateideskriptor (csh) 563
Dateideskriptor (ksh) 330
Dateien
Größe ermitteln (Skript) 168
Lange Zeilen ermitteln (Skript) 179, 180
mit langen Namen ermitteln (Skript) 177
mit MSDOS-copy kopieren (Skript) 142
mit Rückfrage löschen (Skript) 144
mit Zeilennummern drucken (Skript) 161, 162
suchen (Skript) 66

Typ ermitteln (Skript) 166
über Menü löschen (Skript) 148
zählen (Skript) 36, 40
Zeilenzahl von zwei Datei vergleichen (Skript) 136
Zugriffsrechte ändern (Skript) 170
zusammenfügen (Skript) 175, 176
Dateinamen
-Expandierung (ksh) 470
Dateinamen-Expandierung 24, 82, 242
!(...) 285, 326
* 82
* (csh) 559
* (ksh) 324
*(...) 285, 325
+(...) 285, 325
? 82
? (csh) 559
? (ksh) 324
?(...) 285, 325
@(...) 285, 325
[!...] 83
[!...] (ksh) 324
[...] 83
[...] (csh) 559
[...] (ksh) 324
{...} 535, 559
~ (csh) 559
Ausnahmen 83
Ausnahmen (ksh) 326
case 152
case-Anweisung 146
ksh 285
Shell-Variable 52
Umlenkung 109
Dateinamen-Expandierung (csh) 534, 558
Dateinamen-Expandierung (ksh) 324, 470
Dateityp (Skript) 166
Datlaufe (Skript) 223
Datum
ausgeben (Funktion) 183
ausgeben (Skript) 47
Wochentag zu beliebigen Datum ermitteln (Skript) 149
Datum (Skript) 47
Datv (Skript) 136
Dc 647, 648
-Programme 653
Aufrufsyntax 648
Ausgabebasis 652
Ausgaben 654

Dc (Forts.)
  Eingabebasis 652
  Eingaben 648
  Nachkommastellen 652
  Skalierungsfaktor 652
  Verlassen 656
  Zahlen-Konvertierung 652
Debuggen
  Bourne-Shell 196
  C-Shell 599
Debugging
  Prompt (ksh) 305
Del (Skript) 148
Delfang (csh-Skript) 600
Demo (Skript) 55
Directory
  Home- 56
  Home- (csh) 547
  Home- (ksh) 303
  Wechseln 240
  Wechseln (csh) 626
  Wechseln (ksh) 461
Directory-Stack (csh) 614
Directorybaum
  Begriffe in allen C-Programmen suchen 170
  Graphisch ausgeben (Skript) 187, 275
  grep für (Skript) 269
  Interaktiv durcharbeiten (Skript) 223
  kopieren (Skript) 137
  löschen (Skript) 144
  Verlagern (Skript) 251
Dirs (csh) 614, 626
Dirs (ksh-Funktion) 376
Diskuse(Skript) 105
Dru (Skript) 107
Dusort (ksh-Skript) 509

E

E-Funktion (bc) 679
Echo 240, 461
Echo (csh) 547, 599, 616, 626
Echo (ksh-Alias) 392
Ed 104
Editor
  built in (ksh) 302, 306, 403
  built in emacs (ksh) 405
  built in vi (ksh) 415
  builtin ein/ausschalten (ksh) 404
  ed 104

EDITOR (ksh) 302, 404
Editor-Fenster 302
Eigenschaften der Shell 19
Eigenschaften von Funktionen (ksh) 373
Einfaches Kommando 27, 287
Einfaches Kommando (csh) 536
Einfaches Kommando (ksh) 287
Einfaches Kommando 25
Eing_zaehl (Skript) 39
Eingabe
  -Umlenkung 97
  -Umlenkung (csh) 563
  -Umlenkung (ksh) 330
Eingabebasis
  bc 668
  dc 652
Eingaben
  dc- 648
Eingeschränkte Shell 61, 249, 258
Eingeschränkte Shell (ksh) 306
Element
  eines Arrays (csh) 554
Emilda (Skript) 153
Emilda2 (Skript) 153
Endlos
  -Rekursion 37
  -Schleife 155, 163, 219
Env 79
ENV (ksh) 284, 302
Environment
  Funktionen 190
  Shell- 74
Environment (ksh) 476
Environment-Datei
  Ausführen 482
  Funktionen (ksh) 374
Environment-Datei (ksh) 284, 302, 488
Erinner (Skript) 230
Eval 219, 240
Eval (csh) 626
Eval (ksh) 461
Exec 101, 109, 180, 224, 240, 247
Exec (csh) 626
Exec (ksh) 462
Exit 240
Exit (csh) 626
Exit (ksh) 462
Exit-Status
  case-Anweisung 152
  case-Anweisung (ksh) 363
  for-Anweisung 174

Exit-Status (Forts.)
    for-Anweisung (ksh) 365
    Funktion 192, 240
    Funktion (ksh) 381, 462
    if-Anweisung 145
    if-Anweisung (ksh) 362
    Kommando 27, 133, 288
    Kommando (csh) 536
    Kommandoklammerung 126
    Null-Kommando : 219
    Pipeline 31, 288
    Pipeline (csh) 537
    until-Anweisung 164
    until-Anweisung (ksh) 364
    Vordergrund-Kommando 62
    Vordergrund-Kommando (csh) 551
    Vordergrund-Kommando (ksh) 307
    while-Anweisung 157
    while-Anweisung (ksh) 363
Expandierung
    Dateinamen- 24, 48, 82
    Dateinamen- (csh) 534, 558
    Dateinamen- (ksh) 324
    Metazeichen 24
    Metazeichen (csh) 534
    Tilde- (ksh) 282, 395, 466
    von Kommandos (ksh) 467
Export 76, 79, 179, 240
Export (ksh) 462
Exportieren von Shell-Variablen 76, 240
Exportieren von Shell-Variablen (ksh) 462
Expr 116
Externe Signale 209

F

Fahrsohn (Skript) 170
Fakultät berechnen (bc) 678
False 163
False (ksh-Alias) 392
Fc (ksh) 398, 462
FCEDIT (ksh) 302, 400
Fehlernummer
    Kommando (ksh) 308
Fehlersuche
    Bourne-Shell 196
    C-Shell 599
Fg (csh) 607, 626
Fg (ksh) 443, 462
Fiba (ksh-Skript) 355
Fiba (Skript) 154

Fiba2 (Skript) 160
Fibanocci-Zahlen ausgeben (Skript) 154, 160
File 175
Find 159, 249
Findch (Skript) 170
Finde_c (Skript) 89
For-Anweisung
    als Hintergrundjob 174
    exit-Status 174
    exit-Status (ksh) 365
    Pipeline 177
    Umlenkung 176
For-Anweisung (ksh) 365
For-Schleife
    mit step-Angabe (Funktion) 185
For1 (Skript) 165
For2 (Skript) 171
For3 (Skript) 172
For4 (Skript) 178
For5 (Skript) 178
Foreach-Anweisung (csh) 584
Fork 190
Fortsetzungszeichen 33
FPATH (ksh) 302, 384
Frei wählbare Shell-Variable 51
Frei wählbare Shell-Variable (csh) 543
Frei wählbare Shell-Variable (ksh) 298
Functions (ksh-Alias) 382, 392
Funktion 244
    -definitionsdatei 184
    _from (ksh) 394, 491
    _pot (ksh) 492
    Alias 392
    Arcustangens- (bc) 679
    autoload- 383, 491
    Bessel- (bc) 679
    breakpoint (ksh) 493
    built in-Kommandos 191
    built in-Kommandos (ksh) 382
    cdir 183
    Cosinus- (bc) 679
    dirs (ksh) 376
    e- (bc) 679
    Eigenschaften (ksh) 373
    exit-Status 192, 240
    exit-Status (ksh) 381, 462
    for-Schleife mit step-Angabe 185
    für konsistente Eingabe 373
    für ls -CF 181
    heute 183

Funktion (Forts.)
  Interaktives Debuggen (ksh) 493
  isnum (ksh) 384, 492
  isprim (ksh) 393, 492
  ll 181
  Lokale Variable 375
  Löschen 192, 383
  Name 182
  Name (ksh) 374
  popd 193
  popd (ksh) 376
  Positionsparameter 181
  Positionsparameter (ksh) 374
  Prüfung auf Primzahl (ksh) 393, 492
  Prüfung auf Zahl (ksh) 384, 492
  pushd 193
  pushd (ksh) 376
  Quoting (ksh) 383
  Realisierung der Potenz (ksh) 492
  Realisierung des dirs von csh (ksh) 376
  Realisierung des popd von csh (ksh) 376
  Realisierung des pushd von csh (ksh) 376
  Realisierung einer for-Schleife (ksh) 375, 491, 492
  Rekursion 186
  rm 191
  Rückgabewert 192
  Rückgabewert (ksh) 381
  Shell-Umgebung 190
  Shell-Variable 182
  Shell-Variable (ksh) 374
  Sinus- (bc) 679
  substring (ksh) 494
  Substring extrahieren (ksh) 494
  Umlenkung (ksh) 381
  verifik (ksh) 373
  Verlassen 240
  Verlassen (ksh) 462
  zaehle 185
  zaehle (ksh) 375, 492
Funktionen 180
  Bibliotheks- (bc) 679
  Environment-Datei (ksh) 374
  Such-Directories (ksh) 302, 384
Funktionen (ksh) 372, 486
Funktionsdefinitions
  -Datei (ksh) 302, 384
Funktionsdefinitions-Datei 255

G

Gebdat (Skript) 149
Geklammerte Kommandos 25, 123
Geklammerte Kommandos (csh) 574
Geklammerte Kommandos (ksh) 357
Gerade Zahlen addieren (Skript) 190
Geschweifte Klammern 24, 127
  Schachtelung 128
  Schachtelung (ksh) 358
Geschweifte Klammern (csh) 534
Geschweifte Klammern (ksh) 358
Getopts 225, 240
Getopts (ksh) 462
Glob (csh) 617, 626
Gls (Skript) 71
Goto-Anweisung (csh) 587
Grep 159, 249, 269
Groesse (Skript) 168
Gruesse (Skript) 139
Gruesse2 (Skript) 151
Gruessoft (Skript) 157
Gruss (Skript) 35
Gültigkeitsbereich
  Shell-Variable 74, 178, 183

H

Hallo.arc (Skript) 104
Hanoi (ksh-Skript) 377
Hash 233, 240
Hash (ksh-Alias) 392
Hashing 233, 240, 245
Hashing-Mechaninsmus (csh) 617
Hashstat (csh) 618, 626
Head (ksh-Skript) 507
Header-Datei
  kopieren (Skript) 44
Heute (Funktion) 183
Hexa (Skript) 186
Hexaziffer
  als Dezimalzahl ausgeben (ksh-Skript) 295
Hexz (ksh-Skript) 295
Hexziff (csh-Skript) 579
Hexziff (Skript) 151
Hexziff2 (csh-Skript) 580
Hexziff2 (falsches Skript) 152
Hier-Dokument 23, 102, 105
  Anwendungsbeispiel 104

Index

Quoting 102
Quoting (csh) 564
Hier-Dokument (csh) 534, 564
Hier-Dokument (ksh) 332
Hintergrund-Jobs
    in Vordergrund bringen 462
    in Vordergrund bringen (csh) 626
Hintergrund-Kommando
    PID 62
    PID (csh) 550
    PID (ksh) 307
    Prozeßnummer 62
    Prozeßnummer (csh) 550
    Prozeßnummer (ksh) 307
Hintergrundjob 24, 261
    for als 174
    trap 215
    Umlenkung 109
    until als 160, 163
    while als 153, 156
Hintergrundjob (csh) 534
Histchars (csh) 547
HISTFILE (ksh) 302
History
    -Datei (ksh) 302, 483
    -Dateigröße (ksh) 303
    -Mechanismus (ksh) 282, 396
    -Puffer (ksh) 547, 588
History (csh) 547, 588, 626
History (ksh-Alias) 392
History-Mechanismus (csh) 588
History-Puffer 588
History-Substitution 589
HISTSIZE (ksh) 303
Holedatei (Skript) 156
HOME 56, 75
Home (csh) 547
HOME (ksh) 303
Home Directory 56
Home Directory (csh) 547
Home Directory (ksh) 303

I

If-Anweisung 134, 144
    exit-Status 145
    exit-Status (ksh) 362
    Pipeline 177
    Umlenkung 176
If-Anweisung (csh) 575
If-Anweisung (ksh) 361

IFS 54, 60, 75, 241
IFS (ksh) 303
Ignoreeof (csh) 547
Ignorieren von Signalen 211
Ignorieren von Signalen (ksh) 435
Index
    eines Arrays (csh) 554
Infix-Schreibweise. 647
Information
    Abrechnungs- 61
    Abrechnungs- (ksh) 305
Integer (ksh-Alias) 392
Interaktive Shell 249
Interne Signale 208
Isnum (ksh-Funktion) 384, 492
Isprim (ksh-Funktion) 393, 492

J

Job
    -Kontrolle 261, 282
    Hintergrund- 24, 261
    Hintergrund- (csh) 534
Job-Kontrolle
    csh 602
    ksh 437
    Signale (ksh) 434
Jobs
    auflisten 462
    Signale schicken 462
    Signale schicken (csh) 627
Jobs (csh) 605, 627
Jobs (ksh) 439, 462

K

Kexpr (ksh-Skript) 356
Kill 271
Kill (csh) 606, 627
Kill (ksh) 441, 462
Kinder1 (Skript) 63
Kinder2 (Skript) 63
Klammer
    geschweifte 24, 127
    geschweifte (csh) 534
    geschweifte (ksh) 358
    runde 24, 123
    runde (csh) 534, 574
    runde (ksh) 358

Klassifizieren eines Kommandos (ksh) 448, 463
Klebe (Skript) 175
Klebe2 (Skript) 176
Klebe3 (Skript) 176
Ko-Prozeß
  Kommunikation (ksh) 335
Ko-Prozeß (ksh) 285
Kommando
  # (Kommentar) 217, 240
  # (Kommentar) (csh) 626
  ((..)) 354
  -klammerung 123
  -klammerung (csh) 574
  -klammerung (ksh) 357
  -Liste (ksh) 287
  . (Punkt) 184, 240, 255
  . (Punkt) (ksh) 461
  : (Null) 217, 240
  @ (csh) 543, 570, 628
  [ausdr] 112
  [..] (ksh) 344
  [[..]] 347, 366
  alias (csh) 595, 626
  alias (ksh) 385, 461
  Ausführen der Argumente als 219, 240
  Ausführen der Argumente als (csh) 626
  Ausführen der Argumente als (ksh) 461
  basename (Skript) 122
  bc 124, 267, 647, 658
  bg (csh) 607, 626
  bg (ksh) 442, 461
  break 155, 163, 174, 240
  break (csh) 582, 584, 626
  break (ksh) 364, 365, 461
  built in- 244
  cd 240, 259
  cd (csh) 626
  cd (ksh) 446, 461
  chdir (csh) 626
  continue 174, 240
  continue (csh) 582, 584, 626
  continue (ksh) 364, 365, 461
  csh 630
  dc 647, 648
  Definition 26
  dirs (csh) 614, 626
  echo 240
  echo (csh) 616, 626

Kommando (Forts.)
  echo (ksh) 461
  ed 104
  einfaches 25, 27, 287
  einfaches (csh) 536
  env 79
  eval 219, 240
  eval (csh) 626
  eval (ksh) 461
  exec 101, 109, 180, 224, 240, 247
  exec (csh) 626
  exec (ksh) 462
  exit 240
  exit (csh) 626
  exit (ksh) 462
  exit-Status 27, 62, 133, 288
  exit-Status (csh) 536, 551
  Exit-Status (ksh) 307
  export 76, 79, 179, 240
  export (ksh) 462
  expr 116
  false 163
  fc (ksh) 398, 462
  Fehlernummer (ksh) 308
  fg (csh) 607, 626
  fg (ksh) 443, 462
  file 175
  find 159, 249
  geklammertes 25, 123
  geklammertes (csh) 574
  geklammertes (ksh) 357
  getopts 225, 240
  getopts (ksh) 462
  glob (csh) 617, 626
  grep 159, 249, 269
  hash 233, 240
  Hashing 233, 240, 245
  hashstat (csh) 618, 626
  history (csh) 626
  jobs (csh) 605, 627
  jobs (ksh) 439, 462
  kill 271
  kill (csh) 606, 627
  kill (ksh) 441, 462
  Klassifizieren (ksh) 448, 463
  ksh 476
  let (ksh) 354, 462
  limit (csh) 624, 627
  login (csh) 624, 627
  logname 60
  logout (csh) 624, 627

Kommando (Forts.)
  Lokalisieren (ksh) 448, 463
  Lokalisierung 243
  newgrp 240
  newgrp (csh) 627
  newgrp (ksh) 462
  nice (csh) 622, 627
  nl 198
  nohup 215
  nohup (csh) 627
  notify (csh) 609, 627
  onintr (csh) 600, 627
  popd (csh) 615, 627
  print (ksh) 341, 462
  Punkt- 184, 240, 255
  Punkt- (ksh) 461
  pushd (csh) 614, 627
  pwd 240
  pwd (ksh) 462
  read 54, 240
  read (ksh) 339, 462
  readonly 238, 240
  readonly (ksh) 462
  rehash (csh) 618, 627
  return 192, 240
  return (ksh) 381, 462
  rsh 61, 258, 306
  Rückgabewert 27, 288
  Rückgabewert (csh) 536
  set 46, 192, 235, 240
  set (csh) 542, 627
  set (ksh) 297, 449, 462
  setenv (csh) 542, 619, 628
  sh 247
  shift 49, 227, 240
  shift (csh) 542, 620, 628
  shift (ksh) 297, 462
  shl 261
  source (csh) 622, 628, 635
  stop (csh) 608, 628
  stty 261
  Suchdirectories 56
  Suchdirectories (csh) 548
  Suchdirectories (ksh) 304
  suspend (csh) 609, 628
  Syntaxregeln 232
  test 112, 241
  test (ksh) 344, 463
  time 372
  time (csh) 623, 628
  times 239, 241

Kommando (Forts.)
  times (ksh) 459, 463
  touch 84
  trap 211, 241
  trap (ksh) 435, 463
  true 155
  type 191, 241
  typeset (ksh) 311, 382, 463
  ulimit 239, 241
  ulimit (ksh) 460, 463
  umask 241
  umask (csh) 628
  umask (ksh) 463
  unalias (csh) 598, 628
  unalias (ksh) 388, 463
  unhash (csh) 618, 628
  unlimit (csh) 625, 628
  unset 53, 79, 192, 241
  unset (csh) 628
  unset (ksh) 383, 463
  unsetenv (csh) 619, 628
  wait 157, 241
  wait (csh) 608, 628
  wait (ksh) 442, 463
  whence (ksh) 448, 463
  xargs 251
  Zeit-Messungen 239, 241
  Zeit-Messungen (ksh) 463
Kommando-Tracking (ksh) 389
Kommandoklammerung 123
  exit-Status 126
  Schachtelung 126, 128
  Schachtelung (ksh) 358
Kommandoklammerung (csh) 574
Kommandoklammerung (ksh) 357
Kommandoliste 24, 25, 31, 33
Kommandoliste (csh) 534, 536, 538
Kommandoliste (ksh) 287
Kommandos
  Ausführung (ksh) 472
  Expandierung (ksh) 467
  Lesen (ksh) 464
Kommandosubstitution 24, 92, 241
  Bourne-Shell 41
  case 152
  ksh 285, 292, 293
  Metazeichen in 43
  Pipeline 42
  Quoting (ksh) 292
  Quoting in 94
  Schachtelung 44

Kommandosubstitution (Forts.)
    Schachtelung (ksh) 293
    Umlenkung 108
Kommandosubstitution (csh) 534
Kommandosubstitution (ksh) 468
Kommandotyp 465
Kommandozeile 21
    Abarbeitungsreihenfolge 241
    Abarbeitungsreihenfolge (csh) 628
    Abarbeitungsreihenfolge (ksh) 464
    Letztes Argument (ksh) 308
    Optionen abarbeiten 225, 240
    Optionen abarbeiten (ksh) 462
    Überlange 249
    Zerlegen (ksh) 470
    Zerlegen in Worte 241
    Zu lange 158, 249
    Zuweisung an Variable 80
Kommentar 33
Kommentar (bc) 677
Kommentar (csh) 539
Kommentar (ksh) 291
Kommentar-Kommando 217, 240
Kommentar-Kommando (csh) 626
Kommentarzeichen 24
Kommentarzeichen (csh) 534
Kommunikation
    mit Ko-Prozeß (ksh) 335
    Sohn- und Vaterprozeß (ksh) 285
Kompatibilität 281, 531
Kontrolle
    Job- 261
    Job- (csh) 602
    Job- (ksh) 437
Konvert (Skript) 267
Konvertierung
    bc 668
    dc 652
Konvertierungs-Programm (Skript) 267
Korn-shell 18, 281
    Neuheiten 281
    Optionen 478
Ksh 476
    -Parameter 295
    Ablaufgeschwindigkeit 495
    als Login-Shell 283
    Array 299
    Funktionen 486
    Kommandosubstitution 292
    Kommentar 291
    Login-Shell 483

Ksh (Forts.)
    Metazeichen 285
    neue Kommandosubstitution 285, 293
    Neuheiten 281
    Optionen 478
    Positionsparameter 285
    Restricted Shell 483
    Skript 291
    Starten 283
    Unterschiede zu Bourne-Shell 520
    Versionen 520

L

Länge
    Array (csh) 555
    Array (ksh) 320
    eines Strings (ksh) 319
Langnam (Skript) 177
Langzeil1 (Skript) 179
Langzeil2 (Skript) 179
Langzeil3 (Skript) 180
Layers 261
Lc (Skript) 221
Leerzeichen 25
Leerzeichen (csh) 535
Lesen
    von Standardeingabe 54
Lesen einer Eingabezeile (csh) 556
Lesen von Kommandos (ksh) 464
Let (ksh) 354, 462
Letztarg (Skript) 220
Letzten Login-Sitzungs-Beginn ausgeben
    (Skript) 139
Letztlog (Skript) 139
Limit
    für Datei-Größe festlegen 239, 241
Limit (csh) 624, 627
LINES (ksh) 303
Liste
    Kommando- 24, 25, 31, 33
    Kommando- (csh) 534, 536, 538
    Kommando- (ksh) 287
Ll (Funktion) 181
Ll (Skript) 40
Loesch (csh-Skript) 579
Loesch (Skript) 144
Login
    -Name 60
    -Name prüfen (Skript) 136
    -Shell 19, 184, 253

Index

Login (csh) 624, 627
Login-Shell
   csh 532
   ksh 283
Login-Shell (ksh) 483
LOGNAME 60, 75
Logout (csh) 624, 627
Lokalisieren eines Kommandos (ksh) 448, 463
Lokalisierung eines Kommandos 243
Löschen
   von Funktionen 192, 383
   von Shell-Variablen 53, 79
Lotto (ksh-Skript) 317
Lottodruck (Skript) 172
Ls (Skript) 37
Lszaehl (Skript) 36

M

MAIL 58, 76
Mail (csh) 548
MAIL (ksh) 303
Mailbox
   -Dateiname 58
   -Dateiname (csh) 548
   -Dateiname (ksh) 303
   -Pfadnamen 58
   -Pfadnamen (ksh) 303, 304
   Pfadname (ksh) 308
MAILCHECK 58, 76
MAILCHECK (ksh) 303
MAILPATH 58
MAILPATH (ksh) 303
Maßeinheiten
   umrechnen (Skript) 124
Mdiff (ksh-Skript) 506
Menü
   Kommando select (ksh) 366
Metazeichen
   !(...) 285, 326
   ".." 24, 52, 86, 90
   ".." (csh) 534
   # 24, 33
   # (csh) 534, 539
   # (ksh) 291
   $ 24, 45
   $ (csh) 534, 541
   $ (ksh) 296
   ${..} 24
   ${..} (csh) 534

Metazeichen (Forts.)
   & 24, 31, 153, 156, 160, 163, 174
   & (csh) 534, 538
   && 24, 31, 144
   && (csh) 535, 538
   && (ksh) 361
   '..' 24, 52, 86, 87
   '..' (csh) 534
   (..) 24, 123
   (..) (csh) 534, 574
   (..) (ksh) 358
   * 24, 82, 242
   * (csh) 534, 559
   * (ksh) 324
   *(...) 325
   +(...) 285, 325
   < 23, 98
   < (csh) 534, 563
   < (ksh) 331
   <& 105
   <& (ksh) 333
   <&- 106
   <&- (ksh) 335
   << 23, 102
   << (csh) 534, 564
   << (ksh) 332
   <<- 105
   <> (ksh) 285, 335
   = 24
   > 23, 99, 259
   > (csh) 534, 563
   > (ksh) 331
   >! (csh) 535, 563
   >& 105, 110
   >& (csh) 535, 564
   >& (ksh) 333
   >&! (csh) 535, 564
   >&- 106
   >&- (ksh) 335
   >> 23, 101, 259
   >> (csh) 534, 564
   >>! (csh) 535, 564
   >>& (csh) 535, 564
   >>&! (csh) 535, 564
   >| (ksh) 285, 331
   ? 24, 82, 242
   ? (csh) 534, 559
   ? (ksh) 324
   ?(...) 285, 325
   @(...) 285, 325
   [!...] 24, 83

Metazeichen (Forts.)
    [!...] (ksh) 324
    [!..] 242
    [...] 24, 83
    [...] (csh) 534, 559
    [...] (ksh) 324
    [..] 242
    \ 24, 33, 55, 86, 241
    \ (csh) 534
    `..` 24, 41
    `..` (csh) 534, 540
    `..` (ksh) 292
    {...} (csh) 559
    {..} 24, 127
    {..} (ksh) 358
    | 24, 29, 288
    | (csh) 534, 537
    |& (csh) 536, 537
    |& (ksh) 285, 289
    || 25, 31
    || (csh) 535, 538
    || (ksh) 361
    ~ (csh) 536, 559
    ~ (ksh) 285, 395
    Ausschalten 24, 52, 86
    Ausschalten (csh) 534, 561
    Ausschalten (ksh) 326
    Ausschalten bei read 55
    Bourne-Shell 23
    csh 533
    in C-Shell 533
    in Kommandosubstitution 43
    in Korn-Shell 285
    Kommentar 24
    Kommentar (csh) 534
    ksh 285
Modifikatoren (csh) 556, 590
Monitor 17
Moo (ksh-Skript) 497
Muenz_kom (Skript) 90
Mvbaum (Skript) 251

N

Nachkommastellen
    bc 664
    dc 652
Name
    Funktion 182
    Funktion (ksh) 374
    Login- 60

Namen
    Signal- (ksh) 434
Namkill (csh-Skript) 586
Namkill (Skript) 271
Neuezeile-Zeichen 25
    Ausschalten 87
Neuezeile-Zeichen (csh) 535
Neuheiten der C-Shell 531
Neuheiten der Korn-Shell 281
Newgrp 240
Newgrp (csh) 627
Newgrp (ksh) 462
Nice (csh) 622, 627
Nl 198
Noclobber 331, 563, 564
Noclobber (csh) 548
Noglob (csh) 548, 559
Nohup 215
Nohup (csh) 627
Nohup (ksh-Alias) 392
Nonomatch (csh) 548
Notify (csh) 548, 609, 627
Null-Kommando : 217, 240
    exit-Status 219
Nullstring 64
Nullstring (ksh) 318
Nullwert 64
Nullwert (ksh) 318
Num (ksh-Skript) 355
Nummern
    Signal- 209, 216
    Signal- (ksh) 434
Nur lesbare Shell-Variable 238, 240
Nur lesbare Shell-Variable (ksh) 462

O

Onintr (csh) 600, 627
Operatoren
    expr 117
    test 113
    Umlenkungs- 98
OPTARG 226
OPTIND 76, 226, 233
Optionen
    Anzeigen (ksh) 307
    der Kommandozeile abarbeiten 225, 240
    der Kommandozeile abarbeiten (ksh) 462
    ksh 478

Optionen (Forts.)
  Setzen für ksh 449
  Setzen für Shell 235, 240
  Setzen für Shell (ksh) 462
  sh 248
  Shell 248
  Syntaxregeln 232

P

Parameter 45
  automatische 62
  automatische (csh) 550
  automatische (ksh) 306
  Positions- 24, 45
  Positions- (csh) 534, 541
  Positions- (ksh) 295, 296
  Schlüsselwort- 50
  Schlüsselwort- (csh) 541, 542
  Schlüsselwort- (ksh) 296, 298
  Verschieben 49
  Verschieben (csh) 542
  Verschieben (ksh) 297
Parameter (csh) 541
Parameter (ksh) 295
Parametersubstitution 92, 241
  case 152
  Umlenkung 108
Parametersubstitution (ksh) 469
Paramtersubstitution (csh) 553
Paßwort-Datei 19
PATH 56, 57, 76, 233, 244, 259
Path (csh) 548
PATH (ksh) 304
Pattern
  case 146
  case (ksh) 362
  Dateinamen-Expandierung (csh) 558
  Dateinamen-Expandierung (ksh) 324
Pattern (csh) 558
Pattern (ksh) 324
Pd (Skript) 96
PID
  ausgeben (Skript) 36
  des letzten Hintergrund-Jobs 62
  des letzten Hintergrund-Jobs (csh) 550
  des letzten Hintergrund-Jobs (ksh) 307
  Shell 62
  Shell (csh) 550
  Shell (ksh) 307, 309

Pipe 24
  Zweiwege- (ksh) 285
Pipe (csh) 534
Pipeline 25, 29, 33, 288
  case-Anweisung 177
  exit-Status 31, 288
  exit-Status (csh) 537
  for-Anweisung 177
  if-Anweisung 177
  Kommandosubstitution 42
  until-Anweisung 177
  while-Anweisung 177
Pipeline (csh) 536, 537
Pipeline (ksh) 287
Polnische Notation 647
Popd (csh) 615, 627
Popd (Funktion) 193
Popd (ksh-Funktion) 376
Positionsparameter 24, 45, 226, 233, 534
  Anzahl 62, 171, 172
  Anzahl (csh) 550
  Anzahl (ksh) 307
  csh 535, 541
  Funktion 181
  Funktion (ksh) 374
  ksh 285, 295, 296
  Setzen 46
  Setzen (ksh) 297
  Verschieben 49, 240
  Verschieben (csh) 542
  Verschieben (ksh) 297, 462
  Wert des letzten (Skript) 220
  Zugriff auf alle 62, 171, 172
  Zugriff auf alle (csh) 550
  Zugriff auf alle (ksh) 307
Postfix-Schreibweise 647
Primär-Promptstring 59
Primär-Promptstring (csh) 549, 588
Primär-Promptstring (ksh) 304
Primzahlen berechnen (bc) 678
Print (ksh) 285, 341, 462
Programme
  dc- 653
  Pfadnamen ermitteln (Skript) 197
  Suchdirectories 56, 233, 244
  Suchdirectories (csh) 548
  Suchdirectories (ksh) 304
Prompt
  Debugging (ksh) 305
  Primär- 59, 183

Prompt (Forts.)
  Primär-(csh) 549, 588
  Primär-(ksh) 304
  Sekundär- 59
  Sekundär-(ksh) 305
  select (ksh) 305
  Working directory anzeigen (Funktion) 183
Prompt (csh) 549, 588
Prozesse
  eines Benutzers auflisten (Skript) 215
Prozeß
  über Namen löschen (Skript) 271
Prozeßnummer
  des letzten Hintergrund-Jobs 62
  des letzten Hintergrund-Jobs (csh) 550
  des letzten Hintergrund-Jobs (ksh) 307
  Shell 62
  Shell (csh) 550
  Shell (ksh) 307
  Vater-Shell (ksh) 309
PS1 59, 76, 183
PS1 (ksh) 304
PS2 59, 76
PS2 (ksh) 305
PS3 (ksh) 305
PS4 (ksh) 305
Psuser (Skript) 215
Puffer
  History- (csh) 547, 588
Punkt
  -Kommando 184, 240, 255
  -Kommando (ksh) 461
Pushd (csh) 614, 627
Pushd (Funktion) 193
Pushd (ksh-Funktion) 376
Pwd 240
Pwd (ksh) 462

Q

Qbanner (ksh-Skript) 501
Quoting 86
  bei built in-Kommandos 93
  Beispiel (Skript) 90
  Funktionen (ksh) 383
  Hier-Dokument 102
  Hier-Dokument (csh) 564
  Klammerung mit ".." 86, 90
  Klammerung mit '..' 86, 87
  Kommandosubstitution 94

Quoting (Forts.)
  Kommandosubstitution (ksh) 292
  test-Ausdrücke 114
  Voranstellen von \ 86
  Zusammenfassung (Bourne-Shell) 97
  Zusammenfassung (ksh) 329
Quoting (csh) 561
Quoting (ksh) 326

R

R (ksh-Alias) 392
Read 54, 240
  Ausschalten von Metazeichen 55
Read (ksh) 285, 339, 462
Readonly 238, 240
Readonly (ksh) 462
Rechne (ksh-Skript) 286
Regulärer Ausdruck
  expr 117
Rehash (csh) 618, 627
Reihenfolge
  Abarbeitung der Kommandozeile 241
  Abarbeitung der Kommandozeile (csh) 628
  Abarbeitung der Kommandozeile (ksh) 464
  Auswerten von Umlenkungs-Operatoren 107, 110
  Auswerten von Umlenkungs-Operatoren (ksh) 337
Rekursion
  endlos 37
  Funktionen 186
Repeat-Anweisung (csh) 583
Reserviertes Wort (ksh) 464
Restricted Shell 61, 249, 258
Restricted Shell (ksh) 306, 483
Return 192, 240
Return (bc) 672
Return (ksh) 381, 462
Rm (Funktion) 191
Rsh 61, 258, 306
Rückgabewert
  einer Funktion 192
  einer Funktion (ksh) 381
  eines Kommandos 27, 288
  eines Kommandos (csh) 536
Runde Klammern 24, 123
  Schachtelung 126
  Schachtelung (ksh) 358

Runde Klammern (csh) 534, 574
Runde Klammern (ksh) 358

S

Savehist (csh) 549
Schachtelung von
   Kommandosubstitutionen 44
   ksh 293
Schiebe (Skript) 49
Schleife
   Ausführung wiederholen 240
   Ausführung wiederholen (csh) 626
   Ausführung wiederholen (ksh) 461
   Endlos- 155, 163, 219
   for- (ksh) 365
   foreach- (csh) 584
   goto- (csh) 587
   repeat- (csh) 583
   until- 159
   until- (ksh) 364
   Verlassen 240
   Verlassen (csh) 626
   Verlassen (ksh) 461
   while- 152
   while- (csh) 581
   while- (ksh) 363
Schließen
   Standardausgabe 106
   Standardausgabe (ksh) 335
   Standardeingabe 106
   Standardeingabe (ksh) 335
Schlüsselwort 134
   -Parameter 50
   -Parameter (csh) 541, 542
   -Parameter (ksh) 296, 298
Schlüsselwort (ksh) 359
Schlüsselwörter
   Bourne-Shell 195
Scratch-Datei (csh) 636
Sekundär-Promptstring 59
Sekundär-Promptstring (ksh) 305
Select
   Prompt (ksh) 305
Select- Anweisung (ksh) 366
Selecttest (ksh-Skript) 367
Seltext (ksh-Skript) 368
Set 46, 192, 235, 240
   Dateinamen-Expandierung bei 48
Set (csh) 542, 627
Set (ksh) 297, 449, 462

Setenv (csh) 542, 619, 628
Setzen
   Positionsparameter 46
   Positionsparameter (ksh) 297
Sh 247
   Optionen 248
SHACCT 61
SHACCT (ksh) 305
Shell 61
   -Environment 74
   -Parameter 45
   -Parameter (csh) 541
   -Parameter (ksh) 295
   -Umgebung 74
   Allgemeines 17
   Aufgaben der 17
   Aufrufsyntax 247
   Aufrufsyntax (csh) 630
   Aufrufsyntax (ksh) 476
   Begriffe 21
   Bourne- 18
   C- 19
   Debuggen 196
   Debuggen (csh) 599
   Eigenschaften der 19
   eingeschränkte 61, 249, 258
   eingeschränkte (ksh) 306
   Fehlersuche 196
   Fehlersuche (csh) 599
   Funktionen 180
   Funktionen (ksh) 372
   Hashing-Verfahren 233, 240, 245
   interaktive 249
   Kommandozeile 21
   Kommentar 24
   Kommentar (csh) 534
   korn- 18
   Login- 19, 184, 253
   Optionen 248
PID 62
PID (csh) 550
PID (ksh) 307
PPID (ksh) 309
Prozeduren 35
Prozeduren (csh) 539
Prozeduren (ksh) 291
Prozeßnummer 62
Prozeßnummer (csh) 550
Prozeßnummer (ksh) 307
restricted 61, 249, 258
restricted (ksh) 306

Shell (Forts.)
    Schlüsselwörter 134, 195
    Schlüsselwörter (ksh) 359
    Setzen von Optionen 235, 240
    Setzen von Optionen (ksh) 449
    Signalbehandlung 208
    Signalbehandlung (csh) 600
    Signalbehandlung (ksh) 433
    Skript (csh) 539
    Skript (ksh) 291, 484
    Skripts 35
    Standardausgabe umlenken 101, 225
    Standardeingabe umlenken 101, 225
    Standardfehlerausgabe umlenken 101, 225
    Sub- 24, 36, 74, 123, 178, 244
    Sub- (csh) 534, 540, 574
    Sub- (ksh) 292, 358, 485
    Überlagern mit anderem Kommando 240
    Überlagern mit anderem Kommando (csh) 626
    Überlagern mit anderem Kommando (ksh) 462
    Überlagern mit anderm Kommando 224
    Variable
        frei wählbar 51
        frei wählbar (csh) 543
        frei wählbar (ksh) 298
        siehe Shell-Variable
    Varianten 18
    Vater-Prozeßnummer (ksh) 309
    Verlassen 240
    Verlassen (csh) 626
    Verlassen (ksh) 462
    Wort 22
Shell (csh) 549
SHELL (ksh) 284, 306
Shell-Skript
    Aufruf 35
    Aufruf (csh) 539
    Aufruf (ksh) 291
    Zeilennummer (ksh) 308
Shell-Variable
    ! 62
    ! (ksh) 307
    # 62
    # (ksh) 307
    $ 62
    $ (csh) 550

    $ (ksh) 307
    * 62
    * (csh) 550
    * (ksh) 307
    - (ksh) 307
    ? 62
    ? (ksh) 307
    @ 62
    @ (ksh) 307
    _ (ksh) 308
    argv (csh) 550
    Attribute 296
    Ausdruck 64
    Ausdruck (ksh) 318
    Ausgeben von exportierten 79
    automatische 62
    automatische (csh) 550
    automatische (ksh) 306
    CDPATH 58
    cdpath (csh) 547
    CDPATH (ksh) 301
    cdspell (csh) 636
    child (csh) 550
    COLUMNS (ksh) 302, 403
    cwd (csh) 551
    Dateinamen-Expandierung 52
    echo (csh) 547, 599
    EDITOR (ksh) 302, 404
    Einbetten in String 64
    Einbetten in String (csh) 553
    ENV (ksh) 302
    ERRNO (ksh) 308
    Exportieren 76, 240
    Exportieren (ksh) 462
    FCEDIT (ksh) 302, 400
    FPATH (ksh) 302, 384
    Funktionen 182
    Funktionen (ksh) 374
    Gültigkeitsbereich 74, 178
    histchars (csh) 547
    HISTFILE (ksh) 302
    history (csh) 547, 588
    HISTSIZE (ksh) 303
    HOME 56, 75
    home (csh) 547
    HOME (ksh) 303
    IFS 54, 60, 75, 241
    IFS (ksh) 303
    ignoreeof (csh) 547
    Lesen von Standardeingabe 240
    Lesen von Standardeingabe (ksh) 462

Index

Shell-Variable (Forts.)
    LINENO (ksh) 308
    LINES (ksh) 303
    LOGNAME 60, 75
    Lokale 375
    Löschen 53, 79
    MAIL 58, 76
    mail (csh) 548
    MAIL (ksh) 303
    MAILCHECK 58, 76
    MAILCHECK (ksh) 303
    MAILPATH 58
    MAILPATH (ksh) 303
    Metazeichen 52
    noclobber (csh) 548
    noglob (csh) 548, 559
    nonomatch (csh) 548
    notify (csh) 548
    Nullstring 64
    Nullstring (ksh) 318
    Nullwert 64
    Nullwert (ksh) 318
    nur lesbar 238, 240
    nur lesbar (ksh) 462
    OLDPWD (ksh) 309
    OPTARG 226
    OPTARG (ksh) 309
    OPTIND 76, 226, 233
    OPTIND (ksh) 309
    PATH 56, 57, 76, 233, 244, 259
    path (csh) 548
    PATH (ksh) 304
    PPID (ksh) 309
    prompt (csh) 549, 588
    PS1 59, 76, 183
    PS1 (ksh) 304
    PS2 59, 76
    PS2 (ksh) 305
    PS3 (ksh) 305
    PS4 (ksh) 305
    PWD (ksh) 309
    RANDOM (ksh) 309
    REPLY (ksh) 309
    savehist (csh) 549
    SECONDS (ksh) 309
    SHACCT 61
    SHACCT (ksh) 305
    SHELL 61
    shell (csh) 549
    SHELL (ksh) 306
    status (csh) 551
    TERM 60, 76
    term (csh) 549
    TERM (ksh) 306
    time (csh) 549
    TMOUT (ksh) 306
    TZ 61, 76
    TZ (ksh) 306
    undefiniert 64
    undefiniert (ksh) 318
    verbose (csh) 549, 599
    VISUAL (ksh) 306, 404
    vordefiniert und änderbar 56
    vordefiniert und änderbar (csh) 546
    vordefiniert und änderbar (ksh) 301
    vordefinierte 56
    vordefinierte (csh) 546
    vordefinierte (ksh) 301
    Wert 24, 45, 51
    Wert (csh) 534, 541, 543
    Wert (ksh) 296, 298
    Wert-Zuweisung 24, 80
    Zeiger 222
    Zuweisung 241
Shift 49, 227, 240
Shift (csh) 542, 620, 628
Shift (ksh) 297, 462
Shl 261
Signalbehandlung 208
Signalbehandlung (csh) 600
Signalbehandlung (ksh) 433
Signale 208
    Abfangen 211
    Abfangen (ksh) 435
    Externe 209
    Hintergrundjob 215
    Ignorieren 211
    Ignorieren (ksh) 435
    Interne 208
    Job-Kontrolle (ksh) 434
    Namen (ksh) 434
    Nummern 209, 216
    Nummern (ksh) 434
Signale (csh) 600
Signale (ksh) 433
Sinus (bc) 679
Skalierungsfaktor
    bc 664
    dc 652
Skript
    abc 93
    abc2 93

Skript (Forts.)
　　Ablaufgeschwindigkeit (ksh) 495
　　achtdame (csh) 610
　　adr (ksh) 511
　　adress 54
　　Adressen abspeichern 54
　　Adressen-Verwaltung (ksh) 511
　　ampel1 142
　　ampel2 147
　　anfang 48
　　Ankunft einer Datei abwarten und
　　　　dann kopieren 156
　　argaus 92
　　argu_pid 62
　　Argumente 45
　　Argumente ausgeben 46, 165
　　ausführbar machen 36, 292, 540
　　ausgab 46
　　Automatisieren von Umfragen (csh)
　　　　637
　　basename 122
　　Basisname ermitteln 121, 122
　　basisname1 121
　　basisname2 122
　　baum 187
　　baumgrep 269
　　Beginn der letzten Login-Sitzung
　　　　ausgeben 139
　　Begriffe in allen C-Programmen eines
　　　　Directorybaums suchen 170
　　Beispiel für Job-Kontrolle (csh) 610
　　Beispiel zu $* und $@ 63
　　Beispiel zu ((..)) 355
　　Beispiel zu [[..]] (ksh) 356
　　Beispiel zu arithm. Auswertung (ksh)
　　　　356
　　Beispiel zu Array (ksh) 317
　　Beispiel zu automatischen Shell-
　　　　Variablen 62
　　Beispiel zu for mit in 170
　　Beispiel zu goto (csh) 587
　　Beispiel zu Ko-Prozeß 286
　　Beispiel zu Kommandosubstitution
　　　　(ksh) 293
　　Beispiel zu let (ksh) 355
　　Beispiel zu onintr (csh) 600
　　Beispiel zu RANDOM (ksh) 310
　　Beispiel zu select 367, 368, 369
　　Beispiel zu Variablenausdrücke 71
　　Beispiel zur Funktion zaehle (ksh) 375
　　Beispiel zur Rekursion (ksh) 377

Skript (Forts.)
　　Benutzer-Informationen 198
　　Bildschirm sperren 212
　　bildsperr 212
　　bname (ksh) 382
　　Bourne-Shell 35
　　Break-Tastendrucke zählen 212
　　brkzaehl 212
　　C-Dateien suchen 89
　　cat (ksh) 500
　　catd 141
　　catd2 146
　　cc2 144
　　cmod1 170
　　cmod2 170
　　compi 135
　　copy 142
　　copy (csh) 577
　　Count down 47, 49
　　countdow2 49
　　countdown 47
　　cpdir 137
　　cph 44
　　cph (ksh) 293
　　csh 539
　　datanal (ksh) 369
　　Datei auf Existenz prüfen 135
　　Datei suchen 66
　　Dateiart abhängige Ausgabe 141, 146
　　Dateien in Directories zählen (csh) 576
　　Dateien mit Rückfrage löschen 144
　　Dateien mit Zeilennummern drucken
　　　　161, 162
　　Dateien nach Größe auflisten (ksh) 509
　　Dateien zählen 36, 40
　　Dateien zusammenfügen 175, 176
　　dateityp 166
　　Dateityp ermitteln 166
　　datlaufe 223
　　datum 47
　　Datum ausgeben 47
　　datv 136
　　del 148
　　delfang (csh) 600
　　demo 55
　　Directorybaum graphisch ausgeben
　　　　187, 275
　　Directorybaum graphisch ausgeben
　　　　(csh) 584
　　Directorybaum kopieren 137
　　Directorybaum verlagern 251

Skript (Forts.)
   diskuse 105
   dru 107
   dusort (ksh) 509
   Dynamisches Erzeugen eines C-Quellprogramms 104
   Ein/Ausgaben auf anderen Terminal mitprotokollieren 273
   eing_zaehl 39
   emilda 153
   emilda2 153
   erinner 230
   ersten Worte einer Datei ausgeben 48
   Exit-Status einer while-Schleife 157
   fahrsohn 170
   fiba 154
   fiba (ksh) 355
   fiba2 160
   Fibanocci-Zahlen berechnen 154, 160
   findch 170
   finde_c 89
   for1 165
   for2 171
   for3 172
   for4 178
   for5 178
   für ls -CF 221
   ganze Directorybäume löschen 144
   gebdat 149
   Gerade Zahlen addieren 190
   gls 71
   grep für Directorybäume 269
   groesse 168
   Größe von Dateien ermitteln 168
   gruesse 139
   gruesse2 151
   gruessoft 157
   gruss 35
   Gültigkeitsbereich 80
   hallo.arc 104
   hanoi (ksh) 377
   head (ksh) 507
   Header-Datei kopieren 44
   hexa 186
   Hexadezimalzahlen ins Dezimalsystem konvertieren 186
   Hexadezimalziffer umwandeln 151
   Hexadezimalziffer umwandeln (falsch) 152
   Hexaziffer (ksh) 295
   hexz (ksh) 295

Skript (Forts.)
   hexziff 151
   hexziff (csh) 579
   hexziff2 (csh) 580
   hexziff2 (falsch) 152
   holedatei 156
   Interaktiv Directorybaum durchlaufen 223
   kexpr (ksh) 356
   kinder1 63
   kinder2 63
   Klassifizieren eines Zeichens 147
   klebe 175
   klebe2 176
   klebe3 176
   Kompilierung von C-Programmen 135, 144
   konvert 267
   ksh 291
   lange Dateinamen ermitteln 177
   Lange Zeilen ermitteln 179, 180
   langnam 177
   langzeil1 179
   langzeil2 179
   langzeil3 180
   lc 221
   letztarg 220
   letztlog 139
   ll 40
   loesch 144
   loesch (csh) 579
   Login-Namen prüfen 136
   Löschen mit Sicherungskopie (csh) 579
   Löschen von Dateien über ein Menü 148
   Löschen von Prozessen über Namen(csh) 586
   lotto (ksh) 317
   lottodruck 172
   Lottogewinn drucken 172
   ls 37
   lszaehl 36
   mdiff (ksh) 506
   mit read 55
   moo (ksh) 497
   MSDOS-copy 142
   MSDOS-copy (csh) 577
   muenz_kom 90
   mvbaum 251
   Name 37
   Name eines Kommandos 37

Skript (Forts.)
    namkill 271
    namkill (csh) 586
    num (ksh) 355
    pd 96
    Pfadnamen von Programmen ermitteln 197
    PID ausgeben 36
    Positionsparameter verschieben 49
    Prozesse über Namen löschen 271
    ps für Benutzer-Prozesse 215
    psuser 215
    qbanner (ksh) 501
    Quer-Banner (ksh) 501
    Quoting-Beispiel 90
    Realisierung des BSD-Kommandos which 57, 104
    Realisierung des Kommandos cat (ksh) 500
    Realisierung des Kommandos head (ksh) 507
    Realisierung von basename 382
    rechne 286
    schiebe 49
    selecttest (ksh) 367
    seltext (ksh) 368
    Speicherplatzbelegung 105
    Spiel moo 497
    Ständige Prüfung (im Hintergrund), ob emil angemeldet 153
    Ständige Prüfung, ob Benutzer angemeldet 155, 164
    Ständige Prüfung, ob emil angemeldet 153
    Ständige Prüfung, ob emil noch angemeldet 160
    suchtext1 158
    sum_gerad 190
    sum_ungerad 185
    sum_ungerad (ksh) 375
    Tageszeit abhängig Text ausgeben 139, 151
    teiler (ksh) 443
    Teiler zu einer Zahl 443
    termkop 273
    Text an anderen Terminal schicken 230
    Text in allen Dateien eines Directorybaums suchen 158, 269
    tree 275
    tree (csh) 584
    umrech 124

Skript (Forts.)
    Umrechnen von Maßeinheiten 124
    Ungerade Zahlen addieren 185
    userda 136, 155
    userda (csh) 583
    var_wert 80
    Verhalten an Ampel simulieren 142, 147
    vonhinten (ksh) 356
    vorh 135
    wahl (csh) 637
    wahl_info (csh) 637
    wartemil 160
    wartemil2 160
    wartuser 164
    wc 37
    wcdat (csh) 576
    weiblich 64
    wer 229
    werist 198
    Wert des letzten Positionsparameter 220
    which1 57
    which2 104
    Wochentag zu beliebigen Datum ermitteln 149
    woist 66, 197
    wzaehl (csh) 587
    Zahlen-Konvertierungs-Programm 267
    zdrucke 162
    zdrucke1 161
    zeichtyp 147
    zeig_pid 36
    Zeilenanzahl von zwei Dateien vergleichen 136
    Zeilenweiser Dateivergleich (ksh) 506
    zu who 229
    zufall (ksh) 310
    Zugriffsrechte ändern 170
Skript (ksh) 484
Sohnprozeß
    auf Beendigung warten 157, 241
    auf Beendigung warten (ksh) 463
Source (csh) 622, 628
Speicherabzug (core) 210
Speicherplatzbelegung ermitteln (Skript) 105
Spezieller Variablenausdruck 64
Spezieller Variablenausdruck (ksh) 318
Spiel moo 497
Stack

Directory- (csh) 614
Standardausgabe 97
   der Shell umlenken 101, 225
   Schließen 106
   Schließen (ksh) 335
   umlenken 23, 99
   umlenken (csh) 534, 535, 563
   umlenken (Dateideskriptor) 105, 333
   umlenken (ksh) 285, 331
   Umlenken (noclobber) 331, 563
   umlenken ans Dateiende 23, 101
   umlenken ans Dateiende (csh) 534, 564
Standardausgabe (csh) 563
Standardausgabe (ksh) 330
Standardeingabe 97
   der Shell umlenken 101, 225
   Lesen 54, 240
   Lesen (ksh) 462
   Schließen 106
   Schließen (ksh) 335
   umlenken 23, 98
   umlenken (csh) 534, 563
   umlenken (Dateideskriptor) 105, 333
   Umlenken (ksh) 331
Standardeingabe (csh) 563
Standardeingabe (ksh) 330
Standardfehlerausgabe 97
   der Shell umlenken 101, 225
   Umlenken 106
   Umlenken (csh) 564
   Umlenken (noclobber) 564
   Umlenken ans Dateiende (csh) 564
Standardfehlerausgabe (csh) 563
Standardfehlerausgabe (ksh) 330
Starten der csh 532
Starten der ksh 283
Stderr 97
Stderr (csh) 563
Stderr (ksh) 330
Stdin 97
Stdin (csh) 563
Stdin (ksh) 330
Stdout 97
Stdout (csh) 563
Stdout (ksh) 330
Stop (csh) 608, 628
String
   Länge (ksh) 319
   ohne größten linken Teilstring (ksh) 321

   ohne größten rechten Teilstring (ksh) 323
   ohne kleinsten linken Teilstring (ksh) 321
   ohne kleinsten rechten Teilstring (ksh) 322
Stty 261
Subshell 24, 36, 74, 123, 178, 244
   Erben von Dateideskriptoren 109
Subshell (csh) 534, 540, 574
Subshell (ksh) 292, 358, 485
Substitution
   Alias- (csh) 596
   Alias- (ksh) 466
   History- 589
   Kommando- 24, 41, 92, 241
   Kommando- (csh) 534
   Kommando- (ksh) 292, 468
   Parameter- 92, 241
   Parameter- (csh) 553
   Parameter- (ksh) 469
Substring (ksh-Funktion) 494
Substring-Operation (ksh) 321, 322, 323
Suchpfade
   cd 58
   cd (csh) 547
   cd (ksh) 301
   Funktionen (ksh) 302, 384
   Programme 56
   Programme (csh) 548
   Programme (ksh) 304
Suchtext1 (Skript) 158
Sum_gerad (Skript) 190
Sum_ungerad (ksh-Skript) 375
Sum_ungerad (Skript) 185
Suspend (csh) 609, 628
Switch-Anweisung (csh) 578
Synchronisationsdatei 162
Syntaxdiagramme zu Pipeline und
   Kommandoliste (ksh) 289
Syntaxregeln
   für Kommandos 232
   für Optionen 232

T

Tabulatorzeichen 25
Tabulatorzeichen (csh) 535
Tageszeit abhängig Text ausgeben (Skript) 139, 151
Taschenrechner 267

Teiler (ksh-Skript) 443
Temporäre Datei 105, 215
TERM 60, 76
Term (csh) 549
TERM (ksh) 306
Terminal
   Ein/Ausgaben auf anderen
      mitprotokollieren (Skript) 273
   Text an anderen schicken (Skript) 230
   virtueller 261
Terminalname 60
Termkop (Skript) 273
Test 112, 241
Test (ksh) 344, 463
Text ausgeben 240
Text ausgeben (csh) 626
Text ausgeben (ksh) 461
Tilde
   -Expandierung (ksh) 466
Tilde (ksh) 285
Tilde-Expandierung (ksh) 282, 395
Time 372
Time (csh) 549, 623, 628
Times 239, 241
Times (ksh) 459, 463
Tischrechner
   bc 647, 658
   dc 647, 648
TMOUT (ksh) 306
Token 464
Touch 84
Tracked Alias 389
Trap 211, 241
Trap (ksh) 435, 463
Tree (csh-Skript) 584
Tree (Skript) 275
Trennzeichen 21, 60
Trennzeichen (ksh) 303
True 155
True (ksh-Alias) 392
Typ
   Kommando 465
Type 191, 241
Type (ksh-Alias) 392
Typeset (ksh) 311, 382, 463
TZ 61, 76
TZ (ksh) 306

U

Überlagern der Shell mit anderem
   Kommando 224, 240
Überlagern der Shell mit anderem
   Kommando (csh) 626
Überlagern der Shell mit anderem
   Kommando (ksh) 462
Überlange Kommandozeile 249
Überprüfen
   von Bedingungen (ksh) 344
Ulimit 239, 241
Ulimit (ksh) 460, 463
Umask 241
Umask (csh) 628
Umask (ksh) 463
Umgebung
   Funktionen 190
   Shell- 74
Umgebung (ksh) 476
Umlenken 97
   Dateideskriptor 106
   Hier-Dokument 102, 105
   Hier-Dokument (csh) 564
   Hier-Dokument (ksh) 332
   Standardausgabe 23, 99
   Standardausgabe (ans Dateiende) 101
   Standardausgabe (ans Dateiende) (csh)
      564
   Standardausgabe (csh) 534, 535, 563
   Standardausgabe (Dateideskriptor)
      105, 333
   Standardausgabe (ksh) 285, 331
   Standardausgabe (noclobber) 331, 563
   Standardeingabe 23, 98
   Standardeingabe (csh) 534, 563
   Standardeingabe (Dateideskriptor)
      105, 333
   Standardeingabe (ksh) 331
   Standardfehlerausgabe 106
   Standardfehlerausgabe (ans Dateiende)
      (csh) 564
   Standardfehlerausgabe (csh) 564
   Standardfehlerausgabe (noclobber) 564
Umlenken (csh) 563
Umlenken (ksh) 330
Umlenkung 242, 259
   case-Anweisung 176

Umlenkung (Forts.)
    Dateinamen-Expandierung 109
    for-Anweisung 176
    Funktionen (ksh) 381
    Hintergrundjob 109
    if-Anweisung 176
    Kommandosubstitution 108
    Operatoren 98
    Parametersubstitution 108
    Reihenfolge der Auswertung 107, 110
    Reihenfolge der Auswertung (ksh) 337
    until-Anweisung 176
    while-Anweisung 176
Umrech (Skript) 124
Unalias (csh) 598, 628
Unalias (ksh) 388, 463
Undefinierte Shell-Variablen 64
Undefinierte Shell-Variablen (ksh) 318
Ungerade Zahlen addieren (Skript) 185
Unhash (csh) 618, 628
Unlimit (csh) 625, 628
Unset 53, 79, 192, 241
Unset (csh) 628
Unset (ksh) 383, 463
Unsetenv (csh) 619, 628
Unterschiede
    ksh-Bourne-Shell 520
Until-Anweisung 159
    als Hintergrundjob 160, 163
    exit-Status 164
    exit-Status (ksh) 364
    Pipeline 177
    Umlenkung 176
Until-Anweisung (ksh) 364
Userda (csh-Skript) 583
Userda (Skript) 136, 155

V

Var_wert (Skript) 80
Variable
    Shell- 50
    Shell- (csh) 542
    Shell- (ksh) 298
    siehe Shell-Variable
Variablen
    Attribute 311
Verbose (csh) 549, 599
Vererbung (ksh) 477
Verifik (ksh-Funktion) 373
Verlassen der Shell 240

Verlassen der Shell (csh) 626
Verlassen der Shell (ksh) 462
Verschieben der Positionsparameter 49
Verschieben der Positionsparameter (csh) 542
Verschieben der Positionsparameter (ksh) 297
Verzweigung 134, 146
Verzweigung (csh) 575, 578
Verzweigung (ksh) 361, 362
Virtueller Terminal 261
VISUAL (ksh) 306, 404
Vonhinten (ksh-Skript) 356
Vordefinierte Aliase (ksh) 392, 463
Vordefinierte Shell-Variable 56
    änderbar 56
    änderbar (csh) 546
    änderbar (ksh) 301
Vordefinierte Shell-Variable (csh) 546
Vordefinierte Shell-Variable (ksh) 301
Vordergrund-Kommando
    Exit-Status 62
    Exit-Status (csh) 551
    Exit-Status (ksh) 307
Vorh (Skript) 135

W

Wahl (csh-Skript) 637
Wahl_info (csh-Skript) 637
Wait 157, 241
Wait (csh) 608, 628
Wait (ksh) 442, 463
Wartemil (Skript) 160
Wartemil2 (Skript) 160
Warten auf Beendigung von Sohnprozessen 157, 241
Warten auf Beendigung von Sohnprozessen (ksh) 463
Wartuser (Skript) 164
Wc (Skript) 37
Wcdat (csh-Skript) 576
Weiblich (Skript) 64
Wer (Skript) 229
Werist (Skript) 198
Wert einer Shell-Variablen 51
Wert einer Shell-Variablen (csh) 543
Wert einer Shell-Variablen (ksh) 298
Whence (ksh) 448, 463
Which
    Realisierung in Bourne-Shell 197

Which1 (Skript) 57
Which2 (Skript) 104
While-Anweisung 152
    als Hintergrundjob 153, 156
    exit-Status 157
    exit-Status (ksh) 363
    Pipeline 177
    Umlenkung 176
While-Anweisung (csh) 581
While-Anweisung (ksh) 363
Woist (Skript) 66, 197
Working directory
    Ausgeben 240
    Ausgeben (ksh) 462
    vorheriges (ksh) 309
Wort 22
    Reserviertes (ksh) 464
Wzaehl (csh-Skript) 587

X

Xargs 251

Z

Zaehle (Funktion) 185
Zaehle (ksh-Funktion) 375, 492
Zdrucke (Skript) 162
Zdrucke1 (Skript) 161
Zeichen
    Fortsetzungs- 33
    Kommentar- 33
    Leer- 25
    Leer- (csh) 535
    Neuezeile- 25
    Neuezeile- (csh) 535
    Tabulator- 25
    Tabulator- (csh) 535
Zeichtyp (Skript) 147
Zeig_pid (Skript) 36
Zeigervariablen 222
Zeilennummer
    in Shell-Skript (ksh) 308
Zeit
    in Sekunden (ksh) 309
Zeitmessung (ksh) 372
Zeitzone 61
Zeitzone (ksh) 306
Zerlegen einer Kommandozeile (ksh) 470
Zu lange Kommandozeile 158, 249
Zufall (ksh-Skript) 310
Zufallszahl (ksh) 309
Zuweisung
    auf der Kommandozeile 80
Zweiwege-Pipe 285

UNIX

UNIX Grundlagen
Kommandos und Konzepte
Helmut Herold

Dieses Buch macht den Leser mit der Arbeit unter dem Betriebssystem UNIX vertraut. Nach dem Studium des Buches verfügt der Leser über ein gesundes UNIX Basiswissen und ist in der Lage, in höhere UNIX Sphären aufzusteigen. Dies sollen ihm die weiteren Bände dieser Reihe ermöglichen.
800 Seiten, 1991, ISBN 3-89319-306-5, geb., DM 99,–

AWK und SED
Helmut Herold

Dieses Buch behandelt die beiden mächtigen UNIX-Werkzeuge awk und sed, die inzwischen auch unter MS-DOS angeboten werden.
336 Seiten, 1991, ISBN 3-89319-344-8, geb., DM 69,–

Die UNIX-Shells
Bourne-Shell, Korn-Shell und C-Shell
Helmut Herold

Dieses Buch stellt die drei gebräuchlichsten UNIX-Shells vor: Bourne-Shell, Korn-Shell und C-Shell. Der Anhang enthält eine alphabetische Liste aller hier behandelten Shells und Kommandos und kann als Nachschlagewerk benutzt werden.
ca. 900 Seiten, 1991, ISBN 3-89319-381-2, geb., ca. DM 99,–

LEX und YACC
Helmut Herold

Dieses Buch klärt zunächst die Begriffe "lexikalische Analyse" und "Syntaxanalyse", bevor es den Leser anhand zahlreicher Beispiele systematisch mit den beiden UNIX-Tools lex und yacc vertraut macht.
ca. 400 Seiten, 1991, ISBN 3-89319-382-0, geb., ca. DM 79,–

The AWK Programming Language
Alfred Aho/Brian Kernighan/Peter Weinberger

This book, by the developers of the language, provides a brief introduction to the language, presents the AWK reference manual, and then focuses on the areas where AWK can be applied.
224 pages, 1988, ISBN 0-201-07981-X, paperback, ca. DM 52,–

ADDISON-WESLEY

DOS-TITEL

DOS 5 für Programmierer
Arne Schäpers

Der erfolgreiche Turbo-Autor hat sich nun mit den Interna der neuesten Ausgabe von MS-DOS sowie seinem Gegenstück Dr. DOS 5 befaßt.
1128 Seiten, 1991, ISBN 3-89319-350-2, ca. DM 99,–

MS-DOS 5
Edition Software-Klassiker
Heiner Etzler/Franz Grieser/Markus Hahner

Das Buch beschreibt umfassend und in klarer Sprache Microsofts Betriebssystem 5.
ca. 700 Seiten, 1991, ISBN 3-89319-341-3, incl. Diskette, ca. DM 79,–

MS-DOS 5
Einführung und Leitfaden
Franz Grieser

Das Buch enthält eine knappe und klare Einführung in die Grundlagen und Begriffe des Betriebssystems.
352 Seiten, 1991, ISBN 3-89319-314-6, DM 39,–

Microsoft MS-DOS 5
Reihe Hotline
Franz Grieser

Das Projekt aus der Buchreihe Hotline behandelt Anwenderprobleme und gibt Tips bei der täglichen Arbeit mit MS DOS 5.
ca. 180 Seiten, 1991, ISBN 3-89319-335-9, ca. DM 29,80

DOS ohne Schranken
Protected Mode-Programmierung, Multitasking,
Expanded und Extended Memory
R. Duncan/C. Petzold/M. S. Baker/A. Schulman
S. R. Davis/R. P. Nelson/R. Moote

DOS ohne Schranken hilft Ihnen, den ganzen Leistungsumgang der aktuellen Hardware-Generation für Ihre DOS-Applikationen voll nutzbar zu machen.
515 Seiten, 1990, ISBN 3-89319-300-6, DM 79,–

UNDOCUMENTED DOS
A. Schulman/R.I. Michels/ J. Kyle, T. Paterson/
D. Maxey/ R. Brown

A programmer's guide to reserved MS-DOS functions and data structures.
600 pages, 1991, ISBN 0-201-57064-5, ca. DM 89,–

NETZWERKE

Leitfaden für Novell NetWare
Grundlagen und Installation, Band 1
Andreas Zenk

Das Buch vermittelt sowohl die Grundlagen zum Verständnis eines PC-Netzes als auch die Installation der NetWare 286.
ca. 330 Seiten, 1990, ISBN 3-89319-106-2, DM 69,–

Leitfaden für Novell NetWare
Arbeiten mit NetWare 2.2, Band 2
Andreas Zenk

Der zweite Band zu Novell NetWare vermittelt Ihnen Kenntnisse zur Einrichtung und Verwaltung eines lokalen Netzes unter NetWare 2.2.
750 Seiten, 2. Auflage 1991, ISBN 3-89319-378-2, ca. DM 89,–

Lokale Netze
Andreas Zenk

Dieses Buch bietet eine grundlegende Einführung und einen Überblick auf dem Gebiet der lokalen Netzwerke.
576 Seiten, 1991, ISBN 3-89319-319-7, DM 79,–

Praxis der PC-Vernetzung
Hard- und Software, Administration, Sicherheitsfragen
Michael Durr/Mark Gibbs

Die Autoren geben einen umfassenden und aktuellen Überblick über die Möglichkeiten, Techniken und Anwendungen der PC-Vernetzung mit lokalen Netzwerken.
ca. 600 Seiten, 1990, ISBN 3-89319-292-1, DM 89,–

TCP/IP und NFS in Theorie und Praxis
UNIX in lokalen Netzen
Michael Santifaller

320 Seiten, 1990, ISBN 3-89319-246-8, DM 69,–

DATENBANKEN

Relationale Datenbanken
Theorie und Praxis
Hermann Sauer

Das Buch soll einen Einstieg in die Technologie relationaler Datenbanken vermitteln. Es behandelt die Grundlagen relationaler Systeme, SQL, Datenbankinternas und Performance-Aspekte, Recovery, Parallelverarbeitung, verteilte Datenbanken und Design-Prinzipien.
232 Seiten, 1991, ISBN 3-89319-167-4, geb., DM 59.–

Objektorientierte Datenbanken
Andreas Heuer

In diesem Buch sollen die Konzepte objektorientierter Datenbankmodelle und -systeme sowie einige konkrete Modelle und Systeme vorgestellt werden.
ca. 400 Seiten, 1991, ISBN 3-89319-315-4, geb., ca. DM 79,–

Informix
Das relationale Datenbanksystem - Mit Informix Online
Dusan Petkovic

352 Seiten, 1991, ISBN 3-89319-182-8, geb., DM 79,–

INGRES
Das relationale Datenbanksystem
Dusan Petkovic

Das Buch wendet sich sowohl an INGRES-Endbenutzer als auch an INGRES-Anwendungsprogrammierer.
ca. 400 Seiten, 1991, ISBN 3-89319-385-5, geb., ca. DM 79,–

DB2
Das DB2-Handbuch
Gottfried Vossen/Kurt-Ulrich Witt

288 Seiten, 1990, ISBN 3-89319-175-5, geb., DM 79,–

Online Datenbanken
Aufbau, Struktur, Abfragen
Josef L. Staud

432 Seiten, 1991, ISBN 3-89319-160-7, geb., DM 69,–

▲ **ADDISON-WESLEY**

HARDWARE

System BIOS for IBM PCS, Compatibles, and EISA Computers
The Complete Guide to ROM-Based System Software
Phoenix Technologies Ltd.

The second edition now covers the next generation Phoenix-BIOS, already integrated into the major PC compatible and EISA manufacturers computers. It covers Phoenix´s new extensible BIOS architecture as well as the enhanced set of development tools.
560 pages, 2nd edition 1991, ISBN 0-201-57760-7, paperback, ca. 79,– DM

PC-Hardwarebuch
Aufbau, Funktionsweise, Peripherie
Ein Handbuch für Profis
Klaus-Peter Messmer

Dieser Band bietet eine umfassende Darstellung der gesamten PC-Hardware. Die Schilderung bewegt sich durchweg auf hohem technischen Niveau. Ob zu Mainboards, Grafikkarten, Controler, Interfaces oder auch zu einzelnen Chips, dieses Buch läßt kaum Fragen offen.
ca. 700 Seiten, 1991, ISBN 3-89319-357-X, geb., ca. DM 79,–

EGA/VGA
Die Programmierung der EGA/VGA-Grafikkarte
Matthias Uphoff

Wer auf seinem PC/AT 286, 386 oder 486 anspruchsvolle Grafiken oder trickreiche Video-Effekte erzeugen will, findet hier eine nahezu unerschöpfliche Informationsquelle.
430 Seiten, 1990, ISBN 3-89319-274-3, geb., incl. Diskette, DM 79,–

Programmers Guide to the EGA and VGA Cards
Richard F. Ferraro

Written for programmers and hardware designers creating EGA- and VGA compatible products, this revised and updated edition contains new information covering the most recent developments in the graphics board industry.
786 pages, Update 1991, ISBN 0-201-57025-4, paperback, ca. DM 89,–

TeX/LaTeX

LaTeX - Eine Einführung
Helmut Kopka

Dieses Buch richtet sich an die LaTeX-Anwender, die keine oder nur geringe Kenntnisse im Umgang mit Rechnern haben. Es basiert auf Kursen, die der Autor an seiner Arbeitsstätte gegeben hat.
356 Seiten, 3. überarbeitete u. erweiterte Auflage, 1991
ISBN 3-89319-338-3

LaTeX - Erweiterungsmöglichkeiten
Helmut Kopka

Eigene Layout-Stile, quasi-automatische Erzeugung von Stichwortregistern, sprachspezifische Anpassung, Ausweitung auf Bild- und Grafikdarstellung.
479 Seiten, 1990, ISBN 3-89319-287-5

Kompaktführer LaTeX
Reinhard Wonneberger

Eine Kurzübersicht der LaTeX-Funktionen.
155 Seiten, 2. Auflage, 1988, ISBN 3-89319-152-6

Einführung in TeX
Norbert Schwarz

Dieses Buch bietet eine leicht verständliche Einführung in das Programm. Der Autor zeigt eindrucksvoll die Einsatzmöglichkeiten des TeX-Systems.
272 Seiten, 3. überarbeitete Auflage, 1991, ISBN 3-89319-345-6

TeX für Fortgeschrittene
Wolfgang Appelt

Der Autor zeigt in diesem Buch anhand zahlreicher anwendungsorientierter Beispiele eine Einführung in die Technik von TeX-Makros.
189 Seiten, 1988, ISBN 3-89319-115-1

ORACLE

ORACLE-Handbuch für Anwender
M. Hein / H. H. Herrmann
G. Keereman / G. Unbescheid

In dieser Einführung werden ORACLE und seine Werkzeuge aus Anwendersicht beschrieben.
ca. 330 Seiten, 1990, ISBN 3-89319-280-8

ORACLE - Datenbank-Management professionell
Design, Realisierung und Optimierung
Hans D. Wilke

Der Autor liefert alle erforderlichen theoretischen und praktischen Hintergrundinformationen zum Entwurf und der Realisierung eines professionellen Datenbanksystems.
300 Seiten, 2. überarbeitete Auflage, 1991, ISBN 3-89319-325-1

Effiziente Systementwicklung mit ORACLE
Ein Handbuch für die Praxis des Anwendungsentwicklers
Claus Rautenstrauch / Mahmoud Moazzami

Auf konzeptioneller Ebene werden hier die Möglichkeiten und Grenzen der ORACLE-Entwicklungswerkzeuge aufgezeigt.
348 Seiten, 1990, ISBN 3-89319-281-6

Systematischer Einsatz von SQL/ORACLE
Entwurf und Realisierung eines Informationssystems
Hermann Finkenzeller / Ulrich Kracke
Michael Unterstein

Anhand einer Fallstudie zur "Auftragsbearbeitung" wird die Entwicklung eines Informationssystems ausführlich beschrieben.
512 Seiten, 1989, ISBN 3-89319-117-8

▲ ADDISON-WESLEY

SQL

Systematischer Einsatz von SQL/ORACLE
Entwurf und Realisierung eines Informationssystems
Hermann Finkenzeller/Ulrich Kracke
Michael Unterstein

Anhand einer Fallstudie zur "Auftragsbearbeitung" wird die Entwicklung eines Informationssystems beschrieben.
512 Seiten, 1989, ISBN 3-89319-117-8

Das SQL/DS-Handbuch
Gottfried Vossen/Kurt-Ulrich Witt

Das Buch richtet sich an alle Anwender des IBM-Datenbankmanagement-Systems SQL/DS und faßt erstmals alle Aspekte der praktischen Benutzung zusammen.
306 Seiten, 1988, ISBN 3-925118-95-0

Das SQL-Lehrbuch
Rick F. van der Lans

Das vorliegende Buch ist eine gründliche Einführung in die relationale Datenbanksprache SQL..
392 Seiten, 1987, ISBN 3-925118-77-2

Der SQL-Standard
Sissi Cloos/Karin Haag

Dieses Buch beschreibt erstmals die Datenbanksprache SQL vollständig und wendet sich an fortgeschrittene Benutzer der "Standard Query Language".
ca. 400 Seiten, 1991, ISBN 3-89319-312-X